Hans Scholz

Süd-Ost hin und zurück

Luftreiseführer zum Östlichen Mittelmeer

Hoffmann und Campe

1. bis 5. Tausend 1970
© 1970 Hoffmann und Campe Verlag, Hamburg
Einband Jan Buchholz und Reni Hinsch
Vorsatzpapier Lothar Walter
Gesetzt aus der Garamond-Antiqua
Gesamtherstellung
Kleins Druck- und Verlagsanstalt, Lengerich
ISBN 3 455 06768 9. Printed in Germany

Den Südostfahrern Dr. Wolfgang Probandt
und Gert Westphal freundlichst zugeeignet

Inhalt

Blickwinkel und Abstand

Hinflug

Stippvisiten in Bildungslücken

Rückflug ins nördliche Grau

Blickwinkel und Abstand

Licht von unten herauf. Schneehelle der Alpen. Mittags-
glast von gelbstichigem Weiß. Blendend.

»Wieso nicht rein weiß?« wollte Rechtsanwalt Dr. Brabender wissen.

»Entfernung verfärbt«, dozierte ich, als sein Reisegast
bemüht, mich nützlich zu machen, »und zwar nach dem
sogenannten Gesetz der trübenden Medien. Wie hoch werden wir sein?«

»Laut letzter Angabe der Stewardeß gut anderthalbtau-
send Meter über Gletschern und Gipfeln. Durch den Riß
nur der Wolken . . .«

»Eine Luftschicht von dieser Dicke bewirkt je nach Feuch-
tigkeitsgrad optisch eine Verfärbung - ins Warme über einer
kalten Farbe und umgekehrt. Auch von unten durchblickt
würde sie das praktisch gleichbleibende Glutweiß der Sonne
mehr oder minder gelb erscheinen lassen. Je flacher der
Gesichtswinkel und, wenn besonders dick und besonders
feucht, dann sogar rot und röter. Abends zum Beispiel oder
bei Nebel . . . Rauch, *sfumato*, die Lasuren, wie sie der älteren Malerei des Abendlandes unentbehrlich waren, Schleier
aller Art: alles was lichtdurchlässig, aber nicht klar ist,
wirkt sich so aus.«

»Da gab es nördlich von Taganrog«, sagte Dr. Brabender
nach geraumer Weile, ohne die Augen von den unten da-
hinziehenden Webemustern aus Schneegelb und Felsengrau
abzuwenden, »wo die Straße nach Mariupol abgeht, einen
Baum jener Sorte, wie sie truppendienstlich als Kugelbäume
anzusprechen waren . . . Daumensprung links, ein Kugel-
baum! . . . Bekanntlich hatten solche markanten Geländepunkte im südlichsten Rußland Seltenheitswert. Kurz, wenn
du von Rostow oder Taganrog kamst, sahst du ihn schon
meilenfern über das flache Miustal hinweg dastehen. Und
ich kann dir schwören, die Baumkrone, im Herbst damals
vor zwölf Jahren, sah talüber rostrot aus. Hatte man die
Mulde aber hinter sich - zu der Straßengabel nach Mariupol ging es etwas bergan, wie du vielleicht noch vor Augen
hast -, und kam besagter Baum in volle Nähe, dann erschien
sein Laub gelb, goldgelb, und von Rot war keine Spur
mehr. Offenbar nach dem Gesetz der was . . .?

»Der trübenden Medien.«

»Dieser Mius, der genoß mein volle Sympathie«, fuhr der Rechtsanwalt fort. »Weswegen? Ich glaube, bloß weil sein Name mir griechisch klang.«

»Und Kalmius«, wandte ich ein, »das Bruderflüßchen bei Mariupol? Wie wär's denn mit Skythisch? Auf Kalmücken wird Kalmius ja nicht gleich deuten. So schön geht's in der Etymologie nun doch nicht zu.«

»Wir wissen es nicht«, klagte der Anwalt rhetorisch. »Der ohnehin unabsehbare Bestand an Bildungslücken wird immer größer statt kleiner. Der Abstand zwischen der Avantgarde der Wissenschaft und dem sogenannten Gebildeten wächst. Wir sind die Marodeure. Im Krieg blieb wenig Zeit, Bildungslücken zu schließen. Man hat unsrer Erdenfrist damals viel Zeit abgeknipst. Entschädigungslos. Fast das Doppelte wie der ruhmwürdigen *lost generation* des Ersten Weltkrieges, von der dann soviel Aufhebens gemacht worden ist ... Immerhin aber ist mir aus der Schule noch so viel haften geblieben: die griechischen Kolonien erstreckten sich bis ... bis ... Tanais. Und wer weiß, bis wohin die Handelsbeziehungen reichten? ... Ja, mein Vater! Das war noch ein Gymnasialdirektor alten Schlages. Da wurde noch gepaukt, daß die Schwarte knackte. Ein Gymnasiarch. Sag nichts! Wir 08/15-Akademiker von heute haben später nie mehr Gelegenheit, weitere Sprossen und Holme an unser Grundgerüst zu gliedern ... Tanais lag sicher ähnlich wie Rostow, denke ich mir, aber da sich das Don-Delta vor zweieinhalb Jahrtausenden weniger weit nach Westen erstreckt haben dürfte, wird diese Niederlassung weiter landeinwärts, weiter östlich als Rostow gelegen haben. Die gewiß vorzüglich arbeitende sowjetische Archäologie wird darüber Auskunft geben können. Nur weiß ich zu meiner Schande nichts von ihr ... Du vielleicht?«

»Nichts, es ist schlimm. Aber wo soll ich Laie all die einschlägige Literatur herkriegen in dieser gespaltenen Welt? Ein bißchen was weiß ich von skythischer Kunst, ein bißchen was von den Skythen. Zum Beispiel, daß in Südrußland kulturelle Kontakte zwischen ihnen und den griechischen Kolonisten von Tanais, Olbia, Odessos und so weiter aufgenommen und gepflegt worden sind, wobei die Griechen keineswegs nur die Gebenden waren.«

»Mogilew ... Mohiljow Podolsk ... Die vielen schönen Hügelgräber!« fing der Doktor wieder an. »Du sahst sie über zehn, zwanzig Kilometer weit in der Steppe beiderseits des Dnjepr und auf den Don zu und überhaupt im Süden bis zum Kuban hinüber. Aber denkst du vielleicht, daß die Heeresgruppe Süd auch nur die geringste Tornisterschrift darüber herausgebracht hätte? Zum Zwecke wertfreier Belehrung? ... Nicht die Bohne. Fast drei Jahre habe ich mich dort herumtreiben dürfen und weiß noch immer nicht mehr, als daß mein Regimentskommandeur in diesem Abschnitt jeden zweiten Tag behauptete, das seien Skythengräber. Und außerdem waren es natürlich markante Geländepunkte. Trigonometrische manchmal auch.«

»Skythen, Sarmaten? Auf der Krim eher wohl Kimmerier. Ich bin nicht sicher. Und allenfalls weiß ich noch, daß die altathenischen Behörden skythische Sklaven gern als Polizisten in Dienst nahmen.«

»Die Landser bestanden übrigens darauf, Rostow Rostock zu nennen, weißt du noch? Eine Meisterleistung von Volksetymologie. Zugleich aber auch ein Zeichen, daß solchen Verballhornungen Sinn innewohnt.« Der Rechtsanwalt dehnte sich behaglich in seinem Sitz. Dann rief er: »Reisen! ... Einmal den ganzen Raum der griechischen Kolonien reiseweise abklappern dürfen. Vom **Asowschen Meer** herunter bis in die **Magna Graecia** im Westen. Und wenn es nur Stippvisiten wären. Und wenigstens für diesen Schnipsel der Erdoberfläche an Bildungslücken schließen, was immer sich mit unsern dilettantischen Mitteln schließen ließe! Das Wissen des Normalgebildeten ist zwar durchaus keine Macht. Aber Bildung heilt und verhilft im Gespräch mit der Gegenwart zu gebotenem Abstand und innerem Gleichgewicht ... Kennst du die Zillertaler?«

»Nein, nur die Stubaier von früher, wenig und zumeist aus der Talansicht. Und die Tuxer, den Olperer, den Schrammacher ... Und wenn ich die Zillertaler kennte, unsre Vogelperspektive stünde dem Wiedererkennen entgegen. Wie soll ich sagen: sie macht bei lotrechtem Blickwinkel die eigentlichen Zeichen der Gebirge, die Höhenunterschiede und Profile, unanschaulich.«

»Sie reduziert auf den Grundriß«, rief Brabender und tupfte sich die Stirn mit dem Taschentuch. »Sie applaniert

Erhabenheiten und ist deshalb der Gebirgsbetrachtung unangemessen ... Vergleichbar unsrer üblichen Sicht bei der Betrachtung der Geschichte, die ebenfalls unangemessen ist. Denn sie läßt das Nahe übergroß, das Ferne unterklein erscheinen. Sie reduziert zeitliche Distanzen proportional zur Entfernung. Je weiter zurück, desto weniger kommt es uns auf ein paar Jahrhunderte an. Schließlich zählen nur noch Jahrtausende und am Ende nur noch Erdzeitalter. Sie applaniert Erhabenheiten.«

»Linker Hand, das müßten jetzt die Hohen Tauern sein ... Venediger, Großglockner ...«

»Auch verstellt das Nahe geradezu die Sicht auf zeitlich Entrücktes. So wie ein lächerlicher Würstchenstand, trittst du nur dicht genug an ihn heran, die ganze ragende Burg von Nürnberg zum Beispiel verdecken kann. Dessen sollten sich die Politiker allemal bewußt sein. Und die Wurstmaxen auch.«

Das Essen wurde serviert, und wir aßen unter den flugüblichen, durch Enge erschwerten Umständen.

»Die Etsch!« sagte ich und hatte Mühe mit dem puppenküchenkleinen Pfefferbehältnis, das sich nicht öffnen lassen wollte.

»Die Brenta schon eher«, sagte Brabender nach einem Blick in die Tiefe. »Oder der Piave. Wer sagt einem schon was? Die Fluggesellschaften sollten künftig Fremdenführer anheuern, die einem erzählen, was unten zu sehen ist. Auf das Kalbssteak mit Champignons könnte ich notfalls verzichten. Rechne das Gedeck auch nur zu sieben Mark ... Sieben mal sechzig je Flug. Für diese Summe kann man schon einen ausgewachsenen Universitätsprofessor zum Sprechen bringen. Ich will nicht essen, sondern Kommentare hören, und wäre es über Kopfhörer, und ins Gedächtnis zurückgerufen bekommen, was ich irgendwann einmal wußte und längst vergessen, oder noch lieber mitgeteilt kriegen, was ich nie gehört habe und noch nicht weiß. Da wird sich Stoff genug bieten, dächte ich.«

»Joi, das Meer!«

Die Stewardeß sagte das Überfliegen von **Venedig** etwas verspätet an. Aber mehr als das ließ sie nicht wissen. Wir saßen an Backbord und konnten die östlichste Windung des Canale Grande uns zu Füßen gerade noch erblicken.

Die Lagunenformation, die sich weit nach Süden zieht, wurde dann hübsch anschaulich. Winzig, unsäglich winzig die Schiffe, gerade eben noch als helle Punkte von sozusagen länglichem Zuschnitt zu sehen. Bugwelle und Kielwasser, ein Dreieck irgendwo in den rauchblauen Rauhglasspiegel der Adria gekritzelt. Groß wie Mückenbeine.

»Also schön«, sagte Dr. Brabender und knüllte seine Papierserviette in den Kunststoffbecher, der einen Mayonnaisensalat enthalten hatte, »weiße Gegenstände werden gelb, gelbe rot durch dein Gesetz der ...«

»... trübenden Medien.«

»Was wird aus grünen?«

»Grüne werden nach Blau verfärbt, wie unter anderem der Anblick der Ferne in sommerlichen Landschaften lehrt.«

»Nach Blau verfärbt, aha! Das Fernblau, die Sehnsuchtsfarbe. Die Reisefarbe ... Fahrt ins Blaue. Langt man an, ist auch dort alles grün, und eine neue Ferne lockt abermals blau, und so fort ... Reise in den blauen« - er gähnte herzhaft - »Dunst! ... Der Herr Rechtsanwalt werden jetzt ein Nickerchen machen. Mensch, ich bin um 5 Uhr schon auf den Beinen gewesen, hatte um 9 Uhr 30 noch einen Termin und habe mein Büro mit verhängten Zügeln kurz vor 11 Uhr verlassen. Wie unsereiner eben so seine Reisen, seine Erholungs- und Bildungsreisen antritt ... Wir tauschen die Plätze, und wenn du etwas Interessantes siehst, weckst du mich. Du kannst dich unterdessen - flüsternd, versteht sich - in Luftreiseführung üben ... Das wär doch mal ein feiner Job für dich ...« Sprach's und schien auf meinem bisherigen Platz nunmehr einzuschlafen ...

Im Laufe des späteren Nachmittags hohe Haufenwolken, die bis zu 8000 Metern aufgeschossen sein mochten. In länderweiter Entfernung ostwärts noch etliche solcher Wolkenburgen. Orangemilchfarben aus einem unabsehbaren weißlichen Wolkenmeer ragend gleich Felseninseln. Gleich babylonischen Türmen. Als Farberscheinung übrigens nicht ohne weiteres verständlich: das wattige Meer bestand aus schwach kumulierenden Nebeln, die ragenden Inselberge, dunkler im Valeur, wiewohl viel höher hinaus, wahrscheinlich doch aus Eiskristallen.

Die Cumuli demonstrierten alle Kennzeichen örtlicher Gewitterbildung, wie sie im Buche stehen. Schulbeispiele.

Wir lagen indes ruhig und hielten offenbar schnurgeraden Kurs längs Italiens adriatischer Küste. Lotrecht unter uns, zuweilen auch nur zur Linken, die See. Dann wieder Land in allen Tönen von Braun und Ocker. Fein und ordentlich in unzählige Felderchen aufgeteilt, in krumme und gerade, kurze und gestreckte: ein akkurat gearbeitetes Parkett. Mehr noch: ein mit Sorgfalt und Fleiß vollendetes Intarsienwerk von großer Kostbarkeit. Dörfer, Höfe, Häuser daraufgesetzt. Die grobe, ungefähre, ganz anderes bezweckende Arbeit des Landbestellers, aus der Vogelschau ein lauteres Kunstwerk! Die kurvenden Straßen, ein kunstreiches Geflecht aus hell schimmernden Äderchen. Verkehrsäderchen. Mit Windungen und Spitzkehren, Kreuzungen und Gabelungen. Die Küstenstraße zierlich dahingefädelt.

»Was siehst du?« fragte der Anwalt.

»Die Straße nach **Bari** und **Brindisi** vermutlich, eine Küstenstraße jedenfalls.«

»Die zu benutzen kein reines Vergnügen ist. Nach spätestens fünfzig Kilometern kriegst du den Drehwurm«, versicherte der Anwalt, ohne die Augen zu öffnen. »Und was denkst du?« fragte er nach einer Weile.

»Ich denke ... ich denke, daß unten eine ganze Heerschar von Bauern, Gemüsezüchtern, Obstzüchtern, Weingärtnern und so weiter bei ihrer zweckbezogenen und bedachten Berufsausübung keinerlei künstlerische, keinerlei geländearchitektonische Ziele verfolgt, sie aber kollektiv-unbewußt dennoch erreicht. Man braucht ihre vielfältige Sache nur von unserm hochfliegenden Gesichtspunkt aus zu betrachten.«

»Eben, eben! Blickwinkel und Abstand! Weshalb konnte Frank Thieß sein ›Reich der Dämonen‹ mit ›Roman eines Jahrtausends‹ untertiteln? Weil das tagtägliche, zermürbende, sinnlos erscheinende, scheinbar wirkungslos verpuffende Gerangel und Gewurgel aller Menschen schließlich doch den grandiosen Gobelin Geschichte ergibt. Auch wenn einer es noch so von sich wiese, für die oder im Sinne irgendeiner Historie zu agieren, er tut was oder er läßt es: ... Geschichte! ... Die keiner will. Oder nur die allerallerwenigsten wollen ... Weil so gut wie alles animalisch den freudianischen Trieben frönt, Libido, Aggression und so weiter ... Weiß Gott, eine verwickelte, verzwirnte Textilie, tränenappretiert, blutimprägniert, aber eben doch auch der Gottheit lebendiges Kleid, um mit Goethe zu reden ... Geschichte, will ich dir sagen, aus derjenigen Entfernung, aus der *juste distance* betrachtet, die Schockscheffel durcheinanderpurzelnder Ereignisse zum überschaubaren Bilde ordnet, hat doch wohl mindestens so viel Schönheit wie irgendein erdichtetes Drama oder ein Roman. Man muß nur den entsprechenden Weitwinkel verwenden, und im übrigen ist sie immer noch erfindungsreicher als sämtliche mir bekannten Autoren. Was übrigens schon mit besseren Worten Fontane festgestellt hat ... Der Sinn? Ja, du mein Gott! Als Kunstwerk, als Epos des Kollektivs oder der Kollektive hat sie ihren Sinn in sich und könnte einfach als *l'art-pour-l'art*-Produkt genommen werden. Darüber hinaus aber ist sie immer noch der langwierige und beschwerliche Werdegang vom *homo primigenius,* oder wie dieser unser Urgroßoheim hieß, zum *homo sapiens,* welcher künftigen Menschengattung manch einer schon angehörte und manche Zeitgenossen angehören. Ein Werdegang. Von hundert Millionen Jahren. Geschichte ist immer noch Schöpfungsgeschichte ... wenn du mich fragst.«

Mit sinkender Sonne gewann die scheinbar flache Landkarte an Relief. Das machten die Schatten, die länger wurden. Das Feldermosaik geriet in schöne Glut: gebrannter lichter Ocker, *Terra Pozzuoli,* Purpur, Orange, Goldocker, Rosa und in den Schatten Violettbraun. Das Meer blich seidig aus. Drüben aber vor der dalmatinischen Küste verhüllten gewaltige Wolkenaufbauten das Land. Ein ganz besonders instruktiv ausgeprägter ›Amboß‹ war zu sehen, hell quittegelb, in halber Höhe von waagerecht ausgezogenen dünnen und düsteren Wolkenstreifen umschwebt. Adlerumflügelter Göttersitz. Wetterkundliches Schauobjekt, das sich in bedrohlicher Pracht entwickelte.

Der erste Akt der sich schärfenden Umrisse, der ins Himmelhohe sich übereinander polsternden, plusternden, blühenden, blähenden, wulstenden, wölbenden Kuppeln, Trompenkuppeln, Innenkreiskuppeln nebst tausend drängenden und werdenden Apsiden, der erste Akt dieses byzantinischen Wolkendramas ging soeben ins Finale. Schon hatte sich das übermächtige Gebilde im Hinaufstoßen wie an einer Sperre, wie an einer planen Raumdecke

plattgedrückt. Die von unten immer noch hochstürmenden
Dampf- und Kristallstaubmassen wichen schräg nach den
Seiten in die Breite. Bis zur Amboßform eben. Eine Zikkurat
jetzt, auf die Spitze gestellt. Babylon, verkehrt. Mit auf-
weichenden Rändern und nachlassender Helligkeit. Peripetie, dramatisch anzuschauen. Ein Donnerhaus, von außen
betrachtet. Es mußte soeben inwendig zusammenbrechen.
Wir gerieten in weitläufige Schattenpartien. Aber tief unter
uns in den Wolkenschächten entzündete die sinkende Sonne
rotgoldenes Geleucht in Schein und Widerschein.

»Was gibt's?« fragte Brabender.

»Bei Tito geht irgendwo ein Gewitter nieder«, antwortete ich. Der Fensterausblick nach links hinaus auf zwei
Motoren und auf das Metall der Tragflächenverkleidung
begann sich sacht zu verfärben und war zuletzt zartsilbrig
rosa. Dabei stellten sich die Propeller als bräunliche Schimmer vor der ungewissen verschossenen Farbe des südöstlichen Himmels dar, auf den wir einschwenkten, den griechischen Himmel. Wenn der Blick sich festsaugte, entstand
gelegentlich der Eindruck, als drehten sich die Propeller-
naben nur langsam und am Ende gar verkehrt herum.

»Backbord voraus in Südost Wolkenlosigkeit«, meldete
ich.

»Kein Donnerwetter auf Marschall Papagos!« meinte
Brabender und schlug die Augen auf. »Das Kabinett Papa-
gos stellt, wenn ich nicht jeden Überblick verloren habe,
Griechenlands einundzwanzigste oder zweiundzwanzigste
Regierung seit 1944 dar und hält sich nun schon seit an-
nähernd drei Jahren. Keine trübenden Medien. Eine Schön-
wetterperiode, sei's wie es sei. Griechenland hat sie nötig . . .
Wir zählen des Herrn Jahr 1955.«

2 Fliegt denn wohl!

Das waren noch Zeiten, als es die zivile Flughafenbebauung
mit schlichten Impromptus, ein paar modernistisch durch-
möbelten Allerweltsbaracken, einem Dutzend Leuchtröhren

drinnen und ein, zwei Leuchtschriften draußen bewenden lassen konnte - auf dem Flugplatz von **Athen** zum Beispiel, der damals meist noch **Hellenikon** genannt wurde. Als der Betrieb noch rein familiären Zuschnitt hatte und das Bodenpersonal zum Abflug jeder internationalen Maschine »in Linie«, in Phalanx sozusagen, antrat - der Ingenieur vom Dienst in Marineblau mit Tressen und Aufschlägen, zwei Monteure in weiß gedachten Overalls und mit palikarischen Schnauzbärten und eine Stewardeß. Beim Heimflug vom Hellenikon am Ende jener ersten Reise war es, den honigblonden Schopf unter adrettem Mützchen, eine kindliche, mit Haut und Haaren liebenswerte Person, was unser unbestimmt südsüchtiges Abschiedsweh zu lindern nicht angetan war, ja ihm noch schnell, als Liebe auf den letzten Blick, ein angemessenes Substrat zu bieten schien.

Die Phalanx nahm militärische Haltung an, salutierte durch »Handanlegen an die Kopfbedeckung« und lachte, und die kleine handfeste Nausikaa da am linken Flügel, die uns kurz zuvor in ihrer Liste gestrichen und aus dem seligen Phäakenlande hinausgebucht und fortgecheckt hatte, lachte so vorschriftsmäßig wie gedankenverloren und baute blinzelnd ihre Ehrenbezeigung in den Propellerwind. Welche Darbietung freilich nur sehen konnte, wer in der Kabine links von der Fahrtrichtung Platz bekommen hatte.

Von solch nettem Zeremoniell ist man längst abgekommen. Aber damals ähnelte die Abfertigung noch weit mehr einer Verabschiedung von Menschen, die einander nichts Außermenschliches vorzugaukeln brauchten, als einer Verarbeitung von komfortgeködertem, servicebetörtem Touristenmaterial. Die Startbahn begann gleich vor dem offenen Windfang, und es roch nach türkischem Kaffee, Zigaretten und Fliegerspritabgasen drinnen wie draußen. Keine Schranke schied Flugentschlossene von Bodenverbleibern. Liebenswürdigkeit entschädigte für Unzulänglichkeiten, denen entgegen schließlich doch alles klappte ... *endaxi ... okay ... kalin antámosi ... addio!* ... Keine Sattelschlepperbusse mit automatischen Falttüren förderten eine Fluggastladung nach der anderen von oder zu kilometerfern manövrierenden oder lauernden Maschinen. Die würdigsten Beförderungsmittel trugen den Passagier zu dem Motorvogel, den er meinte: die eigenen Füße.

So war es auf dem Hellenikon und wird es auf Flugplätzen entsprechender Frequenz am Rande der größeren Welt nicht anders gewesen sein. Ich rede ja nicht gleich nepalesischer Behelfsmäßigkeit das Wort. Ein vielbeflogener Kenner erzählte, der Flugplatz der Hauptstadt **Katmandu** habe des Nachts, wenigstens vor vier oder fünf Jahren noch, seine einzige Landebahn mit offenen Feuerbränden in Ölpfannen beleuchtet. Zudem sei die solchermaßen markierte Piste dicht neben einem gähnenden Abgrund gelegen, erfuhr ich - und unweit stößt der Mount Everest gen Himmel, meine ich.

Spaßvögel sprechen von Dampffliegerei. In Analogie zum Dampfradio. Mögen sie spotten. Gemächlich ließ man sich seinem Reiseziel von den beliebten Propellerflugzeugen entgegentragen. Zweimotorigen, Viermotorigen. Es gab auch Dreimotorige. Sie flogen, wenn's hochkam, in 3000, allerhöchstens in 6000 Metern Höhe und erreichten bei achterlichem Wind und, wenn sie sich Mühe gaben, Maximalgeschwindigkeiten bis zu 500 Stundenkilometern. Da hatte der fliegende Gast seine Muße und als Inhaber eines Fensterplatzes obendrein auch die unterhaltsame Möglichkeit, aus der Vogelschau zu betrachten, was er da so alles überflog, und sich darüber seine Gedanken zu machen. Obendrein und darüber, hier halb auch wörtlich zu verstehen.

Braucht einem keiner den Fortschritt auseinanderzusetzen, den man mit der Düsenfliegerei erzielt hat. Er liegt auf der Hand. Es wird noch ganz anders fortgeschritten werden. Aber die jetzigen Düsenklipper schuften aus dem Vollen und mit Vorteil erst in Höhen, von denen aus man sich nur dann und wann Begriffe über geographische und meteorologische Zusammenhänge machen kann. Einzelheiten sind kaum mehr zu erspähen, und die feinen Anschläge, die zierlichen Erzeugungen von Menschengeist und Menschenhand müssen auch Argusaugen entgehen. Und gar erst die Spuren der Geschichte! Sieht man sie überhaupt, dann unansehnlich verkleinert, in unschicklichem Diminutiv, verschwindend und gar zu flüchtig obenhin. Oder man sieht sie überhaupt nicht. Das ist die Regel.

Je später im Jahr, desto gewisser keinerlei Sicht erdwärts. Das kommt noch hinzu. Bloß noch Wolkenmeere und Wol-

kenheere. Aufsicht auf neblichten Herdenauftrieb. Auf
Schäfchen. Wolkenflocken. Flottillen freudiger Bäuschchen.
Flausch. Amoretten. Wehende Wetterboten. Wandernden
Wolkendrang, bräunlich, graulich, nornenfarben. Segler
der Lüfte. Gen **Anatolien**. Liburnengeschwader mit Kurs
auf die **Dardanellen**. »Und ihm reihten sich auf an neunzig
bauchige Schiffe« - Ilias, zweiter Gesang - der Schiffskatalog! (Spätere Einfügung.) Wolkenkatalog. Wolkenmusterschau. Überreiches Angebot, unabsehbare Auswahl. Blendender Wolkenschwang. Schnee. Schneewatte. Schneeweiß.
Triftende Schwaden in Taubenblau über cremegelben Polstern. Reisende Schleier, Seide aus Syrerland, Sererland.
Alexandreia Eschata. Seidenstraße. *Camelus bactrianus*
oder Trampeltier. Doppelhöcker. Höckerwolken. Höckerschwäne.

Zirrusfasern von oben. Eiderdaunen. Wolkenschaum,
steif. Sahnenweiß. Baisers. Schwarzwälder Meringen mit
Schlagrahm. Lieferbar in die Türkei. Ans Goldene Horn.
Diwankissen west-östlich. Aufgeblasene Luftmatratzen.
Fliegende Teppiche und goldene Vliese. Helle, das Mädchen,
stürzte vom goldenen Schafbock, vom fliegenden Widder
und ertrank. Vor den Dardanellen. Im **Hellespont**. Der erhielt ihren Namen. Behielt ihn aber nicht. Nur ihr Bruder
Phrixos konnte sich fest genug in die Zotteln des Flugwidders krallen und flog nach Kolchis. Vorgeschichte der Argonautensage. Und dabei war der beiden Mutter eine Wolkengöttin, Nephelē . . . Konnte nicht helfen. Nebelfrau,
Wolkenfrau. Helle, Holle. Frau Holde liebte es, zu baden
und alsdann im Wasser zu verschwinden . . .

Hinaufertrinken in die Tagesbläue. Kosmonautisch. Sonnengold. Sonnenglut. Den glühendsten Azur zu Häupten
geahnt, das Kabinenfenster gestattet nicht, ihn richtig zu
fassen. Das Bullauge mit dem dummen Blumengardinchen.
Puppenstubengardinchen.

Wolkenschollen. Wolkenschaften. Polarlandschaften. Blaubeereiseinsamkeiten unter zitronengelbem Himmelssaum.
Treibeis, rosenrot. Himbeereis mal unendlich. Die fremde
Boeing meilentief unten. Liegt wie ein Luftgewehrbolzen
auf einer Noppenwolldecke. Hundertfünfzig Erdenbürger
im Leib. So fern, so gewichtlos. Du wirst sie nicht sprechen.
Wahrscheinlich nie. Fliegt denn wohl, abgesonderte Mit-

menschen! Und du schweigst hinaus in die Abendröten über
und über. Siehst ein einziges Mal in der verdämmernden
Tiefe ein winziges Licht... Müßte **Kastelorizo** sein oder
könnte es. Castello rosso. Zufall, daß du es siehst... Ein
Johanniterschloß, das nicht gehalten werden konnte. Fiel
1440 an die Ägypter. Schon 1440!... Die Schneehäupter
des Antitaurus, wolfsgrau, beinbleich, aus Schattenreichen
empor.

Unten die Nacht. Freund Mond zur Seite. Sein silbrig
zersplissenes Spiegelbild still auf der Tragfläche.

Und sonst nichts.

(1966, im Oktober)

3   Und dann kein Schiff

Die altfränkische Dampffliegerei hat auch ihre Tücken. Davon kann man sich auf Nebenstrecken oder in Charter-
maschinen immer noch überzeugen, zumal wenn das Wetter danach ist. Leicht. Noch gar nicht lange her, daß ich
eines Novemberabends um 19 Uhr von **Tel Aviv,** von Lod
also, nach **Nikosia** flog. Nach Zypern. In vorzüglicher Sicht-
höhe von 400 Metern über die glimmende, glitzernde Stadt
hin, deren Häuser wie auf einem gelb und rot durchleuchte-
ten Glasparkett zu stehen schienen. Oder auf glühendem
Boden?... Gruß an Dr. Kern und Frau, die zu besuchen ich
diesmal keine Zeit hatte. An Herrn Landgerichtsdirektor
Dr. Tuchler. An Errel den Maler. An... ah, das Stadthaus,
das große, schöne! Die Keren Kayemet! Schönen Gruß also
auch an Herrn May in Professor Hirschs Bibliothek, die
ich hatte aufsuchen wollen. Hab's aber nicht geschafft. Di-
zengoff. Ben Yehuda. Gruß an die kleine marokkanische
Kellnerin im »Tarschisch« oben über dem Hafen von **Yaffo.**
Gruß an Mulle, Gruß an Susi. Shushan heißt die Lilie. Und
Shulamith heißt Blüte des Orients, und das sei ihr zweiter
Name, hat sie gesagt und »Sheba-Sheba-Sheba« einge-
schenkt.

Und aufs Meer hinaus, in Höhe Tel Napoleon - Ramat Aviv so etwa. *Yam* heißt das Meer. Mein Vater ist beim Abitur noch in Hebräisch geprüft worden. Das müßte 1896 gewesen sein. Wohin sollen eigentlich die Herabsetzungen der Prüfungsanforderungen führen, die unsre Kultusminister und Schulmänner unentwegt betreiben? Zur Hebung des Niveaus durch Senkung der Spitzenleistungen? Hebung durch Senkung? Die fortschrittliche Bildungsphysik. Weiter so!

Und schräg nordnordwestlich fort von der lichterblinzelnden, vielbegehrten Küste. Sie dürfte wohl die am meisten umstrittene Wasserkante der Welt sein in den Jahrtausenden. Fort von **Herzliya,** fort von **Nathanya,** von **Chedera.** In jedem Nest ein ehemaliger Schulkamerad oder sonst aus dem unguten Deutschen Reich ein Vertriebener, den ich kenne oder von dem ich weiß. Aber das schöne Fräulein Bleichröder aus Pankow, das ich als Student von fernher geliebt habe, ist dort, in dieser neuen Heimat, gestorben. Schon vor Jahren. Leser aus Südamerika haben mir das geschrieben.

Immer winziger die Lichter. Diamantstaub über nachtblauen Samt hingestreut. **Zikhron Ya'akov?** Trank dort vor Jahren das erste Glas kühlen leichten Karmelwein. Ist 1882 vom Baron Rothschild gegründet worden. Milchstraßenstaub. Doch mit minuziöser Deutlichkeit trotz aller Ferne noch einmal die Ostwendung der beleuchteten Autobahn kurz vor **Haifa.** Die Stadt, halb vom Karmel verdeckt, ein sprühender Sternennebel, ein Schimmer nur. Die Perlenschnürchen der Hafenmolenlichter in der Bucht aber gerade noch zu entziffern. Ach, und vor drei Tagen hatte ich ins Reisetagebuch notieren können: »Freitag, den 17. November. Sitze glücklich in Haifa und habe das Zitrus-Buch, das ich suchte. Hat allerdings 42 Pfund gekostet. Man wird ein Geld los! Sitze in einem Lokalvorgarten im wundervoll luftigen Freien. Strahlende Sonne. Tischchen unter grünen rauschenden Laubbäumen. Leichter Wind vom Hafen her...« Das war laut Stadtplan an der Ha'atzma'uth, was Straße der Unabhängigkeit heißen muß. Lernen werde ich diese Sprache wohl nicht mehr. Das Gymnasium hätte viel mehr verlangen sollen und sollte es immer noch. Oder erst recht wieder.

2000 Meter betrug unsre Flughöhe, und dabei blieb es. Mit Bedacht hatte ich meinen Platz an Steuerbord genommen, um das alles entrücken zu sehen. Der Mond rappelte sich indessen, schief und rotgelb im Gesicht wie eine reife Dattel, aus üblen Wolkenbänken über Syrien hoch. Verdrückte sich jedoch bald wieder ins zunehmende Gewölk hinauf, als stöbere dort einer mit einer Ölfunzel hinter Kleiderständern herum. In einer finsteren Kostümkammer. In einem Trödelladen. Mürrisch.

Ob der Tupfen ungewissen Meeresleuchtens da, an 60 Kilometer ostwärts, die Stadt **Akko** war? Saint Jean d'Acre, die berühmte? Die ritterliche? Oder schon **Nahariya**? Nahariya ist 1934 von deutschen Juden gegründet worden. Liegt nicht weit von der libanesischen Grenze, der blaue, grüne, weiße, blumenbunte Ort. Vielleicht zehn oder fünfzehn Kilometer. Jetzt war aller Himmel drüber voller Schnürbodenschwärze. Wie aus Ruß und Pech. Ruß und . . .

Über dem oberen Galil wurde er rot und wieder schwarz. Finsternis. Kaminkehrercouleur.

Eine bleierne Wetterwand vor dem Libanon bekam eine wachsgelbe Aureole und verlor sie wieder. Finsternis. Beinschwarz. Rebschwarz.

Ein hoch erhobenes Wolkenhaupt machte sich durch schweflige Protuberanzen sichtbar und verschwand wieder in Unsichtigkeit. Stockdunkel. Stockdunkel. Stock . . .

Da! Hinter einer schwärzlichen Bergkante flackerte es auf wie Artilleriefeuer. Feuergrüße aus Damaskus. Salut aus Amman. War wieder Krieg ausgebrochen? Zum vierten Male? Es zuckte rostrot hinter feindlichen Höhenprofilen. 19 Uhr 45, Wetterleuchten auf breiter Front. Ohne abzulassen. Der wetterwendische General Winter pflegt um diese Jahreszeit in jene Breiten mit Donnergepolter einzuplänkeln (und hat in gemeinem Jahr tatsächlich bis in die Berge von Juda vorstoßen können und schließlich den Truppen an den Fronten und den Hirten auf dem Felde weiße Weihnachten bereitet). Das war es, was da begann. Da! . . . Und dort auch wieder . . . Feuerstöße . . .

Auf Höhe **Beirut** oder auf dem 34. Grad nördlicher Breite so ungefähr stieß unsere Handley Page »Herald« Turboprop im Dienste der »Arkia, Israel Inland Airlines« ihre stumpfe Schnauze schnurstracks in des Generals Wolkenaufgebot, das da von Norden quer über See anrückte. Hochgetürmt die erste Angriffswelle, ein Gebirge, ein Wolkentaurus, in Marsch gesetzt. Kriegselefanten und baktrische Kamele.

Wir erhielten Knüffe von oben und Püffe von unten. Holterdipolter. Alle Wetter! Mit Rüsseln eins übergebraten, Donnerkeil, und begannen zu schlingern. Der Widerschein der Blitze unter uns stand für Augenblicke hell in sämtlichen Kabinenfenstern, mal grünlicher, mal rötlicher. Einer traf uns, daß es knallte. Dann vollführten wir einen beträchtlichen Rutsch hinauf und wieder abwärts; Hagel drosch dermaßen aufs Kabinendach nieder, daß die Motoren nicht mehr zu hören waren. Zwei waren es, als wir starteten. Meinte ich zu wissen. Vielleicht hatte der Pilot den einen vorsorglich abgestellt. Was man nicht alles hinnehmen muß! Wahrscheinlich gleich beide, wer weiß wozu? Um dem Wüten der Elemente nichts in den Weg zu stellen? Um ganze Arbeit zu tun?

Kannte den alten Professor Sandkuhl, den Maler. Der pflegte aus der Pionierzeit der Fliegerei zu berichten, wie einst - fliegerlateinisch gesprochen - eine »Kiste«, in der er als »Franz« mitflog, ihren Motor verloren habe, den einzigen nach damaligem Stand der Dinge. Jawohl, und er sei himmelab in die Havel gefallen, einfach plumps! Aber gewiß doch! Zwischen Werder und Potsdam! Ja, und dann? Dann sei es eben ohne Motor weitergegangen, ob man es nun glaube oder nicht. Im Gleitflug, jawohl, und in aller Stille. Und auf einen Acker.

Nur zu! Die Hageldusche ließ nichts anderes hören. Stumm wie ein Lachs durch Wasserfälle tauchte unser Flugbehältnis dahin. Aufwärts. Niedergeschlagen. Geduckt. Weggesackt. Hebung durch Senkung. Unter Hagelsalven, deren Schloßen die so oft publizierte Taubeneigröße ohne Zweifel weit übertrafen. Faustdick. Poltern, Trommelwirbel, Tusch! Dann war der eiskorngeschrubbte Fisch mit Wuppdich durch den Katarakt, den ersten und letzten hoffentlich, hindurch und in eine veränderte Wolkenschaft geraten. Da kamen auch tatsächlich wieder die Motoren zu Wort, alle beide. Vielleicht hatte es nur an einer angemessenen Blattverstellung der Propeller gelegen, daß nichts zu hören gewesen war. Oder wer weiß, was Piloten in solcher Lage alles für Kniffe anwenden? Waren nunmehr in einen offenbar sehr weitläufigen dämmergrauen Hörsaal für praktische Meteorologie geraten.

Wintergewitter, stand auf dem Stundenplan der Abendkurse, unter besonderer Berücksichtigung der geographischen Längen und Breiten, der Uhrzeit sowie einer Höhe von 2000 Metern. Der Mond hatte offensichtlich in dem Kleidertrödel gefunden, was er gesucht, einen leidlich weißen Dozentenkittel; er begann zu erklären, um was es ging. Der Fußboden war dicht mit schafwollenen Vliesen ausgelegt. Das sah sehr anheimelnd aus. Aber wenn es im Erdgeschoß, im Souterrain, im Sousnuage blitzte, erwies sich der wölkende Bodenbelag als gazedünnes Theaterblendwerk für bengalische Lichteffekte, blitzgrün unter Steuerbord hervor, blitzrot von Backbord herauf, blitzblau von überall.

Der Dozent verwies insbesondere auf etliche Wolkentürme, die auf dem Heidschnuckenteppich wie eine ungefüge Polstermöbelgarnitur umherzustehen schienen, richtiger aber - er lächelte mit Genugtuung - aus dem, pardon, Sousnuage hochschießend durchgewachsen seien. Gleich Pilzen. Er zeichnete einige typische Formen mit Kreidestrichen nach, Freihandzeichner, durch Wärmeaustausch zwischen Luft und Meer käme es zu senkrechten Aufwärtsströmen, bis diese, wie das hier vorgeführte Material veranschauliche, an eine sogenannte Inversionsschicht stießen, Kreidestrich, sich an dieser unter Umständen, die soeben gerade gegeben seien, allseitig ausbreiteten, und zwar unter gleichzeitiger Abkühlung ... Er nahm einen schmuddeligen Tafellappen, deren mehrere umherschweiften, löschte die kreidigen Umrisse und wischte sich damit übers Gesicht ... wodurch es ... Er fuhr nicht fort, sondern sagte ohne rechten Übergang »Zum Donnerwetter« und war schon in die dick verquollenen Wolkenkulissen getreten, aus denen man ihn noch »Kondensationsniveau« sagen hörte und »adiabatische Expansion«.

Genau! Diese oder etwas Ähnliches zumindest schien im selbigen Augenblick eingetreten zu sein. Experiment gelungen. *Quod erat demonstrandum.* Starker Beifall hagelte im flackernden Wolkengrau. Hagelapplaus. Zweiter Katarakt. Dennoch war es jetzt deutlich zu hören: Der Pilot nahm Gas weg, sobald er im Wolkenschacht innen in die Fallwinde stieß. Darin bestand sein Kunstgriff. Nun denn! Desto besser! Der Drusch diesmal nur aus Krachmandeln mit einem Zusatz von Kopfnüssen, Touristenmischung, vorwiegend aber aus Kichererbsen. Kichererbse, griechisch gleich *erebinthos* oder *orobos* oder *pisos*, neugriechisch *piso*. Im letzten Wolkenhaus wurde nur noch mit Risibisi geschüttet, ungekocht risi wie bisi. Piloten können was.

Der Mond ergriff das Wort nicht noch ein zweites Mal. Auch war uns unvermittelt der Boden unter den Füßen weggezogen worden. Friedlich blinzelten unten die Lichter von **Larnaka** und nach rechts hin entfernter die von **Famagusta**, eine Illuminierung freilich, die merklich bescheidener als die im rührigen Israel wirkte. Eigentlich hatte ich die Überfahrt nach **Zypern** zu Schiff machen wollen, hatte aber in Haifa nichts Passendes bekommen können. Kein Schaden weiter, denn bei den Landsern hieß es: »Bei so'nem Wetter und dann auf See und dann kein Schiff und in jeder Hand einen Koffer!« Die amerikanischen Schulkinder in unsrer wackeren Maschine lasen weiter in ihren Bilderbüchern und Comics, wie sie auch vorher und die ganze Flugzeit über gelesen hatten, ungerührt und kauend bis zur Landung. Kein schlechter Stil im übrigen.

Um 21 Uhr im Grillroom des Ledra Palace saß ich wie gewohnt bei einem Fläschchen ›Aphrodite‹, das ich nicht erst zu bestellen brauchte, einem gelben, herben, nicht eben leichten Zypernwein, einem ungeharzten, wie sich dort von selbst versteht, und mochte ihn mit dem letzten Schluck ›Adat‹ vergleichen, den ich mir im Yarden Hotel in der Ben Yehuda um 18 Uhr zum Abschied hatte geben lassen. Konnte mich anfangs nicht entscheiden. Beide Weine haben viel für sich. Dann entschied ich mich für den Wein, den ich gerade hatte. Was bleibt einem übrig?

In **Zikhron Ya'akov** habe ich vor zehn Jahren zum ersten Mal ein Chamäleon auf freien Füßchen gesehen - oder richtiger: zu sehen bekommen. Wir, eine Handvoll mittagsmatter Touristen, wußten zuerst gar nicht, was los war und was er wollte: aber der Fahrer unsres himmelblauen Stationcars hatte es grau auf einer grauen Mauer hocken sehen, hielt, stieg aus, griff sich das Lebewesen und setzte es auf die Kühlerhaube. Dort wurde es blau. Himmelblau.

(1967, im November)

Die Fremdenführerin sah wie eine vernünftige Lehrerin aus, ein ernsthaftes, herbes, etwas spätes Mädchen. Sie sprach Englisch mit einem Durchschuß von östlichem Akzent, mit Eifer und bisweilen sehr schnell, um recht viel mitteilen zu können. Ihre Stimme übertönte das Brummen der vier Motoren vermöge einer Lautsprecheranlage einigermaßen, und die Lautsprecher enthielten sich verzerrender Zutaten, so sehr sie diese auch lieben. Wenn die Fremdenführerin etwas kommentierte, was links unten zu sehen war - **Ashdod** zum Beispiel mit seinen qualmverschleierten Industrieanlagen und dem wachsenden Hafen, oder **Ashkelon,** wo Herodes der Große zur Welt kam -, erhob sich, was rechts in der Kabine saß, um nach Backbord zu treten und, über die Köpfe der dort Sitzenden hingedrängelt, abwärts zu äugen sowie nach Möglichkeit oder trotz Unmöglichkeit aus schwer einzunehmenden und noch schwerer zu haltenden Attitüden durch die Kabinenfenster zu zielen und zu fotografieren. Und, wenn sich an Steuerbord etwas zur Betrachtung bot, umgekehrt.

Die Maschine war nicht voll belegt, erlaubte also solches Hin und Her. Sonst wären die Steuerbordgäste fürs erste auch leer ausgegangen. Denn wir flogen bis in die Gegend vor **El Arish** mehr oder minder genau die Küstenlinie entlang, so daß zur Rechten weiter nichts zu besichtigen war als das offene Meer in traubenblauer Morgenfrische. Teerosenfarbene Schönwetterwolken rechts voraus. Rauchbraune Dunstschwaden da und dort in geringerer Höhe über der wellengeriffelten Bläue. Kein Schiff, kein Frachter, kein Tanker. Anzunehmen nebenbei, daß sich die Seitenwechsel der Menschenfracht dem Piloten als Gewichtsverlagerungen bemerkbar machten, die er korrigieren mußte. Überraschend werden sie ihm nicht gekommen sein. Der Flug war schon seit fünf Monaten stehende Einrichtung, und was sehenswert war, sah er beizeiten sich nähern.

»Unten links, meine Damen und Herren, beginnt jetzt der Gazastreifen ... Die Stadt **Gaza,** die Sie gleich sehen werden, reicht bis ins dritte oder gar bis ins vierte Jahrtausend hinauf«, lautete der Text der schwarzgelockten Ciceronin, an deren Schläfen sich, mehr dekorativ als beeinträchtigend, schon die ersten weißen Haare zeigten. Dann und wann beugte sie sich von ihrer Sesselarmlehne, auf der sie hockte, vor, um sich zu überzeugen, ob ihr Redefluß auch mit dem Fließband der Sehenswürdigkeiten unten synchron liefe. »Diese Stadt ist seit der Bronzezeit bis auf den heutigen Tag ununterbrochen besiedelt gewesen. Allerdings nicht immer von Arabern.«

Die Mehrzahl der Passagiere, schmucke US-amerikanische Damen in den besten Jahren, aber mit mehr make-up und Frohsinn als erforderlich, quittierte diese Anmerkung mit leichtem Lachen. Das veranlaßte die Sprecherin zu einer offenbar improvisierten Einschränkung: »Immerhin sind hier schon die Truppen **Alexanders des Großen** arabischer Infiltration aus dem Süden begegnet. Gaza ist damals - 332 - von Persern und Arabern sehr energisch verteidigt worden... Bei der Operation Kadesh, dem Sinai-Feldzug von 1956, fiel die Stadt Gaza am vierten Kriegstag, dem 2. November. Diesmal fiel der ganze Gazastreifen schon am zweiten Tage. Das war Dienstag, der 6. Juni 1967. Wir sind besser geworden.«

Alle nickten beifällig, und das Gesicht der Referentin wurde von einer leichten Röte überflogen, als sie fortfuhr: »Damals - 1956 - sollte die 8. ägyptische Division unter Generalmajor **Adrodi** den Gazastreifen halten. Ja aber!... Seine Division bestand nur aus einer Brigade Nationalgarde, Nassers Leibtruppe, neben der regulären Armee zu drei Bataillonen ohne genügende Ausbildung, aus der Palästinensischen Brigade, Flüchtlingen, Einheimischen und Totenkopfkommandos, den *Fedayun*, ferner aus dem 21. Bataillon und aus Fliegerabwehr mit schwedischen 4-cm-Kanonen. Artillerie hatte er, Panzer hatte er nicht...«

Jemand unterbrach mit einer Frage, die nicht zu verstehen war, und bekam zur Antwort: »*Fedayun or Fedayeen... as the gunmen are called in Egypt...* Sehen Sie: der Gazastreifen wurde 1948 von den Ägyptern erobert, nachdem die Briten am 14. Mai 1948 Palästina verlassen hatten. Wir mußten von diesem Tage an gegen Truppen aus Ägypten, Syrien, Libanon, Jordanien, Saudiarabien, Jemen und Irak zugleich kämpfen. Das ging über die Kräfte unsres soeben geborenen Staates... Jetzt kommt gleich Gaza, kein besonders ansehnlicher Ort... Die ägyptische Verwaltung ließ die 260 000 Flüchtlinge im Streifen absichtlich auf die internationale Fürsorge angewiesen sein, anstatt sie überallhin auszusiedeln, und hielt dementsprechend auch die angestammte Bevölkerung knapp über der Hungergrenze, um in dem künstlichen Elend desto leichter Mitglieder für die Fedayun rekrutieren zu können. Der einzelne Mann bekam denn auch neun ägyptische Pfund für jedes Unternehmen ... **Nasser** hat übrigens aus seiner Verantwortlichkeit für diese Sabotage- und Mörderorganisation niemals ein Geheimnis gemacht - unter dem Namen *Al Fatah*, ›Die Eroberung‹, besteht sie oder Entsprechendes unter anderen Namen nach wie vor in Jordanien und Syrien weiter -, und auch die anderen Araberstaaten haben sich nie distanziert und Fedayun wie eigene Terroristen von ihren Gebieten aus gleichfalls eingesetzt. Wir erlebten allein von 1951 bis 1956 rund 6000 Sabotage- und Raubunternehmungen auf israelischem Boden, wohlverstanden, und hatten infolge von rund 3000 bewaffneten Fedayun-Aktionen 405 Tote und 889 Verwundete hinzunehmen. In den weitaus meisten Fällen war der Gazastreifen der Ausgangspunkt. Es wurde Zeit! Nasser hatte den Suezkanal verstaatlicht und für unsre Schiffe, aber auch für Schiffe andrer Flaggen, wenn sie nur Ladung für Israel an Bord hatten, gesperrt. Am **Golf von Akaba** unten, an der Straße von Tiran - ich werde sie Ihnen nachher zeigen - die gleiche Situation wie 1967! Wir sind heute noch auf Einfuhr angewiesen. Es ging um unsre Existenz! ... Die Barakkenlager, die Sie jetzt sehen, sind noch bewohnt. Sie stehen schon seit 1949. Und es sind immer noch die Flüchtlinge von 1949. Und dort geborene Kinder und Enkelkinder. Diesmal wie damals verlief der Kampf um die Einkesselung des Gazastreifens zu rasch, als daß diese riesigen Flüchtlingsmengen und ihre Nachkommenschaft hätten abtransportiert werden können. Der Marktplatz! ... Was haben wir Mädchen aus **Nahal Oz** damals für Gefangene aus den Häusern herausgeholt und da auf dem Markt dort unten zusammengetrieben. Es war ein schöner warmer Tag. Wir in blauen Shorts und mit unsern Karabinern. Und die Beute an modernen Waffen! Die rückstoßfreien Panzerabwehrkanonen ähnlich Ihren ... eh, den amerikanischen Bazookas, und so merkwürdig leichte Maschinenpistolen, mit denen man freihändig schießen konnte wie mit einem Revolver ... Nahal Oz ist der Grenzkibbuz, der am meisten hatte leiden müssen! Im Sechstagekrieg ist er fast ganz zerstört worden.«

Dann hing sie, für eine Weile verstummt, den eigenen Erinnerungen nach, ehe sie sich wieder dem althistorischen Teil ihres Stoffes zuwandte, der ihr weniger am Herzen zu liegen schien: »In den fünf Städten **Ashdod, Ashkelon, Gaza, Ekron** und **Gath** sind von **Ramses III.** im Anfang des 12. Jahrhunderts vor Christus besiegte Philister als Militärkolonisten angesiedelt worden, die teils in Ägyptens Auftrag, teils auch mit dem Rückgang der ägyptischen Macht auf eigene Rechnung empfindlichen Druck auf Israel auszuüben begannen und es schließlich unterwarfen. Aus Gath - es lag weiter landeinwärts, besteht aber längst schon nicht mehr -, aus Gath stammte der Ihnen allen aus dem Alten Testament bekannte Riese Goliath. David hat ihn im Zweikampf getötet, und daraufhin wurden die Philister Vasallen Israels ... Jetzt können Sie **Khan Yunis** erkennen ... an der Straße nach **Rafah.** Dort war Adrodis Hauptquartier, und dort befand sich auch, weil die Fedayun lange schon zu einem Organ der Armee geworden waren, ihre zentrale Leitung. Es gab eine Menge entschlossener Leute drunter, die ihre Haut teuer verkauften. Es wurde dort hart gekämpft, und Khan Yunis hat sich damals etwas länger gehalten als Gaza, und einzelne Widerstandsnester verteidigten sich sogar noch darüber hinaus. Aber genug davon! ... Kreti und Pleti haben später die Leibgarde der jüdischen Könige gestellt. Woher die Kreti oder Kereti stammen, steht nicht genau fest. Vielleicht waren es Männer aus Karien. Die Pleti hingegen sind die Philister, von denen ich eben sprach ... Gath, der Name Gath heißt übrigens die Weinpresse.«

Dann schien nichts Erwähnenswertes weiter in Sicht zu kommen. Links unten breitete sich graubraunes Land, wenig gestaltet, abflachend, spärlich mit Bäumen bestanden, stellenweise bewirtschaftet und, wie es endlich schien, gar nicht mehr beackert und genutzt. Die Wüste kündigte sich an.

Der Name **Goliath** soll dem griechischen Namen Alyattes entsprechen. Aber ist das Griechisch? Alyattes hieß zum Beispiel der Vater des sprichwörtlich reichen Lyderkönigs Krösus. Die Philister - Pelasgoi und Pelastoi auch griechisch - sind aller Wahrscheinlichkeit nach Indoeuropäer gewesen. Waren Unbeschnittene jedenfalls. Doch haben sie in dem Lande, dem sie den Namen gaben, in Palästina, bald schon Sprache und Religion der semitischen Einwohner angenommen. Was eigentlich für ein erträgliches Verhältnis zwischen Ankömmlingen und Altansässigen spricht. Mindestens doch waren Ehen zwischen jüdischen Männern und Philisterinnen möglich und nicht bloß umgekehrt. **Simson** beispielsweise heiratete ein Philistermädchen aus Timnath, gedachte auch mit dessen jüngerer Schwester anzubandeln, tat schön mit einem Kind aus Gaza und geriet endlich in die trügerischen Hände der **Delila** vom Bache Sorek, die ebenfalls Philisterin war. In Gaza stand der Dagontempel, den der Geschorene und Geblendete dann einriß über Fürsten und Volk. So nachzulesen Richter 13 - 16.

»Jetzt überfliegen wir **Rafah**«, sagte die Fremdenführerin und nahm ihre Mitteilungen wieder auf. »Bei Rafah hier unter uns längs der alten Philisterstraße, die die Römer dann ›*via maris*‹ nennen sollten ... Sie sehen auch die Bahnlinie, die in vernünftigeren Zeiten einst Kairo und Haifa verbunden hat ... Bei Rafah haben 217 vor Christus griechisch-ägyptische Truppen unter **Ptolemaios IV. Philopator** einen Sieg über **Antiochos III.** errungen, den Herrn des griechisch-persisch-syrischen Seleukidenreiches, obwohl sich die ägyptische Flotte davongemacht hatte, die das Heer - wie zuvor und noch oft an dieser Küste - hatte begleiten sollen. Seleukiden und Ptolemäer stritten um den Besitz der Philisterprovinz.«

Pause.

»Rafah fiel 1956 am 1. November in unsre Hand. Damit war der Gazastreifen abgeschnitten. Ich erwähne das nur, damit Sie vergleichen können. Das ägyptische Oberkommando, das 250 Kilometer weiter westlich am Nil saß, hat nicht den geringsten Schritt getan, um die Eingekesselten im Streifen irgendwie zu entlasten ... Diesmal fielen Rafah, Khan Yunis, ja auch schon Teile von Gaza selbst bereits am Montag, das heißt am 5. Juni; der ganze Streifen, wie gesagt, am 6. Unser strategisches Konzept war wesentlich anders als seinerzeit, wo übrigens keineswegs alles so nach Wunsch gegangen ist, wie es für die Außenwelt vielleicht ausgesehen hat. In der Nähe von Um Katef war es dazu ge-

kommen, daß wir acht Panzer durch eigenen Beschuß verloren haben. Denken Sie an! . . .«

Pause.

»Rafah, **Abu Ageila** links und die alte Türkenbefestigung
El Arish, in der Oase rechts von uns vor der Küste, waren
die Eckpfeiler einer großen befestigten Stellung - ich spreche
von 1956 -, die wir teils frontal, teils aus dem Negev, teils
auch sogar vom Raum Eilath her einkreisten. Diesmal haben
wir uns weniger lange aufgehalten und dafür noch schneller Wirkung erzielt. Diesmal hat sich die Division Sharon
mit Abu Ageila allein beschäftigt und ist dann auf **Nakhl**
vorgegangen, während die Divisionen Jaffe und Tal als doppelter Stoßkeil direkt auf den Suezkanal, über Bir Gifgafa
auf **Ismailia** und über den Mitla-Paß auf Suez selbst hin
operierten.«

Wir hatten südwestlich Rafah sich die Straßen gabeln
und kreuzen sehen und waren jetzt im Begriff, das Meer
nach und nach rechts von uns im Norden liegen zu lassen,
ohne daß wir den Kurs geändert hätten. Zur Küste hin
formierten sich gelbe Sanddünen zu einem Bilderbuchexem-
plar von Wüste. Durststrecken im schrecklichsten Sinn des
Wortes. Man sah in der Nähe unten auf festerem Boden die
Zickzacklinien der ägyptischen Stellungen, die wohl gutteils betoniert oder fest ausgebaut gewesen und daher nicht
schon verweht waren. Aber man sah auch Bomben- und
Granateinschläge, Sprengtrichter und Geschützstellungen
im bloßen Sand, die sich noch gut markierten, und - wo das
Terrain es erlauben mochte - Fahrspuren von jedem Ge-
ländepunkt zu jedem anderen, möglicherweise von Ketten-
fahrzeugen der Sieger, die mit der Bergung der unermeßlichen Beute an Fahrzeugen und brauchbaren oder schrott-
reifen Waffen noch vor kurzem befaßt gewesen waren. Die
festen Stellungen, kriegsschulmäßig richtig auch dem Gelände beiderseits der Asphaltstraße angemessen, machten
dennoch einen anachronistischen Eindruck. Ägyptens Ost-
wall. Die israelische Armee hatte Rommels Prinzip der Beweglichkeit im Wüstenkrieg mit unübertrefflichem Elan und
mit Schneid angewandt und das starre Wesen der ägyptischen Strategie zum zweiten Mal *ad absurdum* geführt. Man
sah die Rampen, wo Nassers Panzer sich eingegraben und
ihrer Aktionsfähigkeit begeben hatten, ehe sie beim Her-

ausmanövrieren auf die eigenen Verminungen gelaufen waren. Ein dummes und entsetzliches Debakel.

»Bei Abu Ageila haben der Division Sharon im Juni 1967 vier Bataillone der 12. Infanteriebrigade und 88 Panzer vom Typ T 34 sowie 22 Sturmgeschütze, ferner wenigstens 36 Feldartilleriegeschütze, sowie das 33. Bataillon mit Panzerabwehrraketen vom Typ Schmel gegenübergestanden«, sagte die Fremdenführerin. »Hinsichtlich Zahl und Ausrüstung waren uns die Ägypter nach wie vor turmhoch überlegen. Die meisten Waffen stammten aus der Sowjetunion, die schweren vor allem ... Wir gehen jetzt auf südlichen Kurs in Richtung Nakhl.«

Wie auf Kommando veränderte sich unsre Flugbahn demgemäß mit einer einzigen sanften Seitenneigung. »Die Festung **El Arish,** die wir nunmehr hinter uns gelassen haben, wurde im Februar 1799 von **Napoleon** genommen. So hatte er freie Hand für seine Unternehmung gegen Syrien, die ihn zwar nicht nach Indien und nicht einmal bis vor Konstantinopel führen sollte, sondern bereits vor Akko scheiterte. Zunächst aber konnte er ungehindert darangehen, die festen Plätze Gaza und Jaffa in seine Hand zu bringen, das heutige Yaffo in der Stadtgemeinde Tel Aviv. In Yaffo waren Sie vielleicht schon. Wenn nicht, dann sollten Sie nicht versäumen, Yaffo in Ihr Besichtigungsprogramm aufzunehmen ... Meine Damen und Herren, ich kann Ihnen hier selbstverständlich nur Bruchstücke bieten. Aber schon aus dem wenigen werden Sie entnommen haben, daß es kaum eine Gegend in der erforschten Welt geben wird, die es an geschichtlicher Ereignisfülle mit dieser hier aufnehmen kann, die an der Nahtstelle zwischen Asien und Afrika nach Westen eine offene Küste hat. Die Halbinsel Sinai gehört geologisch zu ... Wie bitte?«

Von einem der vorderen Sitze aus schien jemand die Auslassungen unterbrochen zu haben. Die Sprecherin schüttelte den ernsthaften Kopf und sagte: »Nein! Nicht Allenby! General **Edmund Allenby** ... Sie kennen sicher bereits die große Straße in Tel Aviv, die seinen Namen trägt, nicht wahr, und haben gewiß auch schon von der Allenby-Brücke über den Jordan gehört oder gelesen, die Sie allerdings auf Ihrer jetzigen Reise nicht werden besichtigen können, weil sie zur Zeit noch im Operationsgebiet liegt ... Sir Allenby jedenfalls war der Nachfolger **Archibald Murrays,** 1917 im Juli, jawohl! Aber Murray war es, der hier die Sinaioffensive von 1916 geführt hat. In deren Verlauf konnten sowohl El Arish wie Rafah den Türken abgerungen werden. Was nicht mehr und nicht weniger als die endgültige Sicherung des Suezkanals für die damalige Entente bedeutete ... Sie sehen, die Fragen, um die es hier geht, sind im Grunde, weil auch in der Geographie begründet wie alle Historie, stets nur Variationen über ein und dasselbe Thema ... 1917 haben die Türken sich dann auf der Linie Gaza - Be'ersheba hartnäckig verteidigt, und um Gaza kam es schließlich zu einem regelrechten Grabenkrieg wie an der Somme oder sonst im Westen, in Frankreich. Nur war es hier wüstenmäßig trocken. Die Tanks, die britischen Tanks versagten. Sie waren für diesen Sand, diesen Staub nicht konstruiert. Mit 30 000 **Dro**medaren wurde die Wasserversorgung der britischen Truppen an der Sinai-Front bewerkstelligt. Lastwagen hätten das damals noch nicht schaffen können. Die Türken haben Gaza erst im November 1917 aufgegeben, nachdem sie bei **Be'ersheba** entscheidend geschlagen worden waren.«

Pause.

Vor zehn Jahren befand ich mich in obenerwähntem Stationcar auf der Fahrt nach **Akko.** Meine Mittouristen hatten sich mit dem Fahrer und Reiseführer in einer Person, jenem Chamäleonfänger, nach Versuchen in Englisch und Französisch, die er hinlänglich beherrschte, und in Iwrith, das die Wageninsassen aber nicht beherrschten, auf Verwendung der deutschen Sprache geeinigt, die alle gleichermaßen verstanden, all die einstigen Emigranten, jetzt aus Kapstadt und Edinburgh, und so leidlich auch das betagte jiddisch sprechende Ehepaar aus New York, das merkwürdigerweise des Englischen nicht recht mächtig war. Der Fahrer, der ein schwenkbar befestigtes Mikrophon vor seinen Mund bringen konnte, war ein Berliner vom Bayerischen Platz, aus wohlsituiertem Elternhaus also, ein gefällig aussehender Mensch von einigen Dreißig, groß, schlank und braungebrannt. Der Bürgerlichkeit los und ledig. Er beschloß seinen Exkurs über Akkos Geschichte folgendermaßen: »**Napoleon,** der Bochor, hat gelegen drei Monate vor Akko und hat es nicht können nehmen. Unsre Jungs haben es genommen in drei Tagen!« Er selbst habe damals - 1948 - zu einem Stoßtrupp gehört, der im Libanon Eroberungen auf Zeit machte, so erzählte er. Bochor bedeutet jiddisch soviel wie Talmudschüler, aber im Rotwelschen einen Anfänger im Diebesgewerbe. Napoleon, der Bochor! Das Jüngelchen. Jingelach. -

»Das war der Dschebel Libni rechts«, fing die Sprecherin nach einer Weile wieder an. »Und im Augenblick nähern wir uns **Bir Hasana.** Von hier ab wurde das Wasser für die auf Nakhl vorrückenden Teile der Division Sharon nur noch mit Lastenfallschirmen abgeworfen. Das funktionierte fast so exakt wie im Manöver. Keine 30 000 Dromedare mehr! Müßte mich erst erkundigen, ob es in Israel heute überhaupt auch nur 10 000 davon gibt. Technisch ist man eben in den letzten fünf Jahrzehnten seit 1917 ganz nett vorwärts gekommen. Obwohl ... Dromedare sind hübsch auf ihre Art ... doch! Sie sollten einen Abstecher in den **Negev** machen zu den Beduinen. Da gibt es noch Kamelherden ... Als Sharons Vorausabteilungen hier erschienen, war Keseime ... nein, Sie können es nicht sehen! ... Keseime an der bisherigen ägyptischen Grenze noch nicht genommen ...«

Pause.

»Und hier, ungefähr am Rande dieses Plateaus vor dem Wadi el Arish, haben Sharons Panzerspitzen des Nachts gestanden, als ihnen die Meldung durchgegeben wurde: Die Altstadt Jersusalems ist in unsrer Hand! ... Das müssen Sie sich vorstellen - was das bedeutete!« Die Sprecherin bekam feuchte Augen und warf einen Blick ins Cockpit oder jedenfalls von ihrem Publikum fort.

Unten beiderseits einer südwärts verlaufenden und zur Zeit kaum befahrenen Straße, die augenscheinlich nicht asphaltiert war, hob und senkte sich das Gelände gebirgig. Geröllhalden, Bergrücken, Mulden, Schluchten, Dünengebilde, trockne Flußbetten, ins Flache hinaus verädert wie ein kalkbleiches Wurzelgeflecht oder wie eine entrindete Baumkrone, das Fotonegativ einer kahlen Baumkrone, und wieder zerklüftete Bergstöcke und Riffe, alles in Sandweiß, Sandgelb, Sandgrau, Braun und Teerbraun. Dunkles Eisenoxyd stellenweise. Winzig wie zertretene Käfer die ausgebrannten Fahrzeuggerippe, die vereinzelt noch am Straßenrand und da und dort auch irgendwo im Gelände steckten. Letzte und spärliche Hinterlassenschaft eines Krieges, der schwerlich der letzte sein würde. Und schließlich keine

Kriegsspuren mehr, die ins Auge gesprungen wären. Motorengesang vierstimmig. Orgelartig.

Tamarisken und Kameldorn - was hätte es sonst sein sollen? - an Talhängen und Wadirändern, schüchterner Wüstentrost, als loses Tupfenmuster ausgestreut, dessen wunderschöne, sichtlich nicht zufällige Anordnung sich freilich nur der Vogelschau erschließen wird. Die wohlproportionierten Abstände von Strauch zu Strauch wie nach dem goldenen Schnitt verteilt, wie nach einem Gesetz, ähnlich dem, das die Intervalle der Grundtonreihe bestimmt. Wer ist der Verteiler?

Bei immer noch schrägem Sonnenlichteinfall an Felsenkanten und Sandwächten allerlei Augentrug: wenn man sich dem Anschein anheimgab, ließen sich die Eigenschatten und Schlagschatten verwechseln und täuschten dann entgegengesetzten Sonnenstand und andere, verkehrte Gefälleverhältnisse, ja bisweilen sogar etwas wie ein negatives Relief der wirklichen Erhebungen vor. Landschaft *en creux*, Großraum-Intaglio gewissermaßen. Das Crescendo des Leuchtens von unten her, das Glasten und Glosen von allen Seiten, auch aus der Luft, zwang zum Blinzeln. Die Kommentarpausen der Sprecherin wurden größer, füllten sich auch nicht mehr so lebhaft mit Palaver von Sitz zu Sitz und dem wortfroh gequäkten Gedankenaustausch der Damen wie anfangs. Die Landschaft begann Stille zu gebieten.

»Wir überfliegen **El Nakhl**«, lautete die lakonische Anmerkung der Fremdenführerin, »und wenden uns in westlicher Richtung zum Mitla-Paß.« Das Flugzeug gehorchte abermals. Dann zog es wieder in Ruhe seine gerade Bahn, begann aber sacht auf 1500, auf 2000 Meter zu steigen. »Über Nakhl, das am 8. Juni von uns genommen wurde, führt von Suez her die alte Pilgerstraße ostwärts nach Akaba, das Sie nachher von Eilath aus liegen sehen können, und weiter bis nach Mekka und Medina.«

Über dem **Mitla-Paß** und im Angesicht der Senke, in der der Suezkanal durch seine Bitterseen zieht, drehten wir nach Südost und folgten in gebotenem Respektabstand der Küste des blauen Golfs von Suez. Im Dunst aus Rauchgrau und Flamingofarben drüben afrikanische Gebirge. Unter den Tragflächen unten Bohrtürme, »deren Öl nicht nur den Bedarf Israels decken kann, sondern auch einigen Export er-

möglicht«. Auch Bohrtürme im Wasser. Bergwerke von Tal-
rändern aus in steile Felswände gearbeitet, in denen schon
die Pharaonen Kupfer, Malachit und Türkise haben schür-
fen und sammeln lassen und die noch betrieben werden.
Es kribbelte ameisenhaft vor Stollen und Schächten. Wer
mag da arbeiten? Kleine lichte Wolkenflocken aus Südost,
eine Herde.

Dschebel Sirbel, 2070 m hoch. Wir Schulter an Schulter mit seinem
Gipfel, immer noch steigend, Scheitel an Scheitel mit anderen
Felsenhäuptern. Rotgrauer Gneis wie geschliffen, rötlicher Granit
wie poliert. Schiefer, glatte blanke Platten. Spiegel der schloh-
weißen, glühweißen Sonne, glänzende, gleißende, lodernde Tafeln, Silbertafeln, Weißgoldtafeln gestuft und gestaffelt: **Dschebel
Musa** in eherner Majestät, 2285 m hoch. Der Berg **Horeb**? Einer
von diesen Bergen war es! Wo der Busch brannte, ohne zu vergehen. An seinem, an einem Sockel das Katharinenkloster. Grüne
Oase, eingefriedete Gärten, eine schlängelnde Straße aus tief-
blauen Schatten hervor, Dattelpalmen. Unsre Maschine umkreist
den Bergklotz **Dschebel Katharin,** 2637 m, im Gegenzeigersinn
und in feierlich langsamer Flugart. Den höchsten Berg. Das Kloster kommt zum zweiten Mal in Sicht. Unter Steuerbord jetzt.

Im Buch Exodus, 24/16 und 17 steht: *»Und die Herrlichkeit
des Herrn wohnete auf dem Berge Sinai«* und *»Das Ansehen der
Herrlichkeit des Herrn war wie ein verzehrendes Feuer auf der
Spitze des Berges . . .«*

Wir zählten den 20. November, 11 Uhr und 10 Minuten
hart vor dem 28. Grad nördlicher Breite. Knappe 100 Kilometer vor **Sharm el Sheikh,** vor der befestigten Südspitze
der Sinaihalbinsel, die sowohl nach Afrika als auch nach
Asien blickt, den Golf von Akaba wie den von Suez kontrolliert und ebenfalls noch umflogen wurde. Niedriger
wieder, über den türkisenen Buchten, den malachitenen, den
smaragdenen Bändern, den saphirnen, den purpurblauen
Gründen der Korallenriffe. Und über goldgelben Sand.

(1967, im November)

Ach, es soll ja alles gar nicht stimmen und die Bibel doch nicht recht haben. Der Berg **Horeb** soll mit dem **Dschebel al Araif**, dem Har Arif im mittleren Negev identisch sein, der keine tausend Meter hoch ist, oder müsse bei Petra oder sonstwo im Arabischen gesucht werden. Andere wieder meinen, Horeb - das heißt der Dürre, der Einsame - sei ein tendenziöser Name, der die ältere heidnische Bezeichnung habe verdecken und verdrängen sollen. Denn Sinai bewahre anstößigerweise den des sumerisch-akkadisch-babylonischen, auch allgemein semitischen Mondgottes Sin, der sich einst höchster Verehrung besonders auch in Ur in Chaldäa erfreute. Begütigende Deuter wieder wollten Sinai von ›s'neh‹ ableiten, das Dornbusch oder Akazie meint. Jahweh ist dem **Moses** in einer ›s'neh‹ erschienen, einer brennenden, und daher also.

Bin früher einmal dran vorbeigeflogen, am **Har Arif**. Aber wie! In einer winzigen Maschine mit ganz wenigen Motoren von **Eilath** herauf, wo die Sonne eklig zu stechen und im Lauf eines hitzigen Tages starker Südwind über den Golf herzublasen begonnen hatte. Den falschen Horeb aber mit flugteppichmäßiger Muße zu beschauen, war mir nicht beschieden. Wußte auch nicht, welcher Name welchem der Gipfel zukam, die da längs der ägyptischen Grenze auf Posten standen. Längs einer steingrauen Wetterfront obendrein. Hopsassa! Denn der gedruckte Reiseführer zuckte unter den Augen weg, keine Zeile zu haschen und zu halten. Und den Luxus eines sprechenden Luftreiseführers kannten der junge Staat Israel und seine Unternehmen damals selbst in kühnsten Planungen noch nicht. Wäre auch kaum zu Wort gekommen, der Guide, und hätte nichts zeigen können, ohne danebenzuzeigen.

Böse Gebirge vom Westen her anstehend. Dräuend die zakkigen Häupter gegen das Bleidach des Himmels angestemmt. Die Bleikammern. Schwarzbleckend die Bergzähne, die Hauer aus den staubwirbelnden Abgründen heraufgefletscht. Wie einen leeren Löscheimer warf uns eine Böe in die Windfänge der nächsten. Und falls diese uns fallen lassen wollte, Knall und Fall, in die Fangarme der übernächsten, in die fuchtelnden. In Saus und Braus. Hochhinaus. Kopfüber. Und abwärts mit Macht. In den Sack. Da fuhr jemandes Hand in meine Haare wie eine Fledermaus.

Da schwang sich der schwarze **Har Geshur**, wenn er's war, im Kabinenfenster riesenhaft aufwärts und ließ die rostgelben, brandroten, asphaltgrauen, torfbraunen, maulwurfschwarzen, eierschalenweißen Felsenbänder seiner Bergflanken prunkend steigen, auf deren seitlichen Anblick niemand gefaßt war. Sein buntes syrisches Wickelkleid. Tanzte hoch, **Ba'al Zebub**, Beelzebub, Fliegenbaal, um augenblicks darauf mit Heftigkeit niederzustürmen, in die Knie mit Ach und Krach, und den Anblick seiner schrundigen Glatze den Fluggästen unter die blassen Nasen zu reiben. Felsmodenschau. Da gähnten und klafften die Canyons unten am Leibe des **Har Sagi,** wenn er's war, dieser finstere Götze, und spreiteten ihr kalkiges Wadigeäder ins Hügelland nieder. Ostwärts in die lichtflirrende Arawa. Vergeudete Gerinnsel ins Helle zu den wandernden Dünen hinaus. Aber jählings hob's uns schon über die Firste seines nachtblauen Felsennackens hinan in die Strudel der Winde. Da griff meines Hintermannes Hand in meine Haare wie ein fliegender Hund.

Da eiferten **Har Ramon, Har Hafir** und **Har Hamet** in dieser oder sonst einer Reihenfolge, wer wohl die kohlschwärzesten Gesetzestafeln hochfahrend vorzuweisen habe und am greulichsten aufwuchten und wieder versenken könne. Greuel und Scheuel. Hau ruck! **Hammurabis** porphyrene Gesetzesstele. Anthrazitene. Aufrichten und runter damit. Zerschmettern womöglich. Mohrenköpfe. Hoch! Nieder! Fallgesetze. Drei Mohren. Sie konnten es alle drei. Kraft gleich Masse mal Beschleunigung, gab es nicht so etwas? Von Sitzgurten keine Rede. Unnützer Komfort. Wer sich nicht an seine Armlehnen klammerte, knallte mit dem eigenen Schädeldach, bums, gegen die Kabinendecke. Aus Blech. Wellblech. Hebung durch Senkung. Kraft Trägheitsgesetz vermutlich oder nach Aufhebung der Erdenschwere, was weiß ich. Gewogen, gewogen und zu leicht befunden. Potzdonner!

Und der grüne Mann auf dem Sitz hinter mir ward derart vom würgenden Elend gepackt, daß er, die Tüte in der Rechten und der Armlehnenverankerung daher einseitig verlustig, endlich auch den Halt der Linken verloren, meine Sitzlehne verfehlte und letzte Rettung in meinen Haaren gesucht hatte, in die er sich krallte, mit Verzweiflung krallte.

»So lassen Sie doch den Unsinn!« rief ich auf deutsch in das Getöse. In einer Schnaufpause der Windsbräute stammelte der Grünliche in Hemd und Hose Entschuldigendes. *»Menetekel!«* hörte ich ihn sagen. Aber ich verstehe keine fremden Sprachen, genau genommen, und brüllte: *»Don't mention it! ... en davar!* Dußliger Hund!« Er nickte einverstanden, aber sann, wie er mein Kopfstroh von neuem erwische, wenn uns die nächste, da war sie, Sturmwoge ergriffe, pardauz! Dachte gar nicht daran, der Har Arif, der Horeb zu sein. Dachte nicht dran. Wischten uns alle den Schweiß, wir zwölf Passagiere.

Überm grauen Meer draußen war der Himmel wolkenlos weiß und voll stechendem Licht. Man verließ in **Lod** das Flugzeug in Ofenglut hinaus. Der Chamsin war da. Es war der 7. Mai. An fünfzig Tagen zwischen Frühlingsanfang und Ende Mai, heißt es, sucht dieser Wind, dieser heiße, dörrende, zehrende Bote der Wüste, dort Land und Leute heim, macht schwach und gereizt und brennt auf der Haut, als wolle er sie mit Brenngläsern ansengen. Die Lippen springen. Chamsin heißt ›fünfzig‹ auf Arabisch. Spötter sagen, an fünfzig Tagen im Jahr weht er nicht.

(1957, im Mai)

6 Kamellasten

Kamele gibt es! Einer meiner Bekannten, ein großer Reisender unter der Sonne mit beruhigend vielem Geld, gönnte vor ein paar Jahren seiner Frau und sich das Vergnügen eines Kamelrittes im Angesicht der Cheopspyramide. Es sei ihm aber, als die Tiere sich erhoben, recht bänglich geworden, und er habe den Mut in dem Maße sinken lassen, wie sein schwankender Sitz hochgefahren sei. Und habe nur einer unerwarteten Belustigung wegen sein Herz wieder fassen können, nämlich weil er dem Rufen der Kameltreiber entnehmen konnte, daß das Kamel seiner Frau auf den Namen ›Bismarck‹ hörte und das seine auf ›Hitler‹. Da er

diesen schon immer hatte reiten wollen und weil ihn auch
ein solches Übermaß profaner Deutschfreundlichkeit verblüfft habe, so habe er dem ›Hitler‹ die Zügel schießen lassen und dieser sei derart davongeprescht, daß ›Bismarck‹
kaum habe Schritt halten können. In bildhafter Wahrung
der historischen Proportion, wie Hitler sie wohl gesehen
hatte.

Kamele gibt es und wird es immer gegeben haben, so denkt sich's
leicht. Gewissermaßen frei ab Arche Noah. Ein Orient ohne Kamele, unvorstellbar. Und dennoch scheint er ursprünglich weder
Pferd noch Kamel gekannt zu haben. Nach neuestem Stande,
archäologisch und paläoepigraphisch belehrt und gesichert, meint
man gewiß sein zu dürfen, daß das Dromedar (*camelus arabicus*),
ein Wildtier, das als solches nicht mehr vorkommt, erst nach dem
16./15., aber noch vor dem 13./12. Jahrhundert vorchristlicher Zeit
im Innern Arabiens gezähmt worden ist, das Wüstenschiff, das
Reitkamel, das Kriegsdromedar, und daß es Israel im 11. Jahrhundert dann geradezu mit einer Kamelzuchtexplosion zu tun
bekam. So in Richter 6 zu lesen: »*. . . gab sie der Herr unter die
Hand der Midianiter sieben Jahre. Und da der Midianiter Hand
zu stark war . . . machten die Kinder Israels für sich Klüfte in den
Gebirgen und Höhlen und Festungen. Und wenn Israel etwas
säete, so kamen die Midianiter und Amalekiter und die aus dem
Morgenland herauf über sie. Und lagerten sich wider sie und
verderbten das Gewächs auf dem Lande bis hinan gegen Gaza . . .
Denn sie kamen herauf mit ihrem Vieh und Hütten wie eine
große Menge Heuschrecken, daß weder sie noch ihre Kamele zu
zählen waren . . .*«

Hingegen sind die Erzväter nur Eselnomaden gewesen. Und die
Bibel hat, wo sie in Zusammenhang mit ihnen Kamele erwähnt,
nicht recht, sondern flunkert wahrscheinlich ein bißchen. Die Zeit
Abrahams ist die zwischen 1900 und 1750. Füglich, wenn es Genesis
24, 10 heißt: »*Also nahm der Knecht zehn Kamele von den Kamelen seines Herrn . . .*«, Abrahams nämlich, so kann es sich -
vorbehaltlich freilich künftiger widerlegender Funde der Archäologie - nur um anachronistische Erdichtung handeln. Niedergeschrieben ist die Genesis in der überlieferten Form erst gegen Ende
des 8. Jahrhunderts. Von den Jahwisten gegen 721, vom Elohisten
gegen 700. Ich komme noch darauf zurück. Also ein Jahrtausend
nach Abraham und immerhin so spät nach der Domestizierung der
Dromedare, daß ihre Vorversetzung ins Allzufrühe als verzeihlich
gelten kann. Zu Zeiten der Redaktion des Pentateuchs gehörte
Kamelbesitz nämlich zum Bild eines wohlhabenden Mannes, wie
es jedenfalls vom höchstehrwürdigen Erzvater und Gottesfreund

entworfen werden sollte. So trägt auf spätmittelalterlichen Darstellungen ein lesender Apostel oder ein studierender Kirchenvater das Zeichen gottgefälliger Gelehrsamkeit, die Brille. Und was der naiven oder tendenziösen Verstöße gegen den chronologischen Reigen der menschlichen Errungenschaften mehr sind.

Desgleichen stimmt es Genesis 12 zum sechzehnten nicht. Dort heißt es vom Pharao, der ein Auge auf Sara geworfen, während Abraham eins zugedrückt: »*Und er tat Abram Gutes um ihretwillen. Und er* (Abraham) *hatte Schafe, Rinder, Esel, Knechte und Mägde, Eselinnen und Kamele.*« In Ägypten hat man zu jener Zeit vor 1700 das Kamel erst recht nicht gekannt, sondern hat es nach Übereinstimmung der Gelehrten erst viel später durch die hellenistischen Griechen kennengelernt. So liest man es in **Carl Schneiders** »Kulturgeschichte des Hellenismus«, deren erster Band 1967 erschien; daß Ägypten sich der Bekanntschaft mit dem Kamel in seiner großen Zeit nicht erfreut und sie erst durch die Griechen gemacht habe, konnte man aber schon in **Hermann Gunckels** Genesis-Kommentaren von 1901 und vielleicht auch noch früher lesen. So unwahrscheinlich das klingt.

Es war eine wahrhaft große Sache mit den Kamelen. Auch wenn sie schon lange her und, wie die Dinge liegen, nach mehr als dreitausendjähriger Bewährung nunmehr in Bedeutungsverlust geraten ist und sacht abnehmen und schwinden wird. Wie die Sache der Pferde. Die der Kamele setzte eine richtige Beurteilung der Vorteile voraus, die sich ergeben müßten, wenn die Zähmung dieser starken, widerspenstigen, auch boshaften Tiere einmal in nennenswertem Umfange gelungen sein würde. Dies wieder hat die genaue Beobachtung ihrer Art und Weise durch die beduinischen Wüstenumwohner zur Voraussetzung.

Nur Beduinen konnten da entsprechend Bescheid wissen. Wer unterzieht sich so außerordentlicher Mühe über unabsehbare Generationen von Fängern und Züchtern hin für nichts und wieder nichts? Und ohne Absicht? Fleisch, Fett und Fell der Wilddromedare, wie begehrenswert auch, waren immer schon mittels Jagd zu erbeuten gewesen. Darauf kann es also nicht in erster Linie angekommen sein. Milch gaben Schafe, Ziegen und Esel. Davon hatte man für gewöhnlich genug. Es ist die Wüstenfestigkeit der langhaxigen Schwielensohler gewesen, die sie kühnen Köpfen interessant werden ließ. Und zwar für den Handel und dann für den Krieg. Für Handel und Händel.

»*Krieg, Handel und Piraterie, dreieinig sind sie, nicht zu trennen*«, lehrt Goethe. Alle drei sind so alt wie die Menschheit oder doch beinahe so alt. Die Tendenz ihn zu intensivieren, wohnt dem Handel inne. In seinem Dienst stand im Orient seit unvordenklichen Zeiten der Esel als Lastenträger. Allein, Eselkarawanen waren an Routen gebunden, die von Brunnen zu Brunnen führten, denn Esel trinken nur sauberes Wasser und können Durst nicht leiden. Im Gegensatz zum Kamel, das in dieser Hinsicht überhaupt nicht heikel ist und überdies in der Lage, tagelange Wüstenmärsche ungetränkt zu überwinden. Das verhieß aber, man würde nicht mehr auf die langwierige Umgehung wasserloser Einöden angewiesen sein, sondern sie stracks durchqueren können. Und verhieß Zeitersparnis. Ja, mehr noch! Ein Zug zahmer Dromedare würde aller Voraussicht nach weit längere Tagesstrecken bewältigen als die trippelnden Esel und dabei ein Mehrfaches an Lasten transportieren können. Erzeugerländer und Verbraucherländer, zur Zeit der grünenden Steppen einst nicht weniger miteinander verbunden als die eurasischen Steppenanwohner, seit dem dritten Jahrtausend aber, seit dem Anwachsen der Wüsten, im Abstand des Hörensagens voneinander oder nur in loser unzuverlässiger Geschäftsverbindung, würden einander wieder nähergebracht, die Umsatzgeschwindigkeit, die möglichen Profite um ein Vielfaches gesteigert werden können. Welche Aussichten! Aber jener Zeit durchaus gemäß, die man ihres zeitenwendenden Produktes wegen die Bronzezeit nennt und die so bewegt wie handelslustig und unternehmend war.

Als Zähmung und Züchtung vollendete Tatsachen geworden waren - mir kommt allerdings die von den Historikern dafür angesetzte Zeit von maximal vier Jahrhunderten recht knapp vor -, zeigte sich nach und nach, zu welchem Nutzen bislang unbekannter Zuchttierleistungen man gelangte. Eine Dromedarkarawane durchmaß gute vierzig Kilometer am Tag, erforderlichenfalls erheblich mehr, mindestens aber das Doppelte einer Eselskolonne, deren Höchstleistung die 25-Kilometer-Grenze kaum überschritt, und innerhalb dieses Aktionsradius mußte unbedingt der nächste Brunnen erreichbar sein. Und: »*Ein schäbiges Kamel trägt immer noch die Lasten vieler Esel.*« - Goethe.

Jedes Dromedar konnte wenigstens 150 Kilogramm, nach älteren Autoren aber gut auch das Doppelte und Dreifache auf den Buckel nehmen. Ja, es sollte sich bei stetig verfeinerter Zucht noch zeigen, daß ein Reisedromedar bis zu 140 Kilometer pro Tag zurücklegen kann. Der Gedanke, ein so geschwindes Vehikel für kriegerische Aktionen zu gebrauchen, lag so nahe, wie die Kriegsanwendung neuer Errungenschaften offenbar allezeit nahezuliegen scheint. Auftauchen, zupacken und, wie gekommen, wieder zurück in die Wüste, in deren Tiefe den Dromedarpartisanen nur folgen konnte, wer ebenfalls kamelberitten war.

Das war zunächst noch niemand. Die Bedrohung der altorientalischen kamellosen Welt blieb nicht aus. Babylon und Assur erzitterten.

(1968)

7 Philister über dir!

Pionierzeiten, abenteuerliche, heroische, verheerende. Idyllische nicht. Schlecht zu erleben. Kein ungetrübtes Vergnügen, ihr Zeitgenosse zu sein. Nach dem Ausmaß der Veränderungen durchaus der jüngsten Neuzeit zu vergleichen. Nicht nur das technische Gesicht der Welt war bereits durch jene neue Metall-Legierung aus Kupfer und Zinn, war durch den Bronzeboom in grundlegender Veränderung begriffen. Auch das Eisen begann gegen Ende des Jahrtausends mehr und mehr an Interesse zu gewinnen. Zu steinzeitlichen Handelsstraßen und Emporien kamen neue. Starker Rückgang im Obsidian- und Feuersteingeschäft. Salz und Bernstein gleichbleibend. Neue Rohstoffbasen, neue Umschlagplätze. Nicht nur der Überseehandel sah sich vor Aufgaben und Geschäften nie gekannter Dimensionen. Das Antlitz der Erde war besonders auch durch die rasche Verbreitung des Pferdes auf Kosten des Zugesels und durch den Siegeszug des einachsigen Pferdewagens mit Speichenrädern verwandelt. Bis in die Sozialgefüge. Bis in die Seelengefüge hinein. Oder richtiger: aus den Seelengefügen heraus.

Vollständig aber wird das Panorama der Weltumwandlung in jenem bewegten zweiten vorchristlichen Jahrtausend erst, wenn man auch die Völkerwanderungen ins Auge faßt, die offenbar einer überkontinentalen Unruhe und Aufbruchsstimmung entsprachen: insbesondere die **aramäische** und die **ägäische** Wanderung. Als Herdgebiet der ägäischen wird der mittlere Donauraum angesehen. Sie lief südostwärts-südwärts auf die anbrandende und verebbende Völkerwoge aller derer hinaus, die die Ägypter summarisch als **Seevölker** bezeichnet haben.

»Die Völker von der See!« Unter ihren Stürmen endete das Reich der **Hethiter**. Doch stammten auch diese schon aus dem nämlichen Donauraum und waren erst kurz zuvor, um 2300 vor Christi Geburt, in ihre anatolischen Siedlungsgebiete eingesickert und eingerückt. Kurz zuvor, wohlverstanden, *sub specie aeternitatis.* Das war eine frisch durchlüftete Welt der weiten Beziehungen. Bis tief nach Afrika. Bis in Asiens Herz. Eine Welt der Kommunikationen. Auch der des Krieges freilich, der auch eine Kommunikation ist. Daran ist nichts zu deuten. Das gehört ins Bild der weltweiten Drangfülle. Bezeichnend, daß der ägyptische Kriegsschiffbau schon von Errungenschaften der Seevölker Nutzen gezogen hatte, ehe es noch zum bewaffneten Zusammenstoß auf See kam. Neuheiten in der Takelage. Gordings (= »Gürtungen«), die das Kürzen des Segels erlaubten, ohne daß die Rahe hätte gefiert werden müssen. Mastkörbe als letzter Schrei im Schiffbaufortschritt. Schiffbauholz stark gefragt.

Aber wie es einen Zusammenhang zwischen der ägäischen Völkerausbreitung und dem Schiffbau sowie - noch früher - der Verbreitung von Pferd und Wagen zu geben scheint - einen Zusammenhang in der Pioniergesinnung, in der Aufbruchstimmung, einen der Gleichzeitigkeit, nach der Uhr der Jahrhunderte gemessen, und, in dem hier betrachteten Landkartenabschnitt, einen der Verbreitungsrichtung -, so mag es auch einen gegeben haben zwischen der aramäischen Völkerwanderung innerhalb des Vorderen Orients und der Domestizierung der Dromedare. Die **Aramäer** brachen aus Arabien auf. Ihr Spielraum war nicht so weitläufig wie der

der europäischen und eurasischen Wanderscharen, das Menschenreservoir erschöpflicher. Die Wanderung endete gegen das Jahr 1000. Sie führte zu guter Letzt ungefähr nordwärts, ging auf Kosten der kanaanitischen Vorbewohner und schob das kleine Volk Israel, das keine Kamele hatte, in sein Schicksalsland, in das »gelobte«.

Dort nun stießen beide Völkerschübe, der aus Norden und der aus Süden, aufeinander, die Juden auf Ankömmlinge oder Splitter und Reste der Seevölker: »*Philister über dir!*« (Richter 16, 9 ff.)

Die **Philister** waren mit der zweiten Welle der Seevölkerwanderung in Erscheinung getreten und brachten von den Hethitern erworbene Kenntnisse in der Eisenverhüttung und -bearbeitung mit. Seeräuber im übrigen, im Wikinger- und Normannenstil. Wahrscheinlich sind ihre letzten Stationen Kleinasien, Lydien vielleicht, Kilikien und Zypern gewesen, bevor sie zwischen 1194 und 1173 begannen, dem Pharaonenreich wirklich lästig, ja gefährlich zu werden. Frühe Berührung des noch namenlosen Europa mit dem Orient. Nicht die erste, aber mit die erste, die sozusagen hieroglyphisch zu Papyrus gebracht worden ist.

Kurz: damals begannen sich die Völkersitze auszubilden, die für die spezielle Geschichte des klassischen Altertums in drei-, vierhundert Jahren oder binnen des nächsten halben Jahrtausends bedingend werden sollten. Damals rückte und rüttelte sich unter mächtigen Veränderungen auf allerlei Gebieten kaleidoskopisch ein neues Bild der Bewohnerschaften ums östliche Mittelmeer zurecht. Die neue Besetzung im Weltspielplan. An einer anderen Berührungsstelle zwischen dem reiferen Asien und dem erwachenden Europa, auf gewissen Blachfeldern am Skamanderfluß, spielte sich nahezu gleichzeitig ein sagenberühmter Krieg ab, der Kampf um **Troia**. Nach Eratosthenes um 1183, nach anderen antiken Autoren von 1194 bis 1184. In der Ilias 24/364 heißt es: »*Fürchtest du etwa nicht die mutentflammten Achäer?*«

Die allerneueste Tendenz, die Geschichtlichkeit des Kampfes um Troia zu bezweifeln, setzt sich zwischen die Stühle der Weisheit: die Bedeutung, die dem troianischen Krieg die ganze Antike über - bis vor die Tage der Gründung Konstantinopels - beigemessen worden ist, wird durch unsere Archäologie nur unterstrichen, wobei es getrost offenbleiben kann, ob eine der vielen

Auseinandersetzungen um diese Stadt so wie in den Homerischen Epen verlaufen ist oder nicht.

Ich kenne das Tiefrelief mit gefangenen Philistern nicht im Original, sondern nur von Abbildungen. Kenne auch die zugehörigen Wandgemälde nur in Wiedergabe, letztlich gerade in einer Großfotografie aus dem archäologischen Museum in Yaffo, die Bildberichte vom Totentempel **Ramses' III.** bei Medinet Habu.

Wohin ich, nebenbei, bisher nicht kommen konnte. Konnte nicht ›Hitler‹ noch ›Bismarck‹ besteigen. Denn in Kairo führt man Buch über alle Israelbesucher. In diesem Buch des Reisens war ich als unliebsam verzeichnet. Das steckte mir vor etlichen Jahren eine Sekretärin der Bonner ägyptischen Botschaft. Vielleicht bin ich noch auf der Liste. Reisenden, die sich eine Visite im Heiligen Land haben zuschulden kommen lassen, wurden keine Visa für das Land der Pyramiden noch fürs sonstige Panarabien ausgestellt. So streng sind dort die Bräuche oder waren es. Habe neuerdings gehört, daß die diesbezüglichen Verfügungen außer Kraft gesetzt werden sollen. Hab's läuten hören.

Eins jener Wandbilder zeigt eine Seeschlacht, in der - laut bildschriftlicher Erläuterung - die Flotte der Ägypter einen gemischten Schiffsverband der Seevölker zu besiegen im Begriff ist, während ägyptische und schardanische Landtruppen den zu Lande, auf der nachmaligen Philisterstraße irgendwo marschierenden, ochsenbespannten Troß dieser Gegner abfangen und vereinnahmen. Zu Wasser Nahkämpfe von Bord zu Bord, von Mann zu Mann. Verwundete stürzen. Schwimmer. Ertrinkende. Ein Philisterschiff kehrt den Kiel nach oben. Der Mann im Mastkorb ist verloren. Auch hier schardanische Hilfstruppen an der Metzelei beteiligt. Sie tragen ein eigentümliches Mond-Sonnen-Zeichen als Helmschmuck. Starke Überlegenheit der Bogenschützen vom Nil. Gegen deren Fernwirkung helfen überlegene Kopfzahl, Speer, Kurzschwert, Rundschild, ja auch Größenwuchs der Philister gar nichts. Sie sind einen Kopf größer als ihre Besieger. Bieten desto mehr Angriffsfläche. Die Sache mit dem **Goliath** hat ihre Richtigkeit, trotz märchenhafter Züge.

Am unteren Bildrande Besiegte, die in Gefangenschaft

abgeführt werden. Philister eben und noch eine andere Sippschaft, die jedoch weniger Gefangene hat stellen müssen. Sind das die *tkr*? Die ihrer Seeräubereien wegen übel beleumundeten Gevattern der Philister namens **Thekel** oder Zakkala oder Zakara? Tsikal, in der Schreibweise Albrights? (So verschieden sind die Lautausmalungen dreier hieroglyphischer Zeichen immerhin.) Diesen *tkr*-Leuten hat Pharaos Großmut sodann Siedlungsraum in **Dor** angewiesen. Dor, nördlich des nachmaligen Caesarea nahe Zikhron Ya'akov. Die Philister wurden an der nach ihnen genannten Küste angesiedelt, das sagten wir schon, und erhielten später friedlichen Zuzug von ihresgleichen aus Anatolien. Eine wahrhaft entscheidende Schlacht, übrigens die einzige bekannte Seeschlacht der altägyptischen Geschichte, soweit ich weiß.

Nun pflegten aber Ägyptens Künstler, zumal die des Neuen Reichs, die relativ naturnah-gegenständliche Darstellung im besonderen auch da, wo sie zur Verewigung von Haupt- und Staatsaktionen beauftragt waren. Sehr leserlich haben sie die Vertreter fremder Völker, die als Tributäre, Diplomaten, Gefangene oder Gäste bei Hofe erschienen oder ihnen sonst begegneten, voneinander unterschieden und deren typische Haar-, Haut- und Augenfarbe, Trachten, Bewaffnung, Geräte, Geschenke und anderes mehr festgehalten und dabei immer, gemäß bilderschriftlicher Tradition und Gesinnung, verbindliche und stereotype Ideogramme formuliert: für Sudanneger, Äthiopier, Hethiter und so fort und eben auch für die Philister und ihre Mitstreiter. Die Libyer, die bei der hier gemeinten oder irgendeiner vorhergehenden Unternehmung mit den Philistern und ihren Gesippen waffenbrüderlich mitgetan hatten, wurden in diesen und entsprechenden Malereien weißrassig und blauäugig dargestellt. **Tehenu**, Lebu oder Rebu, so haben die Ägypter sie genannt. Libyoi griechisch.

Die Goliathsbrüder aber, auf deren anscheinend griechische, jedenfalls gradnasige Profile man hingewiesen hat, tragen durchweg einen Kopfputz oder Kopfschutz, der als Federhelm gedeutet zu werden pflegte, heute jedoch lieber als ein mit gewirktem Stirnband hochgebundener Haarschopf gelesen wird. Ich weiß nicht. Ich habe auch schon von einer Deutung gelesen, die Riedhalme zu sehen empfahl.

Ihre Kombattanten namens *tkr*, hellhäutig gleich den Philistern wiedergegeben, werden durch Rundschilde, lange Schwerter und durch eherne Helme charakterisiert. Deutlich zum Unterschied von jenen Kopfzierden. Durch Helme, dem Typus nach Mitteldinge zwischen Schallern und sowjetischem Stahlhelm. Und mit Rinderhörnern beiderseits. Darf, ja muß hier nicht an bronzezeitliche Germanen gedacht werden? Oder geht das zu weit? Warum aber sollte nicht jene Völkerwanderung, anderthalb Jahrtausend vor der unsrigen, in der sodann das Abendland seine Figuren aufs Spielbrett stellte, nicht einen ebenso starken Sog wie diese gehabt und unruhige Elemente selbst aus »kimmerischen« Breiten in ihre Strudel gezogen haben?

Allzuviel Gewißheit kann vorderhand über die Seevölker noch nicht herrschen. Hinlängliche Klarheit besteht nur über den Verbleib der Philister in ihren fünf Städten und der *tkr*-Kolonen in Dor, welchen Ort sie aber nicht etwa gegründet haben. Beider Nachfahren gingen später ohne greifbare Spuren, aber gewiß auch nicht fruchtlos in den Bevölkerungen Syriens und Palästinas auf. Doch sind auch Seevölkernamen der ersten Welle hieroglyphiert worden: die **Scherden**, Scharden oder Schirdan, die den Ägyptern Söldner gestellt und, wie man sieht, gegen spätere Andringlinge verwandter Art gekämpft haben. In der Folgezeit sollen sie im westlichen Mittelmeergebiet Fuß gefaßt haben. Auf Sardinien? Das ist die Frage.

Sodann die **Schakalusch** oder Schekelesch, deren Name mit Sizilien in Verbindung gebracht wird. Sikeloi, griechisch. **Breasted** hat sie für Siziliens Ureinwohner gehalten. Doch scheint es eher, als habe sich die Woge der ägäischen Wanderung, von den Küsten des Orients zurückschwappend, auch gen Westen ergossen. So sollen die Sikeloi oder Sikuler sich, bevor sie auf Sizilien erschienen, in Italien aufgehalten haben und durch die Osker von dort vertrieben worden sein.

In diesem Wogenprall gehören ferner die **Tersche,** Turscha oder - mit den Griechen zu sprechen - die Tyrsenoi, die dem Tyrrhenischen Meer ihren Namen hinterlassen haben. Ägyptisch sind sie mit *tr͡š* notiert. Ob diese aber mit den Etruskern in Zusammenhang stehen oder gar identisch sind, steht noch dahin. Schon die **Etrusker** selbst, die sich, nebenbei, Rasenna oder Rasna genannt haben, hegten über ihre Herkunft unterschiedliche Theorien: Versprengte Troianer? Abkömmlinge der Lyder aus Kleinasien? Nach **Zacharie Mayani** Verwandte der Albanier. Indogermanen. Abwanderer von der Insel Lemnos, die Troia gegenüber vor dem Hellespont liegt und auf der sich lange eine vorgriechische Sprache, die tyrsenische, gehalten hatte? Die Verwandtschaft dieser Sprache mit derjenigen der Etrusker soll nicht unwahrscheinlich sein. Sie und die Genannten haben Ägypten zu Zeiten Menepthas erzittern lassen.

Seevölker, ja wer noch? Die **Danuna**. Sie sind ebenfalls von **Ramses III.** geschlagen worden. Wie die Philister. Sind sie die Danaer Homers? Der Streit der Gelehrten wurde hart. Sind die *dnnjm* eines phönizischen Textes ebendiese Danaer? Sind diese Danaer ein Teilstamm der Achäer? Und sind diese wieder identisch mit den Aqaiwaŝa oder Akhaiwaschi eines ägyptischen Textes zum Libyerkrieg von 1225 vor Christus, welcher Notiz zufolge sie als Feinde gewisse Inseln beunruhigten und übers Meer gekommen, aber auch als Söldner in Pharaos Dienste getreten seien? Und sind diese Aqaiwaŝa dieselben Leute, die in hethitischem Text Ahhijawa genannt werden? Hier schieden sich die gelehrten Geister vollends. Aber warum eigentlich? Die Achäer selbst, die vor Troia kämpften, wurden griechisch in älterer Schreibweise Achaiwoi geschrieben. Lateinisch: Achivi. Diese Träger oder Teilhaber der mykenischen Kultur haben aber - und das sollte ihre gemischten Beziehungen zu Ägypten wie zum Hethiterreich doch sehr wahrscheinlich machen - die Insel **Zypern** schon ab dem 13. Jahrhundert vor Christus betreten. Sei es von Kreta und Rhodos oder von Kleinasien her. Auf Handelspfaden und auf dem Kriegspfad. *»Gut denn, sofern eine Gabe die edlen Achäer mir bringen.«* (Ilias I/135.)

George Grote, der in der Westminsterabtei beigesetzt worden ist, schrieb - ich zitiere nach Kitto: »*Es sei töricht zu glauben, daß auf Kreta ein König Minos regiert oder daß der troianische Krieg stattgefunden habe...*« Grote, der Engländer aus niederdeutscher Familie, starb 1871. Aber der Mecklenburger **Schliemann** beschloß 1868, auf dem Hügel **Hissarlik** (türkisch gleich Schlößchen) den Spaten anzusetzen. 1870 begannen seine Grabungen, die Troia ans Licht holten. Ob Grote noch davon erfahren hat?

Es gab ein aufklärungsgedörrtes, aber wissenschaftliches Mißtrauen gegen die protologischen Überlieferungen der frühen Geschichte, die Mythen, die Märchen, die Sagen. Ein arrogantes Mißtrauen, das dem Gang der Forschung nur im Wege gestanden hat. Und es gibt einen Pseudorationalismus, der ohne weiteres voraussetzt, die fernen Ahnen seien je ferner je dämlicher gewesen, während man selbst es doch so herrlich weit gebracht habe. Hätte Schliemann, wenn sein Grabscheit ins Leere gestoßen wäre, arg blamiert dagestanden? Blamierter, als alle Bestreiter der Sagenwahrheiten nun dastehen?

In der zypriotischen Staatsbibliothek in Nikosia traf ich in einem Buch über griechische Dialekte (**Otto Hoffmann,** »Der süd-achäische Dialekt«, Königsberg 1891, Bd. 1) auf eine Ausstellung zypriotischer Vokabeln, die aus semitischen Sprachen kämen. Kein Wunder weiter bei den zahlreichen phönikischen Niederlassungen auf der Insel und bei der Nähe der syrischen Küste. Zum Beispiel ›arizos‹ von chaldäisch ›hariz‹ gleich Grab, Gruft, Grube. Oder ›zeter‹ mit zwei langen e für Zeus in seiner Funktion als Rächer. **Dr. Heinrich Lewy** (1895) wirft allerdings die Frage auf, ob Zeter nicht zu hebräisch zajit, kontrahiert zēt = Ölbaum gehöre. Zeus der Ölbäume. Halt!

Zwar erläuterte **Friedrich Kluge** unser Wort ›zeter‹ im Sinne von Zetergeschrei noch als den Hilferuf zieht-her! Doch wen soll diese Auslegung überzeugen? Vor unsern mittelalterlichen Gerichten hatte, wenn alles versammelt war, der Kläger oder Blutschreier bei entsprechend schweren Anklagen dreimal feierlich Zeter zu rufen. Dann konnte der Prozeß beginnen. Doch wer, hat man sich zu fragen, fordert denn bereits Versammelte auf, sich zu versammeln?

Jedenfalls aber war in Oberdeutschland so zu rufen der Brauch.

In den niederen Landen, auch in Berlin, erfüllte das ›Gerüfte‹, der Ruf ›Tiodut‹ oder ›Tojodute‹ den nämlichen Zweck. Und **Jakob Grimm** mutmaßte, es könne sich dabei vielleicht um eine verballhornte Anrufung Zius handeln. Zius, in seiner Funktion als Rächer! Ziu und Zeus entsprechen einander. Urältestes könnte da bei uns ein mittelalterliches Fort- und Wiederaufleben gehabt haben. Wie Tiu selbst in den Rolandsbildern. Sehr Nördliches könnte mit der ägäischen Wanderung bis nach Zypern gelangt sein. Denn mit Göttern ist es eine besondere Sache: sie sind wendiger, lebenszäher, als aller Rationalismus lehren will. Sie haben ihren Gestaltwandel, wie Raupe - Puppe - Schmetterling ihn haben, nur daß dieses Wandels Gesetzlichkeit mehr dem wandelbaren Schicksal, weniger biologischen Notwendigkeiten überantwortet ist. Sie haben ihre Orte, aber sie gehen auch mit ihren Völkern auf Wanderschaft. Sie nehmen zu und nehmen ab. Schwer, eine Zeit anzugeben, von der an man ihres endgültigen Ablebens sicher sein kann. Das kollektive Bewahrungsvermögen ist manchmal von überraschender, vernunftgemäß nicht befristbarer Dauer.

Auch **Jahweh** ist gewachsen und, vom Aufbruch der Aramäer gedrungen, mit den Seinen auf die Reise gegangen. Mit einem unscheinbaren Häuflein Volks. Wenn ihrer viele waren, hat man 6000 bis 8000 Mannsbilder zu zählen. Gelehrtenprobleme, Wissenslücken, weiße Stellen im historischen Gesamtbild gibt es auch in diesen Zusammenhängen übergenug. Die Fragen um Horeb und Sinai allein schon, mit denen unser 5. Kapitel begann. Da ist einerseits der späte hypothetische Redakteur der Fünf Bücher Mose, den die Fachwelt als den Elohisten kennt. Der schrieb, wenn er Gott oder andere Götter neben Gott meinte, **Elohim** und nicht Jahweh. Und schrieb Horeb und nicht Sinai. Und da ist andrerseits der Jahwist. Oder genauer: es sind ihrer zwei, ebenfalls hypothetische Kompilatoren, Ordner und Neuerzähler, die Gott bei seinem Namen Jahweh nannten und nicht Elohim. Und die Sinai sagen, wenn sie den Berg der Gesetzgebung meinten, und nicht Horeb.

Schwierige und ernste Dinge. Das heilige Tetragramm des Gottesnamens *jhwh*, die grollende Dunkelglut der Sinngebung, das Donnerwort: Ich bin, der ich bin! - Von Wüstensöhnen ersonnen und erschaut. Jahweh ist schon vor **Moses'** Zeiten unter diesem Namen angerufen worden, so scheint es. Bei den **Midianitern**, die man heute meist Madianiter nennt. Moses nahm eine seiner Frauen von dort, Sippōrā, das »Vögelchen«, eines Jahwehpriesters Tochter. Moses hatte das Ägypterland zeitweilig verlassen müssen und in des Priesters Zelten als Emigrant Gastfreiheit genossen. Jahweh, bei den Madianitern also, bei den **Kenitern**, diesen wandernden Schmiedehandwerkern - Jahweh im Sinai, in Edom und überhaupt im südlichen Bergland. Und es ist behauptet worden, die Stirntätowierung der Keniter sei nichts anderes als jenes Tetragramm gewesen, *jhwh*, das Kainsmal. Denn die Keniter leiteten sich von Kain her, und Qain scheint ›Schmied‹ zu heißen. Die Tätowierung *jhwh* habe vor Gottes Rache geschützt, und Kain hat solchen Schutzes bedurft. Vorbewußtseinsstufe der Auserwähltheit. Im südlichen Bereich scheint sie sich gebildet zu haben.

Im Norden aber gebot der kanaanitische Sturmgott **Ba'al**. Ihm und dem fischleibigen Getreidegott **Dagon** haben die Philister geschworen und ihre alten Götter unterwegs verloren und vergessen. Ihre Namen sind nicht auf uns gekommen. (Der Gottesname Jehova indessen beruht auf einer zwar frühen, aber unzulässigen Lautauffüllung des konsonantischen Tetragramms und hat in dieser Form keinerlei Bedeutung für die Juden gehabt, wohl aber später für die Christen bekommen.) Mit den Göttern haben die Philister auch ihre angestammte Sprache vergessen. Das eine hängt wohl mit dem anderen zusammen. Anderthalb Jahrtausende danach haben es die Franken, die Goten, Burgunder, Langobarden und Vandalen ebenso getan. Nur die Krimgoten erst sehr viel später.

Das Alter der Götter ist ohne greifbaren Anfang. Sie haben ihre Werdegänge, die sich manchmal bis ins Bronzezeitliche, ins Steinzeitliche verfolgen lassen. Bis an die so oft schon hinausgeschobenen Grenzen der Erforschbarkeit. Haben ihr Kommen und Gehen, ihr Verschmelzen, ihr Sich-Lösen, ihr Übergehen. Ba'al hat abgenommen und ist unspürbar geworden. Ob er in unmerklicher Schwundform wohl noch lebt? Und wo? Ob er wohl tot ist? Jahweh lebt. Und ist, der er ist.

Die Griechen haben nicht gewußt, was ihre Götternamen wörtlich bedeuteten. Athena, Apollon und andere waren ihnen unübersetzbare Fremdworte. Die alten abendländischen Götter sind durch das Christentum übermannt und unterdrückt worden. Wir haben kaum noch ein empfindsames Ohr für den Wortsinn ihrer verekelten Namen. Wer weiß denn, daß der slawische Perkun ein Eichengott war? Oder hört etwas Verständliches an Perchta? Aber das Ich-bin-der-ich-bin ist jedem Juden ganz deutlich. Daher, auch daher lebt Jahweh. Zeus und Jupiter sind ihm begegnet. Ob auch Ziu? Man weiß es nicht.

9   Nach Ierosolyma

Bei jenem ersten Flug in Richtung Südosten bestand unsre Passengercrew in der Hauptsache aus israelischen Familien. Die Maschine hatte Tel Aviv zum Endziel. Sie schienen das Neuhebräische, das Iwrith, das ich bei dieser Gelegenheit zum erstenmal hörte, allesamt vollkommen zu beherrschen, doch - die Kinder ausgenommen - nicht weniger geläufig das Englische und Französische, in das die Älteren bisweilen zurückfielen, und das Deutsche möglicherweise auch noch. Machten von diesem aber keinen Gebrauch. Sowenig wie die SABENA-Stewardeß in ihrer preußischblauen Tuchweste und den weißen Hemdblusenärmeln. Erst der graubärtige Rebbe auf dem Sitz vor uns nötigte das belgische Mädchen, sich auf Deutsch zu äußern, weil dies offenbar die einzige Sprache von einiger Internationalität war - hinfälliger und vergangener Internationalität -, über die er in jiddischer Variante gebot.

Auf dem Rhein-Main-Flughafen hatten wir auf die Anschlußmaschine aus Brüssel warten müssen, eben auf die SABENA. Zu Trost und Zerstreuung war den Transitpassagieren Kaffee gereicht worden. An unseren Tisch war dabei, bronzebraun und feingliedrig, ein junger Israeli geraten, ein Mainfranke von Hause aus, der mit 16 Jahren Deutschland hatte verlassen müssen. Unter Abbruch eines Internatsaufenthaltes in Fürstenwalde an der Spree. Wir Westberliner konnten dieses benachbarte Städtchen derzeit schon seit zweieinhalb Jahren nicht mehr betreten. Wir schwiegen jedoch über diesen Punkt. Was konnte den jungen Menschen schon die deutsche Misere interessieren?

In Fürstenwalde also war er soeben zu Besuch gewesen. Zum ersten Male seit 1938. Hatte aber an den Stätten seiner Knabenzeit nichts Beeindruckendes mehr wiederfinden oder entdecken können. In Frankfurt am Main ohnehin nichts, weil sein Elternhaus nicht mehr stand. An sein Fürstenwalde, wie es gewesen war, dachte er allerdings mit einiger Rührung zurück. Das gab er offen zu. Wir fragten ihn, was an der Gazafront los sei, die damals gerade mehr Schlagzeilen machte denn je. Darüber schien er nicht sprechen zu wollen; vielleicht war er der Ansicht, daß ein Krieg mit den Arabern unvermeidlich und schließlich sogar auch wünschenswert sei. Er ging mit sichtlicher Entschlossenheit in sein neues Land zurück. Entschlossenheit mit einem Beiklang von Pathos, gewiß, von Sentimentalität, gewiß. So wie eben junge Leute an die Front gehen.

»Die jüdische Bevölkerung in Israel soll ihren Typus sehr geändert haben«, bemerkte Brabender nachher. »Man hat es allgemein schon gehört und hier nun sieht man's. Eine Mutation.«

»Ich lernte vor einiger Zeit in Berlin einen Kinderarzt aus Tel Aviv kennen, einen ehemaligen Deutschen aus Köln, Professor Hirsch. Der versicherte mir, als Mediziner und Erbbiologe stehe er, stünden seine Fachkollegen in Israel nicht weniger, vor einem Phänomen, für das man bisher keinerlei Erklärung habe. Es wachse da eine hochaufschießende und mehr als häufig hellpigmentierte Jugend nach. Auch als Kinder kleiner und dunkelhaariger Eltern. Er wolle gar nicht etwa witzeln, zumal auf diesem Gebiet nicht, aber die Natur leiste sich da offenbar von selbst einen eigenartigen Scherz.«

Die beiden Fluggäste vor uns indessen, jener Rabbi eben und ein junger Mensch, sein Sohn, bewahrten das alte Bild der Ostjuden wie auf Chagalls Gemälden. Getreu und unbeirrt. Ja, sie schienen es mit einem gewissen Nachdruck zu kultivieren. Wider Wendung und Mutation in ihrem Volke. Vater und Sohn mit schwarzen Filzhüten. Der Vater im Kaftan. Als er diesen ablegte, zeigte sich unter seiner Weste das gestreifte Gebetstuch. Der Sohn war noch bartlos, doch vor den Ohren begannen ihm die Peies zu wachsen. Beide behielten den Flug über wenigstens Käppchen auf, die sie unter den Hüten trugen, obwohl es recht heiß war und die

Passagiere, mit Ausnahme dieser zwei, nach und nach in einen Zustand der Verquollenheit und Auflösung gerieten. Beider Gesichtsausdruck war eigentümlich unlesbar, aber wenn nichts täuschte, so war er traurig. Ich kenne diese Gesichter von Rußland her. Von Berditschew, von Winniza oder von Orscha. Und wünschte, ich hätte nie zu sehen brauchen, wie solche Augen brachen, und wünschte, es wäre alles nicht wahr.

Um sechs Uhr Berliner Zeit sprach der Alte ein Abendgebet. Vielleicht das Gebet *Aschamnu*. Aber was wissen wir schon von den frommen Gebräuchen eines Volkes, das über ein Jahrtausend mitten zwischen uns gelebt hat! Er hatte den Kaftan wieder umgetan, den Gebetsriemen vermutlich oder einen Ersatz dafür um den Leib geschlungen und verknotet. Hatte auch den Filzhut wieder aufgesetzt. Er hob seine blassen Hände zur Stange eines Gepäcknetzes hinauf und klammerte sich daran, um, halb hängend, im Gemurmel des Gebets kleine Verneigungen auszuführen. Stand vor der Kabinenwand wie vor der Klagemauer, der unerreichbaren. *Aschamnu*, wir haben uns verschuldet. *Bogadnu*, wir waren treulos. Bisweilen nahm er die rechte Hand von der Stange, ballte sie zur Faust und schlug sich dreimal, ein Zeichen der Reue wohl, vor die Brust, wobei er die Augen geschlossen hielt. Wir haben Böses geredet. Wir waren feindselig. Wir waren hartnäckig. Um Deines Namens willen, Ewiger, verzeihe unsre Schuld, sie ist groß . . .

Zum Gebet waren die sehr abgegriffenen und zerlesenen Büchlein, mit deren Lektüre sich Vater wie Sohn die unnütze Flugzeit in Stunden der Andacht verwandelt hatten, ins Gepäcknetz abgelegt worden. Denn auch der Sohn, kleiner als der Vater, hub an, sich am improvisierten Ritual zu beteiligen. Er trat dazu, den Rücken dem Vater zugewandt, halb unter das Netz und stand auf diese Weise unter den erhobenen Armen des Alten. Dazu war genug Platz: vor den Sitzen der beiden fehlte eine Sitzreihe.

»Die fromme Darbietung gilt auch der Belehrung der übrigen Israelis, die für des Rebben Begriffe zu ihrem Schaden allzusehr unter die Weltkinder geraten sind«, flüsterte Dr. Brabender. »Da scheint sich mir zwischen modernen und konservativen Auffassungen keine geringe Kluft aufgetan zu haben.«

Alttestamentarisches, Erzväterliches, Abraham und Isaak, segnender Jakob. Alte Bilder, umdunkelte Bilder. Dieser Vater, der auserwählt schien, in ein niemals endendes Gespräch mit seinem unnachgiebigen Gott verstrickt zu sein, unerlöst, vielleicht unerlösbar. Ein fromm erpichter Gerechter. Ein Gottbewahrer aber auch. Ein Bewahrer also. Dabei hatte sein altes Mannsgesicht durchaus Merkmale von humoriger, aus den Augenwinkeln lächelnder Weisheit. Falls wir richtig lasen. Rembrandt hat diesen Zug gesucht und immer getroffen.

»Wollten nicht die Nazis alle Rembrandts aus den Museen beseitigen?« fragte Dr. Brabender. »Mir ist doch so.«

»Aber ja! In der Diktion eines gewissen Eberlein in Rusts Kultusministerium - was wird er gewesen sein? Regierungsrat? Oberregierungsrat? Jedenfalls galt er allgemein für einen begnadeten Erzähler unanständiger Witze -, in der Diktion dieses einen der ›Säuberer des Kunsttempels‹, zu deren Vortrab er gehörte, war Rembrandt als Abschilderer der Amsterdamer Juden ein rassenschänderischer Judenknecht und feiler Mietling ... Nazis gab es, denen sogar die Gotik bedenklich schien, weil sie ihnen orientalisch beeinflußt vorkam. Aber was heißt: vorkam? Allerdings hat es Ost-West-Kontakte während der Kreuzzüge und infolge der Reisebewegung, die den Kreuzzügen voraufgegangen war und sie überdauerte, in Menge gegeben. Und folglich sind auch stilistische Einflüsse nicht ausgeblieben.«

»Und die Säuberung des Kunsttempels geschah, weil Hitler unglückseligerweise mit der Malerei gekunkelt hatte«, sagte Brabender. »So ein Blödsinn! Aber hatte nicht auch schon der Kaiser es mit der Malerei gehabt?«

»Mit der, die unter seiner Regierung ihren Siegeszug antrat, mit der modernen Malerei nicht. Aber mit Knackfußen hielt er's, mit Hermann Knackfuß, dem Historienmaler und Kunstprofessor. Der malte zum Beispiel den ›Einzug des deutschen Kaiserpaares in Jerusalem‹.«

»*Ierosolyma non est perdita*«, sagte Brabender. »Man sollte eigentlich doch mal irgendwie sehen, daß man eine Israelreise zuwege bringt.«

»Das ist nicht so einfach. Du brauchst zwei Leute im Lande, die für dich gutsagen, und zwei aus der Bundesrepublik. Aber die ersteren beiden finde mal. Die wir von früher kennen, haben alle ihre Namen geändert. Doch gesetzt, es haben diese vier sich für deine Nicht-Nazischaft glücklich verbürgt, soll es das Einreisevisum geben. Ausgestellt wird es in Köln irgendwo.«

»Leite das doch mal in die Wege! Meine Reiselust ist übermächtig. Aber in den Juristenferien ist es mir so weit im Süden zu heiß, und sonst ist meine Zeit knapp. Du hast Zeit. Wende dich an diesen Kinderarzt da aus Tel Aviv! Das ist zunächst einmal dein Mann, der einen zweiten Bürgen schon auftreiben wird. Nach Ierosolyma!« Der Rechtsanwalt zündete sich eine Zigarette an. »Manchmal habe ich geradezu die Reisewut«, fügte er hinzu und verglich die Landkarte auf seinen Knien mit dem, was draußen noch zu sehen war.

Braun wie morsches Holz modellierte sich unten links eine lang hingezogene Insel in spiegelkarpfenfarbener See.

»Korfu«, sagte Dr. Brabender.

(1955, im Herbst)

10 Mit Herrenaugen

In **Theodor Herzls** Tagebüchern findet sich über die Reise Kaiser **Wilhelms II.** nach **Jerusalem** folgende Notiz:
»*. . . Um neun kündigte eine Bewegung auf der mit einer mixed multitude von arabischen Bettlern, Weibern, Kindern und Reitern besetzten Landstraße das Herannahen des kaiserlichen Zuges an. Grimmige türkische Reiter sprengten mit verhängten Zügeln, drohenden Gewehren, noch drohenderen Blicken einher. Dann die Vorreiter des Kaisers. Und dort in einer grauen Gruppe mit einigen Damen er selbst.*

Ich gab dem Schülerchor von Mikweh mit der Hand das Zeichen zum Absingen des ›Heil dir im Siegerkranz‹. Ich stellte mich an einen der Pflüge hin und zog den Korkhelm. Der Kaiser erkannte mich schon von fern. Es gab ihm einen kleinen Ruck, er lenkte sein Pferd zu mir herüber - und hielt vor mir an. Ich trat zwei Schritte vor; und als er sich auf den Hals des Pferdes niederbeugte und mir die Hand herunterstreckte, trat ich ganz dicht an sein Pferd heran, streckte meine Hand hinauf und stand entblößten Hauptes vor ihm.

Er lachte und blitzte mich mit seinen Herrenaugen an:

›Wie geht's?‹
›Danke, Majestät! Ich sehe mir das Land an. Wie ist die
Reise Majestät bisher bekommen?‹
Er blinzelte mächtig mit den Augen:
›Sehr heiß! Aber das Land hat eine Zukunft.‹
›Vorläufig ist es noch krank‹, sagte ich.
›Wasser braucht es, viel Wasser!‹ sprach er herab.
›Ja, Majestät! Kanalisierungen in großem Maßstab!‹
Er wiederholte: ›Es ist ein Land der Zukunft!‹ . . .«
So hat es der Begründer der zionistischen Bewegung am
29. Oktober 1898 in Jerusalem zu Papier gebracht. Und
stattgefunden hat diese Denkwürdigkeit in **Mikweh Israel**,
südöstlich nicht weit von Yaffo - Tel Aviv gab es noch
nicht - an der Straße nach Ramleh und Jerusalem. Rechter
Hand am Ende einer Palmenallee und heute zu sehen in
einem dichten Nest von Büschen, Hecken und hohen alten
Bäumen. Aus diesem Nest, läßt sich ohne Übertreibung
sagen, gingen Generationen von Landbestellern, ging alle
Landwirtschaft und alle agrarische Siedlung des heutigen
Israel hervor. Es birgt die erste landwirtschaftliche Hoch-
schule des Landes, eine Gründung französischer Juden aus
dem Jahre 1870, als die Türken noch 47 Jahre über Palästina zu gebieten hatten. Diese Schule muß schon im Jahre
des Kaiserbesuchs in Flor und Ansehen gestanden haben.
Eine hochherzige Regierung in Istanbul hatte das Gelände
unentgeltlich zur Verfügung gestellt. Sie hat in den jüdischen Ansiedlungen in dem dazumal völlig wüsten, öden,
herabgekommenen Heiligen Land keine Bedrohung gesehen.
    Luther übersetzt Jeremia 14, 8: »*Du bist der Trost Israels*
und ihr Nothelfer; warum stelltest du dich, als wärest du
Gast in einem Lande und als ein Fremder, der nur über eine
Nacht darinnen bleibt?« Trost Israels, Hoffnung Israels -
Mikweh Israel.

Hinflug

... Unter uns jetzt das **Ionische Meer** ... Meere, selbstverständlich, wissen von Grenzen im Wasser nichts. Dennoch
haben Sie hier irgendwo die gedankliche, die thalassogra-
phische Scheidelinie hinter sich gebracht, die das Adriatische
vom Ionischen Meer trennt ... Bläulich grau, rötlich blau,
geriffelt auf langen Bahnen, rautenmusterig, waffelmuste-
rig oder auch bloß fahrig aufgerauht wie sogenanntes Ka-
thedralglas hatte das **Adriatische Meer** sich unter Ihnen
gebreitet. Und da wir genügend Höhe hatten - so um
6000 Meter etwa - hatten Sie, sofern Ihr Platz auf der
rechten Seite und am Fenster war, den Sporn des italienischen Stiefels mit einem Blick, ja später sogar den ganzen
Stiefelabsatz auf einmal ins Auge fassen können. Wie auf
einem Kartenblatt von Format. Wie gesagt, die Flugzeuge
schnüren für gewöhnlich die spärlich gegliederte Ostküste
Italiens pfeilgerade entlang. Und so hat man bei Ausbuch-
tungen des Wadenschaftes und besonders beim Überfliegen
des Sporns für eine Weile Land unter sich. Braunes, wenn
es Herbst, graugrünes, eigentlich feldgraues, wenn es Frühling ist.

Aber bald schon, wenn ich noch einmal zusammenfassen
darf, hatten Sie sich wieder über trübglasigem, minuziös
onduliertem Wasser befunden. Über dem Golf von Man-
fredonia. Und wem es gefallen hatte, die Winzigkeit der
Welt unter seinem sanft federnden Sitz zu beschauen, und
wer der langsamen Erderkundung, nach dem Essen zumal,
noch nicht müde geworden war, der hatte alsbald **Barletta**,
Bari und **Brindisi** unterbreitet bekommen und wahrgenom-
men. Die Hochseeschiffe in Viertelzündholzlänge, die Kut-
ter groß wie Mäusewimpern. Die haarfeinen Winkelchen
der Kielwässer, größer und länger nicht als *diminuendo*-
Zeichen in Nonpareille-Grad. Eine Fischfangflotte, durchs
Wogenblau laufend, und in halber Höhe einen Flug Wol-
kenbäuschchen darüber, rötlichgrau wie das Gefieder von
Dompfaffenweibchen, wohlgeordnet und gestaffelt nach
luftigen Gesetzen.

Sie haben ein klein wenig von **Baris** Stadtplan mitbekommen.
Eine Kathedrale, einen Corso Cavour oder Vittorio Emanuele.
Ein Kastell, ein Stauferkastell möglicherweise - ich kenne Bari

nicht -, oder meinethalben auch nur den stattlichen Sitz des Präfekten della provincia Bari delle Puglie, den es ja wohl geben muß. Alles wie in eine Nußschale geordnet und unter der Lupe eingebastelt. Zu Bari aber ruhen in San Nicolao die Gebeine des heiligen **Nikolaus**, eines Griechen aus Kleinasien, aus Lykien. Ihm war unter anderen postumen Geschicken ein abendländisches, ja sogar ein weltumspannendes Fortleben als Weihnachtsmann beschieden. Denn auch die Heiligen haben Werdegänge, und der des Nikolaus ist freilich seltsam und sehr bemerkenswert. Wir kommen beim Rückflug auf ihn zu sprechen.

Ja, und dann ist, immer noch zur Rechten, **Brindisi** zu sehen gewesen. Zwei natürliche Häfen, die den Stadtkern halb umfangen, und ein moderner, teils wohl künstlicher außen; der Anblick überzeugte von der Wichtigkeit des Platzes. Brundisium! Japygerstadt. Illyrisch-apulische Siedlung. Einmal keine griechische Kolonie. Auch keine phönizische. Weder die Phönizier noch die Griechen nach ihnen haben in die adriatischen Küsten viel investieren und sich mit größerem Engagement in die Sackgassenlage eines künftigen Venedig begeben wollen. Denn dessen Politik mußte allezeit so angelegt sein, daß niemals beide Adriaküsten zugleich in eine feindliche Hand kämen.

Brundisium ist der geographische Ort Italiens, der Griechenland praktisch am nächsten liegt. Zwei römische Heerstraßen liefen dort zusammen. Von Bari her die Via Traiana. Von Tarent quer über den Stiefelabsatz die **Via Appia**, die ›Königin der Straßen‹. Alles, was in Rom Rang und Namen hatte, Pompeius, Cäsar, Octavianus, Brutus, Cassius, Herodes oder Antonius, Konsuln, Kaiser und Studenten stiegen hier an oder von Bord. Leute, die zum delphischen Orakel, Mysten, die nach Eleusis wollten oder von dort heimkehrten. Byzantiner, Normannen, **Robert Guiscard**, **Bohemund von Tarent**, **Tancred**, Kauffahrer, Pilger, Kreuzritter, Sklavenhändler und Sarazenen schifften sich ein oder gingen an Land. Nach und von und von und nach Griechenland, nach der Levante und dem Sehnsuchtsziel Jerusalem.

Wissen Sie, wer **Bohemund** war und wie er ausgesehen hat? Eine Frage auch der Seevölker wegen. **Anna Komnena**, des Kaisers Alexios I. von Byzanz einprägsam schildernde Tochter, hat ihn beschrieben (ich zitiere aus Régine Pernouds

»Les Croisades«, einer Zeitdokumentensammlung, in der Übersetzung von Hagen Thürnau): »*Man hatte niemals auf byzantinischem Boden einen Mann wie diesen gesehen, sei es Barbar oder Grieche, denn sein Anblick erweckte Bewunderung und sein Ruf Schrecken. Er besaß ... eine so hohe Gestalt, daß er die Größten um beinahe eine Elle überragte, und er war sehr schlank, ohne Beleibtheit, mit breiten Schultern, gut entwickelter Brust und kräftigen Armen.*«

So weit, so gut: ein Mann aus dem Norden. Bohemund war Normanne, geboren 1065 als der älteste Sohn **Robert Guiscards**, des ersten Normannenherzogs in Süditalien, als der Enkel **Tancreds von Hauteville** in der Normandie, ehrgeiziger Anerbe »beider Sizilien«, nur wenig verhohlener Aspirant auf den byzantinischen Kaiserthron. 32 Jahre alt.

In der vierzehnjährigen Prinzessin hat er gemischte Gefühle hervorgerufen: »*Er hatte eine sehr weiße Haut, aber auf seinem Gesicht mischte sich das Weiß mit der Röte. Sein Haar war weißblond und fiel ihm nicht auf die Schultern wie den anderen Barbaren, sondern er trug es an den Ohren geschnitten. War sein Bart rötlich oder von anderer Farbe? Ich könnte es nicht sagen, denn das Rasiermesser war darüber gefahren und hatte eine marmorglatte Oberfläche hinterlassen. Seine blauen Augen drückten gleichzeitig Mut und Würde aus. Seine Nase und die Nüstern atmeten leicht die Luft; die Brust war den Nüstern angemessen und die Nüstern der breiten Brust.*«

Das historische Porträt eines Barbarenkönigs, das die Prinzessin Anna entwirft, wird zum Bildnis einer »blonden Bestie«: »*Es ging von diesem Krieger ein gewisser Zauber aus, der indessen teilweise gestört wurde durch ein unbestimmbar Erschreckendes, das von seinem Wesen herrührte. Denn der ganze Mann, die ganze Person war hart und wild, in seinem Wuchs wie in seinem Blick, und selbst sein Lachen ließ seine Umgebung schaudern. An Leib und Seele war er so beschaffen, daß sich in ihm Mut und Liebe stritten, und beide waren auf den Krieg gerichtet. Er hatte einen geschmeidigen Geist, war verschlagen und bei allen Gelegenheiten reich an Ausflüchten. Seine Worte waren wohl berechnet und seine Antworten immer zweideutig.*«

Aber höchste Anerkennung des Töchterchens dennoch: »*Dieser in solchem Grade überlegene Mann stand allein meinem Vater an Glück, Beredsamkeit und anderen Gaben der Natur nicht nach.*«

Das waren schon Leute, die Herren Normannen! Herren Nordmänner, Wikinger, Waringer. **Warangoi** hieß man sie zu Konstantinopel, die da bald mit zweihundert, bald mit zweitausend roten Segeln übers Schwarze Meer herabkamen und die Kaiserstadt bedrohten. An ihnen könnte man so manche Einsicht gewinnen, wie jene frühgeschichtlichen Seevölker geartet gewesen sein müssen. Denn auch diese, Jahrhunderte nach Christi Geburt, kamen halb räuberisch, halb kriegerisch und um nichts besser als jene über alle Meere einfallweise an Land, kamen aber zu guter Letzt mit Weib, Kind und Ingesind. Und blieben. Und erhielten Verwandtenzuzug aus nebelbrauenden Heimatländern, die kaum eines Christen Fuß je betreten hatte. Und traten auch in fremden Sold. Wie vor Zeiten die Schardanen, die Philister, die *tkr* und die Achäer in den Sold der Pharaonen getreten waren.

Der nämliche, ganz unwiderstehliche Drang zu Taten und Tatenruhm und in die Weite beseelte diese wie jene. Die nämliche unstillbare Unruhe. Drang zu Waffengängen ohne sagbare Ziele. Drang in die Weite ohne absehbares Ende. Ohne System. Reiche von unterschiedlicher Dauerhaftigkeit haben ihre Seekönige gegründet, mit Schwert, Brandfackel und Erpressung, manchmal auch durch Einheirat. Politische Improvisationen ins Blaue hinein. Aufs Geratewohl. In Rußland seit dem 9. Jahrhundert die Reiche von **Nowgorod** und **Kiew**. Sie dauerten, wenn man will, bis 1917. Oder dauern sie noch? In der **Normandie**, der sie den Namen gaben, währte ihre Zeit unter Wechselfällen von 911 bis 1450. Aber schon **Karl der Große** hatte mit Normannen zu schaffen, die landein bis Aachen oder bis Köln und Trier stromaufwärts stießen. Ab 860 Island. Ab 983 Grönland.

In **England** begann die Normannenzeit ab 836 mit schwankendem Glück. Endgültigen Verbleib erstritten sie sich unter **Wilhelm dem Eroberer** bei **Hastings** 1066. Da war der kleine Bohemund gerade ein Jahr alt. Um die Wende zum 11. Jahrhundert drangen sie von Grönland aus an der nordamerikanischen Küste längs und stießen ins Inland des stillen Kontinents der Eskimos und Indianer. Die Funde von **L'Anse aux Meadows** in Neufundland datieren die dortige Wikingerniederlassung **Leif**

Eirikssons radiokarbonisch um das Jahr 1000. Das war der »Vesterweg til Vinland«, um es mit Helge Ingstadts Buchtitel zu sagen. Den ›austervegr‹ nannten sie den Dnjepr nebst seinen Katarakten. Auf diesem blauwallenden Wasserweg kamen sie stromab gefahren. Oder verluden auch ihre Schiffe auf Protzkarren, wo der Strom ganz unpassierbar war. Vom goldenen Glanze der Kaiserstadt Konstantins des Großen angezogen wie Seegeflügel von Leuchtfeuern. Fernwehkrank. Südwärts taumelnd. Sehnsuchtwärts.

Und nahmen Dienste in der kaiserlich byzantinischen Armee. Wie es vor ihnen die Goten im ersten Wellenzug unsrer Völkerwanderung getan hatten. Sie erschienen in der Druschina, dem warägisch-russischen Kampfverband, und bildeten die kaiserliche Leibgarde. Dann übernahmen englische Normannen diese Vertrauensstellungen. Ganz wie vormaleinst Kreti und Pleti am Hofe Davids. Ähnlich wie die achäischen Söldner im ägyptischen Libyenkrieg von 1225 vor Christi Geburt, als noch von Griechenland nicht entfernt die Rede war.

Harald der Harte hieß ein Warangerführer zu Konstantinopel. Sagenlieder sollten seinen Ruhm künden. Er war Sieger über Seeräuber und Sarazenen auf Sizilien und in Afrika. Halbbruder des heiligen **Olaf**. Sah 1035 in Jerusalem, ein halbes Jahrhundert vor den Kreuzrittern, nach dem Rechten. Heiratete, mit Byzanz zerworfen, eine Großfürstentochter aus Hrörekrs oder Ruriks Haus und herrschte schließlich über ganz Norwegen. Er fiel in England. So weit war die Welt. So beweglich ihre Bewohner. Gängiger fast war sie als heute.

Da schwante der Entwurf eines umfassenden Weltreiches zwischen Ostweg und Westweg, unbewußt, dumpf bewußt. »Gleichzeitig« in drei Jahrhunderten. Die Briten haben später zur Verwirklichung des unsäglichen Projekts noch das meiste nachgetragen. Nordmannserben, die sie waren; doch auch mit ihrem Empire ist es nun zur Neige gegangen. Da ward ein Wunschnetz in die Weite der Welt geworfen. Berserkerhoffnungen, ein Traumgebilde mit unkenntlicher Runenschrift in das geduldige Fell der Erde geritzt. Dort ein Buchstabe, da ein Buchstabe. Kein Reim. Rechnungen mit dem Wirt hier, Rechnungen ohne den Wirt dort, wie immer sich's machen ließ. Hart, schnell, schlau, unerschrocken, tatendurstig, todesfroh.

Die Normannensprache hat man bald aufgegeben, machte sich hurtig Französisch, Angelsächsisch, Skrälingergebrabbel oder die Mundarten Italiens und Siziliens zu eigen, je nachdem. Man dachte nüchtern. Die Götter ließ man sausen. Wie die Philister einst ihrer Götter entraten hatten. Betete in Vinland drüben bei den Micmacs zu Sonne und Mond. Zog das Christentum an, wie man sich rund ums Mittelmeer nach byzantinischer Mode kleidete. Zog's an wie eine Dalmatika. Praktisch nah bei den Sachen, im Herzen fernentschwärmt über Kimmung und Kimm.

Und was blieb von der Vergeudung? Genie irgendwo? Ein helleres Pigment in den Staaten drüben, ein paar hellere Augen bei irgendeinem Indianerstamm möglicherweise. Es gibt Notizen dazu aus der Zeit nach der Wiederentdeckung Amerikas, aus dem 16. Jahrhundert. Und es gibt, glaube ich, auch solche neueren Datums. Und wozu diese Völkerweltreisen nach Nirgendwohin, in die todsichere Verlorenheit? Lemmingsfahrten in namenlose Untergänge. Oder in die Anonymität versprengter Möglichkeiten in wer weiß welchen Erbmassen. Wer will sie sammeln? Düngesalz unter dem Pflug der Geschichte? Wer will das messen? Der *homo sapiens* hat mit sich und mit seinesgleichen allemal aus dem vollen gewirtschaftet. Auf Deubel-komm-raus. Wie weise ist er denn wirklich?

Im 11. Jahrhundert begannen die normannischen Unternehmungen im Mittelmeer, zunächst im westlichen, feste Gestalt anzunehmen. Ob die Waräger auf dem Austervegr davon wußten? Man darf es wohl glauben. Die Vandalen in Afrika hatten einst mit den verbliebenen Zobtenumwohnern in Schlesien korrespondiert. Waren gezielte Zangenaktionen von Normannenseite gegen **Byzanz** denkbar? Zangenbewegungen ums Mittelmeer hat es etliche gegeben, beinahe ganze und halbe und unpraktikabel kleine: **Hitler** mit dem Afrikakorps, das sich mit den deutschen Truppen im Kaukasus die Hand reichen sollte, aber nur bis El Alamein gelangte. **Napoleon**, der von Malta und Kairo her nur bis Akko kam, der Bochor. **Hannibal**, der Karthagos Macht auf das ganze westliche Mittelmeer ausgedehnt und auf Italiens Herz gezielt hatte, versuchte es zu spät und ganz vergeblich von Osten, von Ephesus, von Bithynien aus noch einmal. Die Araber haben es sehr weit gebracht. Sie standen vor Konstantinopel und rückten auf Tours und Poitiers. Und am bedrohlichsten waren die Türken. Sie standen vor Wien zu einer Zeit, da die ganze Ost- und die ganze Südküste des Mittelmeeres in ihrer Hand oder, wie ein Teil der Barbareskenländer, in angehender Botmäßigkeit waren.

In **Istanbul** beteuerte mir ein doktorierter Türke, aber ja doch, man sei nicht 1526 gerade bei Wiens erster Belagerung, wohl aber 1683 anläßlich der zweiten in Wirklichkeit bis wohin? ... Bis

St. Pölten oder vielleicht bis vor Linz, wollte ich höflich einräumen... Nein, weit gefehlt!... Bis Passau?... Nein, viel
weiter: bis in den Schwarzwald gekommen!... Sieh einer an!
Wir saßen im Hotel Diwan in Galata beim dritten Fläschchen
verhalten feurigen, landeseigenen Weißweins. Der Doktor sprach
Deutsch, und ich hatte so mächtig ausholender Zangenbewegung
nichts weiter entgegenzusetzen als mein schweigendes Giauren-
tum. Draußen regnete es, und die Kastanien blühten. Es wehte
kühl in die Hotelhalle. Doch, doch, doch! Bis in den Schwarzwald!

Jenes Mal nun - ich komme wieder auf **Bohemund** - hatte
eine normannische Pilgerschar den **Monte Sant' Angelo** auf
dem Sporn des Stiefels wallfahrend aufgesucht, sich den
örtlichen Gebietern weniger durch Frömmigkeit als durch
Streitbarkeit nützlich gemacht und den Boden bereitet. Auf
dieser Wallfahrer Schlichen und Strichen etablierte sich in
byzantischem Sold **Tancred von Hauteville** und teilte, was
er sich dabei aus dem großen Stiefel an Land herausgesäbelt
hatte, in zwölf Grafschaften, die er seinen Söhnen überließ.
Denn deren waren zwölf. Einer im Dutzend war **Robert
Guiscard**. Noch in der Normandie geboren. Erbte seines
Bruders Humfred unteritalische Erwerbungen. Wurde Graf
von Apulien. Wurde von Papstes Gnaden Herzog, nachdem
er Kalabrien an sich gebracht. Wurde sogar schon mit Eroberungen in Sizilien, die er erst noch machen mußte, be-
lehnt. Vertrieb auch wirklich, gemeinsam mit seinem Bruder **Roger,** die Sarazenen von der Sikelerinsel und auf
eigene Hand die Byzantiner, die Oströmer, aus Unteritalien.

Abendländische, den deutschen Kaiser ärgernde Ange-
legenheiten. Bei denen allein hielt es ihn nicht. Schon zielte
sein Enterbeil auf **Byzanz**, die Nova Roma des großen
Konstantin. Sein erster Hieb traf die östliche Adriaküste,
Dyrrachion, das heutige Durazzo, die Westflanke des östlichen Reiches. **Venedig** sah folglich sein Adriakonzept
durchkreuzt und gefährdet.

Doch warum eigentlich so bescheiden? Guiscard griff zum
Enterhaken, um weiter auszuholen. Warum denn kein Normanne auf dem Thron am Goldenen Horn? Nachdem er
alle Lande des nachmaligen Königreichs Neapel an sich
gebracht hatte, setzte er, man soll es nicht glauben, die Ver-

mählung seiner Tochter mit dem kaiserlichen Kronprinzen **Konstantin Dukas** durch; zu welchem Behufe die Braut den griechischen Namen **Helena** annahm. Wie mag sie eigentlich geheißen haben? Alberada? Wie ihre Mutter? So hatte zuvor im Warägerreich oben ein Mädchen namens Helga, oder Olga auf russisch, mit Christi Taufe denselben Namen angenommen, die fürstliche Gemahlin Igors von Kiew, die dann die heilige Helena der russischen Kirche werden sollte.

Konstantin Dukas ging bei der nächstfälligen Thronfolge leer aus, und Guiscards Anschlag verpuffte. Die Kaiserkrone kam an **Alexios Komnenos**, dessen Fähigkeiten als Politiker, Diplomat und Stratege dem wankenden Staatswesen, dem nahezu schon manövrierunfähigen Staatsschiff zum Heile gedeihen sollten. Guiscard erklärte diesem Throninhaber den Krieg. Auch in Sachen seines geprellten Schwiegersohnes. Alexios fand in **Venedig** einen aufrichtig interessierten, allerdings äußerst scharf kalkulierenden Bundesgenossen, dem man denn auch als Entgelt sehr beträchtliche Handelsprivilegien für sämtliche byzantinischen Häfen einräumen mußte. Das heißt, damals ist am Rande weit auffälligerer und vordringlicherer Vorgänge der Grundstein für Venedigs spätere Großmachtstellung gelegt worden. Guiscard aber schlug die Truppen des Alexios, stieß bis Saloniki vor und sah sich schon die Mauerzinnen von Konstantinopel ins Herrenauge fassen, da rückte zu eben dieser so verheißungsvollen Stunde ein alter Widersacher, der deutsche Kaiser **Heinrich IV.**, vor vier Jahren noch Canossagänger, dem päpstlichen Lehnsherrn Guiscards auf den Leib. Der Lehnsmann ging nach Italien zurück, um nicht seine Ausgangsgebiete hinter sich zu verlieren und an der Ostfront doch nichts zu gewinnen, vandalisierte Rom nebenher und befreite handstreichs seinen Papst aus der Engelsburg, dem bereits ein Gegenpapst erstanden war. Wie denn auch dem Heinrich in Deutschland daheim ein Gegenkaiser aufgebaut werden sollte. In diesem Kampf, diesem Gezwack mit Hummerscheren. Nichts, scheint mir, ist anders oder gar besser geworden.

Den griechischen Kriegsschauplatz aber hatte Guiscard derweilen seinem siebzehnjährigen Sohn überlassen, **Bohemund**. Dessen kriegerische Begabung wußte sich - bei der Belagerung von **Larissa** - Respekt zu verschaffen. Doch eine

Verschwörung in Bohemunds Heer anzuzetteln, war nicht
übermäßig schwierig, ja naheliegend, wenn drüben ausschließlich und hüben Normannen zuhauf im Felde lagen:
Alexios brachte ein Komplott zustande und zwang den
Jungen zu einem Rückzug, der erst durch Guiscards ret-
rende Rückkunft aufgefangen werden konnte. Der Vater
siegte erneut, zerstreute vor **Korfu** die venetianisch-byzan-
tinische Flotte und erstreckte seine Eroberungen diesmal
sogar bis über etliche Inseln der Ägäis hinaus. Allein er
erlag der Pest, 1085. Das Normannenheer wurde fast vernichtet. Bohemund faßte einen unauslöschlichen Haß gegen
den in Ränke und Tat überlegenen Alexios.

Unterdessen hatte ein Zwist unter den Tancredenkeln
normannischerweise den Bohemund um sein italisches
Erbe gebracht und diesen Baum auf die Herrschaft **Tarent**
zurückgeschnitten. So wenig Macht in Händen wollte ihm
aber gar nicht zusagen. Der Erste Kreuzzug kam ihm wie
gerufen. Welche Landgewinne mochten da noch heraus-
springen! Der Aventüren zu geschweigen. Bohemund war
von der Partie. Die Tancredenkel werden ihn nur zu gern
an die Spitze des unteritalischen Kontingents gestellt und in
See stechen gesehen haben. Adieu von den Molen von Brindisi. **Robert von der Normandie** und der **Graf von Blois**
nebst ihren Scharen schifften sich etwas später ebenda und
teils auch zu Bari ein. Das papstgeweihte Banner über dem
Heckturm des Grafenschiffs. Adieu und drei Kreuze! *Deus
vult!* Drei Fahrtenrunen obendrein heimlich in den Sand
gekratzt. Eins der gräflichen Schiffe verunglückte noch in
Küstennähe. Die Haut der angespülten Ertrunkenen, Männer und Weiber, zeigte blutunterlaufene Kreuzeszeichen.
Gottes große Gnade konnte augenfälliger nicht sein. Adieu!

Das abendländische Gros unterdessen zog in mehreren
Heeressäulen, Krieger, aber auch Pilger, auf dem Landwege donauabwärts und kantonierte zu Weihnachten 1096
in und um **Konstantinopel**. Eine stolze Versammlung, Engel-
lands und Frankenreichs Heerschildgenossen: der Herzog
von Lothringen, Graf **Raimund von Toulouse**, **Gottfried
von Bouillon** und sein Bruder **Balduin von Boulogne**,
Hugo von Vermandois, ein Bruder des Königs von Frankreich, der Bruder des Königs von England, ein Sohn also
Wilhelms des Eroberers. Eine zum guten Teil auch nor-

mannische Versammlung. Doch was war dieses Aufgebot der Banner und Kettenhemden gegen den Glanz, gegen den Zauber einer Metropole mit einem Umfang von mehr als zwanzig Kilometern, einer Weltstadt, in der die Kunstschätze der Antike, die Kostbarkeiten und Reichtümer zweier Kontinente, die Schätze des Morgenlandes, in sieben Jahrhunderten aufgehäuft, beisammen waren. Den Abendländern blieben beim Gaffen die Mäuler offen.

Im Frühjahr 1097 traf Bohemund ein, benahm sich bei Hofe korrekt, anders als so mancher fränkische Herr und Ritter - der Reibereien zwischen Bevölkerung und fremden Kriegern gar nicht erst gedacht -, leistete den Eid, den sein kaiserlicher Feind verlangte, und hielt auch die Waffengefährten anderer Zungen an, dem Begehr des Kaisers nachzukommen. Nicht immer mit Erfolg. In Raimund und in seinen trotzköpfigen Neffen - oder Vetter - im eigenen Haufen vermochte er nicht zu dringen. Dieser, **Tancred** mit Namen wie der Urgroßvater, verweigerte die Eidesleistung und zog unvereidigt ostwärts.

Opulente Empfänge, Jagden in den kaiserlichen Tiergärten, Lustfahrten zu Wasser, Galatafeln, Geschmeide, Seide, Kaviar mit goldenen Löffeln, Wagenrennen im Hippodrom, das mit seinen 80 000 Sitzplätzen dieses Kreuzfahrerheer mit Mann und Maus einschließlich der 10 000 Nichtkombattanten hätte fassen können und dann immer noch für 30 000 Schaulustige Platz gehabt hätte. Man konnte nur staunen. Aber Bohemund hat sich nicht lange in Konstantinopel aufgehalten. Im Mai 1097 wurde aufgebrochen. Die kleine **Anna Komnena** muß dennoch Zeit genug gehabt haben, ihren ragenden Eiskönig gründlich zu betrachten. Ob sie wohl geahnt oder gewußt hat, daß er - auch darin Guiscards Sohn - brütete und sann, auf welche Weise er eines Tages den Prunkthron von Byzanz selbst besteigen möge, anstatt wie jetzt als Vasall unter Vasallen davor herumzudienern? Ob Bohemund wohl Gelegenheit gefunden hat, seine Schwester Helena und den thronlosen Prinzen und Schwager Konstantin Dukas zu sprechen? Wenn sie noch lebten? Unliebsamer Aspirant zu sein, war in Byzanz alles andere als eine Lebensversicherung.

Alexios' Augenmerk freilich war *nolens volens* dem äußeren Feinde zugewandt. Er hatte schon vor einiger Zeit in Flandern angefragt, ob man ihm nicht militärischen Sukkurs gegen Türken und Seldschuken leisten wolle und könne. Der Graf von Flandern nämlich hatte, als er, ein privater Pilger, von Jerusalem heimreiste, in Konstantinopel Visite gemacht und bei Hofe freundliche Beziehungen angeknüpft. Vielleicht ließen sie sich nutzen. Ferner hatte Alexios erst jüngst mit Papst **Urban II.** Fühlung zwecks Wiedervereinigung der lateinischen mit der griechischen Kirche aufgenommen, weil er sich nach der Bedrängnis seiner ersten Regierungsjahre davon in mehr als einer Hinsicht Stärkung versprach. Ja, recht eigentlich war er es gewesen, der dem apostolischen Statthalter Petri zu Rom nahegelegt hatte, zu einer allgemeinen Unternehmung der Christenheit aufzurufen und das Kreuz zu predigen; eine Tatsache, die in abendländischer Darstellung nicht gerade betont zu werden pflegt.

In Spanien führte man ohnehin schon Krieg gegen die Mauren. Raimund von Toulouse hatte da Fronterfahrungen gesammelt. Und auch Guiscards und Rogers sizilische Unternehmungen gegen die Sarazenen, von denen schon die Rede war, konnten sehr wohl als Kreuzzüge vor dem ersten offiziellen Kreuzzug gelten. Bloß mit Türken und Seldschuken hatte noch kein Abendländer die Klingen gekreuzt. Da hatten nur die Byzantiner ihre schmerzhaften Proben zu bestehen gehabt und nicht immer bestehen können. Feinde ringsum ohnedies.

Aber mit den Turkvölkern war es wirklich ein Kreuz. Die Türken waren hart, waren leidenschaftliche Soldaten, Partisanen und Einzelkämpfer. Seit ihre seldschukischen Stammesgenossen **Jerusalem** an sich gebracht hatten, was in des Herren Jahr 1071 hatte geschehen können - aber die Heilige Stadt war ja schon seit Jahrhunderten in muselmanischer Gewalt und zur Stunde gerade wieder in der des ägyptischen Sultans -, wehte dort in der Behandlung der christlichen Interessen ein neuer, rauherer Wind. Davon hatte man Pilgerberichte übergenug. Der unterworfenen Christenheit in Kleinasien, Syrien und dem Heiligen Land blieben Trübsal und Drangsal und schwere Zeiten.

Wie nun aber, wenn auch die so zuversichtlichen, so hochgemuten, meist aber unerfahrenen Herren aus dem Westen wider den Türken nichts würden ausrichten können?

Eine Möglichkeit, mit der man in Byzanz zu rechnen gewohnt war. Dann zeichnete sich die Gefahr ab, daß die Ritter einen verpaukten Krieg ums Heilige Land in eine Strafaktion gegen die schismatische Ostkirche und ihren kaiserlichen Protektor verwandelten, um nicht ganz erfolglos heimzukehren. Eine Wendung der Dinge, die gute hundert Jahre später beschämende Tatsache werden sollte. Und Bohemund hatte den Herren auch jetzt schon dahingehende Vorschläge gemacht! War Rom denn, war auch nur einem dieser Barbaren zu trauen? Alexios war auf der Hut.

Mit der Anwesenheit fremder Truppen, und befänden sich diese auch auf dem frömmsten Kriegspfad der Welt, ist es eine zweischneidige Sache. Waffen sind Waffen gegen alle und jeden, auch gegen den konziliantesten Quartierwirt, als der Alexios zu gelten sich bemühte. Daß er die Herren unter Eid nahm, war ein Gebot der politischen Klugheit. Es kam darauf an, ihnen die Hände zu binden, die Pfoten, die Pranken, die Greifenklauen, und wenn es nur eine Formsache war. Die Gebiete, die den Türken glücklichenfalls zu entreißen sein würden, waren allesamt ehemalige Provinzen Ostroms. Daran war nicht zu deuteln. Sie waren mithin vorbehaltlos dem Kaiser zu unterstellen. Noch am Tage der Eroberung. Eine Selbstverständlichkeit in byzantinischer Sicht. Und die stolzen Kreuzesstreiter mochten sich um der Lauterkeit ihrer Ziele willen dann eben an Gottes Lohn Genüge sein lassen. *Deus vult!* Adieu!

Der erste, der sein Wort brach, war **Bohemund**. Wer würde an dieser Stelle seinen Namen nicht erwartet haben? Später folgten andere dem schnöden Exempel. Der Kaiser hatte das Nachsehen, je weiter die eroberten Länder von Konstantinopel entfernt lagen; die wiedereroberten, byzantinisch gedacht. Bohemund gründete das Fürstentum **Antiochia**, wobei ihm sein Neffe Tancred trotz seiner Fehden mit Balduin von Boulogne um Kilikien und **Tarsos** kräftig zur Hand ging. Aber Bohemund - das darf andererseits nicht verschwiegen werden - war auch wirklich der überragende Kriegsmann, besonders gerade bei der Eroberung der großen alten Stadt am Orontes. Zudem war unter den Grafen und Baronen abgesprochen worden, daß Antiochia demjenigen gehören solle, der es als erster mit stürmender Hand betrete.

Bohemund hatte sich - zusammen mit Tancred - auch schon bei **Nikäa**, das der Kaiser noch persönlich vereinnahmte, und südöstlich davon bei **Doryläum** mit Ruhm bedeckt und durch Tapferkeit ausgezeichnet. Auch wirkte seine Taktik, schlimm zu sein, aber einen noch viel schlimmeren Ruf zu haben, lähmend auf die Gegner. Indessen nahm er an dem Feldzug gegen Jersusalem nun nicht mehr teil. So heftig war sein christlicher Eifer auch wieder nicht. Vielmehr hockte er auf seiner frischen Beute, die er gegen die Türken, mit denen Alexios sich - sage und schreibe - verbündet hatte, sowohl wie gegen diesen selbst verteidigen mußte. Und nicht zuletzt auch gegen Raimund von Toulouse, der Antiochia seinerseits als erster betreten haben wollte, in der Burg Fuß gefaßt hatte, von Bohemund hinausbefördert worden war und nunmehr sich auf des Griechenkaisers Seite schlug, obwohl er jenen Vasalleneid nicht geleistet hatte. Weshalb sich der Herr von Toulouse auch nicht für verpflichtet hielt, auf eine eigene Grafschaft **Tripolis** zu verzichten. Sie erstreckte sich längs der Phönikerküste von einst als südliche Hummerzange gegen Antiochien. Den Kaiser speiste Raimund mit einigen syrischen Städten ab, die er ihm nebenher eroberte. Doch blieb Alexios seit dem Fall Antiochias mit allen übrigen Kreuzfahrern in Zerwürfnis, war böse und muß wohl Syriens Hauptstadt nebst zugehörigem Länderfetzen in eines Bohemund Hand für eine ernste Bedrohung seines Reiches angesehen haben.

Verglichen damit spielte Balduins große Staatsgründung in **Edessa** am oberen Euphrat nur eine Nebenrolle, wenngleich auch sie bestätigte, wie wenig eines Lateiners, eines Franken, eines Normannen Ritterwort wert war. Und so wird sich selbst der einfältigste Byzantiner nicht weiter gewundert haben, wenn schließlich gar ein Königreich **Jerusalem** aus dem Boden gestampft wurde, nachdem die Heilige Stadt am 15. Juli 1099 in die Gewalt der christlichen Ritter geraten war. Die Belagerung hatte etwas mehr als einen Monat beansprucht. Das ägyptische Entsatzheer traf zu spät ein. Man war mit Belagerungsmaschinen vorgegangen. Das Blutbad war entsetzlich. Gottfrieds Lager hat, heißt es, westlich von der Straße nach Ramallah und Nablus in Höhe des verwichenen Mandelbaumtores gelegen.

Die außerordentliche Stoßkraft des Ritterheeres, aller Zerstrittenheit unbeschadet, verdiente und verdient Bewunderung. Der gesamte Orient zollte sie knurrend und murrend. Bagdad, Kairo und die Araber stöhnten auf und begannen zu rüsten. Für **Byzanz** hingegen war die ärgste Türkengefahr bis auf weiteres gebannt, mochten die hanebüchenen Beutemacher sich da schadlos halten oder nicht. Am Ende waren sie es, die Byzanz unentgeltlich verteidigten, wenn sie sich vor **Damaskus**, bei **Jaffa** oder **Askalon** der eigenen Haut wehren mußten. Tancred insbesondere auch bei Askalon gegen die Ägypter. Aber man wehrte sich. Und die teuersten Stätten der Christenheit waren der Knebelung durch Glaubensfeinde ledig. Tochter Zion durfte es zunächst einmal knappe neunzig Jahre lang bleiben.

Der erste auf der Mauer soll ein fränkischer Rittersmann namens **Lietaud** oder Leuthold, nach anderen aber Tancred gewesen sein. Ihn deshalb zum Herrn über Jerusalem zu erküren, fiel jedoch niemandem ein. Er wurde nur Prinz von Galiläa mit dem Sitz in **Tiberias** am See Genezareth. Die heutige Altstadt dort geht auf ihn zurück. Und einer der Mauertürme Jerusalems trug bis vor kurzem noch Tancreds Namen. Zwischen Neuem und Damaskus-Tor. Und - Gottfried starb - Balduin von Boulogne, Graf von Edessa, wurde nach verwickeltem Hin und Her der erste König von Jerusalem. Doch in der Tat: man hatte eigentlich Bohemund als den Besten zum König wählen wollen, nur war er nicht zur Stelle.

Bohemund war abhanden gekommen und saß für geraume Zeit in der Gefangenschaft irgendeines Türkenemirs, während Tancred in vorbildlicher Treue seines Onkels Beuteland **Antiochene** verwaltete. Als die Ritter aber ihren Bestmann nach Jahr und Tag losgekauft hatten, sah dieser den Nahen Osten aufgeteilt und keine lockenden Möglichkeiten mehr. Erinnerte sich, da ihm *in absentia* eine Königskrone hatte entgehen müssen, einer Kaiserkrone. Und die zu gewinnen, verließ er sein Besitztum, über das Tancred an seiner Statt gebieten sollte. Im übrigen hat das Fürstentum, von diesem Neffen beträchtlich erweitert und später mit Tripolis vereint, noch bis 1288, bis zur Liquidierung durch die Türken fortgedauert.

Bohemund aber ging nach Italien, ein Heer anzuwerben.

Heiratete *en passant* die Tochter des Königs von Frankreich und warb auch dort. Sein Kreuzzugsziel hieß jetzt kaum umwunden Byzanz. Er ist es gewesen, der mit diesem Ziel vor Augen im Abendland das Lügenmärchen vom Verrat des Alexios an den Rittern Christi auf die Beine gebracht und verbreitet hat. Daran war kein Gran Wahrheit. Doch könnte es römischen Ohren wie antischismatische Musik geklungen haben. *Et semper aliquid haeret.* Wie es scheint, auch noch bis heute. Der ruchlose Propagandist setzte mit erheblicher Truppenmacht zum griechischen Festland über. Aber die alte Schlagkraft war es nicht mehr. Die kaiserliche Armee traf ihn im Raum **Durazzo** vernichtend. Denn an kriegerischer Praxis fehlte es Alexios' Strategen nicht; am Ende seiner immerhin ganz glücklichen Regierung würde der Kaiser auf vierzig Kriegsjahre zurückblicken können.

Bohemund unterwarf sich und unterzeichnete einen Vertrag, der unter anderem aus Antiochia und Umgebung ein kaiserliches Lehen machte. Tancred, darüber informiert, hat sich keinen Pfifferling um die Abmachung der alten Kämpen im fernen Westen gekümmert. Und so blieben er und Bohemunds Beutestück unangefochten. Bohemunds Unstete aber, die auch die Kaiserkrone von Byzanz kaum hätte stillen können, stillte ein früher Tod. Vermutlich im Jahre 1111. In Apulien. Sechs Bohemunde, Sohn, Enkel, Urenkel und so fort, haben noch in Antiochia geblüht.

König Balduin übrigens wurde sieben Jahre später auf einem Feldzug gegen Ägypten in **El Arish** aus dieser waffenklirrenden Welt abgerufen.

Ein kleiner Exkurs, den ich meine Ihnen schuldig zu sein: Pilgerfahrt, Kreuzfahrt, Kreuzzug sind Varianten eines Impulses. Wie heute - noch oder wieder - Krieg und Tourismus. (Und, nebenbei, die Gastarbeiter sind die Gefangenen bei der Sache.) Man soll sich da nicht täuschen. Und ich sage das nicht etwa, weil eine bekannte Art Schiffstourismus ihren Teilnehmern in nicht gerade geschmackvoller Wortwahl sogenannte Kreuzfahrten verspricht. Ich sage es, weil unter anderem die Engländer nicht bloß ihr Weltreich aufgebaut, sondern auch das neuzeitliche Reisen erfunden haben und weil die außerordentlichste, die normannischste Reise unsrer Jahre gerade von Norwegern mit Erfolg durchgeführt worden ist, die Expedition auf dem Floß »Kon Tiki« von Peru her zum Beweis der Möglichkeit weißer Polynesienbesiedlung aus dem Osten. Weißer - das bedeutet, muß man schließen: ursprünglich aus Europa. **Thor Heyerdahl** heißt ominöserweise der kühne Unternehmer. Und wenn sein jüngstes Beginnen, die Atlantik-Überquerung von Afrika aus mit dem Papyrusboot »Ra«, auch nicht voll und ganz gelungen ist, so ist es doch nicht derart mißlungen, als daß widerlegt wäre, was es beweisen sollte: frühgeschichtliche Ägypter können den Atlantischen Ozean überquert und Mittelamerika erreicht haben! Nur wenig verfrühter notgedrungener Reiseschluß im Juli 1969, am 17., glaube ich. 5000 Kilometer, 1000 mehr als die kürzeste Entfernung zwischen Afrika und Amerika, sind von der »Ra« bewältigt worden!

Und ebenfalls im Juli 1969 war es, als der Brite **John Fairfax**, einunddreißigjährig, binnen 180 Tagen den nämlichen Ozean mit einem Ruderboot, er ganz allein darin, überquert hatte. 6473 Kilometer von Las Palmas auf den Kanarischen Inseln bis Florida. Ägypten hat wissen lassen, daß es Heyerdahl bei der Herstellung eines zweiten Papyrusschiffes behilflich sein will. Das ist zu loben. Im übrigen würde eine Liste all der Ozeanüberquerer und Weltumsegler manchen Bogen Papier füllen. Mit britischen, skandinavischen, mit normannischen Namen. Der alte Normannenimpuls ist - noch oder schon wieder - am Werk. Oder Reste davon. Oder gelindere Nachklänge. Man sollte vielleicht die russischen und amerikanischen Weltraumfahrernamen und -physiognomien unter diesem Gesichtspunkt einmal durchsehen. (Neuerdings - 1970 - ist die Herkunft des Christoph Kolumbus für Norwegen und die dort altangestammte Seefahrerfamilie Teist einigermaßen glaubhaft reklamiert worden. Teist sei der Name einer Möwenart, den der ›Entdecker‹ Amerikas in Colombo habe hispanisieren lassen.)

Robert Guiscard, dieser Urtypus des normannischen Seekriegers, ist übrigens auf der ionischen Insel **Kephallinia** gestorben ... Sie wird, wenn wir in den Golf von Patras und Korinth einfliegen, Ihnen rechts unten zu Füßen liegen.

12   Nausikaa

»Item am Sonntag zur Nacht kamen wir in die griechische Stadt Korfu«, liest man in *»Ritter **Grünembergs** Pilgerfahrt ins Heilige Land, 1486«. »Das ist die erste Stadt, die griechisch ist gegen unser Land zu.«*

Wo viel geschah, wo viel Geschichte geschehen ist, sind Orts- und Flurnamen wie Steine in der Uferbrandung bis zur Unkenntlichkeit rundgeschliffen und haben die Kanten, daran ihre Etymologie abzulesen wäre, im Auf und Ab der Gezeiten eingebüßt. **Korfu** ist ein mittelalterlicher Wortstummel aus dem byzantinischen Namen Koryphaioi oder Koryphoi, worunter zwei dortige zu Akropolen oder Kastellen befestigte Berggeschwister, die Koryphäen eben, zu verstehen waren oder sind. Die Griechen nennen die Insel heute **Kérkyra** und nannten sie früher Korkyra. **Dr. Heinrich Lewy** (»Die semitischen Fremdwörter im Griechischen«, 1895) weist auf gewisse schnellfahrende zypriotische Schiffe, die ›kerkoures‹ hießen und ihren Namen vielleicht von hebräisch ›kirkara‹ hatten = schnellaufende Kamelstute, Schnelläuferin. Übrigens gab es auch vor der dalmatinischen Küste noch ein Korkyra mit dem Beinamen Die Schwarze, das heutige Korčula.

»Item die Insel Korfu heißt auch in griechischer Sprache Corzita, nach einer Frau, so die Insel zuerst fand; hieß auch also; danach nannten sie die Griechen Zirne: nach der Tochter des Hercules, so da allezeit ihre Wohnung hatte«, munkelt **Grünemberg** und trifft doch das Sagenumwobene nicht schlecht. Wer weiß, was man dem reisigen Deutschen aus Konstanz am Bodensee dort erzählt und was er verstanden hat? Und wie weit mag Korfus Geschichte wirklich in die Zeiten hinaufreichen? Bis zu den Tagen einer Heraklestochter bloß? Habe über Zirne nirgends etwas finden können. Ist auch ohne Belang. Wer will des Heroen Kinder allesamt kennen? Sie dürften nach Hunderten zählen. Aber in alter Zeit hieß einer der beiden Häfen Hyllaikos, und zwar der Kriegshafen. Und das könnte einen Hinweis bieten. Denn Hyllos war in sagengrauen Tagen das Oberhaupt der Herakliden.

Darf man Korfu aber **Scheria** nennen? Dann wäre dieses Scheria die Insel der märchenhaften Phäaken Homers? Insel der **Nausikaa**, unsterblichen Vorbildes aller wohlerzogenen Töchter und jungen Damen und aller Mädchenhaftigkeit überhaupt... Πάππα φίλ', bittet das Töchterchen seinen Vater **Alkinoos** - den König Wehrsinn, wenn man den Namen verdeutscht -, möchtest du mir nicht einen Wagen zur Verfügung stellen... Πάππα φίλε, damit ich die schö-

nen Gewänder, die schmutzig sind, zum Fluß hinfahre zum
Waschen? Denn es gehört sich, daß du mit sauberen Sachen . . . und so . . . und selbstverständlich die Brüder
auch . . . Die wollen frischgewaschenes Zeug, wenn sie zum
Tanz gehen . . . Und um all das muß ich mich kümmern.
Sprach's und genierte sich vor dem Papa, von ihrer Hochzeit zu reden.

Doch der Vater merkt alles und sagt: οὔτε τοὶ ἡμιόνων
φθονέω, τέκος, οὔτε τευ ἄλλου . . . Selbstverständlich bekommst du deine Maultiere und was du brauchst . . . ›tekos‹.
Für den Papa ist sie noch nicht das heiratsfähige Mädchen,
ist sie noch ›tekos‹. Das ist Fohlen, Kälbchen. Mittelhochdeutsch entspricht ›degen‹, welches zunächst Knabe bedeutete. Tekos! Von Göre klingt da ein bißchen mit, und das
konnte voralters noch junger Rehbock heißen.

Tekos Nausikaa! Daß sich das Kälbchen auf der Stelle,
bei den Waschplätzen, in den schiffbrüchigen Ritter, den da
Poseidons bös erzürntes Element an Scherias Gestade ge-
spien, in Odysseus sterblich verliebte und daß Ritter wie
Kälbchen sich ganz hübsch zusammennehmen mußten, um
es beim Schicklichen bewenden zu lassen - beim Flirt; Odysseus war verheiratet und nicht mehr der jüngste -, es wundert uns nicht, und wir lesen's noch so gern, wie man es seit
mehr als siebenundzwanzig Jahrhunderten gehört und gelesen hat. Aber wen mag des Alkinoos einzige Tochter dann
geehelicht haben? Daß sie voll Trotz nicht geheiratet und -
um es anachronistisch zu sagen - den Schleier genommen,
nicht daß wir wüßten.

Happy-End? Spätnachhomerisch - auch die Antike war
gegen die Sucht nach Seichtem nicht gefeit: Odysseus' Sohn
Telemachos heiratet, an Jahren der Braut denn wahrhaftig
angemessener als sein Vater, das phäakische Königskind, und
dieses beschenkte ihn mit dem Söhnchen Ptoliporthos. Und
noch zu des Alkibiades bewegten Zeiten lebte zu Athen das
altadelige Geschlecht der Kerykes, liebte es, sich von jenem
Heroenpaare herzuleiten, liebte es nicht, den Playboy und
Redner Andokides zu seinen Mitgliedern zu zählen; und
wenn sie nicht gestorben sind, so leben sie noch heute.

(Aus einem Vortrag vom Frühjahr 1958)

Juli 1806. *»Am leicht vernebelten Horizont verschmolzen Himmel und Meer«*, notierte der Jerusalempilger **François René de Chateaubriand** eines Abends, während sein Schiff durch die Straße von **Otranto** lief. *»Am Fuß der Calypso-Insel Fano brannte ein Feuer, das Fischer angezündet hatten. Ein wenig Einbildung, und man sah, wie die Nymphen Telemachs Schiff in Flammen steckten, hätte Nausikaa mit ihren Gespielinnen lachen und scherzen hören können oder das Weinen der Andromache am Ufer des falschen Simoeis. Später erblickte ich fern und schattenhaft die Gebirge von Scheria und von Buthrotum.«*

Kalypso, Nausikaa, Andromache! Den Staatsmann und Schriftsteller hatte es überkommen, übermannt, der mittelmeerische Reiserausch hatte ihn erwischt, man kennt das: er sah über die Realitäten hin, surreal in die Weiten der Zeiten und Länder! Zeitweitsichtig. **Fano** ist eine kleine Insel westlich von **Korfu**, die, als der Vicomte dort vorüberreiste, vor kurzem - bis 1797 - noch den Venetianern gehört hatte, nun aber, nach französischer Besetzung, zur Republik der Ionischen Inseln gehörig, unter türkischer Oberhoheit und russischem Schutz stand. Die beiden feindlichen Erben von Byzanz, Türken und Russen, verteidigten vereint, was ihre arme Erblasserin einst besessen, gegen Zugriffe aus dem Westen. Die rivalisierenden Großmächte hinter dem bevorstehenden griechischen Freiheitskampf hatten die Arena betreten. In Unkenntnis noch, wie sie sich gruppieren würden, wenn die Stunde schlüge. (Darüber unten in Teil IV etliches mehr.)

Chateaubriands Pilgerschiff hatte keinen Wind in den Segeln. Keine Bora. *»Die Windstille dauerte am 6. Juli an, und ich hatte reichlich Muße, um Korfu zu betrachten. Die Insel hieß in der Antike Drepanon, Makria, Scheria, Korkyra, Ephisa, Kassiopeia, Keraunia und selbst Argos. Sie jedenfalls war es, auf die der schiffbrüchige, nackte Odysseus geworfen wurde ...«* Namen über Namen.

Und selbst der Name **Korsika** findet sich auf die Insel angewendet, da kenne sich einer aus: *»An einem Mittwoch den 19. Tag vorgemeltes Monats / und als das Meer gleichsam wieder stiller worden war / und der vorige Wind gleichwol noch wehete /*

*aber doch etwas senffter / hat sich die Insel Corsica neben dem
Gebirg samt der Stadt Corfun / als die Morgenröth anbrach / von
fernen sehen lassen / und ist uns von denen / welche des Meeres
und selbigen Landes wol bericht / unnd erfahrene Schiffleut waren /
vor unsern Augen gezeigt worden.«* So steht es in der »Reiß zum
H. Grab und Pilgrammschafft in das gelobte Land« des edlen
und hochgelehrten Herrn **Bartholomäus de Salignac,** die dieser im
Jahre des Herrn 1522 getan hat. Korfu war dazumal, seit 1387
ununterbrochen, venetianisch: *»Diese Insel stehet den Venedigern
zu / begreifft die leng fast zwantzig Meilen / in breit zwölff /
doch daß eine Meil zwo Frantzösische in sich hat. Diese Insel liegt
von der Stadt Tarent in Apulia 60. Meilwegs / also daß einer /
welcher von diesem ort zu dem andern reisen wolte / von nöthen
hat / auff dem hohen Meer in vorgemelter weite zuschiffen.«*

Korfu ist nicht das Phäaken-Scheria, trotz Chateaubriand,
und war's auch nie. Späte Nachfahren erst gefielen sich
darin, Homers utopischen Fabeleien festen geographischen Boden zu unterschieben, wo der Dichter ihn gerade
nicht hatte haben wollen! Wie wir etwa Siegfrieds Lindwurm Bonn gegenüber am Drachenfels stationiert wissen
wollen, und dabei noch nicht einmal unser Teutoburger
Schlachtfeld ausfindig machen konnten! Nein, und hießen
diese unterschiebenden Nachfahren gar **Thukydides** und
Strabon - unter anderen, bis zu **Ernle Bradford**, dem lie-
benswerten Fahrensmann und Poeten im 20. Jahrhundert.

Der odysseische **Homer** schrieb zu einer Zeit, als man auf
Euböa bereits daran denken mochte, die Kolonialstadt
Kymai zu gründen, Cumae bei Neapel; was doch lange Erfahrungen in Seefahrt und Überseehandel voraussetzt. Wie
sollte da der Dichter seinen seefahrterpichten Landsleuten
haben einreden wollen, an die 50 Seemeilen nördlich der
Einfahrt zum Golf von Korinth, den alle kannten, auf
Korfu eben, habe ein Märchenvolk seine teils wikingischen,
teils landpomeranzischen Dolce-Vita-Tage unbemerkt zu-
bringen können? Auch wenn ihm das wirkliche Korfu als
geographische Vorlage vor seinen ironischen Augen stand?
Schlaraffenland, zum Greifen nahe? Cocania-Land, das
jeder epirotische Muschelsammler liegen sehen, jeder Fischer-
junge aus Buthrotum vom Festland her anrudern konnte?
Er brauchte nur 2500 Meter Wasser zu überwinden.

Nein, diese Phäaken sind Homers wunderschöne Erfindung, Inbegriff eines nautischen, durch technisch überlegene Seefahrt reich gewordenen, von niemandem befehdeten Inselvolkes. Traumschiffer, dem Publikum zu Ergötzen, Nutz und Frommen. Auch zum Spaß. Denn die Herren von König Wehrsinns Tafelrunde heißen doch wahrhaftig wie im Märchen Meerwart, Bootner, Stevener, Hecker, Remer, An der See, Steig an Bord - in **Schadewaldts** Verdeutschung -, kaum ein Name da, der ohne Bezug zu See oder Schiff wäre. Nausikaa einschließlich, denn nausi- heißt ganz gewiß Schiffs-, nur das -kaa am Ende löckt wider den Stachel philologischer Auslegung. Und ihr Großvater war Nausithoos, Herr Schiffsbehend also, und der Herold König Wehrsinns heißt Meersinn, nämlich Pontonoos. Was will einer noch?

Und der ertüftelte Name der Phaiaken selbst? Meint er nichts und niemanden? Phaikos heißt ›glänzend, in Blüte stehend‹. Das klingt für Griechenohren jedenfalls mit. Spielt er auf die Phoiniker an? Phoinikes oder ›die Roten‹ war die griechische Benamsung des nahorientalischen Kaufmannsund Seefahrervolkes, das sich durch Metallhandel reich gemacht hatte und in dessen Händen sich praktisch das Purpurmonopol befand. Eine orientalische Bezeichnung der Phönizier hieß Kanaaniter, und auch sie selbst haben sich zuweilen so genannt. Kanaaniter. Dieser Name ist jedermann seit dem ersten Religionsunterricht geläufig ... Das Land Kanaan! Kinachchu = Purpur. *Mat kinahni*, Land der roten Purpurwolle. Homer nennt sie auch Sidonier nach ihrer seinerzeit wichtigsten Stadt. Sie waren mit gemeinsamer Religion und Sprache dennoch kein Staatsvolk in vollem Sinne, sondern eher etwas wie eine levantinische Hanse. Ein Seestädtebund. Kein Staat jedenfalls. Kein Reich.

Sie hatten ihre Handelsniederlassungen und Ansiedlungen überall, wo Schwarzmeer-, Ägäis- und Adria-Schiffahrt sie erforderten, und mußten den Griechen, unter denen sie friedlich und wie in Symbiose lebten, längst schon als Ideal vorgeschwebt haben: kultivierte Leute, reich, luxuriös, vielsprachig, mit weltweiten Beziehungen, in den Orient hinein, nach Afrika und im Okzident über die Säulen des Herakles - die Straße von **Gibraltar** - unsäglich weit hinaus. Unerhört weit. Sie schwiegen sich darüber aus. Bis dahin, wo der Purpur wächst! Wo wuchs er?

Die mittelmeerischen Seemuscheln und Purpurschnecken - *murex brandaris, trunculus* und andere - und die Farbprodukte, die ihrer sterblichen Leiblichkeit tröpfchenweise abzugewinnen, mittels derer aber durch Sonnenbelichtung die raffiniertesten Farbnuancen für Textilien zu erzielen waren, von veilchenblau und violettrosa bis königsrot, scharlach, schwarzrot, sie reichten auf die Dauer und ohne Raubbau, den man gescheut haben wird, nicht aus, einen immer breiteren Bedarf zu decken; den zu erwecken andrerseits nicht die mindeste Mühe machte. Farbenfreude ist die reinste. Mit reinem tyrischem Schneckenpurpur gefärbte Stoffe waren so begehrt wie kostspielig. Sie würden in absehbaren Zeiten unerschwinglich werden. (Die Frage scheint angebracht, ob nicht auch eine zunehmende Versalzung des Mittelmeeres die Verbreitung der Schnecken einschränkte und zur Ausbeutung weiter im Westen gelegener Gebiete drängte?) Welch ein Geschäft aber, wenn man der starken Nachfrage einigermaßen wohlfeil und dennoch in den eingeführten, lichtechten Qualitäten entgegenkommen könnte. Und konkurrenzlos noch obendrein. Das Geschäft, von dem jeder Fabrikant in **Tyrus** oder in **Sidon** träumte, jeder Kaufmann, wenn er gen Untergang aufs Meer hinausblickte und seines Firmenvertreters auf den Inseln Elišа, um mit Ezechiel (27,7) zu reden, oder seines Agenten in **Gades** jenseits der ›Säulen‹ und der Möglichkeiten gedachte, von dort noch weiter westwärts zu dringen. In immer westlichere Elysische Gefilde (kommt von Elišа). Gades, das heutige Cádiz, war in den Tagen Homers schon ungefähr drei Jahrhunderte alt. Zu seiner Gründung war es in Zusammenhang mit der Seevölkerwanderung gekommen, die Homer, wenn auch nicht unter diesem Namen, noch bekannt gewesen sein muß und nicht schon unbekannt gewesen sein kann.

Neue, die Ausweitung der phönizischen Färberindustrie begünstigende Artikel waren, so sollte sich zeigen, auf **Madeira**, den **Kanarischen**, den **Kapverdischen Inseln** und den **Azoren** zu haben, diesen seligen, vor jeglicher Konkurrenz eifersüchtig abgeschirmten Eilanden: die Lackmus- oder Färberflechte und das rote Harz des Drachenbaums. Sie sollten eines Tages die kommerziell einmalige, höchst willkommene Entlastung der angespannten Lage in der Purpurbranche mit sich bringen. Die Sicherung des Monopols für ein weiteres Jahrtausend und mehr. Beiseite, daß ungewiß ist, wann zu Unternehmungen auf den hohen Ozean hinaus erstmals aufgebrochen wurde und inwieweit hier günstige Zufälle eine Rolle gespielt haben.

Die vergleichsweise kleinen Stadtstaaten daheim an der

syrischen Küste und die phönizischen Kolonialstädte im Westen des Mittelmeeres und jenseits der Säulen sind auch in ihren glücklichsten Tagen nicht so kopfzahlreich gewesen, daß sie Menschenüberschuß für immer weitere Aussiedlungen hätten aufbringen und entsenden können. Die Expedition des karthagischen Seefahrers **Hanno** gegen Ende des sechsten vorchristlichen Jahrhunderts, der mit 30 000 Siedlungswilligen zur afrikanischen Westküste aufbrach und bis zum Kamerunberg gelangte, macht die Ausnahme. Aber an einzelnen Kauffahrteien scheint es nicht gefehlt zu haben, und allen Ernstes wird angenommen, daß das Sargassomeer zwischen Florida und den Azoren, ja sogar der Golf von Mexiko den phönizischen Seeleuten und erst recht ihren karthagischen Kolonialexponenten nicht unbekannt geblieben seien.

Und gelangten sie dann nicht auch bis nach Amerika? Am Sonntag, dem 16. Juni 1968, konnte ich den nachstehenden Beitrag zu dieser Frage in das Feuilleton des »Tagesspiegel« stellen:

Am 31. Januar 1874 fertigte der Direktor des brasilianischen Nationalmuseums, **Ladislaus Netto**, einen Brief an **Wilberforce Eames**, einen jungen Sprachforscher in New York ab. Dieser Brief kam auf Umwegen an die richtige Adresse. Eames war ein Kenner zumal der indianischen, aber auch der orientalischen Sprachen. Beigefügt war die von Netto eigenhändig genommene Abschrift eines bemerkenswerten Dokuments aus verschollener Zeit. Dem Museumsdirektor hatte eine Steinplatte mit eingekerbten Schriftzeichen vorgelegen. Doch wäre dies etwas so Außerordentliches nicht gewesen, hätten die Zeichen nicht für phönizische gehalten werden müssen und hätte man die Platte andrerseits nicht in **Paraíba** (Parahyba) in Nordostbrasilien aufgefunden.

Es darf folglich nicht wundernehmen, wenn so paradoxe Nachricht von Phöniziern in Südamerika die Fachwelt hat mächtig aufbrausen lassen. Der Theologe und Orientalist **Konstantin Schlottmann** zum Beispiel erwärmte sich herzlich für den Gedanken und hielt den Text, dessen Abschrift ihm aus zweiter oder dritter Hand zugänglich gemacht worden war, für echt - unbeschadet einiger Schnitzer und Verstöße gegen das Phönizische, soweit man es damals

kannte. Sein Göttinger Kollege hingegen, **Mark Lidzbarski,**
verurteilte im »Handbuch der Nordsemitischen Epigraphik«
den armen Schlottmann ohne Erbarmen dafür, daß er in
unangebrachter Weitherzigkeit sich habe hinreißen lassen,
einen offensichtlich gefälschten Text so zu behandeln, als
könne er echt sein. Echt? Bei derartig groben Fehlern?
Lidzbarski locutus.

Man zählte über dem Für und Wider des gelehrten Strei-
tes allgemach nun schon das Jahr 1898. Da schien man auch
in der brasilianischen Öffentlichkeit keinen Wert mehr darauf zu legen, namens der alten Phönizier mit Beschlag belegt zu werden. Denn schon seit längerem, in diesem Jahr
aber mit aller Deutlichkeit stand man im Begriff, sich von
Europa und der Alten Welt und gleich auch von der nordamerikanischen Bevormundung zu lösen. So entschlief das
allgemeine Interesse. *Causa finita.*

Wo die angeblich altweltlich beschriftete Platte von Paraíba geblieben ist - das scheint zur Zeit niemand zu wissen. Vielleicht ist sie sogar »verschwunden worden«. Denn
mein frühverstorbener Freund, der Berliner Autor **Dr. Paul
Herrmann** (»Sieben vorbei und acht verweht«, »Zeigt mir
Adams Testament« u. a. m.), erhielt vor etwa siebzehn Jahren während der Vorarbeiten zum erstgenannten Buch vom
brasilianischen Ministerium für Erziehung und Unterricht
brieflich den nachdrücklichen Bescheid: »*Die brasilianische
Archäologie verneint die Existenz phönizischer Inschriften
gänzlich, in welchem Teil des Landes es auch sein möge.*«
Brasilia locuta.

Es waren nämlich, zum Ärger jener hohen Behörde doch
wohl, seit 1874 noch weitere »Phöniziana« entdeckt worden. So bei **Pedra de Gavea** in der Nähe von **Rio de
Janeiro** eine Ritzung an unzugänglicher, gleichwohl weithin
sichtbarer Felswand, aus deren Abschrift ein angehender
Kenner immerhin doch den Städtenamen Tyros und den
Personennamen **Badezir,** Erstgeborener des Jethbaal, entziffert haben wollte. Und das gebot, falls irgend zutreffend,
eine bestimmte Datierung. Denn der Name könnte auf
König **Ittobaal I.** von Tyros (887–856 v. Chr.), den
Gründer von Auza in Nordafrika, oder doch auf einen
zweiten Stadtkönig dieses Namens hindeuten, der im ersten
Drittel des 6. Jahrhunderts über Tyros geherrscht hat. Und

dem Badezir entspricht in anderer, gräzisierter Lesart oder Schreibweise: Balezoros.

Ferner war dem unermüdlichen Professor Netto im folgenden Jahre, also ein Vierteljahrhundert nach jenem Fund von Paraíba, ein weiterer beschieden gewesen, eine Felsmeißelung abermals. Ihren Text las, laut Paul Herrmann, der brasilianische Gelehrte so:

»*Wir sind hier, Söhne des Landes Kanaan in Syrien. Wir werden vom Unglück verfolgt. Es ist schrecklich, so festzusitzen wie wir. Sicher haben wir nicht mehr lange zu leben. Verzweiflung hat uns gepackt - und was für eine Verzweiflung! Bald sehen wir das neunte, ja das zehnte Jahr unsres Aufenthaltes hier zu Ende gehen ... Es herrscht hier eine unerträgliche Hitze. Das wenige Wasser, das es zu trinken gibt, ist ganz schlecht ... Was ist das für ein verfluchtes Land! Fieber verzehren uns, und es ist hier wie ein glühender Ofen. Keinen anderen Trost haben wir als Baal ...*«

Wie man die Dinge zu sehen beliebte, wurde auch dieser Text für eine Fälschung erklärt, *ex cathedra* sowohl wie von seiten des Ministeriums, das von Phöniziern nun einmal nichts wissen und wenigstens in seiner indianischen Kultureigenständigkeit und -unabhängigkeit unbeeinträchtigt bleiben wollte. Außer Sicht, weil außer Interesse geraten waren derweilen auch die Originale aus Nettos Feder von 1874. Doch es kam ganz anders. *Causa nullo modo finita.*

Im Herbst 1967 stöberte ein amerikanischer Professor namens **Jules Piccus** in einem Antiquariat in New York, glaube ich, und stieß mit dem Finderglück des wahren Gelehrten auf ein schäbiges Gebinde von Papieren, ein Buchfragment, in das aber nichts Geringeres als jenes abhanden gekommene Schreiben Nettos und seine Inschriftenkopie eingebunden waren. Piccus ließ Photokopien nehmen und wußte, an wen er sie zu schicken hatte: an **Cyrus H. Gordon**, der schon 1940 in den »Analecta Orientalia« des Päpstlichen Bibelinstituts eine erste Ugaritische Grammatik veröffentlicht hatte und heute überhaupt als der vorzüglichste Kenner der nahöstlichen und biblischen Archäologie gelten kann. Vom 22. November 1967 datiert Piccus' Brief, in dem er Gordon um sein Urteil bittet. Gordon säumte nicht. Er hatte bis dahin nur eine ungewisse und flüchtige Zweitkopie der fraglichen Inschrift gekannt, mit der er nichts hatte anfangen wollen. Im neuesten einmal jährlich erscheinenden Band der »Orientalia« obigen Instituts zu Rom von 1968 kann man Gordons vorläufige Ansicht kurz und bündig lesen.

Den Paraíba-Text übersetzt er folgendermaßen (ins Englische, das wir nachstehend deutsch wiedergeben):

»Wir sind Söhne Kanaans aus Sidon, der Stadt des Königs. Eine Handelsunternehmung hat uns an diese entlegene Küste verschlagen, ein Land von Gebirgen. Wir haben den hehren Göttern und Göttinnen einen Jungen geopfert im neunzehnten Regierungsjahr Hirams, unsres mächtigen Königs. Wir haben uns zu Ezion-Geber ins Rote Meer eingeschifft und gingen mit zehn Schiffen in See. Unser Verband blieb für zwei Jahre auf See zusammen und umschiffte das Land, das zu Ham gehört, aber Baals Hand hat uns getrennt, und wir blieben nicht länger mit unsern Gefährten beisammen. So sind wir hier angelangt, zwölf Männer und drei Frauen, an (einer) Küste, über die ich, Mann der Zehn, gebiete. Mögen die hehren Götter uns glücklich gewogen sein.«

Hierzu ein Teil der Gordonschen Erklärungen und ein paar zusätzliche Bemerkungen: **Sidon** war eine der phönizischen Hafenstädte, die bedeutendste nach Tyros oder Tyros zuweilen - wie zu Homers Zeiten - den Rang ablaufend, das heutige **Saida** in Libanon.

Die Küste, an der sich die Verschlagenen befanden, muß wohl die des Fundortes sein. Die Gebirge Nordostbrasiliens stoßen dort vom Landesinneren her nahe ans Meer vor. Paraíba (João Pessoa) bezeichnet annähernd den östlichsten Punkt der ganzen südamerikanischen Küste. Dakar in Afrika drüben liegt von dort 1900 Meilen (statute miles), die Kapverdischen Inseln nur 1732 Meilen entfernt. Wer von Südafrika herkäme - und erwähntes Ham ist die oder eine wohl allgemein-semitische Bezeichnung für den Schwarzen Erdteil -, könnte sich in der Südpassatdrift treiben lassen und vor dem dort vorherrschenden Südostwind segeln, er liefe fast unausweichlich auf Paraíba zu.

Die Verschlagenen hatten sich in Eilath eingeschifft, dem Hafen von Ezion-Geber. Oder das Rote Meer hat dazumal noch weiter nach Norden gereicht, mag sein. **Ezion-Geber**, nur noch an Hand von Ausgrabungen (Tel Huleifa) in Jordanien nahe der israelischen Grenze nachweisbar, war Hauptort der Kupferverhüttungen, ein Kupferpott sozusagen, nahe den heute noch betriebenen Bergwerken von Timna, die aber schon König Salomo betrieben hat. Wer von Eilath nach Tel Aviv fährt, kann sie besuchen. Wer fliegt, kann sie liegen und auf ihrem Gelände die Arbeiter rackern und wirtschaften sehen.

Als ich zum ersten Male das Land Israel verließ, stand, so darf ich hier einschalten, in der einzigen Baracke in **Lod** am Passenger-Exit ein schäbiger Pappkarton voller grünem Gesteinsgrus auf einem Schemel. Und wer Lust hatte, sah sich von einer freundlichen Bodenstewardeß ermuntert, ein Bröselchen aus Salomos Kupferminen als Talisman oder - die Sache war nicht so ganz klar - als Unterpfand für gelegentliche Rückkehr einzustecken. Als gemäßigt Abergläubischer messe ich derlei gern Bedeutung bei, war gerührt über den holden Unsinn und steckte mir ein Erzstückchen ein. Ich habe es noch. Es hat in all den Jahren von seiner türkisnahen Farbe ganz und gar gelassen und ist unansehnlich grau geworden.

Aber seinen Zweck hat es erfüllt. Als ich letzthin in **Eilath** war, konnte ich in einer Strandboutique zwei schön geschliffene Stücke Kupfererz aus Timna erwerben, und in den eleganten Flughallen von Lod erstand ich im Duty-Free-Shop, um vor dem Abflug restliche Landeswährung loszuwerden, einen kleinen, malachitfarben gemaserten, polierten Anhänger aus Kupfererz mit einer Öse daran. Von jenem holden Unsinn der ersten Pionierjahre allerdings war keine Spur mehr. Doch sind die angeführten Kleinigkeiten Symptome einer hübschen Entwicklung innerhalb eines Jahrzehnts.

Laut Gordon war **Ezion-Geber**, um wieder aufs Uralte zurückzukommen, ein rechter *melting pot* der Anliegersprachen, also Aramäisch, Edomitisch, Moabitisch, Hebräisch, Phönizisch und so fort. Was zur Folge hatte, daß sich dort, mit meinen Worten, bei Kaufleuten und Seefahrern eine Art semitische »Koinē« ausbilden konnte, die dann in mancherlei Weise auch in jener Inschrift von Paraíba ihren Niederschlag finden und somit dem Hader nachfahrender Philologen Nahrung bieten sollte.

Umschiffungen Afrikas von Ost über Süd nach West

werden öfters unternommen worden sein. Denn diese, die Echtheit des Textes gesetzt, wäre bereits die zweite, von der wir wissen.

Baal ist Sturmgott: seine Hand, ein Sturmwind, hat den Zehnerverband zerstreut. Wo mögen die anderen neun geblieben sein? Diese hier versetzte es nach Südamerika. Allerdings scheinen sie nicht gewußt zu haben - so wenig übrigens wie die Erstzitierten, die da über Hitze, Wassermangel und Fieber klagten -, wo sie sich befanden. Also hatte der »Mann der Zehn« - Gordon übersetzt mit dem Titel Admiral - keine Kenntnis von vorausgegangenen »Entdeckungen Amerikas« solcher oder gar gezielter Art. Was freilich nicht ausschließt, daß es später dennoch dazu gekommen ist. Nach der Zerstörung Karthagos vielleicht.

Gordon legt offenbar Wert auf die Vermutungen einer Kollegin und Landsmännin, **Zelia Nuttal**, die 1901 in einem umfangreichen Werk zwar den Paraíba-Text wohlweislich nicht erwähnte - er wurde derzeit in aller Einmütigkeit für eine Fälschung angesehen -, die aber dennoch eine Kolonisierung Altamerikas in mehreren Schüben durch mittelmeerische Seefahrer für höchstwahrscheinlich gehalten habe. Dieser Hypothese eben hat auch **Heyerdahls** »Ra«-Expedition Argumente liefern sollen. Und daher auch das ägyptische Interesse. Zelia Nuttals und mit ihr Gordons Beweisgründe fußen auf der Ähnlichkeit der Webtechniken, Bauweisen, Bewässerungsanlagen, übrigens auch der kultischen Menschenopfer. Hiergegen wäre jedoch ins Feld zu führen, daß jene Kulturbringer von der Morgenseite des Atlantischen Ozeans dann diejenigen Errungenschaften nicht importiert hätten, in denen sie den Altamerikanern doch am meisten voraus waren, die Rezepte zur Aufbereitung und Nutzung von Kupfer, Zinn und Eisen. Denn darin nun war in der Alten Welt zu des erwähnten Hiram Zeiten der Höhepunkt der Entwicklung längst erreicht.

Genannter **Hiram** ist nicht Hiram I., der Freund Davids und Salomos im 10. Jahrhundert, auch Hiram II. nicht, sondern dieser Namensvetter fällt, meint Gordon, in die Zeit nach der Umschiffung Afrikas, die Pharao **Necho** (609-595) durch phönizische Seefahrer veranstalten ließ. Und in ebendiese Jahre zwinge auch die in der Inschrift angewandte Schreibweise zu datieren.

Bleibt schließlich die Frage nach der Echtheit. Dazu sagt Gordon: »*Die Authentizität des Parahyba-Textes bestreiten zu wollen, heißt dem (gemutmaßten) Fälscher Prophetengaben zuzuerkennen... Die sprachlichen Sonderheiten, die den Text in Verdacht gebracht haben, stützen heute gerade seine Echtheit. Kein Fälscher, der mit den semitischen Sprachen genügend vertraut gewesen wäre, würde so viele scheinbare ›Fehler‹ gemacht haben. Jetzt, nachdem nahezu ein Jahrhundert vergangen ist, leuchtet die Echtheit des Textes ein, da uns im Laufe der Zeit entdeckte phönizische, ugaritische und andere nordwestsemitische Inschriften mit den gleichen ›Fehlern‹ konfrontiert haben.*«

Zum Beispiel ist ein gewisses ›mt‹ für ›Mann‹, das die Inschrift zeigt, vor 1933 gar nicht bekannt gewesen. Andere Belege sind gar erst seit 1957 und 1965 der Fachwelt bekanntgemacht worden, von deren Wortlaut im Jahre 1874 keine Menschenseele auch nur die mindeste Ahnung gehabt haben kann. Wie also hätte ein Fälscher davon aber Gebrauch machen sollen und wozu auch? Man muß gestehen, das Argument sitzt! Und Gordon hat noch etliche dieser Art gleich Pfeilen im Köcher. In Südamerika harren noch unzählige, ja Tausende von Inschriften, die ein leidenschaftlicher Amateur, **Bernardo da Silva Ramos**, in den Urwäldern des Amazonas aufgespürt und abgezeichnet hat, der deutenden Lesung. Man denke, die Echtheit auch nur eines Bruchteils könnte erhärtet werden! Um den großen Rest möge es dann stehen, wie es wolle. Gordon geht ans Werk. Es wird ihm doch keiner etwas in den Weg legen wollen. Die Freiheit der Forschung bleibt unantastbar.

Des Kolumbus Piedestal, das die grönländischen Wikinger schon weitgehend unterminiert und vor und nach ihnen gewiß auch Kelten, Basken und französische Fischer gründlich in Frage gestellt haben, es könnte nunmehr phönizischerseits erschüttert werden. Eine Perle bräche aus der so hochgemut getragenen Krone des christlichen Abendlandes und vor allem des stolzen Hispanien. Ein gutes Stück Gefieder knickte auch aus den Federkronen der alten Indianer. Von Brasiliens Ministerium für Erziehung und Unterricht, soweit es für Fragen der Archäologie zuständig ist, zu schweigen.

(1968, im Frühsommer)

Dazu Prof. **Dr. Dr. H. Schmökel** in der FAZ im August 1968:
*»... Genauso ›altertümlich‹ mußte sich das romantisch ausgehende
19. Jahrhundert nach eifriger Lektüre von ›Ben Hur‹ und ‹Quo
vadis› eine Seefahrer- und Landnahme-Erzählung aus vorchristlicher Zeit vorstellen ... Das entscheidende Argument gegen die
Echtheit der Parahyba-Inschrift aber kommt vom Sprachlichen. Professor Gordon hat diese Krux wohl bemerkt und mit einem selbst-
erdachten ›Mischidiom‹ im ›polyglotten‹ Hafen Ezjon Geber, der
in der fraglichen Zeit aber wahrscheinlich nur noch eine flache,
ständig mehr versandende und wohl längst aufgegebene Reede
war, zu beheben versucht ...*

›Wahrscheinlich‹ und ›wohl‹ lassen des Professors Argument zur
Mutmaßung schrumpfen. In dem Maße der Versandung wanderte
die Landemöglichkeit für Schiffe, die ohnehin meist noch an Land
gezogen zu werden pflegten, südwärts aufs heutige Eilath zu, das
dazumal noch im Meer gelegen hätte.

Hören wir aber weiter: *»Wie die Sprache der Urkunde hebräisch ist, erscheint die gesamte Story aus der Bibel und ihrer
Begriffswelt herausgesponnen. So mag der nie entdeckte In-
schriftstein wieder begraben werden, in jenem ›bergigen Land‹ der
Provinz Parahyba, das die ›Söhne Kanaans‹ gewiß nie sahen - an
den Ufern jenes Flusses, dessen Wasser die Durstigen zu erquicken
keine Gelegenheit hatten. Und das war gut so, denn paraîba -
und dies freilich war dem geschickten und nicht übel gebildeten
Fälscher unbekannt! - bedeutet in der Sprache der anwohnenden
Tupi-Indianer: ›Schlimmes Wasser‹.«*

Nun, der Ausgang des Säbelramschs Schmökel contra Gordon
wird sich abwarten lassen. Bis dahin amüsiert Schmökels pole-
mischer Zorn schon hinlänglich. Über Durst hatten die Verfasser
des Parahyba-Textes, den Gordon neuerdings in Bearbeitung genommen hat, doch mitnichten geklagt, Herr Professor! Diese
durstgefolterte Klage: *»Das wenige Wasser, das es zu trinken
gibt, ist ganz schlecht«*, steht vielmehr in dem Pedra-de-Gavea-
Text, der oben nach Netto/Herrmann wiedergegeben ist. In
Gordons Aufsatz in den »Analecta Orientalia« von 1968 wird
dieser - hier erstangeführte - Text aber mit keinem Wort erwähnt.
Doch davon abgesehen: warum soll gerade falsch sein, was doch
mit der Beurteilung der dortigen Wasserverhältnisse durch die
Tupi-Indianer übereinstimmt? Das verstehe, wer will. Aber Spaß
muß sein.

Bliebe ja auch immer die Frage nach der Absicht und dem Nutzen des Fälschers unbeantwortet. Was hätte wohl ein *»geschickter
und nicht übel gebildeter«* Steinmetz von Einmeißelungen an unzugänglicher Felswand in einer niemandem verständlichen Sprache
gehabt, über die nur die Fachleute streiten? Oder gar erst der

»Fälscher« des berühmten Kensington-Steins aus Minnesota? Von welcher mit Vulgärrunen beschrifteten Normannenhinterlassenschaft die Runologen und Linguisten sagen: falsch!, die Archäologen aber: echt! Der Fälscher müßte ihn, um 1820, so in den Boden praktiziert haben, daß eine Esche über ihm erwachsen und bei ihrer Rodung sechzig, siebzig Jahresringe zählen konnte. Um 1820 gab es aber in der betreffenden Gegend keinerlei weiße Siedler, geschweige runenkundige. Und wäre der Baum nicht gerodet worden, läge der Stein heute noch, wo er gefunden. Nebbich der Fälscher.

Laut UPI vom 25. April 1970 will Heyerdahl von Safi in Marokko aus zu seiner zweiten Papyrusbootfahrt nach Mittelamerika in See gehen. Die »Ra I« hatten Tschadneger, »Ra II« haben Indianer vom Titicacasee erbaut, wo die höchst altertümliche Technik des Schilfbootbaus ebenfalls immer noch im Schwang ist.

14   Jargon de commerce

Ach was! Man halte sich doch einfach ans Nächstliegende! Die vielen, vielen phönizischen Handelsniederlassungen allein in der bekannten Welt schon! Wer weiß, was einen als hellenischen Kaufmann jenseits der Säulen alles erwartet? Das Risiko! Unberufen! Aber hier, meine Herren, hier konkurrieren können! Das muß möglich sein. Ein System von Emporien ausbauen. In den angestammten Gewässern oder in den nunmehr heimatlichen, um mich vorsichtiger auszudrücken. Die Exportkapazität erweitern. Das allerdings wäre die erste Voraussetzung. Produzieren. Waren, nach denen man draußen fragt. Und wenn es nur Töpfereien wären. Was haben die Kreter in ihren guten Jahren nicht an irdener Ware bis an **Euphrat** und **Tigris** exportiert! Über **Pharnake** am Orontes. Jawohl! Und dann schließlich gewisse Monopolstellungen ansägen und brechen. Nicht die Färberei. Bloß nicht! Das könnte nur zu Fehlinvestitionen führen. Da haben sie ihre Herstellungsmethoden und ihre unerschütterlichen Marktpositionen. Verlorene Liebesmüh und Hände weg! Aber den Zinnhandel kriegen. Bei Metallen geht es nicht um Rezepte und Fabrikationsgeheimnisse. Das mag vor Äonen anders gewesen sein. Geht auch nicht um Moden und Geschmacksfragen. Ich sage: Zinn auf dem Landwege, wenn eben nicht über See, aus naheliegenden Gründen. Wie wäre denn das? Und Kupfer kontrollieren. Denken wir doch an **Zypern**! Und an den Süden! Sich sacht an ihren Gold- und Silberimport vorarbeiten. Wieso soll es denn da verbriefte Privilegien geben? Und an Elfenbein!

Gewiß ist nur auf lange Sicht etwas zu hoffen. Unsre Branche erfordert unendliche Geduld und langfristige Planung. Vorläufig diktieren immer noch sie die Preise - und nicht wir. Weil sie die Ursprungsländer mit der allergrößten Geschicklichkeit zu verschleiern wissen. Wie Eidesbrüder. Neuerdings sollen sie Bezugsquellen in Libyen irgendwo erschlossen haben. Ihre Aktivität ist mustergültig und kann uns nur ein Beispiel sein. Bei irgendwelchen dunklen Wagenrittern am Wüstenrand namens **Garamanten**. Ja, man muß seine Ohren überall haben! Bei diesen Garamanten soll zwar die Sonne verkehrt herum laufen - nach links statt nach rechts. Man faßt es nicht. Aber ihre Geschäfte verstehen die Wollköpfe dessen unbeschadet; sie schlagen in Edelsteinen zum Beispiel das Zehnfache auf die Rohpreise und mehr. Da läuft ihnen durchaus gar nichts falsch herum. Der neulich hier anlegte, mit den hübschen Sklaven vom Pontos oben und mit der fabelhaften Kollektion von blauen Korunden, der hat so einige Andeutungen gemacht und dabei gezwinkert, als wäre er Proteus selber ... Ich kann jedem nur raten, bei diesen tyrischen Seerobben auf der Hut zu sein. Sonst binden sie einem wer weiß was auf, und weg sind sie, man weiß nicht wie ... Ja, und dann selbstverständlich Eisen nicht zu vergessen! Eisen! Eisenhandel hat Zukunft. Die Zeiten, wo unsre hethitischen Nachbarn im Osten allein darauf saßen, gehören zum Glück der Geschichte an. Und die verehrlichen Phönizier produzieren keins, sondern haben nur den Eisenhandel in der Hand. Doch dürfte - das Philistermonopol hat nur örtliche Bedeutung und wird bald überholt sein - dieser Griff sich lockern lassen. Dafür spricht vieles, sehr vieles. Ich werde mich schwerlich irren. Ein Orakel allerdings bin ich nicht.

Sehn Sie, man steht sich ganz bestimmt nicht schlecht mit

ihnen. Bewahre! Wäre, wenn anders, äußerst unklug. Sind
ja auch sehr achtbare und, bei den Göttern, althergebrachte
Beziehungen zwischen uns Griechen und den lieben Purpurschnecken. Und die mannigfaltigsten verwandtschaftlichen
Bande gerade in unsern führenden Familien, sie spielen
gewichtig mit. Offiziell weniger als unter der Hand. Das
sind noch Erbschaften aus der guten alten Zeit vor der Rückkehr der Herakliden, deren Wiederholung uns erspart bleiben möge. Des walte Herakles! Aber um noch einmal auf
ihre Faktoreien zu kommen, die **Phoinikous** oder ähnlich
heißen, um bloß diese zu nennen, wer kann sie herzählen?
Auf dem Festland, angefangen von Phoinike oben in **Epirus**, einen Katzensprung landein gegenüber Kerkyra. Und
auf den Inseln **Kreta, Kythera, Sizilien.** Ich frage nur, auf
welcher Insel nicht. Auf welcher Insel keine Niederlassung?
Das östliche Mittelmeer heißt sowieso immer noch kurz und
bündig das phoinikische. Und mit Recht, beim Zeus von Dodona! Und es steht noch sehr dahin, ob es dermaleinst mit
dem gleichen Recht das griechische heißen wird. Und in
Korinth, in **Megara**, auf **Salamis** und so weiter. Aber wem
sage ich das?

   Allerdings: **Assyria** soll ihren alten Städten wieder einmal übel zusetzen, nach allem, was man jetzt aus dem
Osten hört. Da gehen Positionen verloren. Die ganze schöne
syrische Küste hinunter. Die haben ihre Schwerpunkte nicht
ohne Grund so weit nach Westen verlegt, wo ihnen niemand ernstlich im Wege stehen kann. Auch die Tyrsener
nicht. Zypern war nur die erste Etappe. Ihre Neustadt, ihr
Kart Chadasht heißen sie es ja wohl, oder Qerethadešet
hört man manchmal ... ihr **Karthago** soll sich mittlerweile
zu einer ganz beachtlichen Stadt entwickelt haben. Das hat
man mir voriges Jahr auf Melite erzählt. Für unsereinen
empfiehlt es sich nicht, weiter zu reisen: man hat nur Sche-
rereien davon und kommt doch nicht zu vernünftigen Ab-
schlüssen. Aber Karchedon-Karthago! Man denke, binnen
zwei drei vier Jahrzehnten aus dem Nichts oder so gut wie
aus dem Nichts. Denn ihre Fühler hatten sie dahin selbstverständlich schon vor hundert Jahren und früher ausge-
steckt und die glänzende Lage der beiden Häfen längst
erkannt. Mit ihrem beneidenswerten Spürsinn für so etwas.
Aber unter uns, man hat es mir so nebenher gesteckt: dieses

›kart‹ kann nicht bloß Stadt, sondern auch Hauptstadt bedeuten. Merken Sie etwas? Karthago ist darauf eingestellt, notfalls an die Stelle von Tyros zu treten, wohin die guten Karthager vorläufig noch immer den Zehnten ihrer Staatseinnahmen entrichten. Noch! Aber eines Tages heißt es: Schwergewicht Phöniziens im Westen. Denken Sie an mich!... Der landeinwärts gelegene Hafen kann 220 Kriegsschiffe fassen. Das erübrigt in diesem Kreise jedes weitere Wort. Soviel jedenfalls läßt sich aber bestimmt voraussagen: im westlichen Mittelmeer wird schwer gegen sie anzukommen sein... Aber!... Aber Hellas' Aussichten, die östlichen Märkte in allem Frieden zu erobern - ich betone: in allem Frieden! -, werden besser und besser. Wesentlich besser. Ob nun infolge der assyrischen Expansion oder nicht. Bis hierher wird Assur ja nicht dringen. Und gleichgültig namens welcher hellenischen Stadt, die immer die Initiative ergriffe! Die Stunde ist günstig! In diesem Sinne, meine Herren, bitte ich Sie, Ihre Kantharoi zu erheben und mit mir den Göttern zu spenden... Möge...

15   Scheria und Großphönizien

Scherz beiseite! Die literarische Form der Prophezeiung *ex eventu* ist abgeschmackt, ich weiß es. Doch warum sollten die griechischen Handelsherren des ausgehenden 9., des angehenden 8. Jahrhunderts eigentlich mit weniger Fachkenntnis, frage ich, und in anderem Jargon gesprochen haben, als er heute, so oder so ähnlich, immer noch branchenüblich ist? An kommerzieller Begabung hat es nicht gefehlt. Das lehrt der Verlauf der antiken Geschichte Griechenlands und seiner zahlreichen Kolonien, der **Megalē Hellas**, Großgriechenlands. An nautischen Talenten gebrach es nicht. Das lehrt selbst eine so späte Historie wie die der türkischen Seefahrt, die ohne griechische Seeleute niemals möglich gewesen wäre. Und das kaufmännische Genie klingt bedeutend nach. Das lehrt ein Blick auf die Gegenwart und die weltgültigen Kaufmannsnamen aus dem heutigen Hellas.

Ich sträube mich nur gegen die Unterstellung - und das möge mich entschuldigen -, **Homer** habe sich als Dichter und folglich Wolkenkuckucksheimer durchaus kein Urteil über die wirtschaftliche Lage seiner Zeit und seiner Umwelt machen können, weil in der Odyssee darüber nichts zu finden ist. Du meine Güte! Der Druck Assyriens auf die phönizischen Städte hatte doch schon lange vor seiner Zeit eingesetzt. Phöniziens Handel im Raum **Tartessos**, auf der iberischen Halbinsel und von **Lixos** an der nordwestafrikanischen Küste aus hatte bereits im 12. Jahrhundert oder etwas später begonnen. Im Anschluß an die Seevölkerwanderung, wie angedeutet, an die damit verbundene Machteinbuße Ägyptens und an eine allgemeine Verlagerung der politischen Verhältnisse im Nahen Osten. Ach, und spanisches Silber schon um 2500 v. Chr. auf **Kreta** und wenig später in **Troia**! Kretische Metallbarren in der doppelten Schwalbenschwanzform um 1700 in Troia, aber auch bei **Falmouth** in Südengland. Es ist, wie gesagt, eine engbrüstige und törichte Einbildung, früher sei man blöde gewesen und erst wir hätten es so herrlich weit gebracht.

Die bourgeois-romantische Vorstellung, die kathedermäßige, vom weltfremden, allezeit auf Kothurnen schreitenden Dichter, von Homer in unserm Falle, der da den ersten Poetenschritt aus einem Abgrund von Unterentwicklung heraus zu tun gewagt, im übrigen aber vom Tuten und Blasen aller zeitgenössischen und vorvergangenen Seefahrt keinen blassen Schimmer gehabt habe, ist umgehend *ad acta* zu legen. Besser noch in den Papierkorb und weg damit! In Homers weiterer, meerumschlungener Heimat hatten die Seemächte Ägypten, Kreta, Mykenä und Phönizien einander abgelöst und sozusagen das Ruder überlassen. Dem angeblich blinden Sänger Homer, der doch ein so ausgezeichneter und gern bis in Einzelheiten gehender Beobachter war, sollten aber alle Fragen des Handels über See ein Buch mit sieben Siegeln gewesen sein? Und das zu einer Zeit, da sich der griechischen Marktausweitung die besten Aussichten eröffneten? Welch unsinnige Unterstellung! Eher ist seine Phäakenerfindung ein ermunterndes Tendenzmärchen!

Und mit Ihnen, teuerster Mister **Bradford**, der Sie »Ulysses Found« geschrieben und wahrhaftig denn auch hart am

Wind ersegelt haben, muß ich ein Hühnchen rupfen. Sie schreiben auf Seite 50 der deutschen Fassung (»Reisen mit Homer«): *»Wenn die Fahrt der Argonauten davon handelt, wie die Griechen den Zugang zum Schwarzen Meer entdeckten«* - den sie nicht zu entdecken brauchten, weil sie von dort irgendwoher in ihr nachmaliges Heimatland eingewandert waren -, *»dann handelt die Fahrt des Odysseus, des Argonautensohnes, davon, wie sie zum ersten Male ins westliche Mittelmeer vorstießen. Die Fahrt des Odysseus ist in verschiedener Hinsicht der des Kolumbus vergleichbar.«*

Womit Sie seebefahrener Normanne Ernle Bradford doch sagen wollen, **Odysseus** *»bewegt sich in einer Welt, in der alles fremd und rätselhaft«* und noch unentdeckt war. Das stimmt, nach allem, was oben angeführt werden konnte, ganz und gar nicht. Und ein Satz wie der: *»Odysseus traf westlich von Griechenland auf keine anderen Schiffe - vermutlich weil es keine gab«*, ist völlig, völlig gegenstandslos. Auch dann übrigens, wenn man mit Ihnen annimmt, Homer lasse seinen Helden in den Gegebenheiten der Zeit des Troianischen Krieges, im späten 12. Jahrhundert also, und nicht etwa, anachronistisch, unter den Umständen seiner eigenen, des Dichters Zeit dahinfahren. Wie hätten denn die Seevölker nach Sardinien und Sizilien ohne Schiffe gelangt sein sollen? Um nur diese zu nennen.

Und weiter im Hühnchenrupfen und Federlesen. Der Streit um die Handlungsorte der Odyssee ist uralt, ob nämlich sie auf echten geographischen Substraten beruhen oder lediglich auf Erfindungen. Sie tun dies und tun das und manchmal beides, so scheint mir. Homer hat nach Belieben allerlei phönikisches, keltisches und sonstiges Seemannswissen einverwoben und mit Vergnügen auch allerlei Seemannsgarn mitverzwirnt. So im 10. Gesang an der vielerörterten Stelle (Vers 82 ff.) von dem Manne - bei der lästrygonischen Hauptstadt Telepylos = Fernenge -, der an einem Tag zweimal zur Weide treiben und das Doppelte verdienen könnte, wenn er keinen Schlaf brauchte. Will sagen, Weidezeit ist in Lästrygonien an die vierundzwanzig Stunden. Denn *»nah ist dort der Weg von Tag und Nacht beieinander«*. Abendrot und Morgenröte reichen sich die Hand.

Gewiß soll diese Mitteilung den ägäischen Hörer in Stau-

nen versetzen, doch ebenso fraglos wird hier etwas über
nordische Sommerverhältnisse nah dem Polarkreis mitgeteilt. Wer sie kennt, weiß Bescheid. Erfinden läßt sich so
etwas nicht. Und selbst Bradford gesteht, ohne die eigene
Widersprüchlichkeit zu merken: »*Dieser Zug kann nur aus
dem Bericht eines Reisenden über die Länder des hohen
Nordens stammen . . .*« Sieh einer an!

Zu Homers hörerverblüffender Information gehört darum unabdingbar auch die Schilderung eines Fjords im hohen
Norden ein paar Verse weiter:

*Also erreichten wir den trefflichen Hafen, den ringsum
Himmelanstrebende Felsen von beiden Seiten umschließen,
Und wo vorn an der Mündung sich zwei hervorragende
    Klippen
Gegeneinander drehn, ein geschlossener Eingang!
Meine Gefährten lenkten die doppeltgebogenen Schiffe
Alle hinein in die Bucht und banden sie dicht beieinander
Fest, denn niemals erhob sich eine Welle darinnen,
Weder groß noch klein; ringsum war spiegelnde Stille.*

Im Fjordbotn nämlich, in den kein Wellengang der offenen
See gelangt. Man kann die völlig unbewegten Schiffe getrost aneinanderbinden, ohne daß Schaden entsteht. Die
Sache aber wird dennoch kein gutes Ende nehmen. Der
griechische Hörer mag sich das schon bei dem Namen Lästry-
gonen haben denken können, der uns nichts sagt, ihm aber
unweigerlich die Assoziation ›Räubersöhne, Fehldreckspros-
sen‹ erweckt haben muß. ›Lestes‹ heißt der Räuber; ›leste-
rion‹ die Räuberbande; ›laidros‹ = dreist, kühn; ›lais-‹ (als
Vorsilbe) = fehlerhaft; Wortstamm ›tryg-‹ = Dreck. Der
über diese Laistrygonoi, diese übelbenamsten Zeitgenossen,
als König gebietet, heißt Antiphates = Widerwort. Des
Odysseus Kundschafter sind seiner Tochter, einem nicht
näher geschilderten Gegenbild der schönen Nausikaa, schon
draußen vor Widerworts Regierungssitz begegnet. Auf
einer Straße, auf der sich - bezeichnenderweise - Holzfuh-
ren aus den Gebirgen stadtwärts bewegen. Die arglosen
Erkunder betreten die Stadt, betreten die Königshalle,
Grausen erfaßt sie: die Königin ist ein bergegroßes Monstrum von Weib. Die Entsetzliche ruft Widerwort herbei.

Dessen Leute erweisen sich als riesige Menschenfresser, die sogleich zur Tat schreiten. Nordische Berserker! Was sonst? Im Vers 125 ist alles schon geschehen. Die ganze Story umfaßt 45 Verse. Musterbeispiel poetischer Kürze. Keinerlei epische Breite.

Aus der gleichen oder aus ergänzender Quelle stammt ferner die Mitteilung der Verse (13 ff. des 11. Gesanges), die Stadt und Land der kimmerischen Männer schildern. Odysseus erzählt:

Immer gehüllt in Nacht und Nebel: Helios schaut ja
Nimmer, der Leuchtende, auf sie herab . . .
Sondern schreckliche Nacht umfängt die elenden Menschen . . .

Wobei offen bleibt, inwieweit Homer gewußt hat, daß die kimmerischen Zustände nur das winterliche Korrelat zu obigem Lästrygonen-Sommer bilden. Daß er darüber nichts verlauten läßt, beweist aber weder seine Unwissenheit noch seine Unfähigkeit, beide Gegebenheiten am Polarkreis in einen Zusammenhang zu bringen. Eine dahingehende Erläuterung hätte den Zuhörer ernüchtert und könnte darum unterlassen worden sein. Das östliche Mittelmeer hingegen kennt er selbstverständlich ebensogut wie sein Publikum, wenn er Menelaos (im 4. Gesang, Vers 83 ff.) sagen läßt:

Ward nach Kypros zuvor, nach Phoinike verstürmt, nach
*   Ägypten,*
Sah die Äthiopen, sah die Sidonier auch . . .

Das Mittel der Verfremdung wird nur bei Darstellung entlegenerer Breiten und Längen angewendet oder hilft über Kenntnislücken hinweg (so im 15. Gesang, Vers 402 ff.):

Eine der Inseln im Meer heißt Syria, wenn du es hörtest,
Über Ortygia liegt es hinaus, wo sich Helios wendet . . .

Nun, Inseln mit Namen **Ortygia** gab es etliche und mochte es getrost noch eine mehr geben: beim Wendekreis der Sonne! Das ist sehr weit weg und folglich ein Gebiet, das man wohl oder übel den Phöniziern zu überlassen gewohnt ist. Darum heißt es im Vers 414 ff.:

Dorthin kamen Phöniker einst, berühmt in der Seefahrt,
Gauner, und brachten unendlichen Kram im schwärzlichen
  Schiffe.
Aber beim Vater war ein phönikisches Weib in der Wohnung,
Schön und stattlichen Wuchses, geübt in künstlicher Arbeit.
Diese verführten mit List die ränkegeübten Phöniker...

Mit diesen Worten beginnt die Lebensbeichte des weltbe-
rühmten Schweinehirten Eumaios, der seine Existenz auf
Odysseus' eigener Insel **Ithaka** phönizischen Sklavenhänd-
lern verdankte. Von Hause aber war Eumaios ein exotischer Königssohn, der von obigem Frauenzimmer jenen See-
lenverkäufern in die Hände gespielt worden war. Das wäre
die unfeine Kehrseite der sonst so glanzvollen Phönizier-
medaille.

　　Aber weltbefahrene Leute waren sie doch. So oder so.
Und Mister **Bradford** verfehlt das Richtige, wenn er sei-
nen Lesern auf Seite 52, indem er einen gewissen **H. L.
Lorimer** zitiert, einreden will: »*...daß nämlich der Tä-
tigkeitsbereich der Phönizier damals noch nicht über die
Westküste Griechenlands hinausging*«. Wenn er doch einen
Satz weiter gestehen muß: »*Andrerseits scheinen sie schon
einige Jahrhunderte zuvor nach Malta gekommen zu sein.*«
Eben, eben! **Malta** ist schon von nicht näher bekannten
Jungsteinzeitlern besiedelt gewesen, die dort nicht gerade
zu Fuß hingelangt sein werden. Die Phönizier erscheinen
ebenda nach dem Jahre 1000 und noch in vorhomerischer
Zeit. Genaueres steht nicht fest. Von »*einigen Jahrhunderten zuvor*« kann andrerseits nicht die Rede sein. Im übrigen
hatte gerade zu eines historischen Odysseus eigenen Zeiten
die mykenische Seefahrt die Kontrolle im Mittelmeer ausgeübt. Homers Schiffskatalog, wenn er kein späteres Ein-
schiebsel ist und wenn ich richtig addiert habe, zählt 1155
Schiffe. Aber nichts für ungut! Bradfords »Reisen mit Homer« lesen sich dennoch gut, weil mit Liebe geschrieben,
und sein Malta-Buch »Der Schild Europas« ist ganz ausgezeichnet. Fast wie eine andere Ilias. Wir kommen noch
darauf.

　　Da schrieb mir vor einiger Zeit ein Dr. C., Scheria sei seiner Ansicht nach weiter nichts als eine Hellenisierung der
phönizischen Vokabel für Handel gewesen, nämlich

›schechr‹. Vorzüglicher Einfall, falls er sich philologisch vertreten läßt! Jede phönizische Faktorei habe Schacher geheißen, wenn man das geläufigere Lehnwort aus dem He-
bräisch-Jiddischen für das phönizische setzen will. Und das
üppigste und imposanteste Scheria sei jenes **Tartessos** gewesen. Fern im Westen jenseits der Säulen. Die goldene
Stadt schlechthin. Während ein korfisches Scheria - sollte
jemand darauf beharren, Phaiakenland mit Korfu zu iden-
tifizieren - nur eine vergleichsweise schlichte Niederlassung
gewesen sein dürfte. In wichtiger Lage allerdings auch, denn,
Brundisium-Brindisi gegenüber, kontrollierte es die Straße
von Otranto. Mithin deute der Name Scheria nahezu unmittelbar auf die Phönizier. So etwa jener Dr. C., ein Pri-
vatgelehrter. **Heinrich Lewy** hingegen will Scheria von
sekira = die Verschlossene im Sinne von Burg oder Feste
abgeleitet wissen. Was wenig überzeugt.

Ja, und dies noch: Odysseus entzückt sich - nicht ganz ohne Berechnung, der Schlaue - an Nausikaas Mädchengestalt und sagt:
*»Ich sah in Delos einst am Altare Apolls eine Palme, jungauf-
geschossen wie du...«,* und fügt hinzu, er habe jenen schlanken
Stamm damals lange voll Staunen betrachtet. Von der ritterlichen
Galanterie einmal abgesehen, beweist die Bemerkung, daß Palmen
im homerischen Raum nicht beheimatet, sondern importierte und
rare Gewächse gewesen sind. Das Klima nämlich war dazumal
kühler und feuchter. Der Ortsname **Elot** oder **Elat** am Roten
Meer (Eilath) gehört zu ela = Terebinthe oder zu alla = Eiche,
welche Gewächse demnach vorzeiten dort die Charakterpflanzen
gewesen sein müssen und zugleich Schiffbau ermöglichten, soweit
es Eichen waren. Der afrikanische Urwald griff noch weit nach
Norden. Der Glutofen der **Sahara** war keineswegs so ausgedehnt
wie heute. Noch waren große Strecken der Sahara Baumsteppe.
Laut Mitteilung der Deutschen Dendrologischen Gesellschaft vom
Februar 1966 sind irgendwo in der heutigen Wüste noch 68 Exem-
plare von *Cupressus duprenizia* vorhanden, die, 4700 Jahre alt,
beweisen, daß sie noch aus der Zeit vor dem Wüstwerden stammen, das Schritt für Schritt etwa 2000 Jahre vor Homer anhub.
Deshalb wundert sich **Bradford** ganz unangebracht, wenn er fest-
stellt: *»Obwohl das Mittelmeer meistens blau ist, wird es* (in
der Odyssee) *durchweg als ›grau‹ beschrieben.«* Das Wetter war
eben gar nicht das heutige. Homer war nicht blind.

Da ist jener Privatgelehrte, obschon gewiß kein wetter-
gegerbter Mann vor dem Mast, schon gewitzter, wenn er

stipuliert: »*Entspricht der heutige Zustand einer Insel einer Beschreibung in der Odyssee, so ist das eher ein Beweis gegen als für deren Identität.*« Denn nach den unabsehbaren tektonischen Veränderungen im Mittelmeergebiet im Laufe so langer Zeiten könne keine Landschaft mehr so aussehen, wie Homer sie gesehen haben mag. Das überzeugt.

Ja, und woher besagter Palmenimport? Aus Phönizien, wo alles herkam, was gut und teuer war. Weshalb die Palme denn auch der ›phönizische‹ Baum genannt wurde: Phoinix, die Dattelpalme, die Palme auch neugriechisch immer noch. Ob der Vergleich des Mädchens mit der Palme nicht auch anzeigt, daß mit den wundersamen Phaiaken auf die vorbildlichen Phönizier angespielt ist? Auf **Delos** übrigens wurde ihr **Melqart**, der Stadtgott von Tyros, verehrt. Und warum sollte das nicht schon zu Homers Tagen der Fall gewesen sein?

Sehr beachtlich ist und auf uralten Zusammenhang zwischen Griechen und Phöniziern verweist dies: der Nationalheros aller Griechen, **Herakles**, wurde von ihnen einmütig mit jenem tyrischen Melqart gleichgesetzt. Mit Melqart, der sich auch der besonderen Verehrung durch die Karthager erfreuen durfte und überhaupt in Großphönizien - wenn ich diesen Begriff prägen darf -, so auch in Cádiz draußen am Borde des Okeanos verehrt wurde. Das wird mehr sein als ein synkretistisches Spiel der Phantasie. Die Verbindung zwischen Phöniziern und Griechen war dichter geknüpft, als vom Normalhumanisten angenommen wird. So wie **Herodot** (II/44) und **Pausanias** ihm nach es aber angenommen haben. Die Herakles-Gestalt gehört nicht den Griechen allein. Wer weiß, ob der Name griechisch ist? Der ›Hera-Berühmte‹ ist nur hineininterpretiert. Griechische Volksetymologie. Bei den italischen Völkern hieß er nicht nur Hercules, sondern auch Hercle. **Herchle** bei den Etruskern. Von Herchle wird kurz vor Schluß des Rückflugs noch zu reden sein.

(1966, im Januar und Februar)

Aber ich fühle mit Deutlichkeit, meine Damen und Herren, Sie wollen griechischen Boden unter die Füße bekommen. Und wenn es noch so wäre wie damals bei eingangs erwähntem Flug nach **Athen**, so hätte Ihnen jetzt die Stewardeß einen Fragebogen der irdischen Königlich Hellenischen Zollbehörden in griechischer und französischer Sprache pflichtgemäß in die Hand gedrückt, und in der Enge Ihres Sitzplatzes nähmen Sie Ihren Kugelschreiber, wenn er nicht im Koffer und mit diesem im Gepäckraum verschlossen ist, und begännen mit dem Studium des zollamtlichen Formulars. Seltsam aber wahr, der Sitz ist seit Reisebeginn erheblich enger geworden, jetzt wird er bedrängend. Was, so riefen Sie aus, wieviel Pelze soll ich mithaben? Nicht einen!... Pelze nach Athen! Vielleicht fragen die auch noch nach Eulen... Allerdings, einen Fotoapparat habe ich, wenn man die Minox nicht rechnet... Minox, soweit werden die noch nicht sein, so was kennen die noch nicht, steht zu hoffen... Minox? Gab's nicht irgend so einen alten Recken oder König oder was?... Die Minox stecke ich einfach in die Tasche. Zur Leibesvisitation wird es ja nicht kommen. Das fehlte noch. Das wäre das letzte... und wieviel Paar Strümpfe? Ja, du lieber Himmel, wieviel Paar Strümpfe?... Und Schmucksachen?... Bijoux heißt doch wohl Schmucksachen? Französisch schwach, Neugriechisch Fehlanzeige!... Perlen? Schön wär's ja. Die sind ja komplett übergeschnappt sind die. Ist ja wie in der Ostzone, nein schlimmer... Na, und diese Schachtel Lucky Strike, die machen wir eben auf. Dann ist das Reiseproviant, und die vier anderen Schachteln... die vier anderen Schachteln... Man kann doch nicht alle aufmachen... Überhaupt ein Blödsinn: in der Luft kriegt man sie zoll- und steuerfrei, und unten nehmen sie sie einem weg...

Doch keine Angst, kein Schatten will Ihr Reiseglück überdüstern! Solche Zollpenibilität gehört hoffentlich der Vergangenheit an. Derzeit - aber das kann sich ändern, während ich dies niederschreibe, und ich garantiere für nichts - kriegen Sie nur ein kleines viersprachiges Formular, bei dessen deutscher Abfassung freilich die Musen ihre Häupter verhüllt zu haben scheinen: die »WAHRUNGS-

BESTIMMUNGEN FUR GRIECHENLAND«, die Sie zu
»*Ihrer Declaration von devisen*« ... verpflichten.

Aber wie auch immer, während in der Tiefe unten Scheria entschwand, hatten wir damals eines amtlich gemutmaßten Schachers wegen, den wir Schächer mit unsern paar
Reiseutensilien schmuggelnderweise würden betreiben können, Schererei gehabt und, noch weniger als Sie jetzt, mitbekommen, daß die Maschine - wie das Phäakenschiff einst,
das den schlafenden Odysseus von der seligen Insel heim
gen Ithaka beförderte -, daß die Maschine in gedanken-
schnellem Husch mittlerweile 18 Parasangen oder 540 Stadien oder 100 Kilometer Ionischen Meeres hinter sich gebracht, und hatten **Leukas** zu betrachten verpaßt... Ja,
und Levkás. Das ist nun auch so eine Sache ... Nein, ich
muß Sie enttäuschen, die Insel **Skorpios** werden wir ohnehin nicht ausmachen können. Sie ist vergleichsweise flach
und wird von Leukas, das hoch aufragt, für unsre Sicht verdeckt sein. Lassen wir **Onassis** vorläufig aus dem Spiel und
bleiben wir noch eine Weile bei Odysseus. Leukas, darüber
sind sich die Gelehrten heute einigermaßen einig, war des
wirklichen Odysseus wirkliche Heimatinsel **Ithaka**. Und
außerdem - Sie werden sie gleich sehen - gibt es noch eine
Insel Ithaka, die aber nicht das wirkliche Ithaka ...

Eine Hitze herrscht in dem Flugzeug, hör' ich Sie sagen...
Und so was kapiere nun einer! Ich finde Onassis viel interessanter. Ehrlich! Übrigens kriegt man von diesen angeblichen Belüftungsnippeln obendrein noch einen Stirnhöhlen-
katarrh. Die Reise fängt hübsch an ...

Doch halt!... wenn dieses in Lüften deplazierte Kommando erlaubt ist. Links unter Ihnen, zwar zu überfliegen,
aber nicht wohl zu übergehen, breitet sich die Schlachten-
szenerie von **Actium**! 2. September 31 vor des Heilands
Geburt. Das angehende Binnengewässer dort heißt heute
der Golf von Arta, sozusagen Leukas vor der nördlichen
Nase. Die Flotte **Octavians** und die des **Antonius** und der
Kleopatra einander gegenüber ... Auf den Halbinselarmen
beiderseits der Golfeinfahrt die gegnerischen Landheere als
bewaffnetes Publikum, 112 000 hüben, 92 000 drüben, den
Gang der Handlung mit ehoe! und sonstigen Äußerungen
des Beifalls, des Mißfallens und der Ermunterung beglei-
tend. Aiai! Aiai!... Alala!... Eleleu!

Welch ein Schauspiel auch! Vor der Golfmündung die 500 Segel des Marc Anton und draußen auf hoher See, Schnäbel nach Osten, die 200 Schiffe Octavians. Entscheidungschlacht von weltgeschichtlicher Bedeutung. Welttheater: zerfällt **Cäsars** Erbe oder bleibt das Reich erhalten? Bleibt es, und zwar als Republik? Wird Rom, die Stadt, auch fürderhin als verbindliche Mitte und Schwerpunkt des Imperiums gelten? Ja, wenn Octavianus siegt. Nein, wenn Antonius sich behauptet. Wenn dies, dann wird der Reichsschwerpunkt nach **Alexandria** ans Nildelta verlagert werden - wie er dermaleinst, dreieinhalb Jahrhunderte später, nach **Byzanz** an den Bosporus verlagert werden sollte. Eleleu! Als ob Soldaten nicht spürten, wenn bei irgendeinem Waffengange wirklich einmal die großen und weltwendenden Fragen auf dem Spiele stehen!

Wenn also Antonius obsiegt, wird der alte üppige Orient über den jüngeren kargeren Westen triumphiert haben und das hellenische Ptolemäerreich auf Ägyptens trächtigem Boden den Ton dessen angeben, was künftig als römisch zu gelten haben wird. Wird Rom mithin östlich ausgerichtet, griechisch-orientalisch dominiert sein. Oder wird es vorausweisende Herrin eines Abendlandes als ferner Möglichkeit im Schoß der Geschichte? Dies oder das. Oder aber, wenn die Gegner gleich stark davonkommen, Spaltung des Imperiums in ein alexandrinisches Ostrom und ein lateinisches Westrom. In einen Osten orientalisch-hellenistischer Überlieferung und einen Westen möglicher Modernität vor allem des Heerwesens und der Staatskunst, doch ohne die befruchtende Bürde, die ehrwürdige Last von unsäglich alten Bildern, Denkweisen, Vorstellungen, Vorurteilen, Glauben und Aberglauben, Feinheiten, Abgefeimtheiten, Wissen und Weisheit. Rettung also und Wahrung der nationalistisch-catonischen Nüchternheit Roms, falls Octavian die Oberhand behielte. Kein östliches Luxurieren.

Octavian hat gesiegt. Und dennoch: seit ältesten Tagen war das Mittelmeerbecken von den Säulen bis in den mittleren Osten ein Spannungsfeld des Gebens und Nehmens. Nicht immer ohne die Waffen, wie das so zuzugehen pflegt, aber doch nicht nur mit den Waffen etwa, sondern ständiger mittels der Kauffahrtei zu Wasser und zu Lande, kontinuierlicher kraft der Nachahmungslust der Nachbarn, der jeweils Unterlegenen, vermöge mutueller Angleichung der Sitten und Gebräuche bei Sieger und Besiegtem, bei Käufer und Verkäufer. Jahrtausendealter Austausch, ein Aneinander, ein Beisammen, wohlverstanden unter Anrechnung eines anfänglich geschichtsgegebenen Kulturgefälles von Ost nach West.

Von **Euphrat** und **Nil** bis an **Tiber** und **Themse**. Welch ein Weg! Bis aus dem Abendland der weltgültige Kulturraum von heute wird! Bis heute. Für heute. Welch eine Polverlagerung auch! Wie die des magnetischen Nordpols in den Jahrtausenden. Die Ägypter, um es noch einmal aufzuzählen, die ihre Seeherrschaft an die minoischen Kreter abtreten. Die Phönizier aus **Sidon** und **Tyrus**, deren Seegeltung erst nach dem Niedergang Kretas in Flor kommt. Seevölker zwischenein und Mykener. **Kreta, Zypern** und **Rhodos** in mittelnder Funktion zwischen drei Kontinenten. Die Ausweitung des griechischen Bereichs auf Kosten der Purpurfärber, die ihre Schwerpunkte nach Westen verlagern. Die Auseinandersetzungen der Griechen und der Perser. Bis zur Reichsgründung **Alexanders des Großen**.

In diesem Spiel des Gib und des Nimm wirkt der Westen jetzt militärisch weit in den Osten hinein. Staatspolitisch auf Frist, stilprägend dabei für längere Dauer und noch viel weiter als schon vorher. Gandharakunst in Indien, buddhistische Bildnerei nach griechischen Vorbildern, ausstrahlend bis nach China. Und die auf Alexandreia lautenden Städte, die Relais, die der große Makedonier oder seine Diadochen setzten. Sechzehn an der Zahl. Davon besteht sogar noch das eine oder andere; das ägyptische Alexandria zum Beispiel, hellenistisches Kulturzentrum ohnegleichen. Meisterwerk der Stadtplanung. Seinerzeit 500 000 Einwohner. Oder **Kandahar** in Afghanistan. Oder **Iskenderun**, das man auch als Alexandrette kennt. Das allerfernste Alexandreia - eschata deswegen geheißen - lag am Syr Darja stromaufwärts oberhalb **Taschkent** nahe dem 70 Grad östlicher Länge.

In den westmittelmeerischen Raum hätte Alexander nicht dringen können, ohne mit den phoinikisch-karthagischen Interessen zu kollidieren. Er läßt es bleiben. Dem jungen Rom fällt sechzig, siebzig Jahre später die Auseinandersetzung mit **Karthago** zu. West gegen Ost mit halb verkehrter Front. **Cato** hatte sein *ceterum censeo* nicht umsonst zur stehenden Redensart gemacht. Karthago wurde *anno* 201 vor Christi Geburt vernichtet und, wie es in der Sprache der Alten hieß, dem Erdboden gleichgemacht. Buchstäblich. Schutt und Asche. Doch war das vieltausendjährige Gespräch zwischen vorderorientalischen Kulturträgern und -bringern und indoeuropäischen Empfängern und Überwindern und Meistern damit noch keineswegs beendet.

Octavian hat gesiegt. Er wurde der Kaiser Augustus, dessen Gebote in alle Welt gingen. Auch bis nach **Nazareth**. Auch bis nach **Bethlehem**. Und als sich in der berühmten Krippe dort des Kindes Stimme erhob, winzig noch und außer von den Eltern von niemandem sonst gehört, es sei denn von Ochs und Eselein, mochte die immerwährende Zwiesprache von neuem beginnen. Der Osten nahm sich die Rolle des Gebenden mit sanfter Hand zurück. Der Phönix stieg wieder aus der Asche.

17 Kleopatra VII.

Wenn einer über Kleopatra etwas sagen möchte, braucht er nicht um Pardon zu bitten. **Kleopatra VII.** oder die Große (69–30) war das Produkt - anders kann man es nicht ausdrücken - einer ganzen Ahnenreihe systematischer Geschwisterehen im Hause **Ptolemaios' I. Soter,** eines Generals des Großen Alexander, eines Diadochen, der sich 305 zum König über Ägypten aufgeschwungen hatte. Soter heißt der Retter. Der Heiland.

Da dieses griechisch-makedonische Königshaus sich immerhin für nahezu drei Jahrhunderte in einem zwar seit langem schon hellenisierten, aber doch gründlich fremden Lande hat etablieren können, dürfte der unveränderte und schließlich unabänderliche Familientyp Ptolemaios der Befestigung des Herrscherbildes in den Hirnen der beherrschten Nilanwohner wirksam gedient haben: die neuen Pharaonen. Die Befreier vom Perserjoch. Die Retter.

Im übrigen ist unsre landläufige Vorstellung der Kleopatra unsinnig stark vom Bilde der **Nofretete** oder sonstiger Pharaoninnen durchfärbt und bilderbuchhaft ägyptisiert. Woran auch Shakespeare Mitschuld trifft. Von Verfilmungen und Liz Taylor zu schweigen. Griechischer als Kleopatra und ihre beiden Brüder, die sie getreu dem Familienbrauch nacheinander heiratete, griechischer - mit einigem Vorbehalt - kann kein Grieche je ausgesehen haben. Zuchtgriechisch. Zuchtmakedonisch meinethalben. Königszucht.

Daß **Ptolemaios II. Philadelphos** (285-246), der zweite auf dem frisch gezimmerten Diadochenthron von Alexandria, blond gewesen ist, überliefert die Dichtung. Kein Wunder weiter. Die Ptolemaier waren Makedonen, eine besondere Art Griechen mit teils thrakischen, teils wohl auch illyrischen Einschlägen und demgemäß mit hellem Pigment. Nördliche Gevattern der Hellenen. Die makedonische Sprache war dem Griechischen nahe verwandt, aber nicht eigentlich griechisch. Ein Verhältnis wie Friesisch zu Niederdeutsch vielleicht. Wie viele Elemente aus nördlicheren Breiten das Makedonische aber enthalten haben mag, sein Wort für Augenbrauen scheint es anzeigen zu wollen. Es hieß ›abrouves‹. Gar nicht aus dem Griechischen deutbar ist ›aliza‹, das unserm Else oder Erle entspricht und die Weißpappel meint.

Das Haus der Ptolemaier entstammte dem Kleinadel, hatte aber auch einen Schuß alten Königsblutes in den Adern und konnte sich demgemäß auf Zeus und Herakles zurückführen. Das gehörte zum guten griechischen Ton. Jener zweite Ptolemaios - Philadelphos heißt Schwesterlieb - hat für sich und seine Nachfahren die Geschwisterehe eingeführt, indem er als seine zweite Frau seine Schwester **Arsinoe** aussah. So mag sie denn ebenfalls hellen Pigments gewesen sein. Ersatzweise sind dann in der Nachfolge auch andere weibliche Verwandte geheiratet worden, doch nur in zwei, drei Ausnahmefällen. Man will es immer für ein Anknüpfen an ägyptische Traditionen halten. Doch wird es das so sehr nicht gewesen sein. War es nicht vielmehr gerade ein Betonen des Makedonischen in der Fremde? Bei den Seleukiden, dem entsprechenden Diadochenhause auf dem ehemals persischen Reichsboden zwischen Indus und syrischer Küste, kam die Geschwisterehe gleichfalls in Aufnahme. Dort könnte man entsprechend an altpersische Traditionen angeknüpft haben. Aber die Geschwisterehe in der Führungsschicht der Inkas? Bei den Germanen? Ob es sich nicht um etwas wie ein Wälsungenmotiv handelte? Ob die Geschwisterehe nicht überhaupt und allgemein der Herausbildung von Adel hat dienen sollen und gedient hat?

Interessant auf jeden Fall: das rassige Zuchtprodukt des unvergleichlichen Prozesses ist nicht mehr und nicht weniger als das genialste und dabei weiblichste Frauenzimmer der bekannten Historie. Das spricht für das Verfahren. Man sollte sich's merken. Die Genetiker allen voran. Eine Politikerin in schwerer Zeit, neben der kaum eine Kronenträgerin anderer Zeiten bestehen kann. Gebildet. Vielsprachig. Mit betörender Stimme. Sprach zum Beispiel mit Äthiopiern, Troglodyten, Hebräern, Arabern, Syrern, Medern und Persern ohne Dolmetsch. Sprach Lateinisch und Griechisch fließend, versteht sich. Makedonisch sprach man am Nil wohl nicht mehr.

Ein Weibsbild, das just aus den Reihen ihrer geschworenen Feinde, der Römer, sich zwei der größten zu Geliebten erkor – Politik und Eros unentknotbar verknüpfend – **Gaius Julius Cäsar,** als sie 21, und **Marcus Antonius,** als sie 27 Jahre alt geworden war. Erkor und bezwang. Und dennoch keine eigentliche Schönheit gewesen sein dürfte. Kein Glamourgirl. Doch hatte, sagt **Plutarch,** *»der Umgang mit ihr etwas unentfliehbar Fesselndes«.*

Diese zwei Römer, wie hervorragende Söhne ihres Volkes auch immer, mögen sich dem außerordentlichen Geschöpf gegenüber hilflos wie die Hinterwäldler, wie die Böotier vorgekommen sein. Dieser Übergriechin gegenüber, dieser altüberkommenen Kultur gegenüber mit ihrer Weltläufigkeit, ihrer Eleganz, mit all ihren Verfeinerungen, Betörungen, Verzärtelungen, den Spezereien Punts und Arabiens zusammen, den Schätzen beider Ägypten und der Cyrenaica. Gold, Ebenholz, Smaragden, Elfenbein, Silber und Pardelfellen. Pompeius hatte Zuflucht zu ihr nehmen wollen. Cäsar verfiel ihr und gedachte die Ehe mit ihr einzugehen. Sie hatte einen Sohn von ihm, **Kaisarion.**

Marc Anton verfiel ihr, hat ihr Zypern geschenkt und das rosenölduftende balsamische **Jericho** unten hinter den Bergen von Juda, die phönizischen Städte dazu und Kreta obendrein und Kilikien und Cölesyrien hinter dem Libanon und das nabatäische Arabien von Petra bis zur Philisterküste auch noch. Und hat sie, wahrscheinlich, in Antiochia geheiratet, seiner fünften legalen Ehefrau zu Rom, der Octavia, Octavians älterer Schwester, nicht achtend. Roma war nicht mehr die sittenstrenge Spröde, die sie gewesen.

Selbst wenn dort noch die Kühe die winkeligen Gassen ent-
langmuhten. Kleopatra hat übrigens die palmenrauschende,
treibhauslaue, blütensüße Oase Jericho recht bald schon an
Herodes den Großen für teures Geld verpachtet. Für 200
Talente *pro anno*. Das Talent zu 26,2 Kilogramm in eitel
Gold. Geldgeschäfte lagen ihr sehr.

Dem Nachfolger Julius Cäsars auf ihrem Lager, Antonius, diesem Anwärter auf Cäsars Nachfolge im Imperium, gebar Kleopatra drei Kinder. Eine richtige vitale
Frau also, wenngleich gewiß nicht an Bürgermaßstäben
unsres 19. Jahrhunderts zu messen. Keine Buhlerin im Sinne
des 20. Kein Callgirl. Keine Hetäre. Ganz und gar Inzucht
und nichts von Dekadenz. Daß ihr Verwandtenmorde zur
Last gelegt werden können oder könnten - etwa an ihrer
jüngeren Schwester **Arsinoe** -, es schickte sich in den politischen Zeitstil. So konnte Octavianus, als er Kaiser Augustus geworden, die spitzige Bemerkung machen, daß am
Hofe zu Jerusalem und im Hause eben jenes Kindermör-
ders von Bethlehem das Leben eines Schweines sicherer sei
als das eines möglichen Thronanwärters. Er hatte schlecht
spotten. Als all die schönen heroischen Akteure der ägyptischen Schlußapotheose still und tot auf den Bühnenbrettern
lagen, hat der gleiche Octavianus den Prinzen Kaisarion
umbringen lassen. Und des Antonius ältesten Sohn sicherheitshalber auch.

Von so makabrer Untermalung des gleichsam Makartschen
Prunk- und Kolossalgemäldes abgesehen, die gewiß nicht Kleopatra allein, sondern der ganzen Epoche vorzuwerfen ist, waren es
die Historiker der Feindpartei, die jenes bengalisch strahlende
Frauenbild rassistisch zu schwärzen liebten und die niedrigsten
Motive meinten unterstellen zu müssen, wo sie eigenartige Größe
und Überlegenheit nicht wahrhaben wollten. In ihrer catonischen
Ackerbürgerlichkeit. In ihren Bedenken, ihrer Abneigung gegen
alles Griechentum und noch Befremdlicheres, das sie dahinter wit-
terten. Was haben sie doch zetern müssen, die Herren Kollegen
zu Rom, und die bestrickende Makedonin mierig und madig gemacht und Musterbeispiele geliefert, zu welch einseitiger Schwarz-
weißmalerei engagiertes Schreiben allein taugen kann. Ein partei-
isches, nationalistisches Unisono. **Properz:** *femina trita incesti
meretrix regina Canopi* – inzestverderbtes Weib, Königsdirne
über Ägypten. Dem älteren **Plinius** ist auch nichts Besseres eingefallen. Und **Dio Cassius** ebensowenig. Und: *tantae libidinis*

fuit ut saepe prostituerit, stimmte **Livius** in den Chorus ein -
prostituierte sich oft aus lauter Gelüst! Nur **Plutarch** war um
Objektivität bemüht. Er war aber kein Zeitgenosse jener Heroen
mehr. Und war Grieche.

Aber Schriftsteller halten den Gang der Dinge nicht auf. Auch
engagierte nicht. Es sollte der dennoch vordringenden Hellenisierung Roms die Orientalisierung, die Syrisierung alsbald schon
auf dem Fuß folgen. Insofern ist den lamentierenden Patrioten
auch etwas zugute zu halten. War denn Kleopatra wirklich die
erste *femme fatale* der römischen Geschichte? Ja, aber Recht
und Unrecht bilden zuweilen unentwirrbare Knäuel und gordische
Knoten. Gebilde aus Menschentaten, Menschentrachten, Men-
schentrieben.

Als auf dem großen tragischen Welttheater die Schlacht von
Actium gegeben wurde, war Kleopatra 38 und Antonius -
vermutlich - 50 Jahre alt . . . Die Signale, die Tuben und
Salpingen. Das schnarrende Krachen der zerbrechenden Ruder. Das Poltern, wenn ein geschleuderter Harpaxklotz ins
gegnerische Deck schlug. Die Hilflosigkeit des getroffenen
Schiffs, wenn die Widerhaken des Projektils gepackt hatten. Das Fauchen der Feuertöpfe. Das Knarren, wenn die
Wurfmaschinen gespannt wurden. Das u-na! u-na!, das
hau-ruck der Ballistiker. Das Gebrüll der Kommandieren-
den von Deckaufbauten und Geschütztürmen nieder. Die
Rauchfahnen. Die fackelgleich hochbrennenden Takelagen.
Die sinkenden Segel. Eine aufwendige Inszenierung mit
Feuerwerk. Das Publikum war je länger desto mehr hingerissen.

Das Navigieren der wuchtigen, kostbar ausgestatteten
Trieren des Antonius, der wendigeren Liburnen, die jene
ihrer Ruderreihen zu berauben trachteten. Die kreiselnden
Schiffe, die steuerbords rückwärts und backbords vorwärts
oder umgekehrt ruderten und also auf der Stelle drehten,
dem Gegner die verwundbare Ruderreihe zu entziehen bestrebt. Die Rudermanöver selbst, das exerziermäßige Einholen aller Riemen, wo der Feind längsseits zu geraten
drohte. Der vernichtende Rammstoß da und dort. Das viel-
tausendstimmige Siegesgeschrei sodann vom Landrande der
nassen Arena her, wenn ein Stoß saß. Was diesem Publikum
viel zu selten geschah. Oder das Wehgeschrei. Das Abdrif-
ten der qualmenden Wracks. Das Retten und Rennen auf

den sinkenden Schiffen. Die schwankenden Maste und wippenden Rahen. Brandpfeile. Die Kometenbahnen lodernden Erdöls aus den Siphonen. Schwelendes Holz. Glimmende Wergbäusche. Die glühenden Eisenbolzen, die im Wasser verzischten. Die Schwimmer, die in diesem Kampf der Maschinen rettungslos zermalmt und ersäuft werden mußten. Und es waren doch auf des Antonius Seite keineswegs nur geübte Seesoldaten. Vielmehr, weil Antonius und seine Ratgeber gar keine Neigung zur Seeschlacht gehabt und nur Kleopatra auf dem Kampf der Flotten bestanden hatte, waren in aller Eile auch Feldarbeiter, Eseltreiber und Landgeratz aller Art an Bord genommen worden, die nun *nolens volens* die Kriegsmarine aufzufüllen hatten.

Die Schlacht dauerte Stunden. Eine Entscheidung fiel indessen nicht und war auch nicht abzusehen. Und dennoch hat Octavian gesiegt. Aber wie? Unschlüssig saß der Rat der Götter. Es war Kleopatra, die das Spiel verloren gab. Aus freien Stücken. Falls es das gibt. Im Zentrum der Flotte Marc Antons schien jetzt allerdings einiges nicht zum besten zu stehen. Der gegnerische *praefectus classis*, **Vipsanius Agrippa,** Haudegen zu Wasser und zu Lande, Träger der *corona rostrata*, focht, gemessen an seiner Unterlegenheit in Einheiten und Tonnage, erstaunlich erfolgreich und hatte aus der Faust die hier schließlich gegebene Taktik entwikkeln können: er ließ je drei, vier seiner Liburnen einzelne mächtige Zehnruderer der Feindflotte gleichsam belagern. Sie verbissen sich, wie Hetzhunde sich in Büffel verbeißen. Die Deckplanken: hölzern erdröhnende Schlachtfelder.

Kleopatra gab auf. Gab Rom als ein politisches Objekt auf. Rom als Gehilfin bei der Restaurierung der Diadochenreiche im Osten. Jähe Erkenntnis, einem Octavian nicht mehr gewachsen zu sein. Sie gab ihren Kampf um Rom auf, mochte bei Actium werden was immer. Sie gab sich auf. Panik oder Caprice: ohne die Nauarchen ihrer Partei zu verständigen, ging sie mit ihren eigenen sechzig Schiffen, die bis dahin in die Schlacht noch nicht eingegriffen hatten, unter Segel, ließ Fahrt aufnehmen, umschiffte den schwer kämpfenden linken Flügel der Flotte ihres Freundes, den rechten Flügel des Feindes, schiffte an der Nehrung von **Leukas** längs und entkam unangefochten auf die Ionische See hinaus mit Kurs auf Kreta.

Marcus Antonius ward dessen erbleichend inne. Die nautische Überlegenheit seiner Armada war durch den unerwarteten Entzug von sechzig Einheiten noch nicht in Frage gestellt. Darum also ging's nicht. Doch seine Existenz stand in Frage, wenn Kleopatra seine Sache verließ. Vielleicht hatte er ihr eigentliches Ziel erraten, das am Ende nicht Kreta noch das ptolemäische Ägypten, sondern **Arabien** oder gar **Indien** war. Wohin sie mitsamt ihren unermeßlichen Schätzen und ihren Kindern flüchten wollte, um den Römern, diesen ordinären Beutemachern und Länderschluckern, unerreichbar zu sein und von Rom nichts mehr zu sehen und zu hören. Dies schien dem Manne Antonius ganz unerträglich. Das Verlangen nach Kleopatra packte ihn wie ein Fieberstoß. Diese Liebe! So heiß wie nur je seit dreizehn heißen Jahren! Er zog sein Flaggschiff aus dem Getümmel, hinterging die eigene Flotte und folgte dem Kielwassersog der ägyptischen Schiffe, die fern vor ihm her enteilten.

Als Freund und Feind dieses schier ungeheuerlichen Vorganges gewahr geworden waren - und wie schrie man's nicht von Bord zu Bord, schrie's auf den untersten Ruderbänken -, wurde die unentschiedene Bruderschlacht gegen Abend abgebrochen. Der letzte Akt der Tragödie von Actium sah schließlich alle Welt einander versöhnt in die Arme sinken. Heer sowohl wie Flotte des Antonius, von ihrem Gebieter schnöde im Stich gelassen, gingen am anderen Tage offiziell zu den Feld- und Seezeichen des Octavianus Augustus über.

Die Nachspiele zogen sich noch ein Jahr lang hin. Um ihrer Kinder willen ließ Kleopatra sich doch noch einmal auf politische Schachzüge gegen den und mit dem seither doppelt mächtigen, dem allmächtigen **Augustus** ein. Nachdem ein erstes Geschwader, das ihr Vermögen in Sicherheit hatte bringen sollen, von den Arabern im Roten Meer aufgebracht und verbrannt worden war. Und nachdem Antonius, den sie als große Liebende wahrhaftig geliebt hatte, seinem Leben durch Sturz in sein Schwert ein Ende bereitet hatte. Sie selbst gab sich den Tod durch Schlangenbiß. Nach anderen durch den Stich mit einer hohlen, giftgefüllten goldenen Haarnadel, die sie immer schon getragen habe. Die Natter konnte nicht gefunden werden. Ende der Ptolemaier. Ende der makedonischen Idee eines westlichen Weltreiches im Osten. Alle Standbilder des Antonius zu Alexandria wurden umgestürzt. Daß mit den vielen Bildern der Kleopatra nicht ein Gleiches geschah, erreichte ein Freund der Verstorbenen namens Archibios: er zahlte zu diesem Zwecke dem Kaiser Augustus 2000 Talente, und der nahm sie.

Als die Todesnachricht in Rom eintraf, griff der engagierte Dichter **Horaz** zum Griffel und verfaßte die Ode I, 37: *Nunc est bibendum, nunc pede libero pulsanda tellus ... Zu trinken jetzt her und den Boden jetzt mit tanzendem Fuße gestampft!* Und sang diesbezüglich in Epode IX, wie das Soldatenpublikum bei Actium endlich geschrien hatte: *Io triumphe!*

18   Beiträge zur Historio-Zoologie

Man sollte den Begriff Historie nicht bloß auf die von Menschen reflektierte und in gewissem Umfange auch gestaltete Weltgeschichte anwenden, und sollte dem Tier, das über sich, seine Umstände, Handlungen, Leistungen *et cetera* zwar wenig, kaum oder gar nicht nachdenken kann, Geschichte dennoch nicht absprechen. Es hat deren zwei, scheint mir: wie *homo sapiens* nämlich eine natürliche, die wiederum in eine schöpfungsgeschichtliche oder biogenetische und in eine spezielle zu unterteilen wäre, die seiner Verbreitungen, Wanderungen, Mehrungen, Mutationen, Nöte und Untergänge, soweit diese alle im Menschen nicht ihren Verursacher haben. Und andrerseits eine menschenbezogene, nämlich Zähmungs-, Züchtungs-, Kreuzungs-, Veredelungs-, Nutzungs-, Verpflanzungs-, Hegungs-, Totemisierungs-, Vergöttlichungs-, Verfemungs-, Verfolgungs- und Ausrottungshistorie.

Die Austreibung des ersten Menschenpaares aus dem Paradies bedeutete nicht nur den schmerzlichen Eintritt in reflektierte Geschichtlichkeit, sondern es war damit - mindestens partiell - auch der Verbleib des Getiers in Herrgotts

Lustgarten aufgehoben. Das liebe Bild von der Arche Noah lehrt es: Gott wünschte zwar immer noch, daß all seine Tiergeschöpfe fortbestehen mögen, bürdete im Notfall jedoch die Verantwortung dafür dem Menschen auf. Aber nicht bloß für die, die von Nutzen und domestizierbar sein würden, sondern ausdrücklich für alles, was da kreucht und fleucht. Inklusive Gewürm. Fische ausgeschlossen.

Tierhistorie? Historio-Zoologie? Die Mustangs als ein Beispiel: diese mehr oder minder wilden Pferde **Nordamerikas** sind erst im 16. Jahrhundert von den Spaniern dorthin verpflanzt worden. Sind entlaufen, verwildernd wieder selbständig geworden und zu großen halbwegs freien Herden gediehen. Entsprechend in der südamerikanischen Pampa die Cimarrones. Das vorkolumbische Amerika hat offenbar keine Einhufer und nur Schwielhufer, die Lamas und andere Kamelarten mehr gekannt. Die Azteken haben des Cortes Pferde für eine Art Hirsche halten müssen. Es sind aber die Geschichten der Mustangs und Cimarrones nur Fortsetzungen der eurasischen Historie des Pferdes, deren vor Jahrtausenden aufdämmernder Beginn hier noch berührt werden wird.

Auch Ansätze zu – sozusagen – aktiver Historizität im Tierreich machen sich geltend. Übergriffe in die menschliche Geschichte in gewissem Sinne, wenn auch nicht vollbewußt gestaltete Taten. Tiere als Warner, als Lebensretter. Im Oktober 1968 schrieb ich: Neuerdings befaßt sich *homo curiosus* nachdrücklich mit den Delphinen, entdeckt dabei allerdings so manches nur wieder, was die Alten einmal gewußt haben. Wer würde, den jüngsten Studien und Experimenten nach, die Mitteilung des **Plinius** länger anzweifeln, daß in der Bucht von Dikäarchia – westlich von Neapel – ein Schuljunge die Neigung eines Delphins durch Füttern mit Brot habe gewinnen können? Wer bezweifelt, daß dieser kinderliebe Vertreter der Ordnung Wale die gewohnte Futterstelle auch immer noch anlief, als sein Beköstiger eines frühen Todes verblichen war? Ja, vielleicht darf man auch glauben, daß der Meeressäuger selber vor Betrübnis über diesen Verlust endlich verschieden sei. Oder noch weiter gehen und gar für wahr halten, daß er vordem seinen Freund alltäglich auf den Rücken gehuckelt und über den Lucrinischen See im Norden der Bucht zur Schule gebracht und wieder abgeholt habe. Denn das ist des Plinius Storypoint.

In unsern Tagen, um nur eine der zahlreichen Beobachtungen

in neuester Zeit anzuführen, hat der freie undressierte Delphin Opo – zu **Opononi** auf der Nordinsel Neuseelands, 1955 – Kinder auf sich reiten lassen, lehrt der neueste Brockhaus. Das alte heitere Bild! Gleich dem des ›Knaben auf dem Delphin‹ im Museum zu **Ephesus**. An diese Bronze knüpft auch bei den Türken noch eine lokale Überlieferung von böcklinisch-meerblauer Traurigkeit: ein Halbwüchsiger, das Glück seiner Mutter, war von einem Delphin ins nasse Reich der Nereiden entführt, nach langer seligbanger Zeit aber tot ans Land geliefert worden, woselbst auch das untröstliche Tier sein Leben aushauchte. Bei Iassos. Nördlich von Halikarnassos. An der türkischen Küste. Gegenüber dem vielbeschrienen KZ-Eiland **Leros**.

Und las man nicht jüngst, daß Delphine zur Bergung von Astronauten herangebildet werden oder werden sollen? Und war Chamissos Gedanke, gezähmte Wale als Schiffsschlepper auszubilden, etwa ganz abwegig? Nur liefen die ersten Dampfschiffe schon vom Stapel.

Herodot (Forschungen I, 23) ist mit dem, was er über die wundersame Rettung des Dichters, Sängers und Lyraschlägers **Arion** durch einen Delphin erzählt, heute wieder glaubhaft geworden. Denn Delphine reagieren tatsächlich stark auf Musik – wie übrigens so manche Tiere, Kühe zum Beispiel – und haben sich 1961 und 1963 in japanischen Gewässern als Retter aus Seenot ausgewiesen. Auch soll, was die Maori über delphinische Leistungen solcher Art singen und sagen, die vielen antiken Berichte vollauf bestätigen.

Arion (625-585) – Betonung auf dem i und mit langem o –, der laut Herodot den ersten Dithyrambus gedichtet hat, über dessen Bedeutung sich aber mangels erhaltener Texte weither nichts sagen läßt, reiste einst nach Abschluß einer Tournee durch Unteritalien heim nach **Korinth**. Auf einem korinthischen Schiff. Sicherheitshalber. Doch auf hoher See steckte die Schiffsmannschaft die Köpfe zusammen und kam überein, den berühmten Mann über Bord gehen zu lassen und sich Gepäck, Geld und Schmuck des Beseitigten anzueignen. Denn an alledem schien's dem fetten Brocken nicht zu fehlen.

Arion erriet ihr Vorhaben, bot ihnen wohl oder übel die Gesamteinnahmen der Gastspielreise nebst Pretiosen und verlangte weiter nichts als sein Leben. Das grinsende Schiffsvolk jedoch stellte ihm bloß anheim, sich selbst zu entleiben, wenn ihm an einem Erdbegräbnis gelegen sei, oder über Bord zu springen. Als Fischfutter. Was war da zu tun?

Um Aufschub zu gewinnen oder wenigstens einen podiumsreifen Abgang zu haben und in Schönheit zu sterben, bat der Künstler in dieser wirklich recht aussichtslosen Lage um die letzte Gunst, in purpurnem Auftrittskostüm vor ihnen singen zu dürfen. Die Schurken hatten dagegen nichts einzuwenden. Wann bekam ihresgleichen schon einmal den ersten Sänger der Welt zu hören? Arion kleidete sich an, nachdem er sich kunstgerecht geschminkt und Haar- wie Bartlöckchen nachgebrannt und gesalbt hatte, ergriff die Lyra, bestieg, den goldenen Efeukranz um die Schläfen, das Oberdeck und begann gefaßt, ja bald auch wie in einem Rausch den Gesang, den er um so mehr für sein Schlußlied halten mußte, als die banausischen Herzen dieses Publikums offensichtlich nicht zu beeindrucken waren.

Man ließ ihn ohne Applaus. Das war er nicht gewohnt. Er sprang, wie er war, über die Heckreling. Sein rotes Himation lag einen Blick lang im Kielwasser gebreitet wie eine Lache. Fort war er. Wäre fort gewesen, hätte er nicht den herzlichen Beifall eines Delphins entgegennehmen können, den Gesang und Leierspiel angelockt und fasziniert hatten. Nur war dem Tier von Bord aus keine Aufmerksamkeit gewidmet worden. Weswegen auch? Delphine waren stets um die Schiffe. Und heran jetzt an Schatullen und Kassetten!

Das ergriffene Geschöpf bot sich als schnaubendes, warmblütiges Wasserfahrzeug an, lud den Meister auf seinen Rücken und verschiffte, verfischte, verfrachtete ihn behutsam an den nächstgelegenen Küstenvorsprung. Ans Kap **Tainaron**, die mittlere Südspitze der Peloponnes, die dortige Südspitze Europas zugleich, zuzeiten auch Kap Matapan geheißen. Der Gerettete zog, wie man verstehen wird, nunmehr die Landreise vor. In **Korinth** angelangt, eröffnete er seinem Gönner, dem dortigen Tyrannen **Periandros**, was ihm widerfahren war, mit beweglichen Worten. Periander, der allerdings noch nicht wissen konnte, daß man ihn eines Tages zu den Sieben Weisen zählen werde, traute weder seinen Ohren noch dem aufbrausenden Musensohn so recht und tat ihn sogar in gelinden Arrest. Künstlerphantastereien! Starallüren. Wichtigtuerei! Was sonst? Dessen

unbeschadet war des Tyrannen Tun und Lassen von salo-
monischer Weisheit bestimmt. Denn er ließ doch derweilen
den Hafen, und was da so an- und ablegte, unauffällig
überwachen. Und siehe, das betreffende Schiff lief ein, die
mörderischen Schiffskinder wurden arretiert und vorgeführt.

Arion? Hat einer Worte? Der Töne Meister? Ja, was
denn? Was ist mit dem? Was kann er meinen? Hart waren
sie gesotten. Nicht zu erschüttern. Was sie anging, sollte die
Szene so leicht nicht zum Tribunal werden. Aber gewiß
doch, riefen sie übereinstimmend und geradezu erheitert,
Arion! Haha! Den hätten sie bei bester Gesundheit und
guter Dinge in **Apulien**, ja wo denn gleich, in **Taras**, jawohl,
wenn man es denn schon ganz genau wissen wolle, in Tarent, nicht wahr, zurückgelassen, da er sich vor Prolongie-
rungen und immer neuen Engagements gar nicht habe retten können. Und vor Ovationen auch. Aber einem Sänger
von solchem Format gebühre es ja nicht anders. Beim
Hundsstern! Das müsse wahr sein! Er ließe übrigens er-
gebenst grüßen. Selbstverständlich! Jetzt hätten sie's doch
um ein Haar vergessen auszurichten. Aber das käme eben
davon, wenn einer als ehrliche Haut plötzlich gefilzt werde.
Und verdiene es nicht. So sprachen sie und verschworen
sich hoch und heilig, ja fast entrüstet über die Zumutung,
die sich in solcher Befragung ausdrücke. Periander sei doch
sonst nicht so! Was er nur habe? Und habe als Mann der
sozialen Maßnahmen ... ein Herz ... für das ...

Dem Chor der Wasserratten gefroren die Worte in den
Mäulern. Denn was sie nun und nimmer für möglich gehalten hätten, es geschah: Arion in plissiertem purpurnem
Auftrittskostüm, die Lyra elegant auf die linke Hüfte gesetzt, Haar und Bart noch zierlicher frisiert, als es unter den
simplen Verhältnissen ihres Seelenverkäufers möglich gewesen, geschminkt unter goldenem Efeukranz, trat wortlos
hinter einer Säule hervor, die ihn verborgen hatte. Augen-
rollend.

Ein Dämon? Ein Gott? Nein, der leibhaftige, irdische
Arion! Das Plektron in seiner Rechten schlug auf der Lyra
klimpernd das Vorspiel zu ebendem Lied, das sein letztes
nun doch nicht gewesen war. Zimp klimp klimp. Nicht
anzuhören! Klimp zimp zimp. Nicht auszuhalten! Die Bö-

sewichter meinten des Todes zu sein und waren, kreideweiß, auf der Stelle geständig. Der dankbare Künstler aber ließ an der Stätte seiner Rettung ein kleines ehernes Mal errichten, einen Delphin mit einem Manne darauf. So weiß es Herodotos von Halikarnassos, der dieses Vorkommnis hundert Jahre später für aufzeichnenswert gehalten hat.

Und die Moral von der Geschicht? Nicht die Errettung durch den Delphin ist länger das Unglaubliche. Fraglich bliebe schon eher, warum denn ein so großer und vermögender Star ohne jegliches Personal gereist sein solle, das von den Seeleuten doch erst hätte überwältigt werden müssen. Ein Novellist sollte sich dazu noch etwas einfallen lassen. Aber ganz unglaublich: ein Schiff, das von Unteritalien, von **Tarent** wie dieses hier, nach **Korinth** laufen soll, nimmt Kurs auf Kephallinia und den Golf von Korinth, wenn nicht widrige Winde es sonstwohin verschlagen, von denen aber nicht die Rede ist. Es steuert nicht um die Peloponnes, weil es dann sein Ziel nur unter recht erheblichem Zeitverlust und mit allen Risiken damaliger Seefahrt erreichen könnte. Weshalb es schon früh eine Schleifstraße für Schiffe quer über den Isthmus gegeben und die Antike etliche Versuche gesehen hat, die Landenge zu durchstechen. Der erste, der's versuchte, soweit wir wissen, war jener **Periandros**, der weise Tyrann, und der letzte der Kaiser **Nero**. Das alte Korinth lag westlich vom Isthmus und hatte einen westlichen Hafen, Lechaion, und in etwa 9 Kilometern Entfernung zwei Osthäfen, Kenchreai der eine, wohin steuerte, wer aus der Ägäis kam . . . Verzeih, großer Herodot!

19 Balladenstoffe

Die Ballade von Arion stammt aus dem Jahre 1797 und aus der Feder **A. W. Schlegels**. Ein Balladendichter vom Range **Schillers** war er nicht. »Die Kraniche des Ibykus«, »Der Ring des Polykrates«, »Der Taucher«, »Der Kampf mit dem Drachen« sind gelungener und schöner.

1. Die Ballade von den Kranichen spielt in der Gegend von **Korinth** und in der Stadt selbst. Zum Kampf der Wagen und Gesänge. **Ibykos** gehört der wirklichen Geschichte an und hat um 525 vor Christus geblüht, wie man sich früher so schön auszudrücken pflegte. Warm geblüht, ließe sich andeutend ergänzen. Allein, dieses Ibykos Tod von Räuberhand und gar erst das rächende Wirken eines Kranichzuges gehören doch wohl ins Fabelreich. Die hellenistische Version könnte an jenen Sänger des Namens wegen angeknüpft haben: ›ibyx‹ heißt der Kranich, lese ich, ohne diese offenbar rare Vokabel im Lexikon finden zu können. Wahrscheinlich zu einem Verbum ›ibyein‹ = krächzen, schreien; das aber auch nicht in meinem alten Menge-Güthling aus der Schulzeit aufgeführt ist. Die nämliche Mär vom Rachegeflügel findet sich auch in Indien und, aus dem Persischen übersetzt, im Türkischen ebenfalls. Nur ist in später Fassung dort ein mohammedanischer Mönch das Opfer. Eine Wandersage also, wer weiß, wie alt und woher. Tatsächlich ist sie auch erst in der römischen Kaiserzeit mit dem Dichter verknüpft worden und enthält möglicherweise gar kein biographisches Detail. Kein thanatographisches, pardon!

Auch ist nicht so ganz gewiß, ob ein **Polykrates**, mit dem der historische Ibykos es zu tun hatte, der gleichnamige Tyrann von Samos gewesen ist, von dem Schiller anhebt: *Er stand auf seines Daches Zinnen.* Für den Marbacher Dichter hat dieser Inselherrscher Stoff genug geboten. Nutzen : Schaden = 50 : 50. Seine Flotte beherrschte weithin die Ägäis. Er kontrollierte etliche Städte Kleinasiens. War ein Freund der Künste. Ein großer Bauherr. Sein Bündnis mit Ägypten hat er zugunsten Persiens gebrochen. Hätte ihm nur vor der Götter Neide gegraut! Er endete elendiglich am Kreuz.

2. Bei **Athanasius Kircher** (1602-1680), dem gelehrten Jesuiten, der durch Sizilien zu reisen reichliche Gelegenheit hatte, steht die Geschichte, die **Schiller** den Rohstoff zu seinem »Taucher« geliefert hat. Ich habe sie in einem Sammelband gefunden, den mein Vorfahr **Paul Scholz**, weiland Professor der Philosophie zu Breslau, 1828 unter dem Titel »Werke der Allmacht oder Wunder der Natur« herausgegeben hat. Da heißt es:

»*Einer der merkwürdigsten Taucher ist Nicolo Pesce, ein Sicilia-*
ner, der zur Zeit Friedrichs, Königs von Sicilien, lebte und seiner
Heldenthaten wegen im Wasser den Zunamen Fisch erhielt. Kir-
cher erzählt von ihm, daß er von der frühesten Kindheit an
gewohnt gewesen war, ins Meer zu tauchen, und durch Auf-
suchen von Korallen und Austern sich das Brodt erwarb. Diese
lange Vertraulichkeit mit dem Meer gewöhnte ihn endlich so sehr
daran, daß das Wasser ihm zur zweiten Natur wurde. Zuweilen
brachte er 5 Tage lang in den Wellen zu, ohne andere Nahrung
zu sich zu nehmen als Fische, die er zufällig fing und roh ver-
zehrte.

Er schwamm oft von Sicilien nach Calabrien hinüber, wohin er
Briefe vom Könige zu besorgen hatte. Selbst in den gefährlich-
sten Gewässern innerhalb der Liparischen Inseln war er gewohnt,
umher zu schwimmen, ohne im Geringsten etwas zu befürchten.
Einige Seeleute sahen einst in einiger Entfernung im Meere etwas,
das sie für ein unbekanntes Seetier hielten; als sie sich demselben
näherten, fanden sie, daß es Nicolo war. Sie nahmen ihn auf ihr
Schiff, und als sie ihn fragten, was er denn jetzt bei dem stürmi-
schen Wetter in der hohen See mache, zeigte er ihnen ein Paquet
Briefe in einer wasserdichten Ledertasche, um sie nach Italien zu
bringen.

Nachdem er einige Lebensmittel zu sich genommen hatte, nahm
er von ihnen Abschied, sprang wieder ins Meer und setzte seine
Reise fort. Dieser sonderbare Mensch schien von der Natur dazu
gebildet zu seyn, alle Gefahren des Oceans zu bekämpfen. Er
soll, wie behauptet wird, eine sehr gewölbte Brust gehabt, und
die Haut zwischen den Fingern und Zehen soll sich sehr erweitert
und ausgedehnt haben, und so beschaffen gewesen seyn, wie die
Füße eines Wasserhuhn. Schade, daß er durch die ungezügelte
Neugierde und unvernünftigen Aufforderungen des damaligen
Königs von Sicilien, nachdem er schon einmal die entsetzlichen
Wünsche des Fürsten befriediget, und den Gefahren der Charyb-
dischen Strudel zu entgehen das seltene Glück hatte, den Tod
darin finden mußte. Dieser merkwürdige Nicolo war es eben,
dessen trauriges Ende Schiller in seiner Ballade ›Der Taucher‹
beschrieben hat.«

Nach anderen wieder soll **Schiller** den Taucher-Stoff der
Cronica Fratris **Salimbene** de Adam Ordinis Minorum unmittelbar entnommen haben. Ich will die betreffende Stelle
hier wiedergeben, weil entweder schon Kircher oder mein
unbehilflich schreibender Ahn uns die Mitteilung schuldig
geblieben ist, wie es zu jenem Schwimmertod in der Charybdis hat kommen können. Ein sizilischer König **Friedrich**

gehört, soweit ich sehe, ins erste Drittel des 14. Jahrhunderts.

Bruder Salimbene schrieb jedenfalls noch vor 1287: »... (Kaiser Friedrichs II. von Hohenstaufen) *vierte Wahnidee war, daß er einen gewissen Nicola gegen seinen Willen mehrfach auf den Boden des Faro sandte. Tatsächlich kehrte er auch mehrere Male von dort zurück. Da der Kaiser aber erfahren wollte, ob jener wirklich bis zum Grunde getaucht und von da zurückgekehrt sei oder nicht, so warf er seinen goldenen Becher da ins Meer, wo er glaubte, daß es am tiefsten sei. Und jener tauchte hinab, fand ihn und brachte ihn ihm. Und es erstaunte der Kaiser. Als er jenen aber noch einmal hinabsenden wollte, da sprach der zu ihm: ›Schickt mich um keinen Preis wieder dorthin, weil das Meer in der Tiefe so aufgewühlt ist, daß, wenn Ihr mich noch einmal hinunterschickt, ich niemals mehr zurückkehren werde!‹ Dennoch schickte er ihn hinab, und niemals kehrte er zurück, sondern ging dort unten zugrunde. Zu Zeiten eines Seesturms nämlich gibt es in jener Meerestiefe viele große Fische und außerdem, wie jener berichtete, Klippen und viele Schifftrümmer. Jener Nicola war ein Mann aus Sizilien, der einst seine Mutter schwer gekränkt und erbost hatte; und darauf sprach sie über ihn den Fluch, daß er sich stets im Wasser aufhalten und selten auf dem festen Lande erscheinen solle. Und so geschah es ihm ... Man merke sich noch, daß der Faro in Sizilien in der Nähe der Stadt Messina ein Meeresarm ist, wo zuzeiten eine heftige Strömung herrscht und gewaltige Strudel entstehen, die die Schiffer verschlingen und in die Tiefe reißen. Ferner gibt es in jenem Faro Sandbänke und Strudel und riesige Klippen und manchen Schiffbruch ... All das Gesagte habe ich hundertmal von den Brüdern der Stadt Messina gehört und vernommen, die mir eng befreundet waren. Ich hatte außerdem im Minoritenorden einen leiblichen Blutsverwandten, Bruder Jacobinus de Cassio, der in der Stadt Messina wohnte und der mir ebenfalls jene Geschichte erzählt hat.«*

Salimbene stellt nach **Klaus J. Heinisch** vielleicht die älteste Quelle zu diesem Thema dar. Auffällig, daß ihn der Faro di Messina - nach dem *faro*, einem dortigen Leuchtturm - nicht mehr an die Charybdis erinnert. War das Wissen davon im 13. Jahrhundert untergegangen? Nicht minder auffällig, daß Kircher - wenigstens jenem Scholz zufolge - den beauftragenden Herrscher für einen sizilianischen König, nicht aber für den wissensdurstigen, freigeistigen Hohenstaufer ausgibt. Schiller, der Historiker, zieht es vor, den

Stoff in einer historisch nicht näher definierten alten Zeit spielen zu lassen.

Heinisch, von dem übrigens die oben gegebene Salimbene-Übersetzung stammen dürfte, führt in einer Fußnote spätere Autoren an, die den nämlichen Stoff aufgegriffen haben: **Riccobald von Ferrara, Fra Francesco Pipini, Fra Jacobus ab Aquis, Alexander ab Alexandro, Jovianus Pontanus** und endlich, 400 Jahre nach Salimbene, Kircher. Der Stauferkaiser hat zur Ergründung der Meeresflora Taucher in die Tiefe geschickt. Das ist ein Ausgangspunkt, ein anderer, vermute ich, reicht ins Heidnische zurück und mag gar dunkel an einen lokalen Fischergott erinnern.

3. In die erste Hälfte des 14. Jahrhunderts ist auch der Kampf mit dem Drachen zu datieren. Kircher, der Polyhistor, könnte abermals als geistiger Ahnherr fungiert haben. Denn Schiller kann die Geschichte vom ritterlichen Lindwurmbezwinger zwar bei **Vertot d'Auboeuf** (1655–1735) gefunden haben, dessen »Histoire des Chevaliers de l'ordre de Malta« er - vielleicht nur in **Niethammers** Bearbeitung von 1793 - mehrfach benutzte, so auch für den »Don Carlos«. Oder aber - und das ist wahrscheinlicher - Schiller zog die Drachenaffäre aus dem **Erasmus Francisci Finx** (1627-1694). Den zu lesen hatte **Goethe** brieflich am 13. Januar 1798 vorgeschlagen: »... *das tolle philosophische Gespräch ist aus Erasmus Francisci neupoliertem Geschicht-, Kunst- und Sittenspiegel, einem abgeschmackten Buche, das aber manchen für uns brauchbaren Stoff enthält ...*« Finx jedoch sowohl wie Vertot können auf Kircher fußen. Das stehe dahin und kann mit meinen Mitteln nicht geprüft werden.

Was Kircher so etwa überliefert hat, entnehme ich einer dicken Geschichte des Johanniterordens vom Jahre 1726, die - ihrer Bibliographie nach - noch nicht auf dem Vertot fußt. Sie hat einen gewissen **Justus Christoph Dithmar** zum Verfasser, der im Jahre ihres Erscheinens zum zweiten Male Rektor der dazumal blühenden Universität Frankfurt an der Oder war. Ein Historiker und Spezialist *in politicis*. Da heißt es: »*27. 3. Deodatus de Gozon, A. 1346 Tue-Serpent genannt / weil er vor erlangtem Großmeistertum die Insel Rhodis von einem großen Drachen / so Menschen und Vieh hefftig inquietieret / befreyet ...*«

Die Geschichte, heißt es weiter, »*bestehet kürtzlich darin,
daß gedachter Drache in einer ungeheuren Kluft in einem
großen Felsen sich aufgehalten, und daraus Menschen und
Vieh sehre beschädiget, auch sogar die Luftt vergiftet, und
daher der damahlige Groß-Meister Elion de Villanova ver-
anlasset worden, durch öffentlichen Befehl männiglich zu
gebiethen, sich derselben Gegend zu enthalten.*«

Hochmeister und Ritter, beide waren Franzosen. **Hélion
de Villeneuve** war der zweite Ordensmeister, seit die Ritter Sankt Johanns auf **Rhodos** Fuß gefaßt hatten, und der
sechsundzwanzigste seit Gründung des Ordens im Heiligen
Land. **Dieudonné de Gozon** stammte aus der Gascogne.
Und der Drache, der sogenannte, hauste - rhodesischer Überlieferung nach - zwischen der Stadt Rhodos und dem kleinen Ort, etwas weiter westlich an der Nordwestküste,
namens **Trianda**. Am Rande eines Sumpfes zu Füßen der
sogenannten Malpasos-Berge in einer Grotte, die ich allerdings, in der unwegsamen, grün verwucherten Gegend klet-
ternd und mit Dornen kämpfend, nicht habe finden können.
Habe nur viele blaue Feigen von den Bäumen herunter-
geschüttelt. Einen Sumpf mag es da wohl gegeben haben.
Das Gelände zur Küste hin ist flach und noch heute von
üppiger Feuchte. Das Erdreich ist schwarz.

Aber wie ist es weitergegangen? »*Es soll dieses Monstrum
so dicke wie ein großes Roß / oder Ochse gewesen seyn, mit
langem, rauhem Halse, abscheulichem Rachen, spitzigen
Zähnen, großen brennenden Augen, vier Füßen, scharffen
Klauen, und langen, dicken, harten Schupen geharnischt
und überzogen, hat zween Flügel gehabt, und überaus ge-
schwinde lauffen können; und ist dessen Conterfey bey
Kirchero und Schotto zu sehen ...*«

Wer weiß, wo diese Gewährsmänner solche Konterfeis
herhatten? Denn es hat in einem Hause der Rittergasse zu
Rhodos noch 1875 ein altes Wandgemälde gegeben, das
Rottiers, ein Rhodosbesucher von 1826, abgezeichnet hat.
Ich kenne diese Zeichnung nicht. Doch spielt das hier keine
Rolle. Das Wandbild hat den Kampf wiedergegeben, und
das Untier soll am ehesten einer großen Eidechse geähnelt
haben oder einem Krokodil. Ein späterer Reisender, **Biliotti**,
urteilte: »*parfaitement ressemblant aux crocodiles du Nil*«.
Und auf diesem Wandbild beziehungsweise auf jener Zeich-

nung hat die Bestie so wenig Flügel gehabt, wie die Krokodile im Nilstrom sie haben. In Abweichung von etlichen
Berichten zweiter und dritter Hand, die den Wurm von
Trianda klischeegemäß mit Flügeln ausgestattet haben wissen wollen.

Dieudonné entschloß sich, dem Drachen zuleibe zu rücken
und ihn mit Gottes Hilfe auszutilgen. Zu diesem Zwecke
nahm er Urlaub und fuhr für einige Wochen in seine fern
gegen Abend gelegene Heimat.

*»Daselbst hat er einen Drachen aus Papier, Werck und anderer
dergleichen Materie dem lebendigen gantz gleich machen / und
auch solchen dergestalt zurichten lassen, daß man ihn wenden und
hier und dorthin treiben können, auch darauf ein zum Kriege
sonst wohl abgerichtetes Pferd und zween starcke Englische
Hunde ihm zugeleget, und dieselbe mit diesem gemachten Drachen
zu unterschiedenen mahlen dergestalt exerciret, daß sie auch,
wenn sie nur einen Blick von demselben gehabt, so fort mit ihm
zu kämpfen begierig wurden.*

*Hierauf hat er sich wiederumb nach der Insel Rhodis begeben,
und nachdem er einige Devotion in S.Stephans Kirche abgestat-
tet, sich mit seinem abgerichteten Pferde und Hunden nach der
Drachen-Höle begeben, und mit schreyen und ruffen es so lange
getrieben / biß das Monstrum aus seinem Lager hervorgekommen,
welches dann so fort von dem Pferde und Hunden, als welche zu
Hause des Drachen-Kampfes gewohnet, angefallen worden. Der
Ritter aber stach ihm die Lantze in den Leib, und weil mittlerweile die Hunde mit ihm stritten, stieg jener vom Gaul, der aber
schier eingebüßet hätte / wann nicht zur guten Stunde der Degen
durch den dünnen Theil des Halses gedrungen wäre, so daß es
endlich fallen müssen.*

*Ist darauf mit vollem Triumph nach der Stadt geritten, von
dem Groß-Meister aber schlecht empfangen, und an stat Dancks
und Ruhms, als ein Übertreter des Gebots, ins Gefängniß geleget
worden. Weil aber jedermann diese tapffere That höchlich ge-
rühmet, so ist er wiederum der Gefängniß erlassen und höher be-
fordert worden, auch endlich zur Groß-Meister Würde vollends
gestiegen.«*

Dieudonné de Gozon wurde 1346 der dritte Großmeister
zu Rhodos und war der siebenundzwanzigste in der Geschichte seines Ordens von Anbeginn. Wer von Trianda
über Land her die Feste Rhodos betreten will, wird nor-
malerweise das Tor anstreben, das heute Porte d'Amboise

genannt wird. Aber denken Sie bitte nicht, wenn Sie dort, bestürzt von der wuchtigen Schönheit dieser Festungswerke, ebenfalls Einzug halten - und das werden Sie ja! -, daß unser Tue-Serpent bereits den gleichen grandiosen Anblick gehabt habe, den Sie genießen. Zu seiner Zeit hat sich der Orden zu Schutz und Trutz noch mit den nur halb so starken byzantinischen Mauern begnügt. Immerhin aber scheint Dieudonné seinen triumphalen Einzug dort wirklich gehalten zu haben. Denn der Schädel des Drachen hat sich noch 1837 über der Porte d'Amboise befestigt befunden, was den Schluß zuläßt, die Trophäe werde sich auch schon über deren architektonischer Vorgängerin befunden haben. Seitdem jedoch ist das Beweismittel abhanden gekommen. Aus diesem Abenteuer wurde ebenfalls eine Wandersage, aus dem christlichen Ritter ein Derwisch.

Aber wissen Sie was? Am Nordrand von **Tel Aviv**, wenn Sie mir in diesem Gedankensprung folgen wollen, schlängelt sich ein Flüßchen namens **Yarkon**. Heute sind seine Ufer von netten Anlagen gesäumt. Ich habe das Gewässer aber noch in einem stinkenden Zustande gekannt. Verschilft, verschmutzt und bakteriologisch höchst bedenklich. In diesem Fluß hat es, als man 1908 daranging, Tel Aviv aufzubauen, Krokodile gegeben. In einer Flußmündung nördlich des alten **Caesarea**, der Hafenstadt des Großen Herodes, haben sich solche Reptile wahrscheinlich sogar noch länger gehalten. Das Flüßchen dort heißt tatsächlich auch Krokodilfluß. Wie aber sind die Namengeber dorthin gekommen? Sicherlich nicht zu Fuß auf der Via Maris. Auf der alten Philisterstraße. Ganz einfach: sie geraten, zufällig oder nicht, vergleichbar den ursprünglich festländischen Echsen auf den Galapagos, zuweilen aus der Nilmündung in die offene See und suchen sich Plätze aus, die ihnen zusagen. Nur daß davon nichts im Brehm steht. *»Und steht auch nicht im Meyer und auch im Brockhaus nicht.«*

Aber am 28. Juli 1961 meldete »Die Welt«: *»Eine Panik brach unter den Urlaubern aus, die am Strande von Pescara in der Adria badeten, als einer von ihnen ein Krokodil auf einem Felsen in der Sonne sitzen sah. Herbeigerufenen Carabinieri gelang es nicht, das Tier einzufangen.«* Ich habe auch noch eine andere derartige Meldung in den letzten Jahren gelesen. Nur habe ich den Zeitungsausschnitt nicht zur Hand. Ort des unwillkommenen Auftritts war die dalmatinische Küste. Und wie viele einschlägige Nachrichten mag es geben, die nicht über die Lokalpresse hinaus und gar bis auf meinen Schreibtisch gelangten? Wenn aber ein Krokodil bis Pescara schwimmen kann, so wird einem anderen seiner Art es auch ein Kleines gewesen sein, die Insel Rhodos zu erreichen.

Es mag sich dabei auch um einzelngehende alte Tiere handeln, die sich bei Hochwasser hatten treiben lassen und, einmal draußen im Meer, den bemerkenswerten Stau der Wogen in der Gegenrichtung nicht mehr zu überwinden vermochten. Diesen schildert Domkapitular **Sulzbacher** aus Wien, der 1837 nach Rom und Jerusalem pilgerte, so: »*Wir fuhren die zwey Dardanellen-Schlößer, welche an beyden Seiten der Mündung den Eingang* (des Nil-Armes von Damiette) *bewachen, vorüber, und schon hörten wir von Ferne ein Gebrause und Getöse der Meereswogen, die sich gegen den Andrang der schweren und süßen Wassermasse des Nils wie Wälle entgegenthürmten. Man zittert, wenn man diesen furchtbaren Kampf der Wellen sieht ... Dabey schäumet das empörte Element und treibt Berge von Sand, welcher herangeschwemmt wird, in unwiderstehlicher Gewalt hin und zurück. Es ist für den fremden Steuermann schlechterdings unmöglich, aus diesem Wogenlabyrinth für sich selbst eine Durchfahrt zu finden ...*«

Die Regierung hat dort eine Lotsenstation mit Winkzeichen eingeführt, so erfährt man weiter, ohne deren Zeichen die meisten Schiffe verloren wären. Dann heißt es: »*Dasselbe Phänomen, dasselbe Schäumen, Brausen und Toben der Wogen findet auch und mit noch weit größerer Gefahr an der Ausmündung des zweiten Nilarmes bey Rosette statt ...*«

Krokodile sind hinterhältig und werden, wenn der alte Brehm recht hat, äußerst gefährlich für Mensch und Tier. Gar auch für Pferde und Kamele. Die Länge von Schnauze bis Schwanzspitze, die von Forschern und Reisenden bis auf zehn Meter geschätzt worden war, wird von Brehm bezweifelt und nur mit sechs Metern als Maximum angegeben. Diese Länge allerdings wird auch heute noch für erreichbar gehalten. Mir würde sie genügen.

Allein um derlei ist es **Schiller** gar nicht gegangen. Dem Balladendichter konnte, was sich da in grauestem Mittelalter und abgelegener Weltgegend zugetragen haben sollte, nur willkommen, der Wahrheitsgehalt der alten rhodesischen Kunde aber so gleichgültig sein wie dem Moralisten Schiller, dem es nur um die ethische Seite gegangen ist - »*Gehorsam ist des Christen Schmuck*« -, und um diese wieder in größerem Zusammenhang. Ihm lagen die Ritterorden und ihre Regeln am Herzen. Um die Freiwilligkeit der Ein- und Unterordnung um eines Zieles willen, das mehr bedeutet als Wahrnehmung individueller Rechte und Selbstverwirklichung. Schiller als Preuße: mit Gedanken zu einem breit anzulegenden epischen Gedicht auf Friedrich den Großen hat er sich lange getragen. *»Es gibt hier kein besseres Muster als die Iliade«*, schrieb er diesbezüglich.

Das Wunderbare an den Ritterorden ist dies: im ekstatischen Hochgefühl des ersten Kreuzzuges hatten einst fränkische und andere Ritter des Abendlandes ihrer heidenmäßigen, berserkerischen, normannenhaften Unberechenbarkeit und Schnöde entsagt, sich Satzungen gegeben und aus ihrem Nordmännerwesen nur den Mut und die Härte im Kampf gekeltert und sich, gleichsam *contra naturam*, zu Gottesfurcht, Enthaltsamkeit, Armut, Selbstzucht, mâze, Treue und lebenslangem Dienst an Christi Sache verpflichtet. Bis in den Tod. Die Johanniter dazu auch noch zum Dienst an Kranken und Siechen. Etwas Köstlicheres hat das Abendland nicht hervorgebracht: gelebte Gotik. Selbststeigerung zu höherem Menschentum. Aus trüb gärendem Most den lauteren Wein. *Tinctura aurea. Aurum potabile.* Vorgelebte Alchimie zum philosophischen Gold, zum Stein der Weisen.

Gewiß, der Deutschritterorden war matt geworden, hatte sich, als Schiller die Ballade vom Drachenkampf schrieb, schon vor 272 Jahren in die gewöhnliche Weltlichkeit entlassen und bestand nicht mehr. Der Tempelherrenorden, erster und ältester vor allen, von französischen Rittern gegründet, die mit **Gottfried von Bouillon** einst das Kreuz genommen hatten, er war allzumächtig und in befremdlicher Weise orientalisiert und schon vor mehr als 480 Jahren unter fürchterlichen Umständen liquidiert worden. Hingegen der Orden vom Hospital des heiligen Johannes zu Jerusalem, kurz die Johanniter, sie dauerten seit jener Zeit, nun schon 670 Jahre so etwa, rühmlich fort. **Akko** oder St. Jean d'Acre war ihre letzte Station im Heiligen Land gewesen. Dann waren ihnen die Inseln **Zypern, Rhodos** und endlich **Malta** als feste Hauptquartiere und Hochmeistersitze - und Isolierungen - zugewiesen worden. Daher die späteren Benennungen dieser Ritter als Rhodeser und als Malteser. Ende der abendländischen Idee eines römisch-christlichen Reiches im Osten. Grandios tragische Historie. Um das Thema Johanniter kreisten Schillers Gedanken schon seit langem, sicher seit der Lektüre von Niethammers Vertot-Bearbeitung von 1793, die oben erwähnt wurde und für die Schiller das Vorwort geschrieben hatte.

Das Thema Wundarzt, Krankenhelfer und Soldat mochte ihm ohnehin schon von Jugend an nahegelegen haben. Ein Gedicht von 1795 heißt »Die Johanniter« und beginnt mit dem Distichon:

Herrlich kleidet sie euch, des Kreuzes furchtbare Rüstung,
Wenn ihr, Löwen der Schlacht, Akkon und Rhodus be-
   schützt . . .

Aber als schöneren Schmuck lobt Schiller die Schürze des Krankenwärters, wie die Ritter sie beim Hospitaldienst zu tragen pflegten. Ferner hat er sich bis 1796 mit dem Stoff für ein Trauerspiel »Die Maltheser« beschäftigt. Doch ist es nur zur Niederschrift einiger erster Szenen und einem Handlungsaufriß gekommen. Der »Wallenstein« verlangte nach Gestaltung und drängte die Malteser-Tragödie in den Hintergrund.

Im Jahre 1797 *»veranlaßte ein Wetteifer mit Goethen«* Schillers erste Balladen, schreibt Theodor Körners Vater als Schiller-Biograph. *»Beide Dichter theilten sich die Stoffe, die sie gemeinschaftlich ausgesucht hatten.«* Am 12. Juni 1798 bemächtigte sich der Bürger **Napoleon** Maltas mittels List. Dieses Korsarenstück leitete den Abgesang oder doch den Abgang des gotischen Ordens in die Kulissen ein. Schiller muß den Drachenkampf unter dem Eindruck der maltesischen Nachrichten geschrieben haben und zwar im Juli und August 1798. Er legte ihn **Goethe** vor, und der antwortete am 5. September: »*. . . bei dem christlichen Drachen finde ich nichts zu erinnern, er ist sehr schön und zweckmäßig . . .«* Der Kampf mit dem Drachen ist ein politisches Gedicht! Hymnus und Trauergesang in einem. Nur soviel davon. Und von Goethe auf dem Rückflug mehr. Auch von Theodor Körner ein wenig.

»Gerade an der Stelle, wo der Nil bei Rosette in das Mittelländische Meer fällt, ist eine Barre, die ungefähr eine Stunde lang, und die man Bogaz nennt, welches Wort eine stürmische Bewegung der Wellen bedeutet. Diese Barre ist an vielen Stellen außerordentlich niedrig, und die stete Veränderung des Sandes macht es schwer, einen Durchgang selbst für ein einziges Fahrzeug zu finden. Der Unfälle sind daher beim Ein- und Auslaufen nicht wenige«, sagt auch **Joliffe** (Letters from Palestine, 1820). Boğaziçi ist auch der türkische Name für Bosporus.

Der Nilarm von **Rosette** mündet zwischen **Damiette** im Osten und **Abukir** im Westen. Bei Abukir schlug **Nelson** am 1. August 1798 die französische Flotte unter **Brueys** vollständig. Nur zwei Linienschiffe und zwei Fregatten entkamen nach Malta und nach Korfu. Brueys, dem eine Kanonenkugel ein Bein zerschmettert hatte, kam ums Leben, als sein Admiralsschiff »L'Orient« während der Schlacht in die Luft flog. Daß die französische Herrschaft über **Malta** befristet sein werde, kündigte sich bereits an. Und mit **Korfu** und den Ionischen Inseln, die, wie schon angedeutet, ebenfalls in Frankreichs Hände gefallen waren, stand es nicht anders.

Und zum »Souveränen Hospitaliter-Orden des heiligen Johannes von Jerusalem, Rhodos und Malta«. Dieser Tage gerade - 1968 - meldete Associated Press (AP) aus Malta: *»170 Jahre nach der Vertreibung der Malteser-Ritter von der Insel Malta durch Napoleon im Jahre 1798 hat erstmals wieder ein Großmeister dieses Ordens die Mittelmeerinsel besucht. In kardinalsroter Uniform traf in einem Düsenflugzeug Fra Angelo de Mojana di Cologna, der Fürst und Großmeister (des Ordens), zu einem Staatsbesuch in der von dem Orden begründeten maltesischen Hauptstadt La Valetta ein. Als Oberhaupt eines ›souveränen Staates‹ wurde er mit 21 Salutschüssen empfangen. Der Generalgouverneur von Malta, Sir Maurice Dorman, erschien zur Begrüßung in voller Uniform. Der ›souveräne Staat‹ besteht aus zwei Palästen in Rom. Dennoch wird der Großmeister des Malteser-Ordens, der zu 37 Staaten diplomatische Beziehungen unterhält, international als Staatsober-*

haupt anerkannt. Seine Hauptaufgabe sieht der Orden heute in einem weltweiten Hilfeprogramm.« Soviel zur Vervollständigung und um der Tröstlichkeit willen.

Auf den Humanisten **Giovanni Pontano** (1440 bis ca. 1500) könnte sich **Cervantes** gestützt haben, wenn auch er seine Feder der seltsamen Geschichte jenes Schwimmers von Messina widmete. So wenigstens las ich in meinem Berliner Gehäus, habe aber keine Gelegenheit zu ermitteln genommen, wo beim Cervantes etwas vom Nicolo Fisch zu finden ist.

Zu **Neapel** in der Via Sedile di Porto, las ich weiter, befinde sich, in eine Hauswand eingelassen, ein bräunliches Marmorrelief und biete ein *»haariges, langarmiges Wesen mit menschlichen Zügen und einem spitzen Messer in der Hand«* den Augen des Beschauers. Und ich las ferner, daß die Neapolitaner behaupten, das Gebilde stelle den **Cola Pesce** dar. Und dieses Schwimmwunders Erdendasein und Wasserwallen habe bereits am Ende des 12. Jahrhunderts Gesänge und Novellen nach sich gezogen. Das verlegte den Ursprung der Tauchergeschichte gar noch über die Zeit **Friedrichs II.** hinauf. Ich kann es mir zugänglichen Mitteln nicht prüfen. Auch dürfte ein Zusatz, jener böse König, der den Cola veranlaßt habe, die Strudel der Charybdis zwischen Messina und Reggio zu ergründen, sei **Ferrante von Aragon** gewesen, so früher Datierung entgegenstehen, da fraglos am Ende des 12. Jahrhunderts auf Sizilien noch die Normannen geboten. Tut nichts! Ich habe nur, ohne mein Fadenbündel zu verlieren, allmählich auf Cervantes kommen wollen. Unter anderem.

Auch sollen uns hier die italienischen Belange weniger angehen, sondern ein Hauptaugenmerk soll dem wechselnden Verlauf der - sagen wir - Hauptkampflinie zwischen Ost und West gelten; die friedlichen Durchdringungsgebiete beider Seiten sind naturgemäß minder scharf umrissen. Jene Linie lief, um hier nur den Mittelmeerbreiten Beachtung zu schenken, zu Zeiten der Seevölker vom **Hellespont** die anatolischen Küsten entlang bis zur Philisterküste so etwa und vor das Nildelta. Zu Zeiten der Perserkriege bei **Marathon** auf dem griechischen Festland und bei **Salamis**, der Insel südwestlich von Athen. Alexander verschob sie bis an den **Indus**.

Unter veränderten Zeichen war sie westwärts bis **Actium** zurückgeschnellt. Wurde sie von Rom wieder bis an die

persische Grenze geschoben. Verlief sie, als Rom sich teilte,
zwischen Ost- und Westrom gar quer durch Italien. Von
den Arabern wurde der oströmische Raum aufgefüllt und
zu guten Teilen okkupiert. Die Kreuzritter drängten sie bis
an den oberen **Euphrat** und mußten das Feld wieder räumen, ohne die starken Positionen der Araber in Ägypten
und Nordafrika auch nur gefährdet zu haben. Die Türken
bemächtigten sich der Trümmer des griechischen Kaiserrei-
ches, das **Venedig** und das römisch-katholische Abendland
zuschanden werden ließen. Rhodos fiel. **Wien** in höchster
Gefahr. Zypern fiel ein halbes Jahrhundert später. Die
HKL verlief lange Zeit zwischen Österreich und Ungarn.
1565 im Mai erschienen 180 türkische Segel vor **Malta**,
Kleinbetakeltes, Transporter und die Hilfsflotten aus **Algier**
und **Ägypten** nicht gezählt. Die Türken berannten die Insel
der Johanniter bis in den September. Dann waren sie er-
schöpft und gaben auf. Man greife zu **Ernle Bradfords** oben
erwähntem Buch »Der Schild Europas«. Venedig büßte im
Osten Insel für Insel ein. Genua ebenso.

Am 7. Oktober 1571 christlicher Zeitrechnung verlief die
entscheidende Frontlinie runde 80 Kilometer südsüdöstlich
von Actium bei den Oxia-Inseln vor der Einfahrt zum Golf
von Patras und Korinth. Die Seeschlacht, die an diesem
denkwürdigen Tage dort geschlagen wurde, wird allgemein
die Schlacht von **Lepanto** genannt.

21 Lala Mustapha

Im fünfunddreißigsten Kapitel des »Don Quixote« läßt
Cervantes den »Gefangenen« - Tieckscher Verdeutschung
zufolge - dies erzählen: »... *erfuhr, daß der große Herzog
von Alba nach Flandern gehe. Ich änderte meinen Vorsatz,
begab mich zu ihm und diente ihm in seinen Feldzügen; ich
war bei dem Tode der gefangenen Grafen Egmont und
Horn zugegen. Ich wurde Fähnrich bei einem berühmten
Kapitän von Guadalaxara, der Diego de Urbina hieß, und*

*nachdem ich geraume Zeit in Flandern gewesen war, erfuhr
ich von dem Bündnisse, welches der Heilige Vater Pius der
Fünfte mit Venedig und Spanien gegen den gemeinsamen
Feind, den Türken, geschlossen hatte, der um diese Zeit die
berühmte Insel Cypern erobert hatte, die unter den Venetianern stand ...«* -

Ein weites politisch-strategisches Feld hatte der Großtürke sich abgesteckt, **Soliman** oder Ssuleiman I., der
Große, der Prächtige, der Eroberer, der Gesetzgeber. Der
Rom für das Ottomanische Reich beanspruchte. Als Nach-
folger des großen Konstantinus. Wie es nur einen Gott gab,
konnte es auch nur einen Kaiser geben - ein Gedanke, wür-
dig eines neuen Byzanz. Daher der Titel, diesen Anspruch,
obschon in einem Jahrhundert ausgesprochen bedeutender
Monarchen, zu veranschaulichen: *»Sultan der Ottomanen,
Allahs Stellvertreter auf Erden, Herr der Herren dieser
Welt, Herr über Menschennacken, König über Gläubige und
Ungläubige, König der Könige, Kaiser des Ostens und des
Westens, Kaiser über großmächtige Khane, Fürst und Herr
unter glücklichen Sternen ...«*

Nun, unter so ganz glücklichen auch wieder nicht: im
ersten Drittel des 16. Jahrhunderts waren **Rhodos** und
Wien die markantesten Zielpunkte auf Solimans Weltkarte.
Rhodos, die Insel, zwar fiel am 22. Dezember 1522 in seine
starke Hand. Das Abendland war mit dem abträglichen,
kräfteverschleißenden Wirrwarr der Reformation im Innern
derart beschäftigt, daß es den christlichen Rittern keine
Hilfe angedeihen lassen konnte. Ging ja auch nicht! Es gab
im Lager der Reformation führende Köpfe genug, maoisti-
sche sozusagen, die mit dem Gedanken liebäugelten, ja geradezu wünschten, der Türke möge nur kommen und den
Antichrist zu Rom vom Stuhle stoßen. Als endzeitlicher
Sendbote und Werkzeug Gottes. Und es hätte, im nämlichen Jahrhundert noch, nicht viel daran gefehlt, und ganz
Italien wäre türkisch geworden. Als **Rhodos** fiel, haben gar
auch die Venetianer ihr eigenes Interesse mißverstanden
und die Ritter ihrem Schicksal überlassen, obwohl Venedigs
Schiffe von Zypern und Kreta her leicht hätten zu Hilfe
kommen können.

Soliman allerdings beschämte alle Welt durch Hochher-
zigkeit: Sankt Johanns besiegten Rittern wurde freier Ab-

zug in allen Ehren gewährt, und sie fanden sieben Jahre
später neuen Sitz und Flottenstützpunkt auf **Malta**, welches geringe Inselreich ihnen, im Einvernehmen mit dem
Papst, ein anderer Kaiser zuwies. Auch kein kleiner gerade.
Einer, in dessen Imperium die Sonne nicht unterging, so
weit gar griff er um den Erdball nach Westen: **Karl V.**

Von Wien aber mußte Soliman am 14. Oktober 1529,
weidlich angeschlagen, ablassen. Mir will es scheinen, als
habe man in Deutschland diese schicksalwendenden Vorgänge unziemlich weit aus den Augen verloren. Übrigens -
um in diesen Skizzen wenigstens nicht mit den Kamelen
ein Gleiches zu tun - hatte der Großtürke mit so zahlreichen Heerscharen vor Wien rücken lassen, daß es einer
Nachschuborganisation von 22 000 Kamelen bedurfte, allein
um die Brotversorgung dieser Kriegsvölker sicherzustellen.
Weiter nach Nordwesten, von ihrem innerarabischen Her-
kunftsgebiet gesehen, dürften es Kamele in solcher Zahl und
ernsten Sinnes nie gebracht haben. Soviel einstweilen zur
Geschichte der Schwielenhufer.

Soliman saß im hohen Kiosk und ließ die milden Winde
vom blauen Bosporus und vom silbern erglänzenden Mar-
maramer herauf seine besorgte Stirn liebkosen. Er sann
und lauschte dem lieblich klingelnden Tropfenspiel im Brunnenbecken: das neue Konzept hieß Malta! Jener Ritterorden des heiligen Johannes dort war ihm nachgerade zum
ärgsten Dorn im Auge geworden. Plage und Kreuz für die
ganze Seefahrt Ägyptens und der nordafrikanischen, der
barbaresken Lande. Ein Balken, unerträglich. Ausrottung
heischend. Sicherlich hatte er seine noble Geste von Rhodos
längst bereut und als grobe Unterlassungssünde verwünscht.
Malta also, *in scha allah!*

Und **Zypern**? Venetianisch seit 1489? Zypern etwa
nicht? ... Aber beim Barte des Propheten: die längste Zeit
venetianisch! Letztes Bollwerk des römisch-christlichen
Abendlandes im Osten längstens gewesen! Stachel im Fleische längstens gewesen! Andrerseits reifte Zypern wohl auch
von selbst seinem Fall in Solimans Hand entgegen. Dieser
Paradiesapfel. Schwer zu veranschlagen, wie sehr Zyperns
orthodoxer Inselbevölkerung die seit der Kreuzzugsepoche
erduldete Kirche Roms, wie sehr ihr die ›Lateiner‹ und ihre
Intoleranz verhaßt waren. Also Malta zuerst! Der Wind-

hauch aus Nordwest trug den fernen Lärm der Schiffsbauer vom Arsenal tröstlich herauf! Malta zuerst! Und Allahs und seines Propheten verlorene Geltung dann in Hispanien wiederhergestellt! Granada und Wien, die Beißschneiden der großen Zange! Malta!

Das Unternehmen **Malta** endete, wie angedeutet, für den Halbmond mit einer schlimmen Schlappe; unverblümt, mit einer Katastrophe. Es hatte allerdings beängstigend lange gedauert, bis den Ordensrittern und ihren aufopfernden Untertanen von Spanien und Sizilien her Hilfe kam, aber sie kam, wie sie im Falle von Rhodos nicht gekommen war. Und wenn auch, als dies für Malta nun geschah, der Sieg der Johanniter praktisch bereits entschieden war, so hatte doch die Drohung, daß Entsatz heransegeln könne und werde, die Stoßkraft der muselmanischen Aggressoren länger schon gelähmt. Dem so weit jetzt gen Aufgang entrückten Zypern hingegen war türkischerseits leicht beizukommen, vom Abendlande her aber schwerlich Sukkurs zu leisten. Was Pius V. unternehmen ließ, was die Heilige Liga unternahm, war zur Unwirksamkeit verurteilt, das übrige Abendland blindwütig in die Auseinandersetzungen um die Gegenreformation verstrickt. Alba in den Niederlanden!

Nikosia geriet schon am 9. September 1570 in türkische Hand. 20 000 Christen wurden abgeschlachtet. Man mußte es hinnehmen. (Und im übrigen auch die Zahl hinnehmen, deren Richtigkeit niemand mehr prüfen kann.) Die sehr stark befestigte Hafenstadt **Famagusta** kapitulierte ein knappes Jahr später Anfang August 1571. Ohne daß die Heilige Liga von Kreta her eingriff. Man konnte, als Abendländer und Christ, nur mit den Zähnen knirschen. Und Wut in sich hineinfressen. Soliman der Eroberer hat das nicht mehr erlebt. Während seines dreizehnten Feldzuges binnen einer Regierungszeit von 46 Jahren war das Krummschwert für immer seiner Hand entglitten. In Ungarn oben. Ein waffenfroher Greis, der nicht übel Lust gezeigt hatte, Malta ein zweites Mal anzugreifen. Unter seinem persönlichen Oberbefehl aber dieses zweite Mal! Indes die kecken Malteser ihrerseits erwogen, wie sie wohl wieder Rhodeserritter werden könnten. Ein Gedanke übrigens, mit dem sie sogar noch im Anfang des vorigen Jahrhunderts geliebäugelt haben, wie beim Heimflug noch berührt werden wird. Soliman I. war ein Kriegsmann von 72 Jahren, als er vom ungarischen Schauplatz zu den Wonnen des Paradieses abkommandiert wurde. Ein ernster und feierlicher Herr. Ihm war sein Sohn **Selim II.** gefolgt, der andere an seiner Statt schalten und walten ließ. Unglückseliges Famagusta!

Was zu **Famagusta** geschah, schrie zum Himmel. Die türkischen Seeunternehmungen zur Eroberung Zyperns standen unter dem Kommando **Piali Paschas,** der auch vor Malta schon Chef der Flotte gewesen war. Ein Renegat. Christliches Findelkind einst. Aus Ungarn. Ein lässiger Admiral, der, was Malta betraf, den Zielen seines Sultans bemerkenswert verhalten gedient hatte. Vor Zypern nunmehr nach fünf oder sechs Jahren mag er willkommene Gelegenheit gesucht und gefunden haben, seine Scharten auszuwetzen. Dazu standen ihm 300 Schiffe für insgesamt 50 000 Mann Landetruppen zu Gebote. Den Oberbefehl über diese Infanterie aber hatte ein fanatischer Mensch namens **Lala Mustapha Pascha**, ein Emporkömmling. Mischblut vielleicht. Weißenhasser. Christenhasser. »Black Muslim«.

An Famagustas Befestigung hatte Venedig im Laufe seiner acht zypriotischen Jahrzehnte alle verfügbaren Kräfte, Mittel und Kenntnisse im Festungsbauwesen nach jeweils neuestem Stande gewandt und die Mauern eigentlich uneinnehmbar gemacht. Invasionen und vergebliche Belagerungen waren voraufgegangen. In Famagusta kannte man dergleichen und fürchtete sich nicht. Eine Belagerung von 1570 hatte zehn Monate gedauert und war abgebrochen worden. Die Belagerung von 1571 dauerte, derweilen die ganze übrige Insel schon türkisch war, doch noch sechs Monate. Sultan Selims Kanonen hatten 100 000 Kugeln gegen Stadt und Festung losgebrannt. Minen und Gegenminen waren gelegt worden und gesprungen, abertausend türkische Soldaten vor diesen Bastionen, in diesen Gräben gefallen. Die Mauern hatten zum guten Teil standgehalten. Es war zu schlechter Letzt die nicht mehr länger erträgliche Knappheit an Ratten, die den venetianischen Kommandanten **Marcantonio Bragadino** zur Übergabe zwang. Er stellte dabei nur zwei Bedingungen, die einzuhalten sich Lala Mustapha verpflichtete: Schonung des Lebens aller Verteidiger und ehrenvoller Abzug der venetianischen Garnison nach Kreta.

Lala Mustapha Pascha willigte ein, ließ in die geöffnete Stadt rücken - bis zum 31. Juli wehten noch die Fahnen Venedigs mit dem Markuslöwen golden auf Rot an den Masten und auf den Basteien - und brach sein gegebenes Wort. Aufgrund von Meinungsverschiedenheiten über die Einhaltung der Kapitulationsbedingungen vorgeblich. Nach einigem scheinheiligen Paktieren ließ er Bragadinos Eskorte niedersäbeln. Ließ dem Kommandanten die Nase und die Ohren abschneiden. Gnadenlos. Ließ diesen stahlharten, wortlos und fast freudig duldenden Mann zwei Wochen lang einkerkern und schließlich unter Folterqualen auf offenem Markte, daß jedermann es sehe, an einen Pfahl binden und ihm die Haut abziehen. Bei lebendigem Leibe. Lala Mustapha sah zu. Und um die glaubenskriegerische, aber auch rassistische Note dieser Tortur noch nachdrücklicher herauszuarbeiten, ließ er die Schindung von einem jüdischen Henker ausführen. Und ließ, um das Maß so voll als nur möglich zu machen, den vom Unterhautgewebe gelösten Hautbalg mit Salz und Essig in die Beize nehmen, trocknen und kunstgerecht ausstopfen.

Fortan führte er Bragadinos Mumie auf Fahrten und Feldzügen als Talisman mit und ließ diese verlederte Hülle eines Christenmenschen, wo immer er sein Heerlager aufschlug, am Gestänge seines seidenen Zeltes wie einen Karagöz, wie einen Hempelmann anbaumeln, daß man ihn stupsen könne und knuffen und ein jeglicher seinen Schabernack damit treibe.

Später kam das Schaustück zu Sultan Selims Belustigung ins Arsenal am Goldenen Horn, nach Tershane, wo auf den Werften die Sägen sangen, und schließlich durch Kauf heim nach Venedig und in die Hände der Familie des Geschundenen und zu Grabe. Es war, wie gemindert auch nunmehr, die Stärke des Besiegten, die Selims Feldherrn dermaßen gereizt und außer sich gebracht hatte. Die alte Stärke Venedigs, der Serenissima immer noch. Dargestellt in oder von dem Angehörigen eines der ältesten Geschlechter am Canale Grande. Denn die Bragadinos gehörten zu dem halben Dutzend patrizischer Häuser, die für sich in Anspruch nehmen konnten, 697 den ersten Dogen gewählt zu haben.

Wenn Sie die Altstadt Famagustas durch das Landtor betreten, eröffnet sich Ihnen eine unscheinbare Straßenzeile, deren mittlerer Abschnitt Lala Mustapha Paschas Namen trägt. Rechter Hand und in rechtem Winkel so etwa zweigt die Piali-Pascha-Straße ab. Auch die steinern goldgelbe, schöne und große gotische Kirche, die zur Lateinerzeit den heiligen Nikolaus zum Patron gehabt hatte und nach dem 6. August 1571, im Gegensatz zu den orthodoxen Gotteshäusern, aber wie alle römisch-katholischen Kirchen auf Zypern, selbstverständlich Moschee geworden war, verewigt namentlich den Eroberer Lala Mustapha, den gottgefälligen Eiferer und Balgausstopfer. Friede sei mit ihm!

22 Anmerkungen über Zyperns tapfere Mädchen

Die Venetianer waren fast nur noch als militärische Residenten aufgetreten und hatten auf die Sympathien der Eingeborenen sichtlich und kaltschnäuzig keinen Wert gelegt. Zypern hatte vor allen Dingen einen festgerammten Pfahl im fetten Fleische des Großherrn darstellen oder den türkischen Unternehmungen ein Hemmschuh sein sollen. Und erst die gemeinsame Mamelucken- und Türkennot hatte die klaffenden Gegensätze zwischen Inselherren und Inselvolk abzuschwächen und zuletzt gar zu verwischen geholfen.

Bei der Verteidigung **Famagustas** standen die Griechen getreu bis zum bitteren Ende zu den Fahnen mit dem Markuslöwen. Sodann lehrte sie **Bragadinos** Martyrium eindringlich, welcher Art die neuen Gebieter waren und was ihnen, den befreiten Unterworfenen, noch alles blühen mochte. Sehr begrüßenswert zwar, wenn jetzt türkische Fermane die orthodoxe Kirche wieder in ihre Rechte setzten, wenn die von den Lateinern vertriebenen Priester aus den Dörfern stadtwärts kehren und dort wieder amtieren durften. Wer aber schützte die Untertanen vor der Gewalt und vor den Übergriffen der landfremden Okkupanten?

Ein Mädchen, **Maria Synglitiki**, sprengte sogleich nach dem Fall Famagustas eine türkische Galeere mit Beutegut in die Luft. Und **Brantôme**, Zeitgenosse der Katastrophe von Zypern, weiß dazu: »... *in demselben Heiligen Geist legte*

ein erst jüngst Christin gewordenes cypriotisches Fräulein,
als sie nach der Belagerung von Cypern mit mehreren ande-
ren ähnlichen Damen als Beute der Türken weggeschleppt
wurde, heimlich Feuer an das Pulver der Galeere, so daß in
einem Augenblick alles in Flammen aufging und mit ihr
verzehrt wurde, wobei sie sprach: ›Wolle Gott nicht mehr,
daß unser Leib von diesen gemeinen Türken und Sarazenen
befleckt und entweiht werde!‹«

Ich weiß nun allerdings nicht zu sagen, ob das entschlossene Mädchen, von dem Brantôme berichtet, und erwähntes
Fräulein Synglitiki verschiedene Personen oder ein und dieselbe Person gewesen sind. Denn an anderer Stelle ist auch
von einem Mädchen namens **Arnalda** noch die Rede, und in
Nikosia war ein Jahr zuvor ein ganz ähnliches Beispiel von
mädchenhaftem Todesmut gegeben worden. Aber das ist
gewiß: griechische Mädchen und griechische Frauen sind so
und nicht anders. Bis auf den heutigen Tag. In ihrer kurz-
wüchsigen Lieblichkeit, in ihrer Demut und Selbstsicherheit.

Bleibt noch die Frage: was mag Brantôme mit der Mitteilung gemeint haben, jene junge Dame sei »erst jüngst
Christin« geworden? Was soll sie anderes denn zuvor gewesen sein? Wie? Mohammedanerin doch nicht schon vor
Ankunft der Türken! Zählte der wackere Hugenottenfres-
ser Brantôme die Griechisch-Orthodoxen etwa nicht zu den
Christen? Und wurde man Christ für seine Begriffe erst,
wenn man römisch-katholisch wurde? Ihm und dem Jahrhundert der abendländischen Religionskriege sähe das
ähnlich. Und von solcher Einstellung des Okzidents zur
griechischen Kirche überhaupt rührt deren und aller ihrer
Gläubigen Tragödie.

Brantôme (um 1540-1614) hat übrigens zu den Entsatz-
truppen für Malta gehört.

1461, acht Jahre und zweieinhalb Monate nach dem Fall Konstantinopels, war auch **Trapezunt** am Schwarzen Meer, die kaiserliche Hauptstadt eines byzantinischen Reichssplitters, in die Gewalt der Türken geraten. **Kerasunt**, etwas weiter westlich ebenfalls am Schwarzen Meer, konnte sich etwas länger halten. Am
längsten hielt dortselbst die Burg **Kordyle**. Sie wurde unter der
Führung eines griechischen Bauernmädchens verteidigt, *»das noch*
lange in alten pontischen Balladen gefeiert wurde«.

Famagustas Glanz - wir kommen noch darauf - war längst schon blind geworden und erlosch nicht etwa erst am 1. August 1571 und in den folgenden Tagen. Das muß man sagen. Mit den märchenhaften Handelsbilanzen unter den Lusignans, diesen Kreuzritterkönigen, war nicht im Traum ein Vergleich mehr. Dieser Rückgang des Handels und Wohlstands auf **Zypern** entsprach jedoch nur dem leisen, aber unaufhaltsamen Verfall der wirtschaftlichen Macht **Venedigs** und hatte hier wie dort mit der Aufnahme der Ostindienfahrt um Afrika begonnen, die Venetias Sache nicht hatte werden können. Die Zuckerimporte von den atlantischen Inseln und aus Brasilien verschoben die Schwergewichte im Welthandel. Da war nichts zu machen. Und der Verfall der zypriotischen Landwirtschaft war ganz und gar bestürzend. Das Regime von San Marco, wie angedeutet, hatte sich je länger je mehr nur vor militärischen Aufgaben gesehen und Investitionen nur noch in dieser Hinsicht gemacht. Alles andere verfiel, versumpfte, versandete, verkarstete und verkam. Und auch das war lange schon außer Zweifel gewesen: auf die Dauer würde sich dieser seestrategische Außenposten ohne westliche Unterstützung nicht halten können. Und so hatte die Bevölkerung nur Härte, nicht aber Sicherheit zu fühlen begonnen.

Was im letzten Akt im ›Seehafen in Zypern‹ über die Bühne gegangen und mit den römisch-katholischen Städtern und zumal mit Venedigs letztem Kommandanten geschehen war, vielleicht mochte es durch die abscheulichen Teufelsmessen der westindianischen Wilden noch überboten werden, von denen man einiges hörte. Doch würden diese Götzenanbeter eines Tages wohl noch besänftigt und bekehrt werden können. Am Türken aber war nichts zu bekehren und zu bessern. So schrie dies nach Rache. Sie kam schnell. Die Seeschlacht von **Lepanto** wurde zwei Monate nach Famagustas Fall geschlagen. Am 7. Oktober, wie bereits gesagt. Nach anderen am 6., wieder anderen am 8. Oktober. Genau: es war der Tag der heiligen Märtyrerin Justina, der 26. September »alten Stils«; die gregorianische Kalenderrechnung trat erst 1582 in Kraft. Ein Sonntag.

Die »Heilige Liga« des Päpstlichen Stuhles mit der Krone

Spaniens und der Republik von San Marco ist selbstverständlich nicht erst auf die Unglücksbotschaften aus Zypern
hin zustande gekommen, sondern, in einem zweiten Ver-
tragswerk sogar, schon am 25. Mai 1571. Denn günstig
gerechnet dürfte selbst die dringlichste Nachricht doch ihre
vier Wochen gebraucht haben, um von Zypern erst einmal
nach Venedig oder Rom zu gelangen und weitere Maßnahmen auszulösen, die wiederum Wochen und Monate brauchten. Und tatsächlich hat die Nachricht von dem Untergang
Famagustas am 1. August die christliche Flotte erst zwei
Tage vor der Schlacht von Lepanto erreicht, nämlich am
5. Oktober, mehr als acht Wochen nach dem Ereignis. Da
regierte noch ein anderer Pulsschlag, eine weitaus geringere
Umlaufsgeschwindigkeit.

Ein Herr **Laurenz Slisansky** benötigte 1660/61 für die Reise von
Venedig nach Zypern bei durchschnittlicher Windesgunst noch 36
Tage und für die Rückkehr von Sidon nach Rom zweieinhalb
Monate, notierte aber, ihn habe ein erfahrener Schiffskapitän wis-
sen lassen, daß ein gutes Schiff die Strecke Sidon–Marseille bei
dauernd achterlichem Wind in zwanzig Tagen bewältigen könne.
Da solche Windverhältnisse jedoch nie vorkommen, bleibt diese
Angabe Seemannswunsch und blaue Theorie.

Die Mühlen der Politik mahlten langsam. Unmittelbar abhängig von den Leistungen der Nachrichtenübermittlung zu
Wasser und zu Lande und von den Transportgeschwindig-
keiten, wenn Vorräte gestapelt und Truppen versammelt
werden sollten.

Folgendermaßen etwa sah die Lage aus: Österreich hatte
1567 mit Sultan **Selim II.** einen Frieden auf zwanzig Jahre
geschlossen, und der Großtürke dadurch freiere Hand gegenüber seinem Feind Nummer Eins bekommen. Das war
jetzt nicht mehr der Malteserorden, sondern eben **Venedig**.
Die Republik suchte bei der Pforte förmlich um einen Friedensvertrag nach. Vergebliche Demütigung. Alarmierendes
Zeichen. Anmaßender konnte der Türke sein Haupt nicht
erheben. In ehrlicher Besorgnis wandte sich die Serenissima
an den Heiligen Stuhl. Fiele nun auch Zypern noch - es fiel
vier Jahre später -, war der Machtzuwachs der Hohen
Pforte insbesondere zur See gar nicht hoch genug zu veranschlagen. Ja, allen Ernstes vielleicht derart, daß dem

Abendland überhaupt keine Hoffnung auf Fortbestand mehr bliebe! Hunderte von Segeln würden frei und könnten gegen den in sich verhedderten, organisationslosen Westen operieren, wie es den Großsultan und seinen Kapudan Pascha gelüsten würde. Mit freiem Rücken und freier Flanke.

Pius V., dieser überaus sittenstrenge, zornmütige Statthalter Christi auf dem Gipfel oder vor dem Gipfel der Gegenreformation, Antonio Michele Ghislieri mit weltlichem Namen, Papst seit 1566, konsequenter Förderer aller altgläubigen Streiter nach außen und innen sowie aller Ketzerverfolgungen, hatte dies kommen sehen und folgerichtig schon seit Jahr und Tag am Zustandekommen der Liga gearbeitet. Er selbst ließ Schiffe bauen und ausrüsten und Soldaten anwerben. Seit dem Juni 1570, also schon vor dem Fall **Nikosias**, sammelten und exerzierten Kriegsknechte in päpstlichem Sold und wappneten sich unter dem Kommando **Marcantonio Colonnas**, Herzogs von Pagliano, zum großen Abwehrschlag. Auch war dieses kirchenstaatliche Geschwader im Verband mit spanischen und venetianischen Schiffen tatsächlich noch ausgelaufen, um Zypern zu entlasten. Konnte allerdings, wie oben schon angedeutet, wenig mehr als einigen Druck auf **Lala Mustapha** ausüben - Druck nur im Sinne einer Beschleunigung seiner militärischen Maßnahmen - und am Schicksal der Insel nichts wenden; zumal es auch noch zu höchst blamablen Zerwürfnissen innerhalb dieser Christenarmada gekommen war.

Daß Venedig den Aufruf des Heiligen Vaters zur Liga wider den Türken lebhaft begrüßte und unterstützte, versteht sich. Denn Venedigs Stern? Begann er nicht ungewiß zu zwinkern, zu sinken gar, und mußte er nicht, wenn es so weiterginge, unweigerlich untergehen?

Daß **Philipp II.** von Spanien der Liga beitrat, war er seinem Prestige als Europas allerkatholischster Monarch schuldig; auch hatte Pius den Pontifikat nicht zuletzt mit Philipps Unterstützung erlangt. Der König verpflichtete sich sogar, für die Hälfte aller Kosten aufzukommen. Wenngleich die hispanische Staatskasse eigentlich keine weiteren Engagements mehr gestattete. Albas Unternehmungen in den Niederlanden, die Kriege mit Frankreich, die andauernden Händel mit den Barbaresken, die Ansprüche aus dem

immer weiter wachsenden Amerika warfen jegliche Finanz-
planung über den Haufen. Die Gold- und Silberimporte
aus der Neuen Welt, wie bestechend auch, sie brachten doch
nur die bestehenden Währungen und Preisgefüge ins
Schwanken - was in der ersten Conquistadorenbegeisterung
niemand vorausgesehen hatte.

Daß auch unmittelbar nicht betroffene oder weniger be-
rührte und kleinere ›Potenzen‹ sich herzufanden und durch
Gestellung bemannter Galeeren beteiligten, ist ehrenwert.
Und erwähnenswert, zumal des **Cervantes** »Gefangener«,
der anfangs unsres 21. Kapitels zitiert wurde, diese Allianz-
partner ungenannt gelassen hat: das waren **Savoyen, Flo-
renz, Genua, Neapel, Sizilien**, letztere beide freilich als
spanische Untertanen. Und der Ritterorden von **Malta**, nicht
zu vergessen, welcher »*gleichsam einen natürlichen Krieg
mit den Türken*« hatte.

Portugal war mit Afrika und Ostindien befaßt und ließ
sich entschuldigen. Daß **England** ablehnen würde, war zu
erwarten. Denn der Nachfolger Petri hatte die große herbe
Königin **Elisabeth** für illegitim erklärt, zu wiederholten
Malen mit dem Bann bedroht und letzthin gerade, in des
Herren Jahr 1570, wirklich den Bannstrahl gegen sie geschleudert. Dieses sein äußerstes Mittel vielleicht auch erst
auf ihre Ablehnung hin; ich will hier die Kausalitäten nicht
prüfen. Wie zu begreifen, war Pius ein entschiedener und
auch recht aktiver Parteigänger der katholischen **Maria
Stuart**.

Frankreich, seit 1536 aus lauter Reichsfeindschaft mit der
Pforte im Bunde oder doch auf gutem Fuße, war zur Genüge mit seinen Hugenotten beschäftigt. Man stand, läßt
sich nachträglich feststellen, ein Jahr vor der Bartholomäus-
nacht. Die Krone Frankreichs verfügte über keine Flotte
und sah sich vielmehr ihrerseits auf römische Unterstützung
angewiesen. Mißtraute der Liga recht eigentlich und be-
strebte sich diplomatisch, die Pforte zu minderer Aggres-
sivität anzuhalten, auf daß die Ligasache gegenstandslos
werde und diese Allianz sich auflöse.

Und das Reich gar? Du lieber Himmel! Wer da wollte,
hätte auf reichseigene Flottenverbände noch seine dreihundert Jahre warten müssen. Außerdem war dazumal nach
zeitgenössischer Schätzung ein Siebtel des Heiligen Römi-

schen Reiches Deutscher Nation protestantisch, und das hieß
für manchen Kurfürsten und manche Territorialmacht
wenigstens mentaliter, einer päpstlicherseits initiierten Sache keinesfalls dienen zu wollen, ginge es dieser auch darum, den allgemeinen Untergang des Abendlandes abzuweh-
ren. Kurz und gut, eine größere internationale, wenn auch
nicht interkonfessionelle Armada als die, die dann zum
Sieg bei Lepanto in See stach, wäre unter den obwaltenden
Umständen nicht aufzubringen gewesen. Diese Armada war
die größte Christenflotte, die das Mittelmeer jemals gesehen
hatte. Insgesamt umfaßte sie wohl über dreihundert Schiffe,
nach anderen aber, die offenbar nur die Galeeren haben
rechnen wollen, zweihundertundacht oder zweihundertund-
fünf.

Ich schicke voraus, daß mir als eine ziemlich frühe Quelle »*Eine
schöne Oratio von* (dem)... *Sieg der Christen bey der Insel Golfo
di lepanto... gehalten in S. Marx Kirchen zu Venedig / vor dem
Hertzogen und Rath daselbst den 19. Octobris im Jahr Christ
1571*« als maßgebliche Unterlage dient. Diese Festrede, die ein
Doktor **Johannes Baptista Rosarius** im Auftrag Venedigs solenner-
maßen auf lateinisch gehalten hat, liegt mir allerdings nur in
deutscher Ausgabe von 1612 vor. In ungewandtem Deutsch dazu.
Der Redner kann aber vor so kompetentem Auditorium wohl Par-
teiisches, doch nichts grundsätzlich Unzutreffendes gesagt haben,
weiß andererseits jedoch, daß seine Informationen noch unvoll-
ständig gewesen sind: »*Aber dieweil eure Obersten noch nicht
alles und jedes in sonderheit / wie es sich verlauffen hat / herge-
schrieben haben / und ihr mir befohlen habt / daß ich diese red
ohne einichs vorbedencken in eil hielte...*« Die letzten abschlie-
ßenden Meldungen und Ziffern standen zwölf Tage nach dem Sieg
– oder 23 Tage nach dem 26. September, falls meine Quelle nachträglich schon nach dem neuen Kalender datiert ist – noch aus!
Andrerseits hatte die erste Siegesnachricht Venedig schon am
zehnten Tag nach der Schlacht erreicht.

Dem Festredner nach haben sich unter den Schiffen der
Liga sechs Galeassen befunden. Und ich darf ergänzen: sie
waren das Größte und Modernste, was man bis dato hatte
vom Stapel laufen sehen. 50 bis 60 Meter Länge, an 10 Meter breit und mit einem Tiefgang bis zu drei Metern. Drei-
master mit Lateinersegeln sowie Rahsegeln über dem Bug-
spriet. Auch Viermaster. Dreißig Paar Ruder. 800 bis 1000

Mann Besatzung. Mit großem und schwerem Geschütz bestückt, wenigstens acht Geschütze im Vorderkastell, weitere
zwei auf Radlafetten auf dem Achterkastell. Zahlreiche Re-
lingsbüchsen. Bis zu 44 Feuerwaffen insgesamt. Venetianische Errungenschaft von 1560. Konstruktion: **Andrea Ba-
doaro**. Bei Lepanto zum ersten Male im Einsatz.

Ferner ebenjene zweihundertundacht Galeeren, Schiffe
traditioneller Bauweise und Maße. Neu an ihnen war höchstens, daß man sich bestrebt hatte, die Zahl der Ruder niedrig zu halten, die der Knechte oder Sklaven je Ruder aber
zu erhöhen. Lepanto, heißt es, ist die letzte Seeschlacht von
Bedeutung gewesen, in der hauptsächlich noch das Ruder
der Fortbewegung diente. Die letzte Galeerenschlacht. Doch
hat sich im Mittelmeer, und besonders vielleicht in der
Ägäis, der besegelte *und* beruderte Galeerentyp noch bis ins
erste Drittel des 19. Jahrhunderts gehalten. Die Schiffe von
Psara zum Beispiel, die im griechischen Befreiungskrieg -
zusammen mit denen von Hydra - ihre entscheidende Rolle
spielten, führten außer den Segeln auch noch vierzehn Ruderpaare.

Bei Lepanto wurde das einzelne Galeerenruder wohl
meist von fünf Mann bewegt. Die Rumpflänge der üblichen
Galeeren überschritt die 40-Meter-Grenze nicht und blieb
nicht selten auch unter 30 Metern. Tiefgang bis zu
150 Zentimetern. Sieben bis acht Geschütze. Die Formen
der Galeeren variierten sehr. Eine Variante von kleinen
Ausmaßen zum Beispiel hieß Fuste. Ein Unterschied zwischen Kriegs- und Handelsschiffen wurde im Schiffsbau
kaum gemacht. War eine Fuste kriegsmäßig ausgerüstet,
hieß man sie einfach eine armierte Fuste. Hingegen sind
Galeatzen und Galionen nur andere Namen für jene großen neuartigen Galeassen und ihre Nachfolgerinnen.

Aber dies vorab: in Athen glücklich angelangt, sollten
Sie, zumal der achselzuckende Allerweltstourist es zu ver-
schmähen pflegt, dem Historischen Nationalmuseum Ihren
Besuch nicht vorenthalten. Das ist zwar alles in einem nicht
eben sehr ansehnlichen Zustand, was da gezeigt wird, ist
aber desto aufschlußreicher für die neuere Geschichte Griechenlands. Versäumen Sie es nicht! Sie finden dort, was Sie
so leicht sonst nicht dokumentiert finden werden: daß nämlich auch die Griechen sich bei Lepanto mit sechzehn Galee-

ren auf abendländischer Seite beteiligt haben, dazu »*hepta-nesische* (= ionische) *und kretische Kyberneten* (= erste Offiziere) *und über viele Tausend (dia pollōn chiliádōn) Matrosen und Ruderer*« auf diesen und den sonstigen Galeeren.

Diese Beteiligung kam nicht aus einem freien Griechenland. Das gab es schon seit 1204 nicht mehr. Gab nur Unfreiheit unter wechselnden Herren. Vielmehr scheint es sich, was diese 16 Galeeren angeht, um Leistungen gehandelt zu haben, die von den venetianisch besetzten Inseln und Inselgruppen – also nicht ohne Billigung der Besatzer – aus griechischen Privatgeldern beigesteuert worden sind. Selbstverständlich hat Venedig solchen Opfern nichts in den Weg gelegt. Überhaupt ist wohl das Verhältnis zwischen Venetianern und Autochthonen im griechischen Westen besser gewesen als auf Zypern und den Ägäischen Inseln. Jedenfalls gewährt die Gestellung von so vielen Schiffen einen vielversprechenden Hoffnungschimmer in einer Dunkelphase der dortigen Geschichte. Ein erstes merkliches, nicht nur passives Aufbegehren lange zweihundert Jahre vor dem eigentlichen Freiheitskampf. Und unter Übergehung des Gegensatzes zwischen griechischer und lateinischer Christianität. Das, meine ich, ist beachtlich. Griechenland half das Abendland verteidigen, noch ehe es sich selbst verteidigen konnte.

Linkerhand neben den diesbezüglichen Dokumenten – sie werden doch wohl echt sein –, miserabel zwischen zwei hohen Fenstern hoch aufgehängt und leider auch miserabel konserviert, hängt ein Ölgemälde. Eine Schwarte, schwarz, krustig, rissig. Falls Ihr Auge sich wird eingewöhnen können, werden Sie die hier gemeinte Seeschlacht in einer Art Bilderbuchmanier darauf abgeschildert finden und hoffentlich auch zu entziffern vermögen. Den Pinsel dürfte zwar nicht ein Augenzeuge, aber doch ein angehender Zeitgenosse geführt haben. Ein Grieche möglicherweise. Denn es war die Zeit sacht fließender Übergänge zwischen spätbyzantinischer und venetianischer Malerei, was freilich ein leidliches Einvernehmen zwischen den beiden Kulturkreisen voraussetzte; während jener Jahre arbeitete **El Greco** aus Kreta in den Werkstätten der großen Meister der Lagunenstadt. (Will sagen, das Abendland hatte seinen Stil gefunden und spielte die Rolle des Nehmenden nicht länger, während bis dahin – soviel sei doch angedeutet – von der Spätantike bis zur Romanik und zur Maniera Greca griechische

Künstler bis nach Spanien, England, Böhmen und Skandinavien
hinauf stilbestimmend gewesen waren.)

Dieser unbekannte Kleinmeister und Schlachtenmaler hier, der
ebenfalls ein paar Semester im Westen studiert haben könnte,
wenngleich bei Tizian und Tintoretto bestenfalls als Farbenreiber,
hat die Vorgänge, die in der rauhen Wirklichkeit einen Meeres-
strich von 80 Kilometer Länge und bis zu 30 Kilometer Breite in
Anspruch nahmen, auf dem Planquadrat seiner Leinwand einge-
ordnet zusammengedrängt und hat sich dafür einen Blickpunkt
ungefähr in halber Vogelperspektive über der Stadt Patras ausgesucht. Doch wenn Sie zum Vergleich eine Landkarte von Griechenland heranziehen, werden Sie bemerken, wie richtig doch der
Malersmann, auf seine zusammenzerrende Art allerdings, die
Kartographie behandelt hat. Aber nehmen Sie sich einen hinreichend hellen Tag für diesen Museumsgang! An trüben Tagen werden Sie so gut wie nichts erkennen können. Der Bau ist ja auch
nicht als Museum errichtet worden, sondern sollte das erste griechische Parlament nach der Befreiung beherbergen und hat es später auch, nachdem Athen bereits am 25. Dezember 1833 zur
Hauptstadt des neuen Hellas erklärt worden war. Der Bau dürfte
um 1840 fertiggestellt worden sein. *Nota bene,* Regel auf Reisen
und daheim: ins Museum am besten an sonnigen Tagen!

Pius V. wurde gemäß dem Vertrag der Heiligen Liga deren
eigentliches Oberhaupt. So mochte Zwistigkeiten, Rang-
streitigkeiten, nationalen und lokalpatriotischen Differenzen am ehesten zu begegnen sein. Alliierte Verbände sind
schwer zu führen. Auf des Oberhauptes Vorschlag wurde
der Bastardbruder Philipps von Spanien zum Oberbefehls-
haber der Liga zu Wasser und zu Lande bestimmt: **Don
Juan d'Austria.** Von diesem schönen Sohn und huldreich
erweckten Sprößling **Karls V.,** weiland römischen Kaisers,
war eine Regensburger Patriziertochter, **Barbara Blom-
berg,** 1545 - nach anderen 1546 oder 1547 - am 24. Hor-
nung jedenfalls glücklich entbunden worden. Die junge
Dame, humanistisch-emanzipiert wie so manche ihrer Al-
tersgenossinnen, beherrschte die lateinische Sprache, wußte
angenehm die Laute zu schlagen und hatte die schwermütige
Majestät recht wohl zu unterhalten und zu erquicken verstanden.

Der Knabe wuchs zunächst im Verborgenen auf, genoß
aber eine prinzengemäße Erziehung und wurde, als er vierzehn geworden war, von seinem königlichen Halbbruder

feierlich in den Schoß des Hauses Habsburg aufgenommen. Geistlicher sollte er werden. Allein auf sein Drängen zu Fahnen, Waffen und Schiffen übertrug man ihm schon als 23jährigem das Kommando im Kampf gegen die Seeplage der algerischen Korsaren, die türkische Untertanen waren oder dem Oberherrn am Bosporus in loserem Verhältnis gehorsamten. In muselmanischer Solidarität jedenfalls. Hübsch abenteuerliche Exkursionen gegen die Seeräuberkönige, die mohrischen oder die türkischen, über See und zur afrikanischen Küste. Die Herren von Malta, nebenbei, nannten solche bewaffneten Seefahrten ›Caravanen‹. Jedes Ordensmitglied hatte wenigstens deren vier zu fahren. Keine kürzer als ein halbes Jahr. Nicht jeder kehrte heil zurück in den nagelneuen Hafen von La Valetta. Etliche behielt das Meer. Etliche fielen bei Gefechten. Viele wurden Rudersklaven der Korsaren oder in der türkischen Flotte, wurden losgekauft oder verdarben. Übrigens hatte es schon 1565 einiger schärferer Anweisungen König Philipps bedurft, um den blutjungen Prinzen an einer überstürzten Teilnahme am Entsatz Maltas zu hindern.

1568 und 1570 führte Don Juan feldzugartige Unternehmungen, kreuzzugmäßige Expeditionen gegen die aufständischen Morisken in Granada. Mein erster Gewährsmann, jener Festredner, sagt: *»Dann kürtzlich darvor hatte er in der Granatischen empörung sein glück / statlich ansehn / und erfarnus in Kriegßsachen . . .«* gemacht und *»der Moren Hauptleut in verzweifflung getrieben . . .«* Die Einwohner Ober-Andalusiens hatten keine schikanierten Christen zweiter Klasse mehr sein wollen, sondern wollten wieder wie ihre Urgroßväter und Großväter islamische Moren oder Mauren sein. Man unterstellt kaum zuviel, wenn man annimmt, **Selim II.** oder treffender dessen Großwesir **Mohammed Sokolli** habe diese Zwangschristen durch Agenten aufwiegeln lassen. Denn der Sultan hatte sich, Sohn seines Vaters, zur Unterwerfung und Islamierung des gesamten christlichen Abendlandes verschworen, und wenn das Königreich Granada wieder dem wahren Glauben angehören würde, kniff jene Zange, die schon Soliman angesetzt hatte, immerhin bereits bis Ungarn hie und ins Spanische da und waren von den Mittelmeerküsten, soweit sich das in verbindlichen Zahlen ausdrücken läßt, sieben Neuntel etwa in seiner Gewalt oder doch unter seiner Kontrolle. Sieben Neuntel! Das war alarmierend. Das nächste Opfer mußte Italien werden. Aber Don Juan hatte durchschlagenden Erfolg und heftete Lorbeer an seine Siegerschläfen. Er war just der rechte Mann - zumal als Vetter des derzeitigen Kaisers -, der an die strategische Spitze der Heiligen Liga gehörte.

Die Flotte sammelte in **Messina**. Im geographischen Mittelpunkt des *Mare internum*, um nach allen Seiten mit gleicher Schnelle und Schlagkraft wirken zu können, in die hispanischen Interessengebiete im Westen sowohl wie in die venetianischen im Osten, und um sich während anlaufender Versammlung in guter Deckung zu befinden. Die Bemerkung des »Gefangenen« aus dem »Don Quixote« meint die wichtigeren Reisestationen des Prinzen, wenn er sagt: »... es traf sich zum Glück, daß Don Juan d'Austria gerade um dieselbe Zeit in Genua eintraf, von wo er nach Neapel ging, um sich mit der venetianischen Flotte zu vereinigen...« Eine derart weite Fahrt wie die bis nach Neapel ist den Venetianern allerdings nicht zugemutet worden; sie hätte die Lagunenstadt unverantwortbar ihres Schutzes entkleidet und den beutewitternden, eroberungslustigen Feind unnötig angeködert. Ja, man wollte nur froh sein, wenn Venedigs schwimmender Beitrag, mit 106 Galeeren das stärkste aller Ligakontingente, ungeschoren und ungerupft bis Messina gelangte.

Aber gottlob, sie kamen! Man zählte den 23. Julius. Mochte sich der Türke nur verschlafen die Augen reiben, zumal er doch schon im Ionischen oder gar im Adriatischen Meer bös und verheerend umfuhr. Und das gab gewiß ein lustiges Salutieren. Mit Böllern und Schüssen, die niemand zählen konnte noch wollte, so holterte und polterte es allerseits und allerorten. Aus Büchsen und Stücken, die von allen Borden gelöst wurden, der bereits anwesenden wie der eintreffenden Schiffe. Und mit den knallenden, grollenden Grußadressen der Zitadelle und der sechs Forts, die Messina beschirmten. Und mit den Kriegs- und Festmusiken derer Musici. Zinken und Krummhörnern, Hoboen und Klarinetten. Bomharte, Pauken und Trompeten. Donner und Doria! Als eines rosigen Morgens dann Schiff auf Schiff aus dem Dunst tauchte, der die See in flachen Schwaden bedeckte, und von den Strudeln des Faro, der alten Charybdis her einlief. Die goldenen Flügellöwen des Evangelisten Markus, eingestickt im seidenroten Tuch der Flaggen über den vollen Segeln, zwischen denen die Strahlen der Morgensonne heraufblinkten und loderten. Über dem Gleichtakt der bewegten Ruder. Und die kleineren Markuslöwen in gelber Seide auf den langhin schlängelnden und schwänzelnden Wimpeln, die bald wolkenwärts tanzten, bald niederdippten zu den hüpfenden Wellen.

Und in denen wieder schwebten und webten Neptuns melusinenschöne Töchter feucht und fischicht auf und ab, schwenkte auftauchend wohl auch der greise Meeresgötze selbst, seetangbehangen und Muscheln im Bart, den Dreizack im Takt der Musiken. Auch stimmten Tritonen mit ihren Muschelhörnern bescheidentlich ein. Nicht so pausbakkig tutend, versteht sich, wie draußen auf hoher See, wo sie in unbewachten Augenblicken, wenn der Teufel und Heidenspektakel los waren, zu vergessen neigten, daß ihre Zeit nicht sei, und die Hörner auch fürchterlich brüllen ließen. Im ganzen, unberufen, wußten die verflossenen Heidengötter aber recht gut, was sie dem Heiland und Welterlöser an Respekt schuldig waren und daß sie seiner Sache von Nutzen zu sein sich zu befleißigen hatten, wenn anders ihnen in der Ewigkeit noch einmal zu helfen sein sollte. So wahr es denn eben christliche Maler und Bildhauer gewesen waren, die ihnen, den lang Verfemten und Verschollenen, zwischen dem Zierat der Baukunst und dem vergoldeten Knorpelwerk der Bilderrahmen oder in den grotesken Schildereien der Dekorationen und der Deckenmalerei neue Plätze zugewiesen und das schwindende Leben frisch, wie sich's anließ, verlängert oder gar eine künstliche Auferstehung bereitet hatten. Wenn es das gab, das *rinascimento,* die Wiedergeburt? War gar der Untergang der olympischen Götter nur ein Scheintod gewesen und dies nun das Morgenrot ihrer Rückkunft? Donner und Doria! Wie jauchzten auch die Matrosen aus den Wanten! Wie antworteten von Kai und Mole die Heilrufe der Bürger! Die Glocken der Kathedrale La Nunziatella. Die Chöre der Kleriker. Das Gloria. Die Freudenfeuer und das ballistische Kunstgewitter der groben Stücke. Die Kartaunen. Solch einen Lärm zu entfachen, einen Christenlärm, hätten die Menschen zur vielgescholtenen Heidenzeit sich gar nicht vermessen, sondern voll Demut den Göttern überlassen.

24 Ali Muesinsade, Kapudan Pascha der ägäischen Flotte

In der Ägäis wehten die letzten Meltémi des Jahres 1571. Sommerliche Nordwinde. Zuweilen höchst stürmisch. Bei klarem Wetter. Des Sultans Ägäisflotte navigierte vor frischem Wind aus den **Bogas Hissary**, den Dardanellen, den Großen Dardanellen, heraus und die anatolische Westküste nieder bis **Rhodos**. Ließ Kreta Kreta und Cerigo Cerigo sein, obschon oder weil diese Inseln den Venedigern zugehörten, die dort ziemlich stark waren. Schiffte von Südosten herauf um Kap Matapan, wo vorzeiten ein Delphin den Arion angelandet hatte, und machte sich im Ionischen Meer, ja sogar in der unteren Adria zu schaffen. Und war dem Türken zu allen *»Inßlen und Schifflendinen oder Höfen der zugang offen gestanden. Sie führeten damals drey hundert Schiff / deren zweyhundert und dreißig waren Galeen / sechtzig fregati / die übrigen fusti und Jagschiff / schwebten also allenthalben auff dem Meer hin und her / raubens sich begehend.«* Vorstehender Text nach jenem Festredner im Markusdom vom 19. Oktober 1571 und seiner *»Beschreibung der Victori auff dem Ionischen Meer«*.

Der Kapudan Pascha suchte routinemäßig die Inseln **Kephallinia** und **Korfu** heim. Die Inselbewohner flüchteten sich und ihre Habe in die Berge, wie immer. Suchte sogar **Cattaro** heim. Oder ließ es heimsuchen. Allen eingezogenen Erkundigungen nach wollte die Liga eine Seeschlacht haben. Gut! Seit dem Frieden mit Österreich gab es hier nirgends eine Landfront mehr, wo man die Klingen hätte kreuzen können. Also sollte die Liga ihre Seeschlacht haben. Der Kapudan Pascha klopfte die kluftenreiche, buchtenreiche Dalmatinerküste ab wie ein Specht den Baum, zu hören, wo es hohl und wo die Würmlein stäken. Wo steckte die Liga? Wann kam die Liga? War's ihr zu spät im Jahr?

Der Kapudan Pascha ließ die Küsten Albaniens und Schlawoniens seine Stärke und ihre Hilflosigkeit fühlen. Spielend. Tändelnd. Als Vorgeschmack von Feuer und Schwert. Das hielt die Völker in Schach und die Soldaten bei gutem Mut, wenngleich an Beute wenig einzuheimsen war... Trug aber viel zur vorschriftsmäßig gehobenen Stimmung der Janitscharen bei, wenn sie ihre Arkebusen einmal nach Herzenslust auf die jämmerlichen Heiligenbildchen losbrennen konnten. Piff paff! Auf diese steifen, übel dreinblickenden Puppenbilder... Janitscharen! Kerle die!... Waren schwer zu führen, wenn sie nicht die Laune danach hatten. Waren bockig... Hatten drei Galeeren gekostet, die Tändeleien. Unbedeutende Verluste.

Die Liga sammle in **Messina**, war gemeldet worden. Nicht schlecht. Venedig werde das größte Kontingent stellen, gaben die Spione von der Riva degli Schiavoni als verschlüsselte Nachricht. Erst mit dem venetianischen Aufgebot vereint werde die Liga beginnen wollen. Aufgepaßt! Schiffe ziehen keine Furchen. Ob der Locotenent von **Kreta** wohl ein Teil kontribuiere? Wachsam sein! Die See hält nicht Spur. Ob der Locotenent - wie hieß der neue gleich? **Veniero**! Ja doch! -, ob Veniero dieses Candia ernstlich zu entblößen und zu schwächen wagte, der alte Glücksritter? Nach Kreta auslaufen? Jetzt? Candia nehmen, ein Handstreich?

Dann gingen unbestätigte, dann sichere Meldungen ein, die Venetianer seien wohlbehalten in Messina eingetroffen. Der Kapudan Pascha zog unter dem seidenen Turmbausch seines Turbans die Brauen zusammen. Auch von Kreta das Geschwader. Schlechter Anfang. Venedigs Hauptmacht war unbemerkt, unbeanstandet und unangefochten, nicht um ein einziges Segel geschmälert nach Süd gelaufen. Vor einer steifen Bora, wie man wissen wollte. Dicht unter der italischen Küste. In **Ainabachti** nur leichter Wind von Land... Die Galeeren wie ein Bienenschwarm um ein halbes Dutzend ragender Kriegsmahonen, wie man solche so mächtig noch nie gesehen. Welcher Unsinn! Die noch keine Gischt recht gebleicht und kein Pulverdampf gehörig geschwärzt habe. Fischer hätten dies bezeugt. Griechische Fischer. Was Griechen so alles schwätzten. Elsternvolk. Seien wie Königinnen dahergerauscht. Segelgeschwellt. Und hätten flotte Fahrt gemacht. Und südwärts alle miteinander, in geschlossenem Verband und bei Nacht durch die Straße von Otranto und davon.

Wenn hier etwas unterlassen worden war, wenn hier eine Unterlassung vorlag, so war es seine Unterlassung. War es das? ... Für einen solchen Schnitzer hätte er dem jüngsten Seekadetten daheim in Pera beim theoretischen Unterricht die Ohren langgezogen. Theorie? Schnickschnack! Draußen auf See, da ist nur blauer Saum, und stecken einmal ein paar Segel dahinter hervor wie Delphinsfinnen, so weiß einer noch lange nicht, in welcher Herren Namen sie laufen. Und wer viel weiß, der überschlägt vielleicht, wie schnelle Fahrt jene wohl machen. Doch deswegen hat er sie noch nicht vor dem Rammsporn. Nicht vor der Kartaunenmündung. Nicht vor der Degenspitze. Und der Saum streicht die fernen Segel wieder. Schluckt sie hinunter.

Aber er nun, **Ali Muesinsade**, Aga der Janitscharen ... Jen-Ytschjery-Agassy zu Solimans des Prächtigen Tagen, es erquicke ihn das Paradies! ... er, Ali, ein Reitersmann eigentlich, brauchte festen Boden und Hufschlag drüber hin. War ein Mauerstürmer, dessen Hände Fels und Haustein packen wollten. Doch ein Seemann? Ein Krieger zur See nur wider Willen ... Zu wenig Praxis. Zu wenig Glück. Hätte er nur der Aga bleiben dürfen, der er gewesen! Der oben bei Szigethvar in Ungerland dem strengen Kriegsherrn Soliman die brechenden Greisenaugen zugedrückt ... Nach des Propheten heiliger Hedschra im 974. Jahr. Anno Domini 1566 nach der Hunde Rechnung ...

Hätte er nur der Aga bleiben dürfen, damals vor fünf Jahren, der sich zwei Tage nach Herrn Solimans Hintritt, Allah erlabe seine Seele ... beim letzten Sturm auf das brennende Zriny-Schloß so hervorgetan hatte, daß er sich unverhofft der Gunst des Sohnes und neuen Sultans, Allah verleihe ihm das Schwert des Sieges ... daß er sich ganz unerwartet der Gnade Selims II. habe versehen dürfen.

Selim erhob den Janitscharen-Aga Ali zum Kapudan Pascha. 1567. Ihn! Der des Steins und der dreschtennenharten Erde unter den Sohlen bedurfte und dem wanken, schwappenden, launischen Feuchten nichts abgewann. Der nichts lieber als Pferdeschnauben hörte, Wiehern, und dem das Knarren der Rahen die Ohren nichtssagend volläachzte. Dem der Wind in den Tauen ohne Sinn stöhnte. Ali Muesinsade! Wie sagte das alte Sprichwort gut türkisch: *An die Stirnlocke des Pferdes ist das Heil gebunden.*

Und Selim erhob ihn zu seinem Schwager, indem er ihm eine seiner Schwestern zur Ehe gab, die kaiserliche Prinzessin. Der Kapudan Pascha drehte sinnend an den Schnurrbartspitzen... Schwager des Sultans... Eidam des Glücks... zu Lande... »*Werdet ihr etwa in dem, was hier ist, sicher zurückbleiben?... In Gärten und Quellen? Und in Saaten und Palmen mit zarter Blütenscheide?*« Der Kapudan Pascha sprach die 26. Sure still für sich. Ein Geheimkurier störte beim Meditieren. Was gibt's? Meldung aus **Igumenitsa**: Flottenparade vor dem Habsburger Bastard... Nur zu! Bot einen schönen, sicheren Hafen, diese Bucht gegenüber Korfu. Der Kapudan Pascha nickte zufrieden; in Igumenitsa hatte er einen seiner Offiziere zurückgelassen, der fließend Griechisch sprach oder Grieche war, und dem die Verkleidung als griechischer Fischer jedenfalls überzeugend anstand. Aber hatte er denn richtig gezählt, der Hammelskopf? Hatte Don Juan seine Flotte geteilt? Das waren ja auf einmal an die fünfzig Schiffe weniger! Keine 208 Galeeren demnach?

Der Kapudan Pascha tippte sich vor die Stirn. Daß er nicht seine wendigsten Fregatten, Saiken und Schnellsegler aus dem Küstengeklüft, in dem sie nur herumschnüffelten und faulenzten, hatte herausfahren und zupacken lassen können, eine christliche Teilflotte vor der Vereinigung mit der Hauptmacht außer Gefecht zu setzen! Herausfahren wie die beißenden Muränen aus ihren Tuffsteinlöchern... Seestrategie! Etwas für Klugredner im Großen Diwan, der immer noch zu Pferde abgehalten wurde. Nach altem Türkenbrauch. Glückssache und weiter nichts. Ja, wenn's einer beizeiten erfahren hätte, daß der Markuslöwe dahergeschlichen kam! Aber dann hinter Lefkas hervor, das derzeit bereits des Sultans Insel war. Die westlichste in diesen Breiten. Italien gegenüber hoch im lockenden Nordwest. Herausfahren und frischweg hinein in die Hundebrut!

Hätte einer nur eine bewegliche Kette von Kundschafterschiffen bilden können. Bis vor **Otranto** drüben. Daß seinen Späherblicken der geringste Kaiki nicht entginge. Daß »*der Glorreichsten unter den Fürsten der Religion Jesu*« wäre von vornherein Abbruch getan worden und unleidlicher

Schaden zugefügt. Den Muränen zur festlichen Tafel! . . .
Doch Knabenträume das alles! Wie hätte ein so überdehnter
Riegel die Kräfte doch bis zur Wirkungslosigkeit verzetteln
müssen! Und wie große Flotten sollte der Herr Schwager,
Großsultan Selim der Andere, denn eigentlich noch bauen,
ausrüsten und bemannen?

Der Kapudan Pascha hatte es für angemessen gehalten,
von **Preveza**, wo er mit seiner Hauptmacht den September
über gelegen, nach Süden zu rücken, und den Befehl gegeben, die auf diversen Unternehmungen und Kaperfahrten
verstreuten Fahrzeuge zu versammeln, und hatte, als alles
beisammen war, eine Handvoll Späherjachten unter dem
Kommando des Piratenkapitäns **Caragoggia** auf dem offenen Meer gelassen. Dem Gros aber war der Kurs zwischen
Festland und Ionischen Inseln auf Ainabachti anbefohlen
worden. Ainabachti nannten die Venetianer **Lepanto**.

Der Feind würde jetzt nicht mehr lange auf sich warten
lassen, nachdem er zu voller Stärke hatte wachsen dürfen
nach Allahs Willen . . . »*Dir dienen wir und zu dir rufen wir
um Hilfe. Leite uns den rechten Pfad, den Pfad derer,
denen du gnädig bist, nicht derer, denen du zürnst* . . .« Von
Land her klingelte das abendliche Bimmeldibam der Grie-
chenkirchen, der Religion Jesu. Es war an der Zeit, der
Schärfe des türkischen Säbels den letzten Schliff zu geben.
Was in des Kapudan Pascha Macht stand, sollte nicht versäumt werden. Dazu war dieser feste Flottenstützpunkt
Ainabachti, den die Leutchen von Rumeli übrigens Nafpaktos nannten, wie geschaffen . . . **Nafpaktos!** Immer hatten diese Griechen ihre eigenen Köpfe und bestanden darauf, es anders zu halten als die übrige und die rechtgläubige
Menschheit.

Lepanto, Nafpaktos, Ainabachti. Elif, ba, pa, ta. Munition nachfassen. Schiffsartillerie auf höchste Schlagkraft . . .
Der griechische Fischer in Igumenitsa oben, der Hammel-
schwanz, mochte sich geirrt haben. Schwach war Don Juans
Geschützausstattung voraussichtlich nicht . . . Und Pulver-
bestände ergänzen und vermehren. Am Salpeterzusatz wird
viel gemogelt. Naß gewordenes Ladegut austauschen. Bal-
last nachstauen. Lunten und Blei laden. Teer und Werg.
Einbußen an Menschen und Material auffüllen. Pensum für
die Unterstufe der Marineschule in Tershane. Und Rekru-

ten, Rekruten zusammentrommeln und anwerben, so viele
sich auftreiben ließen. Und wäre es mit Gewalt.

Schiff um Schiff war in den Golf von Patras und durch
die sogenannten Kleinen Dardanellen in Kiellinie in den
Golf von Lepanto eingelaufen. Der Kapudan Pascha fragte
sich aufseufzend, wo im tiefsten Grunde die Schuld daran
liege, daß hier der Markuslöwe unversehens habe durch die
Lappen gehen können. *Die Löwen sind die Hunde Gottes*,
hieß es im alten Sprichwort; er lächelte. Und ein weiteres
urteile pragmatisch, den Christen gehöre das Meer, alles
Land aber den Moslems, aber das stimme nicht, denn die
Muselmanen von El Kahira und Nordafrika führen trotz
den Hispaniern, den Venetianern, den Maltesern zur See,
daß es nur eine Art habe. Hätten Schwimmhäute wie die
Biber. Richtig müsse das Wort lauten: Das Meer ist nicht
des Türken Element. Ja, das war es! Beim heiligen Muhriz
von Tunis! Türken sind Reiter. Steppenreiter, gewohnt das
Ohr an den Boden zu legen und den Feind auf Meilen an-
traben zu hören. Gewohnt, auf das Schnauben der abgesat-
telten Pferde zu achten.

Alis Reiterschädel wurde seit Tagen von einem Gedanken
beansprucht, der ihm bisweilen schon hatte kommen wollen,
den er aber als pflichtwidrige Anfechtung zurückgewiesen
und verscheucht hatte: mit seinem unaufhaltsamen Größenwuchs in den letzten hundert, hundertzwanzig Jahren sah
sich das Osmanische Reich mehr und mehr auf Seefahrt angewiesen, ohne die im Mittelmeer einmal keine Herrschaft
aufrechterhalten werden konnte. Aber . . . es gab keine türkische Seefahrt. Nichts war es damit. Nur empfahl es sich
nicht, dies laut auszusprechen. War nichts und wieder nichts.
Trotz so vieler augenfälliger Erfolge. Von Malta abgesehen.
Und selbst wenn man sich sehr bald der erbaulichsten Nachrichten aus Kipris, aus Zypern, zu erfreuen haben werde,
unberufen!

Barbaresken-Seefahrt, jawohl. Und alle Achtung. Die
türkische Seefahrtrechnung aber ging dennoch nicht auf:
Venetianer als Schiffsbaumeister in den Tershaner Werften
am Goldenen Horn, landflüchtige und verbannte zwar in
der Regel, aber eben doch Venetianer. Oder Genuesen. Oder
sonstige Italiener. Und Griechen, versteht sich, aus der
Ägäis. Die bauten ohne Riß und Plan die schnittigsten

Schiffsleiber von allen. Und Segeltuch aus Frankreich und Flandern und gar nicht immer aus ägyptischer Baumwolle. Deutsche und ungarische Geschützgießer in Tophane, auch italienische, mailändische. Deutsche Bombardierer. Und...

Und Griechen, Griechen, Griechen an allen Leinen, allen Tauen, allem Zeug. An jeder Talje. An jedem Steuerruder und auf allen Ruderbänken, auf denen sich nicht gerade anderweitige, widerborstige Christensklaven oder Kettensträflinge abrackerten. Griechen als Schiffszimmerleute. Griechen am Kalfateisen. Als Werftarbeiter. Schauerleute. Rudergänger. Als Seesoldaten oder Leventi. Als Matrosen. Als Lotsen. Und...

Und Christen erst recht, Christen, Christen, wo einer nur hinschaute. Widerlich! Oder diese Renegaten, die am Ende noch mehr Mißtrauen verdienten. Was eigentlich, fragte er sich und stöhnte unwillkürlich, was eigentlich war denn türkisch an der türkischen Flotte? Was? Nicht einmal das Bauholz, die Eichen, die Ulmen, die Tannen. Vielleicht die Schiffsköche... Aber von jener einhelligen Mannschaft aus inwendig lauernden Feinden wollte einer Pflichterfüllung bis zum letzten verlangen? Wenn sie ihr Leben zum Untergange der *Nationen des Messias* in die Schanze schlagen sollten? Oder wenn sie gar auch noch wider ihre leiblichen Brüder und Landsleute zu streiten hätten? Denn unter der Markusflagge dienten ja ebenfalls Griechen, dienten ungezählte griechische Emigranten. Das war altbekannt, und man hörte es neuerdings wieder von Überläufern. Und war es nicht von Grund auf verfehlt und eben auch unbillig, von derlei Gevatternschaft jene unerläßliche verläßliche Aufmerksamkeit im Ausguck zu erwarten, der nicht einfach ganze Flotten auf einmal entgingen? Die dann keiner gesehen haben wollte? Erfuhr man denn je die Wahrheit? Und waren nicht die griechischen Fischer an diesen Wasserkanten allemal Doppelspione? Und sein verkleideter Fischer oben in Igumenitsa? Unterschlug er nicht schnell einmal fünfzig wohlarmierte Galeeren, um der Sache des Sultans zu schaden, statt zu nützen? Wie?

Wie in diese Herzen blicken? Wie sie wenden? Es blieb ja dennoch und abermals nichts, als - mangels vorhandener und habhafter Türken - junge Leute aus Patras, aus Achaia und aus der weiteren Morea anzuheuern. Landstörzer, Ra-

dehacker, Ziegenstriegler: Griechen, die für den Halbmond zu bluten haben würden, was helfe es denn ... oder günstigeren Falles wieder abmusterten, Rosinen zu dörren oder Schafe zu scheren ... bis zum nächstenmal ... Griechen, christliche Griechen für des Sultans Größe und des Propheten Herrlichkeit. Der Kapudan Pascha besann sich der neunten Sure, darin es heißt: »*Es gefiel ihnen, bei den Dahintenbleibenden zu sein, und es wurden ihre Herzen versiegelt, so daß sie nicht begreifen. Jedoch der Gesandte und die Gläubigen bei ihm eifern mit Gut und Blut, und siehe, das Gute wird ihnen zum Lohn ...*«

Der Kapudan fuhr auf und schüttelte den Kopf, daß die Reiherfedern vorn über dem Seidenbausch seines Tulbends erzitterten. Ein unbestimmter, aber sehr anmaßender Zweifel hatte sein festes Herz beschlichen, Iblis hatte etwas flüstern wollen, der verstoßene Engel ... Scheitan, Höllenvogt ... Griechen, Griechen, wisperte Iblis unabweisbar, Christen, Christen ... Und war nicht der große Kaperfahrer **Horuk** mit dem roten Bart der Sohn eines christlichen griechischen Töpfers aus Mytilini gewesen? Leugne es doch nicht, Ali! ... Renegat wohl. Konvertit zum Islam wohl. Seine Seele schmecke die Süße des Paradieses! ... Und sein Bruder **Jakob**, der Kaperfahrer, etwa nicht auch? Und gar erst der dritte aus dieser tüchtigen Werft, war er etwa kein Grieche von Geblüt? Die Rechtgläubigkeit allein ändert's doch nicht! Gesteh es nur, Ali! Der dritte war **Cheireddin Barbarossa**, der weltberühmte. Der Schrecken der Meere. Dem der König von Frankreich klüglich ein Bündnis angetragen, und der schlug ein, und dessen Andrea Doria und Kaiser Karl V. endlich nicht hatten Herr werden können. Ali! Was für Seefahrer, diese drei! Was für türkische Seefahrer! Darauf wirst du doch nicht bestehen wollen, du Kapudan Pascha ...

Horuk Barbarossa mit der silbernen Hand, aus Mytilini auf Lesbos, Stolz des Osmanenreichs, ein Grieche ... Melde dich im Diwan, Ali! Sag: He, Schwager, auf ein Wort! Sprich, unser Cheireddin Barbarossa, Statthalter des Reichs, Solimans des Prächtigen Großadmiral ... Cheireddin, Seekönig, Sieger von Preveza anno Jesu 1538. Am Golf von Arta oben, just dort, wo in der Heidenzeit einst der Augustus von Rum den Antonius von Iskjenderyh soll geschlagen haben. Man sagt es... Cheireddin, dieser Beglerbeg ohnegleichen, dieser Gebieter der Meere und Küsten bis Nizza hinauf: er war kein Türke... ganz und gar kein Türke... flüsterte Iblis... tuschelte... zischelte... plauderte wie Wellengekräusel gegen die Schiffswand.

Der Kapudan Pascha sah in Westsüdwest bei **Kephallinia** draußen die Sonne ins tintenfarbene Meer sinken. Sah vor Kephallinias Schattenbild rötlich umhaucht, scherbetfarben und so zart wie klar abgehoben den Schattenriß von **Ithaki**. Von dort würde die Liga kommen. Aber sein Herz wollte dessen nicht froh werden. Das verwunderte ihn. Der Wind wehte von Land und ließ die Wellen hüpfen. Mochte er so bleiben. Mochte ein Sturm draus werden. Das geschah hier gar bald. Und möge es Allah gefallen... Menschenwerk! War nicht ein erster Zug dieses Waffenganges zur See bereits verloren, nachdem die Liga hatte sammeln dürfen? In die Adria schleunigst hinauf zu einer Expedition gegen Venedig selbst, hieß nur noch in den Sack laufen. Wenn die verhaßte Schöne auch noch so verlockend dalag. Venezia. Die Üppige. Die Blonde. Schutzlos und voller Reichtümer... Aber ließe er sich verleiten, noch einmal und noch weiter nach Norden zu operieren, als im September geschehen, müßte des Kaisers Bankert schon vom Teufel geritten sein, wenn er es unterließe, die Straße von Otranto hinter Alis Armada in eine einzige Spießgasse bis nach Candia hinunter zu verwandeln. Wie schnell wäre es von Messina ins Werk zu setzen gewesen, wieviel schneller jetzt von Korfu oder Igumenitsa aus.

Kurz, Anker auf und abgefahren! Dazu riet auch **Pertau Pascha** seit Tagen, sein Befehlshaber der Fußtruppen. Für Venedig sei es zu spät, meinte Pertau Pascha. Solle die Liga zusehen, wie sie sich den Winter über die Zeit vertreibe, äußerte Pertau... Wie aber einer Hohen Pforte dann klarmachen, daß es kein feiger Rückzug gewesen, wenn man bloß Staatsgelder vergeudet und sich überhaupt nicht geschlagen, dafür aber Ainabachti samt allen Lagern und Pulvermühlen seiner Garnison oder gar der Liga überlassen habe? Jetzt, da der Sieg über Famagusta unmittelbar bevorstehen mußte und es desto mehr galt, der jammernden Christenheit die letzten flackernden Lebenslichter auszublasen, wohin der Atem reiche!

Das klarmachen und die seidene Schnur nicht nehmen müssen, die den Ungeschickten und Glücklosen zu Istanbul diskret erwartete! Und es gab da auch noch ein altes Richtschwert für den fahrlässig Besiegten, und vor dem edelsteinblitzenden, goldenen Thron im Serail war jeder Besiegte gar leicht ein fahrlässig Besiegter. Nur daß der noble Herr Soliman jenes Schwert nicht mehr habe zücken lassen wollen. Hatte den Geschlagenen von Malta damals nur dringlich anbefohlen, des nachts in Istanbul einzulaufen, daß die Heimat ihrer Schande nicht gewahr werden müsse... Mustapha, dem Fünfundsiebzigjährigen, diesem alten Rhodoskämpen, der sein Haus von des Propheten Standartenträger herleiten konnte, und Piali Pascha, der damals immerhin doch schon der Sieger von Dscherba war... Piali Pascha manövrierte jetzt vor Famagusta... Piali war mit einer Tochter Selims verheiratet. Piali war Alis angeheirateter Neffe... Piali Pascha, flüsterte Iblis, ist aber ein Christenkind aus der Gegend von Belgrad.

Ali nippte an seinem Becher mit Scherbet, der schal geworden war. Schweig! hörte er sich halblaut sagen. Sorgenvolle Gedanken laufen im Kreise wie die Füße des irrenden Pilgers in der Wüste. Fort damit! Er war es dem hohen Schwager schuldig: hiergeblieben, abgewartet und gesiegt! Ainabachti konnte man nicht an die Liga fallen lassen. Übers Jahr müsse und werde man auf italischem Boden stehen. *In scha Allah!* Pertau war ein alter Zauderer.

Seine Offiziere überhaupt. **Hassan Pascha**, Cheireddin Barbarossas Ältester. Griechenblut, flüsterte Iblis. Schweig! **Hamet Bey**, Gouverneur von Negroponte. Griechenblut, flüsterte Iblis, ein Neffe Barbarossas. Still doch!... Aber tröste dich, du hast **Mohammed Sirocco**, Statthalter von Iskjenderyh oder Alexandria, wie die Lateiner sagen. Der wird wohl ein Türke sein. Ist aber jetzt nicht fürs Zuschlagen. Und dein Pertau ist ein Türke. Ist auch dagegen. Nur dein bester Mann ist dafür, der **Ochiali**, wie ihn die Lateiner nennen, Uluch Ali Fartax... Kein Grieche, ich bitte dich! Er ist Kalabrese. Christlicher Eltern Sohn... lispelte Iblis. Hatte römischer Pfaff werden sollen... Normannenenkel. Griechennachfahr.

Der Kapudan Pascha schüttete einen Rest Scherbet in die dunkel blaurote See, klatschte in die Hände, daß man ihm

Kahweh reiche - tüchtig heiß! -, und schickte, sich abzulenken, nach seinen Söhnen, die den Vater begleiteten, der eine sieben, der andere dreizehn Jahre alt. Auf erster Seefahrt alle beide.

Die Lage der Dinge? Korfu, das der Kapudan Pascha vor kurzem wie eine Tenne gefegt hatte, war seit 1387 venetianisch. Kephallinia, Zakynthos und Ithaki waren es ebenfalls noch. So hätte man den Platz Ainabachti getrost Lepanto bleiben und in Venedigs Pranken lassen dürfen, wenn es vorderhand noch an Macht gebrach, ihnen diese Inseln alle zugleich zu entreißen. Das war seine bescheidene Landkriegermeinung. Des Sultans Reich wuchs zu schnell. Denn das Festungsdreieck Lepanto-Rion-Antirrion, das hier, zu größter Genugtuung in den Kiosken der Goldenen Stadt, die innere Golfeinfahrt beherrschte und sperrte, müßte sich doch als Falle, als halbe Falle erweisen, wenn der äußere Golf, der von **Patras**, vom Westen her verriegelt würde. Zwar würde sich solche einseitige Blokkade türkischerseits geraume Zeit aushalten lassen, aber länger auch nicht, als bis die kostbaren Schiffe verfault wären und Zunder. Worauf dann zu weniger großer Genugtuung eines höchsten Diwans ein Landmarsch der Überlebenden ... Ali Pascha mußte nun doch lachen. Und was half's auch? In dieser halben Falle saß er zur Stunde mit all seinen Galeeren nebst nautischem Drum und Dran. Falls die Liga den Schneid hätte, im Schatten ihrer Inseln draußen aufzumarschieren und ostwärts in den äußeren Golf zu rücken. Aber wenn, dann sollten sie mehr als bloß ein Haar in der Suppe finden! Heiliger Muhriz! Und Salz bis zum Erbrechen. Dafür war er der rechte türkische Schiffskoch. Ein Muster geradezu von einem Sudelkoch ... Friede mit euch, ihr Söhnchen! ... Na? ...

Dem Kapudan Ali, Pascha mit drei Roßschweifen, wurde gemeldet, daß die Feinde nach gemeinsamem Gottesdienst allen Schiffsvolks und aller Soldaten zu **Phiskardon** auf Kephallinia Anker aufgenommen. Er werde wohl einen Tag Vorsprung haben, meinte der Kurier. Mehr aber nicht, im Falle sie Ithaki nordwärts umschifften.

Pertau Pascha ließ sich melden und erstattete Rapport über den schlechten Stand der Rekrutenausbildung und die allzu hohe Krankenziffer. Pertau schlug vor, nach **Nava-**

rino zu verlegen. Noch wäre es Zeit. Der Kapudan Pascha entließ seine Söhne mit einem Gutenachtgruß, der ihm zu flüchtig geriet. Es tat ihm leid.

Säbelrasseln, Sporenklirren. Ein Kapidschi Baschi aus Istanbul. Auf dem Landwege. Reiterstafette. Lange erwartet. Allerhöchster Befehl zum Angriff, wo immer der Feind sich befände. Sehr energisch. Christenflotte mit Mann und Maus gefangen ans Goldene Horn! Wörtlich ... Leicht gesagt! Die See ist weit. Wo blieb die Liga? Der überbringende Spahileutnant zögerte und strahlte, als er ein zweites Schreiben überreichte ... Was! **Famagusta!** Famagusta gefallen! O Kinder Adams! Allah sei Lob und Dank! Gärten, durcheilt von Bächen, für Lala Mustapha, den Sieger!

Der Pertau Pascha schwieg. Ein Schnellruderer kam längsseits. Der Schiffshauptmann begab sich erst gar nicht herüber, er rief wie atemlos: Botschaft von Caragoggia, sie kommen! Vorhut Don Juans läuft auf Höhe von Vathi nach Ost!

Der Kapudan Pascha erhob sich mit glänzenden Augen von seinem Polster und dehnte aufatmend die Brust. Admiräle und Truppenkommandeure auf das Flaggschiff! Lagebesprechung und Befehlsausgabe. Die Abendlieder der griechischen Matrosen verstummten. Der Kapudan ließ unverzüglich alle Infanterie an Bord nehmen und noch in dieser Nacht seine gesamte Schiffsmacht in den äußeren Golf laufen. Niemand schlief.

25 Lageplan vorab

Die thalassographischen Verhältnisse können Sie selbst in Augenschein nehmen. Sie brauchen nur die wunderhübsche Autobahn von Athen nach Patras entlangzueilen. Bis ungefähr acht Kilometer vor Patras. Dort finden Sie rechter Hand bei dem kleinen Fort **Rion** (Rhion), das es schon in der Antike gab und das die Venetianer einst **Castro Moreas** genannt haben, eine schöne, weißlackierte, starke Autofähre. Mit diesem seetüchtigen Prahm rauschen Sie die drei Kilometer, wenn es soviel sind, nach Norden über die engste Stelle des Golfes, der ja wirklich, bevor der Isthmus von Korinth durchstochen wurde, etwas von einer großen Reuse zum Flottenfangen gehabt hat, auf **Antirrion**, sprich Andirrion, zu. Ein Fort ebenfalls: **Castro Rumelias** in venetianischen Tagen. Denn der Name Hellas war eigentümlicherweise schon im Mittelalter ganz abhanden gekommen, alle Welt bediente sich der international gängigen Seefahrerbezeichnungen: für das Griechenland nördlich des Korinthergolfs Rumelia, für die große, zerklüftete und ausgezackte Halbinsel Peloponnes südlich des Golfs wie schon in der Spätantike Morea (= Maulbeerbaum). Ja, die Griechen des Mittelalters nannten ihr eigenes Land bloß noch Romania Europa. Hellas lag unter der Asche scheinbarer Vergessenheit.

Steuerbord voraus etwa acht Kilometer Luftlinie entfernt die bergwärts steigenden Mauern und Häuser von Lepanto, das heute wieder **Naupaktos** heißt. Wie vor 3000 Jahren. Wie zu den morgenfrühen Zeiten der Herakliden. Nafpaktos gesprochen. Zu deutsch: die Schiffswerft. Von dort setzten die Herakliden zu wiederholten Malen über und berannten und brachen die hochberühmten Burgen der Atridenenkel und -urenkel. **Mykenai**, das Sie besuchen werden, ein Raub der Flammen. **Tiryns** in der Argolis nicht anders. Doch die hochgemuten Herren und Frauen wurden zu immerwährender Erinnerung, nachdem Blut und Tränen überreichlich geflossen waren, in den zeitenthobenen Adel der Sagenhaftigkeit erhöht.

Marineblau, in elementarer Teilnahmslosigkeit wogen die Wasser im Golf. Auf den Zinnen der beiden alten Forts wehen die Flaggen der griechischen Marine, und Marinesoldaten mit weißen Mützen zeigen sich hinter der Mauerkrone auf Posten. Die »Kleinen Dardanellen«. Daran Lepanto gewissermaßen das Troia. Wie Priamos' Veste an den Großen Dardanellen. Wer diese Länderspange innehatte, bestimmte, ob Morea oder die Peloponnes zum Festland gehöre oder nicht. Er konnte das Hellenenland in die Quere spalten. Heute hat der Kanal von Korinth die Verhältnisse abgewandelt, diese strategischen Punkte aber ihrer Wichtigkeit nicht beraubt.

Bei normaler Sicht werden Sie an Backbord draußen die gebirgigen Eilande erkennen, die, vor der sogenannten Heraklidenrückkehr, die Inselkönige Laertes, Odysseus und Telemachos regiert und kontrolliert haben: mehr nördlich **Kephallinia** mit Ithaki davor, und südlicher, erst von Antirrion aus als Insel recht zu erkennen, **Zakynthos**. Jetzt trägt Sie die maschinendurchdröhnte Fähre mitsamt etlichen Lastwagen und Omnibussen und vielen Personenkraftwagen, samt Kasten, Kiste, Kiepe, Korb und Pappkarton über den östlichen Hintergrund des historischen Schlachtreviers von Lepanto. Sie befinden sich in der türkischen

Etappe von 1571. Denn Sie fahren, damit Sie nicht denken, hier war's, nur hinter der aufmarschierenden Flotte des Kapudan Pascha entlang. Als befänden Sie sich auf einem seiner zahllosen Versorgungssaiken... *»so mit monition und mit Proviant beladene Schifflein seyn...«* Beim rückwärtigen Dienst.

Sie werden sehen, wie weit zurückgezogen **Lepanto** golfeinwärts liegt. Es hat seinen Namen einer Seeschlacht verliehen, die tatsächlich aber sechzig Kilometer weiter westlich stattgefunden hat und ihre dramatischsten Bilder bei der **Oxia-Insel** entrollte. Das ist eine fruchtbare, sonst aber bedeutungslose Schwemmlandinsel vor der Mündung des Flusses Achelōos, oder es waren seinerzeit zwei oder mehrere Eilande, Partikel, Partikelchen der Ionischen Inseln, zur Gruppe der **Echinaden** gehörig. Rosarius, mein Festredner und Gewährsmann, besteht darauf, daß *»sie jetz Salie genannd seind«*, doch kann ich diesen oder einen auch nur ähnlichen Namen nirgends sonst finden. Dagegen wird für die Echinaden da und dort der Name Curzolarische Inseln angegeben. Von den Echinaden wußte schon die Ilias (2, 625), und es könnte sein, daß die dort erwähnte Insel Dulichion mit der heutigen Oxia identisch ist. Dann hätte sie zum Inselkönigreich des Odysseus gehört. Und das hätte sie auch - so eine andere Lehrmeinung -, wenn Homer mit Dulichion unser Kephallinia gemeint hätte.

26   Umrisse einer Seeschlacht

Die Schiffe der Liga hatten die Straße von Messina am 15. September verlassen und *»seind sie sämptlich und einhellig mit gutem Nachwind gen Corfu geschifft...«* Von Kreta her hatten venetianische Galeeren unter dem Provveditore **Marco Quirini** und unter **Antonio Canale** rekognosziert, und da auch von Messina schon zwei Galeeren als Kundschafter ausgesandt worden waren, hatten die türkischen Flottenbewegungen, trotz einiger Fehlinformationen zu Anfang, beizeiten und genugsam aufgeklärt werden können. Kommandanten dieser beiden Schiffe waren der Venetianer **Chito Pisani** und der Malteserritter **Gil de Andrade**.

Nachdem man, wie sich denken läßt, während der Fahrt

nach Korfu Befehlsdurchgabe und andere Fragen der Funktionsfähigkeit eines so buntgemischten Verbandes seekriegsmäßig durchexerziert und sich obendrein vergewissert hatte, daß weiter nördlich keine Türken mehr im Hinterhalt lagen, ruderte die Christenflotte, in der es im übrigen an Reibereien, Rivalitäten und gar auch an kaum beizulegenden Zerwürfnissen nicht gefehlt hatte, geschlossen zwischen den odysseeischen Hauptinseln und den Curzolaris aus Nordwest in den Golf von **Patras** ein. Dies geschah zu Beginn der vierten Nachtwache am Tage der heiligen Justina. Unter Sterngefunkel. Kalter Wind wehte vom Festland.

Der Türke kam *»mit auff gespanten Segeln und gutem Wind . . . gefahren zu den Inseln Salie genant . . . dahin ist er gleichsam spilend und kurtzweilend ankommen«*. Da stillte sich das Funkeln der Sterne, und ein erstes Frührot glomm düster hinter dem Arakynthos und den anderen schwarzen Bergzacken des Festlandes auf. Glutroter Saum am Mantel der Nacht.

Die Liga, durch den Gegenwind im Nachteil, hielt. Mit vereinzelten Ruderschlägen dann und wann korrigierten die Schiffe ihre Positionen. Man wartete noch auf die Vorhut, acht sizilianische Galeeren unter dem Vizeadmiral **Juan de Cardona**, die, auf Streifwache unterwegs, die Bewegungen des Gegners im Auge behalten hatten, nunmehr aber kaum eher eintrafen als der Feind, dessen Nahen sie melden sollten. Es war für viele Tausende der letzte Tag, der da rosig und morgenschön heraufblühte.

Nach einem magisch frommen, wenngleich taktisch belanglosen, einem angeblichen Brauch soll die Türkenflotte, wie sie sich formiert hatte, die Gestalt eines Halbmondes gebildet haben, dessen Hohlschwung nach Westen geöffnet war. So unterstellen es einige Schlachtbeschreibungen. **Rosarius** erwähnt davon nichts. Nicht ausgeschlossen dennoch, daß Alis Schlachtordnung einen hohlen, zur Umfassung ausholenden Halbbogen gebildet hat, den die Christenpartei sich um so mehr als Mondsichel ausdeutete, als hier ja wirklich Halbmond und Kreuz wider einander fuhren. Wen hätte das unbeeindruckt lassen können?

Was andere und spätere Darstellungen der Schlacht berichten - sogar auch die bisher wohl jüngste von **Charles Petrie** (1967) -, daß nämlich die beiden Spitzen jenes Mondes im Norden und Süden beinahe das Land berührt hätten, ist doch wohl mangelnder Ortskenntnis oder, wie der mondförmige Aufmarsch, der Phantasie entsprungen oder geht auf Flugblätter und Reproduktionen gewisser Schlachtgemälde zurück, die es so wie beschrieben oder ähnlich gegeben hat. Die Breite des äußeren Golfs beträgt nämlich von den Oxias nach Süden gut und gern 25 bis 30 Kilometer. 300 Schiffe zu 6 Metern Breite und mit mittleren Zwischenräumen von 40 Metern in Dwarslinie würden nur eine taktisch bereits sinnlos dünne Kette von rund 14 Kilometern Länge ergeben. Tatsächlich hat aber auch nach Petrie die Schlachtlinie der Liga nur eine Ausdehnung von 6 bis 7 Kilometern gehabt und sich erst später etwas auseinandergezogen.

Bleiben wir der Einfachheit halber beim Bilde: das nördliche oder rechte Halbmondhorn, das 56 Galeeren stark war, befehligte **Muhammed Sirocco** - nach anderen Siroch, nach dem Rosariusübersetzer Syrocho -, ein *»fürnehmer Meerrauber und sehr strenger Mann«*. Das linke oder südliche Horn, ungleich stärker, *»schir neuntzig«* (93) Galeeren umfassend, führte ein bekannter, berüchtigter Korsarenadmiral, der sich auch schon vor Malta ausgezeichnet hatte: Luchali oder Vluc Chiali Bassa oder Uluch Ali Fartax oder nach Rosarius *»der Ochiale von Alchier, Türckischen Keysers Statthalter in der Barbaria«* oder El Louck Aly in **Bradfords**, der dieses Namens gleich zwei zu kennen vermeint, Ali El Uluji in **Charles Petries** Schreibweise: der **Ochiali!**

In der Mitte, wo die Mondsichel ihre größte Dicke zu erreichen gehabt hätte, tatsächlich aber mit 96 Schiffen nur wenig stärker war als der südliche Flügel, führte, zugleich mit dem Oberbefehl über das Ganze, Ali Kapudan Pascha von seinem Flaggschiff »Sultana« aus das spezielle Kommando. Ihm nahe **Pertau Pascha**, Kommandeur der Kampftruppen, auf eigener Galeere. Bei Rosarius kommt er nicht vor. (Bei **Lazaro Soranzio** findet sich, in einem Text von 1594, aufgeführt unter hervorragenden Admirälen, die dem türkischen Sultan im Laufe der letzten Jahre damals weggestorben seien, ein Petaf Pascha. Dieser und ein anderweitig verballhornungserzeugter Pelauch oder Pertev werden wohl ein und derselbe sein.)

Weiße Fahnen und Flaggen vor dem Lachsrosarot des cirrusgetüpfelten Morgenhimmels flatterten ligawärts und machten weithin kenntlich, wo der oberste Türkengebieter zu finden war. Weiße Fahnentücher mit zwei gelben Halbmonden, die einander ansahen, oder mit schräg nach links aufwärts öffnendem oder zunehmendem Halbmond zwischen zwei Sternen über Eck. Das weißseidene Kapudansbanner mit ebensolcher Sichel in Goldstickerei und mit vier goldenen Sternen in den Ecken. So stellt das im 23. Kapitel erwähnte Gemälde die türkische Beflaggung dar. Rosarius meint, die Kapudansstandarte habe drei Monde gezeigt. Und so hat sie auch ein zeitgenössischer Stich des Melchior Lorichs wiedergegeben.

In der Phalanx der Kreuzesstreiter, die *»in einer zierlichen ordnung dem Feind zugeruckt«* war, hatte **Don Juan d'Austria** auf der »Real« die genau entsprechende Position gegenüber dem Kapudan Pascha inne. Das Stilgefühl scheint so etwas verlangt zu haben. Die Etikette fast. Von seinem Hauptmast wehte die vom Papst gesegnete blauseidene Ligastandarte mit dem Kruzifixus, den Wappen der Ligisten und mit Petri Schlüsseln. Auf dem athenischen Gemälde ist sie rot, also wohl unrichtig wiedergegeben. Und um ihn war *»die stercke und die blum des gantzen heeres«* versammelt: zweiundsechzig Galeeren. Oder sechsundsechzig. Das Flaggschiff in der Mitte. Zur Rechten, mithin südwärts oder moreawärts anschließend, **Colonna** mit einem bunten Geschwader. Denn Don Juan hatte alle Schiffe durchweg zu gemischten Verbänden zusammengefaßt, ohne Zunge, Herkunft und Schiffseigner zu berücksichtigen, welche kluge Maßnahme selbstverständlich auch die zwölf päpstlichen Galeeren betraf.

Zur Linken, nord- oder rumelienwärts, goldener Markuslöwe in rotem Feld, folgte mit venetianischen und anderen Schiffen **Sebastiano Veniero**, der Venedigs nächstfolgender Doge werden sollte. Der derzeitige war bis 1576 Lodovico Mocenigo. (Vor ihm hat mein Rosarius seine wohllautende und stellenweise selbstverständlich auch beschönigende, wiewohl in den Hauptsachen wohl zutreffende Rede zu halten gehabt.)

Ferner wird unter den in der Mitte Versammelten ein Herr **Lignius** genannt. In Venieros Begleitung. Ich nehme

an, ein Reichsgraf aus dem Hause Ligne, offenbar ohne
besonderes Kommando, aber doch wohl als Schiffshauptmann. *»Seiner tugent wegen / in Kriegen fürtrefflich«*, weiß
der Orator und Laudator zu sagen, der vor seinem hoch-
mögenden Auditorium einen solchen Namen nur anklingen
zu lassen brauchte, und es schallte wie eine Heeresposaune.

Sodann - abermals ein Posaunenstoß - Herzog **Emanuel
Philibert von Savoyen**, der sein Schiffsaufgebot von drei
Galeeren persönlich heranzuführen, als beweglicher und
unternehmender Mann, Eisenhaupt mit *nom de guerre*, sich
nicht hatte nehmen lassen wollen, *»mit sehr lustigem Muth
und geneigter wohlmeinung«*. Der Savoyer war dem spanischen Monarchen eng verbunden, hatte Schlachten für ihn
geschlagen und verdankte ihm den savoyardischen Thron,
der lange Zeit strittig gewesen war.

Weiter, als südlicher Flügelposten des Zentrums, das acht-
spitzige Tatzenkreuz auf Banner und Wimpeln, eins der
Malteserschiffe von Sankt Johann unter **Pietro Giustiniani**.
Tusch der Kriegsdrommeten. Dieser Prior von Messina war
ein Ordensritter aus dem großen venetianischen Patrizier-
geschlecht der Giustiniani. Hatte die Verteidigung von
Malta mitgemacht und dabei halbwegs schon das Weiße in
des Ochiali Auge sehen können.

Malta, Famagusta, Lepanto! Auf den Bastionen und
Schanzen von Malta hatten von 9000 Verteidigern alles in
allem nur 600 überlebt. Freund und Feind waren guten
Teils eingefleischt böse Bekannte. Nicht ohne bärbeißige
Achtung voreinander. Parlierten alle Sprachen des Mittel-
meeres. Waren nicht selten sogar alte leidgegerbte, dann
wieder losgekaufte Galeerensklaven unter dieses oder jenes
Fuchtel schon gewesen. Im Wechsel des Kriegsglücks.

Don Juans Adjutant war ein Oberstleutnant **Don Luis
de Requesens y Zuñiga**. Lag mit zwei Galeeren hart hinter
der »Real«. Bei Busbeck findet sich ein spanischer Admiral
aus der Zeit Solimans namens Bellingerus de Requeenes.
Vielleicht Don Luis' Vater.

Ordonnanzoffizier mit besonderem Auftrag war ein gewisser **Francesco Diodo**, Kommandant der vierten Ga-
leasse von Nord nach Süd gezählt, *»ein furcht Freier Haupt-
man / der den Sturm der Türkischen Armada / und der
Viehischen Feinde wüten ausstunde ...«*

Die Kommandanten der ersten beiden Galeassen - das waren die überschweren Galeeren - trugen den Namen **Bragadino**, aus der Sippe des Geschundenen von Famagusta. Schlimm für Sirocco. Kommandant der dritten: **Guoro**, der fünften: **Cesaro** und der sechsten: **Pisani**. Diese beiden bezogen die ihnen zugewiesenen Positionen vor dem Geschwader Doria etwas verspätet. Zum Vorteil dieses Südflügels, an dem dann soviel getadelt werden sollte, kann das nicht gewesen sein.

Auch der junge **Alexander Farnese** wird auf der Anwesenheitsliste geführt, der Herzog von Parma, Jahrgang 1546. Don Juans Neffe und Studienfreund. Von ungewöhnlicher Tapferkeit, wie sich zeigen sollte.

Auf dem rechten, moreawärts oder südwärts gespannten Flügel der Liga gebot, wie soeben vorweggenommen, **Giovanni Andrea Doria**, auch Giannettino geheißen und zwar über 64 (54) Schiffe. Dieser Doria darf nicht mit seinem berühmten Vater Andrea Doria verwechselt werden, verfügte aber ebenfalls über ein gerüttelt Maß an Erfahrungen mit Sarazenen, Morisken, Barbaresken, Korsaren oder wie immer diese Wassergeusen der Pforte genannt werden mochten. Sein Gegner und Gegenüber war der Ochiali mit 90 (93) Einheiten. Beide ehrt die Konfrontierung.

Den linken Christenflügel, Mohammed Sirocco vor Galionsfiguren und Rammen, hielt Venedigs Provveditore **Agostino Barbarigo**. Erwähnt wird ferner, wenn auch nicht bei Rosario, ein gewisser **Paul Jourdan** auf der linken Flanke des Zentrums, vielleicht ein Malteserritter französischer Zunge. (Ordensmeister in La Valetta war derzeit übrigens Pietro del Monte. Er und seine Amtsbrüder führten den Titel Altezza Eminentissima.)

Der Kapudan Pascha hatte kein eigentliches Reservekorps zurückbehalten, ließ aber unter dem Kommando **Murad Draguts** acht Galeeren sowie 32 Fregatten, Brigantinen und, was an geringeren Fahrzeugen sonst noch da war, *»hinden hernach«* ziehen. (Murad, läßt sich vermuten, wird ein Sohn des großen Dragut gewesen sein, der auf Malta gefallen war. Meisterschüler Cheireddin Barbarossas.) Don Juan auf der anderen Seite, obschon ohnehin minder stark an Schiffen, wollte eine kräftige Eingreifreserve hinter sich wissen: *»Inn der hinderhut hielten acht und dreissig*

*geschnabelte Schiff / die führet Alvaro Baciano / so wegen
seiner fürnehmen tugent der Neapolitanischen Armada
war zum Obersten fürgesetzt ...«* Als Kommandeur dieser
Reserve wird da ein Marquis von Saint-Croix, dort ein
Herr von Santa Cruz genannt. Der gemeinte spanische
Haudegen hieß mit vollem Namen **Alvaro de Bazán** (Bas-
sano), Marqués de Santa Cruz. War siegreich gegen Engländer, Franzosen, Türken und Barbaresken. Überwarf sich
aber später mit seinem ungenießbaren Monarchen und starb
aus Kummer darüber im Jahre 1588. Ohne seines Herren
Dank.

Don Juans Konzept der bevorstehenden Schlacht ähnelte
vice versa dem Schlachtplan Ali Paschas: beider Parteien
Nordflügel lehnten sich lose an die Oxias. So hoffte man
nicht überflügelt zu werden, weil das Meer seicht war, gegen
die angeschwemmten Eilande hin wandernde Untiefen
hatte, in denen sich selbst die einheimischen Lotsen schwer
auskannten, und streckenweise wohl überhaupt nicht schiff-
bar sein mochte. Ganz ähnlich wie 20 Kilometer golfeinwärts das Wattenmeer vor **Missolunghi**, auf dem nur flache
Fischerboote vorwärtskommen können. Von Missolunghi
wird noch mancherlei zu sagen sein. Auf dem Rückflug.

Die Ausgangspositionen waren klug gewählt, aber Alis
diesbezügliche Anordnungen sinnvoller. Er hatte seinen
Nordflügel schwächer als das christliche Gegenüber gehalten
und den Südflügel überstark gemacht. In gemeinsamer Wirkung dieser schiefen Schlachtordnung mit der drastischen
Verstärkung des linken Türkenflügels mußten menschlicher
Berechnung nach die Oxia-Inseln im Laufe der Schlacht den
Drehpunkt für eine frontale Schwenkung seiner Armada
nach Nordwest und Nord bilden, wenn nämlich der Ochiali
seinen Gegenspieler Giovanandrea Doria nach und nach
überflügelte und damit auch das Gros zum Zurückschwen-
ken zwänge. Auf eine Frontlinie **Kephallinia - Ithaki -
Oxia** etwa. In linker Umfassung. Bis zum Untergang und
zum Scheitern in den Untiefen der Oxias.

Menschliche Berechnung! Auf der Capitana »La Real«,
dem Admiralsschiff der Liga, wurde die päpstliche Standarte niedergeholt. Die Türken, die es sahen, stutzten. Don
Juan in leichtem Harnisch stieg *»in ein kleines Rennschiff-
lein«* und fuhr, ein Kruzifix in der Hand, *»schnell umb das*

gantze Heer . . .« zu einer letzten Inspektion. Zu letzten Ansprachen, spanisch, deutsch und einigermaßen auch italienisch. ». . . *Kämpft in des Herren heiligem Namen, daß der Feind nicht frage: wo blieb euer Gott?* . . .« Auf allen Christenschiffen knieten im Morgensonnenlicht Kapitän, Leutenant, Fähnrich, Bombardier und Knecht betend auf den Deckplanken, bis die Admiralsbarkasse wieder am Fallreep der »Real« angelegt hatte. Trillerpfeifen schrillten über die schweigenden, schwach nur dünenden Wasser. Don Juan ging wieder an Bord.

»*Ja auch eben umb dieselbe zeit ist der Wind gentzlich erlegen: daß auch dieser vortheil den Feinden so sich ihres Wolgangs zu sehr überkommen / und erblasen hatten / abgestrickt worden* . . .« Schönes Wetter. Prachtvolles Wetter. Daß der Wind mitten während der Schlacht umgeschlagen sei und den Moslems den eigenen wie den christlichen Pulverdampf ins Angesicht geblasen habe, wie mancher Schlachtbericht behauptet, klingt hübsch und wie ein Gottesurteil, gehört aber zu eben der frommen Legendenbildung, der auch die Halbmondparade zu verdanken ist. Es mochte kurz nach acht Uhr sein. Als alle Christenheit sich vom Gebet erhob, ging es wie ein Blitzen und Blinken von Schiff zu Schiff, die Morgensonne spiegelte sich in Abertausenden von Harnischen, Hellebarden, sprühte von Morions, Hummerschwanz- und Sturmhauben, von Schwertknäufen und Beinschienen.

Die päpstliche Flagge mit dem Seligmacher und Heiland wurde wieder vorgeheißt. Vereinbartes Zeichen für den Beginn! Trompetensignale. Signalböller. Die Geschützmeister standen auf den Galeassen bereits mit brennenden Lunten. Diese sechs, »*welche gleichsam ein Wall oder Bollwerk vor unsrer Schlachtordnung stunden* . . .«, je zwei vor Zentrum und Flügeln, ließen »*ihre Büchsen in der Feind Armada* . . . *abgehn* . . .« Donnergrollen der ersten Salve. Das geschah etwa um 9 Uhr 30. Die Wirkung, die dabei erzielt wurde, entsprach nicht ganz den Erwartungen. Oder die Türkenflotte bewies mustergültige Disziplin und ließ sich nicht aufhalten. Gongs, Pauken, Kriegsgeschrei. Sie ruderte vielmehr näher und näher. Pfeifen und Trommeln. Schellenbäume. In die Reichweite des kleineren Geschützes beider Seiten. Poltern, Platzen, Knallen über den Wassern.

Ruderte im Takt der Schlagzeuge kühn, um nicht zu sagen, tollkühn an den wuchtigen Galeassen vorüber. Ließ sie rechts und links liegen. Heidenspektakel. Merkliche Lücken entstanden dabei nicht.

Breitseiten konnten die Schiffe der Ruderer wegen noch nicht abgeben. Das schwere Geschütz war namentlich auf oder im Vorderkastell versammelt und konnte seine Kräfte am vorteilhaftesten bei Schüssen voraus einsetzen. Daß Don Juan bauliche Veränderungen, Modernisierungen an allen Bugaufbauten befohlen hatte, zahlte sich jetzt aus: die Geschützmeister der Liga hatten freieres Schußfeld für rasante Schüsse, die dicht über der Wasserlinie Wirkung erzielten. Die Türken schossen zunächst zu hoch, fuhren aber dessen unbeschadet, weil der Kapudan Pascha nichts als Angriff wollte, bis die ersten Rammsporne rammten. Bis die Artillerie zum Schweigen verurteilt war. Bis nur noch die Hakenbüchsen belferten. Bis man von Bord zu Bord handgemein werden konnte. Dies geschah zuerst auf dem nördlichen Schlachtfeld.

Menschliche Berechnung! Der Kapudan Pascha mochte recht behalten. Sein Plan würde in Kraft treten, sobald das Schwergewicht der Kämpfe sich auf den Südflügeln ausbildete. Sobald der **Ochiali** zur Umfassung ausholen konnte. Der Pascha maß dem, was sich zwischen den Nordflügeln abspielte, keine entscheidende Bedeutung bei. Der Pulverqualm, in Schwaden niedrig über der See, minderte die Sicht. Nur zu hörbar aber hatte man sich zwischen **Barbarigo** und **Sirocco** lebhafte Artillerieduelle geliefert. Das war richtig so.

Dann waren dort die Schiffsleiber aneinandergeraten. Recht so! Einzelkämpfe von Deck zu Deck. Klinge an Klinge. »Fus an Fus«. Die kokette Fortuna tänzelte hierhin und dorthin; dann wandte sie sich gegen die Christen: **Agostino Barbarigo** erhielt einen Pfeilschuß ins rechte Auge. Unter den herrschenden Umständen war das Geschoß nicht zu entfernen. Er, der Kommandeur dieses Flügels, war für seine Person außer Gefecht gesetzt. Der energische Herr, der all den Ämtern nach, die er bekleidet hatte, keineswegs mehr jung gewesen sein kann, lag mit zusammengebissenen Zähnen in der Admiralskoje. Den Pfeilschaft im Blutbad der Augenhöhle. Über das Poopverdeck stampften die Füße der Kämpfenden. Die Leiber der Fallenden schlugen dumpf dröhnend auf. Kommandos. Schreie derer, die ins Wasser stürzten, der Ertrinkenden drangen durch die halbgeschlossenen Kajütfenster. Röcheln und Gurgeln. Das Schiff bebte und zitterte. Stöhnen. Der Pfeilschaft zitterte nicht. Fluchen. Das Geschlecht der Barbarigo gehörte seit nahezu einem Jahrtausend zu den führenden Familien Venedigs. Gleich, wenn auch nicht gleichrangig dem Hause Bragadinos, des Geschundenen von Famagusta. Würde dem hier noch Rache werden?

Den Oberbefehl anstelle des pfeilgetroffenen alten Herrn übernahm sein Neffe **Marco Contarini**, der binnen weniger Minuten fiel. Der Luogotenente **Antonio Canale** vom venetianischen Kretageschwader sprang ein. Nach anderen war es Frederigo Nani. Canale ging heftig und mit Zorn an die Sache. Quirini desgleichen. Da erst faßte die so lange wankelmütige Glücksgöttin der Seegefechte den unergründlichen Entschluß, sich von den Halbmondfahnen zu wenden. *»Ein Windfahn ist ihr Panier.«* Es war gegen zehn Uhr, als die Kommandogaleere **Mohammed Siroccos** dort unter den Oxias von der Galeere **Giovanni Contarinis** gerammt und in den Grund gebohrt wurde. Infolge dieses Rammstoßes oder wenig später stürzte Sirocco verwundet ins seichte Wasser. Man fischte ihn heraus und schlug ihm den Kopf ab. Gnade kannten die Venetianer nicht. Sie dachten an Famagusta. Siroccos Geschwader versuchte sich daraufhin abzusetzen, begann folglich nach Südost auszuweichen, in die einzige Richtung, die blieb, und sich also der Flankendeckung durch das unpassierbare Oxia-Watt zu begeben. Aber Quirini kam dem zuvor und trieb das führerlose Geschwader nordwärts ins Niedrigwasser. Etliche Schiffe liefen auf und steckten im Schlick. Wer Glück hatte, sprang über Bord und suchte sein Heil in der Flucht aufs feste Land bei **Kap Skropha** neben der oder den Oxia-Inseln. Mit alledem aber war das Konzept des Kapudan Pascha über den Haufen geworfen. Neue Entschlüsse hätten gefaßt, neue Befehle gegeben werden müssen. Aber dazu war es zu spät! Die Uhr ging auf elf.

Um diese Zeit hatten sich auch in der Mitte, wo die Großadmiralsgaleeren bolzengerade aufeinander zugefahren waren, als bestimmten Magneteisen ihren Kurs, die

Schiffe scharenweis ineinander verkrallt und verbissen. Der
Kapudan Pascha hatte seine um einiges unterlegene Feuer-
kraft richtig eingeschätzt und den Nahkampf darum um so
eher gesucht. Seiner Infanterie Kopfstärke war größer als
die der Ligisten.

Die »Sultana« versetzte der »Real« einen solchen Stoß,
daß sie leck wurde und zu sinken drohte. Es gelang aber,
das Leck zu dichten. Doch die Türken hatten unterdessen
das Vorderkastell der »Real« eingenommen; die Nahkämpfe entwickelten sich brandeilig. Enterbrücken griffen
über die Schanzkleider von Bord zu Bord. Gefechte auf der
Corsia, der schmalen Kampfbrücke zwischen den Duchten.
Absurde Gefechte in der Art von Barrikadenkämpfen. Häuserkämpfe in einer unwegsamen hölzernen, schwankenden,
wippenden, kippenden Stadt voller Taue, Brücken, Stiegen
und Strickleitern. Auf hohl erdröhnendem, glitschigem
Paukboden. Auf blutüberlaufenem Parkett. Plänkeln.
Scharmützeln. Katzbalgen. Handarbeit. Kriegsmusiken
derer Musici. Hölzerne Galerien voller Verwundeter,
Freund und Feind. Die hantierenden Wundärzte. Hagel
von türkischen Pfeilen aus den Kastellen nieder. Präparierte Pfeile mit Lähmungsgiften. Priester mit der letzten
Ölung. Büchsenschüsse, Handgemenge um Pulverfässer. Pi-
stolenschüsse. Schiffsköche mit Wein und Brot, daß man
sich stärke. Kletterjagden zu Rahen und Stengen hinauf.
Rangeln auf Leben und Tod. **Colonna** fährt der »Real« zu
Hilfe. Colonnas päpstliches Schiff rammt die Kapudansgaleere! Gelobt sei Jesus Christ!

»*Dann der Fürst von Austria, ein hochberühmter Jüngling / und seiner Faust ein Heldt / ist schier überall mit Blut
der Feinden besprengt gesehen worden. Der Herr Venerio*
(= **Sebastiano Veniero**) *wiewol er jetzt seines alters im
sechs und siebentzigsten Jahr steht / ... hat ... die Türcken /
so mit großem Gewalt einbrachen / mit einer Tartschen*
(= Rundschild) *und Schwerd sich behelffende / gantz
Mannlich abgetrieben / auch darüber bald ein wunden empfangen: Welche er so lang verhälet / biß die Feinde hinweg
geschlagen waren / und hat solche Wunden dermassen ge-
rochen / daß er des Häuptmans Schiff / so sich an ihne
gerichtet hat / in sein gewalt bekommen und versencket ...*«
Veniero hatte einen Pfeilschuß ins Knie erhalten.

Inmitten dieses Wirrwarrs, Getümmels, Gemetzels, Gemeuchels der beiden Admiralsgeschwader, darin nur Härte, Mut, Waffengewandtheit, Trittfestigkeit - und Glück und Glück und Glück -, kaum aber taktische Schachzüge noch etwas wert waren, traf, als **Don Juan** einen dritten Versuch, die »Sultana« in seine Gewalt zu bekommen, höchstselbst anführte, den Kapudan Pascha ein Büchsenschuß. Auf der »Real« waren 300 Arkebusiere. Ein tödlicher Schuß. Den dunklen, festen, gepflegten Händen des Kapudan Pascha entfiel der Bogen, mit dem er soeben noch eigenhändig in den Gang der Dinge eingegriffen hatte. Nach anderen soll Ali nur hingestreckt worden sein, habe sich aber die Kehle willentlich durchgeschnitten. Don Juan, im Zuge und Sog des Hin und Wider schließlich Herr über Alis Galeere, ließ, ohne zu zaudern, den Leichnam enthaupten. Man sagt auch, ein Soldat aus Malaga habe es auf eigene Faust getan, als suche man zu mildern und die krasse Farbe zu retuschieren. Rache für Bragadino den Geschundenen! Rache! Venganza! Don Juan ließ das Haupt aufspießen. So, wie es war, unter dem grünseidenen Turmbausch des Turbans schön arrangiert. Mit den langen gezwirbelten Schnurrbartenden. Und ließ diese blutende Trophäe hoch am Achterkastell der Kapudansgaleere befestigen. Neben der Laterne. Weithin sichtbar. Aller Christenheit zur Augenweide, den Muselmännern zu Erschreknis und Widerdrieß. Manche Autoren verschweigen die Szene.

Fanfarentusch. **Don Juan**, blond, in silbern schimmerndem Stahl voller Blutspritzer, behend wie ein Tänzer, Moriskentänzer, Schwerttänzer, Gaukler, rief Victoria! Alle, die es vernahmen, riefen Victoria! Die deutschen Knechte, deren auf allen Schiffen zusammen 6000 waren, die 8000 spanischen Soldaten, die 11 000 italienischen. *»Allerley volck ungerechnet.«* Victoria! Vittoria! Gloria! Donner und Doria! Heil und Sieg! Wird auch aus griechischen Kehlen sich da und dort ein Niki! ins Siegesgeschrei gemischt haben. Niki! Die Uhr ging mittlerweile auf zwei. Victoria! Trionfo! Und die deutschen Knechte hoben die rechte Hand, wie es bei ihnen ein Siegesbrauch war.

Doch gehört es in das Gebiet der Historiendichtung, wenn berichtet wird, daraufhin nun seien die Türken von panischem Schrecken erfaßt worden. Sie dachten nicht dar-

an. Ebensowenig ist richtig, daß die Schlacht bereits nach
fünf Stunden beendet worden sei. Mein Gewährsmann
schreibt: ».*. . haben* (die Türken auf des Kapudan Pascha
Tod hin) *doch weder platz / noch den streit begeben: sondern des fürhabens ihre empfangene schäden zu rechen /
halsstarrig fortgestritten . . .«,* und spricht von etlichen
Stunden Dauer. Andere sprechen von sieben oder acht Stunden. Zumindest war die Schlacht, als die Halbmondfahnen
von den Masten des Kapudanschiffes gestrichen wurden und
statt dessen des Pascha entehrter Kopf über der »Sultana«
und auf dieser das Banner der Liga hochgingen, noch keineswegs abgeschlossen und auch noch nicht entschieden.

Auf dem südlichen Abschnitt vielmehr hatte die harte
Unerschrockenheit, das taktisch gescheite Draufgängertum
des **Ochiali** gerade erst die Lage so recht zu bestimmen begonnen, obwohl alles in allem nur noch aus der Not eine
Tugend zu machen blieb und selbst er in letzter Minute
geraten hatte, sich in den Feuerschutz der beiden Sperrforts
an der Golfenge zurückzuziehen. **Rion** und **Antirrion**.
Selbstverständlich war dem Ochiali seine Zahlenüberlegen-
heit zustatten gekommen. Aber er hatte sie auch zu nützen
gewußt. Anfangs hatte **Doria** seine südliche Flanke, um
einer Umfassung durch Ochialis Kräfte vorzubeugen, weiter
hinaus, also peloponneswärts geschoben. Dann lief der
Ochiali in dem Vorgeben, ihn immer noch überflügeln zu
wollen, mit äußerster Geschwindigkeit noch weiter nach
Süd. Je weiter nun Doria hatte folgen müssen, desto mehr
hatte er die Fühlung mit Don Juans Zentrum aufgegeben
und verloren. Der Abstand betrug bereits eine Seemeile und
wuchs noch.

Abstand? Die Lücke in der Front! Die Bresche! Auf sie
hatte der Ochiali es angelegt und gewartet. Er ließ - und
das nahezu auf der Stelle zu tun, ist nur geruderten Schiffen möglich! - halten und wenden, ohne genötigt zu sein,
seine am weitesten nach Süd gelaufenen Einheiten von dem
Wettrennen mit dem Genueser zurückzupfeifen. Er, inmitten oder an der Spitze jetzt seiner zentrumsnah zurück-
gebliebenen Galeeren, fuhr Gegenkurs und warf sich mit
aller Gewalt in die unverteidigte Blöße zwischen Don Juans
Führungsgeschwader und den nun doch schon unentschuld-
bar weit nach Süden abgekommenen Verbänden Dorias.

»*Aber nempt war / ir herlichen Zuhörer / wie ungewiß der außgang der schlachten / und wie sindwel (?) das glück sey! Denn als der Justinianus* (**Giustiniani**, Kommandeur der Malteserschiffe) *mit seinem Hauptschiff etliche der Feind Galeen angewend* (die des Ochiali nämlich, die nunmehr in die Bresche drangen) / *ist er mit so großer krafft und stercke in sie gefahren / daß er 2 von stund an gefangen hat: und es jetzt an dem war / daß er die dritte auch überkeme . . .*« Will sagen, die betreffenden Schiffe waren so ineinander verkeilt, daß sie nicht mehr loskommen konnten. »*Siehe zu, indes stürmen auff ihn zu über zwerg her 6 Türckische Galeen / also daß sie ihm schier all seine Kriegsleut / unter welchen 50 Ritter waren / gelegen* (= gefangen). *Gleichwol hat der Oberst nicht verzagt / unangesehen ihm schon zween Pfeil in Leib geschossen waren: Sondern die seinen auff den schnarren oder hinderspitz / Puppen des Schiffs gehaufft* (= auf dem Achterkastell versammelt) / *und der Feind grimmigen anlauff mannlich ausgestanden . . .*« Wenig nur hat gefehlt, so etwa fährt **Rosarius** fort, und es wäre, der eben noch die Feinde als Überwinder anrannte, schier im selben Ruck in ihre Hände gefallen.

Giustiniani hatte mit den ihm unterstellten Galeeren im Zentrum gestanden. Das muß ins Gedächtnis zurückgerufen werden, wenn die immer noch kritische Lage der Liga richtig beurteilt werden soll. Im Zentrum, an dessen rechter Flanke, an der Nahtstelle zum rechten Flügel. Aber diese Naht war geplatzt. Aufgerissen bei dem Versuch des **Giovanandrea Doria**, den Ochiali auszumanövrieren, welches Unterfangen, in der Anlage richtig, Dorias Kräfte überfordert und den Spieß gewendet hatte. Giustiniani fackelte nicht und warf sich dem Algerier mit nur einem Schiff, seiner Kommandogaleere, unverzagt entgegen.

Doktor Rosarius hat offenbar die festliche Hochstimmung beim Staatsakt im Markusdom nicht mit Einzelheiten über des genuesischen Bundesgenossen Mißgriffe beeinträchtigen wollen. Hübsches Exempel diplomatischer Delikatesse: die Liga, vertraglich auf zwölfjähriges Bestehen festgelegt, sollte sich mit dem Sieg »*im Ionischen Meer*« noch keineswegs etwa auflösen, sondern hatte, wie tüchtig auch zerstritten, dennoch zu beratschlagen, in welcher Weise Nutzen aus der türkischen Niederlage gezogen werden könne. Und dabei denn ging es für Venedig freilich in erster Linie um seine Stellung im östlichen Mittelmeer und die Wiedereroberung von Zypern.

»Und laß das Meer, das sich hinter dir geteilt hat, in Frieden, siehe, sie sind ein Heer, das ersäuft werden soll...«, so der Vers 23 der 44. Sure... Eine Niederlage der Türken ist es in der Tat geworden. Menschlichem Ermessen nach brauchte sie nicht einzutreten. Doch was heißt das schon? Es wurde eine der Niederlagen, wie sie selten im Buch der Geschichte stehn. Und dennoch ist nicht so ganz genau zu bestimmen, wann eigentlich die Wendung zur vollendeten Katastrophe und wodurch sie eingetreten ist. So muß man wohl annehmen, daß das pünktliche Eingreifen der Ligareserve sie herbeigeführt hat.

Alvaro de Bazán, Marqués de Santa Cruz, wußte mit bewundernswerter Umsicht darüber zu entscheiden und versäumte keine Gelegenheit, ohne seine Kräfte zu verzetteln. Das Erscheinen von 38 (31) Galeeren mit frischen, sicher auch kampfbegierigen Kräften überall, wo immer Gefahr drohte oder allerhöchste Not entstand wie um den Alleingang Giustinianis, hätte aber dennoch eine derart entscheidende Wirkung, wie sie dann mit überraschender Schnelligkeit zustande kam, verfehlen können, wenn die türkische Flotte, sowie man die christlichen Reservekräfte in Masse anrücken sah, sich abgesetzt und, in einem Wettrudern über 60 Kilometer allerdings, ihre Zuflucht im inneren Golf und hinter der Deckung der beiden schußbereiten Forts genommen hätte. Rion und Antirrion.

Nun war Fortuna freilich nicht mehr auf des Halbmonds Seiten. **Mohammed Siroccos** Rumpf war schon bei den Langusten und Tintenfischen. Des Kapudan Pascha Haupt steckte neben der Hecklaterne der »Sultana«. Rosarius führt auch noch den Tod eines *»schendlichen und arglistigen Meerraubers Ceraeosio«* an, hinter welcher Verballhornung der kühne Pirat **Caragoggia** steckt. Man erfährt aber bei ihm auch jetzt nichts von dem eingangs schon nicht erwähnten **Pertau Pascha,** der als Kommandeur der kämpfenden Seesoldaten doch für Ali Pascha und für Sirocco hätte einspringen können und als Stellvertreter Befehl zum Rückzug auf die Kleinen Dardanellen hätte geben müssen.

Wo war **Pertau** geblieben? Gefallen, ertrunken, gefan-

gen? Nichts davon. Pertau hatte sich davongemacht. Aus
dem Staube, falls dieses landgemäße Bild hier nicht gar zu
fehl am Platze ist. Aus den Wellenspritzern. Aus »*Pulver-
blitz und Knattern*«. Es war **Juan de Cardona** gelungen,
Pertaus Galeere zu entern und zu erstürmen. Während des
verbissenen Nahkampfes, der diesem Teilsieg vorausging -
denn die Janitscharen gaben so leicht keinen Zoll Deckplanken preis und waren zu Rückeroberungsversuchen flink bei
der Hand, hätten auch die »Sultana« noch zurückgewon-
nen, wäre Santa Cruz weniger umsichtig gewesen -, während dieses klirrenden, erbrausenden Waffenganges klet-
terte Pertau, in Lee sozusagen, auf der Abseite der Geschehn-
nisse sacht über eine Strickleiter in eine unscheinbare Bri-
gantine oder sonst ein Beischiffchen und verließ mit Kurs
auf die feste Erde Rumeliens die heroisch maritime Szenerie und die Truppen, die ihm anvertraut waren.

»*Als aber die Feind allenthalben geschlagen und erlegt,
da hette einer mögen sehen etliche nachjagen / etliche fliehen: etliche ertödt werden / etliche gefangen: die Schiff versenckt, durchbohrt / angezündt / hingeführt werden / endlich so weit man sehen mögen / alles überstrehet mit Pfeilen / Waffen / und todten Cörpern / und das gantze Meer mit
Blut geferbt / also das es von der Türcken Schweis und Blut
roth wurde / et cetera . . .*« Vorher heißt es: »*. . . ist es dahin
geratben: daß die Türcken / da sie sahen viel ihrer Galeen
versenckt / ihre Häupt Galeen gefangen / ihre Oberten
ertödt seyn / mit schanden ihre kleine Segel oder Focken
erhaben (= erhoben) / und sich in die Flucht begeben / viel
sind in das Meer gesprungen / und ihrer Gesellen Schiffen
zugeschwummen / und dieweil sie vor furcht nit wüsten /
was sie begehren oder meiden solten / schendlich umbge-
kommen . . .*«

Der **Ochiali** kümmerte sich um Pertau nicht, hat von dessen Flucht vielleicht auch so schnell nichts erfahren. Er
betrieb die Türkensache jetzt auf eigene Faust und gedachte,
nicht heimlich, sondern keck vor aller Augen und mit allem,
was er hatte und ihm unterstand, diese Wasserwüste voller
treibenden Gerümpels, verzweifelter Schwimmer und düm-
pelnder Leichen, diese Blutsuppe zu verlassen. Im Triumph
auch noch: er nahm Giustinianis Schiff in Schlepp, nachdem er die Flagge der Johannesritter, die er haßte, über

seiner eigenen hatte heißen lassen. Dies getan und nunmehr dem Angriff aller Galeeren des Santa Cruz, aller wieder verfügbaren Schiffe Don Juans und dem endlich doch
von Süden eingeschwenkten Geschwader Dorias und diesem
selbst gegenüber, strebte er sich von solcher Übermacht
fechtend abzusetzen. Dabei wurde Vizeadmiral **Cardona**
zum Schluß noch gefährlich, doch nicht tödlich verwundet.
Dann ließ der Ochiali notgedrungen das Schlepptau der
Maltesergaleere kappen, weil sie ihn hinderte, Fahrt zu
machen, und entkam mit dreizehn Schiffen, indessen 35 (34)
weitere aus seinem Geschwader sich nach Lepanto davon-
machten. Die Nachrichten sind ungenau und widersprüch-
lich.

Don Juan, lese ich bei **Petrie**, habe sich hinter die Insel
Petala zurückgezogen, um von dort einen ersten Bericht an
König Philipp zu geben, und Ochialis Zufluchtshafen sei
Preveza gewesen. Dies klingt - mit Respekt zu sagen - un-
wahrscheinlich. Denn der Weg in die offene See hinaus nach
Süden war dem Ochiali noch längst nicht abgeschnitten.
Die Richtung Algier wäre seine Richtung gewesen. Statt
dessen müßte er, um nach Preveza im Norden zu gelangen,
die wenig nur geschwächte Schiffsfront der Sieger in der für
ihn nur nachteiligen, ja selbstmörderischen Richtung durch-
rannt haben, um zu guter Letzt sogar, sozusagen Arm in
Arm mit ihnen, über 20 Kilometer fast auf gemeinsamem
Kurs zu segeln. Auch segelten die Sieger ein paar Tage später seelenruhig nach **Korfu** hinauf, wo sie am 24. Oktober
eintrafen, ohne sich um die 13 Schiffe des Ochiali gekümmert zu haben. So beschreibt es Petrie, ohne die Unterlassung näher zu erklären.

Ochiali, wohin immer auch, gewann die offene See. Und
hatte noch ein rühmliches Stück Zukunft vor sich. Er ist
nicht, wie **Lazaro Soranzio** meint, noch im nämlichen Jahre
1571 *»uff dem Meer niedergelegt«* worden *»von den Potentaten«* - eine Verwechslung, oder gab es doch ihrer zwei? -,
sondern wurde der Nachfolger Ali Muesinsades. Mit vollem Recht. Baute das Arsenal zu Istanbul weiter aus, beauf-
sichtigte den sehr raschen Wiederaufbau der Flotte und
erschien schon im folgenden Jahr wieder auf dem blauenden
Plan jener Meere mit 250 und 1574 gar mit 286 Schiffen
vor Messina und verheerte die Küsten seiner normannischen

Heimat Kalabrien; dazumal hatte sich die Liga schon in Mißgefallen aufgelöst. Er nahm auch den festen Platz **Goletta**, nahm den Spaniern **Tunis** fort und schied erst 1586 von dieser Welt voller befeindeter Wimpel, Flaggen und Banner: der Ochiali.

Allerdings ist die Richtigkeit auch dieses Datums wieder zweifelhaft. Denn **Cervantes** sagt, der Ochiali sei wenige Monate nach dem Fall von Goletta zu Konstantinopel gestorben. Das hieße 1574 oder 1575, wer weiß? Goletta übrigens liegt am Meer unmittelbar neben dem seit alters entscheidenden Platz, auf dem vorzeiten Karthago stand und fiel. Nah den Häfen.

27 Bilanz von Lepanto

Die sogenannte »**Fugger-Zeitung**« konnte ihren Lesern - nach entsprechender Laufzeit - mit der »Copia eines Sendschreibens von der christlichen Armada, gegeben den 8. Oktober 1571« aufwarten. Darin heißt es: »*... in diesem Rauch ist der Uluch Ali entwischt. Man weiß nicht, ob er nach Afrika oder in den Golf von Lepanto geflohen ist ... Man überlegt, wie man diese Victoria ausnützen und sonderlich dem Uluch Ali, der entronnen ist, nachsetzen soll ...*«

Dichtung und Wahrheit: Der »Gefangene« aus »Don Quixote« schildert sein Los am Tage von Lepanto: »*... an jenem Tage, welcher für die Christen so glorreich war, indem er den Irrtum zerstörte, in welchem sich die Welt und alle Nationen befanden, daß nämlich die Türken auf dem Meer unüberwindlich wären; an diesem Tage, an welchem der ottomanische Stolz und Trotz niedergeschleudert ward, war ich unter tausend Glücklichen, die es gab ... der einzige Unglückliche, denn ich sah mich in der Nacht, die dem ruhmreichen Tage folgte, mit Ketten an Händen und Füßen gefesselt. Dies hatte sich auf folgende Weise zugetragen: Aluch Ali, der König von Algier, ein kecker und glücklicher Corsar, hatte die Hauptgaleere von Malta angegriffen und be-*

*zwungen, und die Galeere des Giovanni Andrea Doria, auf der
sich meine Compagnie befand, eilte ihr zu Hilfe. Ich tat, was
meine Schuldigkeit war, sprang in die feindliche Galeere, die
von der, die sie angegriffen hatte, losmachte und dadurch meine
Soldaten hinderte, mir zu folgen, so daß ich mich allein unter
meinen Feinden befand und einer so großen Menge keinen Widerstand leisten konnte. Von Wunden bedeckt sank ich nieder, und
wie Ihr wißt, kam Aluch Ali mit seinem ganzen Geschwader
glücklich davon, und ich war sein Gefangener . . .«*

Das angezogene Sendschreiben sieht die Sache rosiger als
der Dichter, denn dort steht: *»Von vierzig Hauptgaleeren,
wovon wir 29 erobert haben, hat er nur eine davonge-
bracht.«* Hie Wehrmachtsbericht, hie Poet... Wer hat
recht? **Miguel Cervantes Saavedra**, Autor des weltberühm-
ten »Ritters von der traurigen Gestalt«, Jahrgang 1547, hat
mit 23 Jahren Dienste in der spanisch-neapolitanischen
Flotte genommen und im Jahr darauf die Schlacht von
Lepanto mitgemacht. Augenzeuge und Poet dazu. Vier
Jahre später geriet er in die Hände der Barbaresken. Sein
»Gefangener« also, den wir zitieren, berichtet mit dem Miß-
geschick, das ihn **Ochialis** harten Fängen überantwortete,
kein Detail aus der Autobiographie des Dichters. Aber Einzelheiten des Schlachtenverlaufs, die er mitteilt, dürften den
Tatsachen entsprechen. Das Entrinnen des Ochiali stimmt,
wenn auch keine Silbe darauf deutet, er habe sich nach Preveza abgesetzt. Ochialis Angriff auf die »Hauptgaleere von
Malta« paßt zur Schilderung des Rosarius. Auch erfährt
man etwas mehr über **Giovanandrea Doria**, der zwar aus
seiner Ausgangsposition herausgespielt und erheblich vom
Zentrum der Liga abgedrängt, jedoch noch keineswegs außer
Gefecht gesetzt worden war. Von irgendeiner Ordnung
allerdings konnte auf dem Südflügel der Liga keine Rede
mehr sein. Aber der Genueser Admiral vermochte doch
noch zu Hilfe zu eilen, wo es angebracht war. Und das war
es in der Bresche, die er gerissen, am allerdringlichsten.
Wenn **Marianne Langewiesche** in ihrem Venedig-Buch
»Königin der Meere« diesen Doria schlechthin als Schurken
abmalt, der böswillig keinen Finger gerührt habe, tut sie
ihm sehr unrecht. Und gegen Cervantes anschreiben? Wozu?
Soviel Gewalt sollte die Dichtung der Wahrheit nicht antun
dürfen.

Melchior Lorichs (um 1527 geboren und 1583 sicher noch unter
den Lebenden), Flensburger Maler und Kupferstecher, hat sich im
Laufe seines bewegten Lebens unter anderem auch *»vierthalb Jar«*
in Konstantinopel aufgehalten. Als Angehöriger einer kaiserlichen
Gesandtschaft. Seinen Darstellungen der Goldenen Stadt am Bosporus, ihrer Leute und Gebräuche sind anschauliche Begriffe der
dortigen Verhältnisse zu verdanken. Er scheint auch des Kapudan
Pascha **Ali** Galeere in Kupfer festgehalten zu haben, kann sie
jedoch, wie ich schließen möchte, in der Aktion, in der er sie darstellt, nicht nach der Natur gezeichnet haben. Auch war sein Aufenthalt in Konstantinopel vermutlich anfangs der sechziger Jahre
schon beendet, während Ali erst 1567 zum Kapudan Pascha er-
nannt worden war. Das Blatt ist beschriftet: *»La Galera General
de Ali Bascia Che Fu Capitan Gen. Nella Rotta Del M D L XXI
Di VII Ott«*. Wahrscheinlicher, daß dieses Kupfer gar nicht von
Lorichs selbst oder wenn, dann nach 1582 gestochen wurde und
lediglich auf eine Zeichnung von seiner Hand zurückgeht, die für
ein schiffskundliches Werk angefertigt worden sein könnte. Die
Beschriftung wäre sonst recht überraschend. Wie bereits gesagt, ist
der Kalender »neuen Stils« erst 1582 in Kraft getreten. Und dennoch trüge das Blatt, wenn mehr oder weniger bald nach dem
Schlachttage von **Lepanto** entstanden, schon die Datierung dieses
Tages auf den 7. Oktober. Da zerbreche sich den Kopf, wer mag.

Das elegante Schiff führt 26 Ruderpaare. An Deck wimmelt ein
ganzes Heer von Bogenschützen, deren flitzende Pfeile die Luft
schraffieren. Bei Lepanto hatte der Kapudan Pascha 100 Bogenschützen und 300 Arkebusiere an Bord. Janitscharenelite. Dem
Achterkastell dient ein Teppich als Persenning. Darunter der Pascha mit riesigem Turban. Ein Mast. Lateinersegel. An einer Art
Besanmast der *»Stendardo Gen.«* Im Hintergrund segelt und ru-
dert eine *»Fregata Turchesca«*. Mit 12 Ruderpaaren.

Volles Glockengeläut in der ganzen Romania. Triumph der
alten Kirche. Triumph der Gegenreformation. Papst **Pius**
stiftete das Fest Unsrer Lieben Frauen vom Sieg. Dank-
gottesdienste. Prozessionen. Aus künstlichen Brunnen roter
und weißer Wein. Salutschüsse. Illuminationen. Wie Tau-
benschwärme wehten über Europa die fliegenden Blätter
mit *»wahrhafftigen Berichten«* und gruseligen Holzschnit-
ten. Schaubuden und Bänkelsänger. Oden, Balladen und
Romanzen wurden angestimmt und vorgetragen.

Gemälde zum Thema Lepanto wurden begonnen. Die
Größten säumten nicht. **Tizian** malte ein allegorisches Bild
im Auftrage **Philipps II.** Es befindet sich in Madrid. Der

spanische Maler **Sanchez Coello** hatte dazu einen detaillierten Entwurf ausgearbeitet. **Tintoretto** lieferte ein Gemälde, das leider verlorengegangen ist. Oder lieferte er gar zwei? Man darf es oder sie sich wohl ähnlich wie seine »Battaglia Corsaro« und »Battaglia di Argenta« und andere Schlachtenmalereien in seiner stürmischen Darstellungsweise vorstellen. **Vasari** erhielt den päpstlichen Auftrag zu einem verherrlichenden Fresko in der Sala Regia des Vatikans. In Santa Maria in Aracoeli stiftete der Papst eine Kassettendecke, Lepanto zu Ehren.

Paolo Veronese hat in der Sala del Collegio des Dogenpalastes die Thronwand mit seinem Beitrag zum Ruhm jenes Sieges schmücken dürfen: im Dankgebet kniet der Doge **Sebastiano Veniero** vor dem Heiland; die heilige Justina, Namenspatronin des Ruhmestages, und Sankt Markus, Venedigs Schutzheiliger, empfehlen den Knienden der göttlichen Huld und Gnade. Wenn Sie nach **Venedig** kommen, können Sie das großartige Gemälde noch heute betrachten und werden über das Phänomen Venedig nachdenken. Über das Wunder Venedig. Venedig gehörte nicht zum Reich, nicht eigentlich zu Italien. Venedig ist eine Ostbastion des Abendlandes, aber auch ein westlicher Vorposten des mittelmeerischen Ostens. Und darin mag sein Geheimnis bestehen. An lange Jahrhunderte hochdramatischer Historie schloß sich verschmelzend eine lange Periode unvergleichlich schöner Malerei. Kunst als höchste Sublimierung geschichtlicher Erfahrung. *Tinctura aurea*, allerfeinstes Destillat auch aus Blut, auch aus Tränen, auch aus Schweiß. Anders entsteht Kunst wohl nicht. Und woher die Fülle der Genies in Handel und Politik, Seefahrt und Lebensverfeinerung, Krieg und in den Künsten?

16. Jahrhundert. Hohe Zeit hoher Greise. **Tizian** war damals 95 oder, falls er gemogelt hätte, um nicht als künstlerisch von **Giorgione** (Jahrgang 1478) abhängig zu gelten, doch in den Achtzigern. Zu Felde zogen oder kriegerisch zur See fuhren: **Soliman der Prächtige** mit 72, **Mustapha**, der Belagerer von Malta, mit 75. In den Siebzigern waren **Agostino Barbarigo** und **Sebastiano Veniero**, der Doge wurde und 1578 starb. Der Nachfolger, den man ihm wählte, war gerade 88 und amtierte dann noch sieben Jahre. **Pius V.** zählte in den Tagen von Lepanto 67 Jahre und zehn Monate. Nur sieben Monate Lebensfrist waren ihm noch beschie-

den. Ein vergleichsweise geringes Alter. Sein Nachfolger aber nahm Petri Stuhl mit 70 ein und wurde 83. Der **Ochiali** wurde 87. Und **Cheireddin Barbarossa** hat das Enterbeil erst mit 80 Jahren aus der Hand gelegt.

Grundsätzlich andersartiges, geradezu ständisch gegliedertes Schlachtenbild. Nach mittelalterlichem Ehrenkodex noch ausgerichtet. Nicht, daß **Lepanto** bloß der Markenname der letzten großen Galeerenschlacht wurde und sich ein Mann im Admiralsrang - vielleicht letztmalig überhaupt - des Flitzbogens bedient hat. Szeneninhalt, Szenenfolge waren vielmehr andere. Noch kämpften die obersten Armadaführer eigenhändig und handwerklich. Noch suchten und fanden sie die Möglichkeit, auf den ranggleichen Feind selbst zu stoßen: Großadmiral gegen Großadmiral, Vizeadmiral contra Vizeadmiral, Kapitän wider Kapitän und so fort. Kein ligistischer Kriegsknecht oder Seemann hätte in der Drückebergerei der höheren Führung einen Beschwerdegrund finden können, und er war Berufssoldat auf Gewinnbeteiligung, der, wenn er seinen Sold nicht bekam, gehen konnte und ging. Er bekam nicht, wie in den Kriegen des technischen und des Massenzeitalters, das abscheuliche Gefühl, von einem grausam abstrakten, fernwirkenden und zwar aus Feigheit fernwirkenden Führungsapparat verheizt oder doch ausgebeutet zu werden. Diese betrübliche Lage des wehrverpflichteten Mannes ist aber gar nicht von den sozusagen klassischen Ausbeutern erfunden worden, sondern geht auf die allgemeine Wehrpflicht und diese auf das martialische Geschenk der Großen Revolution in Frankreich, auf die *levée en masse* zurück. Ist im übrigen aber eine Konsequenz des technischen Zeitalters. Und an diesem Punkt wäre der Hebel anzusetzen und das moderne allgemeine Kriegsübel wohl noch zu kurieren, wenn Kriege nun einmal noch von keinem gesellschaftlichen System haben unterlassen werden können.

Zudem war die Entscheidungsfreiheit der mittleren Führung erheblich größer, da Feldherren und Obristen, je länger je mehr ins Gefecht oder in Nahkämpfe verstrickt, desto weniger verbindliche Weisungen und Befehle mehr ergehen lassen konnten. So war ein Mitglied des mittleren Offizierskorps nicht bloß funktionierender Befehlsempfänger und

-weitergeber, sondern einer, der notfalls selbst führen können mußte und es *à la longue* auch lernen konnte. Indessen
waren jene altfränkischen Kriege gemessen an der Zahl der
aktiv Beteiligten weit blutiger als die heutigen. Die See-
kriege zuvörderst.

Des Kapudan Pascha Hauptgaleere gehörte zur Beute, die unter
anderem aus 350 Kanonen, 3500 Sklaven und nach **Rosarius** aus
»161 Galeen / viel Fregaten und anderley Schiff« bestand. *»Die
andern Galeen / wie wir vernommen / seind verbrennt oder versenckt«* worden. Also: (maximal) 300 Galeeren minus 161 minus
48 (des Ochiali) gleich 91 türkische Galeeren, die ganz in Verlust
gingen. Andernorts liest man, daß Beute zu Untergang sich nur
wie 151 : 40 verhalten habe, liest hingegen auch vom Untergang
von 224 Schiffen. **Petrie** kommt auf 117 eroberte Galeeren.

Die blutigen Verluste waren ganz außerordentlich schwer. Zwar
schwanken die Zahlen auch hier, doch scheinen ohne die unzähl-
baren Ertrunkenen tatsächlich zwischen 20 000 und 30 000 Türken ihr Leben gelassen zu haben. Bei 88 000 Beteiligten also über
30 Prozent. Türken? Wenigstens die Hälfte dieser Gefallenen
dürften Griechen gewesen sein. Griechen auf türkischer Seite. Unterm Halbmond. Ein wahres Verhängnis. Nur 8000 dieser sogenannten Türken kamen in westliche Gefangenschaft. Darunter die
Söhnchen des Kapudan Pascha. Die Galeere, in der die Kinder
hockten, war von **Requesens** erobert worden. Eine Verwundetenziffer ist mir nicht vorgekommen. Man wagt sich die Zahl der
Verwundeten nicht auszumalen. Ihr Verbleib? Ihr Ergehen?

13 000 bis 15 000 christliche Galeerensklaven sind befreit worden. Angesichts einer so eindrucksvollen - wenngleich relativ
nicht einzigartigen - Zahl stellt sich die Frage, ob eine unauffäl-
lige und auf Verabredung nicht angewiesene Opposition dieser
Antriebskräfte nicht dem Sieg der Liga Vorschub geleistet hat.
Zumal im unübersichtlichen Durcheinander der letzten Stunden.
Vor **Malta** wie vor **Famagusta** hatten die Flotten nur oder hauptsächlich Transportzwecken zu dienen gehabt. Die Zweischneidig-
keit des Gefechtseinsatzes so vieler potentieller Gegner oder Sa-
boteure an dem Hauptfortbewegungsmittel dürfte hinreichend
deutlich geworden sein. Die *»Fugger-Zeitung«* meint: die christlichen Galeerensklaven *»haben den Türken, als es zur Schlacht
ging, großen Schaden getan«*.

Die Schlacht bezeichnet denn auch für die Türken einen prinzi-
piellen Wendepunkt hinsichtlich der Besetzung der Ruderbänke
mit christlichen Sklaven. Später wurden nur noch besoldete Ruderer verwendet. Die Reform begann schon zu **Selims** Zeiten. Man
nahm bezahlte Kräfte, Griechen, Slawen und Asiaten, die dann

in dem Maße überflüssig wurden, wie die reine Segelschiffahrt das Rudergaleerenwesen auch im Mittelmeer zurückdrängte. Darüber sollten allerdings noch gut zweieinhalb Jahrhunderte vergehen.

Für das entsetzliche, wahrhaft viehische Verhältnis zwischen Galeerensklaven und muselmanischen Kommandanten ist das Ende des **Hamet Bey** von Negroponte bezeichnend: dieser Neffe Cheireddin Barbarossas, von dem schon im 24. Kapitel die Rede war, hatte Lepanto glücklich überstanden und diente fortan unter dem **Ochiali**. Anno 1572, als alles, was davongekommen war, frisch wieder in See stach, wurde Hamets Galeere von einer neapolitanischen verfolgt, diese ein Schiff aus dem Geschwader Santa Cruz. Die Sklaven auf der »Prise« – so hieß auf deutsch das verfolgte Türkenfahrzeug – sahen das »Lupa«, die »Wölfin« näher und näher rücken. Hamet Bey schrie seinen Ruderern zu, sie sollten sich ins Zeug legen. Da ließen sie die Riemen fahren, oder einer tat es, und stießen ihren Peiniger zwischen die Ruderbänke. *».. . sie warfen ihn von einer Bank zur anderen, wobei sie ihn so durch Bisse zerfleischten, daß er schon in der Mitte des Schiffes niedersank und seine Seele der Hölle übergab«*, so beschreibt **Cervantes** den Vorfall. **Petrie** schildert ihn (auf **Arroyo** fußend) etwas anders, irrt sich aber in der Anmerkung, wonach Cervantes diesen Hamet als den *»tapfersten und grausamsten aller Mohren«* bezeichnet habe. Hat Cervantes nicht; er hat vielmehr in diesem Falle ganz jemand anderen, nämlich **Muley Hamida** von Tunis, gemeint.

Der »Gefangene« kann in diesem Zusammenhang noch mit folgender Mitteilung dienlich sein: *»Im folgenden Jahr, im zweiundsiebenzigsten, befand ich mich zu Navarino als Ruderknecht auf der Galeere Zu den drei Laternen. Dort sah ich, wie die Gelegenheit versäumt wurde, im Hafen die ganze türkische Flotte zu vernichten...«* **Cervantes** ist verläßlich, und der Himmel weiß es, bereits im Juni 1572 war abermals eine türkische Flotte auf dem Plan erschienen. Wie bereits erwähnt, war sie 250 (oder 150 + 8) Segel stark und nach den Erfahrungen von Lepanto stärker mit Geschützen bestückt. Der Sultan war reich, die Werften der Pforte erstaunlich leistungsfähig, die griechischen Werftarbeiter schnell, fleißig, Meister der Improvisation. Allerdings wurde flüchtig gebaut. Das Seekriegswesen begann zu verfallen, ohne daß es äußerlich zu merken gewesen wäre. 1576 würden von 300 nach der Katastrophe von Lepanto neuerbauten großen Schiffen nur noch 40 bewaffnet und einsatzfähig sein. Soweit war es aber vorderhand noch nicht.

Venedig vielmehr sah sich von der neuen Kriegsflotte aufs empfindlichste bedroht. Von Spanien erfuhr es keinen hinreichenden Beistand mehr. Spanien arbeitete an seiner Vormachtstellung zur See, das heißt im westlichen Mittelmeer und auf dem Ozean draußen. Als später Erbe Karthagos und der Phönizier. Und da die Sieger sich, wie vorauszusehen und zu befürchten - und wie angedeutet -, am Abend schon und in den Tagen nach der Schlacht über die Verteilung der Beute so wenig hatten einigen können wie über die weiteren strategischen und politischen Maßnahmen zur gebührenden Ausnutzung dieses Sieges, verschenkte das Abendland und seine zerzankte Christenheit unvergleichliche, so bald nicht wiederkehrende Möglichkeiten zur Erledigung des Türkenproblems. Und verschenkte sie ein Jahr später vor **Navarino** zum zweiten Male. Man hätte vor **Konstantinopel** rücken können. Und vielleicht wäre das Osmanenreich daran zerborsten. Im umgekehrten Falle wären die Türken sicher in den Kirchenstaat eingefallen.

Es konnte freilich nicht schon als Trost verabreicht werden, daß die Nachfahren und ihre Historiker dermaleinst von Lepanto ab den Verfall der türkischen Großmacht datieren würden. Und wenn ein solcher sich schon abzeichnete, so galt das gleiche auch für Venedig. **Pius V.** starb. Venedig mußte im März 1573 seinen Frieden mit der Pforte machen. Als habe bei **Lepanto** nicht Don Juan, sondern Selim II. gesiegt. Als habe der Halbmond das Meer behauptet und nicht das Kreuz. **Voltaire** wird nicht der erste gewesen sein, der darüber gespottet hat. Venedig mußte auf **Zypern** endgültig verzichten, um wenigstens dies und das und vor allem seine Handelsprivilegien zu retten. Und hatte in drei Jahresraten 300 000 Dukaten Reparationen zu zahlen. Das wären knapp gerechnet 150 Millionen D-Mark. (Nach anderen allerdings nur 15 000 Dukaten, was nur 12,5 Millionen D-Mark entspräche und darum nicht recht wahrscheinlich klingt.) Über diesem Vertrag zwischen Venedig und der Pforte zerfiel die Liga ein für alle Male. Im übrigen leistete sogar der deutsche Kaiser aufgrund geheimer Pakte Zahlungen an den Sultan. So stark war das türkische Reich: es siegte noch in Niederlagen. Und die von Lepanto war die eindrucksvollste seit 1453, seit der Eroberung von Konstantinopel, diesem aufwendigen und doch fälligen Sieg der Türken.

Einer der Gründe für dieses verhängnisvolle Versagen von der Stunde des Sieges an muß in der faszinierenden, schillernden, aber doch unberechenbaren Person des Prinzen **Don Juan** gelegen haben. Er wurde von etwas befallen, das wir im Sinne vorstehenden 11. Kapitels über **Bohemund** von Tarent Normannomanie zu nennen hätten. Dem kaiserlichen Bastard begann zu schwanen, es sei an ihm, ein vereinigtes Fürstentum **Albanien** und **Morea** zu errichten. Und wirklich, es erschienen wie gerufen Abordnungen der peloponnesischen und der albanesischen, der durch die Ereignisse sehr aufgeregten griechischen Bevölkerung, dem Siegerjüngling ihre Länder als ein mögliches Königreich zu unterbreiten. Aber was hätte Genua oder gar Venedig daran gelegen sein können? Dann wieder gedachte Don Juan sich zum König von **Tunis** aufzuschwingen. Was konnte Savoyen oder Spanien daran interessieren? Er eroberte Tunis auch, 1573, verlor es aber ebenso rasch wieder. **Philipp II.** war derlei nicht im geringsten genehm. Dann tauchte schemenhaft der Gedanke an die irische Königskrone auf. Als Ehegemahl der **Maria Stuart**. Philipp entzog seinem Halbbruder schließlich jegliche Unterstützung bei der Gründung utopischer Kronländer. Don Juan wurde als Generalgouverneur in die Niederlande versetzt. Dort endete sein meteorisches Leben im Jahre 1578. An der Pest. Er war 33 Jahre alt, vielleicht sogar jünger.

Die materiellen Verluste der Liga waren bemerkenswert unbeträchtlich. Abgesehen von Beschädigungen aller Art an etlichen Schiffen waren nur sechs Galeeren zugrunde gegangen: drei venetianische, eine päpstliche, eine savoyische und eine maltesische. Oder waren es zwölf? Oder waren es fünfzehn? Ein savoyisches Schiff, die »Piemontesa«, trieb herrenlos dahin, nur Gefallene noch an Bord.

An diesen allerdings hatte die Liga 5000 Mann Kriegsvolk zu beklagen. Oder waren es 8000? Der Gesamtverlust an Gefallenen und Ertrunkenen soll 15 000 Offiziere und Mannschaften betragen haben. Eine davon getrennte Verwundetenziffer finde ich nirgends verzeichnet. Das Doppelte der tödlichen Verluste wäre mindestens zu veranschlagen. Denn in Anbetracht der minder leistungsfähigen Feldschere und Wundärzte müßte das Verhältnis von Toten- zu Verwundetenzahl ungünstiger für die Verwundeten gewesen sein als in heutigen Kriegen.

Agostino Barbarigo, der Provveditore, starb 15 Stunden nachdem ihm der Pfeil in die Augenhöhle gefahren war. Seines *»tödlichen abgangs gesellen / und preises mitgenossen seind gewesen etliche treffliche Galeen Häupt Männer von hohem Adel / als Benedictus Superantius, Catarinus, Maripetrus* (= Malipiero?), *Vincentius Quirinus, Ieronymus Contarenus, Marinus Contarenus* (= Marco Contarini?) . . .« Ferner Iohannes Lauretanus, Andreas Barbaricus, Franciscus Bonus, Marcantonius Landus, Antonius Pascaligus. Ferner *»Iohann Baptista Benedictus ein Cyprier, Iacobus Metius von Cornito in Candia, Antonius Endemonicus von Cania, auch aus Candia, Iacobus Trissenus, ein Vitentiner, Ieronymus Byzantius von Catharo in Schlavonia / und Andreas Calergus von Retino in Candia . . .«

Diese siebzehn waren venetianische Hauptleute und Schiffsleiter, abgetreten von den Brettern des Welttheaters und den Corsias ihrer Schiffe unter Vorantritt ihres Obersten und Admirals Barbarigo. Sie waren Nobili verschiedenen Ranges. Zum höchsten, zu dem der sogenannten Wahlfamilien, gehörten die beiden **Contarini;** der dritte, Giovanni Contarini, hat Lepanto überlebt. Die beiden **Barbarigo** und **Giovanni Loredano** (oben: Lauretanus) zählten zum zweiten Nobilirang. Ihren Familiennamen nach dürften **Endemonikos** und **Kalergos** Griechen gewesen sein. Als Kreter waren sie venetianische Untertanen und zählten zur vierten Adelsklasse. Das Schiff des Kalergos hieß »Der bewaffnete Mann«.

Es befremdet, daß **Rosarius** in dieser Verlustliste die Namen der nicht-venetianischen Schiffskapitäne, die gefallen waren, unerwähnt gelassen hat. Es waren sieben an der Zahl. Einen kann ich nennen und aus meinem Buch »Berlin, jetzt freue dich!« zitieren: »Es war einer vom hiesigen (= märkischen) Adel, **Joachim von Sparr.** Ich weiß nicht zu sagen, ob er Großprior und Johannitermeister von ganz Deutschland gewesen ist . . . oder nur der Herrenmeister der Ballei Brandenburg . . . Herrenmeister aber muß er mindestens gewesen sein, denn seine Gedächtnistafel zu St. Marien in Berlin nennt ihn ›gros Ballein‹ . . . Joachim v. Sparr fiel in der Schlacht im ›Golfo de Levante‹, wie die Berliner Gedächtnistafel es ausdrückt, fiel von einer Türkenkugel getroffen.

Die langhin wehenden Wimpel mit St. Johanns siegreichem Kreuz
über dem Lateinersegel, am Hackbord aber mit den pulverschwar-
zen Geschützrohren die Totenflagge, darunter das Sparrenwap-
pen: weißer Schild auf blauem Grund mit sieben goldenen Sternen, so führte eine Galeere den Leichnam nach Malta, wo er Seite
an Seite mit den Brüdern aus aller Welt zur Erde bestattet wurde,
indes aus sämtlichen Häfen die Salven der Schiffsgeschütze, die
Salven der Bastionen und der Forts St. Elmo, Tigne und Manuel
draußen, gemischt mit dem Klang aller Glocken von La Valetta,
an den Bergfelsen sich brachen und über die herbstlich beun-
ruhigte See hin fortrollten.«

Und abermals bliesen glasigen Blicks die Muschelhornisten,
hob sich melusinisch feucht des Neptunus Töchterreigen aus
der grauen See und sang der Dreizackschwinger den Gene-
ralbaß zum Trauerchorus der Seinen. Aber der Christen
Glockenklang und Trauersalut dröhnten so laut, daß nicht
unterschieden werden konnte, ob sich in die Trauer um den
christlichen Ritter nicht kontrapunktierend eine heidnische
Wehklage über Christi Sieg mischte, dessen Macht sich für
neue Äonen gekräftigt und befestigt hatte.

Die »**Fugger-Zeitung**« bietet auch einen Katalog besonders Ausgezeichneter: »*In dieser Schlacht haben sich die Herren Quirini
und Andrea Doria* (= Giovanandrea Doria), *Herr Ascanio della
Corina* (oberster Johanniterkomtur von Kastilien), *Signor Fabio
Serbelon, Herr Pompeo Colonna, Herr Prospero Colonna und
Orsini mit ihrer Ritterschaft, Spaniern und Italienern, dermaßen
ritterlich und wohl gehalten, daß es sich in dieser Kürze nicht
nach Verdienst schreiben läßt.*«
    Und die »Fugger-Zeitung« wäre keine Vorläuferin künftiger
Gazetten, wenn sie nicht auch mit einer pikanten Nachricht aufzuwarten gehabt hätte: »*Man hat hin und wieder auf verschiede-
nen Galeeren Sultaninen und Zechinen gefunden*« (Münzen, die
Sultanine = 1 Dukat und 20 Karat fein, die Zechine = 2 Thaler
und 20 Groschen in der venetianischen Spätzeit) »*und auf der
Galeere des Caragoggia gar eine schöne, junge Frau, eine Christin.
Sie war zierlich und reich gekleidet und am Hals mit großen Perlen und anderen Edelsteinen und Kleinodien geziert. Sie hat sich
mit sechzigtausend Dukaten loskaufen wollen.*«
    Und sie ermangelt auch der tendenziösen Meldung nicht:
»*Durch besondere Schickung Gottes sind die Generale und Obersten einig und mit einander wohl zufrieden.*« Datum vom 8. Oktober. Als man noch voller Hoffnung war.

Es spricht nicht für Gepflogenheiten und Gebaren der türkischen Steuer- und Finanzverwaltung, daß ganz beträchtliche Privatvermögen die immense Beute interessant und desto strittiger machten. Auf der »Sultana« allein erbeutete man 150 000 Zechinen aus dem Besitz des Kapudan Pascha.

Dessen Söhne - der eine war Sultan Selims Neffe, nicht zu vergessen - überließ **Don Juan** dem päpstlichen Gewahrsam. Der größere Junge starb trotz guter Pflege, lese ich, an Heimweh. Um die Freilassung des Kleinen bemühte sich seine Schwester, indem sie sich brieflich an Don Juan wandte. Sollte nicht Alis Witwe die Briefstellerin gewesen sein? Der Kleine wurde daraufhin jedenfalls reich beschenkt in seine Heimatstadt Istanbul in Marsch gesetzt.

Alexander Farnese, Herzog von Parma, eroberte mit nur einem spanischen Infanteristen zusammen gleich ein ganzes Feindesschiff und wurde dabei nicht einmal leicht verwundet. Es geschahen schon rechte Wunder. Wunder an Tapferkeit hüben wie drüben und allerseits. Priester und Mönche griffen zu den ersten besten Waffen, die sie erwischen konnten, und hieben drein. Unter denen, die die »Sultana« eroberten, war auch ein weibliches Wesen, das als solches jedoch bis dahin nicht erkannt worden war und als Arkebusier auf der »Real« in Sold gestanden hatte.

Juan de Cardona erleidet bei **Petrie** auf Seite 128 der deutschen Übersetzung den Schlachtentod, was den Gefallenen nicht hinderte, gemäß Seite 154 im Jahr nach **Lepanto** die Nachhut der Ligaflotte zu führen, gemäß Seite 164 im Jahr 1573 die Flotte vor **Goletta** stellvertretend zu befehligen und auf Seite 190 anno 1575 sich nach wie vor des Lebens zu erfreuen.

»Ein weiterer Belagerungsteilnehmer«, sagt **Bradford** in seinem Maltabuch, *»der Lepanto . . . noch als Mitkämpfer erlebte, war der Chevalier Romegas . . . vielleicht der beste Seemann, den der Orden vom hl. Johannes je hervorbrachte . . .«*

Um auch des Nachschubs nicht ganz zu vergessen: **Don Juan** verfügte über ein viertes Geschwader unter **Don Gutierre de Arguello**. Es bestand aus reinen Segelschiffen, die dazumal noch als unzuverlässig galten, sowie aus Hulken, von denen aus den armierten Schiffen technische Dienste geleistet werden konnten, etwa bei der Verladung schwerer Geschütze, beim Vorrätefassen und so fort. Die Masten der Hulken hatten Ladebäume, Taljen und dergleichen.

Und ein Verwundeter in der Heerschar der unbekannten Verwundeten von Lepanto ist später ein weltbekannter Mann geworden, Sie wissen es schon: der Augenzeuge **Miguel Cervantes Saavedra**. An Bord der »Marquesa« war er - man sagt, als einfacher Soldat oder Unteroffizier, doch sollte man seines Adels wegen eher annehmen, als Avantageur, wenn tatsächlich noch nicht als Offizier - am 16. September von Messina aus mit der Ligaflotte in See gegangen. Die »Marquesa« gehörte zum Geschwader Barbarigo und ist sehr bald schon, weil eben auf dem Nordflügel, ins heftigste Gefecht geraten. Zwar hatte Offiziersanwärter Cervantes an diesem Tage Fieber. Dessenungeachtet aber bemühte er sich um das Kommando über ein Beiboot der »Marquesa« mit zwölf Mann, erhielt es und stürzte mit dieser Kriegsmacht ins Getümmel, wo immer sich die dicksten Knäuel bildeten. »*Zu höherem Ruhme des Rechts*« war seine Devise.

Er war zur Stelle, als **Siroccos** Flaggschiff gerammt wurde. Ein engagierter Dichter. 24 Jahre alt. Drei Musketenkugeln trafen ihn. Zwei schlugen gegen die Brust. Die dritte verstümmelte seine Linke für immer. »*Zu höherem Ruhme des Rechts!*« sagte Cervantes. Ein Jahr später war er schon wieder bei den Fahnen und im Dienst. Wieder war es der 7. Oktober. Diesmal vor **Navarino**. Ein Jahr und drei Tage später machte er die Eroberung von **Tunis** unter Don Juan d'Austria mit. 1574 war er noch immer im Dienst, den er erst quittiert zu haben scheint, als der Prinz seine Strafversetzung in die Niederlande erhielt.

Türkische Seeräuber kaperten die »Sol«, auf der der Dichter und sein jüngerer Bruder heimzureisen gedacht hatten. Beide kamen zusammen mit anderen spanischen Passagieren in die Sklaverei. Der Dichter sogar für fünf lange, bittere, aber auch abenteuerliche Jahre. Als er als freigekaufter Mann wieder Spaniens Boden betreten konnte, zählte er 33 Jahre. Und konnte beginnen, der zu werden, der er war. Als Sklave hatte er sich mit Plänen zu einem allgemeinen Sklavenaufstand in Tunis getragen. Ihm hatte ein tunesisches Königreich vorgeschwebt. Auf dem Thron er, Cervantes, Miguel I.

Bei **Petrie** steht: »In Rom war übrigens am Nachmittag der

Schlacht der Papst, als er gerade mit seinem Schatzmeister bei der Arbeit saß, plötzlich aufgestanden, hatte das Fenster geöffnet und hinausgesehen, als höre er ein entferntes Geräusch. Nachdem er einige Augenblicke gelauscht hatte, schloß er das Fenster wieder und entließ den Geistlichen mit den Worten: ›Gott sei mit Euch; es ist keine Zeit für Geschäfte, sondern um Gott zu danken, denn in diesem Augenblick ist unsre Flotte siegreich‹, und als der Mann den Raum verließ, sah er seinen Herrn vor dem Kreuz niederliegen. Der Schatzmeister war durch diesen Zwischenfall natürlich tief beeindruckt, und er hatte sich sorgfältig Tag und Stunde notiert.«

Das ist gewiß in ein miserables Deutsch übersetzt. Das Hellgesicht des Papstes zu dieser Stunde aber verdient Beachtung. Telepathie als Ausdruck allertiefster Beteiligung.

28 Megara unverändert

Megara an Backbord, ein Landstädtchen ... Alte Feindin des alten **Athen** ... Aber den Sieg des modernen, wiedererstandenen Athen über alle griechischen Städte im Auf und Ab und im Lauf der Jahrtausende wird Ihnen das Flugbild dieses Stadtwunders in wenigen Minuten sehr anschaulich machen. Megara hingegen, so wenig eindrucksvoll es sich von oben ausnimmt, Megara hat Zeiten gesehen, in denen es sehr wohl mit Athen konkurrieren konnte.

Nachdenkenswerte Sache überhaupt, der Werdegang der Städte, ihr Wachsen, ihr Wirken, Sinken, dieses dramatische Kräftespiel jenseits menschlicher Entwürfe und doch auch nicht frei von menschlicher Mitwirkung. Megaras große Seefahrt lag früh und mag schon vor Homers Zeiten begonnen haben. In der Mitte des siebenten Jahrhunderts gründete Megara auf altem Siedlungsplatz die Tochterstadt **Byzanz.** Byzantion. Aus dieser Tochter, die, obschon in geographisch-politisch bedeutender Position, doch niemals besondere Bedeutung erlangte (und deren Areal nicht größer war als das Gelände um den nachmaligen Serail der Sultane), machte **Konstantin der Große,** römischer Kaiser,

ein Jahrtausend später die Reichshauptstadt. Schwerpunktverlagerung imperialen Stils. Mit Folgen von immer noch
nicht kalkulierbarer Tragweite. Schon G. Iulius Caesar
hatte eine Ostversetzung der imperialen Hauptstadt ins
Auge gefaßt und dazu die diadochische Gründung Alexandria Troas ausersehen. Sie lag südlich der alten Troia. Also
Rückkehr in des Äneas Heimat, seines Ahnherrn. Heimkehr?

Schwerpunktverlagerung auf Kosten der Stadt **Rom**, die
notgedrungen einbüßen, veröden und verfallen mußte. Die
Weltherrschaft antiken Heidentums sah sich vor ihrem
Ende. **Athen** konnte es nicht glimpflicher ergehen. Das geistige Feuer um die mächtigsten Altäre der alten Götter
erlosch mit den letzten Opferflammen. In Gärten und Wan-
delhallen verstummten die Gespräche der Philosophen. Me-
garas Tochter aber am Bosporus, nach vollzogener Spaltung
des Imperiums in Ost und West zur obersten Metropole der
Christenheit aufgerückt und fortan Sitz der griechischen
Kaiser, verwies die alte Feindin ihrer Mutter, Athen, verwies den geistvollen Hochsitz in hoffnungslose Verödung.
Und in Vergessenheit. Das Abendland kannte den Namen
Athen nicht mehr, sondern nur noch einen Vulgärnamen:
Satines, Sythines (vermutlich aus ›is Athinas‹) und Kastell
Setines für die Akropolis. Man glaubt es kaum. Sie sehen,
es ist ein echtes Drama, das sich in Jahrtausenden abgespielt
hat und gewiß noch nicht zu Ende ist.

Der Triumph der christlichen Welthauptstadt **Konstantinopel** im adäquaten Schmuck der größten und prachtvoll-
sten Kirche des neuen Bekenntnisses war befristet. Aber
durch ein Jahrtausend hin galt die Megaratochter an der
Schwelle zwischen Abend und Morgen doch als die Stadt
schlechthin und hieß deshalb im Alltagsgriechisch nicht etwa
mit offizieller Benennung **Nea Romē** = Neu-Rom, sondern
kurz nur die Polis, das ist: die Stadt. Und die Bezogenheit
auf sie, die Ausrichtung auf sie, der Sog in *die* Stadt wird
an dem ionisch-griechischen Jargonnamen deutlich, den sie
noch heute selbst unter dem Türkenhalbmond trägt: **Istanbul** = is tan polin = in die Stadt. Welch eine Auszeichnung, welche Besonderheit: eine Stadt, deren Name nur in
sie hineindeutet. Wegweiser und Ausrufungszeichen. Die
große Stadt war dieses Konstantinopel im übrigen auch für

die Waräger und sonstigen Germanenhorden: **Miklagard** (vergleiche zu Mikla- das Mecklen- in Mecklenburg). Oder die Kaiserstadt = Zarigard. Zur Zeit der Kreuzzüge galt sie als die Königin aller Städte.

Die Einweihung der neuen Roma hatte Ende Mai 330 christlicher Zeitrechnung stattgefunden. Im April 1204 bemächtigten sich abendländische Kreuzritter Seite an Seite mit **Venedig** der Stadt des großen Konstantin und etablierten dort für 78 Jahre das sogenannte lateinische Kaisertum. Verwirklichung der normannischen Idee durch Unbefugte und Unzulängliche. Nur der Markuslöwe strich den Löwenanteil mit gelassener Pranke ein. Von diesem Piratenstück im Zeichen des Kreuzes sollten sich Konstantinopel und die schwindenden Reste seines Reiches nicht mehr erholen. Die Türken rückten näher und näher. Ende Mai 1453 fiel die Stadt einem letzten türkischen Generalangriff und auch einigen Nachlässigkeiten und ihren Folgen sowie letaler Erschöpfung zum Opfer. Und von Stund an war Is-tan-bul die Hauptstadt des Osmanischen Reichs, dessen Grenzen sich vielfach mit denen Ostroms deckten. In dieser Standortwahl steckte keimhaft der schon erwähnte Anspruch der Sultane auf die Nachfolge Konstantins des Großen. In der Wahl einer zunächst einmal viel zu weit nach Westen vorgeschobenen Sultansresidenz steckte ein Programm: Eroberungen mit dem fernen Ziel, Rom und das ganze Imperium von ehedem zu unterwerfen.

Als Konstantinopel unter den Halbmond fiel, hatte sich das Wiedererstehen **Roms**, als römisch-katholischer Hauptstadt der Nachfolger Petri freilich nur, zum guten Teil schon vollzogen. Doch in dem Maße, wie nun die störrische griechisch-orthodoxe Kirche - zumal auch in Ermangelung eines weltlich-geistlichen Oberhauptes in Gestalt des Kaisers - unters osmanische Joch gebeugt und unter der Fahne des Propheten gedemütigt wurde, gewann das päpstliche Rom den Rang einer allgemein verbindlichen Christenmetropole, der einzigen. Zeichen dafür der Bau der Peterskirche, des nunmehr größten und prächtigsten Gotteshauses aller Christenheit. Die **Hagia Sophia** war Moschee geworden und wäre auch ohnehin dem »bigger and better« des Petersdomes nicht gewachsen gewesen. Athen aber, ohne jede Funktion, blieb weiterhin in der Asche.

Nächster Akt: bezeichnenderweise entzündete sich an diesem Bau des **Bramante** der nordeuropäische Gedanke einer von Rom unabhängigen Kirche. Die mentale Kollaboration gewisser reformatorischer Kreise mit dem Türken, von der schon die Rede war, kam nicht von ungefähr. Und Rom oder der Stuhl Petri als Ausgangsort auch ins Weltliche übergreifender Macht begann sacht zu schwinden. Andrerseits fand sich eine Nachfolgerin des orthodoxen Konstantinopel, mit der zu rechnen das Abendland noch nicht gewohnt war: **Moskau.**

Denn nicht nur nach Italien waren Gelehrte und sonst befähigte Konstantinopolitaner, das Vermächtnis der Antike im Gepäck, gereist, übergesiedelt und endlich auch vor dem türkischen Zugriff geflüchtet, sondern, gerade eben um des Glaubens willen, auch ins christlich orthodoxe Rußland. Seit **Wladimir I.** schon. Moskau sollte noch das *dritte Rom* genannt werden!

Vollends das Jahr 1473 war entscheidend, als Zar **Iwan der Große** eine Nichte des letzten byzantinischen Kaisers, der in allerletzten Straßenkämpfen gefallen war, zur Zarewna machte: **Zoé-Sophia.** Damals immigrierten erst recht viele Griechen voller Hoffnung ins Zarenreich, und Iwan, der erste Träger des Titels »Selbstherrscher aller Reußen«, betrachtete sich aufgrund dieser Ehe als Anwärter auf den erledigten griechischen Kaiserthron. Der alte Doppeladler von Byzanz wurde zum russischen Reichswappen. Fingerzeig auf ein Programm.

Von da an ist eine Richtung aller russischen Politik bis auf den heutigen Tag vorgezeichnet, die byzantinische Richtung sozusagen hinsichtlich ihrer Ziele, die ostnormannische auf ihre Triebkräfte hin angesehen: Bosporus, Istanbul, Dardanellen, Piräus, Ägäis, östliches Mittelmeer und so fort. Von da an datiert auch die Erbfeindschaft mit den Türken, die als gewaltsame Eroberer russischen Ansprüchen und ungefähren Warägerträumen vom alten *austervegr* der Nordmänner hinderlich und quer im Wege stehen. Allerdings haben die Türken unterdessen Istanbul der Hauptstadtfunktion entkleidet und **Ankara** damit bedacht. Doch will das sicher nicht anzeigen, daß man türkischerseits die Kontrolle der Mittelmeerzufahrt aus der Hand geben will, wie deutlich sich auch mit der Verlagerung des Regierungssitzes nach Kleinasien der Verzicht auf Expansion in Europa ausdrücken mag. Als Kontrollstation am Zugang zum Mittelmeer behält Istanbul ein Amt, das noch sehr interessant werden kann. An den Großen Dardanellen mag eine vergleichbare Funktion einst Troia ausgeübt haben.

Anders die griechische Lage zur Zeit. Während der dunklen und leidvollen Jahrhunderte, die unter der Türkenherrschaft zu durchleben waren, hielt Griechenland immer mit Sehnsucht und stummer Erwartung nach **Moskau** Ausschau. Oder nach dessen kurzfristiger Vertreterin **Sankt Petersburg**. Zu Zeiten der großen **Katharina** zum Beispiel. Stark war das Bewußtsein und das Band der gemeinsamen Kirche. Dieses Band ist von Sowjetrußland zerschnitten und als Text oder Prätext für ein Agieren und Agitieren im Mittelmeer unverwendbar geworden. Es könnte durch ein Band des gemeinsamen Kommunismus ersetzt werden. Dagegen aber sträubt sich die konservative Christianität der griechischen Bevölkerung großenteils, und um so mehr, als es gerade das erstaunlich zähe Festhalten am überlieferten Glauben gewesen ist, das die Türkenzeit zu überstehen geholfen hat. Daher rührt auch die starke Position des orthodoxen Klerus beim griechischen Volk. Die ernste Lage der Dinge sollte und müßte eigentlich eine Annäherung Griechenlands und der Türkei befördern helfen, soweit sich alter Haß und alte Vorurteile zurückstellen, wennschon nicht von heut auf morgen überwinden lassen. Daß die Griechen wenig Lust haben, die vor 130 bis 140 Jahren unter schier unerträglichen Umständen und Mühsalen teuer erkaufte Freiheit von den Türken und all ihren knechtenden Vorgängern gegen eine wie immer auch geartete Abhängigkeit von Moskau und gegen eine Satellitenrolle einzutauschen, das sollte so unbegreiflich nicht sein.

Über alledem ist **Roma** seit über hundert Jahren nunmehr auch wieder weltlicher Regierungssitz geworden. Doch hatten, ehe es dies nach einer Unterbrechung von mehr als anderthalb Jahrtausenden wieder werden durfte, auf Landesebene freilich nur und ohne Kolonien, andere Städte zur Wahl gestanden, und **Turin** ist eine Zeitlang tatsächlich auch Hauptstadt des neuen Italien gewesen. Ähnlich wie **Nauplion** an der Ostküste der Peleponnes eine Zeitlang Hauptstadt des neuen Griechenland hatte sein dürfen, ehe

Athen es wurde. Die wirkende Gravitation, die die alten Schwerpunkte womöglich wiederherzustellen liebt, ist deutlich genug.

Beide Städte, Rom wie Athen, sind mit ihrer faszinierenden Melange von Ganzalt und Ganzneu von einer spannungsreichen Lebendigkeit, die erwartungsvoll stimmt. Verheißungsvoll wirkt. Der Marsch auf Rom freilich und die Proklamierung eines neuen Imperio Romano durch einen gewissen **Mussolini** war nur ein romantischer, hybrider Fehltritt, ein Lapsus, der anzeigte, daß es an einer römischen Idee für das 20. Jahrhundert mangelte oder noch mangelt, ich weiß es nicht.

Ähnlich **Athen**: der Wirrwarr seines politischen Lebens, seine dauernden Putsche und Regierungswechsel bei gleichzeitiger Hebung der allgemeinen Lebensumstände und des Sozialprodukts deuten wohl darauf, daß eine alles erfüllende Vorstellung nicht oder noch nicht vorhanden ist, sondern vorläufig nur eine steigende Tüchtigkeit aller. Die Nationalstaatenidee, die dem 19. Jahrhundert angehört und der beide Länder ihre politische Renaissance im Laufe jenes Säkulums verdanken, wird länger nicht ausreichen. Größere Entwürfe, die auf übernationale Kraftfelder und Wirtschaftsblöcke zielen, sollten Gestalt gewinnen können.

Megara aber, diese Mutterstadt, deren Filiale am Bosporus dermaßen weittragende Wirkungen gezeitigt hat, liegt noch an genau der Stelle der antiken Stadt an und zwischen seinen zwei Akropolen und hat, im Gegensatz zu Athen, nie anders geheißen als Megara. Ein kleines Denkmal seiner selbst.

29   Andre Seeschlacht, andrer Dichter

Megara ... Man kann wohl annehmen, daß es dort in früher Zeit auch eine phönizische Niederlassung gegeben hat. Wie in Korinth. Sie hätten es schwerlich liegen sehen können, denn unsere Maschine hat etwas nach Süden ausgeholt, um Athen anzufliegen. In **Korinth** war die phönizische Niederlassung, der Bedeutung des Platzes entsprechend, groß und von Einfluß. Deshalb wurden in der weltaufgeschlossenen Kaufmannsstadt am Isthmus - wie auf **Delos** - auch **Melqart**, der Baal von Tyros, und die Himmlische Aphrodite verehrt. Das ist Aŝtoret, des Melqart Mutter!

Auch auf der Insel, die wir soeben anfliegen, haben Phönizier gesessen, auf **Salamis**! . . .

Steuerbord genau jetzt in Südsüdost **Ägina**. Lassen Sie Ihr Herz nur höher schlagen. Unsre Herzen sind einmal so . . .

Linker Hand unten die Bucht von **Eleusis**, kolpos Elefsinos . . .

Backbord voraus am Festland **Naupegeion** sprich Nafpejion mit kurzem o . . . die Nafpejion Elefsinos AG, nagelneue Werftanlagen, Schwimmdocks und so weiter für 40 000- und 25 000-Tonnenschiffe. Wurden von Krupp gebaut. Auftraggeber: der griechische Staat und ein Unternehmerkonsortium. Italien war auch dabei: Impresit-Federici . . .

Was da so qualmt, sind die Zementwerke von **Eleusis**. Überhaupt macht sich die besondere Konzentration von Industrie um den alten hochheiligen Platz der Eleusinischen Mysterien durch Lufteintrübung geltend . . .

Ein älteres Hüttenwerk jetzt und dahinter ein mächtiges, ganz modernes von 1963: Halyvourgiki AG. Qualmt auch nicht schlecht. Jährliche Produktionskapazität 800 000 Tonnen Roheisen in Blöcken . . . Nun, das hebt die Welt nicht aus den Angeln. Aber für Griechenland ist es was. Vor fünfzig Jahren noch war dort nur Salzsumpf. Karge Ziegenweide. Sonst nichts.

Kyrios **Isaakidis**, Direktor der Phostiropoulos und der Biamax AG, hat mir einmal erzählt, er habe noch mit seinem Vater zusammen zwischen **Phaleron** und **Piräus** - vor uns in Flugrichtung - Hasen gejagt. Wie alt wird der Mann heute sein? Noch keine siebzig.

Die Entwicklung in den 135 Jahren seit Gründung des neugriechischen Staates ist zum Staunen. Und dabei hat dieses arge und genialische Land seit jener Gründung nicht weniger als zwanzig Revolutionen überstehen müssen. Und seit 1897 ein kleines Dutzend Kriege, Feldzüge und dergleichen obendrein. Das heißt über die letzten sieben Jahrzehnte hin nicht weniger als 46 Jahre ohne Frieden! Einschließlich zweier Weltkriege und des schlimmen Bürgerkrieges von 1946–1949. Das muß sich vor Augen halten, wer einen Begriff von dem bekommen will, was technisch

und wirtschaftlich trotz allem erreicht worden ist . . . Womit nicht
etwa gesagt sei, daß die Griechen an dieser Fülle innerer und
äußerer Kontroversen unschuldig und nur leidend beteiligt gewesen seien.

Ehe uns aber besagte Hochöfen ganz aus dem Blickfeld kommen: verhüttet werden fast nur ausländische Eisenerze. Denn so
reich Griechenland an Mineralien ist, Eisen hat es so gut wie
keines. Daher die Anlage des Werkes am offenen Meer, am
wohlfeilsten Transportweg also. Das Hüttenwerk hat, wie Sie
vielleicht erkennen können, eine eigene Pier. Der Erzfrachter, der
da gerade festgemacht hat, könnte seine 30 000 Tonnen fassen . . .
Ja, was dachten Sie? Dachten Sie, Sie finden einzig ein Kultur-
filmland, ein ›Disney-Land of Antiquity‹, wo zwischen ewig
blühendem Oleander irgendwer die Pansflöte anstimmt und da
und dort aus Marmelstein ein Säulenstumpf von verschwundener
Pracht zeugt? Dienst am Touristen? So nicht. Als ich zum ersten
Mal eine griechische Hirtenflöte hörte - auf **Zypern** zwischen
Episkopi und Paphos -, stand ich oben beim Apollontempel von
Kourion. Bei dessen Ruinen, versteht sich. Auf dem Meer draußen
schwamm verankert etwas wie ein Ponton, ein Fliegerziel. Zwei
britische Jagdbomber waren damit beschäftigt, dieses Ziel zu
attackieren und mit Übungsbomben zu belegen. Sie griffen von
Nord nach Süd an, warfen, trafen, recht genau übrigens, schwan-
gen sich donnerjaulend wieder aufwärts, schwenkten über West
nach Nord, griffen abermals an und so fort. Ihr Lärm verurteilte
die arme Flöte zu halber oder ganzer Unhörbarkeit. Nein, versprechen Sie sich nur ja nichts Romantisches . . . um so mehr wird
es Sie beglücken, wenn Sie dem lorbeerduftenden Nachwehen der
Antike plötzlich doch noch irgendwo begegnen.

Wie ist es denn? Wir werden nie aufhören, Griechenland
mit der Seele zu suchen. Der Sog unaufhörlicher Völkerwanderungen seit Jahrtausenden und über Menschengedenken
hinaus stillt sich nicht von heute auf morgen. Im Rockefeller-Museum in **Jerusalem** - ich weiß nicht, wie weit Sie
Ihre Ziele für diesmal gesteckt haben, aber wenn Sie hin-
kommen, denken Sie bitte daran! -, im Rockefeller-Museum
können Sie ein tönernes Beinhaus betrachten, eine Grab-
urne in Hausform aus der Jungsteinzeit. 3500 vor Christus
so etwa. Satteldach. Die Bemalung der Außenwände, in
Resten noch vorhanden, hat offenbar Flechtwerk andeuten
wollen. Das Häuschen steht auf starken Füßen, ein Pfahl-
bau. Die Türluke auf der vorderen Giebelseite liegt hoch
und war wohl nur über eine Leiter zu erreichen, die nachts

eingezogen wurde. Das anheimelnde Gebilde ist in Palästina ausgegraben worden und zeigt an, daß mehr als ein Jahrtausend vor Anbeginn der aramäischen und der ägäischen Wanderungen und fast zwei Jahrtausende vor den Aufbrüchen der Seevölker auch schon Ost-West-Beziehungen bestanden haben, denn eine solche Dachform ist europäischer Import ...

Dieser uralte Sog wechselt auch im Abklingen nur die Namen, wie er sie immer gewechselt hat. Bis zu den Kreuzzügen. Ja, es wurde schon gesagt, bis zu unserm Tourismus, der uns und alle, die vor uns wanderten, aus nordgrauen barbarischen Breiten noch stets ins goldene Licht heiterer Reife und lebensgewisser Überlegenheit befördert hat. Ob in der Einbildung oder tatsächlich, was tut's? Wir wandern im uralten Kulturgefälle stromaufwärts wie Lachse, die laichen wollen und die es unwiderstehlich über Gießbäche und Wasserfälle hochtreibt.

Heute aber kommen wir nicht nur mehr als Schmachtende und Begehrende, Sehnende und Süchtige, Suchende und Findende, sondern kommen auch als Leute, die etwas mitbringen und zu geben haben. Wir sind stärker, als unsere notorischen Schwächen, Laster und Anfälle uns das zu empfinden erlauben. Das ausgereifte Abendland hat etwas zu geben. Man betrachtet uns als seine Vertreter. Verdient oder nicht. Die Welt verlangt nach seinen Errungenschaften. Wir hätten kein Recht, sie vorzuenthalten, nur um touristische Paradiesgärtlein in idyllischer Rückständigkeit und Unterentwicklung zu hegen wie Wildreservate. Für unentwegte Härmer und Schwärmer. Heute ist die Welt abendländisch oder wird es, wie sie im Strahlungsdruck der hellenischen Kultur einst fast widerstandslos hellenistisch wurde. **Griechenland** ist oder wird Abendland. **Zypern** wird Abendland. **Israel** ist Abendland. Und **Rußland**, nebenbei, wird es auch. Man halte sie nicht auf und wird noch staunen. Und man tröste sich: nur das Gewesene ist das Bleibende. Und so bleibt Israel auch immer noch das Land der Erzväter und des Jesus von Nazareth - für uns - und Griechenland das des Phidias und des Platon, des Sokrates und des Praxiteles, des Themistokles und des Euripides ... Wer will, wer kann die Namen alle nennen? Des Solon und des Aischylos ... Ohne sie alle wären wir nicht ...

Apropos aber, **Solon** und **Aischylos** ... Pardon? Unten links? ...
Das sind die Werften der Nafpejion Hellenikon AG: drei
Schwimmdocks für Schiffe über 72 000 Registertonnen, ein
Trockendock für 200 000-Tonner und drei weitere für mittleren
Schiffsraum. Aktienmajorität, soweit mir bekannt, der Onassis-
Exschwager **Niarchos** ... Die griechische Handelsflotte? Habe
ich recht verstanden, so hörte ich anläßlich einer Presse-
konferenz den Herrn Minister für wirtschaftliche Koordina-
tion, Kyrios Rodimos-Orlandos, sagen, man gedenke bis 1970
- bei Stabilität der Verhältnisse, wohlverstanden - über einen
Handelsschiffsraum von 32 Millionen Registertonnen zu verfügen,
und dabei werde das Durchschnittsalter dieser Schiffe nur sechs
Jahre betragen, während es zur gleichen Zeit in England etwa
zehn, in den USA zwanzig Jahre betragen werde ... Allerdings
hat Rodimos-Orlandos im Juni 1969 sein Amt zur Verfügung
gestellt. Kein gut Kirschenessen mit **Papadopoulos.**

Ja, **Solon**, hatte ich sagen wollen, um dies noch nachzutragen, Solon war es, der die langen Kämpfe Athens und
Megaras um den Besitz der Insel **Salamis** siegreich zugunsten Athens entschied. Erst der Besitz von Salamis nämlich
machte Athens Hafen **Piräus** zu dem, was er sein und leisten konnte, und erst der Verlust der Insel setzte Megara
im politischen Kräftespiel matt ...

Sehen Sie nur die vielen Schiffe auf Reede. Sparen alle
die Hafengebühren von Piräus ... Die Seeschlacht von Salamis aber, die hier zu unsern Füßen im Jahr vor dem Heil
480 die Buchten mit unzähligen tausend Ruderschlägen auf-
gequirlt hat, entschied ein Problem, das wir vorhin aus-
klammerten, das Perserproblem, eine Variante der vielen
Ost-West-Fragen, die wir angeschnitten haben oder noch
anschneiden werden.

Doch etwas Grundsätzliches dazu: es ist ordinäre Ge-
schichtsklitterung, wenn Perser-, Hunnen-, Mongolen-, Ara-
ber-, Türken- und Russenstürme über einen Leisten geschlagen werden: hie edles, unschuldiges Abendland, hie asiati-
sche Horden. Schreckliche Vereinfachung! Die Russen zum
Beispiel sind keine Asiaten, allerdings auch keine Abendländer bislang, sondern unter anderem Miterben von **Byzanz.** Und die Perser sind zwar Asiaten, aber wie die Russen Indogermanen. Die Phönizier hingegen waren semitische Orientalen und hatten ein meist positives Verhältnis
zu den Griechen, die wiederum zu keiner Zeit ihrer frühe-

ren Geschichte Abendländer gewesen sind ... Rassenfragen stehen schon gar nicht im Vordergrund der vielfältigen Vorgänge.

Auf der anderen Seite könnten Asien und der Orient eine hübsche, eine stattliche Gegenrechnung aufmachen: Hethiter, Seevölker, Philister über dir! Etliche Posten dieser Bilanz wurden schon erwähnt. Andere wären noch zu erörtern, ohne daß hier Vollständigkeit beansprucht würde. Es kann sich nur um Stippvisiten handeln. Da wären: schleichende Griecheninvasion in Ägypten und Nahost, Hellenismus, Alexanderzug. Makedonische Diadochenreiche. *Imperium Romanum.* Und immer wieder Grenzkriege mit Persien. **Rom** spaltet sich in Ost und West. Vollends problematisch ...

Dann Kelteneinfälle in Kleinasien. Germanische Völkerwanderung. Normannen. Byzanz von allen Seiten angegriffen. Petschenegen. Bulgaren und wer nicht alles. Die Kreuzzüge. Die Königreiche **Jerusalem** und **Zypern.** Lateinisches Kaiserreich zu **Konstantinopel.** Diese drei auf Kosten von Byzanz, das für Franken und Lateiner den Osten repräsentierte. Alles Sachen des Standortes und der Perspektive. Die Ritterorden. **Venedig** und noch einmal Venedig. **Napoleon** in Ägypten. Napoleon vor **Akko.** Und so fort. Bis zur Liquidierung des Türkischen Reichs durch die Entente des Ersten Weltkrieges. Die leidigen Mandatsgebiete. Der Zionismus ...

Die Heimkehr **Israels** in sein ihm angelobtes - und laut Balfour-Deklaration zugesagtes - Stammland sollte nicht in diese Kette gereiht werden müssen, wird jedoch arabischerseits als unstatthafter Einbruch des Westens in den islamischen Orient empfunden. Speerspitze der USA! Viel unsinniger kann ein politisches Schlagwort kaum sein.

Aber ich sehe, wir müssen die Sitzgurte anschnallen. Die Zeit wird knapp. Wir werden uns das Thema Perser für den Rückflug aufsparen müssen. Und rasch nur noch die Seeschlacht bei **Salamis** stenographisch: Griechenschiffe zu Perserschiffen rund wie 300 zu 1000. Dennoch vollständiger Sieg der blockierten Griechenflotte unter **Themistokles.** Totaler Schiffsverlust 40 zu mehr als 200. Dazu Verlust eines persischen Landekorps auf einem vorgelagerten Inselchen. Genug, Athen stand vor dem letzten Anstieg zum Gipfel seiner geistigen Möglichkeiten, den es wahrscheinlich nicht hätte erklimmen können, wenn die Perser gesiegt hätten. Doch Aufstände in **Babylon** riefen die Fremden ab. Eine Sternstunde.

Denken Sie aber bitte nicht, hier habe nun eindeutig ein entscheidender Schlagabtausch zweier feindlicher Nationen oder gar Erdteile stattgefunden. Unser Denken ist zu seinem Nachteil noch von nationalstaatlichen Vorstellungen des vorigen Jahrhunderts und entsprechendem Schulunterricht geprägt. Die griechische Flotte war nur von **Athen, Sparta, Seriphos** und **Ägina** gestellt worden. Und auf persischer Seite dienten griechische Söldner und operierten in beträchtlicher Menge ionische, also kleinasien-griechische und phönizische Schiffe und Charterschiffe. Überdies war Böotien auf die persische Sache eingeschworen. Und die übrigen Griechenstämme hielten sich, soweit noch nicht den Persern erlegen, klüglich neutral. Geschichte, wie immer auch, ist eine menschliche Funktion, einesteils jedenfalls, und folglich auf keinen Fall weniger kompliziert als der Mensch selbst und die Kollektive, die er bildet. Man kann aber auch sagen: der Sapiens denkt, Gott lenkt.

Wir setzen zur Landung an. Der ganze Golf hier, dessen Schaumkronen Sie jetzt schon erkennen können, heißt der **Saronische Golf**. Wir haben Nordwind... Dann werden Sie es nicht zu heiß haben... Das eine nur noch schnell: an der Schlacht von Salamis hat ein großer Dichter teilgenommen, namens Äschylus oder griechisch und besser **Aischylos**, Sohn des Euphorion. Sie können darüber in seinen »Persern« nachlesen. Ab Vers 350 etwa... Wie **Cervantes** war auch Aischylos ein Adeliger. Ich meine, man soll derlei nicht verschweigen, weil es unsere einseitige Vorstellung vom Dichter als einem luschigen Bohemien, dessen Engagement in die kriegerische Richtung nun und nimmer schlagen wird, wesentlich korrigieren dürfte. Aischylos stammte übrigens aus **Eleusis**... Ich darf mich aber für Ihre geschätzte Aufmerksamkeit bedanken. Unser Hinflug ist beendet. Für den Rückflug stehe ich Ihnen erneut zur Verfügung. Bis dahin möchten wir Ihnen mit diversen »Stippvisiten in Bildungslücken« dienlich sein, die Sie beim Verlassen des Flugzeuges gedruckt mit auf den Weg bekommen können. Das Büchlein umfaßt zwanzig Kapitel, wird also Ihr Gepäck nicht allzusehr belasten ... Wollen Sie sich bitte überzeugen, daß Sie auch nichts auf Ihren Plätzen liegengelassen haben, Taschen, Handschuhe und dergleichen? ... Am Ende des Rückfluges, wenn ich dies noch sagen darf, werden Sie sämtliche Vorträge Ihres Luftreiseführers als Souvenir bekommen und können sie getrost nach Hause tragen.

Ich empfehle mich und wünsche allerseits gute Reise.

Stippvisiten in Bildungslücken

1806 Jahre des Herrn zählte die Welt, als **François René Vicomte de Chateaubriand** eine Orientreise antrat. Er verfaßte als Summe seiner Eindrücke ein »Itinéraire de Paris à Jérusalem«, aus dem bereits unser 13. Kapitel Zitate vorlegte, und beschreibt darin nebst Staffage eine attische Vedute, die typisch gewesen sein muß: »*Ein paar Bauern in Kitteln, mit roten Kappen wie in Marseille die Galeerensträflinge, ihr tristes ›kalispéra‹ (guten Abend) im Vorübergehen, Esel oder zottelige Pferdchen vor sich her, die das bißchen Ackergerät oder Weinernte tragen. Man denke sich diese verödete Landschaft durch ein Meer begrenzt, das beinahe ebenso leer ist; denke sich auf einer Felsengruppe oben die Ruine eines Wachtturms, ein verlassenes Kloster, und stelle sich ein Minarett vor, das sich in dieser Heimat aller Einsamkeiten wie ein Denkmal der Sklaverei erhebt; eine Herde von Ziegen oder Schafen, die auf einem Vorgebirge zwischen Säulenstümpfen weidet; den Turban eines reisenden Türken, vor dem die Hirten fliehen, daß der Pfad noch leerer wird, und Sie haben eine genügend zutreffende Vorstellung von dem Anblick, den Griechenland heute bietet . . .*«

1806, wie gesagt. Meine Damen und Herren, die Sie nun Ihre Reise im Südosten angetreten haben, Sie sind aufgerufen, die in die Augen springenden Unterschiede zwischen damals und heute zu konstatieren, und Sie werden nicht umhin können, es zu tun, werden aber über folgende Prophetenworte **Chateaubriands** mit Recht erstaunen. Denn am Schluß des ersten Bandes - drei Bände hat das Werk - liest man: »*Ich denke . . . es steckt immer noch viel Genie in Griechenland, ja ich glaube sogar, daß unsre Lehrmeister in allen Fächern dort immer noch vorhanden sind; wie ich auch der Überzeugung bin, daß zu Rom die menschliche Natur immer noch ihre Überlegenheit bewahrt; was nicht sagen will, daß sich derzeit überlegene Menschen in Rom befinden . . .*«

Man braucht sich bloß auf dem Luftwege spätabends oder nachts der Stadt **Athen** zu nähern: das Lichtermeer verblüfft wie eine frohe Verheißung. Es überrascht noch jeden Ankömmling, diesen steinzeitalten Siedlungsplatz,

der in Chateaubriands Tagen bestenfalls 8000 Einwohner
zählte und heute zwei Millionen zählt, im großen Evening-
dreß moderner Weltstädte vorzufinden. Blinkernd, zwin-
kernd, sprühend bunt und zuversichtlich funkelnd ins
dunkle Land gebreitet. Spätabendländisches Geschmeide auf
Attikas geschichtsdurchpflügter Erde.

Vergleichen Sie nicht mit **Istanbul,** das trotz aller Stürme und
Einbußen seit über sechzehn Jahrhunderten immer noch Weltstadt ist. Vergleichen Sie - wenn schon - mit **Tel Aviv** aus abend-
licher Vogelperspektive. Vielleicht werden Sie sich selbst überzeugen können. Oder vergleichen Sie mit dem faszinierenden Anblick **Haifas** bei Nacht, wenn Sie es vom Berge Karmel aus betrachten. Die sanfte rotbraune Glut, in der alles entglommen ist,
die Häuserblöcke, die hangauf gestaffelten, von den niederkur-
venden Straßen herauf in Licht gebadet, die Lichtreklamen, die
hierhin und dorthin sich windenden Autoschlänglein, die goldene
Gotteshauskuppel der persischen Baha'i-Sekte, die ausholende
Bucht bis vor Akko nachtblau verdämmernd, die Perlenschnüre
der Straßenlaternen, die exakt ausgerichteten Lampenreihen auf
den Molen draußen. Lichterzeilen ins Land hinein, die spiegeln-
den Wasser. Leuchtfeuer. Positionslampen. Die Schiffe mit vielen
hellen Bullaugen lugend. Ihr Sirenenrufen dann und wann, das
heraufweht über das gelassene Erbrausen der Stadtgeräusche hin.
Das jähe Seelöwenbellen, mit dem die Boote der Kriegsmarine
Laut geben. Das Echo fern aus dem Tal Sebulon . . .

Haifa, ungewissen Ursprungs, spätantiker Platz mit jüdischer
und griechischer Bevölkerung, hatte sich später bis zu den Kreuzzügen einiger Bedeutung erfreuen können. Verlor sie dann aber,
während **Akko,** ohnehin eine der ältesten Städte der Welt, an
Wichtigkeit zunahm. Wieder einmal zunahm, muß man schon
sagen. Es ist wie ein Blühen, ein Welken, ein Wiederersprießen.
Städte sind wie Wurzelstöcke, die treiben und Schößlinge hervor-
bringen. Städte können wie erstorben scheinen und bewahren
doch Lebenskeime im Verborgenen und hegen Zukunft unter
dem Schutt ihrer Ruinen. Es scheint auf ein paar Jahrhunderte,
auf ein Jahrtausend oder mehr gar nicht anzukommen. Städte
sind Wunderblumen. Nester aus Myrrhen und Zimmetrinde, aus
deren Asche herrlich und überraschend schön der verjüngte Phönix
aufsteigt.

Erst im 19. Jahrhundert wuchs **Haifa** wieder und verwies
Akko ins Hintertreffen. Bei welchem Wandel der Dinge 1840,
der Himmel weiß es, einmal eine englisch-österreichisch-türkische
Flotte, dann gegen 1860 eine brave, je länger aber, je weniger
löbliche schwäbisch-deutsche, christologisch-mystisch, schließlich

nazistisch entartende Sekte, die Tempelgesellschaft, und *last not least* auch der Zionismus ihre förderlichen Rollen gespielt haben. Nicht nach Akko, sondern nach Haifa wurde die Anschlußlinie an die Hedschas-Bahn gelegt. Zu Anfang unseres Jahrhunderts. Das war entscheidend und ist nun wieder seit mehr als zwei Jahrzehnten ohne Bedeutung. Im Auf und Ab der Konstellationen.

Haifa ist Israels größter und bester Hafen. Die Stadt zählt heute 200 000 Seelen. Tel Aviv dürfte, mit Yaffo (Jaffa) zusammen, derzeit die doppelte Einwohnerzahl aufzuweisen haben; es begann vor nunmehr sechzig Jahren mit etwas über tausend Siedlern. Es hat demnach außer der spannenden Geschichte dieser fünf Dutzend Jahre keine Geschichte. Indessen kamen jene unternehmenden Kolonisten und Gründer mit einem überschweren Gepäck an historischer Erfahrung und geht Yaffos Alter weit über alle abendländischen Begriffe hinaus. Als Pharao **Thutmosis III.** (1490-1436 v. Chr.) jahrelange Kriege gegen die Mitanni in Syrien führte, war Yaffo schon eine alte feste Stadt, die Thutmosis zu erobern Mühe hatte. Es ist also immer so eine Sache mit den Vergleichen.

Athen, dieses Geschmeide, hieß und heißt auf Griechisch **Athenai**, das ›th‹ wie ein englisches th auszusprechen, und spricht sich heute - Zungenspitze bei nachstehendem ß gegen die Vorderzähne! - Aßīnē. Das ist der Form nach eine Mehrzahl: die Athenen. Die Gelehrten lassen uns wissen, daß es sich dabei nicht um ein ursprünglich griechisches Wort handeln kann. Von ungefähr 4000 bis 2500 vor Christus hat das nachmalige Griechenland oder Hellas eine Bevölkerung gehabt, von deren Sprache sich greifbar nicht eine Silbe erhalten hat. Ihrem Lebenszuschnitt nach waren diese Leute sozusagen Jungsteinzeitler mit Seeverkehr; sie hätten sonst nicht gut mit Obsidianmaterial von der Insel **Melos** (Milo) handwerkern können. Im Chalkolithikum sodann, der Zeit zwischen Stein und Bronze, in der man zu Gebrauchszwecken schon Kupfer bearbeitete (chalkos = Kupfer), erschienen, vielleicht von Kleinasien her, Leute auf dem Plan, die, zwar ohne Töpferscheibe noch, ihrer frühgriechischen Nachwelt bemerkenswerte Sprachreste hinterlassen sollten. Reste einer nicht indo-europäischen Sprache, soweit man weiß.

Zu dieser Hinterlassenschaft gehören alle griechischen Worte und Namen, die auf -nthos, -assos, -ttos und -ene auslauten. Somit brechen, da nun einmal schon die Athenen nichts Urgriechisches besagen, doch tatsächlich auch noch so tragende Säulen unsres Vorstellungsgebäudes wie Halikarnassos, Parnassos oder Hymettos als vorgriechisch weg. Auch der Arakynthos, jener ätolische Gipfel hinter dem nassen Revier der Lepantoschlacht, ist Zeuge vorgriechischer Namengebung. Desgleichen entfallen Mykene, die Burg, und Athene, die Göttin, als Eckpfeiler vorstellungsüblichen Griechentums. Tiryns mit dem Genetiv Tirynthos, vielleicht ist es gleichfalls älter als die alten Griechen. Und selbst thalassa oder thalatta = das Meer ist vorgriechisch. Das Wort ist heute noch in Gebrauch. Allerdings hat sich daneben ein eigen-griechisches Wort für Meer ebenfalls bis auf den heutigen Tag behauptet, nämlich pelagos, das zu altnordisch bylgja = Welle, Meer zu passen scheint. Albanisch ›shëllij‹ gehört zu lateinisch ›salire‹ = salzen. In diesen Kreis gehört auch ›thalassa‹ = gesalzenes Wasser, albanisch ›shëllishëm‹ = gesalzen.

Die einwandernden Hellenen waren aber nicht zuletzt doch auch Binnenländler von den Donauufern, aus dem **Balkan**, aus den **Karpaten** vielleicht. Sie brachten als solche selbstverständlich eine Vokabel für Weg mit, ›pontos‹, die sich im Sinne von Wasserweg schließlich auch auf das Meer anwenden ließ. Dieser indo-europäische Wortstamm ›pont-‹, wie in Helles-pont, entspricht unserm Pfad. (Dazu gehört auch unser ›finden‹ = auf etwas kommen.) Auch die Lateiner besaßen das Wort in der Sinneseinschränkung ›pons‹ = Brücke. Daran mag abzulesen sein, wie der Wortsinn ›Pfad‹ in Zusammenhang mit Gewässern nur auf solche kleineren Ausmaßes bezogen werden wollte, die man entlangtreidelte, in Furten durchschritt oder die man überbrückte. Doch wird ›pons‹ im Frühlatein zunächst nur Weg geheißen haben, so lese ich.

Ein angehendes und beachtliches Meer werden die wandernden Hellenen bereits gekannt haben, das ihnen nicht ›pelagos‹ und noch nicht ›thalassa‹ bedeutete: das **Schwarze Meer**. Sie haben es einfach ›pontos‹ genannt, was den Schluß zuläßt, sie hätten das kaum mehr getan, wenn sie das Schwarze Meer erst als Kolonisten kennengelernt hätten, die aus der Ägäis heraufschipperten. Vielleicht erschließen sich eines schönen Tages die vorgeschichtlichen Weide- und Jagdgründe der Griechen. Noch kennt man sie nicht. Und sollte der Salzgehalt des Schwarzen Meeres nicht 2000 Jahre vor Christus erheblich geringer gewesen sein?

Der Aufbruchsraum der ägäischen Wanderung wird tatsächlich immer interessanter. Vor einigen Jahren wurde der Fund von drei beschrifteten Tontafeln in Siebenbürgen bekannt, die das Alter der bisher ältest-bekannten Schrifttafeln von Dschemdet-Nasr überbieten und damit die Vermutung näherrücken, daß es gar nicht der sumerische Orient, nicht **Uruk** gewesen sei, dem man die erste Schrift verdankt. Mittels Radio-Karbon-Methode datiert müssen die Siebenbürgischen Tafeln - nach ihrem Fundort die von **Tartaria** - 6000 Jahre alt sein, indessen dem sumerischen Nachlaß von Dschemdet-Nasr tausend Jahre weniger zukommen sollen. Auch zeige die Tartaria-Schrift, wenn es eine Schrift ist, große Ähnlichkeit, heißt es, mit der sumerischen wie auch einige mit der kretischen um 2000. (Das wäre noch vor der Linear A?) Man hätte, falls diese Dinge noch geklärt werden können - Bedenken und Gegengründe: die Täfelchen sind durchlöchert und dienten wohl nur als Amulette exotischer Abkunft -, jedenfalls ein Indiz mehr für ein sehr frühes Austausch- und Kräftespiel zwischen Ost und West. Auch darf in diesem Zusammenhang noch einmal an die satteldachtragende Hausurne im Rockefeller-Museum zu **Jerusalem** erinnert werden, die einen Hinweis in gleicher Richtung bietet und dem nämlichen Jahrtausend angehört. Dieses große Spiel hat offenbar nicht mit dem Zug der Hethiter nach Kleinasien, nicht mit der ägäischen Wanderung oder gar erst mit Seevölkerwanderung und troianischem Krieg begonnen. Ein noch älteres Abendland meldet sich raunend zum Wort. Im Januar 1970 gaben bulgarische Archäologen den Fund mehrerer »beschrifteter Münzen« aus Ton nahe bei Nova Zagora bekannt. Mindestens war es so in den Gazetten zu lesen. Was diese runden »Ostraka« auch sein oder gewesen sein mögen, ein Dunkel über der vorgeschichtlich-thrakischen Kultur um die Wende vom 4. zum 3. Jahrtausend scheint weichen zu wollen.

Und auch das gehört ins Ost-West-Gespräch: die älteste noch begangene steinerne Brücke Europas - und wenn es in China nicht noch ältere Brückenbauten gibt, sogar der Welt - liegt links von der Straße **Nauplia-Epidauros** (Nafplia-Pidawros). Im phönizischen Stammland andrerseits sind keine derart betagten Brückenbauten erhalten oder bekannt. Dennoch aber haben die Griechen bis auf diesen Tag nur eine semitische Vokabel für Brücke: ›gephyra‹. Auf Hebräisch nämlich heißt das entsprechende Wort ›geschur‹ oder ›gesher‹. Die Phönizierfrage wird daher hier noch ein weiteres Mal angeschnitten werden müssen. Für diese Etappe des Gedankenganges aber soll nur anhand unterschiedlicher Wörterherkunft auf die vielfältige Mischung hingewiesen werden, die den oft als rassisch einheitlich gedachten ›Griechen‹ ausmacht.

Zu den fremden Münzen im griechischen Sprachschatz mit der Endung -nthos gehört auch ›asaminthos‹ und hat als Name eines Komfortartikels die Einwanderung der **Achäer** zur mittleren Bronzezeit sowie auch die der reichlich ungehobelten Dorer in der Spätbronzezeit überstanden: ›asaminthos‹ heißt Badewanne; welchem Wort gegenüber sich das aus dem Norden mitgebrachte ›loutēr‹ erst durchsetzen mußte. Dafür ist es dann bei ›loutēr‹ bis auf den heutigen Tag geblieben. Das Wort entspricht, wie leicht zu merken, unserm ›lauter‹ im Sinne von rein.

Die Zählebigkeit der Wörter ist erstaunlich. Denn vom Hauptexporthafen Korinthos oder **Korinth** ist schließlich die zungenverwöhnende Korinthe auf uns gekommen. Ein mittelbares Wortnachleben freilich nur. Aber immer noch erfreuen wir uns an der Hyazinthe. Wissen, was ein Labyrinth ist. Nehmen zur Kenntnis, daß sich unser Terpentin von ›terebinthos‹ *(Pistacia T.)* herleitet. Kennen das Akanthusblatt als Zierat; als Pflanze gehört der Akanthus in die Bärentraubenblätter-Familie. Und können bei ›erebinthos‹ = Erbse stutzig werden und fragen, ob Erbse (Stamm erew-, orob-, althochdeutsch: araweiz; aber das deutsche Rotwelsch kann mit Witsch*eriwitschen* = Zwetschgen und mit Trall*erewitschen* [zu trallen = rollen] = Erbsen aufwarten), ob Erbse demnach bei uns ein Lehnwort von sonstwoher sein kann oder aber die Endung -nthos zwar ungriechisch, doch indoeuropäisch ist? Und ›minthē‹? Unsere Minze?

Doch zu den Athenen! Hier stock' ich schon. Von Göttern zu reden ist schwierig. Ohne Frage erweckt die Nennung des göttlichen Namens **Athene** oder Athena immer noch einen ernstschönen Nachklang großer Heiligkeit und Verehrungswürdigkeit. Aber wer war sie? Als ›a-ta-na po-ti-ni-ja‹ (= potnia = Herrin) ist ihr Name schon in der sogenannten Linear B in **Knossos** um 1450 v. Chr. geschrieben worden. In der frühgriechischen Sprache **Nestors**, **Agamemnons** und des großen **Aias** von Salamis, als übrigens aus den Landratten mittlerweile schon recht tüchtige Seefahrer geworden waren. Seevölker eben. (Es scheint da eine Frist zu geben, deren es bedarf, bis aus Landbestellern Hochseeschiffer werden, aus Kanaanitern zum Beispiel Phönizier, aus rinderzüchtenden Briten seefahrende Briten, aus Binnenlandslawen nautische Russen - vielleicht sind wir bereits Zeugen dieser Entwicklung.) Die Frage ist die: heißt die Stadt **Athen** nun nach der Göttin oder diese nach der Stadt? Die Athenen? Hieße die Göttin nach der Stadt, also ›die Athenische‹ (was sprachlich möglich wäre, denn sie hieß früher tatsächlich Athenaia), wie lautete dann ihr wirklicher Name? Hieß andrerseits die Stadt nach ihr als ihrer Namenspatronin und Eponyma, warum dann die Mehrzahl ›Athenen‹?

Der wahre Name könnte aus frommer Scheu verschwiegen worden sein. Auch Jahwehs hochheiliger Name blieb je später desto gewisser unausgesprochen. In ihrem Sitz in **Attika** ist sie oft nur **Pallas** = das Mädchen, Pallas Athene = das athenische Mädchen oder gar bloß ›hē theos‹ genannt worden, kurz und bündig: die Göttin. Aber was mag das Wort Athene in jener abgekommenen Sprache bedeutet haben? Glücksfall, wenn man's noch herausbrächte. Die kretische Schlangengöttin? Die Eule vielleicht? War Pallas vorgriechisch eine Tiergöttin? Wie Artemis, ihre Halbschwester in Zeus, eine Bärin gewesen war? Wir kommen noch darauf. Der Steinkauz = ›hē glaux‹, ein Femininum! ›Glaukas eis Athenas‹ = Eulen nach Athen = etwas Überflüssiges tun. Waren die Steinkäuze dort, war denn ihr Kult so beherrschend?

Glauben möchte ich dies: den chronologisch aufgezählten Siedlungsgeschichten der Bevölkerung - Jungsteinzeitler mit melischem Obsidianimport, -nthos-Leute mit Badewanne, aber ohne Töpferscheibe, Achäer mit derselben und mit der Linear-B-Schrift noch dazu und schließlich unter dem Namen Ionier bekannte Mykenerreste -, diesen in **Attika** friedlich und ausrottungslos verschmolzenen Schichten entsprechen einige Aspekte der Göttin. Von den chthonischen, schlangenbezogenen und tiergottheitlichen, die Mitgift und Nachlaß der verschiedenen Ureinwohner sein werden, bis hin zu Athenes Schwertmaidgeartung, die sich nicht leugnen läßt und offenbar Vorstellungen von kriegerischen Götterjungfrauen entspricht, wie der Norden sie heckte und hegte. Walkürenimport. Sie werden im Akropolis-Museum sicher die große Athene vom peisistratidischen Athena-Tempel sehen (um 525 v. Chr.), fotografiert werden durfte sie bis-

her noch nicht - warum eigentlich? -, oder Sie wissen schon
Bescheid . . . »*So schreiten keine ird'schen Weiber* . . .«
Und das wäre so der Werdegang einer Göttin in Skizzenmanier. Konglomerat heterogener, fast unvereinbarer
Elemente in chronologischer Schichtung. Anonyme Erdichtung aus sehr unterschiedlichen Vorstellungsweisen. Immer
wieder abgewandelte Projektion - größer und größer -
etlicher verschiedenartiger Volksstämme, die aber, zur Einheit verwachsend, berufen waren, in dem geringen Lande
Attika um Athenens Burgfelsen geschart zu einem der genial-
sten Menschenschläge zu gedeihen, den die Welt je sah! Den
Rassenreinheitsaposteln zu Verdruß und Widerlegung. Auf
die Phönizier werden wir gleich noch kommen.

Projektion? Heißt das die Götter lästern? Projizierter
Ausdruck des Menschenkollektivs Attika, Abbild, Wunschbild dieses Kollektivs. Autosuggestiv zum Leitbild verselb-
ständigt. Zum geliebten Vorbild. Zur verehrten Herrin.
Zur unbezweifelten, zur stärkenden Macht. Wie lange mag
Athene sie ausgeübt, wie lange gelebt haben? Wann zerfiel
das schöne Gebilde?

(1958/1959)

31   Elissa - Dido

Damaskus und der Berg Hermon liegen so etwa auf 33,5
Grad nördlicher Breite. **Sidon** liegt nördlich, **Tyros** südlich
dieser Linie, die libanesischen Städte Saida und Sur von
heute an der ehedem phönizischen Küste. Dort ist das
schmale schwergeprüfte Kerngebiet alles Phönizischen zwischen Meer und Gebirge. Mit **Akko** als südlichster Stadt.
Schmächtiges Ausgangsland großer Zeitigungen und Taten.
Dort überfiel einst gegen Ende der Seevölkerwanderung
ein König von **Askalon**, ein Philisterfürst also, die Sidonier von See her. Wer konnte, entzog sich dem Zugriff.
Diese Flucht soll zur Gründung von **Tyros** geführt haben.
Wahrscheinlicher zu einer neubelebenden Wiedergründung.
Tyros war einst eine Insel dicht vor dem Land.

Stürmische Zeiten jedenfalls gegen 1200. Der troianische Krieg stand vor der Tür. Arrangements mit Mykenern oder Achäern auf Zypern waren lange schon erforderlich. Die Phönizier sannen auf Schwerpunktverlagerungen nach dem ferneren Westen und leiteten sie elegant in die Wege. Nur noch neunzig Jahre bis zur Gründung von **Cádiz** (Gades), neunundneunzig bis zu der Gründung von **Utica**. Eintrübung von Osten. Anwachsen der assyrischen Bedrohung. 875 v. Chr.: **Assurnasirpal II.** kommt über Phönikien. *»In jener Zeit eroberte ich in seiner ganzen Ausdehnung den Berg Libanon und gelangte an das Große Meer des Landes Amurru. Ich wusch meine Waffen im Großen Meer und brachte den Göttern Opfer dar...«*, so steht es in den Annalen des Königs. 852 rückte **Salmanassar III.** ins Phönikerland. 840 abermals. Folgt die offizielle Gründung **Karthagos**. Als Gründerin gilt **Dido**. Ihr heimatlicher Name war Elissa.

Elissa war eine Tochter des verstorbenen Stadtkönigs **Mutton** (Mettenos, 849-821) von Tyros und heiratete daselbst dessen Bruder, ihren Onkel **Zcharbaal** (Acherbas, Sicharbas, gräzisiert Sychaios), des Melqart steinreichen Hohenpriester. Das mißfiel ihrem jüngeren Bruder **Pygmalion**, dem nunmehrigen König der Tyrer, mit dem gemeinsam sie das Herrscheramt hatte ausüben sollen. (Pygmalion [820–774], gräzisiert nicht aus ›pehem eljon‹ = Ebenbild des Höchsten, sondern aus Pumayon zu Pumay - Adonis; wir kommen noch darauf.) Pygmalion ließ seinen Onkel umbringen, der wohl über Oheim- und Schwagerschaft hinaus auch sein politischer Rivale gewesen sein mag. **Elissa** floh mit dem Melqart-Schatz und mit Getreuen nach **Zypern** und machte einen der dortigen Astarte-Priester zu ihrem Parteigänger; ob er aus Kition oder aus Paphos war, stehe dahin. Dieser geistliche Würdenträger willigte ein, Elissa zu begleiten, unter dem Beding, daß seinen Nachkommen das Hochpriesteramt in der geplanten Neugründung erblich für alle Zeiten zustehen solle.

Elissa, der an der Sicherung der kultischen Tradition, so scheint es, viel gelegen war, gestand das zu. Eine kleine Hundertschaft von Tempelmädchen der Astarte ging mit auf die Reise, damit auch dieser altorientalische Brauch ohne Einschränkungen fortgesetzt werden könne. Pygmalion

scheint auf eine Verfolgung seiner Schwester, die er nicht
zuletzt aus Habsucht zur Witwe gemacht hatte, verzichtet
zu haben. Vermutlich murrte ein beträchtlicher Teil der
Tyrer wider ihn. Die Reise der Flüchtlinge und Neuland-
sucher führte nicht eigentlich ins Unbekannte, aber doch in
eine Stadt, deren Grund und Boden irgendeinem Landesfürsten noch - oder wieder? - abzuringen sein würde und
die dann erst wiedererrichtet oder aus diesem Boden gestampft werden sollte. Es kam jedenfalls zur Gründung.
Der Platon-Kommentator **Timaios** datiert **Karthagos**
Entstehung 38 Jahre vor die erste Olympiade, also ins Jahr
814. Andere datieren ein Jahr später. 668 Jahre oder eins
weniger sollten der Stadt beschieden sein, bis die Römer sie
jenem Erdboden gleichmachten und das Stadtgelände förmlich verfluchten. Der Himmel hat ihren Fluch jedoch nicht
recht gehört. Das strikte Verbot, dort jemals wieder zu
bauen, war nur 20 Jahre aufrechtzuerhalten. 100 Jahre
später, als die Römer energisch Kolonisten ansetzten, wurde
allerdings der verfluchte Boden noch ausgespart. Doch in
abermals 20 Jahren so etwa ließ Kaiser **Augustus** den Fluch
aufheben. Der vormalige Stadtkern wurde wieder besiedelt.
Erst nach mehr als weiteren sieben Jahrhunderten fiel Karthago in die Hände der Araber, doch hielten sich lateinisch
sprechende Christen noch bis ins hohe Mittelalter am alten
Platze oder in der Umgebung, als eine neuentstandene
Tochterstadt dortselbst, **Tunis**, schon in Blüte stand. Robert
Guiscards Sekretär, **Constantinus Africanus**, war noch La-
teinkarthager (geb. 1015), indessen Tunis schon bei der
klassischen Zerstörung von 146 v. Chr. von den phönizischen Nachfahren als eine Flüchtlingszuflucht gegründet
worden war.

(1969)

In dem Bericht, der sich von **Elissa** und ihrem dramatischen Aufbruch nach dem Westen geben läßt, schimmert Historie noch greifbar durch sagenhafte Übermalungen, mythologische Patina und tendenziöse Retuschen hindurch; echte, überaus folgenreiche Tatsachen teilen sich mit. Glaubhafte »Annalen von Tyros« haben sich bei **Flavius Josephus** erhalten, wenn es sich dabei auch nur um Bruchstücke und bei diesen wieder nur um Zitate nach einem Vorgänger handelt. Doch wie war es mit dem Raub der **Europa**? Ein Europäer sollte da eigentlich Bescheid wissen. Sicherlich liegt auch in dieser Mär geschichtliche Wahrheit verborgen. Gleich Goldkörnern im Flußsand. Goldadern im Gefels. Wer an sie will, müßte das Rüttelsieb dazu haben, müßte die versteinerte, verkrustete Verbrämung des Mythologischen wegzusprengen, wegzuschaben wissen. Was bedeuten auch all die Namen, die oft doch nur nachträglich erdichtete Eponyma für Städte und Länder sein werden, was all die schwanken Stammbäume, die, sie zu festigen, nur zu bald und nur zu nachdrücklich im Garten der Götter eingewurzelt werden? Mythologie! Wüßte man ihre fromm und märchenhaft verschlüsselte Kunde nur immer zu entziffern. Besäße man nur das Scheidewasser, sie von entstellenden Auswüchsen, von Heterogenem, Wandersagen zum Beispiel, von entlehntem Aufputz und unzulässigen Zusätzen zu reinigen! Könnte man nur das Alter mythologischer Mitteilungen stets richtig taxieren. Denn sie altern. Ihr Sagen wird ungenau, wird läppisch. Der Kern schrumpft. Sie schwinden ins Zwerghafte, ins Kindische und verschwimmen. Verschmelzen mit anderen, ziehen einander an, paaren sich und zeugen.

Die alte Mythologie kündet von den Gegenständen kultischer Verehrung und überliefert Geschichte protologisch als Götter- und Heroengeschichten. Von archaischer Grandiosität bis zu Histörchen. Es gab noch keine Weltreligionen; beiseite hier, wie man es vor der Seevölkerzeit gehalten hatte. Noch gab es nur Stammes-, Stadt- und Volksreligionen. Aber die Völker waren klein. Die Gottheit stand immer nur für eine solche geringe Sippen- und Erlebenseinheit - nicht, wie heute, für übernationale Menschenmengen ganzer Kontinente zum Beispiel. Menschenheere von loser oder gar keiner Verwandtschaft und mit ganz verschiedenen Lebensräumen und Erfahrungen. Die Erlebnisse und Taten der Götter waren keine anderen als die der Stadt, des Stammes, des Volkes.

Wenn also eines Abends bei **Tyros** oder **Sidon** am phoinikischen Gestade ein Stier den Fluten entsteigt und vom Strand weg eine Stadtprinzessin nach **Kreta** entführt, könnte dieses auf den ersten Blick märchenhafte, aber nicht eben komplizierte Bild sehr wohl nur sagen, daß Kreti oder achäische Seekrieger aus Kreta den Tyrern oder Sidoniern eine unwillkommene Visite abstatteten - wie jener Pletihäuptling von Askalon den Sidoniern - und sich dabei einer Prinzessin namens Europe oder Europa bemächtigten. Geiselentführung. Frauenraub. Racheakt im Zuge kriegerischer Auseinandersetzungen zwischen Kreta und Tyros-Sidon, von denen wir zwar nichts wissen, die aber doch Wahrscheinlichkeit für sich haben. Auch hat man in Tyros alljährlich einen »Unglücksabend« heiliggehalten, an dem diese reiche, allezeit gefährlich lebende Mutterstadt Karthagos jenes Verlustes gedachte. Der Stier aber war ein Gott, erfahren wir, war der Göttervater, Zeus stiergestaltig. Die Prinzessin hatte ihm nicht widerstehen können.

Ach, ein mächtiger isabellfarbener Bulle von besonderer Schönheit war unversehens aus der gemächlichen Brandung aufgefahren und friedsam auf die Prinzessin und ihre Gespielinnen zugetrottet. Mit leisen, sehr zärtlichen, fast klagenden Muhlauten. Hatte sich auf der Wiese, wo die Mädchen Blumen pflückten, niedergetan und Europens Zutrauen durch unviehisches Wohlverhalten und zart gedämpftes Schnauben zu gewinnen verstanden. Hatte aber, als Europe sich verleiten lassen, auf dem warmen, strotzenden, wolllockigen Kamm seines Rückens als Reiterin Platz zu nehmen, sich mit überraschendem Schwung erhoben und war seewärts davongesprengt, so daß die junge Dame nicht mehr abzuspringen wagte, sondern nur in ein angemessenes Jemineh ausbrach, wie es sich schickte.

Poseidon war mit im Spiel und glättete seinem stierischen Bruder die abendrotrosigen Wogen. Kräuselnde Bugwellen warf des Stieres Wamme auf. Kräftig wehte der Fahrwind. Singende Nereiden gaben Geleit und wohllautend reizende Untermalung. Tritonen kamen glotzend herauf, mehrstim-

mige Muschelhorneinlagen in den Gesangspausen zu into-
nieren. Herden von Ichthyokentauren belebten das Meer,
mit Bockshörnern welche und welche mit Pantherbehaarung,
Seekühe, Seehirsche, See-Elefanten. Delphine und Hippokampen sorgten für artistische Ergötzungen. Eroten, wölk-
chengleich in den Lüften, streuten himmlische Blumen aus
unerschöpflichen Füllhörnchen. Daß ihr elegantes, echt tyri-
sches Purpurkleid mit den goldenen Broderien, ein Modell
der Haute Couture ohnegleichen, weder aufflattere noch
naß werde, war Europe sehr besorgt: sie hielt mit der einen
Hand so viel Falten gerafft, als sich greifen ließen, indessen
die andere eines der Stierhörner umfaßte. Aphrodite, über
dem zarten Wogenschaum wandelnd, grüßte lächelnd von
Zypern herüber, die Kypris, und benedeite die bräutliche
Meerfahrt.

Zeus stieg, die anmutige Last ungeschädigt auf dem Stier-
nacken, in der Mesara-Bucht an Kretas Südküste an Land -
nicht weit von **Phaistos** im alten Hafen von **Metala**, so ist
es überliefert - und ließ sein Beutestück auf den dort besonders feinen Sand des Strandes niedergleiten. In einer weihe-
vollen Grotte oder unter einer Platane fand die heilige
Hochzeit statt, die unabsichtlich zugleich die Taufe eines
Kontinents beinhalten sollte, und das schwarzringellockige
phönizische Mädchen gebar ihrem starken Entführer drei
Söhne, drei wahre Heroen und Sagenfürsten, den **Rhada-
manthys**, den »in Treue Herrschenden«, den Kreterkönig
und Totenrichter, gebar den **Minos**, der für uns unter anderem zum wissenschaftlichen Eponymus einer ganzen Hochkultur geworden ist, und gebar vielleicht auch noch den
Sarpedon, der weniger Profil bewahrt hat in den Jahrtausenden seither. Dann aber heiratete sie, da mit einem Gott
einmal kein ewiger Bund zu flechten ist, den **Asterios** und
entrückt unserm Wissen.

Doch was immer sich hier an historischen Fakten zu erkennen
geben will, zerrinnt, sobald man den Namen zuleibe geht. **Asterios** ist in diesem Fall wohl nichts als der männliche Aspekt der
Astarte. (Und im übrigen auch der Beiname des Minotauros, ich
bitte um Entschuldigung.) Und **Europa** ist ein Astarte-Aspekt.
Denn als Europa-Astarte wurde die Entführte göttlich gehalten
und zu Tyros verehrt. Ihr Name scheint denn auch nichts weiter
mitzuteilen als ›Untergang‹, ›Abend‹, ›Abendland‹ gemäß dem

assyrischen ›êrêbu‹ = eingehen, ›êrêb samsi‹ = Sonnenuntergang, hebräisch ›ereb‹ = Abend. Welchen einleuchtenden Bezeichnungen dann auch richtig der Name für die Landmasse im Osten entspricht: assyrisch ›asû‹, hebräisch ›jāsā‹ = das Aufgehen von Gestirnen = Land des Aufgangs = Asia! Morgenland. So scheint es sich doch um eine ›Astarte im Westen‹ und durchaus nicht um Historie, um den abendlichen Aspekt der großen Göttin der Liebe und Fruchtbarkeit, der Göttin des Venussterns zu handeln. *Stella maris.*

Und **Zeus** als Stier? Seine ureigene Sache ist solche Inkarnation nicht. Da hat sich sichtlich etwas vom **Baal** eingemischt, vom Sturmgott-Stier, der die Anath-Kuh im Bade bespringt. Auch etwas vom ›Baal qarnajim‹, das ist Baal mit den Hörnern = Sonne, der in seinen Untergang im westlichen Meer die ›Ašterot qarnajim‹, das ist Astarte mit den Hörnern, die Mondgöttin hinein- und fortzieht. Soweit der vom Norden mitgebrachte Zeus aber noch Tiergottheitliches an sich hatte, war er Wolfsgott, Lykaios in Arkadien, wo Urältestes sich allemal länger als anderswo bewahrte, oder war Adlergott. Stieranbetung ist Südens Sache. Und wenn in diesem Fall schon nichts allgemein Orientalisches, so ist die Stiererscheinung doch eine kretische Besonderheit, die gewiß auf Vor-Zeusisches zurückgeht. Ist minoisch und nicht mykenisch. Hätte also mit Griechischem eigentlich nichts zu tun.

Und um jede hier etwa noch verbliebene Klarheit zu beseitigen, sei **Eduard Meyers** Kommentar zitiert, wo es heißt: »*Europa, welche eigentlich eine Persephone-Demeter ist, wurde ursprünglich nach der kretischen Kultlegende in Kreta geraubt; erst als der kretische Mythos mit einem phönikischen identifiziert worden ist, entstand die spätere Version, welche die Handlung spaltete und den Raub der Jungfrau in Sidon oder Tyros, ihre Vermählung unter der kretischen Platane lokalisierte ...*« Recht aber mag der Bonner und Leipziger Geschichtsforscher dennoch haben. Im Mythologischen geht es überall in der Welt absonderlich her - für uns Ernüchterte, allzu Aufgeklärte, die wir solche Bildersprache nicht mehr unmittelbar verstehen -, erst recht aber durchscheinend, spiegelnd, reimend, raunend, erst recht schillernd, verwirrend und versponnen, wo, wie im Südosten, verschiedene Welten und Kulturen einander anziehen, sich berühren, durchdringen, durchtränken, entzünden und wetterleuchtend und funkelnd in die vielfältigsten Beziehungen geraten. Da sprüht und blüht es, duftet und dampft es wundersam und betäubend. Da träumt und schäumt's befremdlich und vertraut in einem. Da rätselt's, kunkelt und nestelt sich's desto phantastischer zusammen. Sinn entbehrend, Sinn verkehrend, Sinn verheißend, Sinn verschleißend. Doch darf den Garnen und Knäueln kein Schwert sich nahen wie dem berühmten Knoten von Gordion. Nur Nachsinnen hilft weiter beim Enthaspeln. Nachträumen und wissenschaftliche Subtilität, beides.

Der Mythenteppich, an dem die Völker weben, dieser große kollektive Singsang, dieses traumverlorene Spiel wiederholt seine Themen wie Muster. Mit leichten Varianten. Hier zum Beispiel so: **Poseidon**, auf seines Neffen Minos Bitten willens, diesen durch ein Gottesurteil in der Herrschaft über Kreta zu bestärken, schickt zu einem Staatsakt mit Opferfeierlichkeiten einen Stier von ungewöhnlicher Schönheit, der aus dem Meer aufrauscht. **Minos** nun, praktischen Sinnes, denkt, dieses Tier wird als Zuchtbulle bessere Dienste leisten, steckt des Onkels Sendboten zu den gewöhnlichen Kühen und läßt ersatzweise ein minderes Tier opfern. Poseidon gerät darüber begreiflicherweise in Zorn. Zur Strafe läßt er des Minos Gemahlin **Pasiphae** in eine so abwegige wie unwiderstehliche Liebe zu dem Gottesstier verfallen. Dem frevelhaften Bündnis entsproß ein Knäblein, das trägt, womit seiner Herkunft nach auch Minos schon hätte ausgezeichnet sein können, einen Stierkopf. Das wird der **Minotauros**.

Und auch das noch: Europa wurde auf Kreta sowohl wie in Sidon auch unter dem Namen **Hellotis** verehrt. Ließe sich ein entsprechender Wortstamm hellot- mit altgriechisch ›hellos‹ verbinden, der Hirschkalb oder Junghirsch bedeutet: ... Ventris, der 1953 die frühgriechische achäische Schrift dechiffrierte, fand ein Wortgebilde ›e-ro-pa-ke-ta‹ mit dem Sinn von ›eloph-agetai‹ = Hirsche treiben und dazu ein bilderschriftliches Hirschideogramm. Dieses ›erop-‹ oder ›eropa‹ am Anfang könnte wenigstens den Dilettanten stutzig machen. Mich zum Beispiel. Europa-Hellotis? Wollen wir doch an Helle, Holle, Frau Holde, die badende, forttauchende, gar nicht erst denken! Wo gerieten wir hin!

Und trotz alledem läßt sich auch in diesem scheckigen Krimskrams ein historischer Faden verfolgen. **Europa** als Erdenkind ist entweder die Tochter oder die Schwester des Phoinix (= des Phöniziers) oder ist seines Bruders Belos Kind. Die Sage wartet mit Stammbäumen auf, deren wahrscheinlichster so aussieht:

Belos (= Baal?)
|
Agenor, Ehe mit **Telephassa**
| (= die Weithinstrahlende)
―――――――――――――――――――――――――――――
Europa - Kadmos - Phoinix - Kilix - Thasos - Phineus

Tyros oder Sidon konnten den frechen Überfall an jenem Unglücksabend nicht einfach hinnehmen. Die geraubte Schwester rachehalber zu suchen, werden Europens Brüder ausgeschickt. Rückkehr ohne sie wird untersagt. Die Suche bleibt vergeblich. **Kadmos**, den seine Mutter Telephassa begleitet, gelangt dabei bis Griechenland und gründet dort die Stadt Theben. Deren Akropolis heißt darum die Kadmeia = Kadmosburg. Es scheint sich um einen größeren Exodus der Phönizier zu handeln, ähnlich dem der Elissa, der eine wohl nicht weniger historisch als der andere. (In anderer Version ist Agenor der Sohn des Poseidon und der Libya und diese wieder die Tochter des Ägypterkönigs Epaphos und der Nilfrau Memphis und so fort. Hirngespinste, verspielte Spekulationen, denen allen aber der orientalische Bezug eignet.)

Kadmos, sagt man, gehöre etymologisch zu aramäisch ›qadmaj‹ = = der Erste, hebräisch ›qadmā = Ursprung oder zu ›qedem‹ = Osten und so fort. In Theben ortsansässig geworden, heiratet er standesgemäß das Götterkind Harmonia, eine Tochter des Ares und der Aphrodite, und erzeugt vier Töchter und einen Sohn Polydoros, so daß nachstehender Stammbaum erwächst:

Kadmos, Ehe mit **Harmonia**
|
Polydoros
|
Labdakos
|
Laios, Ehe mit **Iokaste**
|
Oidipus, Ehe ebenfalls mit **Iokaste,** seiner Mutter
―――――――――――――――――――――――――――――
Eteokles - Polyneikes - Antigone - Ismene

Laodamas   **Thersandros**, Gründer des Emmeniden-Geschlechts
                |
            Teisamenos (Zeit des Troianischen Krieges)
                |
            Autesion
                |
            Theras

Wenn diese Ahnentafel auch keine Pointen weiter bietet, außer der vielleicht, daß **Thersandros** vor **Troia** fiel oder aber Mitinsasse des Hölzernen Pferdes gewesen ist, führt sie doch bis an die Schwelle echter Geschichte, denn als solche wird der Kampf um Troia heute ohne große und wesentliche Vorbehalte angesehen, während die aufklärungsstolze Zeit vor **Schliemann** im Begriff stand, alles Sagengut als gegenstandslose Fabeleien abzutun. Das wurde schon berührt. Immerhin aber sind neuerdings wieder Zweifel angemeldet worden. Und meinerseits soll durchaus nicht behauptet werden, daß archäologische Tatsachen hier und homerisch-epische dort vollständig übereinstimmten und daß Homers Helden für personell identisch mit wirklichen Gestalten der Historie und jener poetisches Tun und Lassen für deren Taten und Daten gelten können. Auf der anderen Seite hätte der Dichter nicht 400 Jahre nach einem fiktiven Falle Troias von der Katastrophe dieser sattsam bekannten Stadt singen und sagen dürfen, wenn nie eine stattgefunden hätte. Genau so wenig, wie wir einen Bauernkrieg erfinden dürften oder sollten, den es nie gegeben, und den flammenden Untergang der Würzburger Veste beschreiben könnten, die notorisch nie unterging. Wer Kriege erdichten will, begebe sich in außergeschichtliche Gefilde, wo dann die Komantschen und die Sioux getrost ihre Kriegsbeile ausgraben dürfen. Hier im Geschichtlichen bleibt nichts anderes übrig, als Romanstoffe, wenn in Kriegen, dann in historisch beglaubigten anzusiedeln. Davon die Romanhelden sodann wie mit einiger Wahrhaftigkeit angestrichen erscheinen. Ich glaube, wer im Falle **Troia** Einwürfe macht und Einwände erhebt, sollte wissen, daß es über die Wahrheit historischer Faktizität hinaus sagenhafte oder heroische Wahrheit gibt, die nichtsdestoweniger eben auch Wahrheit ist. Ein anderer Aggregatzustand der Historie. Und außerdem hat die troianische Archäologie bereits Bände gesprochen. Auch muß im troianischen Kulturkreis der Mittler gesehen werden, der verschiedenerlei altorientalisches Geistesgut von den Hethitern übernommen und an die Griechen weitergegeben hat.

Um aber wieder zu den Kadmäern zurückzukehren: die antike Überlieferung weiß mit ihrer Sicherheit, daß die

Agenoriden, des **Agenor** und des **Kadmos** Nachfahren, zwar nicht in Theben, wohl aber in **Athen** noch bis ins fünfte Jahrhundert fortgeblüht haben. Die Griechen haben ferner den sagenhaften König **Kinyras** von Zypern für den Erfinder der Musik gehalten. Diesem Heroennamen entspricht das phönizische Wort ›kinnôr‹ oder ›kinnûr‹=Leier, Harfe. Das ist höchst bezeichnend. Und - das Stichwort ›gesher‹ = ›gephyra‹ = Brücke ist bereits gefallen: **Kadmos** war nicht nur mit seiner Mutter, sondern mit einer phoinikischen Begleiterschar angelangt, und auch diese hatte Nachkommenschaft hinterlassen. Die Athener nannten solche Mitbürger - ob wörtlich in bezug zum Brückenbau, stehe dahin - Gephyräer, und es wurde nichts getan, die Gephyräer, die als Vertriebene aus Böotien in Athen Schutz gesucht und gefunden hatten, zu Zeus- und Athene-Anbetern zu machen; vielmehr wurde offenbar von beiden Seiten Wert darauf gelegt, daß die kultischen Dinge sich zunächst einmal nicht vermischten.

Zu den Gephyräern endlich zählten die historischen, im klassischen Altertum hochverehrten athenischen Tyrannenmörder **Harmodios** und **Aristogeiton**. Beide Täter waren beim Attentat oder infolgedessen ums Leben gekommen. Zum Zeichen des öffentlichen Dankes aber durften ihre Söhne und Sohnessöhne auf unbefristete Zeiten Ehrengäste an der täglichen Tafel der Staatsgeschäftsführung sein, bei den Prytaneis. Auszeichnung allerersten Ranges. Eine derartig dichte Symbiose von »Ariern und Semiten« aber sollte bekannter sein, als sie ist, zumal sie doch in der dramatischen Poesie der Hellenen so reichen Niederschlag gefunden hat - **Antigone, Ismene** -, und beschämt jeglichen Antisemitismus, wo er sich zeigte und zeige, aufs tiefste.

Endlich liest man bei **Herodot** V, 58 zu diesem Thema: *»(Die) Phoiniker aber, die mit Kadmos gekommen waren und zu denen die Gephyraier gehörten, haben . . . vieles andere Wissenswerte zu den Griechen gebracht und so auch die Schrift, die zuvor die Griechen nicht hatten, wie mir scheint, und zwar zunächst diejenige, die auch alle Phoiniker anwenden . . .«*

Wie ihm scheine, schreibt Herodot! Daß es sieben, acht Jahrhunderte vor ihm eine reguläre griechische Schrift, die achäische oder mykenische, die heute sogenannte Linear B gegeben hat, offenbar wußte er es nicht oder nicht mehr mit genügender Sicherheit. Das ist gewiß verwunderlich und zeigt, welch einen Einschnitt die langen Jahre des troiani-schen Krieges, welch einen Bruch mit der Vergangenheit die sogenannte Dorische Wanderung, die hier schon mehrfach erwähnte Rückkehr der Herakliden, mit sich gebracht hat-ten.

Linear B, wenn jene Schrifttafeln von **Tartaria** und Nova Zagora nicht noch alles in ein ganz anderes Licht rücken, fußte auf der vorgriechisch-kretischen Silbenschrift, der Linear A, und war selbst syllabisch. Auf Linear A ging auch die vorgriechisch-zyprische Silbenschrift zurück, die schon vor **Ventris** entziffert worden, aber deren Sprache, »Eteokyprisch«, dennoch unverständlich geblieben ist. In dem Maße wie Linear B wohl in **Mykenä** und all den ande-ren Hochsitzen nur eine Hof- und Adelsmonopolschrift gewesen ist, war sie zum Untergang verdammt, als die dorischen Hirtenkrie-ger burgenbrechend ins Land rückten und nur Athen nicht neh-men konnten. Eine Epoche der Erstarrung begann. Geraume Zeit später aber, vom 9. Jahrhundert an, konnte sich dann eine ar-chaisch-griechische Buchstabenschrift entwickeln, die ihre Einzel-formen der phönizischen entlehnte und das verblüffend einfache und praktikable Prinzip der lautgemäßen Schreibung übernahm. Das heißt, die phönizische Schrift bot nur eine konsonantische Schreibung. Die vokalische Auffüllung ist griechische Leistung.

Gewiß mochten den Auslands-Phöniziern aus der Rück-ständigkeit der griechischen Verhältnisse nach dem Jahr 1100 Vorteile erwachsen sein. Doch ist die Übernahme ihrer Schrift nur unter dem sanften Druck der kulturellen Über-legenheit erfolgt. Denn auf **Zypern**, als Gegenbeispiel, hat sich die alte inseleigene Silbenschrift, nunmehr als Schrei-bung der griechischen Sprache, noch bis ins dritte vorchrist-liche Jahrhundert und länger neben der Buchstabenschrift der cypro-phönizischen Kolonialstädte und neben der ent-sprechenden neuen Schrift der Griechen in Gebrauch erhal-ten, obwohl im 9. Jahrhundert der starke Einfluß jener Ko-lonien sich sogar zur politischen Herrschaft ausgewachsen hatte. Doch spricht gerade das Bestehen dreier Schriften nebeneinander für die kluge Friedlichkeit und Urbanität der dortigen Symbiose. Die Dorische Wanderung hat Zy-pern nicht erreicht.

Die phönizische Mitgift des aleph, bet, gimmel, daleth =

alpha, beta, gamma, delta = ABCD ist über jede Lobprei-
sung erhaben, ist Grundvoraussetzung aller Schriften im
Abendland und anderswo, ist Basis unsres Denkens, Wissens und Arbeitens. Die Phönizier der Kadmäerzeit waren
jedoch nur Erben. Schon im 15. Jahrhundert - so Albright
1941; andere vor ihm haben noch früher datiert - meißel-
ten kanaanitische Bergarbeiter - Quainiten, Keniter,
»Schmiede«? - in ägyptischen Diensten, Gastarbeiter in den
Bergen des Sinai, heidnische Votivsprüche in phonetischer
Schrift ins Gestein: Ochsenkopf, Haus, Auge, Fisch... aus
Tausenden von ägyptischen Hieroglyphen zwanzig, dreißig zu konsonantischen Lautzeichen erkoren. Weltbewe-
gendes Geniestück.

Die Mythologie weiß davon auf ihre Weise: im Sinai gab
Jahweh dem Moses die Zehn Gebote auf »zwei Tafeln des
Zeugnisses, die waren steinern und geschrieben mit dem
Finger Gottes...«

Ende 1969 meldete die Saarländische Universität, bei Kamid el
Loz (Libanon) seien wie im Vorjahr Tonscherben mit eingeritzten
Schriftzeichen ausgegraben worden. Sie liefern »nunmehr den ab-
solut sicheren Beweis, daß diese Buchstabenschrift ... bereits im
13. vorchristlichen Jahrhundert im phönikischen Raum bekannt
war und auch allgemein benutzt wurde. Bislang wurde die älteste
Inschrift dieser Art - die auf dem Sarg des Königs Ahiram von
Byblos - ins 10.... Jahrhundert datiert, und es gab keinerlei
Sicherheit hinsichtlich der Erfindung dieser Schrift.«

(1969)

33 Jonas

Von Wundermären umwittert ist vor allem der Felsen von
Joppe, dem Yaffo oder Jaffa von heut. Von Sagen ein-
gesponnen. Eingegarnt. Wie man auf Zypern und anderen
Inseln im Südosten die Kapellen eingarnt und die Kirchlein,
daß der Himmel Regen spende, so umschlingen die Mär-
chenweben strickdick den Stadtberg. Wenn Sie treppab,

treppauf durch die Altstadt gestiegen sind, zwischen den schicken kleinen Restaurants und Bars, die sich aufdringlicher Reklame enthalten und darum leicht zu verfehlen sind, zwischen allerlei Boutiquen und Atelierwohnungen, die die Boheme von Tel Aviv sich zum Eigentum aus undefinierbar betagten Gemäuern hat ausbauen dürfen, wenn Sie schließlich oben im »Tarschisch« angelangt waren und vom Seewind umfächelt ein mittägliches Fischgericht bestellten, dann hatten Sie Muße, den Eingarnungen nachzusinnen.

Wo anfangen? Nicht mehr bei Philistern und Phönikern. Sie sind damit sattsam bedient worden. Bei **Thutmosis III.?** Nein. Hatten wir bereits. Wäre für diesen Platz auch keine sehr entlegene Historie gerade. Denn der ältere **Plinius** lehrt, daß Joppe bereits vierzig Jahre nach der Sintflut gegründet worden sei. Das ist, wird man gestehen, unglaublich alt. Der Gründer aber, wollen etliche wissen, sei **Japhet** gewesen, Japhet, Noahs des Archenbauers Sohn. Und wieder andere melden, das alles reiche noch gar nicht aus, vielmehr sei die Arche in Jaffa gezimmert worden, und es müsse dort also auch schon vor der Sintflut ein bewohnter Platz vorhanden gewesen sein. Oder die Arche sei dort bestiegen worden. Und Joppe stehe **Babylon** nicht nach, das zugleich mit der Welt erschaffen worden.

Auf unverkennbare, wenn auch nur umständlich in Worte zu fassende Weise deuten alle Märchen, die um den Felsklotz von **Yaffo** flügeln, aufs Meer, auf Wasser, auf übermächtige Wasserungen. Sintflut, Seeungeheuer, Menschenopfer zur Sänftigung der Meeresgötter. Orient und Okzident sind des Lallens, Raunens, Sagens um diesen hohen Platz an der Philisterküste nicht müde geworden. Verfremdete Geschichte, ihrer Erdenschwere entledigt. Geschichte surrealistisch. Schillernder Wein aus dem trüben Most der Geschehnisse. Aus lokaler Tradition einer Hafenstadt von einiger Bedeutung kann Yaffos wasserbezogene Mythologie allein nicht kommen. Der Hafen ist für heutige Begriffe klein und kann auch für antike und frühantike Verhältnisse nicht von überragender Leistungsfähigkeit gewesen sein. Wie Alexandria oder gar erst Phaleron und Piräus.

Aus der Reisebeschreibung des Hamburger Buchhändlers **Jonas Kortens** von 1737 ist folgendes zu entnehmen: »*Den 23. April ging ich von Damiata mit einem frantzösischen Schiff, welches Reis geladen hatte, nach Joppen zu. Man fährt etwa von dieser Stadt noch zwo gute Stunden auf dem Nil-Strom, und wo er in die See fällt, ist die Einfahrt durch den Strom gantz mit Sand verschlemmt, daß nichts als große Chalouppen, oder Ewer, können überfahren, durch welche die Schiffe befrachtet werden, welche auch noch zwo bis drei Stunden weit in der See liegen, so, daß sie bey einem Sturm öfters müssen in die freye See stechen...*«
(Sie kennen besagte Sandbänke schon aus oben gegebenen Schilderungen und von Reisenden, die diese Untiefen offenbar zur Zeit der Nilschwelle passiert haben.) »*Wir gingen Abends um 6 Uhr unter Segel mit einem sanften, aber guten Winde, und weil solcher anhielt, waren wir den 26sten zu Mittage, und also in weniger als 3mal 24 Stunden, vor Joppen, welches ietzo Jaffa heist. Es hat dieses Joppe eben wol keinen Hafen, und bleiben die Schiffe auch hier eine gute Stunde weit in der See vom Lande ab liegen, ich ging also noch diesen Tag, nemlich den 26. April, ans Land...*«

Sieben Jahrzehnte später notierte **Chateaubriand** Entsprechendes: »*Jaffa bietet nur eine elende Häuseransammlung, amphitheaterartig im Halbrund am Abhang einer Steilküste angeordnet. Die Schicksalsschläge, die diese Stadt dermaßen häufig hat ausstehen müssen, haben die Zahl der Ruinen immer wieder vermehrt...*« Und auch er weiß: »*...die Schiffe aus dem Westen ankern für gewöhnlich draußen ... während die griechischen Fahrzeuge sich dem Lande besser nähern können und sich dann über minder gefährlichem Grund zwischen dem Hafenkai (französisch = darse) von Jaffa und einer Klippenbank befinden*«.

Immerhin aber hat dieser schmächtige Port im 20. Jahrhundert wieder erstarken können und den palästinensischen Apfelsinen seinen Namen als einen Gütestempel mit auf Exportwege in alle Welt geben können: Jaffa-Apfelsinen. Und es hat die von tausend Katastrophen und Plagen heimgesuchte, so oft belagerte, so oft verheerte Stadt, sozusagen vor unser aller Augen, eine so lebendige und moderne und schmucke Tochterstadt wie **Tel Aviv** gebären können! Es ist mit den Städten wirklich ein rechtes Wunder. Ein Phönixwunder. Nur haben wir für derartige Verwirklichungen, Ausblühungen, Wiedergeburten der Kollektive noch keine Fachausdrücke.

Aber es ist in diesem Falle gewiß die Überfülle an Historie, das Übermaß an Geschichtsbeladenheit, -geladenheit wie in elektrotechnischem Sinne, was die südöstliche Menschheit nie hat von Jaffa loskommen lassen. Aufladung, die Anziehungskraft ausübt auf neue Unternehmungen und neue Schicksale. Die Römer hätten wohl nicht gezögert, dafür auch ihren Begriff ›*genius loci*‹ anzuwenden.

Anhand nachstehender Tabelle seien folgende für den Südosten sehr bezeichnende Zusammenhänge veranschaulicht:

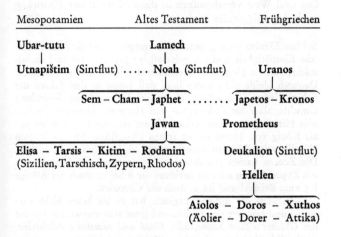

Mesopotamien	Altes Testament	Frühgriechen
Ubar-tutu	Lamech	
Utnapištim (Sintflut) . . . . . Noah (Sintflut)		Uranos
Sem – Cham – Japhet . . . . Japetos – Kronos		
Jawan	Prometheus	
Elisa – Tarsis – Kitim – Rodanim	Deukalion (Sintflut)	
(Sizilien, Tarschisch, Zypern, Rhodos)	Hellen	
	Aiolos – Doros – Xuthos	
	(Äolier – Dorer – Attika)	

Der geographische Angelpunkt für dieses mythologische Spiel durch Räume und Zeiten ist Yaffo.

Daß der alttestamentliche **Noah** seine Entsprechungen in anderen Mythologien hat, weiß man - immer nur mit Blick auf den hier betrachteten Südosten - zumindest seit der Entdeckung des Gilgameš-Epos, das sehr alt, aber wahrscheinlich erst im 12. Jahrhundert vor Christus niedergeschrieben worden ist. In Keilschrift. In ihm erzählt der babylonische Heros und Archenerbauer **Utnapištim** die Sintflutgeschichte, die noch ältere Vorgängerinnen in **Akkad** und **Sumer** hatte, und die die Bibel dann mit geringen Veränderungen übernommen hat. Dem Utnapištim kongenial ist **Atrachasis** im akkadischen Mythos.

Dem Noah-Sohn **Japhet** entspricht oder ist gar mit ihm weitgehend identisch der **Japetos** der Griechen. Ein Titan, der Vater des **Prometheus** und über diesen Menschengönner Großvater des **Deukalion**, der seinerseits eine Sintflut überlebt - oder die Sintflut - und durch Hellen zum Ahnherrn der Hellenenstämme wird; während in der räumlich weniger beengten Schau des Alten Testaments Japhet - von seiner Gründung Jaffa aus gesehen - sogar Stammvater des gesamten Nordwestens, des Abendlandes, zu werden hatte. Die Kontinente, Rassen, Völker und Stämme überschwemmende Macht der Mythen kann nicht deutlicher werden. Ost und West verschmelzen in diesen Fluten der Phantasie zu farbig klingender Einheit.

Solchen Dimensionen gegenüber schrumpfen wirtschaftlich-politische Einmütigkeit und Freundschaft, so preiswert und rar als solche, fast zu bloß noch interessanten Kleinigkeiten zusammen. Dennoch bleibe nicht unerwähnt, daß **Joppe** in den Jahren des Salomonischen Tempelbaus als traditioneller Hafen Jerusalems Umschlagplatz für Zedernholz- und Marmorlieferungen des Königs **Hiram** gewesen ist. Dieser Hiram regierte von 979 bis 945 als König von Tyros, versah seinen königlichen Freund **Salomo** überdies mit bildenden Künstlern und förderte ihn im Schiffsbau. Die Zedern kamen aus dem Libanon (wahrscheinlich aber auch aus Zypern). Von alledem berichtet die Bibel im Buch der Könige I 5 zum Beispiel und im 2. Buch der Chronica.

Doch auch die jüdische Legende hat es bis heute nicht vergessen und erinnert sich fabulierend jener staunenswerten Epoche des Glücks: »*Alles Silber, alles Gold und sämtliche Edelsteine, die bei Schiffbrüchen auf welchen Meeren auch immer untergegangen sind, treiben sacht nach Jaffa. Denn vormaleinst schon bot das Meer seine Reichtümer dem König Salomo an. Darauf gründete seine Macht. Und seither häuft und hortet die zauberstarke See von Jaffa neue Schätze an, und sollen diese in Hülle und Fülle heraufgeliefert werden zu der Zeit, wenn der Messias kommt. Der will jedem rechtschaffenen Manne davon zuteilen, wie's ein jeglicher verdient.*«

Dieses Zaubermeer, dann und wann sich ins Böse verkehrend, gebiert aber auch Ungeheuer. Drachen und ›Walfische‹. **Jonas** der Prophet mußte da seine fatalen Erfahrungen machen. Es gibt seriöse Literatur, die abwägt, ob jemand den Aufenthalt in eines Fisches Schlund überstehen kann oder nicht. Es scheint vorzukommen, daß ein Fisch, ein Hai vielleicht, ein übergroßes Beutestück, an dem er sich verschnappt und das Maul zu voll genommen hat, wieder von sich gibt. Habe davon schon in Zeitungen gelesen, meine ich, aber in besagte Literatur keinen Blick werfen können.

Beruhigend für Hinz und Kunz, wenn als natürlich erwiesen werden kann, was wunderlich und darum unwahrhaftig schien. Es gibt aber auch eine mythologische Wahrheit, der gerade *quia absurdum* Glauben zu schenken ist, und die nach Beweisen nicht verlangt. Im Gegenteil, sie würde nur ausgelaugt werden und alle Farbe verlieren.

Auch **Perseus**, der Befreier der **Andromeda** - wir kommen gleich auf das Mädchen und seine Bewandtnis -, gerät ja, später Sagenversion nach, in den Wanst des Ungeheuers, das er hat töten wollen, nur versteht er es zu seinem Heil, das Vieh von innen aufzuschlachten und sich hinauszuoperieren. Erinnern Sie sich noch an Cola Pesce, von dem wir sprachen? Er hat sich manchmal, so ging es einst von Mund zu Mund, von gierschlundigen Fischen schlucken lassen, um also in beweglicher Ein-Mann-Kabine Seereisen größeren Umfangs anzutreten. Am Ziel schlitzte er seinem Wasserfahrzeug Pansen und Ranzen auf und überließ in heroischer Undankbarkeit das Vehikel dem Tode.

Jonas bedurfte der Gewaltanwendung nicht. Ihn spie der Wal ans Land. Auch der griechische **Jason**, des kleinen Propheten anagraphischer Namensvetter, wird von einem Drachen verschlungen, der den Helden auf Athenes Gebot wieder herauszurücken hat. Nebenbei: in der hellenistischen Zeit hat manch ein Jude, der nicht fromm war und Jonas hieß, es vorgezogen, sich in Jason umzutaufen, *à la mode*.

In Ausübung seines Prophetenamtes hätte Jonas nach **Ninive** in Assyrien reisen und dort predigen sollen. Alles andere als ein Vergnügen. Eher schon ein Todeskommando, da der Auftrag darin bestand, den bevorstehenden Untergang eben jener Stadt an Ort und Stelle zu verkünden. Jonas zauderte. Er fühlte sich überfordert, wie man heute zu sagen pflegt, und beschloß, dem Gottesbefehl nicht Folge zu leisten, sondern sich zu verdrücken. Dabei ging er von der überkommenen, aber veralteten und daher irrigen Annahme aus, daß Jahwehs Macht als die eines Volksgottes bis in Erdenwinkel am anderen Ende der Welt nicht reichen werde, wo Baal oder Moloch zum Beispiel die Herren seien. Jonas begab sich nach Joppe oder Japho, wie Luther sagt, und an Bord eines Tarschischfahrers. Tarschisch? Ach, wo lag das? Im Abend fern. Hinter den Säulen des Melqart. Am Gestade des unendlichen Ozeans.

Das Schiff lief aus, geriet aber, als es auf hoher See war, in ein höchst übles Wetter von der Art, daß die Steuerleute, wie Verzweifelte an den Ruderpinnen hangend, hin und her geschleudert wurden wie die Ferkel an der wilden Sau und die Besatzung endlich zu dem Schluß kam, unter den Passagieren müsse ein Frevler wider Gott stecken, solches Wüten der Wogen und Wellen wäre sonst nicht zu erklären.

Das Schiffsvolk war international zusammengewürfelt. So schrie zuletzt ein jeder händeringend zu seinem Gott, zum El von Byblos, zu Poseidon, zur Astarte von Sidon, zu Glaukos pontios, dem Herrn der Meeresbläue, daß er sich wieder zeige, zum Melqart von Tyros, zu Ea oder zum Dagon von Askalon, dem Fischleibigen. Nur **Jonas** konnte sich nicht gut an **Jahweh** wenden und dabei doch seiner Macht entrinnen wollen. Was tun? Daß da einer untätig blieb, der gerade kein Luftmensch war und dennoch nicht betete, hätte auffallen müssen. Die Leute waren ohnehin schon halb närrisch vor Angst und betrachteten einander schielend vor Argwohn. Deshalb verfügte sich der Prophet in den Schiffsleib und tat, als ob er schliefe, oder schlief auch wirklich. Wenn auch nicht den Schlaf des Gerechten.

Es war der Schiffer selbst, der den ungetreuen Gottesmann weckte. Unsanft nach Seemannsart. Los! Hoch! Und gefälligst zu Gott gebetet! – Zu wem? – Hat einer Worte! Na, zu deinem selbstverständlich! Was bist du? Hebräer? Also dann zu Jahweh. Los! Nichts unversucht gelassen! Vielleicht hilft's. Schaden wird's nicht. Was weiß unsereiner denn schon?

Die Schiffskinder oben hatten unterdessen beschlossen, durch das Los zu ermitteln, wer der Schuldige sei, ein Gottesurteil, und wer folglich den Sündenbock zu spielen und über Bord zu gehen habe. Denn Opfer müssen gebracht werden. Gottheit ist voller Launen und Tücken, sie heiße wie sie heiße. Erzürnte Gottheiten wollen es einmal nicht anders. Einer muß dran glauben. Ist eine alte Regel. Mindestens einer. Wen schleppt der Schiffer denn da aufs Achterdeck? Ach, den! Ist in Joppe zugestiegen. Was für ein Landsmann? – Bin aus Gath-Cepher in Sebulon. – Zieh dein Los, Hebräer! Wirst doch nicht der gottverdammte Schächer sein, um dessentwillen wir hier in Nöten schweben. Jonas Augen wurden groß, und er wappnete sich mit Todesernst. Das Los traf ihn. Es überraschte ihn nicht. Er zögerte keinen Augenblick, sondern sprach mit erhobener Stimme: *»Nehmet mich und werfet mich in das Meer, so wird euch das Meer stille werden. Denn ich weiß, daß solches große Ungewitter über euch kommt um meinetwillen.«*

Sie wunderten sich über eine derart reuige Gottergebenheit, waren aber der Opferbereitschaft zufrieden, packten und schleuderten ihn - viel wog er nicht - in den Aufruhr der See.

Eine grünende Woge stand auf und schlug ihre ausgischtenden Fänge wie Cherubsflügel um das reglose Sühnopfer. Zuoberst aber in dem wabernden Turm aus phönizischem Glas, der da wider ihr Schiff heraufwankte, erblickten die Matrosen ein Ungetüm schwebend, schwanzschlagend und mit aufgesperrtem Rachen. Einen Riesenhai. Einen Wal. Den Leviathan. *»Den Drachen im Meer«*, davon **Jesaia** sagt. Für Jahweh ein Spielzeug. Den Seligen dermaleinst zur Speise vorbehalten.

Das Untier schluckte den Jonas wie einen kleinen Fisch, schloß friedsam das Maul und glitt, als allen schon, des unvermeidlichen Zusammenstoßes von Schiff und Fisch gewärtig, der Schrei des Entsetzens im Hals steckengeblieben war, aalglatt unter dem Kiel hinweg. Der Sturmwind stillte und kuschte sich, allen Ungestüms vergessen. Gemächlich nur noch dünte die See und befliß sich, spiegelnd zu werden. Ein Gott hatte das Opfer, so dachten sie nach der Heiden Weise, in Gnaden angenommen, und dieser konnte, weil der Mann aus Gath-Cepher ein Hebräer gewesen, nur Jahweh sein. Seht nur den Regenbogen! Ihrer zweie gar! Jahweh zeigt sein Wohlgefallen. Alle Wetter! Das gibt zu denken.

Jahweh war ein eifriger Gott und stark. Das war erwiesen. Und sie waren noch einmal davongekommen. Der Schiffer ließ das Segel setzen. Die Sklaven legten sich getröstet in die Riemen, die ihnen ganz durcheinander geraten waren und die sie nun wieder im Takt der Handpauken und in schöner Ordnung bewegen konnten. Weil aber kein Land in Sicht war und auch der Mann im Topp keins ausmachen konnte, ließ der Schiffer einen der Vogelkästen öffnen und sich die Taube mit dem trockensten Gefieder

reichen. Denn die Salzflut hatte auch vor dem Federvieh
nicht haltgemacht.

Alle Blicke folgten dem Tier, als es, in die liebliche Luft
geworfen, die Flügel breitete, sich mit steilgestellten Schwingen
bis nah ans Wasser fallen ließ, das Schiff zweimal umkreiste,
sich aufschwang und gen Westen entflog. Was daran
abzunehmen war, daß der Regenbogen niedrig, die Sonne
ihm gegenüber also hoch stand und die Taube sich von dem
lichten Farbenrund nach links gewendet hatte. Kurs West!
rief der Schiffer. Der Taube nach. Denn in ihr ist göttliche
Weisheit. Der Mensch irrt in der Wasserwüste und ist verloren.
Das Tier aber weiß, wo rettendes Land am nächsten
ist. Heilige Aštoret von Paphos, dein gurrendes Geflügel!

Und sie gelangten wohlbehalten und zu guter Stunde nach
Tarschisch, entließen ihre Passagiere, die noch alle des großen
Wunders voll und auch froh waren, daß nicht sie hatten
dran glauben müssen, löschten die Ladung, faßten neue
Gäste und legten fünf Monate später wieder in **Joppe**
an, das sie auch Jophe nannten, das ist die Schöne. Was man
sich da auf dem Markt, in Schenken und Bordellen erzählte,
was sie da hörten, das klang abenteuerlicher als gängiges
Seemannsgarn. Das wären unter anderen Umständen schon
armdicke Taue gewesen. Wie die Trossen der Ägypterschiffe,
dieser ungefügen Archen. Da habe doch - aber das war ja
eben die richtige Fortsetzung ihres Abenteuers -, da habe
doch eines schönen Tages vor vier, fünf Monaten vielleicht,
obwohl kaum ein Windhauch zu spüren gewesen, die See
sich seltsam erregt gezeigt und, behüt' Baalsvater Dagon,
prustend, flügelnd, flossenpeitschend sei ein Tier der Tiefe
hochgeschwommen und gerader Bahn auf den Strand zu,
daß Bleicherinnen und Muschelsammler nur so davongestoben
seien, weshalb man leider auch nicht genau sagen könne,
wie viele Häupter das Meerwunder gehabt. Denn der von
der Burgwache, der Philisterhauptmann, das Enaksende,
hat nachher gesagt, nur einen. Doch von den Weibern,
deren etliche nicht so hurtig davongekonnt und von Neugierde
auch wie festgepicht gewesen seien, haben die einen
drei und manche auch fünf oder acht Köpfe gesehen und bei
den allgewaltigen Göttern geschworen, das sei so und nicht
anders gewesen. Ja und dann, dann habe das Vieh einen
greulich grollenden Rülpser getan, daß es einen Widerhall

an Joppes Felsen gegeben habe wie einen Donner, und ganz behutsam wen? ... den Adon Jonas aus Gath-Cepher aus seinem Schlunde hervorgebracht und über die Zunge zu Boden gleiten lassen.

Und indes alles aufschrie über diese nie gesehene Geburt und in die Knie gefallen sei, den Erdboden zu schlagen und zu küssen, wollen einige die Bestie gleich einem Nebel haben zerrinnen sehen. Aber der von der Burgwache sagt, sie sei weggetaucht und unter Wasser fortgeschwommen, was er von oben habe deutlich verfolgen können. Adon Jonas aber, den alle bestaunten, auch schon weil seine Kleider offenbar nicht naß waren und er, wenn nichts täuschte, allenfalls ein wenig wie nach dem gesalzenen Rogen aus Tanais roch, dem köstlichen schwarzen, hat mit tiefem Ernst und wie ein Erleuchteter um sich geblickt und nur gefragt, ob er wohl den Tag noch einen Reitesel nach Damask haben könne. Denn der Herr habe ihm befohlen, ohne Verzug nach Ninive zu reisen. Da habe ihm dann einer eine falbene Mauleselin verdingt. Für drei Schekel, weil er im Angesicht des Wunderbaren mehr Mietgeld nicht habe nehmen mögen. Doch welcher Herr dem Adon Jonas da einen Reisebefehl erteilt habe, das hat er nicht gesagt, und daher wisse man's auch nicht.

So kam es denn an die Tarschischfahrer, alles eingehend zu berichten, auch das mit der Taube, versteht sich, und was ihnen sonst widerfahren, und daß der Herr, der dem Jonas Befehle erteile, Jahweh sei und kein anderer Gott. Das wüßten sie. Die Leute staunten betroffen. Es war aber einer unter den Zuhörern, der darauf wies, was alle diese vielsprachigen Leutchen hätten wissen können, woran aber in der Verblüffung keiner sonst gedacht hatte, daß nämlich bei den Hebräern wie bei den Phönikern ›jōnā‹ die Taube heiße. Die Taube, die Taube! murmelten, die es hörten. Und daran hatten sie ihrer Lebtage zu rätseln und rätselten ihre späten Enkel noch. Waren aber dessen gewiß, daß es da um sehr heilige, wenngleich schwer zu begreifende Dinge gehen müsse. Was weiß unsereiner denn schon, hatte der Schiffer zu wiederholten Malen hören lassen. Es ging um Gottes Sache eben, die durch und durch träumerischer Art ist, sozusagen, und nicht alltäglich.

(Januar 1969)

Solchen und ähnlichen Gedankengängen hatten Sie sich im
»Tarschisch« oben überlassen und Muße und Geborgenheit
vor dem Getümmel der blutjungen Stadt **Tel Aviv** genossen. Da kam der Fisch ... Sie hatten ihn *à la carte* bestellt.
Nicht gar so groß und fabelhaft, aber doch ein verdauliches
Geschenk des Meeres zu Ihren Füßen, von schneeweißer
Fleischlichkeit, nebst vielen Tomaten und Zitronen. *Pommes frites.* Als Getränk hatte sich ein 65er Carmel Zion-
Askalon Reserve empfohlen und Ihre Träumereien befruchtet, indessen das grauglitzernde Meer zur Mittagsruhe übergegangen war. Kein Schiff. Wie weit bis **Tarschisch**? An die
3700 Kilometer offene See. Tarschisch ist untergegangen.
Wo es lag, steht nicht fest.

Aus dem Innern des Restaurants war Radiomusik zu hören gewesen. Beat-Musik israelisch. Hart und sauber. Auch dem *lazy
linguist*, der dem Angebot der Landessprache schüchtern nur das
Grußwort *schalom* entnommen hat und den, wie mich, schon die
Vokabeln für danke und bitte in Ratlosigkeit versetzen, hatte
nicht entgehen können, daß in einem der Refrains laut und deutlich die Worte Halleluja, Adonai und Israel aufklangen. Beat
national, Beat religiös. Stimme, Ruf, Schrei eines mannhaften
Mädchens, einer Soldatin, einer Debora, einer Andromeda. Dabei hatten Sie feststellen müssen, daß die kleine Kellnerin, die, sich
im Takte wiegend, am Türpfosten des Kücheneingangs lehnte,
leise mitsang: Halleluja ... Adonai ... Israel ...

Auf der äußersten Klippe, wo nur noch ab und zu eine
nachzüglerische Welle aufspritzte, rechts unten von Ihrem
angenehmen Blickpunkt spielte, so ist es überliefert, die
Sache mit **Andromeda**. Diese war, wie es sich seit eh und je
für Sagen und Märchen gehört, die Tochter eines Königs.
Ob der aber Äthiopien regierte oder eine phönizische Krone
getragen hat, muß nach so langer Zeit unentschieden bleiben. Unentschieden, wo dieses Äthiopien liegen sollte. Unentschieden auch, ob König **Kepheus** mit Jopo, einer Äolostochter, verheiratet war - woher der Name Joppe rühre -
oder mit **Kassiepeia**. (Nicht wie üblich Kassiopeia!)

Da gibt es einen Komplex **Kassiepeia - Phoinix**. In dieser Version
kommt Kassiepeia als Mutter der Europa vor. Lassen Sie sich

bitte jetzt nicht verwirren, es ergibt sich für uns daraus nichts Nennenswertes. Ein zweiter Komplex kopuliert Kassiepeia und **Epaphos** und deutet auf allerlei ägyptische Beziehungen. Uns interessiert der dritte: Kassiepeia - **Kepheus**. Darin ist Kassiepeia Tochter des Hermessohnes Arabos und, von Kepheus, Mutter der **Andromeda**. Kurz und gut, Mutter und Tochter erscheinen ganz und gar nicht griechisch, sondern gehören nach Blut und Aussehen als »*arabische Äthiopinnen*« (nach **Apollodoros**) dem semitisch-hamitischen Orient an und ragen in unser Betrachtungsfeld aus einem ferneren Südosten von weither herein. Daraus läßt sich keine neue Folgerung, wohl aber eine starke Bestätigung des Gesagten gewinnen: Griechenland gehört nicht allein dem Westen an. Es hat vielmehr dem Osten die Tore oft genug weit offengehalten. Weit offen auch, als dann aus Syrien das Euangelion, die frohe Botschaft des Christentums kam. Der Boden gemeinsamer oder dicht verflochtener Mythologie war dafür schon von langer Hand aufbereitet. Gepflügter Acker, der neuer Samenkörner wartete, nachdem Hellas' Ernte eingebracht und die römische Nachlese gehalten war.

Es ist nicht mehr genau zu erkennen, wieso der Andromeda-Mythos sich gerade in **Joppe** lokalisiert hat, welche Stadt auf phönizisch auch Japho heißt. Vielleicht weil, wir sagten es, Japho die Schöne bedeutet. Auf jeden Fall steht die ortsfeste Ansiedlung eines Mythos aber zum Zeichen für unabsehbar gewordene Zeitmassen voller Historie. Der Mythos erzählt: Kassiepeia, diese Blume vom Roten Meer, hatte sich gerühmt, schöner als die Nereiden zu sein. Die Nereiden nahmen das sehr übel. Sie waren die fünfzig, siebenundsiebzig oder hundert Töchter des **Nereus**, eines alten Wasserherrn, der, zusammen mit anderen Vögten des Feuchten, wie Proteus etwa, vor dem jüngeren und umfassenderen Meeresgott Poseidon fast in den bescheidenen Stand eines Elementargeistes zurückgeschrumpft, jedenfalls seiner vollen Göttlichkeit schon verlustig gegangen war.

Von seinen vielen Töchtern kennen Sie übrigens die eine oder andere, vielleicht ohne es zu wissen: **Galatea, Amphitrite, Thetis**. Wasser und Mädchen, ein lieblicher Reim, man fühlt es, ein unausweichlicher. Und es wird Sie interessieren, daß das wellende Nereiden-Wesen im christlichen Griechenland mindestens bis ins 19. Jahrhundert hinein fortgelebt hat und wohl jetzt noch lebt. Nur die großen Götter haben Götzen werden und hinsinken müssen, wenn sich ihnen keine verhüllende Schwundstufe zu überdauern anbot. Das Kleinzeug vegetiert weiter: Nixen, Feen, Wichtelmänner.

Poseidon erfuhr von Kassiepeias Herausforderung und griff nach dem Dreizack. Göttern ist nichts unleidlicher als menschliche Vermessenheit. Als Hybris. Eine derart hybride Behauptung wie die der Kassiepeia von ihrer angeblich überlegenen Schönheit war nicht hinzunehmen. Schöner als fünfzig, siebzig, neunundneunzig oder gar hundert halbgöttliche Wasserjungfrauen, schwellende, quellende, spielende, wühlende, rauschende, plauschende - schöner soll auch kein irdisches Frauenzimmer sein wollen. Das kann nie gut ausgehen. Poseidon schickte zunächst eine schlimme Überschwemmung, eigentlich schon eine Sintflut, die lange Zeit nicht abebben wollte, und dann schickte er etwas ganz Fürchterliches. Auf Wogenkämmen sich heranwälzend nahte ein ›kētos‹, die Worte fehlen, ein Ungeheuer, eine Ausgeburt, heraufgespien aus Abgründen im Meer.

König **Kepheus** und seine Untertanen holten sich, als sie daraufhin nicht mehr aus noch ein wußten, Auskunft bei dem Orakel des ägyptischen Reichsgottes Ammon und ließen anfragen, was zu tun sei, daß man die Plage wieder loswerde. Loszuwerden, antwortete der Reichsgott vom Nil, seien die Übel nur, wenn man des Königs Töchterlein dem Ketos zum Fraße vorwerfe, Andromeda!

Man hatte das Vieh schon durch allerlei Leckereien, mit Mohnsamen gefüllten Schafskaldaunen, blutwarmen Mastenten und gerösteten Hammelstücken abzuspeisen und einzulullen gehofft. So delikate Gaben hatte es zwar nicht verschmäht, aber zu weichen keine Anstalten gemacht. Niemand hatte sich mehr ans Wasser oder gar aufs Wasser getrauen können. Ein Schwanzschlag, als führe eine Sternschnuppe nieder, und auf roten Wellen hüpften nur noch Spanholz und zersplissene Bretter. Man hatte ganze Kälber, dann einen weißen Jungstier dargebracht. Nein. Sklaven? Alte Sklaven zunächst, die sich freiwillig gemeldet hatten? Nein. Junge Sklavinnen? Nein. Verschlungen wurde am Ende alles, aber Sänftigung oder gar der Abzug des Scheusals waren nicht zu erzielen gewesen. Schädel und Gebein, die das kaufaule Ketos ausgespuckt hatte wie ein Gewölle, bleichten am Strand.

Tiefbetrübt entschloß sich das Königspaar, dem Orakel zu entsprechen. König Kepheus saß verhüllten Hauptes auf seinem Thron aus Gold und Elfenbein, kaum eines Herrscherwortes mehr mächtig. Die Königin raufte vor allem Volk ihr Haar, schlug sich die bloßen Brüste, lief mit geschrienem Jammer und vom Klagegeleit ihrer Damen gefolgt durch Straßen und Gassen, auch durch überflutete watend, treppauf und treppab. Asche auf den Häuptern allesamt. Was half's, wenn Kassiepeia sich aller Schuld an dem nicht endenden Unheil zieh, sich verfluchte und in den klebrigen Schlamm warf, in den Kot des Marktes, und wenn ihre Augen vom Salz der Tränen entzündet waren? Ihre Kleider hatte sie fortgeschenkt, auf Spreu den Schlaf gesucht, der sie floh, ihre Kleinodien ins Meer geworfen. Nichts hatte gefruchtet. Kaum daß das brütende Ungeheuer ein wenig die Augen gerollt hatte. Dem glitzernden Zeug hinterdrein.

Andromeda fügte sich klaglos in das Geschick, das die Götter ihr zugedacht zu haben schienen. Und weil also ihr Opfertod nichts anderes als ein Gottesdienst war, ein sehr hoher und sehr feierlicher, Versöhnungsfest, Liturgie für Volk und Stadtstaat, ließ sie sich ihr schönstes Festkleid anlegen, die knöchellangen getüpfelten Hosen aus ambrafarbener Sererseide – die Tüpfelchen zeigten azurblaue Tauben auf Lotosblumen und blutrote Greifen –, und zog darüber den Sáreton aus hauchfeiner fliederfarbener Wolle, der mit silbernen Seesternen bestickt und mit Borten aus Golddrahtfäden gesäumt und gesteift war. Ihre Tiara war aus weißem Schesch oder Byssos. Darunter glänzten die schwarzen, bänderdurchflochtenen Zöpfe.

Andromeda ließ ihren Schmuck bringen, ihn anzulegen in all seiner Kostbarkeit, als gelte es die Hochzeit. Die sanft klingelnden Geschmeide für die Ohren, den Halsschmuck aus großen Türkisen vom Sinai. Aus goldenen Olivenblättern die Ketten aus Alasia. Den perlenschweren Gürtel mit den Rosenquarzen. Den zierlichen Nasenring mit dem silbernen Glöckchen. Den liebt der Herr Vater ... Die Knöchelreifen aus Niello den rehbraunen Füßen, legt sie mir an, ihr Mädchen, und achtet des Nagellacks! Die Spangen von weißem Gold. Und die Klapperbleche. Die Armreifen aus ringelnden Schlangen, Kupfer und Blaueisen mit Gold eingelegt und mit Silberdraht, legt sie mir an, ihr Dienerinnen! Die hat mir **Phineus** geschenkt, mein Verlobter. Und spart eure Tränen!... Den Reif aus Elfenbein auch mit Saphiren und roten Korallen. Sehet, ich weine nicht und klage mit keinem Wort. Die Ringe den Fingern!...

Diese Hand, sie ist braun. Doch wenn ich sie hebe beim Beten, ist die Handfläche hell, fast wie ein Rosenblatt. An Armen und Beinen habe ich schmale Gelenke. Aber fern sei es mir, mich mit Nereus' Töchtern zu messen, deren Augen wie Wasser sind. Die meinen sind dunkel und groß wie die meiner Kamelkälbchen, der kurzwolligen, weißen. Und ich will mich nicht wie die Mutter mit Wasserjungfern vergleichen. Will die Hellen und Nassen nicht weiter erzürnen. Bin dunkel von Farbe. Doch mein Bräutigam, den ich verlasse, liebt mich so, wie ich bin. Und schwiege sein Mund, seine Augen können nicht schweigen...

Räuchert mit Fleiß! Die Amme - ihr sollt die Alte mir grüßen! - hat mich gelehrt, die Myrrhenharzkörner aus Punt sind der großen Aštoret bittere Tränen... Salbt mich mit Wohlgerüchen, ihr Mägde! Freude bereite mein Opfer den Göttern. Narden und Kardamum, meine Gespielinnen!... Schwarz bin ich, aber gar lieblich. Gazelle, hat er mich gerufen... kann nicht mehr zu ihm gehen. In das Land ohne Heimkehr muß ich nun fort wie des Mondgottes Tochter... Das wißt, Nereiden, und seid meinen Eltern, den Königen, gnädig, seid auch dem Lande wieder gewogen, huldreiche Kinder der See, so wie ich ohne Schuld bin... Den Spiegel!... Wo sind eure Augen? Schminkt mir die Wangen mit Pfirsichrot nach! Den Lidstift!... Und tuscht mir die Wimpern! Rasch! Ich muß gehen. Und fürchtet euch nicht! Das Ungetüm will ja nur mich... Lebet alle mir wohl und wisset mich heil bei den Göttern... Ich komm'... Adonai!... Halleluja!...

Es sah aber aus, als wichen die Wasser vor Andromedas Schritten zurück. Es schien aber, als wolle Ebbe eintreten. Das Volk vergaß schier zu trauern. Zwar hatten die Sklaven beim Einrammen der Pfosten, an die das Opfer gebunden werden sollte, am ganzen Leibe gezittert. Doch das modrig stinkende Ungeheuer hatte nicht Miene gemacht, nach ihnen auch nur die Lefzen zu zurren. Andromeda breitete die Arme. Die Sklaven schlugen flüchtige Knoten um

Handgelenke und Holz und machten sich grußlos davon.
Das Ketos glotzte ihnen gar zu fürchterlich, wenn es auch
döste, und welchen Gruß hätten sie denn entbieten sollen?
»Auf Wiedersehen« oder »Leben Sie wohl«? ... Das Ketos
schnaufte schwer auf und tat einen röhrenden Seufzer, als
stehe ihm etwas besonders Schweres bevor. Dann gab es
sich einen Ruck, kam aber nicht recht vom Fleck, weil es der
raschen Ebbe zufolge unversehens mit dem Bauch auf
Grund saß und dafür nicht geschaffen war. Unbehilflich
wie ein gestrandeter Wal. Das Ketos vergoß dicke Tränen
und japste. Wie sollte es denn Poseidons Befehl ausführen,
wenn der Gott es aufs Trockene setzte? Sein Schluchzen
rüttelte den Boden. Seine Atemstöße stürmten der Schön-
geschmückten ins Angesicht, daß sie Mühe hatte, nicht in
Ohnmacht zu fallen. Tapfer und aufrecht wollte sie aber zu
den Göttern gehen und nicht ohne Besinnung.

Das Ketos katzbuckelte wütend hoch und streckte sich,
sich raupend dem Opfer näherzubringen. Es rückte und
ruckte heran. Der lurchweiße Wanst malmte den dampfen-
den Sand. Vor Anstrengung und Gier troff dem Ketos gelber Speichelseim vom Maul. Vom Hochufer schrie das
Volk: Andromeda, Mädchen, lauf! Noch ist Zeit! Möwen
ließen sich auf dem aufwuchtenden Drachenbuckel nieder,
spazierten, äugten und berichtigten mit den Flügeln ihr
Gleichgewicht. Von der Stadt her kamen Geier geflogen
und zogen über der Opferstatt Kreise, zu sehen, wer zu
fressen sein werde. Ihnen war jeder recht.

Vor dem Tor des Palastes oben stand **Phineus**, des Königs jüngerer Bruder, Andromedas Verlobter, und biß sich
auf die Lippen. In Erwartung des Todesschreis. Seine Hand
zuckte zum Schwertknauf. Die Liebe gebot, das Leben zu
wagen. Doch der König hatte, schwer sich ermannend, ein-
zuschreiten als sinnlos, ja als frevelhaft untersagt: wenn die
Götter zum Wohle des Ganzen ein Opfer verlangten, durfte
der Mensch es nicht hindern. Auch die Vernunft widerriet.
In seiner Hilflosigkeit strebte Phineus, ohne zu denken,
zum Heiligtum der Astarte, die Himmlische ein letztes Mal
und mit aller nur möglichen Kraft um Gnade anzuflehen.
Namens seiner redlichen Liebe.

Vom Hochufer wehte ein Schrei herauf. Nicht der erwartete. Es war die Menge, die aufschrie. Phineus sah hinab

und erstarrte. Neben Andromeda stand ein gerüsteter Krieger, den er nicht kannte, wie vom Himmel gefallen. Gilgameš gleich. War es ein Abgesandter der Götter? War es ein Gott? Was für ein seltsames Krummschwert er führte! Das war nicht von hier ... Jetzt schwang er's. Trat unverzagt vor das Ketos hin. Das bäumte sich fauchend hoch, daß man sein Wutschnauben bis zur Burg herauf hören konnte. Aber es vermochte nur auf der Stelle um sich zu fahren, daß unter seinem Leibe Kiesel und Funken vorstoben. Angreifen konnte es nicht. Der fremde Held sprang wie beim Ballspiel hierhin und dorthin. Andromeda blieb an den Pfählen, die Arme gebreitet, obwohl der Fremde als erste Tat doch die leichten Knoten gelöst hatte. Andromeda schien es nicht bemerkt zu haben. Sie stand, wie sie war, und wich nicht. In Phineus' Kehle verdorrte ein Schrei, Gazelle! hätte der Schrei vielleicht gelautet. Der fremde Krieger hatte dem Meeresscheusal einen Hieb versetzen können. Phineus meinte zu sehen, wie Andromeda den Mann und sein Tun gebannt mit den Augen verfolgte. Ein zweiter Hieb. Ein dunkler Gießbach von Blut schoß über die Klippen. Der Krieger glitt aus und stürzte. Das Ungeheuer schnappte zu und verschluckte ihn, wie er war. So schien es. Spie ihn aber sofort wieder aus. So schien es. Denn der Verunglückte mußte sein Krummschwert wohl nicht losgelassen und des Viehes Schlund von innen zermetzelt haben. Kehrtwendung. Sprung. Dritter Hieb. Hellrotes, schäumendes Blut! Das Ketos rollte auf die Seite, wälzte sich unter Krämpfen und verendete nach einem Fangstoß. Die Geier ließen sich fürs erste auf benachbarten Klippen nieder. Der Sieger spülte das Blut in einem Bach ab, der dort mündete, und reichte Andromeda die Hand. Sie überließ ihm die ihre wie eine Traumwandlerin. Er führte die Prinzessin dem Hochufer zu. Wie eine Braut. Wie seine Braut. Phineus war es, als zwicke man sein schlichtes Herz, diesen Sitz seiner Liebe, mit glühenden Zangen. Heilige Mutter Aštoret, betete er verstört, heilige Mutter Aštoret, laß sie mir ... nimm sie mir nicht ... wenn du ihr doch das Leben wiedergeschenkt hast ...

Durch die Gassen brauste das Volk von Joppe burgwärts dem Drachentöter hinterdrein und war des Wunders voll. Viele schwenkten Palmwedel. Phineus drängte, Andromeda

und ihren Befreier zu begrüßen. Der war jung und schön.
Jetzt sah er es deutlich. Es gelang Phineus nicht, durch-
zukommen, so drangvoll war der Schwall der Menge. Auch
waren die Leute so außer sich, daß sie ihn, den Bruder des
Königs, nicht zu erkennen schienen. Phineus winkte und rief
vergeblich. Gazelle! Gazelle! Andromeda hatte für nichts
und niemanden Auge noch Ohr. Sie lächelte nur starr und
blickte verzaubert vor sich nieder. Setzte die braunen Füße
wie zu feierlichem Tanz. Sacht wippend in den geschmeidigen Hüften. *»Wie eine, die im Meere wandelt«*, wie Athi-
ratu-yammi sah sie aus. Wie Aštoret sah sie aus. Erhöht.
Eine Göttin. Joppe stand wieder in Gnaden.

Das entzückte Volk fiel auf die Knie. Vieler Leute Stir-
nen berührten den Boden, über den das strahlende Paar ge-
schritten war. Auf daß die Menge nicht unbefugt in die
Burg dringe, schloß die Wache hinter den beiden vorsorglich
das Tor, in dem König und Königin schon gewartet hatten.
Phineus war es nicht gelungen, sich bemerkbar zu machen.
Um ihn wogten die jauchzenden Scharen der Begeisterten.
Man war sicher, daß Wein ausgeschenkt werden würde, und
trank sich in den Kneipen schon Durst an.

Offenbar hatte der Retter unten auf frischem Sieg bereits
erste Auskünfte an Königsboten und Läufer gegeben. Denn
alles schien schon Bescheid zu wissen oder fabelte wunder
was. Um nicht auch davon noch ausgeschlossen zu sein,
fragte Phineus diesen und den, der mit dem Prinzen aber
ganz unbotmäßig wie mit seinesgleichen sprach und dabei
das Schloßtor nicht aus den Augen ließ. Denn dort war das
Wunder verschwunden. Phineus begann in stummer Bestür-
zung zu begreifen, daß er ausgespielt habe und nicht mehr
zähle. So horchte er bloß noch, was die Leute sagten, und
hörte alles wie von weitem. Ihm schwante, daß der König
ihn hintergangen habe.

Perseus heiße der Held, so rief man und sang es auch
schon in fröhlichen Hymnen und tanzte dazu. Fernher aus
West ist Perseus gekommen, schallte es hier. Ist von Europa
nach Asien geeilt, hallte es dort. Geflogen, belehrten die
Vorsänger, flugs mit beflügelten Schuhen. Von Abend gen
Morgen. Mit beflügelten Schuhen, wiederholte die Menge.
Koshar, der göttliche Werkmann, hat an die Schuhe ihm
Zauberflügel gepaßt und Schwingen geschmiedet. Perseus

fliegt wie der Wind. Fliegt wie der Wind. Wie der Wind.
Von Abend nach Morgen. Nach Morgen.

Überseehändler, Seesoldaten und Kunsthandwerker,
Leute, die weit herumkommen, behaupteten, Perseus habe
seinen Vater im Himmel. Irdisch sei aber die Mutter. **Danae**
aus Königsgeschlecht. Deren jungfräulicher Schoß voller
Gold. Da staunt ihr wohl, Leute. Heiliger Regenguß.
Himmlischer Segen. Jungferngeburt. Aber der Danae Vater
fühlt' sich beleidigt. Verärgert auch, daß er sein Mädchen
nicht besser gehütet. Nun soll sie ihm aus den Augen.

Samt seiner jungen Mama wird das Perseuskind ausgesetzt. In einem hölzernen Kistchen. Das Kistchen schwappt
übers Meer. Fischern geht es ins Netz. In die Garne. Oder
freundliche Nereuskinder betten's an Seriphos' Ufer. Der
Held wächst heran. In die Welt hinaus zieht er zu Taten.
Diese ist eine. Aber vor kurzem noch hat er blickabgewandt
die **Medusa** erlegt, das grausige Scheusal im Abend... Habt
ihr des Helden Reisetasche gesehen? Habt ihr nicht? Leute,
so laßt zu Vorsicht euch mahnen! Denn in der Tasche bewahrt er's Medusenhaupt. Kein Erdenmensch überlebt
dessen Anblick. Der Anblick versteint. Der Anblick? Versteint! Leute, habt ihr's verstanden? Versteint!...

Die Altphilologen haben Gründe zu der Annahme, daß es einst
ein vollständiges Perseus-Epos gegeben hat. Nur ist nicht eine
Silbe davon auf uns gekommen. Es hat aber erheblichen Niederschlag in vielen Werken der antiken Dichtkunst hinterlassen, und
so läßt es sich in Stichworten zu Ende erzählen: am Hof von
Joppe hält man die eheliche Verbindung des Helden mit der
wiedergeschenkten Tochter für die allererste Selbstverständlichkeit, da Perseus vor dem Kampf das Königswort erhalten hat,
er dürfe die Andromeda heimführen, wenn er den Lindwurm
erlegt habe. Nach Phineus fragt Andromeda nicht mehr. Dieser
versammelt seine Anhänger und trifft Gegenmaßnahmen, die der
König nicht hinnehmen will. Es kommt zu bewaffneten Auseinandersetzungen, die Perseus nur dadurch meistern kann, daß er
dem geprellten Nebenbuhler das Medusenhaupt vorhält. Das
wirkt. Der Entlobte versteint.

Perseus weilt noch für längere Zeit in König Kepheus' Landen. Andromeda schenkt ihm einen ersten Sohn, den sie
noch im Vaterlande gebiert und der den Namen **Perses**
erhält. Perses wird später zum Stammvater der Perser,

während das junge Elternpaar in des Helden Heimat reist, nach **Tiryns** in der Peloponnes. In Tiryns - Sie waren erst kürzlich da - schenkt Andromeda ihrem Eheherrn und Drachentöter noch fünf Söhne und eine Tochter. Und wenn sie nicht gestorben sind - so liegt das daran, daß Athene die Hauptakteure unter die Sterne versetzte, **Kepheus** und **Kassiopeia** (als Sternbild nun doch mit o) in der Milchstraße, dem Großen Bären über den Pol hinweg gegenüber, **Perseus** ebenfalls in der Milchstraße mit dem Medusenhaupt und **Andromeda** auf den gleichen Längengraden so etwa wie die Sterne der Mutter, nur weiter vom Nordpol entfernt. Und selbst dem **Ketos**, diesem ungeheuerlichen Opfertier, ist die gestirnte Verklärung nicht vorenthalten worden, doch liegt sein Platz, soweit mir bekannt, fast gänzlich unter unserm gewöhnlichen Horizont. Unsre Himmelskarten nennen ihn Walfisch, manche auch **Cetus**.

(1969)

35 Perseiaden

Des Ketos Gebeine oder irgendwelche mächtigen Gebeine als angebliche Hinterlassenschaft des Ketos müssen noch lange zu **Joppe** aufbewahrt worden sein. Waren es Walknochen? Angespültes Sauriergeripp? Hatte man welches in Höhlen entdeckt? Ergraben? Zur Neandertalerzeit hatte es in Palästina Elefanten, Nashörner und Nilpferde gegeben. Das war auch zur Zeit des Mythos schon seine guten 100 000 Jahre her. **Plinius** jedenfalls läßt wissen, daß jene Reliquien eines Tages nach Rom transportiert und dort gezeigt worden sind. Wo mögen sie geblieben sein? Haben sie vorzeiten dem Mythos als Grundlage und Ausgang gedient? Das wohl nicht. Aber sie können seine Lokalisierung in Joppe begünstigt haben.

Pausanias berichtet im Buch IV der ›Beschreibung Griechenlands‹: »*... rötliches Wasser, in der Farbe ganz wie Blut, gibt es im*

Lande der Hebräer bei der Stadt Joppe. Dieses Wasser befindet sich ganz nahe am Meer, und die Leute erzählen dort in bezug auf diese Quelle, Perseus habe sich hier nach der Tötung des Seeungeheuers, dem die Tochter des Kepheus vorgeworfen worden sei, das Blut abgewaschen ...« (Übersetzung **E. Meyer.**) Das ist recht etwas für Touristen. Wie viele Brunnen, aus denen Siegfried getrunken habe und dabei ermordet worden sei, mag es wohl geben? Laut **Helmut Berndt** »Das 40. Abenteuer - Auf den Spuren des Nibelungenliedes«, 1968, wetteifern etliche Orte, Tatorte der Sage zu sein. Berndt nennt nur drei: **Odenheim, Hiltersklingen** und **Grass-Ellenbach.**

Mythen lassen vielerlei Analoges anklingen, mitklingen. Das ist so ihre affinitive Art und liegt wohl in der zerfließenden, verfließenden, verschmelzungsbereiten Beschaffenheit ihres traumhaften Materials. Wenn gegebene Tatsachen feststehen und so etwas wie einen unverbrüchlichen Umriß vorweisen, so gleichen die Mythen einer Flüssigkeit mit sehr geringer Oberflächenspannung.

Geht es da immer um Archetypisches, wenn an ganz verschiedenen Orten und unabhängig voneinander nahezu gleiche Motive angeschlagen werden? Oder gehen die Mythen auf Wanderschaft, wohin auch immer, und beeinflussen ähnliche, örtlich vorhandene? Färben ab? Schlagen durch? Fließen mit ein? Greifen über? Rufen wach? Die Mythenforschung wird darauf Antwort wissen.

Die Perseus-Sage läßt an **Moses** im Körbchen denken. Aber diese liebenswerte Geschichte vom im Fluß ausgesetzten Knaben in einem Kästchen aus Rohr, dessen Deckel mit Erdpech verschlossen ist, war schon eine schöne alte Geschichte, als - nach 1500 oder nach 1300 - der historische Moses die Sonne Ägyptens erblickte. Da war sie schon bald ihre tausend Jahre alt und hatte vorzeiten König **Sargon** von Akkad zum Helden gehabt.

Und die Perseussage läßt an Drachentöter überhaupt denken. Wie war es denn zum Beispiel mit **Sankt Georg**? Folgendermaßen: Die Stadt **Silena** in Libyen lag an einem See, den eines fatalen Tages ein Drache als Wohnstatt und Wirkungsbereich besetzte. Er verpestete nicht nur nach echter Drachenart die Luft mit giftigem Atem, sondern verlangte auch als tägliche Atzung zwei Lämmer, wenn anders er davon absehen solle, sich selbst zu verpflegen und unab-

sehbares Unheil anzurichten. Die Lämmer wurden täglich
und pünktlich geliefert. Aber schon nach einiger Zeit war
kein Schaf mehr aufzutreiben, sei es, daß die Hirten sich
samt ihren Herden davongestohlen hatten, sei es, daß die
Fortpflanzung der bodenständigen Schafe mit diesem Viel-
fraßkonsum nicht Schritt halten konnte. Man mußte wohl
oder übel die eigenen Söhne und Töchter an Stelle der
Opferlämmer treten lassen. Der Drache ließ da nicht mit
sich handeln.

Man loste also und machte auch mit den königlichen
Prinzen und Prinzessinnen keine Ausnahme. Das Los traf
die Tochter des Königs. Unter Strömen von Tränen sahen
die gekrönten Eltern ihr Kind dahingehen. Zum See hinaus
und in den gewissen Tod. Das Unvermeidliche hätte auch
wirklich geschehen müssen, wäre zum Glück nicht ein Mann
des Weges geritten gekommen und dem Drachen energisch
entgegengetreten. Das war **Georg**, ein christlicher Herr, der
nachmals ein großer Märtyrer und Heiliger werden sollte.
Seit neuestem freilich nur noch ein unbeglaubigter, ohne
päpstliches Agrément sozusagen.

Georg schlug mit der Lanze - er war bewaffnet - das Zeichen des Kreuzes, was dem Untier schon nicht genehm sein
konnte, da es ja Teufelsbrut und kein Gottesgeschöpf war,
durchbohrte es, legte es lahm, ohne es zu töten, und veranlaßte die Königstochter, ihren Gürtel zu lösen. Und damit ist der halbwegs noch heidnische Teil der Geschichte zu
Ende, aber von sozusagen heroischer Pikanterie etwa ist
beileibe nicht die Rede. Die Befreite vielmehr sollte ihren
Gürtel lediglich um den Drachenhals schlingen, der Wurm
werde ihr alsdann wie ein Schoßhündchen folgen. Und
wirklich, der Drache, von erlittener Perforation noch benommen, trottete wie an einer Hundeleine gottergeben hinterdrein und verkniff sich den stinkichten Odem. Dennoch
ergriff in **Silena** jeder, der konnte, das Hasenpanier. **Georg**
aber benutzte die gezähmte Echse als Repressalie und versprach voll missionarischer List, sein bedrohliches Schauobjekt unverzüglich zu töten, wenn sich die Silenaer ebenso
unverzüglich zu Christi Lehre bekennten. Diese waren dazu
nur zu gern bereit. Georgios erschlug den Drachen vor aller
Augen. Der König, die liebliche Tochter im Arm, ließ sich
und sein Volk taufen. Von fälliger Heirat kein Wort. Die

Keuschheitsbegeisterung der frühchristlichen Zeit macht sich geltend. Vier Ochsen wurden benötigt, den toten Drachen aus der Stadt zu schleifen. Ein solcher Höllenbraten war das.

Der Mythenforscher von Profession wird unterscheiden können, welche Motive der Perseus-Geschichte morgenländischer, welche abendländischer Anteil und Beitrag sind. Uns interessiert hier mehr die Verschmelzung, das legierte Endprodukt. Bliebe noch die Frage nach Spuren von Historizität. Daß das Kinderopfer hier wie auch in der späten Sankt-Georgs-Variation noch Erinnerungen an kultische Kinderopfer bewahrt, wird man wohl anzunehmen haben.

Da war der Unterweltsgott *mlk*, den wir **Moloch** zu vokalisieren gewohnt sind, der **Melqart** von Tyros unter anderem. Menschenopfer, Kinderopfer haben im alten Orient keine so große Rolle gespielt, wie man vielleicht denken könnte. Insbesondere **Jahweh** wollte sie nicht. Aber in Karthago im phönizischen Westen waren sie doch relativ häufig. Vor allem solche von Knaben. Möglicherweise hatten die Emigranten, die mit **Elissa** nach Westen gingen, gewisse Traditionen getreuer bewahrt als der dauernd im Fortschritt begriffene Nahe Osten. Die heilige Stätte der Kinderopfer lag in Karthago westlich der Häfen, lehrt **Sabatino Moscati** (»Die Phöniker«, deutsch 1966). Darin heißt es, offenbar ungelenk übersetzt: *»Das phönikische Wort zur Bezeichnung des Opfers ... ist Molk: es verbindet sich mit einer Sprachwurzel, die auf Besitz deutet – in dem Sinn, daß die Opfergabe der Gottheit in Besitz gegeben wird. In der Spätzeit ... erscheint eine Erweiterung der Vokabel, die deren Natur treffend charakterisiert und unterscheidet: molchomor, was Lamms-Molk bedeutet und eindeutig ein Ersatzopfer anzeigt, das anstelle des Menschenopfers das Tieropfer setzt.«* Lämmer Gottes. Das Lamm Gottes. Das männliche Lamm war bei den Juden bevorzugtes Opfertier. An Isaaks Stelle. Dem bösen Wüstendämon **Azazel** wurde am Versöhnungstag ein Widder zugeführt: der Sündenbock.

Daß **Perseus** ein Mädchen aus Joppe, aus ›Äthiopien‹ in seine peloponnesische Heimat führt, mag einmal mehr auf ost-westliche Vermischung deuten. Allein die Genealogie seiner Sippe reicht nicht bis in gesicherte Historie wie die der Kadmäer. Am Rande aber wird vielleicht interessieren, daß der älteste in Griechenland geborene Sohn des Perseus und der Andromeda **Alkaios** war. Alkaios hatte

einen Sohn namens **Amphitryon**. Der heiratete eine Kusine
väterlicherseits, **Alkmene** mit Namen. Diesem Ehebund
entsproß **Herakles**, Griechenlands Nationalheld schlechthin.
Wir werden auch seine besondere Göttlichkeit noch zu erörtern haben. Gäbe es einen historisch erfaßbaren Herakles, er hätte einen kräftigen Schuß Orient im Blut. Der
Heros jedenfalls hat ihn.

Mit dem Hosenanzug der **Andromeda** und dem Sareton darüber
habe ich Ihnen nichts vorgegaukelt. Er findet sich auf einem antiken Vasenbild des Britischen Museums. Die Darstellung, die das
Exotische orientalischer Gewandung auch bei dienenden Figuren
klar herausarbeitet, gibt wahrscheinlich das Szenenbild einer
Tragödie wieder. Der des Sophokles? Jedenfalls war man sich
noch in späteren Jahrhunderten der orientalischen Herkunft der
Heldin bewußt, die ihr blieb, auch wenn Andromedas Geschichte
längst beliebter und unentbehrlicher Bestandteil der griechischen
Vorstellungen geworden war.

Möglicherweise hatten Sie Zeit, im Museum zu Rhodos
ihre Aufmerksamkeit gewissen auffallend großen Gefäßen
zu widmen. Man könnte denken, das seien, wie in Knossos,
Vorratsbehältnisse. Es sind aber Totenurnen. In einem
»Kleinen Reisebericht über Israel« aus dem Jahre 1957
schrieb ich: »Hier im Museum - es befindet sich im einstigen
Johanniter-Ritter-Hospital - stehen unter gotischen Bögen
viele mannshohe und übermannshohe Pithoi. Habe einige
Details gezeichnet und zweifle keinen Augenblick, daß die
gemalten oder eingekerbten, teils auch als Noppen plastisch
aufgesetzten, quasi geometrischen Chiffern am Vasenhals
Gesichter, vor allem Augen, am Vasenleib Brüste oder
Brustwarzen, Nabel und Schoß bedeuten. Besonders dekorativ und am kräftigsten ausgebildet die Ohrenornamente
der Henkel: Vase gleich Frauenleib! Der Direktor, der
rauchend durch sein schönes Gebäude gewandelt kam, erklärte mir, es handele sich um Begräbnisurnen, die meist
Knabenleiber enthalten hätten. Seit 1930 aber wisse man -
ich wußte es natürlich nicht, sondern erfuhr es erst jetzt -,
daß diese Bestattungsweise ugaritischer Brauch war. Aber
alle seine Pithoi oder Urnen, sagte er, stammten ohne Zweifel aus Rhodos. Schade, daß ich aus purer Höflichkeit, um
den freundlichen Herrn nicht über Gebühr zu beanspruchen,

zu fragen unterlassen habe, ob die Frauenleib-Vasen nicht gar Demeter-Symbole oder etwas Entsprechendes im Dienste der Großen Mutter, und ob nicht die Knabenleichen mitnichten die bestatteter, sondern geopferter Kinder gewesen seien. Denn das Feuer spielt eine Läuterungs- und Scheiderolle, es trennt als göttliches Pneuma die leidentbundene Seele von den irdischen Resten. So die Auffassung des orphischen Mythos, wo **Demeter**, die Ewig-Weibliche nun überhaupt, das ihr anvertraute Knäblein der Baubo heimlich ins Feuer hält, seine irdischen Anteile auszuglühen . . .«

Woher mir dieses Wissen kam? Ich habe es in **Leisegangs** Gnosis-Buch (bei Kröner) gefunden. Und ohne inzwischen Weiteres darüber gelesen zu haben, will es mir heute klar erscheinen, daß es sich um Opfer gehandelt haben wird, die eben auch auf **Rhodos** Brauch waren und zwar vorgriechischer Brauch. Warum auch sollten die Mädchen der Leichenverbrennung nicht gewürdigt worden sein? Warum nicht Erwachsene? Es waren Opfer. Und wie in **Karthago** meist Knaben. Ferner meine ich - aber auch das ist eben nur eine Meinung -, daß man die Kinder vor ihrer Vergöttlichung im Feuer eingeschläfert und in die noch ungebrannte, oben auch noch nicht mit dem Hals versehene Vase gebettet haben und diese dann erst vollendet und samt Inhalt gebrannt haben wird. Die Halsöffnungen der tönernen Gefäße nämlich sind enger als bei den kretischen Vorratspithoi, so habe ich's in Erinnerung, und schon ein Junge von einem Jahr wäre kaum mehr in das fertige Gefäß hineinzupraktizieren gewesen.

Fest steht: im Gegensatz zu **Karthago**, wo sich kultische Menschenopfer in bemäntelter Form noch bis ins dritte nachchristliche Jahrhundert erhalten haben, hat sich das eigentliche Griechenland ihrer schon verhältnismäßig früh entschlagen. Daher spiegelt so mancher griechische Mythos die Auseinandersetzung gerade um dieses Problem, zum Beispiel eben in der Geschichte der **Andromeda** und in der Iphigeniens. Letztere gehört ins Ende des 2. Jahrtausends zu Beginn des Troiakrieges.

Iphigeneia übrigens kam vom Regen unter die Traufe. Die Göttin **Artemis** tauschte sie, um sie zu retten, zwar gegen eine Hindin, nach anderer Variation gegen einen Bären aus, versetzte sie aber in die Hinterwälder nach Taurien, wo es der Geretteten jahrelang oblag, ihrer Retterin Schiffbrüchige zu opfern.

Da sind die Juden doch schon erheblich früher von Bedenken über die Berechtigung zu Menschenopfern befallen worden. Zur Erzväterzeit. Zur Zeit **Abrahams**, die ins erste Drittel des zweiten Jahrtausends fällt.

(1969)

36 Zwischen Joppe und Jordan

Zwischen dem See **Genezareth** oder Gennesaret oder Kinneret und Joppe, zwischen dem Mittelmeer und dem Jordantal hat sich - »*als die Zeit erfüllet war*« - Geistesgeschichtliches von weltwendender Gewalt und Bedeutung zugetragen, ein Schritt, ein Sprung: der Eingott, der vorzeiten ein qenitischer Stammesgott gewesen war und ein israelitischer Volks- oder Nationalgott wurde, will dies allein nicht länger bleiben. Oder, mit anderen Worten, die Volksgebundenheit eines Gottesbegriffs weitet sich zur Menschheitsverbindlichkeit. Der Gedanke, daß die außerjüdische Heidenwelt bekehrbar sei und diesem Eingott zugewendet werden könne und müsse, angelegt, angesät schon in **Noahs** Segen für **Japhet** und erzväteralt, erscheint verjüngt wieder. So beim Propheten **Jona**, wo das Gotteswort im Kapitel 4 zum letzten heißt: »*Und mich sollte nicht jammern Ninives, solcher großen Stadt, in welcher sind mehr denn hundert und zwanzig tausend Menschen, die nicht wissen Unterschied, was rechts und links ist, dazu auch viele Thiere?*«

Jona, der im Leibe des Walfisches - griechisch = kētos - drei Tage und drei Nächte in Todesnöten verharrt und gebetet hat, muß lernen, daß seines Schöpfer-Eingottes väterliches Erbarmen kein jüdisches Privileg, nicht der Vorzug eines auserwählten Volkes allein mehr sein soll. Dieses Nationalgottes Gnade will sich allen Menschen öffnen, auch den Baalsdienern, und begreift sogar das unschuldige Getier mit ein. Eine Weltreligion *in statu nascendi*. Die Wehen ihrer Geburt.

Aus der Vor- und Mitgeschichte der christlichen Anfänge sind auch die mönchischen **Essener** nicht wegzudenken. Deren Sekte hatte sich in nachexilischer, spätvorchristlicher Zeit an den Westhängen des Toten Meeres von **Qumran** bis **Ein Gedi** angesiedelt und hat dort ihrer besonderen Daseinsweisen gepflegt. Bei ihr lassen sich neben Anschauungen aus rein jüdischer Tradition auch solche aus nichtjüdischen Quellen vermuten. Doch werden westliche Einflüsse, etwa solche des Neopythagoräismus, heute bezweifelt. Von **Albright** zum Beispiel. Wiewohl doch die Lehren der neuen Pythagoräer die westliche Entsprechung des Essenertums darstellen. Vom traditionellen Ritual im Tempel zu Jerusalem hielten die Essener nicht viel, waren auch vom dortigen Gottesdienst ausgeschlossen und hielten vor allem die sakralen Opfer, wie sie seit Abrahams und Isaaks Tagen gang und gäbe waren, gemessen an der Relevanz ihrer vielen kultischen Mahlzeiten und rituellen Waschungen für wirkungs- und wertlos.

Deutlich geht ein Zeitalter zu Ende, das mit **Abrams** Verzicht auf das Menschenopfer begonnen hatte. Aus heutigem Blickwinkel und Abstand deutlich! Wie jetzt mit Händen zu greifen, sprießen auf den essenischen Äckern allerlei Keime des Neuen und auch des Zeitwendenden und nehmen der christlichen Lehre und Anschauung manches vorweg, ohne deshalb als Vorstufe der Christlehre angesehen werden zu müssen.

Flavius Josephus, jüdischer Feldherr und römischer Historiker aus altadeligem Priestergeschlecht, wie kein anderer ein Mann mitten im Konflikt zwischen Ost und West - das läßt sich in unsern Zusammenhängen wohl sagen -, hat von Knabenjahren an die Geistesströmungen in seinem unruhig kreißenden Vaterlande studiert. Sein Studiengang muß der dort übliche gewesen sein, denn es scheint, daß **Johannes der Täufer** und **Jesus von Nazareth** es ein Menschenalter vor ihm genauso gehalten haben. Man ging in die Wüste, will sagen, man gab sich einsamen Meditationen abseits der dichteren Siedlungsgebiete hin und lauschte den Weisheitslehren der Einsiedler, die dort hausten. **Flavius Josephus** hat nach dem Studium der Sadduzäer, Pharisäer und Essener als Krönung seiner Bemühungen drei Lehrjahre bei einem solchen Eremiten verbracht, sich an dessen Seite vergeistigenden Übungen unterworfen und allen Härten des Asketenlebens ausgesetzt. Als der Neunzehnjährige nach dreijähriger Jüngerschaft seinen Meister in friedlicher Übereinkunft verließ und sein Fazit zog, lautete sein Urteil über die Essenersekte recht positiv: *»... Ihre einzige Beschäftigung ist der Ackerbau. Was sie aber unter allen denen, die der Tugend beflissen sind, am bewunderns- wertesten macht, und wozu es weder bei den Griechen noch bei den Barbaren irgendwo ein Gegenstück gibt, ist der bei ihnen seit alters her, nicht etwa erst in jüngster Zeit, geübte Brauch, an des- sen Befolgung sie sich durch nichts hindern lassen: die Güter sind ihnen gemeinsamer Besitz, und der Reiche genießt bei ihnen nicht mehr als der, der gar nichts hat. Es sind ihrer über viertausend Männer, die in solcher Weise verfahren. Sie führen keine Gattin- nen heim und halten keine Sklaven, dieses nicht, weil es ihrer Meinung nach zu Ungerechtigkeiten führt, und jenes nicht, weil es den Grund zu Zerwürfnissen mit sich bringt. So leben sie, allein auf sich selbst gestellt, und pflegen des Dienstes, einer am an- dern.«*

So klar sich die Kernstücke dieser Lehre hierin und auch sonst von den Lehren der »demokratischen« Pharisäer oder der eher hellenistisch aufgeklärten, »westlichen« Sadduzäer scheiden und unterschieden wissen wollten, so lassen sich doch auch fließende Randgebiete beobachten, wo die For- men durchlässiger werden - zum Beispiel hinsichtlich der Ehe, die Sektenbrüdern von minder strenger Observanz denn doch nicht verboten war, oder wo die gedanklichen Erarbeitungen der Brüder und ihres »Lehrers der Gerechtig- keit«, ihres Oberhauptes, in allgemeinere Strömungen aus- mündeten oder übergingen. Beispielsweise in den Speku- lationsbereich der Apokalyptik, darin man sich denkerisch und literarisch mit geheimen Offenbarungen (griechisch: apokalypsis) und endzeitlichen Visionen befaßte; denke- risch hier als ekstatisch-seherisch, nicht aber als rational zu verstehen.

Über Vermutungen hinaus werden Mitgiften aus Meso- potamien, aus dem babylonischen Exil wahrscheinlich, die zur Essenersache gemacht worden waren: Wahrsagekunst, Astrologie, Prädestinationslehre, Wassertaufe, Sonnenauf- gangsgebete mit Hinwendung nach Osten und anderes mehr.

Man wisse überdies, schrieb **Albright** (deutsch 1949), daß der **Euphrat** Gegenstand eines uralten Wasserkultus gewesen ist.

Nachweislich schon im dritten vorchristlichen Jahrtausend. Albright führt dazu noch eine gnostische Täufersekte des 2. Jahrhunderts nach Christus an mit bezeichnend hochmütigen Bekenntnissen wie: *»Wir sind die auserwählten Geistbegabten* (Pneumatiker) *aus dem lebendigen Euphrat, der mitten durch Babylon fließt.«* Oder noch mystischer: *»Mesopotamien ist der Strom des großen Ozeans, der mitten aus dem vollkommenen Menschen fließt.«*

Auch das **Johannes-Evangelium**, entstanden um die Wende zum 2. Jahrhundert, scheint entsprechenden Erwägungen und Ergrübelungen nicht eben fern gewesen zu sein, wenn es (4, 14) heißt: *»Wer aber das Wasser trinken wird, das ich ihm geben werde, das wird ihm ein Brunnen des Wassers werden, das in das ewige Leben quillet.«* Und (7, 38): *»Wer an mich glaubt, wie die Schrift sagt, von des Leibe werden Ströme des lebendigen Wassers fließen.«*

Johannes der Täufer aber dürfte derartigen Vorstellungen sowie den Kreisen ihrer praktischen Vertreter nicht nur nahegestanden, sondern als Wiederbeleber und neuer geistiger Vater solchen Gedankengutes gewirkt haben. Ordensmitglied der Essener wird er sicherlich nicht gewesen sein, mag sein Weg ihn auch oft durch die Essenerkibbuzim geführt haben. Denn die Essener waren mit rigorosen Aufnahmebedingungen, mit Bedacht auf Exklusivität und gegen Breitenwirkung durchaus die Stillen im Lande, während der leidenschaftliche Täufer, wo er und seine Jünger sich zeigten, großen Zulauf hatte und geradezu eine vehemente Volksbewegung erweckte. Sie mußte das Mißtrauen der Regierung und zuletzt, als er gar auch die Unmoral des Landesfürsten öffentlich kritisiert hatte, schärfste Maßnahmen gegen ihn und sein Treiben nach sich ziehen.

Im Strudel dieser und sonstiger überaus verwickelter Zeiterscheinungen ist aber eins gewiß, daß weder die Essener - mögen ihre Ansprüche und Gebaren latenten Explosivstoff enthalten haben - noch die Täuferbewegung eine Ausbreitung ihrer Anhängerschaft über die Grenzen der Vierfürstenländchen und über das Judentum hinaus zum wesentlichen Ziel gehabt und angestrebt haben. Diesen Schritt über die Grenzen hat selbst **Christus** nicht getan, wohl aber seinen Jüngern als apostolischen Auftrag zu tun aufgegeben.

Wenn Sie beim Besuch im Heiligen Land das Grab **Theodor Herzls,** des letzten großen Propheten, besucht und den unvergeßlichen Blick rings auf die Berge Judas in sich aufgenommen haben, wird Ihnen, ungefähr westlich von Ihrem Standpunkt, mit Kirchen und Klöstern wenig orientalisch, ein ländlich liebreizender Ort kaum entgangen sein: **Ein Karem.** Dort wurde, heißt es, Johannes der Täufer als Sohn eines Hohenpriesters geboren. Ein Karem heißt Quell im Weinberg. Weingartenborn.

Indessen werden Sie auf den Anblick eines anderen höchst bedeutsamen Platzes für diesmal haben verzichten müssen. Am östlichen Ortsausgang der Oasenstadt **Jericho** konnten Sie eine Straßengabel bemerken. Deren nördlicher Ast, sauber asphaltiert, überquert nach etwa 8 Kilometern den Jordan auf der schmerzlich berühmten Allenby-Brücke und führt nach **Amman.** Die gewundenen Jordanborde, weidenbebuscht, oleandergeschmückt, bilden dort die heiße Frontlinie des nicht endenden Sechstagekrieges vom Mai/Juni 1967. Der südliche oder rechte Straßenarm zielt ebenfalls auf den Jordan, nicht aber auf einen Übergang. Folgten Sie dieser Richtung von Jerichos Wohlgerüchen, von Jerichos Palmenrauschen her durchs Flachland gen Osten, Sie bewegten sich, nicht anders als auf dem erstgenannten Arm, ohne daß Sie es gewahr würden, zur Zeit im rückwärtigen Operationsgebiet. In der »Leere des Schlachtfeldes«, die den Krieg im technischen Zeitalter seiner Anschaulichkeit beraubt. Schlachtenpanorama, ungegenständlich.

Früher oder später aber würden Vernunft, Warnschilder oder Feldwachen Sie zur Umkehr angehalten haben. Und dabei hätte es Sie so vernunftwidrig gelockt und reiseweh gezogen, einen rein touristischen und ganz unkriegerischen Vorstoß wenigstens ins Gebirge **Abarim** in Peräa geradeaus, wenn schon nicht in die Berge Moabs im Südosten zu machen. In dieses Moabiterland, das Ihre Phantasie schon im ersten Religionsunterricht leise angefacht hat - **Ruth** im Stammbaum Davids und Jesu war eine Moabiterin ... In diese verfärbten, verträumten Fernen. Die Berge in Goldstaub, Zimmetrot und Fliederfarben. Über Mittag auch gelb wie fossiles Elfenbein und ausgeblichen blau. Die Dicke der weichen, glasig wabernden Luft entwirklicht die Farben. Denn man befindet sich dort an der Straßengabel

wohl 350 Meter unter dem Mittelmeerspiegel. Nahebei zu
Lots Meer hin werden gar 390 Meter minus gemessen; tiefer gelegene oberirdische Geländepunkte gibt es sonst auf
dem Erdball nicht.

Den Umständen gemäß haben Sie sich auf einen cisjor-
danischen Abstecher nach **Qumran** beschränken müssen und
den ausgestorbenen Hauptsitz der Essenersekte besichtigt,
der sich in den Hängen dort, ausgestreut um die Behausung
des Lehrers der Gerechtigkeit, befunden hat. Jene Stelle
aber flußabwärts der Allenby-Bridge am rechten Jordan-
ufer, die ich auch noch niemals habe erreichen können, soll
ein griechisches Kloster tragen, lese ich, und steht seit der
christlichen Frühe in dem Ruf, dort habe **Johannes** das
Volk, das ihm zuströmte, mit Jordanwasser getauft. Zu
Zweifeln an dieser Überlieferung zwingt nichts. Der Taufakt selbst bereitete den Täufling für das Reich Gottes, das
endzeitlich nahe bevorstand, und bewahrte die Seele, wenn
Reue und Buße vorangegangen waren, durch die läuternde,
verwandelnde, gewissermaßen alchymische Kraft des Wassers vor dem Zorn des Allerhöchsten. Dort und zu diesem
Zweck hat sich - und damit beginnen die Evangelien des
Markus und des Johannes - **Jesus von Nazareth** eines
hohen Tages unter den Scharen der Taufwilligen einge-
funden. Johannes war sechs Monate älter als Jesus. Sie
waren über die Mütter verwandt, kannten sich oder wußten
voneinander.

Der ständige, in aller Ohren gellende Ruf des Täufers,
Schlachtruf und Schlagwort, hieß laut **Matthäus 3, 2:** »*Tut
Buße, das Himmelreich ist nahe herbeigekommen!*« Denkt
um! Ändert den Sinn! *Metanoeite!* Von einer besonderen
Lehre, die es mündlich doch gegeben haben müßte, ist der
Nachwelt aber zu wenig erhalten geblieben, als daß zu
entscheiden wäre, wieviel Gedankengut aus der, sagen wir,
proto-gnostischen Täuferbewegung in Christi und seiner
Jünger Lehren übergegangen oder bewußt übernommen
worden ist. Innerhalb der Bewegung ließ man manches
Wasser, vor allem aber den Jordan als Stellvertretung
jenes mystisch besetzten Himmelsstromes gelten, dem hienieden der babylonische Euphrat entsprach.

Offenbar sind dem Täufer Prophetenrang - auch von seinem

Vettersvetter Jesus - und ein freies Priesteramt zugestanden worden, ein außerhierarchisches sozusagen. Weshalb denn auch **Jerusalems** Instanzen und Parteien, diese hierin einmal einig, der Täuferbewegung schließlich ganz abhold waren und sich dafür (Matthäus 3, 7) als Otterngezücht bezeichnen lassen mußten. Sie waren an besagtem Wallfahrtsort oder jenseits des ominösen Flusses, wo der Täufer gerade tätig war, wie zu einem Lokaltermin erschienen, vermochten aber gegen die dunkel lodernden Untergangsverheißungen so wenig wie gegen seine moralischen Appelle etwas auszurichten. Auf ihre inquisitorischen Fragen, ob er der Messias sei? ... oder ein Prophet? ... antwortete er mit klarem Nein. Was aber dann? »... *eine Stimme eines Predigers in der Wüste*« (Johannis 1, 23), lautete seine Antwort, die so auch ein Essener hätte geben können. Dagegen konnten sie nicht gut etwas einwenden, sie hätten sonst schon mit all den lehrenden Essenern und was immer an weisen Anachoreten und Wüstenheiligen Einfluß auf die Jugend ausübte, aufräumen müssen. Das war schon organisatorisch nicht zu schaffen. Doch sollen sich dem Ebioniten-Evangelium zufolge dort auch Pharisäer haben taufen lassen.

Martin Buber sagt, ein Gegensatz zweier führender Typen wirkte von Moses und Aaron an wie ein Leitmotiv durch die ganze jüdische Geschichte, der zwischen Priester und Prophet. Gewiß wird dieser Kontrast auch das Abrücken des jungen Täufers von seinem hohenpriesterlichen Vater Zacharias bestimmt haben. Doch scheint mir derlei gar nicht so spezifisch jüdisch. Im Verhältnis des heiligen **Franziskus** oder **Luthers** zur Papstkirche hat sich doch offenbar dasselbe ausgedrückt.

Entschieden Außergewöhnliches ging bei Jesu Jordantaufe vor, so will es die christliche Mythologie und ihre fromme Überlieferung. Außergewöhnliches? In der gewitterbangen Verzückung der Leute dort, des Landes dort, in dem Seelenbeben unter dem lastenden Joch der Römerherrschaft, unter dem banausischen Unverständnis dieser Eroberer aus dem Westen, in der anhebenden kollektiven Ekstase ging doch eben das Mögliche, wenn nicht das geheim Erwartete vor: als der Mensch Jesus aus dem läuternden Flußbade stieg, geriet Johannes außer sich, sah den Himmel aufgetan, hörte eine Stimme, die nur Gottes Stimme sein konnte: »*Dies ist mein lieber Sohn, an dem ich Wohlgefallen habe.*« Und sah den Geist Gottes auf Jesum niederfahren, »*gleich als eine Taube*«. (»*Es begab sich aber*«, weiß hierzu das Nazaräer-Evangelium, »*als der Herr aus dem Wasser gestiegen war, da stieg die ganze Quelle des heiligen Geistes herab ...*«)

Wunder und Zeichen und Rätsel viel. Für den Täufer aber wurde in diesem Gesicht wie mit leuchtendem Schlage klar, daß er sich und seine aktive Anhängerschaft unterzuordnen und allgemeine Messiasvorstellungen, die er im stillen vielleicht doch auf sich selbst bezogen hatte, fortan nur an Jesu Person zu knüpfen habe. Rivalitäten zwischen des Täufers Jüngern und den Jüngern Jesu haben sich dennoch später offenbar nicht immer vermeiden lassen, obwohl Johannes umgehend Weisung gegeben hatte, daß die Seinen sich den Jüngern Jesu anzuschließen hätten.

Und die Taube (hebräisch: jona)? Ein Seelentier vielleicht? Die kühle Unleiblichkeit dessen, was Seele ist oder was mit Seele gemeint ist, machten sich die Alten im Bilde des Schmetterlings oder eines kleinen Vogels begrifflicher. So war Phönix, von Hause ein ägyptisches Phantasiegeschöpf mit dem Namen ›bnw‹ oder ›bennu‹, eigentlich wohl eine Bachstelze, aus Urgewässern hervorgetreten, dann eine Reiherart. Vielleicht ein zierliches Schwestergebilde eben jener Taube, in der hier Gottesgeist niederschwebte. Auch in der Schöpfungsgeschichte hatte er ebenso schon über den Wassern geschwebt, ohne freilich als Vogel oder gar als Taube angesprochen zu werden. Aber es steht da geschrieben: »*ruah elohim merahefet.*« Dieses ›ruah‹ ist ursprünglich ein Femininum, Geisteshauch zwar - wie Pneuma später -, aber doch auch eine über dem Gelege schützend flatternde, eine brütende Vogelmutter! Noch spät, in einem Bruchstück des Hebräer-Evangeliums, heißt es: »*Sogleich nahm mich meine Mutter, der Heilige Geist, an einem meiner Haare ...*« Dem entspricht, wenn, nach **Ernst Bloch,** der hebräische Messias als in einem Vogelnest verborgen gedacht wurde (»Thomas Münzer« 1921/1960).

Und wer wüßte es nicht: **Moses** I 1, 2 steht: »*Und die Erde war - tohu wa bohu - wüst und leer.*« Bohu soll, so **Albright,** dieser Durchleuchter des schier Undurchsichtigen, auf ein ›baau‹ = Urmaterie in der phönizischen Kosmogonie zurückgehen, aber auch dort schon ein entlehnter Begriff aus der sumerischen Religion sein: ›ba'u‹ - das ist die weibliche Personifikation der Wassertiefe, das Urgewässer als Wohnung des guten Geistes der Erde.

Überwältigendes wird dämmernd erahnbar: Erzeugung der Welt, sumerisch als Actus kosmischer Dimensionen gedacht;

intellektualisiert bei den Phöniziern; aber sehr früh schon aller Geschlechtlichkeit bei den Juden entkleidet und nur als tiergöttliches Analogon noch zugelassen - Vogelmutter -, sodann jedoch dieser immer noch anstößigen götzendienerischen Verbildlichung wieder entzogen und soweit als nur möglich vergeistigt. Durch einseitige Vermännlichung: **Jahweh** ist Manngott allein und ohne Mitgöttin.

Aber hier nun in der schöpferischen Stunde der Zeitenwende erscheint Jahwehs weiblicher Aspekt aus vollständiger Vergessenheit über dem erkorenen Sohn! (Im Ebioniten-Evangelium wird Gottes Verlautbarung noch um diesen Satz ergänzt: »*Ich habe heute dich gezeugt.*«) Daß nunmehr die Wende gekommen war, wird dem Täufer von Stund an deutlicher zunächst als dem Getauften gewesen sein, dem seine Sendung vielleicht noch nicht mit aller Unausweichlichkeit vor Augen stand ... Aber spreche ich nicht ins Gelach hinein und ins Blaue? Liefere ich nicht wohlfeile Deutungen im Nachhinein? *Ex eventu?* Nichts davon. Alles nur Sache des Blickwinkels und des Abstandes, wenn die Wissenschaft die trübenden Medien durchsichtiger gemacht hat.

Die Wende, sieht man und weiß ein jeder, war derart gründlich, derart grundumstülpend, daß heute - um gerade eben eine Äußerlichkeit als Indiz zu nennen - alle Welt, die nicht-christliche, die christliche, die jüdische, die islamische und auch die atheistische wohl oder übel den Kalender von jenen Ereignissen an datiert. Ob das wirkliche Datum der Heilandsgeburt nun in das Jahr 1 gefallen ist oder nicht, darauf kommt es nicht im mindesten an. Aber jene beiden Hellsichtigen, Vorfühligen, der Täufer und der Christus, haben die Wende gewußt, gefühlt, gespürt, ganz gleich, und jedenfalls verkündet. Mit ihren Worten, ihren Bildern, ihren Gleichnissen verkündet. Und das Establishment wollte nicht hören, was viel Volks dennoch hörte. Rom nicht, sein Landpfleger nicht. Und die hierarchischen Wahrer der jüdischen Religion und Tradition gedachten ihrer konservativen Pflichten und behielten taube Ohren. Stimmt es etwa nicht? Kam dadurch etwa nicht die Kontroverse zustande, an deren Ende man des Täufers Haupt auf der Schale der Prinzessin **Salome**, im festen Schloß **Machaerus** drüben über dem Toten Meer, liegen und wenig später Jesum von Nazareth am Kreuz auf Golgatha sterben sehen konnte?

Gottesstimme, den Sohn ansagend, die niederschwebende Taube, nüchterne Gemüter dürfen das getrost für mythologisierende Umschreibungen des Unsäglichen halten, das tatsächlich aber und unbestreitbar vor sich ging. Denn das nämlich geschah: aus dem Marienschoß des Judentums gebar sich eine Weltreligion mit allgemeinem Gültigkeitsanspruch. Die erste Religion dieser Art. Ein Geistesgeschöpf ohne materielle Substanz. Gottessohn aus dem »Fleisch der Engel«. Stark genug, für annähernd zwei Jahrtausende den Weltgang der Dinge mitzubestimmen, und noch nicht am Ende. (Wie die Leistungen der christlichen Kirchen an ihrem Auftrag zu messen wären, bleibe hier außer Betracht.) Das Bild, nebenbei, könnte gewagt erscheinen, ist aber jüdischer Sicht nicht fremd. Denn in **Moritz Zobels** Verdeutschung heißt es **Micha** 4, 10: »*Winde dich und kreiße, Tochter Zions, wie eine Gebärerin...*«, wobei die Messiaswehen gemeint sind, *chewlo schel maschiach.*

Jene reiche, arme Gebärerin ist aus der Geburt sehr geschwächt hervorgegangen, verblieb in sich selbst zerstritten, kam in die allerschlimmsten Nöte und lief Gefahr, zu verrotten und zu verdorren: vier Jahrzehnte später, anno Domini 70, fiel **Jerusalem** in die strafende Hand der Römer. **Titus**, der Belagerer und kaiserliche Thronfolger seines Vaters **Vespasian**, sann ganz in dessen Sinne, wie er der Davidsstadt das Schicksal Karthagos ersparen könne, und setzte **Flavius Josephus** als Vermittler ein. Der hatte sich zuvor als jüdischer Feldhauptmann nach 47tägiger Belagerung zu **Jotapata** in Galiläa ehrenvoll ergeben müssen, hatte als Kriegsgefangener seinem Besieger Vespasian die Kaiserwürde prophezeien können, hatte wahrgesagt und war dessen Protegé geworden.

Titus glaubte sich von des Josephus hoher Herkunft und seiner Beredsamkeit in der Landessprache schnelle und glimpfliche Beendigung des Festungskrieges um die alte heilige Stadt versprechen zu dürfen, und **Josephus**, der sich in der Absicht, beiden Seiten nützlich zu sein und der Vernunft zu dienen, in Titus' Lager bereithielt, ließ sich zu wiederholten Malen als Parlamentär vor die Mauern schicken. Es nützte nichts. Nicht das geringste. Wie sich die etablierte Macht, römisch oder jüdisch, den Verkündern des Neuen verschlossen gezeigt hatte, so sorgten nunmehr jüdische Zeloten verschiedener Färbungen dafür, daß die Ohren der Belagerten den Überzeugungsversuchen des gehaßten Überläufers versperrt blieben. Dazu bedienten sie sich der Engelszungen nicht, sie ließen die Gewalt sprechen. Mochte Josephus vorschlagen, was er wollte. Einmal traf ihn ein Steinwurf von der Mauer herab. Um ein Haar wäre er in die Hände der Zeloten gefallen. Innerhalb der Mauern führte Terror das Regiment. Jeder Fanatiker wütete als seines Nächsten blutdürstiger Feind. Denn im stillen waren die Reichen wie auch die Mehrheit der kleinen Leute kompromißbereit und für Streckung der Waffen. Wer es noch bewerkstelligte, hatte sich beizeiten zu den Römern geschlagen oder war nach Ostjordanien emigriert. Doch pochten die Zelotenführer, **Johannes aus Giskala**, **Simon aus Gerasa** und ein gewisser **Eleazar**, ob sich ihre Banden untereinander auch richtige Schlachten lieferten, unerbittlich auf den einen Gott und die Unteilbarkeit der Freiheit und blieben in der Abwehr der römischen Angriffe so einig wie in der radikalen Unterdrückung entgegengesetzter Meinungen. Fünf Monate dauerte die Belagerung. Jerusalem bot nur von Norden günstige Angriffsflächen. Wo Roms Kriegstechnik nicht ausgereicht hatte, setzte Hunger das drastische Ende. Und nun brannten die Tempelvorhallen. Dann brannte der Tempel! Die Straßen- und Häuserkämpfe in der eroberten Stadt zogen sich wahrhaftig noch drei Wochen hin.

Dieser unsäglich katastrophale Fall **Jerusalems**, dem im Jahre 135 die besiegelnde Austilgung folgte – die Stadt wurde Militärkolonie mit dem Namen **Aelia Capitolina** –, hat alles Judenschicksal in den anschließenden neunzehn Jahrhunderten zur Folge gehabt. Auch das Schicksal des heutigen Staates Israel noch. Ingleichen dazumal die Untergänge: auf dem festen Schloß **Machaerus** in Peräa gegenüber Ein Gedi. Im Walde Jardes, wo geflüchtete Jerusalemverteidiger sich erneut und verbissen zur Wehr setzten, und drei Jahre später den über alle bekannten Maße heldischen Untergang der letzten Zeloten auf der fast unzugänglich ragenden Bergfeste **Masada** am Toten Meer. Von dem wir übrigens nicht wüßten, hätte ihn Flavius Josephus nicht in ehrlicher Ergriffenheit eingehend beschrieben. In dem schönen Masada-Buch von **Yigael Yadin** von 1966 (deutsch 1967 bei Hoffmann und Campe) ist nachzulesen, wie alle bisherigen Ausgrabungen Josephus' Bericht bestätigt haben. So wird anzunehmen sein, Josephus habe als Frontberichterstatter oder Militärschriftsteller Gelegenheit gehabt, die Örtlichkeiten auf der so heiß verteidigten Felsenburg zu besichtigen und die zwei Frauen und fünf Jungen, die sich dem Massenselbstmord der letzten 960 Verteidiger heimlich entzogen hatten, selbst zu befragen. Eine der Frauen war eine nahe Verwandte des Zelotenführers **Eleazar ben Yair**, der hier bis zuletzt als Kommandant fungiert hatte, aber nicht mit jenem Bandenführer in Jerusalem identisch ist. Israel hatte am Scheidewege gestanden. Es hätte den Weg von Jahweh fort in die große *pax Romana*, hätte den Weg des Flavius Josephus gehen können. Es ging den der Zeloten, den der Gottestreue, den des Leids, des Bluts, der Verfolgungen und der unermeßlichen Tränen. AP meldete am 5. Juli 1969: »Israel hat 27 Kriegshelden, die vor fast 2000 Jahren die Wüstenfestung Masada gegen die Römer verteidigten, am Montag ein militärisches Begräbnis bereitet... Eine Ehrenwache feuerte drei Salven ab, als die Särge in die Gräber gesenkt wurden. Der oberste Militärrabbiner, General **Goren**, las die von Josephus Flavius überlieferte Geschichte vom Fall der Festung.«

Geschicke und Geschichte! Es kann in einer Sache immer nur eine Tat getan werden und nicht auch die andere. Das ist binsenwahr und goldrichtig. Kann nur ein Weg eingeschlagen werden und, mit nur zwei Füßen, nicht auch jener oder der. Wie es denn anders gekommen wäre? Ja, wenn das einer wüßte! Es gibt nur eine Historie mit Legionen verketteter Ereignisse, aber nicht zwei. Anders gekommen? Die Frage kann immer nur auf hätte und würde hinauslaufen. Doch weil die Geschicke der Juden von dem Fall Jerusalems an die Ausnahme machen und vorher eher nur ihre eigene und seither keine Parallele sonst haben, wird mit allem Vorbehalt gesagt werden dürfen, so entsetzlich hart wären die jüdischen Schicksale nicht ausgefallen, sondern wahrscheinlich doch nur so wie die anderer Völker.

Hätte! Hätte man sich im belagerten Jerusalem anders entschieden und dem **Flavius Josephus** folgend in die Römer Hand gegeben, würden der Tempel und seine heiligen Geräte zunächst einmal überdauert haben. Anderen Untergängen entgegen, die nun nicht geschehen konnten. Oder auch andauernder Erhaltung und Unversehrtheit entgegen. Eine Klagemauer hätte es so nicht zu geben brauchen.

Aber! Aber mit dem Josephus-Weg wäre der Weg der nicht-erwählten Allerweltsvölker eingeschlagen worden, und das Volk Israel, aus der Zucht des Feinddruckes und göttlicher Heimsuchung entlassen, wäre auf die Dauer in der Völkerschmelze des Römerimperiums untergegangen. Wie die Phönizier. Als seiner selbst bewußtes Kollektiv oder Volk, als unterscheidbare Erlebnisgruppe sind die klugen Purpurfärber fort, nicht mehr zu finden und nie mehr zu erwecken, wieviel die Welt ihnen auch zu verdanken hat.

Und hätte dem anderen milderen Wege zufolge das Abendland und die übrige Menschheit, die heute im Zeichen des Abendlandes steht, nicht etlicher Maßgeblicher wie **Spinoza** und **Mendelssohn**, nicht etlicher Bahnbrecher wie **Marx**, **Freud** und **Einstein** entraten müssen? Und so vieler Musiker, so vieler Ärzte, Schriftsteller, Gelehrter, so vielen Salzes und Pfeffers sonst? Hätte? Würde? Es war aber, wie es war, und konnte nicht anders sein. Herr Herkules oder Mister Anthropos steht immer und ewig am Scheidewege, und Gott lenkt. Mag diese Redensart auch nur eine Umschreibung des anders nicht Sagbaren sein.

Und auch dies geschah: Roma konnte Jerusalem niederwerfen und das Gottesvolk in alle Winde zerstreuen. Doch seiner Ausgeburt, des Gottessohnes, ist Rom nicht Herr geworden. Unter dem weltheischenden Druck der Religion Christi vielmehr mußte die hochgemute Repräsentantin des alten, ablebenden olympischen Götterglaubens sich wandeln, bis sie sich selbst nicht mehr glich. Mußte sich spalten, so stark war die Anziehungskraft des Ostens geworden. Ostrom-Byzanz ist oben schon stippvisitenweise in Betracht gezogen worden. Das antike Westrom erlosch, nachdem die Flammen seiner Heidenaltäre erloschen waren. Die *pax Romana* blich zum leeren Versprechen aus. Christentum und germanische Völkerwanderung. An diesen beiden lag es. Beiden zerstörenden Kräften aber hatten Kosmopolitismus, Religionssynkretismus und zivilisatorische Organisation des Imperiums Wege geebnet. Wie in eine Gußform, die bereit lag, gossen Syrien und Germanien ihre Gußspeise zu einer neuen Legierung.

Ominöses Spiel mit Figuren im Lande der Zeitenwende. Wer war der Spieler? Wer ist es? Das Spiel hört nicht auf. Wer bewegt die Figuren auf dem Brett? Dunkelschriftliche Knüpfung von Leistungsschuß und Schicksalskette zu dem rätselvollen Gewebe Geschichte: der Mann, mit dessen Namen Roms größte und auf künftigen Untergang schon deutende Niederlage unablösbar verbunden bleibt, der Patrizier **Publius Quinctilius Varus** mit seiner unseligen Teutoburger Schlacht oben an der germanischen Front, ist zuvor zwei Jahre lang Legat von Syrien gewesen. Vom Jahre 6 vor dem Herrn bis zum Jahre 4.

Diesen hohen Posten, mit Residenz damals noch in **Antiochia** am Orontes, übernahm Varus mithin kurz nach der vom Kaiser **Augustus** durchgeführten allgemeinen Schätzung und nach der Heilandsgeburt, die nicht ins Jahr 1, sondern in die Tage jener Volkszählung gefallen war. Varus hätte aber schon Augenzeuge der legendären Bethlehemitischen Kindermorde sein können - sie wären ins Jahr 4 vor Christus zu datieren -, wird sich jedoch als Kolonialoffizier von einiger Erfahrung nur notfalls um etwas gekümmert haben, das sich gerade noch als innere Angelegenheit ansehen ließ. Auch lag **Judäa**, ein Syrien unterstellter Vasallenstaat, recht weit ab im Süden seiner Provinz. Das Jesuskind zählte damals zwei Jahre.

Mit den haarsträubenden, den tödlichen, verderblichen Familienzwistigkeiten im Hause des Großen **Herodes** bekam es Varus dennoch zu tun und war dann oft in Jerusalem. Auch mußte er jäh und gefährlich hochbrennende Aufstände in **Galiläa** und **Judäa** mit Waffengewalt niederschlagen. Das war nach des Herodes Tod. Varus trug wenig Schuld an ihnen. Die große, noch ungestalte, sinnverhüllte Unruhe wallte und siedete schon, regte sich in den Gemütern nicht bloß auf geistige Weise, sondern entlud sich heiß auch in militanten Rebellionen. Haupträdelsführer war **Judas der Galiläer**, ein Sohn des galiläischen Rebellenhauptmanns **Ezekia**. Nur scheinbar war diese aufbegehrende Ungeduld durch den Tod von 2000 Aufrührern zu stillen, die Varus ans Kreuz hatte schlagen lassen. »Kriegsepoche des Varus« haben jüdische Historiker diese Zeit genannt.

Varus hatte eine Großnichte des Kaisers Augustus zur Frau, **Claudia Pulchra.** Hatte seinen Sohn mit einer Tochter des **Germanicus** verlobt. Beste Beziehungen. Was wollte er mehr? Hohe interessante Kommandos, das hieß selbstverständlich auch einträgliche und nicht bloß heikle und heiße. Daß Varus dann nach Germanien versetzt wurde, dürfte ein militärischer Routineakt gewesen sein und ist sicher, wenn nicht als Beförderung, doch als Anerkennung und Auszeichnung zu verstehen. Keine Zwangsverdonnerung *in ultimam provinciam* und halbwegs schon nach Pensionopolis. Damals war er Mitte Fünfzig. Anno Domini 9 in der Schlacht im Teutoburger Wald wurde er verwundet. Als er den großen Schaden besah, an dem er nicht unschuldig war, beging er Selbstmord. Sein missionarisches Vertrauen auf Befriedung durch nüchterne Rechtsprechung hatten ihm die Waldbarbaren übel heimgezahlt.

Irgend etwas an der tragischen Figur dieses Varus will aber dem Bierdeutschen fast lächerlich vorkommen, simserim simsim, und hat ihn dann und wann gereizt, sich die Hände zu reiben. Andrerseits stößt man da wider Erwarten in einen Hohlraum der deutschen Kollektivseele, eine unerwartete blinde Stelle. Varusgegner **Arminius** nämlich, dessen deutschen Namen wir nicht einmal kennen - denn Hermann hieß er nicht -, vermochte doch niemals recht sich zum Nationalheros zu verfestigen, sondern ist merkwürdig substanzlos geblieben. Seine Verherrlichung, wenn die Zeitläufte sie - wie in den Tagen **Huttens** oder **Kleists** - einmal nahelegten, ist doch nie so ganz ohne Krampf möglich gewesen. Auch der Name seiner Frau, **Thusnelda**, gilt unverabredet als so faustdickdeutsch, daß selbst engagierteste Nazis ihren weiblichen Nachwuchs so nicht benannten. Woher mag das kommen?

Liegt das an der Christianisierung, der er als ein heidnisches und antirömisches Heldenbild, gleich der Irminsul, zum Opfer fallen mußte? Zumal, nachdem Rom und Christentum in der Staatskirche eins geworden waren und sich der Begriff Rom mit neuem Sinn erfüllt hatte. Die Arminiusgestalt aber, war sie nicht heimlich etwas, ganz von fern etwas wie ein barbarisches Gegenbild Christi: hier, mit Varus als Kontrahenten, der Befreier vom Römerjoch, den **Tacitus** als solchen apostrophiert - dort, mit Pilatus als Juxtapositen, der Erlöser, den Tacitus nicht loben kann, der aber von so manchem seiner Anhänger auch mit antirömischen Hoffnungen angesehen worden sein dürfte? Von **Judas Iskarioth** zum Beispiel? Antirömisch, obwohl Jesus sein Reich als *»nicht von dieser Welt«* verstanden wissen wollte.

Am gescheitesten, soweit es unsern grauen Norden betrifft, wird noch die Mutmaßung sein, daß der schale, farblose **Arminius**, den zu verehren man den Ahnen kirchlich verleidet und ausgetrieben zu haben scheint, wie unter einer Tarnkappe noch fortlebt. Und zwar als **Siegfried**. Drachentöter in nordischer Fassung. Die Drachenfahnen der römischen Legionen. Sie wurden allerdings erst viel später eingeführt. Wer weiß? Aber wir wissen ja nicht einmal die Orte, die Gefechtsfelder der langgezogenen Verfolgungsschlacht von **Teutoburg** anzugeben, und haben doch Troia auszugraben gewußt. (Als römischer Ritter ist Arminius übrigens zeitweilig Kriegskamerad des Legionskommandeurs und Gelegenheitsschriftstellers **Velleius Paterculus** gewesen, der an dem armen Varus wenig gute Haare gelassen hat.) Roms Dank war ungewiß. Varus mußte für die verfehlte Germanenpolitik seines Kaisers herhalten. Umso besser für alle Beteiligten: der Sündenbock hatte sich bereits selbst zum Opfer gebracht.

Und von Varus zu **Pilatus**: der vorzeitige und gewaltsame Tod des Erstgenannten hat allerdings eine gelegentliche Begegnung beider Männer verhindert. Aber auf gewisse Weise scheinen sie dennoch wie aufeinander zugeordnet im großen historischen Panorama. Jedenfalls sind sie die zwei Repräsentanten Roms an den Wendemarken der Zeiten, die jedermann am nachhaltigsten im Gedächtnis geblieben sind, obschon wir von Pilatus herzlich wenig wissen, und die sich wie auch immer einer zwiespältigen, redensartlich und legendenhaft fortlebenden Popularität erfreuen, obschon beide doch nur ins zweite oder dritte Glied gehören.

Pilatus' Amtszeit in Judäa fiel in die Jahre von 26 bis 36/37. Diese auffällig lange Dauer auf politisch so heißem Pflaster spricht entschieden für den Landpfleger. Als Prokurator Judäas, damals nur noch einer Unterprovinz, war er dem Legaten von Syrien unterstellt. Sein Name ist nicht durch die synoptischen und die apokryphen Evangelien allein aufbewahrt worden, auch **Philo, Flavius Josephus** und **Tacitus** haben ihn historisch dingfest gemacht. Tacitus' Erwähnung freilich ist nur knapp, Annalen XV, 44: »*Aber weder durch menschliche Bemühungen noch durch Geschenke oder Götterversöhnung war der Kaiser* (Nero) *von dem schmählichen Ruf reinzuwaschen, der Brand* (Roms) *sei durch seine Befehle verursacht worden. Um dieses leidige Gerücht aber endlich auszutilgen, schob er die Schuld auf die Christen* (chrestiani) *- so hieß man diese wegen ihrer Schandtaten beim gemeinen Mann höchst mißliebigen Leute - und belegte sie mit sehr schikanösen Strafen. Ihr Name geht auf Christus zurück, der unter Kaiser Tiberius vom Landpfleger Pontius Pilatus hingerichtet worden war ...*« Folgen sehr abfällige Bemerkungen über die Beschuldigten, die in der Sache zwar richtig gewesen sein mögen, jedoch anzeigen, daß der Historiker die Zeitenwende, die sich da angebahnt hatte, nicht begriff. Dies sei ohne Vorwurf festgestellt. Gelehrtenpech.

Des Pontius Pilatus Dienstsitz, in der Mitte zwischen Joppe und Haifa gelegen, war **Caesarea**, welche Gründung des Herodes nach dem Muster der Alexanderstädte gerade ihre ersten sechs Jahrzehnte hinter sich hatte und größer war als Jerusalem. Ein Tel Aviv von damals. Mit künstlichem Hafen. Pilatus, dem das Schicksal noch den Fall des **Jesus von Nazareth** zur Urteilsbestätigung und -vollstreckung aufbewahrte, zeigte, so scheint es, bei der Behandlung der von alten Hochkulturen feingeschliffenen und überaus reizbaren Bevölkerung nicht immer gerade die glücklichste Hand.

Alle seine Vorgänger hatten bis dahin die Bilderverbote der Juden wenigstens insofern berücksichtigt, als sie es vermieden, Feldzeichen mit Kaiserbildern in oder durch die Stadt Davids tragen zu lassen. Pilatus verfuhr anders. Er beleidigte Jerusalems Einwohner eines Morgens mit den aufgerichteten Zeichen seiner Truppen und bei nächst sich bietender Gelegenheit im vormaligen Palast des Großen Herodes wiederum. Diesmal nur mit bilderlosen Weiheschildern. Doch exaltierte Fromme reagierten, als habe er dort ebenfalls Menschenbilder ausgestellt, die ihnen allemal für gotteslästerlich galten. Vom Politischen zu schweigen. Das ganze Volk war wie wund und von oben bis unten außer Rand und Band. **Pilatus** zog in diesen beiden Fällen kraft der Halsstarrigkeit der Juden den kürzeren oder wollte es auch so, und es ging noch einmal ohne großes Blutvergießen ab. Immerhin stand der Landpfleger vor der

Aufgabe, sich in einem Lande zu behaupten, in dem es neben Sadduzäern, die schlimmstenfalls muckten und bockten, aber doch einigermaßen loyal blieben, neben den Essenern, den Stillen, neben den patriotischen bis aufstandsgeneigten Pharisäern auch noch die »vierte Schule«, die vollends fanatische antiautoritäre Sekte der Sikarier gab, der Dolchmänner. Sie waren die militante Aktivitas der Zeloten. Ihr klippklares Bekenntnis hieß: »*Gott allein ist der Herr, der Tod gleichgültig, die Freiheit eines und alles.*« Ihr Gründer war erwähnter **Judas der Galiläer** aus **Gamala** im Osten des Kinneret, der Großvater übrigens jenes Masada-Verteidigers **Eleazar ben Yair**. Die Apostelgeschichte sagt, er sei umgekommen, doch nicht, ob gefallen oder gerichtet. Seine Sekte aber lebte in den religiös-fanatischen Scharen der Zeloten weiter, die, willentlich unbelehrbar und heilig verrannt, ihren Untergang dann in Jerusalem und auf des Großen Herodes Felsenschlössern **Machaerus** und **Masada** suchten und fanden.

Die Dolchmännersekte hielt alles in Schrecken, und da sie auch den Mord an jüdischen Gesinnungsgegnern, ja auch den an widerborstigen Genossen nicht scheute, mochte es für Pilatus möglich sein, balancierend Herr der Lage zu bleiben. Denn er mußte sich auf Roms Ansehen eher als auf eine imposante Stärke verfügbarer Besatzungstruppen verlassen. **Felix**, ein Nachfolger des Pilatus in den fünfziger Jahren, kam schließlich nicht umhin, viertausend Dolchmänner in der Wüste irgendwo hinrichten zu lassen. So sahen die Nachwehen in dem Lande aus, das eine Weltreligion geboren hatte.

Zurück aber zu **Pilatus**. Ein weiterer Aufstand, der keineswegs so unblutig verlief wie erwähnter Streit um Bilder und Schilder, entbrannte um die Anlage eines Aquädukts für Jerusalem. Ohne Frage erwies sich hierbei jene achtenswerte Unbeugsamkeit der Unterworfenen auch als von Bockbeinigkeit versteift. Allerdings waren es Tempelgelder, die da zum profanen Zweck des Wasserleitungsbaus verwendet werden sollten. Aber der allgemeine Nutzen müßte doch einzusehen gewesen sein. Andrerseits könnte es sich um eine gezielte Provokation des Landpflegers gehandelt haben, der erfahren wollte, wie weit er in Dingen von praktischer Nützlichkeit auf diesem unberechenbar glühenden Boden gehen dürfe und inwieweit das zähe Festhalten am Gesetz dem Fortschritt, wie er ihn sah, grundsätzlich im Wege stand.

Seit der Bilderaffäre war auch des Pilatus Verhältnis zu **Herodes Antipas** getrübt, dem derzeitigen Tetrarchen von Galiläa und Peräa, dessen Herrschaft noch Reste von Selbständigkeit bewahrte. Das kann gleichfalls nicht vorteilhaft für die Landpflege in Judäa gewesen sein. Und nur einmal hat Pilatus den Beifall der Judenschaft ernten können und mag es auch darauf angelegt haben: das war, als er das Todesurteil ihres Synhedrions an Jesus von Nazareth bestätigte und vollstrecken ließ. Ein politisches Urteil? Juristisch nur bedingt zu rechtfertigen? Schwer zu sagen. In seine heilsgeschichtliche Notwendigkeit konnte der Chef der Militärverwaltung Judäas namens Pontius Pilatus freilich noch keinen Einblick haben. War Jesus der Messias der Juden? Was sollte sich ein nüchterner Römer denn darunter vorstellen können?

Aus alledem entstand eine doppelte Pilatologie, wenn man so sagen darf. Eine christlich allzu eiferte Nachwelt, unempfindlich folglich für den Widerspruch, in den sie dabei mit den notwendigen Voraussetzungen des Heilsmysteriums geraten mußte, sah in dem schnöden Prokurator, der sich da die Hände in angeblicher Unschuld gewaschen haben sollte, nichts als den Mordgehilfen der bösen und verworfenen Juden. Und einem solchen Pilatus konnte es nicht wohl ergangen sein. Den mußten die Geister in den Abgrund »*bei den großen Bergen*« gestoßen - daher legendärerweise der Schweizer Berggipfelname **Pilatus** - oder mußten Gewissensbisse in den Selbstmord getrieben haben. Als habe er gleich dem **Varus** für Rom eine Schlacht verloren. Und hatte er das nicht? Es gab in frühchristlicher Zeit mehrere Schriftsteller, die den Selbstmord des Pilatus als Tatsache notierten. Und im Kanton Luzern weiß man, daß sein Leichnam in einem gipfelnahen See sein Wesen treibe, und wenn einer einen Stein oder ein Holz dort hineinwerfe, ärgere sich der Tote und errege schreckliche Unwetter. Das sei alles Unsinn? Wieso? Vielleicht enthält diese Legende den Hinweis auf eine Verbannung des Pilatus nach Helvetien. Herodes Antipas zum Beispiel ist nach Gallien verbannt worden.

In den Evangelien andrerseits sind Versuche wahrzunehmen, den **Pilatus** sacht zu entlasten, und vollends die apokryphen Schriften, Petrus-Evangelium, Pilatus-Akten, überhaupt die ganze

Pilatus-Literatur haben aus dem Landpfleger nach und nach eine heilsgeschichtliche Gestalt aufgebaut und alle Schuld dem Herodes Antipas und dem Volk Israel aufgebürdet. Auf geheime Bekehrung, die der römische Provinzregent nur nicht öffentlich habe zeigen können, wollte man hinaus. Bei **Tertullian**, dem Kirchenvater, heißt es: »*Dies alles über Christus berichtet Pilatus dem damaligen Kaiser Tiberius, und war doch im Gewissen selber schon ein Christ - iam pro sua conscientia Christianus.*« Diese frühe Konversion des Prokurators konnte dann ein Märtyrerende unter **Nero** wahrscheinlich machen. Im Circus zu Rom. Im Zuge der Neronischen Christenverfolgung, die viel eher eine Judenverfolgung war. Aber so genau konnte Rom das noch nicht unterscheiden, und es war ein Aufräumen.

Pilatus hat sich in Wirklichkeit anno 37, kurz vor dem Tode des Kaisers **Tiberius**, vor dem Legaten von Syrien, **Vitellius**, verantworten müssen, weil er bei einem Aufstand in Samaria, wo bei dem Dorfe **Thirabata** ein weiterer Prophet mit messianischem Anspruch von sich reden gemacht hatte, einige Hekatomben hartnäckiger Samaritaner am Berge **Garizim** bei **Sichem** hatte zusammenhauen lassen. Dagegen werden die Juden als alte Verächter dieser ihrer nördlichen Nachbarn zwar weniger gehabt haben. Denn die Samaritaner wollten zwar als Israeliten gelten und dabei doch recht heidnisch sein. Aber Vitellius, als ein Mann noch von altrömischem Schrot und Korn, hielt so scharfe Durchgriffe für eine unwürdige und unangebrachte Grausamkeit, die er weder billigen noch hingehen lassen wollte. Dies bedeutete das Ende von Pilati Amtszeit. Vitellius schickte ihn nach Rom vor das kaiserliche Tribunal. Damit verliert sich die Lebensspur eines Menschen, der es nicht leicht gehabt hat, aus der Geschichte.

Den Schiedsspruch des kaiserlichen Gerichts kennen wir nicht. So ist denn ein Tod durch Selbstmord nicht auszuschließen. In der koptischen Kirche aber zählt Pilatus zu den Heiligen. So nachhaltig war die werbende Arbeit der apokryphen Schriftsteller. Und des Pilatus Ehefrau - sie wird wohl **Claudia Procula** oder Procla geheißen haben - wird in der griechisch-orthodoxen Kirche als Heilige verehrt.

(Karfreitag 1969)

Johannes des Täufers Jünger, wurde gesagt, erhielten Weisung, dem Getauften aus Nazareth als dem Messias nachzufolgen und sich seiner Jüngerschar einzugliedern. Und zwar am Tauftage schon. Zu denen, die dieser Weisung nachkamen, gehörten als erste zwei Söhne eines gewissen **Jonas** aus **Bethsaida** (oder Iulias, der zweiten Provinzhauptstadt Galiläas) nahe der Jordanmündung in den Kinneret, Fischer, die jetzt in **Kefar Nahhum** wohnten und arbeiteten. Sie hießen **Andreas** und **Simeon**. Simeon wurde hernach Kephas oder **Petrus** genannt. Andreas, vermutlich der Ältere, scheint die Initiative ergriffen zu haben. Petrus war entweder verheiratet oder Witwer. Demnach wohl keine allzu jungen Leute, die da aus dem Schülerkreis eines Erleuchteten in den eines anderen wechselten.

Jünger des Täufers war auch der Evangelist **Johannes**. Das gleiche ist von seinem Bruder **Jakobus** dem Älteren zwar nicht gesagt, aber anzunehmen, da beide dann zur Gefolgschaft Jesu gehörten. Wie Andreas und Petrus stammten auch sie aus Bethsaida. Als Söhne eines bessergestellten Fischers mit eigenem Boot und Schleppnetzen, des **Zebedäus**. Dessen Frau, **Maria Salome**, die Mutter dieser zwei, die von Jesus um ihres Temperamentes willen ›Donnersöhne‹ genannt wurden, besaß eigenes Vermögen und ist damit der Bewegung Jesu behilflich gewesen.

Aus **Bethsaida** stammte ferner **Philippus**. Zwei gab es dieses Namens, der eine ein Apostel, der andere ein Diakon. Hier ist der Vater jener vier Töchter gemeint, die der Apostelgeschichte (21, 8/9) zufolge als Erleuchtete weissagten, sich gleich dem Vater für die Ausbreitung der Lehre Christi einsetzten und mit ihm den Märtyrertod erlitten. Kurz, allein aus Bethsaida zehn Menschen, die den Grund legten.

Aus **Kefar Nahhum** (= Kapernaum) selbst stammte als Sohn eines gewissen **Alphäus** ein Mann aus dem galiläischen Zolldienst namens **Levi**, der wahrscheinlich mit dem Evangelisten Matthäus identisch ist. Als Zöllner - das spricht für diese Identifizierung - wird er mehrsprachig und schreibkundig gewesen sein. Möglicherweise also ist er der Autor derjenigen Schrift, von der es heißt, daß sie dem Matthäusevangelium zugrunde liege.

Summa: zeigt sich schon die Unruhe in diesen Geburtsstunden bemerkenswert auf den Süden der Provinz Syrien eingeschränkt, so hebt sich vollends verblüffend als ein engeres Herdgebiet das Genezarethufer beiderseits der Jordanmündung heraus und erscheint als ein Brennpunkt **Bethsaida**, das damals noch am See lag, sein Name bedeutete sonst nicht ›Ort der Fischerei‹. Verblüffend, denn die lokale Fixierung eines geistigen Vorganges auf einen so unscheinbaren Ausgangspunkt, die dichte Aussaat an apostolischem Genie auf eine so winzige Landschaft und auf so schlichte Landeskinder ist weder menschlicher Planung noch Leistung zu verdanken. Fischerhude und Nahumsdorf lagen nur eine Wegstunde voneinander.

Dieser See! 1957 sah ich ihn zum ersten Mal. Unser Stationcar kam vom oberen Galil herunter. Von **Rosh Pinna.** Und der Blick dann auf **Hula-See** und **Kinneret!** »Die Luft unten war eine einzige Liebkosung. Diese Lindheit des Uferlandstrichs zwischen dem Ort der Speisung der Fünftausend und grashügelauf der der Bergpredigt. In rosig schimmerndem Dunst drüben die Berge Syriens. Über dem Pflaumenblau und Silbergrün der Wasserfläche ein gelassen segelnder Flug Störche in schön wogendem Kreis. Flamingos auch. Ruhende Fischerboote. Netze am Ufer. Durch die Palmen, in deren hängenden Filzbälgen aus vertrockneten Wedeln Feldsperlingsscharen wirtschafteten, von fernher leuchtend die Häuser von **Ein Gev,** wo man alle Jahre zu Passah eine Musikwoche feiert, hart am Stacheldraht der syrischen Wachen und umschlichen von den Mordkommandos der Fedayun«, schrieb ich damals. Wir fuhren dann über **Magdala** nach **Tiberias.** Der Reiseführer sprach von Maria Magdalena, der Büßerin, und merkte an, daß der friedliche Anblick des Sees täusche. Er könne ganz unvermittelt äußerst stürmisch und gefährlich werden.

Holt man weiter aus, die Luftlinie **Kefar Nahhum - Nazareth** beträgt keine 20 Kilometer. Aus Nazareth, dem anderen Schwerpunkt, kam nicht nur Jesus Christus, sondern auch sein Schüler **Jakobus** der Jüngere, der - bei **Flavius Josephus** in den »Jüdischen Altertümern« als Christi leiblicher Bruder - das Martyrium der Steinigung erlitt. Die Bruderschaft dieses Jakobus wird oft abgestritten. Daß er zu Jesu Gevatternschaft gehörte, ist indessen wohl sicher. In **Graetz'** großer »Geschichte der Juden« hatte die Zimmermannsgattin **Maria** aus Nazareth außer ihrem ersten Sohn Jesus oder Jeschua vier weitere Söhne und mehrere Töchter.

Die Herkunft der übrigen Apostel, Jünger und Diakone ist nicht so vollständig gesichert, als daß sie gesicherte topographische Angaben erlaubte. Doch wenn die sogenannte **Maria des Kleophas** als Mutter der vier Söhne **Jakobus d. J.** (des obigen nämlich), **Barnabas, Simon Zelotes** und **Judas Thaddäus** gelten kann, so gehörten sie nicht nur allesamt über die heilige **Anna** zur Sippe Jesu - wie übrigens oben erwähnte Zebedäus-Söhne auch -, sondern sie wären auch alle miteinander aus der nämlichen Gegend, der nazarenischen Nachbarschaft.

Bliebe noch der heilige **Bartholomäus**, der auf Hebräisch oder auf Aramäisch **Nathanael bar Tolmai** hieß. Erstens war er ein Jünger des Täufers, bevor er zu Jesus stieß. Zweitens stammte er aus **Kefar Kana**, anderthalb Kilometer nördlich von Nazareth, dem rühmlich bekannten Ort der Hochzeit von Kana und der Wasserverwandlung, des ersten Wunders. Und bleibt noch **Judas Iskarioth**. Über den Ort seiner Herkunft scheint nichts bekannt zu sein. Machte er aber die Ausnahme, so bestätigte er die Regel.

Der Apostel **Paulus** ist in **Tarsus** in Kilikien geboren. In der jüdischen Diaspora, die seit Nebukadnezars Zeiten stark und stärker geworden war. Aber des Paulus Vater **Hanan**, wenn ich nicht irre, oder sein Großvater kam aus **Giskala** in Obergaliläa, 10 oder 11 Kilometer nordwestlich von Kefar Nahhum. Aus Giskala stammte auch obgemeldeter Zelotenführer und Jerusalemverteidiger Johannes. Der ebenfalls schon erwähnte **Judas von Galiläa**, einer der Väter allen dortigen Aufruhrs und Jerusalemverteidiger, und ein Rebell namens **Joseph** stammten aus Gamala hinter dem Ostufer des Sees Genezareth, Tiberias gegenüber. Von dort auch ein Rebell namens **Chares**.

Aus dem Galil war ein Vorläufer, **Theudas** mit Namen, der sich als einen Gottesmann und Messias ausgab und später samt seinen Anhängern umkam. Gegen die Römer erhoben sich nach Partisanenart **Athronges** aus Peräa und seine vier Brüder, wahre Enaksöhne gleich ihm. Die Rebellen, die dort erstanden wie eine Drachensaat, sind nicht zu zählen. Zwei Söhne des Judas von Galiläa, **Jakob** und **Simon**, wurden als Rebellen gekreuzigt. Namens eines zum

Heidentum übergetretenen, dem Blute nach jüdischen Landpflegers. Und nur einer jener heroischen und fatalen Verteidiger Jerusalems kam von etwas weiter her, das war
Simon aus Gerasa in Ostjordanien. Gerasa lag etwa 32 Kilometer Luftlinie jenseits des Jordan.

Will sagen: das Unruhegebiet, in das in mehr als einer
Hinsicht auch die damals ganz neue und moderne Stadt
Tiberias am See Genezareth gehörte, ist nur eins, und es
hieße die Psychologie einer solchen kollektiven Aufwallung
mißverstehen, wenn die anhebenden Regungen nicht von
geistiger Erleuchtung über den religiösen und den revolutio-
nären Fanatismus nieder bis zu brutalstem Gesinnungszwang und zu nackter Gewalt reichten. Wer nur mit einem
Auge schaut, bekommt kein plastisches Bild.

In dieses Bild eines mit den denkbar stärksten Spannungen geladenen Raumes gehören unabdingbar auch die Thaumasia und Semeia, die Wunder und Zeichen, die Macht-
beweise Jesu. Heilungen. Teufelsaustreibungen. Die Toten-
erweckungen – des Jairustöchterleins in **Kefar Nahhum**, des
Jünglings von **Naim** im südlichen Galil. Allen diesen Taten
war in der ekstatischen Gestimmtheit des Landstrichs dort
der suggestible, medial empfängliche Boden bereitet. Wenn
und wo Außergewöhnliches geschieht wie die Geburt einer
Religion – wann geschieht das schon? –, da alles aufs heftigste nach dem Neuen giert, das noch keinen Namen hat und
von diesen im Geistigen, von jenen im Profanen erwartet
wird, als Reich Gottes, Endzeit und Weltgericht oder Ab-
schüttelung der Römerherrschaft und als Sozialrevolution –
oder auch als absurde Mischung aus alledem –, wo die Wün-
schenden und die Hoffenden nur noch lechzen und es kaum
noch abwarten können, entbrennen Zeichen und Wunder
wie mit Selbstverständlichkeit. Wie mit Gesetzlichkeit.
Schon der Täufer war davon umwittert wie von Elmsfeuern. Die Essener nicht weniger. Den Aposteln wurden
Wunderheilungen und Teufelsaustreibungen eigens in Auftrag gegeben, und sie gingen hin und lösten und heilten.

Die Wunder und Zeichen standen für den Nazarener und
seine Jünger als Mittel zum Zweck im Dienst des eschatologischen Anspruchs. Attraktionen, Menschenfischerei, auf
daß die Lehre vom Reich Gottes gewinne. Die Leute wollen
was sehen, wenn sie glauben sollen. Wundertäter aber, deren

Taten mehr oder minder Selbstzweck waren und blieben, traten nach der Zeitenwende allenthalben auf. Spreu vom Weizen ungeschieden. Spreu und Weizenkorn sind von einem Halm. Ihre große Zahl vervollständigt das Bild kollektiver Disposition zum Neuen. Das Erregungsgebiet weitete sich. Kreise um Kreise wie nach physikalischem Gesetz. Da war **Apollonius von Tyana** in Kappadokien, Asket, Opfergegner, heidnischer Essener sozusagen. **Tyana** nördlich von **Tarsus**. Hellenisierter alter Siedlungsplatz. Kaiser **Alexander Severus** (222-235) hielt zu Rom private Andachten vor den Bildern Jesu und des Wundermannes von Tyana. Noch galten sie gleich.

An der Nordküste Kleinasiens lag **Abonuteichos**. Dort wirkte als Schülersschüler des Apollonius ein gewisser **Alexandros** mit erstaunlicher Nachhaltigkeit, obwohl **Lukian** ihn als Scharlatan verspottete. **Plotin** kam aus Oberägypten. **Jamblichos,** ein Grieche zwar aus Euböa, lehrte in **Apameia** in Syrien. **Proklos Diadochos** stammte aus Lykien an der Südküste Kleinasiens. Am bedeutsamsten von allen, die vielleicht nach Hunderten gezählt haben, ist aber jener Wundermann von Tyana gewesen und sollte es geblieben sein. Nicht seiner Lehre wegen, die schlecht referiert worden ist und vergleichsweise farblos war. Nicht weil er noch Zeitgenosse Jesu von Nazareth, sondern weil er ein griechischer Doppelgänger Christi war: von Gottessohnschaft bis Himmelfahrt, von Dämonenaustreibungen bis zur begleitenden Jüngerschar, Einzelheit für Einzelheit bis zu zwei Jüngern, denen er nach seinem Tode erscheint. Das heißt: »*als die Zeit erfüllet war*«, kam auch die hellenisch besiedelte und hellenistisch kultivierte Erde in die Wochen, wenn man so sagen darf, gebar auch das späte weitgebreitete großgriechische Seelenkollektiv - immer wieder Pardon für die Vokabel Kollektiv! - seinen Heiland als Licht der Geschichte; wie es sich, Essenern und Täufern gleich, im erneuerten Pythagoreismus und Platonismus auch schon auf Reinheitssuche begeben hatte. Und es besteht kein Anlaß, das Historische und das Fabelgespinst um Apollonius für erlogen zu halten, wenn man doch auf der historischen Wahrhaftigkeit der christlichen Überlieferung bestehen will.

Apollonius war ein lauterer Mensch makellosen Wandels, und seine Jünger werden sich dementsprechend geführt haben. Bleibt nur zu konstatieren, daß die westliche Gebärerin nicht (mehr) stark genug war, den hervorzubringen,

der die Zeichen für die nächsten zwei Jahrtausende setzen
sollte, die östliche Mutter aber dafür just die rechte gewesen ist. Das doppelte, in keinen Plan, in keine Absicht zu
fassende, voneinander ganz und gar unabhängige Auftreten eines möglichen Zeichensetzers hier und dort, das mindestens zweifache Angebot der Natur an die auswählende
Geschichte ist über allen Wundern selbst wieder eins. Mögen also die mediumistischen Vorgänge, an denen der Tri-
vialrationalismus immer wieder gemäkelt hat, als Bürgen
für dieses unableugbare Wunderzeichen der Wende stehen,
das der doppelte Auftritt in Ost und West darbietet. Die
Geschichte hatte wie stets nur eine Wahl. Der Galiläer hat
gesiegt.

Nur dem zu Nüchternheit Gereiften, der Utopien meidet, der
seine Pläne den Möglichkeiten anzupassen sucht und nur da ernstlich zupackt, wo mit dem eigenen auch der allgemeine Nutzen
greifbar zu bewerkstelligen ist, der Noch-Brauchbares bewahren
will, der nur tut, was er wünschen kann, daß auch ihm so ge-
schehe, und niemandem Zwang antun mag, der in Kenntnis der
eigenen Grenzen weder Zeit noch Kräfte vergeuden möchte, der
die Welt samt ihren Mängeln bejaht und arbeitend erhalten und,
wenn's sein kann, bessern will, dem aber Ekstasen verdächtig und
Tollköpfigkeiten und Obskurantentum widerwärtig sind, solchem
Nüchternen werden Wunder und Zeichen unzugänglich sein und
verborgen bleiben. Er bedarf ihrer nicht, um etwas zu glauben.
   Sonst hätte, um uns wieder auf den »syrischen« Stoff zu beschränken, ein Mann wie **Flavius Josephus,** der auftrags der
Jerusalemer Regierung im Jahre 66 gerade eben jenes **Galiläa** zu
befrieden und dabei mit dem Gottestreiben der brausenden Bevölkerung und obendrein mit den Römern seinen schweren Stand
hatte, sonst hätte dieser Josephus irgend etwas von Jesu wunderbaren Taten berichtet. Denn von ihnen muß ja wohl an den
Orten ihres Geschehens auch nach dreieinhalb Jahrzehnten noch
die Rede gewesen sein, da dermaleinst doch ein Großteil der
Menschheit davon voll werden sollte.
   Josephus hat nichts notiert. Das sagt jedoch nicht, daß er, der
Weltmann, eine kleinliche, engstirnige, reaktionäre Tendenz verfochten habe. Es sagt vielmehr: zwischen Weltverneinern, Zeloten,
Ekstatikern und Erleuchteten drüben auf der Seite der Unruhe
und jenen nüchternen Jasagern hüben, die gar auch noch Humor
haben, der den Zeloten zu gebrechen pflegt, ist, zumal unter derart zugespitzten aufgereizten Verhältnissen, eine Brücke der Ver-
ständigung nicht zu schlagen. Die Sprachen werden verschieden.

Alten Worten wird neuer Sinn unterlegt und der bisherige verleugnet. Die Münzen der Umgangssprache kommen außer Kurs.

Da die Wege des Josephus und der Zeloten, um bei diesem
bereits nachchristlichen Beispiel und den oben schon ver-
wendeten Bezeichnungen zu bleiben, nicht zugleich eingeschlagen werden konnten, ist über den, der nicht gegangen
wurde, nichts auszusagen. Mutmaßungen wurden oben geäußert. Der eingeschlagene Weg widerlegt aber die anderen
Wege nicht, die möglich gewesen wären. Wir gewöhnlichen
Sterblichen können nur feststellen: so kam es und so ist es
gewesen, und können es auf Gottes Willen und Ratschluß
zurückführen, der stets nur einer ist und nicht zwei. Die
Einwegigkeit der Geschichte kann zwar nicht gerade als dieses Eingottes Beweis herhalten, degradiert aber das wider-
spruchsvolle Walten jeder vielgestaltigen Göttergesellschaft
ins Opernhafte. Zum Beispiel das der Olympier. Und daß
Gott in der Geschichte ist, wird sich mit ebensoviel Recht
sagen lassen, wie daß er in der Schöpfung sichtbar werde.

Josephus stand gemäßigten Pharisäerkreisen nahe und
hatte zudem großes Vertrauen auf die Überzeugungskraft
der *pax Romana,* ohne sich seinen fuchtelnden Landsleuten
als Werber dieses allgemeinen Landfriedens verständlich
machen zu können. Es muß das nämliche vergebliche Vertrauen gewesen sein, das den **Varus** auf die einleuchtenden
Argumentationen des römischen Rechts hatte bauen lassen.
Auf der anderen Seite war auch **Jesus von Nazareth** mit
dem Erfolg an den Stätten seines Wirkens durchaus nicht
zufrieden gewesen. Und auch das gehört ins Bild eines Un-
ruheherdes: der Lehrer des Sanften ist in Nazareth nur einmal aufgetreten und hat gerade diese zentralen Aufbruchs-
orte seines Christentums im Zorn für unbelehrbarer als
Tyrus und Sidon und schlechter denn Sodom befunden.
Bethsaida, Kefar Nahhum und **Chorazin**, eine Wegestunde
nördlich davon, hat er verflucht und das Wehe über sie
gesprochen. Sie hatten sich nicht überzeugen lassen.

Die Jüngerschaft des enthaupteten Täufers hat später
noch einen weiteren Mann ins Lager Christi abgegeben.
Das war ein feingebildeter Auslandsjude aus Alexandria,
dieser gebildeten Stadt im Schnittpunkt der Kulturen. Er
hieß **Apollos** und war ein Freund des Paulus. Er wurde der

neuen Lehre durch einen Korinther Judenchristen ebendort gewonnen, den Paulus bekehrt hatte, und wurde nebst eigener Anhänger- oder Schülerschaft, die er als ein Rabbi und philosophischer Kopf an sich gezogen hatte, zu **Ephesus** christlich getauft. Das geschah, als dort in der Stadt der Großen Diana auch noch zwölf weitere, aber ungenannte Täuferjünger Christen wurden. Woraus abzunehmen, daß die Täuferbewegung noch stark gewesen, daß sie, gewissermaßen parallelen Verlaufs, die gleichen Wege der Ausbreitung gesucht hat wie die Bewegung Christi und nur allmählich von dieser aufgesogen worden ist. Und tatsächlich sind ja dann auch außer den Jesus-Christen die Johannes-Christen entstanden, wenn diese nach Osten sich weit verbreitende Sekte für uns auch wenig Profil zu haben scheint. Da werden sich sicherlich allerlei trübende Medien dazwischengeschoben haben.

Der Heidenmission ist die Judenmission vorausgegangen. Es lag nahe, daß die wandernden Lehrer sich der jüdischen Auslandsgemeinden als Relais und wie eines Stützpunktsystems bedienten. Aber dies muß man sich vor Augen halten: Stammesreligionen oben schon mehrfach angedeuteter Art beschränken sich eben auf ihren Stamm, introvertiert sozusagen und eifersüchtig bedacht, sich zu unterscheiden, und werden sich weitesten Falles auf nahverwandte Stämme erstrecken wollen. Wie einst der Jahwehglaube der Qeniter durch **Moses** auf etliche Stämme des Volkes Israel ausgedehnt wurde. Nicht einmal auf alle. Es war das dauernde Leid der Samaritaner, daß sie meinten, zum Volke Israel zu gehören, aber nicht mitzählten, weil sie nicht Jahweh allein, sondern, mit assyrischen Kolonisten stark durchsetzt, auch anderen Göttern neben ihm dienten.

Wie Stammeszugehörigkeit aber geburtgegeben war, entsprach ihr auch die Teilhabe am Stammeskult wie selbstverständlich und war keine Gesinnungs- oder Bekenntnissache. Und erst in der Spätzeit, vor dem Untergang des jüdischen Staatswesens, war es möglich, daß mit dem Großen **Herodes** ein Bekenner der Jahwehreligion auf Davids Thron saß, der kein Jude war, sondern Edomiter oder Idumäer. Und erst in eben dieser Spätzeit machte sich auch eine jüdische Propaganda geltend, die zum Ziel hatte, aus der Heidenheit Proselyten für das Judentum zu gewinnen, und die nicht ohne Erfolg blieb. Diese Auflösung der völkischen Beschränkung auf die Juden war gewiß auch einer der Ansätze zur Weltreligion. Ein Geburtsferment.

Eine Weltreligion aber verlangt es wesensgemäß nach Selbstbestätigung durch Mission. Durch Mission bis zum Rande der bewohnten Erde. Wie anders sollte sie sich auch in Gültigkeit setzen? Proselyten machen, Heiden und Andersgläubige bekehren? Gewordene Stammeskulte und Volksreligionen aufschlucken und austilgen? An die Stelle des Stammeskultes tritt der Gottesdienst in der Ekklesia, an die Stelle des Stammes die Gemeinde, an die des Verbandes: Familie - Großfamilie - Sippe - Stamm - Volk treten nunmehr die Brüder und Schwestern in Christo, die christliche Massengesellschaft.

Der Missionseifer kann sich sogar ausdrücklich des Feuers und des Schwertes als Bekehrungsmitteln bedienen. So tat es **Karl der Große,** der auch Umsiedlung als Mittel eingesetzt hat. So tat es **Ludwig der Fromme.** So der Islam, als er sich, abermals eine Weltreligion - oder eine großausgreifende Sekte? -, aus dem Leibe und Schoß des Alten und des Neuen Bundes abgenabelt hatte. Doch so haben Christi Apostel nicht getan, als sie hin in alle Welt ausschwärmten, den Frieden zu predigen. Das steht fest.

Als aber die Saat der Heidenmission über alle Erwartungen trächtig und allen Verfolgungen zum Hohn an allen Ecken und Enden aufgegangen war, exerzierte man Christlichkeit rund ums Mittelmeer endlich mit derart fanatischem Eifer, daß nicht nur eins das andere an christlichem Tun und Lassen sowie an Zuständigkeit dafür, was christlich sei oder nicht, überbieten wollte, sondern daß es nunmehr den aussterbenden Heiden ans Leder und zuletzt auch an die alten Altäre ging. Und zwar mit roher, durch nichts Christenmäßiges zu rechtfertigender Gewalt. Das steht ebenfalls fest. Kein Rückfall ins Heidentum. Denn dessen Salz, als es noch intakt und ganz es selbst war, hatte weitgehend im Verzicht auf jeglichen Gesinnungszwang gelegen, mochte auch Wert auf Respektierung der Götter ganz allgemein und dies zuweilen auch mit Zwang gelegt worden sein.

Das muß die Kehr- und Schattenseite jedes weltumspannenden Anspruchs, nicht nur der politischen Systeme und sogenannten Weltanschauungen von solcher Ambition sein, daß sie, in welcher Entfernung auch von den Orten ihres Aufbruchs, aber wahrscheinlich je entfernter, desto gewisser an Überzeugungskraft einbüßen und an Gesinnungszwang zunehmen. In diese Lage kommt jede Missionsarbeit, sobald sie irgendwelchen Hinterwäldlern, Germanen oder Buschmännern, wem immer, Geistesgaben anbieten muß, die als subtile, zarte, verfeinerte Erzeugnisse aus überschneidenden Kraftfeldern etlicher Hochkulturen unverständlich, befremdlich und vielleicht ganz fehl am Platze sind. Oder bin ich ganz auf dem Holzwege und heiligt der Zweck die Mittel?

Paulus hat seinen saulusverwandelnden Auftrag durch eine Vision auf dem Wege nach Damaskus erhalten. Wir kommen noch darauf. Seine erste Missionsreise, imposant nach Dauer und Ausdehnung und nur in einer gut durchzivilisierten Welt möglich, hat ihn nach **Zypern** und ins südliche Kleinasien, die zweite ihn auf dem Landwege nach **Damaskus, Antiochia,** in die Troas, nach **Thessalonich** (= Saloniki), **Athen** und **Korinth,** die dritte Reise bis nach **Dyrrhachium** (= Durazzo), die vierte endlich über **Kreta, Malta, Syrakus** nach **Rom** und in den Märtyrertod geführt.

Den »Zwölfboten« sollen bestimmte Missionsgebiete angewiesen worden sein: **Petrus** - Italien, **Johannes** - Asien (= Kleinasien), **Jakobus d. Ä.** - Hispanien, **Andreas** - Achaia (= Griechenland), **Philippus** - Phrygien (= östliches Anatolien), **Thomas** - Indien, **Bartholomäus** - Cilicien, **Matthäus** - Äthiopien, **Jakobus d. J.** - Judäa, **Simon Zelotes** - Persien, **Judas Thaddäus** - Mesopotamien und **Matthias,** der an Iskarioths Stelle durch Los gewählt worden war - Palästina. Diese Liste umfaßt weder alle Apostel, noch ist sie in ihren Gebietszuweisungen konsequent. Sie kann auch kaum stimmig sein, weil das Neue Testament fünf abweichende Apostellisten bietet, zeigt jedoch, wie aus der »syrischen« Perspektive des Unruhegebiets großer Wert auch auf Ausbreitung der Lehre in den Osten gelegt worden ist - in das geistige Ursprungsland an **Euphrat** und **Tigris** und weiter zu den Grenzen des Alexanderreiches -, und daß also keineswegs etwa die Meinung vorwog, sich missionierend nur in das Imperium Romanum zu ergießen. So ernst war man dabei und - unmittelbar durch **Thomas**, mittelbar durch **Nestorius** - so nachdrücklich, daß bis zum 7. und 8. Jahrhundert die Lehre Jesu *per pedes Apostolorum* auf den Karawanenstraßen bis ins ferne China gedrungen war. Weiter also als Alexanders große Armee. Welcher außerhalb rompäpstlicher Botmäßigkeit erzielte enorme Erfolg nie so recht ins Bewußtsein des Abendlandes gedrungen ist.

Die Zahl der Jünger Jesu schwankt zwischen siebzehn und siebzig. Die Zwölfzahl der Apostel ist zahlenmystischer Art wie schon die der zwölf Stämme Israels. Die Jüngerschar, die Jesus von Angesicht kannte, begreift nicht alle Apostel ein, deren es mit **Paulus**, **Andronikus** und **Iunias** einige gab, die Jesum nicht gekannt haben.

Angemerkt zu werden verdient, daß jedenfalls der Kerntrupp der Sendboten aus Juden bestand, während Heiden, die sich zu Christus bekannten und eines Amtes würdig schienen, in der Anfangszeit nur Diakone werden konnten. So sehr begriff sich das entstehende Christentum zunächst noch als eine jüdische Sache.

39   Johannes des Täufers andere Sekte

Zu **Jesus** sind seinerzeit offenbar nur jüdisch-galiläische Jünger des Täufers **Johannes** übergetreten. Ein samaritanischer Täuferjünger jedoch, **Dositheus von Samaria**, ging seiner separaten, anti-israelischen, samaritanischen Wege und ließ sich nach des Täufers Hinrichtung in der neuerbauten Gebietshauptstadt **Sebaste-Samaria**, die übrigens der Große Herodes zur Landeshauptstadt an Jerusalems Stelle hatte machen wollen, als ein Lehrer nieder, der selbst wieder Jünger um sich versammelte, wie es gang und gäbe war und als eine Art ambulantes Hochschulwesen anzusehen ist. Der Gau der Samaritaner grenzte südlich an Galiläa; ich kenne diese zu Jordanien geschlagene Gegend nicht und bin jetzt

nur von Süden bis **Ramallah** vorgedrungen und früher von
Norden bis **Afula** und **Megiddo**.

Auch bei diesem südlichen Nachbarn Galils entbrannte
damals ein Feuer und züngelte und schwelte im Lande der
Verachtung, dem nur **Jesus** als einziger Jude seit eh und je
sich zugeneigt hatte. Es fuhr dort, durch all die Jahrhunderte beflissener Christunterweisung verundeutlicht und
verschätzt, eine Bewegung auf, die zur ständigen Weggelei-
terin des Christentums werden sollte. Ich meine jetzt nicht
das bereits erwähnte Johannes-Christentum. Ein klebendes
Ärgernis der Kirchen durch über neunzehn Säcula. Mutter-
mal, nicht loszuwerden. Schatten, nicht abzuschütteln, und
beschwerlich wie ein eingeborener Zwilling.

Dositheus wurde der Lehrer des Samaritaners **Kleobios** und des
Simon Magus aus Getthon in Samaria. Dieser wieder der Lehrer
des **Menander** aus Kapparetea in Samaria. Und auf dem fußten
als Jünger oder Schüler **Satornilos** von Antiochia in Syrien sowie
der große Gnostiker **Basilides** von Alexandria und sein Sohn
Isidorus. Basilides war ein Syrer von Geburt, der in der ersten
Hälfte des 2. Jahrhunderts wirkte und als erster den Tauftag
Christi als den Tag der Weltenwende erkannt und auf den
6. Januar fixiert hat. Woraus dann das christliche Epiphanienfest
geworden ist. Kaum zu glauben, daß des **Basilides** Werke erst ab
der Mitte des vorigen Jahrhunderts wiederentdeckt und bekanntgemacht worden sind.

Ohne Einheitlichkeit und kirchenartig organisierte Ausrichtung wucherten die Bauhütten dieser teils parachristlichen
oder halbwegs heidnischen Theologien und Philosophien
wildwüchsig wie Slums. Die vielgestaltige Bewegung
schwappte zwischen Askese und Libertinismus als ambivalenten Möglichkeiten der Weltverachtung. Von **Kleobios**
ging eine eigene samaritanische Sekte aus. Dem **Satornilos**
galt »*Heiraten und Zeugen*« als »*vom Satanas*«. Anders
Dositheus von Samaria. Er hat zuweilen auch die Rolle des
Lehrers und Gebenden mit der des Nehmenden vertauscht,
wobei dann sein Schüler **Simon**, später der Magier genannt, zur Hand war und als des Lehrers Lehrer einsprang.
Deshalb geschah es bei solchem Rollentausch denn auch, daß
er dem **Dositheus** eine Jüngerin ausspannte, die in den
Vorstellungen der Dositheaner einen bemerkenswerten

Platz einnahm. Allein schon an einer »Weiberaffäre« wie dieser wird der äußere Abstand zu Christi Wandel und Lehre augenfällig, obwohl auch bei ihm das Vorhandensein weiblicher Jüngerschaft festzustellen ist. Jüngerinnen ohne Funktion allerdings. Dennoch haben die Schüler und Nachfahren der Schulen von **Samaria** und viele andere Filialen und Ableger immer wieder beansprucht, auch als Christen zu gelten. Wie die Samaritaner ihre Zugehörigkeit zum Volk Israel trotz kultischer Abweichungen und Gesetzwidrigkeiten geltend zu machen suchten.

Es ginge freilich über die Maße von Stippvisiten und Reiseskizzen hinaus, wenn in das ergrübelte, verrätselte, verstiegene, widersprüchliche, bald sublime, bald brutale, tiefsinnig ertüftelte Wesen der Gnosis im allgemeinen oder auch nur der Lehre des **Simon Magus**, seines Lehrerschülers **Dositheus** und seines Schülerlehrers **Menander** eingeführt werden sollte. Altes und Neues Testament, glaube ich, sind noch vertraut und wohlbekannt. Da genügen Stichworte und Hinweise. Inhaltsangaben sollten überflüssig sein. Aber eine Bekanntschaft mit der sprießenden, ausschießenden Gedankenfülle und den Abstrusitäten der gnostischen Schulen kann nicht vorausgesetzt werden. Da hat sich auf der religions- und geistesgeschichtlichen Landkarte ein weißer Fleck ausgebildet, an den die Kirchen nur ungern rühren und den die Aufklärung nicht hat aufklären können und in der dummen Annahme, derlei werde nie wieder passieren, weil man ja nun aufgeklärt sei, auch nicht hat aufklären wollen.

Daher über diese sonderbaren Nachgeburten soviel: den Jüngern der Gnosis wurden gedankliche Konglomerate zur Weitergabe aufgetischt, in denen altorientalische, pythagoräisch-mystische, hellenistisch-philosophische, jüdische, besonders auch persische Motive und Ideen, aber auch Anleihen bei antiken Mysterien, Mathematisches, Astrologisches und anderes mehr bald kläublerisch und neunmalklug vermengt, bald willkürlich in Systeme gestutzt oder bedenkenlos verschmolzen worden waren. Ekstase und Zauberglaube, Spiritualismus und Haarspalterei der Begriffe. Je seltsamer, je phantastischer, desto willkommener. Ein Dorado auch für Scharlatane. Ich betone: auch. Der spätantike Religionssynkretismus hatte die Pfade, auf denen da gewandelt werden sollte, schon vorbereitend mit seinen exoti-

schen Blüten geschmückt und gewiesen. Auch frömmelnder
Hokuspokus säumte die Wege. Alte Augurenverschmitzt-
heit.

Daß sich die Lehrer der Gnosis bei ihrer Wahrheitssuche
auch mystischer Versenkung und innerer Schau bedienten,
war Teil der Methodik. Nur hätten sie wohl den Einwand,
ein Hellgesicht könne auch verzückter Selbstbetrug, seine
Eröffnung und Nachricht unzutreffend sein, weit von sich
gewiesen. Ihre denkerisch aufgezäumten Kombinationen
sonst waren nur intellektueller Vordergrund. Ihre Intel-
lektualität war vorgeschützt und ohne Substanz. In Wirklichkeit waren sie antirationalistisch. Der wahre Gnostiker
(›gnōsis‹, griechisch = Erkenntnis, Wissen) mißtraute der
Ratio von Herzen und mußte sie geradezu als bloße Orien-
tierungshilfe in dieser Welt für etwas Niedergeartetes halten. Für das kleine Einmaleins in geistigen Dingen.

Denn Gnosis wollte Erkenntnis des Übersinnlichen sein.
Dieses wurde in und hinter der sinnlich wahrnehmbaren
Welt als treibende Urkraft angenommen. Die sinnlich er-
faßbare, rational kontrollierbare dingliche Welt war
bestenfalls weder gut noch schlecht oder war insgesamt als
Schöpfung eines Archons oder des Demiurgos oder des bösen
Untergottes **Jahweh** mißraten und nichtig. Man beachte
den jahweh-feindlichen, »samaritanischen«, zugleich welt-
verneinenden Zug dieser Anschauungen. Frühstufe des mit
Zivilisationsfeindlichkeit gekoppelten Antisemitismus. Wir
kennen die Spätformen.

Die Schöpfung war nur unzulänglichstes Abbild einer
übersinnlichen, sehr wohlgeratenen, wohlgestalteten Ideen-
welt. Und da hinter dieser wie hinter allem und jedem
immer noch weiteres und anderes, hinter jedem Sinn ein
umfangender Hintersinn und höherer Zusammenhang stek-
ken mußte, da all dieser Köpfe Denkweise - mit **Frank
Thieß**' vortrefflicher Formulierung - auf ein dauernd und
zwanghaft geübtes *»Unterlegen und Überdeuten«* hinaus-
lief, gaben sich die Spekulationen - ein Beispiel für alles
übrige - nicht bei einem und nicht bei sieben Himmeln zufrieden, Himmeln als Aufenthalten hoher und höherer Wesen, Geister, Engel, Intelligenzen, Archonten und des *»un-
erschaffenen Großen Herrschers«*, des Vaters und des Sohnes, sondern stillten ihren psychotischen Denkzwang erst

bei 360 und 365 Himmeln. Eine Himmelskugel, die nächst-kleinere und geringere umkapselnd, die geringere immer nur ein dürftiges Spiegelbild, Nachbild, Aberbild der nächst-höheren und besseren. Da blieb denn freilich der innerste und miserabelste Himmel als trübe Hülle für die trostlose Menschenwelt übrig.

Basilides ist von der jährlichen Zahl der Tage ausgegangen, deren jedem ein Sonnenumlauf entsprach oder zu entsprechen schien. Sonnenkreisbahn, die dazugehörige radiusgleiche Kugelschale = ein Himmel. Die Rechnung mit den Kapseln will zwar nicht recht aufgehen, das Bild nicht stimmen. Aber in der unvermehrbaren Zahl leuchtete ihm doch unüberbietbare Gotteshoheit. Nach solcher Verankerung des Göttlichen im Astronomischen schwenkte der Gedankengang ohne Not in die Buchstaben- und Zahlen-mystik. In griechischer Schreibung nämlich, die mangels eigener Zahlzeichen die Buchstaben des Alphabets in ihrer phönizischen Reihenfolge auch zur Notierung von Zahlen benutzte, ließ sich die ominöse 365 in gewissen Buchstaben wiedergeben. In sieben Buchstaben, wenn man dabei die Siebenzahl der Planeten oder göttlicher Emanationen berücksichtigte, je nach System und Meinung:

1. Alpha	=	1	Oder: 1. My	=	40
2. Beta	=	2	2. Epsilon	=	5
3. Rho	=	100	3. Iota	=	10
4. Alpha	=	1	4. Theta	=	9
5. Xi	=	60	5. Rho	=	100
6. Alpha	=	1	6. Alpha	=	1
7. Sigma	=	200	7. Sigma	=	200
		365			365

Man wolle sich nicht überrumpeln lassen und ›aha‹ sagen. Wie viele Summanden mag es geben, die, sieben an der Zahl, addiert zur Endsumme 365 führen? Warum aber gerade diese Summanden? Nun, als Buchstaben gelesen ergeben sie im ersten Diagramm das magische Wort **Abraxas**; auf manchen Amulettsteinen der Zeit auch Abrasax geschrieben. Das Zauberwort, es stand für den unaussprechlichen Namen des Allerhöchsten oder auch des Gottes-sohnes. Nur ist nicht mehr auszumachen, ob der Ersatzname er-dacht worden ist, um 365 auch als geheimes, phonetisch-syllabi-sches Kürzel sprechen zu können, oder ob es die aneinander-gereihten Initialen hebräischer Umschreibungen des Gottesnamens sind, die algebraisch betrachtet - zufällig, würden wir normaler-weise sagen - die Zahl der jährlichen Sonnenumläufe ergeben. Der

Reiz des Gedankenspiels leuchtet auf der Stelle ein. Es ist aber mehr nicht als der Spaß beim Kartenlegen. Und liegt auf der Hand, wo Buchstaben auch Zahlenwert haben. - Das zweite Diagramm zeigt, wie der Gottesname **Mithras**, in abgewandelter Schreibung Meithras, ebenfalls 365 ergibt, was **Basilides** und den Seinen nichts anderes bedeuten konnte, als daß Mithras ein Gottvatername sei, wenn Abraxas den Sohn bezeichne. (Mithras, indopersischer Lichtgott. Sein Kult drang vom Osten in den spätantiken Raum ein, erfreute sich großen Zuspruchs, wurde ernstliche Konkurrenz des Christentums, das sowohl den Sonntag anstelle des Sabbats als auch den 25. Dezember als Christi Geburtstag aus dem Mithraskult übernommen hat.)

Weiter: da jeglicher Sprache die Worte fehlten, das allerhöchste Wesen eigentlich zu nennen, jedem Menschenverstand das Vermögen abging, dieses oder diesen Allerhöchsten auch nur gedanklich zu fassen, konnte auch der wahre »Menschensohn«, der sich in einem gewissen **Jesus von Nazareth** verkörpert hatte, nicht des unlöblichen Untergottes **Jahweh** Sohn gewesen, noch als Geistwesen den leiblichen Kreuzestod gestorben sein, sondern hat den **Simon von Cyrene**, der seinerzeit unter militärischer Nachhilfe das Kreuz hatte übernehmen müssen (Markus 15, 21), an seiner Stelle sterben lassen, indem er diesem sein Aussehen überzauberte. *»Jesus aber nahm die Gestalt des Simon an und lachte sie aus, indem er dabeistand.«*

Diese paradoxe Gauklervolte des Gottessohnes um den Kreuzestod war aber weltvernichtende Tat! Ihrer bedurfte es, *»die Werke derer zu zerstören, die die Welt gemacht haben. Wer also noch den Gekreuzigten bekennt, der ist ein Sklave und unter der Gewalt jener, die die Körperwelt geschaffen haben; die andern aber sind ihrer Macht ledig; sie wissen, wie es der ungezeugte Vater geordnet hat ...«* So wenigstens gibt Kirchenvater **Irenäus** diese Spitzfindigkeit des Basilides wieder.

Nur zu verständlich, daß die junge Kirche und ihre streitbaren Väter auf derlei gnostische Ausdeutungen wie auf Blasphemien reagierten. Unangenehm trat eine Schläue, eine Schnödheit zutage, die hier ein ›absurdum‹ der Heilsgeschichte als schwache Stelle und Angriffspunkt erspäht hatte oder zu haben meinte und besserwisserisch draufzufuhr, als handele es sich um Wissensstoff und nicht um

Glaubensdinge. So wies sich die christlich verknüpfte und verknüpfende Gnosis als irrläufig aus, die sich selbst so nennende Erkenntnis als inadäquates Werkzeug in Sachen des Glaubens. Die gnostische Bewegung wurde zur Sammlung religiös Verfehlter. Deren inbrünstiges Verlangen nach Auffüllung seelischer Leeren mit frischem Glaubensgut ließ sie an so einfachen Botschaften wie der Bergpredigt plump und anmaßend vorbeifühlen. Sie waren in Wahrheit die Gefühlsarmen: wo nichts Überschwengliches ausgelebt und keine Exaltationen angebracht werden konnten, waren ihre Vorstellungen von Religion nicht zu befriedigen, und von da her rührten ihre Psychosen. *»Wenn dein Auge einfältig ist, so wird dein ganzer Leib licht sein«*, dieses Wort der Bergpredigt konnte zu ihnen nicht dringen. Einfältig, das waren sie nicht und hätten's um keinen Preis sein wollen.

Gnosis war vielmehr Aberreligion, die jeder Einfalt, jeder echten spontanen naiven Religiosität ermangelte. Auch da noch, wo sie von vorgeblich christlichen Gnostikern vertreten wurde, die meinten, dem jungen Glaubensgebäude Christi Stützen und sichernde Verstrebungen einziehen zu sollen. Zumindest ist das ein Aspekt. Als Begleiterscheinung von Stammesreligionen scheint diese Art von häretischer Abweichung und manieristischem Überbau so noch nicht vorgekommen zu sein. Sie tritt, ich meine erstmalig, als Abseite der ersten Weltreligion auf. Wie diese so neu und noch nie dagewesen.

Den Kirchenvätern aber kam die Gnosis wie tradierte *»griechische Weisheit«* vor. Das zeigt, wie entweder die Väter, dem Geist ihrer Epoche verpflichtet, nichts mehr von der Antike verstanden, oder wie die heidnische Philosophie, wo sie noch gepflegt wurde, heruntergekommen war. Oder beides. Denn trotz platonischer Reminiszenzen kann die Gnosis, verglichen mit der Luzidität eines **Anaxagoras,** eines **Aristoteles** gar, doch nur als eine preziöse Aberphilosophie angesehen werden, wie sie auch Aberreligion war. So wird sie recht auch etwas für Pseudointellektuelle gewesen sein, nicht Religion, nicht Philosophie, nicht Fisch und nicht Fleisch. Ein Wechselbalg. Das Hahnenei, daraus der Basilisk. Ein Homunkulus.

Um aber nicht ungerecht zu sein und das seltsame Kind nicht mit dem Bade auszuschütten, andrerseits: das meiste

an erhaltenen Gnostikertexten haben parteiische Kirchenväter überliefert - Gnosis und junge Kirche waren Konkur-
renten -, und auch der späte neuplatonische Philosoph **Por-
phyrios**, eigentlich Malchos aus Tyros, diesem Namen nach
also ein letzter Phönizier, war sowohl antichristlicher wie
antignostischer Partei, wenn er diese oder jene Gläubigen
und Lehren schilderte, um sie zu bekämpfen. Und die sogenannten Apokryphen zum Neuen Testament, soweit gnostischer Herkunft, bieten nur Bruchstücke. So wird sehr
wahrscheinlich manches, vielleicht sogar ein beträchtlicher
Reichtum an gnostischer Gedankentiefe und Spiritualität
unterdrückt worden und verlorengegangen sein.

Daher darf hier als legitimer Ersatz und großartiges Exempel aus
den koptischen »Apophthegmata **Makarios'** des Jüngeren« zitiert
werden und zwar nach **Lacarrières** »Die Gott-Trunkenen«
(deutsch im Limes Verlag, 1967). Das Buch befaßt sich mit dem
christlichen Anachoretentum im Nahen Osten, besonders in
Ägypten. Anachoresis (griechisch = Rückzug, Entweichen) sucht
als Ergebnis äußerster Askese die Entbundenheit des Leibes von
Erdenschwere und Notdürften und bereitet sich für die Visionen
vor, mit denen Wüsteneinsamkeit bestürzen und beschenken kann.
Anachoresis ist dem Autor zufolge auch der Ansatz zu einer Anti-
gesellschaft in frühchristlicher Zeit, geboren aus der Sorge um
Einbußen an Gottesnähe in den Läuften des weltlichen, religions-
indifferenten Alltags. Daß man es dabei mit einer Fortsetzung
jener Bewegung der vorchristlichen Wüstenlehrer und Wüsten-
jünger zu tun hat, braucht nicht angezweifelt zu werden. Und
hier das Zitat:

*»Es wird berichtet, daß Apa Makarios, als er eines Tages auf
den Berg ging, einen Totenkopf auf der Erde liegen sah. Makarios bewegte ihn, und der Schädel antwortete ihm.*

Makarios sagte: Wer bist du, der zu mir spricht?

*Der Schädel sagte: Ich bin ein Grieche aus der Zeit der Heiden.
Mir ist erlaubt, mit dir zu sprechen.*

Makarios sagte: Und wer bin ich?

Der Schädel sagte: Du bist Apa Makarios, der Pneumatophore.

Makarios sagte: Bist du in der Seligkeit oder im Leiden?

Der Schädel sagte: Ich bin im Leiden.

Makarios sagte: Welcher Art sind deine Leiden?

*Der Schädel sagte: Da ist ein Feuerfluß, der über unsern Köp-
fen brodelt - so hoch wie der Himmel -, und ein andrer unter
uns. Wir sind dazwischen, aber ohne daß einer des anderen Gesicht sehen könnte, denn mit dem Rücken sind wir vereint. Für*

den Augenblick, in dem ein inbrünstiges Gebet für uns verrichtet
wird, ist uns ein wenig Ruhe gegönnt.
   Makarios sagte: Was ist das für eine Ruhe?
   Der Schädel sagte: Einen Augenblick lang sehen wir einer des
anderen Gesicht.«

Man wird gestehen, dieses Höllenbild kennt an abgründiger
Grausigkeit seinesgleichen nicht und teilt mit, was der Gnosis bester Teil gewesen sein könnte: visionäre Dichtung,
surrealistische Dichtung, vielleicht sogar wider Willen und
Absicht. Gnosis wäre demnach eine individuelle und kollektive Gemütsgestimmtheit und Regung *sui generis* zwischen den Kategorien Philosophie, Theologie und Dichtung. Ein nach Erlösung suchendes Sinnen, erlösungserpich-
tes Trachten ins Vergebliche und gar ins Nichts. Eine Tinte
aber, eindringlich genug, das ganze Zeitalter zu durchtränken. Denn ohne gnostische Teinture blieb nichts. Nicht einmal der glaubensgestählte jüdische Bereich nach Jerusalems
Fall; denn es entstand auch eine jüdische Gnosis. Auch das
Christentum nicht; es hat seine gnostischen Einfärbungen
und hat harte Kämpfe und Anfechtungen durchstehen müssen, um die ursprüngliche Schlichtheit, um die Zehn Gebote,
den noch nie gehörten Appell der Bergpredigt und die
römische Einheitlichkeit der Organisation fürs erste
zu retten. Die ausklingende Heidenphilosophie gar hatte
Gnosis selbst noch erzeugt oder gnosoide Elemente aufgesogen wie ein verdorrender Schwamm. Und auch eine
muselmanische Gnosis sollte es noch geben, in deren Bann
die Ritter vom Templerorden geraten sollten.
   Mit jener Kennzeichnung »griechische Weisheit« hatten
die Kirchenväter gewiß keinen Ehrentitel vergeben wollen,
bestätigten aber, daß etliche gnostische Systeme etwas gar
nicht Jahweh-Gemäßes, etwas Heidnisches bewahrten und
fortleben ließen, den Dualismus der Geschlechter, das Ewig-
weibliche. In keiner Religion war es dermaßen radikal
unterdrückt worden wie in der gestrengen jüdischen, die
ihrem Gottesbild alles Naturgotthafte, Animalische, alle
Menschenbildlichkeit gleich einer Schlackenkruste abgeschlagen und nur ein entrücktes Mannstum belassen hatte. Ver-
ringert auf Taubengröße war Jahwehs weiblicher Aspekt
und nicht mehr zu erkennen. Zwar würde Israels alter Ein-

gott und Manngott in **Allah** fortleben, doch sollte dem Moslem, soweit es das schöne Geschlecht betraf, weitherzig Spielraum zugestanden werden. Religion für Erdenmänner. Das war die jüdische nicht. Und im Paradies gar würden des Frommen die »*reinen Gattinnen*« zu ewiger Wonne harren. Das frühe Christentum war aber in dieser Hinsicht ein redlicher Erbe und Vollstrecker des Alten Bundes und der Verneinung heidenmäßiger Diesseitigkeit ernstlich froh. Sein Paradies wurde jenseits aller erdenschweren Geschlechtlichkeit gesehen.

Das Verhältnis der Gnostiker zum Sexus war nun abermals *sui generis* und gewiß ambivalent. Wie hätte die Gnosis auch ein naives Ja zu diesem von Natur mit Lust ausstaffierten Lebensbereich abgeben können? Sex! Du meine Güte! Und gar erst Eros! In dem großen Pessimismus, der die Welt gleich einem Tiefdruckgebiet überkam, hatte Eros sein Recht ohnehin längst verloren. Dennoch aber wurde von den Gnostikern unterschiedlicher Lehrmeinungen das weibliche Prinzip nicht einfach geleugnet und verdrängt. Man war diesbezüglich auch von heidnischer Seite überkommenen Auffassungen verpflichtet. Es mochte also bei leiblicher Liebe bleiben. Denn die »*Werke des Weiblichen*« waren harmlosen Falles etwas Wertfreies und daher nebensächlich und erst dann verpönt, wenn sie in den obsoleten Dienst der Fortpflanzung gestellt werden sollten. So waren denn bei der syrischen Phibioniten- oder Koddianersekte zum Beispiel freie Liebe und Abtreibung in Schwang, Elternschaft aber unzulässige Bekräftigung und Verlängerung der bösen Welt.

Oder das Prinzip Weib wurde als etwas angesehen, das durch mann-weibliche Vereinigung zu überwinden war (heute in der Uni-Sex-Idee oder Monosexmode sich andeutend), oder war auch bei anderen wieder Gegenstand revolutionär gestimmter Verehrung: die Frau als erste Ungehorsame gegen die Gebote Jahwehs, des schlimmen Erzeugers der schlimmen Welt. **Eva**, die den Weg gewiesen hat, die Welt durch Zuwiderhandlungen »zu verunsichern und zu frustrieren«. »*Die allumfassende Schlange ist der weise Logos der Eva*«, raunte in bezeichnend dunklen, nur dem Eingeweihten verständlichen Wendungen die Sekte der Ophiten. »*Das ist das Mysterium von Eden; das ist der Fluß, der aus Eden fließt*« - die alte Täuferidee, da war sie wieder! -, »*das ist das*

Zeichen, das dem Kain gesetzt wurde, auf daß niemand ihn töte,
der ihn fände. Die Schlange ist der Kain, dessen Opfer der Gott
dieser Welt nicht annahm; das blutige Opfer Abels nahm er an;
denn am Blute freut sich der Herr dieser Welt . . .« Um wieviel
unverständlicher wäre uns solche Sprache, wäre sie nicht - *mutatis*
mutandis, nämlich anstelle der Knäuel aus religiösen und mythologischen Begriffen solche aus dem sozialistischen und soziologi-
schen Gedankenvorrat - derzeit die Sprache unsrer aufbegehren-
den Jugend. Man überhöre es nicht.

Am weitesten sind wohl die Barbelo-Gnostiker vorgestoßen,
obschon auch sie sich für Christen hielten und an ihren Wohnorten
zunächst einmal Mitglieder der Kirchengemeinden waren; zur
Barbelo-Sekte und ihren vielen Unterarten gehörten auch erwähnte Phibioniten. **Epiphanios** aus Judäa, später Bischof auf
Zypern, machte sich (Panarion XXVI, 4, 5) nachstehende Notizen:
»Sie haben ihre Frauen gemeinsam . . . Weib und Mann nehmen
das, was aus dem Manne geflossen ist, in ihre eigenen Hände,
treten hin, richten sich nach dem Himmel zu auf mit dem Schmutz
an den Händen und beten . . . ›Wir bringen dir diese Gabe dar,
den Leib des Christus.‹ Und dann essen sie es . . . So machen sie
es auch mit dem Abgang des Weibes, wenn es in den Zustand des
Blutflusses gerät . . . Und sie sagen: ›Das ist das Blut Christi‹ . . .«
So die hier etwas gekürzte Übersetzung von **Hans Leisegang** in
seinem Buch »Die Gnosis«, bei Kröner, 1955. Einen über Leisegang hinaus erweiterten Wortlaut auf Griechisch und Deutsch
bietet **Gerhard Zacharias'** »Satanskult und Schwarze Messe« (Limes
Verlag, 1964). In diesem Ritual, das von Teufelsmessen mehr als
von irgendwie noch christlichen Kulthandlungen hat, überwiegt
das Anstößige und Abstoßende für bürgerliche Begriffe lastend
den Symbolgehalt, der anfänglich vorhanden war. Hier sind
offenbar Motive der Tempelprostitution und abgekommener
Orgiastenkulte in die ursprünglich Jüdisch-Asketischem ange-
glichene Christlichkeit geraten. Und wie heikel gar war in diesen
Dingen doch die mosaische Religion mit ihren Reinheitsvorschrif-
ten, wieviel heikler noch die Essener. Vermischung während der
Menstruation hatte nach jüdischem Gesetz die Todesstrafe zur
Folge. Man denke.

Die Frage nach dem Symbolgehalt will freilich beantwor-
tet sein. Keine Stammesreligion wird - trotz Opferungen
der Erstgeburt - Riten entwickeln, die den personellen Bestand des Stammes in Frage stellen oder gar vorsätzlich
mindern. Unter eschatologischen Zeichen aber, unter denen
ohnehin niemals ein Stamm allein, sondern immer doch die
Menschheit steht, wie deren Umfang auch gedacht sein mag,

ist der Gedanke der Weltvernichtung durch Unterbindung des Bevölkerungszuwachses nicht abwegig. Und Weltverneinung war nicht nur auf die Fahnen der gnostischen Dunkelseite des Neuen geschrieben, sondern beherrschte auch innerhalb der jungen Kirche die Masse der Gemüter mehr oder minder stark. Dem bevorstehenden Gottesreich der Glückseligkeit, dem Himmelreich, das nahe herangekommen war, entsprach die Haltung der Christen und entsprach das Sendungsbewußtsein dieser oder aller Gnostiker des 2. und 3. Jahrhunderts.

Sie glaubten sich berufen, die vom bösen Schöpfergott in böswilligem Mutterprotest - in der Barbelo-Gnosis war dieser Demiurg der Sohn der *»oberen Mutter«* - über alle Kreatur hingestreuten muttergöttlichen Kräfte wieder zu sammeln und das Allmutterbild wieder in die uranfängliche Geltung zu bringen. Heilung der Welt durch Wiederherstellung des Gleichgewichts der Geschlechter, dessen Gegenteil von Juden, Judenchristen und auch von Heidenchristen zugunsten des Prinzips Mann auf die Spitze, aufs äußerste getrieben worden war. Nach diesem Versuch einer Erklärung wird nachstehende Darstellung des **Epiphanios** in **Zacharias'** Übersetzung hinsichtlich gewisser ritueller Abscheulichkeiten zwar nicht gemildert oder bagatellisiert, aber doch wenigstens als auf einem magisch-symbolischen Nenner stehend deutlicher werden - hoffe ich:

»Wenn sie sich aber miteinander vermischen, so lehren sie doch, daß man keine Kinder zeugen dürfe. Denn nicht zur Kinderzeugung wird bei ihnen die Schändung betrieben, sondern um der Lust willen, da der Teufel mit ihnen sein Spiel treibt und das von Gott geschaffene Gebilde verhöhnt. Sie treiben aber die Wollust bis zur Vollendung, nehmen den Samen ihrer Unreinheit für sich und lassen ihn nicht zur Kindererzeugung tiefer eindringen, sondern essen die Frucht ihrer Schande selbst. Wenn aber einer von ihnen ertappt wird, daß er den natürlichen Samenguß tiefer einströmen ließ und das Weib schwanger wurde, so höre, was sie noch Schlimmeres unternehmen: sie reißen nämlich den Embryo heraus zu dem Zeitpunkt, wo sie ihn mit Händen fassen können, nehmen diese Fehlgeburt und zerstoßen sie in einer Art Mörser mit der Mörserkeule, hier hinein mengen sie Honig und Pfeffer und andere bestimmte Gewürze und wohlriechende Öle, damit es sie nicht ekelt, und dann versammeln sie sich alle, diese Genossenschaft von Schweinen und Hunden, und jeder kommuniziert mit

dem Finger von dem zerstampften Kinde. Und nachdem sie diesen Menschenfraß vollbracht haben, beten sie schließlich zu Gott: ›Wir ließen nicht Spiel mit uns treiben vom Archon der Lust, sondern sammelten die Verfehlung des Bruders ...‹« Und soviel davon.

Epiphanios hatte als junger Mann der Sekte angehört. Seine Schilderung ist in der Bewertung parteiisch, in der Sache aber ist ihm Glauben zu schenken. Das kann heute nicht mehr angezweifelt werden. Denn derlei beginnt unmißverständlich, sich als uralte Menschenmöglichkeit neu zu zeigen. Nur sind die Phänomene vorläufig noch gestreut: Sex, Pille, zunehmende Säuglingsmorde, Weibergemeinschaft der Kommunarden, Nudität in breiter Öffentlichkeit, Nacktfotos ganzer Gruppen, Gründung nunmehr auch christlicher »Großfamilien« und anderes mehr. Schösse all dies in eins zusammen, man könnte für die Erfaßten keinen geeigneteren Namen finden als Neo-Phibioniten.

Der avantgardistische US-amerikanische Dichter **Jack Kerouac** spricht die Sprache der Beatgeneration im Sinne der sogenannten San-Francisco-Renaissance. Er nannte seine und einiger Kollegen poetische Expektorationen »alt-neue Zen-Wahnsinnsdichtung«.

Beim Marsch aufs Pentagon, der vor einigen Jahren von Gegnern des Vietnam-Krieges in **Washington** durchgeführt wurde, haben Hippies allen Ernstes einen Kreis um den Gebäudekomplex gebildet mit dem Vorsatz, die bösen Dämonen auszutreiben. Dabei sollte der gesamte Bau mittels Telekinese hundert Meter in die Luft gehoben werden. Dies beschreibt **Norman Mailer** in seinem dokumentarischen Roman »Heere in der Nacht« als Augenzeuge. Die Telekinese mißlang. Norman Mailer wurde verhaftet.

Im »Tagesspiegel« vom 27. Juli 1969: »Los Angeles (dpa) - Der 49jährige ›Hippie‹-Professor **Timothy Leary** ist am Wochenende in Los Angeles festgenommen worden ...« Und so weiter. Es handelte sich um den Tod eines LSD-berauschten Mädchens im Swimmingpool des Professors. Seine Ranch - und das ist das Interessante - ist der Treffpunkt der »Bruderschaft der ewigen Liebe«. Leary selbst bezeichnet sich als den »Hohenpriester des LSD-Kultes«.

Leary, lese ich, will sich 1972 als erster psychedelischer Gouverneurskandidat für Kalifornien aufstellen lassen.

Die Frau eines deutschen Rädelsführers dieser Tage studierte als Tochter eines deutschstämmigen Pastors in den USA dort und hier Theologie. Sie soll öffentlich geäußert haben, daß sie ihre Liebhaber nicht zählen könne, weil sie so zahlreich seien.

Ein wie dichtes Geflecht der Beziehungen zwischen Hippie-Bewegung und unter anderem den Teufelsmessen ausgesponnen und ausgespannt ist, lehrt - und wird noch lehren - nicht nur der Tod der **Sharon Tate** und ihrer Freunde von Hand der »Sklavinnen« des **Charles Manson,** der sich von seiner »family« als Satan, als Gott, als Jesus und als Hymie (= Hitler) anbeten und die Füße küssen ließ, sondern auch die Thematik der Filme, die **Polanski,** der Mann der Ermordeten, gedreht hat. In dem Roman »Rosemarys Baby«, der dem gleichnamigen Film als Vorlage diente, stehen Teufelsmessen im Mittelpunkt. Das Baby, das da dem schwarzmagischen Hokuspokus entsprießt, hat Hörnchen und Krallen!

Mittlerweile ist es Mai 1970. Hier in Berlin zum Beispiel ist nicht wahrzunehmen, daß hiesige »Blumenkinder« ihren Mummenschanz aus Haaren und Gewändern abgelegt hätten, um nicht wie Manson und seine Mörderinnen-Gang auszusehen.

Spätestens mit **Franz Marcs** »Turm der blauen Pferde« hat eine neognostische Phase in der abendländischen Kunst begonnen. Die Absage an die Signifikanz des Gegenständlichen, die Bedeutungssuche und Sinnfindung im Ungegenständlichen, die Verachtung der dinglichen Welt, wie sie unsre fünf Sinne, unser Wissen und unsre Technik zu fassen vermögen, das »Unbehagen in der Kultur« kennzeichnen den allgemeinen Eintritt in eine neue Gnosis.
- Gern will ich unrecht haben!

40   Simon der Magier

Nach dieser Zeitrafferskizze, die ihren Voraussetzungen nach nur einige illustrative und grellste Farbtupfer setzen, ein ausgearbeitetes Gemälde aber nicht geben kann, nunmehr zu **Simon Magus.** Sie werden sehen, zu welchem Ende. Dositheus hatte sich als der längst verheißene Prophet

empfunden und empfohlen. Simon Magus, Meisterjünger
unter den dreißig Schülern des **Dositheus**, hat sich seinerseits für den Erlöser gehalten und ausgegeben, den ›*Hestos*‹,
den Stehenden, der war, ist und sein wird. In seiner »Großen Verkündigung« - es war dies eins seiner schriftlichen
Werke, vielleicht das Hauptwerk - stand der Satz: »*Ich
bin Gottes Rede, ich bin durch Schönheit gezeichnet* (specio-
sus), *ich bin Fürsprech und Tröster im Himmel* (paracletus),
ich bin allmächtig, ich bin ganz und gar Gottes (omnia Dei).«
Oder bin Gottes ein und alles? Später hat ihm sein Schüler
Menander in diesem Anspruch den Rang abgelaufen, wie
Simon Magus ihn seinem Meister Dositheus abgelaufen
hatte. Und obendrein die Frau ausgespannt? Wir sagten es
vorhin. Eine Weiberaffäre? So simpel doch nicht. Nach dem
Zitat des Epiphanios im vorigen Kapitel wird das, hoffe
ich, verständlicher sein.

Es verfehlte den Kern der Sache, wenn anschwärzend
berichtet wird, diese Jüngerin des Dositheus, **Helena** oder
Selene oder Luna (= Mond) mit Namen, sei weiter nichts
als eine »*Buhlerin aus Tyros*« gewesen, die Simon in einem
dortigen Bordell entdeckt habe. Als Medium vielleicht.
Warum nicht?

Im Gefolge **Jesu** haben sich (nach Graetz) ebenfalls mehrere
»Buhlerinnen« befunden, leichte Mädchen oder wohlhabende
Kurtisanen, die sein Zuspruch in »Büßerinnen« verwandelt hatte.
Ein Name blieb erhalten, wir nannten ihn schon: **Maria aus Magdala**, der sieben Teufel oder Laster hatten ausgetrieben werden
müssen. Die Hinzuziehung von Frauen war etwas höchst Re-
volutionäres nach drei Seiten. Gegen die weiberfeindlichen Essener. Gegen den jüdischen Brauch, denn ein Lehrer in Glaubens-
dingen wandte sich nicht an Frauen. Gegen die höheren Gesell-
schaftsschichten und deren Bestehen auf Reputierlichkeit. An
Maria Magdalena wandten sich die Ophiten und Naassener, die
Sekten mit der Schlangensymbolik, mit Seligpreisungen der Sün-
derin: »*Vortrefflich Maria, du Selige, welche das ganze Lichtreich
erlösen wird, vortrefflich Maria, du Erlöserin des Lichts!*«

Nach **Simons** Lehre, einer doch recht subtilen und geistvollen mit vielen platonischen oder sonstigen hellenistischen
Einschlägen, war ein Seliges und Unvergängliches in allem
als höhere Möglichkeit verborgen, und in **Helena** lebte und

webte nach Simons und seiner Sekte Vorstellungen die
›Ennoia‹ (griechisch = Gedanke), die, infolge Eifersucht
niederer Engel in die weiblichen Körper verbannt, dem
Leiblichen verhaftet, im Liebesakt gelöst sein wollte und
werden konnte. Die erlösenswerte Inkarnation währte schon
seit der troianischen Helena Zeiten - *nomen erat omen* -,
und Simon sah in sich den berufenen Erlöser des ›Gedankens‹.

Die lebende **Helena** aus Tyros, dieser Herkunft nach eine
letzte Phönizierin, bedeutete ihnen sogar in dem Maße
Pneuma (= Seele) oder Gottesmutter, wie **Simon** Gottvater
repräsentierte oder bildlich vertrat, und wurde als das erwählte Gefäß der weiblichen Weltseele gesehen, wie er, der
Magier, als Träger männlichen Weltgeistes anzusehen war.
Weltseele aber und Weltgeist, dargestellt nun oder vorge-
lebt durch Helena und Simon, zeugen den Kosmos als Got-
teskind in heiliger Hochzeit, und die Jüngerschar vollzog
die gegebenen hehren Bilder nach. Das Verlangen nach
Zeugung war für Simon ein Entbrennen, und wie diesem in
Menschengrenzen das Menschenkind zu verdanken ist, so
dem göttlichen Entbrennen des heiligen Paares die Welt als
der Gottessohn.

Einwände wollen sich erheben. Doch, scheint mir, liegt es
wie Abendrotschein auf diesen absurden Entwürfen **Simons**
des Magiers und Gottsuchers, mögen seine Anhänger später
daraus gemacht und verderbt haben, was sie wollten. Und
es erwacht auch etwas wie ein ewiges Licht unsterblicher
vorantiker und antiker Göttlichkeit in alledem, das ganz
und gar auszulöschen auch die lauterste Christlichkeit und
die eifrigste Kirche nicht imstande waren.

Simon Magus war ein richtiger, ärgerlicher Konkurrent
der Apostel Christi und kreuzte ihre Wege. War für seine
samaritanische Sache selbst ein Apostel. Ein Reisender. Ein
weltläufiger Mann. Nur ist sein Bild unwiederherstellbar
verwischt. Es wird stimmen, daß Simon sich vom Apostel
Philippus hat christlich taufen lassen. Das hatte der Alt-
meister **Johannes der Täufer** ja so gewollt. Doch erscheint
es weniger gewiß, daß der Magier, der selber im Produzieren parapsychologischer und mediumistischer Phänomene
groß war und dazu auch noch Medizin studiert hatte, von
Petrus und Johannes (Apostelgeschichte 8, 18 ff.) habe die

Kraft zur Übertragung des Heiligen Geistes durch Hand-
auflegen für Geld einhandeln wollen. Für lumpige Silberlinge. (Daher übrigens zu dieses Mannes dauerndem Gedächtnis die Simonie, der käufliche Erwerb eines geistlichen
Amtes.) Dazu müßte er von derlei Dingen zuviel verstanden haben. Und daß man, selbst ein Erleuchteter, eine
andere Erleuchtung nicht kaufen kann und nicht zu kaufen
braucht, das dürfte einem Mann seines Ranges klargewesen
sein.

Hat er in Rom mit **Paulus** und **Petrus** vor **Neros** Thron
gestanden? Das mag sein. Daß die christlichen Sendboten
dabei über Simon als den Hofmagier des Kaisers triumphiert haben und er sich bei einem mißglückten Levitations-
und Flugversuch zu Tode stürzte, ist wohl tendenziöse Legende.

Hatte nicht **Pythagoras** - es verlor sich im Sagengrau - einst den
Abaris zum Lehrer gehabt, der den Beinamen Luftgänger = Aero-
bates bekam? Und hatte nicht - und das war Gegenwartsge-
schichte - **Damis,** Jünger Nummer 1 des **Apollonius von Tyana,**
in Indien Theurgen oder Jogis gesehen, die in der Luft wandelten?
Und schwebte **Jamblichus** beim ekstatischen Gebet nicht in
goldener Aureole zehn Fuß hoch über dem Boden? **Eunapius** hat
es so berichtet, und Jamblichus selbst *(De Mysteriis Aegyptiorum
III, 4)* schrieb von Inspirierten, denen das Ungangbare gangbar
werde, die durch Feuer schritten und im Wasser nicht untersan-
ken. Diese Dinge wären wahrlich exakter Untersuchung wert.
Wer ihre Richtigkeit in Frage stellt, hätte auch die Wunder und
Zeichen Christi in Frage zu stellen. Die Wundertaten der Ekstati-
ker und Inspirierten waren aber kein galiläisches Privileg. Von
dieser Voraussetzung wäre auszugehen, wenn man dem Aufruhr
der Geister um die Weltenwende in jenen Genieländern nach-
spüren will.

Wäre **Simon** der Magier vor **Neros** Augen kläglich gescheitert und hätte er dabei auch noch den Hals gebrochen,
nach solcher öffentlichen Blamage wären seine Anhänger
auseinandergelaufen. Zu verheimlichen wäre sie nicht gewesen. Doch hat die Sekte der Dositheaner, die mit der
simonischen identisch oder deren größerer Rahmen gewesen
ist, noch im 7. Jahrhundert bestanden. Das sagt genug.
Schroffer Gegensätze unbeschadet haben auch zwischen Si-
mon-Gnosis und frühen Christen, zwischen Galiläern und

Samaritanern, wie sich sagen ließe, immer noch Kontakte bestanden, und es scheint lange gedauert zu haben, bis alle Brücken abgebrochen waren. Die Legende weiß von zwei Jüngern Simons, **Aquila** und **Niketas**, die ins Jüngergefolge des **Petrus** übertraten.

Kurzum, neben **Apollonius von Tyana**, dem hellenistischen Zeichensetzer und Kandidaten um die Weltwenderschaft, von dem schon die Rede war, hat auch Samaria in Simon Magus seinen Doppelgänger Christi und Anwärter auf die Erlöserschaft hervorgebracht. Und wenn, wie oben geschehen, der zwiefache Auftritt Jesu und des Apollonius schon als Wunder und Zeichen gewertet werden mußte, gewährt die Tatsache, daß auch ein Simon Magus auf den Plan trat, erst recht einen staunenswerten Einblick in die alchymische Küche der Historie, die doch so oft schon für Menschenmachwerk reklamiert wurde und es in den großen Wenden so offensichtlich nicht ist.

Jesus und **Apollonius** stehen sonst aber in keiner Beziehung zueinander, und von Apollonius blieben nur literarische Spuren. Dagegen beginnt heute die Ansicht vorzuherrschen, in **Simon Magus** und seinem Kreis seien Keimzelle und Ausgang jeglicher Gnosis überhaupt zu erblicken, der nichtchristlichen wie der parachristlichen. Da nun aber aus diesem Wissensbegehren, diesem Erleuchtungsdurst, dieser Gottsuche und Gottestrunkenheit, wie unschwer nachzuweisen, auch sämtliche mittelalterlichen und neuzeitlichen Häresien und Sekten forterbend bis auf diesen Tag hervorgegangen sind, rangiert Simon Magus, wenn man den bläßlichen Dositheus beiseite läßt, nicht bloß als ein weiterer Kandidat neben Apollonius, sondern es kommt ihm auf der sektiererisch umgestülpten, verschrobenen Abseite der neuen Weltreligion geradezu die Stelle eines anderen **Paulus** oder **Petrus**, eines Ketzerapostels und gar auch die eines Aberchristus zu. Simon Magus war kein falscher Erlöser - noch etwa der Antichrist, Antimessias und Belial -, sondern ein Berufener, den die Geschichte aber nicht erwählte, und erst falsch, weil verworfen. An Wirksamkeit nach Breite und Dauer mußte er, als Stifter all dieser zählebigen helldunklen Trabantenschaft, deren sich die Kirche nie hat entledigen können, dem Wundertäter von Tyana bis zur Unvergleichbarkeit überlegen sein.

Die Entscheidung war am Jordan gefallen. **Basilides** hat überraschend früh gesehen, was für uns Späte einzusehen ein leichtes
ist. Verblüffend aber dennoch, gewahr zu werden, wie die Geschichte - man verzeihe die undefinierte Personifikation in diesem
Zusammenhang - bis zum letzten Augenblick gezögert hat, welchen Weg sie einschlagen solle. Die große Szene am Fluß. **Johannes** in seinem Rock aus Kamelhaar mit dem Ledergürtel. In der
Tracht einer antirömischen-antihellenischen, antigesellschaftlichen
Opposition. Nicht in der der Essener, die in weißleinenem Lang-
hemd, einem Tuch zum Abtrocknen - denn sie waren ja »badende
Täufer« (= Assai) - und in der zu hygienischen Zwecken unent-
behrlichen Schaufel bestand. **Jesus**, schlicht, ohne Affektbeziehung
zur Welt und ihrem politischem Getriebe zumal, im Geschmack
der Zeit gekleidet, also griechisch-römisch wie jedermann. Die
ikonographische Überlieferung, die kein orientalisches Beiwerk
mitteilt, ist sicher richtig, meine ich. Das seltsam zögernde Gespräch am Fluß zwischen Täufer und Täufling. **Matthäus** 3, 13/15
steht es zu lesen: »*Zu der Zeit kam Jesus aus Galiläa an den Jordan zu Johannes, daß er sich von ihm taufen ließe. Aber Johannes wehrete ihm und sprach: Ich bedarf wohl, daß ich von dir getauft werde, und du kommst zu mir? Jesus aber antwortete, und
sprach zu ihm: Laß jetzt also sein; also gebühret es uns, alle Gerechtigkeit zu erfüllen. Da ließ er es ihm zu ...*«

41 Petrus und Cornelius

In **Jaffa**-Joppe, dieser Stadt der Wunder, erweckte **Petrus**,
den man aus **Lod** oder Lydda - dem heutigen Flughafen Tel
Avivs - herbeigeholt hatte, eine Jüngerin Jesu vom Tode,
Tabitha, zu Griechisch Dorkas, zu Deutsch Gazelle, eine
beliebte Gewandschneiderin, die im Dienst an Jesu Sache
viel Almosen gegeben hatte (Apostelgeschichte 9, 36-43).

Das Haus des Gerbers **Simon**, bei dem Petrus nach dieser
Erweckung für längere Zeit Quartier nahm, wird zwischen
dem Franziskanerkloster St. Peter oben, der kleinen Moschee nahebei und dem Leuchtturm am Hafeneingang gelegen haben. Dort im Obergeschoß des Gerberhauses hatte
Petrus eines Tages ein Gesicht, das er sich nicht zu deuten

wußte. Er hatte vor dem Mittagessen, dessen Vorbereitungen sich duftend ankündigten, gebetet. Da sah er aus dem geöffneten Himmel etwas wie ein Gefäß, ein Behältnis (skeuos) niederschweben oder ein großes Plantuch, an den vier Zipfeln aufgehängt und gleich Noahs Arche, die einst zu Joppe gebaut worden war, voller Getier der Erde und des Himmels und dazu noch Gewürm aller Art. Und eine Stimme wurde vernehmlich, die den hungrigen Beter aufforderte, zu schlachten und zu essen. **Petrus** aber wußte sich zu beherrschen und sagte, er gedenke dieser Einladung nicht zu folgen, da er als Mann des Gesetzes sehr wohl wisse, daß Unreines zu essen verboten sei. Das unverständliche Gesicht wiederholte sich aber noch zweimal, wobei die Stimme sprach: *»Was Gott gereinigt hat, das machst du nicht gemein!«*

Just in diesem Augenblick wurden im Haus unten Männerstimmen laut, und es zeigte sich, daß drei Boten aus **Caesarea** eingetroffen waren mit dem Auftrag, den Apostel zu dem zu entbieten, der sie geschickt hatte. Das war ein Manipelführer namens **Cornelius**, Offizier bei der sogenannten »welschen« Kohorte (Italikē), die - des Namens unbeschadet - wohl aus Kelten, Germanen oder auch aus Thrakern bestanden haben wird. Sie sagten, daß ihr Hauptmann zwar ein Heide sei, selbstverständlich, er war ja Römer, daß er aber bei Caesareas bunt zusammengewürfelter Bevölkerung als mildtätig und gottesfürchtig in gutem Ansehen stehe. Auch bei den gestrengen Juden, was ja wohl etwas heißen wolle. Ja, und diesem Chef nun sei es eigenartig ergangen, sie wüßten sich da nicht so auszudrücken, er habe etwas wie - wie eine Vision gehabt, eine Erscheinung, das müsse es gewesen sein; er habe daraufhin sehr verändert und wie verwandelt ausgesehen und ließe nun bitten, der heilige Jünger und Sendbote des Nazareners, wenn er das sei, möge es über sich gewinnen, den Herrn Hauptmann in seinem Dienst- und Wohnsitz **Caesarea**, vom Stratonsturm gleich das elfte Haus rechts, aufzusuchen. Der Herr Hauptmann müsse ihn unbedingt sprechen und möglichst auch predigen hören.

Petri innere Stimme nun, die immer noch nicht schwieg, hieß ihn dieser Einladung folgen, und er brach mit des Cornelius Leuten und mit einer Jüngerschar folgenden Tags

zur Residenz der Römischen Verwaltung nach Caesarea auf.
Dort angelangt und zu des Hauptmanns Haus geleitet,
stieß er schon im Flur auf den Hausherrn, der ihm - einzige
weniger wahrscheinliche Stelle der Überlieferung - zu Füßen fiel, um ihn anzubeten. Doch konnte der Apostel dem
peinlichen Auftritt mit dem Hinweis entgehen, daß er,
Petrus, nur ein Mensch und es vor Gott unstatthaft sei,
Menschen so zu verehren, wie es Gott allein zukomme.
Allerdings hatte **Cornelius** in Erwartung des erbetenen Be-
suchs bereits vier Tage gefastet. Das mochte ihn ekstatisch
angehoben und außer sich gebracht haben. Wie sollte er da
als unkundiger Heide schon wissen, was des Brauchs in dem
neuen Kultus sein werde, wenn man überhaupt schon von
einem solchen sprechen konnte.

Im Hause war eine größere Gesellschaft von Freunden
versammelt, Subalternoffiziere, mittlere Verwaltungsbe-
amte und ihre Damen, griechische Händler und Schiffs-
makler vom Hafen **Sebastos**, Heiden, die nicht weniger als
Cornelius begierig und gespannt zu sein schienen, den Wundermann, den bedeutendsten derzeit in diesem Lande der
Wundermänner, zu erleben. Mögen gern auch einige mit
von der Partie gewesen sein, die nur neugierig oder gar
sensationslüstern waren, das ist anzunehmen. Tempelstill
wurde es, als der Fischer aus Kapernaum das Wort ergriff.
Nur die Meeresbrandung war zu hören, und auf dem Dach
des Peristyls gurrte ein Tauber.

Für einen gesetzestreuen Mann der Beschneidung sei es
ein *»ungewohntes Ding«*, hub **Petrus** an, sich in das Haus
eines zu begeben, der nicht im Bunde dieses Gesetzes stehe
und ein Fremdling sei in diesem Lande, aber Gott, sagte er
und bewahrte sein Gesicht mit den vielen Tieren taktvoll
für sich, habe ihm deutlich gemacht, daß man keinen Menschen *»gemein oder unrein zu heißen«* habe. Denn Gott
sehe, rief der Fischer, indem er die Stimme hob, die Person
nicht an! Das sei die lautere Wahrheit, deren er gewiß sei
wie nur einer, und willkommen sei vor Gott, wer in Gottesfurcht und Rechtschaffenheit seines Weges wandele. So
nämlich hatte der Apostel während der zweitägigen Reise
nach Caesarea sich die Vision mit dem Getier gedeutet, das
Gott gereinigt habe, und das für unrein zu erklären und zu
halten kein Mensch befugt sei.

Dies war im Weltendrama der Religionsgeburt keine geringe Szene, der erste Schritt über das Ziel der Judenbekehrung in die Heidenwelt, der Schritt aus der Nation in die Menschheit hinaus, deren Andersartigkeit fortan nicht mehr mit Verachtung und dem Dünkel frommer Besserwisserei betrachtet werden durfte. Das Abschneiden der Nabelschnur: möge Israel Heger und Hüter seiner Nationalreligion sein und bleiben - Christi Lehre, die Frohe Botschaft geht hinaus in alle Welt, und diese öffnet da und dort schon ihre Salontüren. Von selbst? Nein, in der Sprache jener Ereignisse auf Gottes Geheiß. Denn dem **Cornelius** war ein Engel erschienen, ein Mann in hellem Kleide, und hatte ihn geheißen, einen gewissen Simon Petrus, der zu Joppe sich verhalte, holen zu lassen.

Diesen Schritt in die Weite sofort zu verstehen, wäre über Menschenvermögen hinausgegangen. Darum liest man (9, 45 ff.): »*Und die Gläubigen aus der Beschneidung, die mit Petro gekommen waren, entsetzten sich*«, als nämlich alle Landfremden, wie sie da versammelt waren, in Verzückung gerieten, »*daß auch auf die Heiden die Gabe des Heiligen Geistes ausgegossen ward.*« Sie hatten in ihrer bisherigen Beschränktheit die gottselige Ekstase für ein Vorrecht der Judäer, der Galiläer und allenfalls auch noch der Samaritaner gehalten. Und der Essener selbstverständlich auch. Petrus aber, mit klarem Empfinden für die Gunst der Gelegenheit, ließ die versammelten Heiden taufen, daß also sie von Stund an Christen waren, und blieb auf deren Wunsch noch einige Tage im Hause des Hauptmanns, die Novizen im Glauben zu festigen.

Als man aber in Judäa und **Jerusalem**, wo es bislang nur Judenchristen gab, davon hörte, war man mit Petri revolutionierender Maßnahme durchaus nicht einverstanden, stellte ihn bei nächster Gelegenheit zur Rede und gab sich erst zufrieden, nachdem er alles, was sich da an Wunderbarem zwischen Caesarea und Joppe zugetragen hatte, Stück für Stück erzählt und ausgedeutet hatte.

Der Barpianist vom Ledra Palace sieht beinahe wie der Schah von Persien aus. Aber genau. Genauso elegant, will ich sagen. Wie er da auf seiner Klippe steht, der erdbebenzerklüfteten, deren Tuffstein Korallenriff spielen könnte, so sehr ist er von Wind und Wetter ausgenagt und zerlöchert. Die Angel wird geworfen. Die Schnur, fast unsichtbar, vom fliegenden Bleilot hinausgezogen, spult ab. Flitzt durch die Ringe. Im Wasser an unerwartet entfernter Stelle macht's einen Plumps. Und die Fische mögen sehen, wie sie sich des Anbeißens enthalten. Ein Happen Shrimps aus der Hotelküche ist der Köder. Türkisblau zum Bade ladend, schwappt in der Bucht das nasse Element. Wir haben die Andreasnacht hinter uns und den letzten Novembertag. Adventszeit am 35. Breitengrad.

Als wir gestern abend hierher zum **Kap Andreas** und seiner Wallfahrtskirche hinausfuhren, hatte sich die Mondsichel trüb aus den Zedern und Palmwipfeln über **Riso Karpaso** heraufgearbeitet. War alsbald aber in düster hangende Wolkenfransen geraten. Und der Pianist hatte orakelt, ein Zeichen für gutes Wetter sei das nicht. Und ehe sein Wagen noch das offene Torgatter des Kirchenbezirks auf dem Kap draußen passierte, hatte Wetterleuchten die stumme See im Südosten ungut illuminiert.

In des Apostels heiliger Nacht sodann hatten sich Gewitter verhalten rumorend gemeldet, drei an der Zahl, deren dicke, aber spärlich niederklatschende Regentropfen die Dinge im Unentschiedenen beließen und den Marktzelten der Händler und Rummelplatzleutchen nichts angehabt hatten. Und erst gegen Mitternacht, ehe noch der Wechselgesang der letzten Responsorien in der Kirche beendet war, hatte sich ein viertes Wetter aufbereitet und dem Fremdling auf diesem geweihten Boden ein für allemal klargemacht, wessen ein zypriotisches Wintergewitter fähig ist. Es war ohne Wind niedergegangen. Mit feierlichem Donnergrollen, knurrendem, knatterndem, kollerndem Respondieren von allen Seiten und züngelndem Geblitze. Und die Regengüsse waren senkrecht wie aus Bütten und Fässern niedergerauscht, hatten der Luft die fromme Würze des Weihrauchs ausgetrieben, der aus des Apostels Haus ins Freie entschwebt war. Hatten die Kerzen der Wallfahrer,

die das Kirchlein nicht mehr hatte fassen können, ausge-
schlagen. Die Propangaslampen der Büdner zerspringen
und verzischen lassen. Die Zeltplanen vollgeschüttet bis
zum Platzen. Bis zum Niederbrechen der Zeltgestänge auf
das Holzkohlefeuerchen des improvisierten Kafenions. Auf
die Öfchen für die Zubereitung der Lukumis und all der
anderen Süßigkeiten, die unweigerlich zum heiteren Teil
einer Feiernacht gehören. Und ob Hammel hätten gebraten
werden sollen, wer weiß es? Unter diesem Himmel jedenfalls wäre es unmöglich gewesen.

Und ob Musikanten in der Menge waren, zum Tanz auf-
zuspielen, wenn den liturgischen Ansprüchen des Heiligen
Genüge getan sein würde, wer weiß? Musizieren hätten sie
keinesfalls können. In den Übernachtungshäusern hatten
die pudelnassen Pilger, zusammengepfercht und bei offenen
Türen, dem Kampf der Budenbesitzer gegen den Wolken-
segen sportfreundlich zugesehen. Und nur einzelne hatten
es dann und wann über sich gewonnen und sich in großen
Sprüngen über Gießbäche und spritzende Teiche zu einer
der Buden gewagt, um rasch einen Sesamkringel einzuhan-
deln, ein Tütchen mit Mandeln, Kichererbsen oder sonsti-
gem Knusperzeug. Und so war denn das Fest, was seine
weltzugewandte Seite betraf, recht eigentlich ins Wasser
gefallen.

Wir hatten bis Mitternacht dem Sang der Menge zuge-
hört, der Pianist als Zypriot und orthodoxer Christ auch
stellenweise mitgesungen, hatten die volle Baritonstimme
des Diakons über den lauschenden Vorplatz klingen hören,
waren dann in den Wagen gestiegen, um das Unwetter ab-
zuwarten. Hatten, die Zeit hinzubringen, mehr Zigaretten verschmaucht als gut war, und uns schließlich unter dem
gleichmäßigen Plaudern und Pladdern auf dem Wagendach
und unter all dem Gluckern und Blubbern, dem Triefen,
Plätschern, Rieseln, Rinnen einer Art Schlaf im Sitzen überlassen. Nicht anders als die meisten Teilnehmer an dieser
heiligen Nacht in den vollgestopften Kabinen samt Hund
und Schaf und Ziege. Unbequemer als die Popen in ihren
Betten und besser als die Kranken oben auf den Holzgale-
rien am Hauptgebäude oder im Vorraum des Heiligtums,
die sich um ihrer Genesung willen auf Bahren und Matrat-
zen hatten herbringen lassen. Bis lange nach dem Hellwer-

den hatte es gedauert, ehe der Regen von Kap Andreas abließ.

Unbestreitbar elegant, der Barpianist. Wie er da jetzt auf seinem Felsen turnt und angelt. Die Luft geht seidig und lind. Wir unterhalten uns von Ufer zu Klippe und gähnen auch mitunter. Der türkische Kaffee unter einem triefnassen Gezelt, das gleichwohl heil geblieben war, hat ermunternd gewirkt. Schon sein Vater sei Kapellmeister gewesen, ruft der Pianist. In einem Zirkus. »Einzug der Gladiatoren«, ruft er. Jeden Abend. Sonnabends und sonntags zweimal. Er habe die Klarinette gespielt. Damals ... Tschingda tada ta ... tschingda tada ...

Ist der Marsch nicht von **Sousa**, frage ich, von Sousa, dem Komponisten?

Nein, nein, von **Fučík** sei er, antwortet der Herr mit der Angel ...

Die Stadt **Susa** wurde von **Assurbanipal** zerstört und von **Alexander** erobert. Luftlinie von unserm Kap noch 1200 Kilometer weiter nach Ost. Hinterm **Euphrat** ... Nicht weit eigentlich. Heute nur eine Sache der Flugverbindungen - für den, der nicht gerade ein israelisches Visum im Paß hat ... Wenn man **Alexander** sagt, meint man Alexander den Großen ... War Zirkuskapellmeister, der Papa des eleganten Fischers, in scharlachroter Uniform mit goldenen Galonen und Fangschnüren. Zwischen Alexandria und Alexandrette. Bald in Istanbul, bald in Palmyra. »Klingkling, bumbum, tsching dada, zieht im Triumph der Perserschah!« ... Bald blas ich am Nil ... Erst vorgestern eröffnete mir der Maître d'hôtel in **Nikosia**, auch der Sohn habe seinerzeit große Orchester geleitet: Nicolas Sassos, berühmt in ganz Nahost. Big Band bei Shepheard in **Kairo**, *and so on.* Echt zypriotischer Grieche und überall zu Haus.

Keine Fische! - *No fishes!* ruft Sassos von seiner Klippe und holt seine Angelschnur ein, um sie abermals auszuwerfen. *Sousa became the March King, but he started as a navy bandmaster* ... König der Märsche. Wie Johann Strauß der Walzerkönig gewesen ist.

Das mit dem Perserschah ist von **Liliencron** ... Warum haben Sie Ihr Orchester aufgegeben?

Zuviel Schererei, meint er, und außerdem gefiele ihm die neuere Musik nicht mehr. Bla, bla, bla! Zu barbarisch, meint er. Beat! Oder er sei zu alt. Auch möglich. Und summt Sousas »Stars and Stripes Forever«. Und fragt, ob ich das Flugzeug oben sehen könne?

Das Flugzeug zieht, zu sehen ... nicht zu sehen, auf seiner

eingepeilten Bahn über der gelichteten Gewitterwolkennachhut.
Über den Bäuschen der Wolkenschäfchen. Winzig hoch im Azur.
Zu sehen ... nicht zu sehen. Eine silberblaue starre Motte. Rich-
tung Ankara, meint er. Tel Aviv - Ankara ...

Vor nunmehr sechzig Jahren stob dort, wo heute **Tel Aviv**
sich breitet, der Treibsand von kahlen Hügelkanten. Im
Dornengestrüpp klagten nachts die Schakale. Habe noch
einen letzten Schakal am Nordausgang nach **Herzliya** überfahren auf dem dünensandüberwehten Asphalt liegen sehen.
Als 1908 sodann eine Handvoll Juden aus **Jaffa** daranging,
auf jenen Wanderdünen eine Siedlung europäischen Stils zu
erbauen, die sie in ihrem unwiderstehlichen Optimismus Tel
Aviv (= Frühlingsbühl) nannten, da gebot noch der Großsultan zu Konstantinopel über ein weites türkisches Reich
und also auch über Palästina: **Falesthin**, Ajalik im Paschalik Damask. Aber der Ausgang des Ersten Weltkrieges be-
schnitt die Türkenherrschaft fortan auf einen Restbestand in
Europa und auf die anatolische Landmasse. Und die viel-
besprochene Balfour-Deklaration gelobte den Juden in aller
Welt das ihnen von alters Gelobte Land nach über 3000 Jahren aufs neue. Mit dem Großtürken hingegen, der lange
schon als der »kranke Mann am Bosporus« gegolten hatte,
und mit all seinem morschen, zerschlissenen morgenländi-
schen Theaterfundus hatte es ein Ende. 1923 wurde **Ankara**
zur Hauptstadt einer modernen Türkei. Ankara, alter He-
thitersitz. Türken und Israelis werden im bösen nichts mehr
miteinander zu schaffen haben. Das war einmal, steht zu
hoffen. Ihre Flugzeuge mögen friedliche Brücken zwischen
ihren Ländern schlagen.

Desto mehr aber haben es die Israelis mit ihren arabischen Nachbarn zu tun, die alle Welt glauben machen wollen, sie gerade
seien die wahren autochthonen Herren des israelischen Bodens,
und da wird allerseits noch manche Einsicht gewonnen werden
müssen. Einsicht, Vorsicht, Nachsicht, Rücksicht, Umsicht. Aber
mit autochthonischen Rechten komme niemand! Autochthonisch -
doch das war um 1400 vor Christi Geburt! - könnten gewisse
kanaanitische Stadtstaaten gewesen sein, in deren Fluren nach
und nach allerlei sprachverwandte Nomadengruppen einsickerten.
Unter anderen auch jüdische Stämme. Doch diese stießen vielleicht nur zu anderen ihresgleichen, die dort längst schon seßhaft
waren.

Diese Kanaaniter, wie immer auch zusammengesetzt, verwandt oder verbündet, melden keine Rechte mehr an. Als Volk gingen sie mit dem Verfall des Römischen Reiches in den Massen anderer Umwohner in Syrien und überhaupt in Nahost ohne greifbare Spuren auf. Und nur die Archäologie wird eines Tages sagen können, ob sie denn nun tatsächlich die urältesten Einwohner gewesen sind. Schließlich hätte der *Palaeanthropus palaestinensis* auch noch ein Wörtchen mitzusprechen, der 100 000 Jahre auf seinem schweren Buckel hat. Soll er bereits Araber gewesen sein? Das hat man selbst in Kairo noch nicht behauptet.

Alle Herren Palästinas, wer will sie zählen? Bald die vom Euphrat und bald die vom Nil? Und die Hethiter und Churriter, die Mitanni, die Philister und Midianiter. Dann die Assyrer, die Perser, die Griechen, Seleukiden, Ptolemäer, die Römer, **Pompeius**, **Antonius**, Ostrom-Byzanz, die Araber endlich doch auch, die Kreuzritter. Mongolische Intermezzi wie später ein napoleonisches. Die fränkischen Könige für 192 Jahre. Ägypten immer wieder einmal auf dem vielumstrittenen Plan. Fatimiden. Mamelucken. Beybars. Seldschuken. Osmanen von 1516 bis zum Friedensvertrag von **Sèvres** (1920), die Türken immerhin ihre runden 400 Jahre - die arabische Herrschaft hatte einst mit Unterbrechungen 452, die arabo-ägyptische 264 Jahre gedauert - und *last not least* die Briten als Türkenbesieger des Ersten Weltkriegs und kraft Mandats von 1920 bis 1948. Die Briten, die von den Palästinensern keine Steuern nahmen.

Aber all diese so wandelbaren Zeiten hindurch hat es dort in den Grenzen des heutigen Staates **Israel** Juden gegeben. Seit 1400/1300 vor des Heilands Geburt doch wenigstens. Wenn auch für den Rest der Römerherrschaft nicht mehr in der Stadt **Jerusalem**, als diese sich in Aelia Capitolina zu wandeln hatte. Jüdische Bevölkerung hat in Galiläa allezeit fortbestanden. Sie bekam nach Roms Untergang und vollends in der Neuzeit Zuzug verstreuter Glaubensbrüder und gewann mehr und mehr an Bedeutung. Und sind die frühesten Siedlungen im Zeichen des Zionismus nicht demnächst schon 100 Jahre alt? Juden, Seite an Seite aber mit allerlei Heiden und Christen und, seit 634 frühestens, auch mit muselmanischen Mitbürgern, vor allem aber seit dem Erscheinen der türkischen Seldschuken. Das war 1071. Die Seldschuken benachteiligten und schikanierten Juden und Christen mit drastischen Mitteln, während unter den fein gesitteten arabischen Kalifen die Christen im großen und ganzen leidliche, die Juden sogar gute Tage gesehen hatten.

Opportunisten bekannten sich nun scharenweise zum Islam, dem anzugehören bis 1920 sicherlich auch opportun blieb. Aber um einen echten, dem Blute nach arabischen Bevölkerungsanteil sollte nicht gehadert oder gar Blut vergossen werden! Gibt es ihn in Israel, so ist er doch verschwindend und relevant nur in panarabisch überhitzter Phantasie. Denn muselmanisch heißt doch nicht etwa schon arabisch sein. Im Staate Israel leben freilich Bekenner des Islam - wie auch Drusen und griechische, römische, armenische, maronitische, koptische; wer weiß noch was alles für Christen oder Halbchristen dort leben. Das ist so etwa alles, und mehr ist es nicht. Und alle noch so heftig vorgebrachten Behauptungen haben keinen historischen Kern. Gebt Frieden!

Die Menschheit steckt nur in ihren rückständigen Gebieten noch in den törichten Kinderschuhen der nationalistischen und chauvinistischen Emotionen und Affekte. Jedenfalls wollen wir es hoffen. Die wirklichen Probleme, deren Bewältigung allerdings nach Brüderlichkeit verlangt, wenn sie gelöst werden sollen, werden gegen Ende dieses Jahrtausends schon Übervölkerung, Ernährung, Energie- und vor allem Wasserversorgung heißen. Wird man dort in Südost die Mittel und den Willen haben, das Meerwasser zu entsalzen, zum Beispiel, und zwar gemeinsam? Zum Zweck der Kostenersparnis? Und wird man es wohl unterlassen, einander das bißchen Süßwasser abzugraben, das zu haben ist? . . .

Gelinde Brandung beschwatzt dezent das südliche Felsufer. Rauscht melodisch am nördlichen. Die Gestade liegen hier nur ein paar Ziegensprünge auseinander. Nur halbspannlange Fischchen schwärmen in kleinen Flottillen durch die glasblaue Bucht. Sie sind zu winzig, um nach dem Shrimpsköder an Sassos' Angel zu schnappen. Richtung Ankara, das ist Nordnordwest von unsrer Klippe am Kap Andreas. Man ahnt den kilikischen **Taurus** drüben. 84 Kilometer bis zum türkischen Ufer. Man sieht ihn. Die Dreitausender in Westnordwest schon im Schnee. **Eratosthenes** lehrte, der Taurus ziehe sich weit weit nach Osten und gehe in den **Imaios** über. Den **Himalaya.**

In Nordwest, wo die Gebirge sich verblassend dem Blick entrücken, mündet der **Saleph** bei **Itschili** oder Selefke, das lange Zeit Selefkia geheißen hat. Zum Gedächtnis des ersten Seleukos, des Diadochen Alexanders. Dort ertrank Kaiser **Friedrich Rotbart,** der mit 150000 Mann aufgebrochen war, **Saladin,** dem Herrn über Syrien und Ägypten, die Stadt **Jerusalem** zu entreißen. 1190. Ertrank und bezog seinen sagenhaften Sitzplatz im Kyffhäuser... und wenn die alten Raben noch fliegen immerdar, diese Wotansbegleiter. Sein Heer ging unter. Lobesam und mit Schwabenstreichen. Aus je zwei halben Türken zwei ganze. Partisanenkrieg. Nur wenige sahen die grüne westliche Heimat wieder.

Barbarossas kaiserlich Fleisch und Eingeweide aber ward in **Antiochia** am **Orontes** beigesetzt. Das liegt genau in Nordost. Nicht weit von hier. 100 Kilometer und ein bißchen übers Wasser. Wenn die »Shulamith«, diese schnittige Jacht aus Haifa, die dieser Tage wieder im Hafen von **Kerynia** dümpelt, einen mitnähme! Mitnähme ostwärts über Poseidons fischschuppenfarbenen, sanft atmenden Meerbauch, den besonnten... Man ahnt schon die syrischen Berge drüben jenseits des schillernden Seewanstes. Ausläufer des **Libanon** nach Norden. Man sieht sie des Mittags. Das alte Heilige Land drüben zieht am Herzen wie des Nordpols Gewalt an einer Magnetnadel, die sich richten muß.

Kann es einen solchen Aussichtspunkt ins windrosige Dunstblau der Geschichte überhaupt noch ein zweites Mal auf dieser Erde geben? **Karpas,** der felsichte Zeigefinger der Insel Zypern, schmal und schmaler aufs Kap Andreas zugespitzt, weist als Anti-Taurus sozusagen mit geologischer Notwendigkeit genau in den Golf von Alexandrette oder **Iskenderun.** Vormals **Issos.** Drei, drei, drei, Issuskeilerei. Das historische Teleskop erblickt das Schlachtfeld vor den syrischen Pässen. Die Makedonen gingen durch einen der kleinen Bergflüsse und brachten den linken Perserflügel zum Weichen. **Dareios Kodomannos** ließ Schwert wie Mantel fahren und floh. Mutter, Gemahlin und Mitglieder des Königshauses in des Siegers Händen. Wehrmachtsbericht wie üblich: 100 000 Perser gefallen. Eigene Verluste nur 450 Mann oder weniger. Bei **Arbela** und **Gaugamela,** zwei Jahre später, trotz Einsatz von Sichelwagen das persische Finale hinter dem Tigris. Einstweilen. **Gaugamela** = Kamelort, Stuttgart orientalisch sozusagen.

Bei **Issus** auch anno Domini 194 die Schlacht, die des **Severus** Gegenkaiser, **Pescennius Niger**, verlor. Wurde auf der Flucht erschlagen. Vor dem Euphrat. Wie jener stolze König Dareios irgendwo in Persien erschlagen wurde.

120 Kilometer von **Issus** hart an der 35. Mittagslinie östlicher Länge, von unserer Klippe in Nordnordost: **Tarsus**, wo Gamaliels Schüler **Saulus** geboren wurde, der ein Paulus werden sollte. **Gamaliel**, der Legende nach im Herzen bereits ein Christ? Das wird er als Synhedrialpräsident nicht gewesen sein. Er war aber ein klardenkender Mann der Mäßigung in dem aufgewirbelten und schwer beunruhigten Lande. Der jüdischen Überlieferung nach einer der größten Schriftgelehrten. Er plädierte für die Freilassung der Apostel Christi, die man in Jerusalem verhaftet hatte, der Apostelgeschichte nach mit folgenden Argumenten: *»Vor diesen Tagen stand auf Theudas und gab vor, er wäre etwas, und hingen an ihm eine Zahl Männer bei vierhundert; der ist erschlagen, und alle, die ihm zufielen, sind zerstreuet und zu nichte geworden. Danach stand auf Judas aus Galiläa, in den Tagen der Schatzung, und machte viel Volks abfällig ihm nach; und er ist auch umgekommen, und alle, die ihm zufielen, sind zerstreuet. Und nun sage ich euch: laßt ab von diesen Menschen und laßt sie fahren. Ist der Rat oder das Werk aus den Menschen, so wird es untergehen. Ist es aber aus Gott, so könnet ihr es nicht dämpfen, auf daß ihr nicht erfunden werdet, als die wider Gott streiten wollen . . .«* (5, 36 bis 39)

Dies muß keine fromme Erfindung sein. Jedenfalls ist die Einordnung Jesu in die Reihe freiheitsdurstiger gottsüchtiger Rebellen interessant. Gamaliel war nicht umsonst der Enkel des großen **Hillel** und stand fest in der Tradition dieses weisen und toleranten Pharisäers, dessen Geist wie ein gastlicher Lampenschein in stürmischer Düsternis gewesen war. In Hillels Gesinnung war der große Akkord der Menschenliebe, die **Jesus** meinte und lehren sollte, bereits wohltönend angestimmt. Gamaliel verordnete zum Beispiel karitative Maßnahmen für mittellose Heiden, als wären sie Juden. Das war etwas sehr Neues und dem werdenden Christentum Gemäßes. Es war über Judäa aber wie ein letzter Sonnenstrahl vor dem ungeheuerlichen Wettersturz, der sich judenfeindlich zusammenbraute. Will sagen, geistige Ansätze zur Christlichkeit müssen ja wohl im Jüdischen allenthalben schon aufgekeimt und vorhanden gewesen sein. Dies zu notieren, heißt nicht, die Originalität Jesu zurückschneiden und relativieren, sondern das Besondere seiner Erscheinung unterstreichen.

Und genau im Osten **Ugarit**, die Weltstadt ost-westlicher Kontakte und Überschneidungen. Ägäisches, Minoisches, Hethitisches und Ägyptisches begegnen sich auf syrischem Pflaster. Welche geschickten Diplomaten, welche weltgewandten Händler! Die ursprünglich neolithische Stadt, deren hohe Zeit dann in die **Amenophis' IV.** fiel, ging unter dem Ansturm der Seevölker zugrunde.

Viele Zungen, viele Schriften. In Ugarit verstand man sie zu sprechen und zu schreiben. Dort wurde eine selbständige alphabetische Keilschrift erfunden, die sich aber offenbar gegen die später sogenannte phönizische Schreibung, die noch älter war, nicht hat behaupten können. Die Stadtsprache der Ugariter war ein kanaanitischer Dialekt, die Einwohner selbst die richtigen Ahnen der Phönizier.

Und über den Schnittpunkt beider 35sten Grade gepeilt, über diesen Nabel der Welt genau in Südost, die köstliche Perlenkette der alten Städte von **Dschebail** herunter bis **Jaffa**: Dschebail - Byblos, Exporthafen für Libanonzedern ehedem, Ägyptenhandel, Papyrusimport und -umschlag und daher der Name des Buchs der Bücher: Bibel ... Indizien für alte Ost-Westbeziehungen stecken unauffällig in geläufigen Worten, triviale Zeugen eines vormaligen Kulturgefälles von Ost nach West: von **Damaskus** das Damaszieren von Metallen, die Damaszenerklingen und der Damast, von **Mosul** der Musselin, von **Gaza** die Gaze und die Gazetten, von **Askalon** die Schalotten genannten Perlzwiebeln. Und Firnis? Von *veronix*. Und das? Von **Berenike**, einem Exporthafen für Lacke beim heutigen Bengasi. Hellenistische Stadtgründung in der Cyrenaica zu Ehren der Königin gleichen Namens an der Seite **Ptolemaios' III.**

Der Apostel **Andreas**, des Petrus Bruder, sei auf Seereise vor Zypern samt Mann und Maus in Trinkwassernot geraten, heißt es, sei hier an Land gegangen, am Kap, das damals noch **Dinaretum** hieß, und habe eine Quelle entspringen lassen. Das erste vieler folgender Wunder bis zu seinem Kreuzestode in Patras, dem Rosinenhafen. Man schlug ihn dort an einen Olivenbaum, der im vorigen Jahrhundert noch gestanden hat. Ölbäume werden sehr alt, und der des Platon bei Athen an der alten Straße nach Eleusis ist gar noch älter und steht immer noch.

Die Klosterleute des Apostels Andreas haben vor Jahrhunderten eine Kammer über jene Quelle gewölbt, und wir, wie alle Pilger, haben daraus getrunken. Mit dem Wasser hat es eine Bewandtnis. Es ist keine Quelle eigentlich, sondern Seewasser, das durch poröse Felsmassen unter dem Brandungsdruck und kapillar aufgesogen landwärts dringt und dabei so gefiltert und geläutert wird, daß man es trinken kann. Sassos, der Pianist und Sportfischer, hat mir das genau erklärt. Es schmeckt nicht gerade wie Süßwasser, aber doch auch nicht salzig. Nach Meer schmeckt es und nur andeutungsweise wie rohes Fischfleisch, das Schiffbrüchige vor dem Verdursten bewahren kann. Die Wallfahrer nehmen wohl einen Krug, eine Flasche davon nach Haus.

Das Fest des Apostels beginnt nicht am 30. November, seinem offiziellen Feiertag, sondern schon am 29. um 18 Uhr abends. Das muß man wissen. Denn antikem und biblischem Brauch zufolge datiert man in der griechischen Kirche den Tag nicht wie wir von Mitternacht bis Mitternacht, sondern zwischen Sonnenuntergang und Sonnenuntergang. Wobei die größte Heiligkeit eines frommen Feiertages genaugenommen schon mit dem Sonnenaufgang vorbei ist.

Ein Kloster im üblichen Sinne stellen die zahlreichen und weitläufig verstreuten Gebäude um das seltsame Mischgebilde aus Pilgerhotel und Kirche über der hochbetagten Brunnenkapelle im Fels nicht dar. Aber es waltet ein bärtiger Ökonomos, ein Mönch, seines Amtes, bekümmert sich um der Priester und der Wallfahrer Unterkunft und Bedürfnisse, zumal die der Kranken und Bresthaften unter ihnen, die in Scharen kommen, am Gottesdienst teilzunehmen, der um 18 Uhr beginnt, und um Gebete an den Heiligen zu richten und ihm Wünsche vorzutragen. Der Ökonomos gebietet auch über ein Häuflein dienender Weiber, die ihm zur Hand gehen, alles sauberhalten und überhaupt ihre alten Tage dem Kirchendienst gewidmet haben.

Die Evangelien haben dem **Andreas** kein rechtes Profil zu geben vermocht, die gnostisch infizierten apokryphen Andreas-Akten andrerseits sich in der Hauptsache auf die Umstände seines - legendären? - Todes in **Patras** beschränkt. Zu des Andreas Zuhörern gehörte demnach auch der dortige Prokonsul, der aber ganz anders als jener Hauptmann in

Caesarea veranlagt gewesen sein muß: er war nicht zu überzeugen. Und als er gar gewahr wurde, daß seine Frau **Maximilla** sich unter dem Einfluß des Apostels ihren ehelichen Pflichten zu entziehen begann, steckte er den unerbetenen Störer seines Ehefriedens ins Gefängnis. Da lange Zeit kein Verfahren gegen den Apostel eröffnet wurde, verwandelte sich das Untersuchungsgefängnis geradezu in eine Predigerkapelle, die sich stetig wachsenden Zuspruchs erfreute. Zu denen, die den gefangenen Zeugen der neuen Wahrheit im Gefängnis immer wieder aufsuchten, gehörte auch Maximilla, und der Apostel, christlich keusch ohnehin, und sie, zu ehelicher Enthaltsamkeit entschlossen, verbanden sich zu gleichsam mystischem Bunde, dessen reinigende Kraft Adams und Evas Sündenfall zu Anbeginn der Menschheitsgeschichte in allgemeinem Heil auflösen sollte. Man versteht, warum diese Geschichte keine Aufnahme in die Evangelien gefunden hat.

Sowohl als Römer wie als Ehemann, aber auch in seiner Eigenschaft als Gerichtsherr konnte der Prokonsul nicht einfach hinnehmen, was ihm auch nicht verständlich war. So ließ das Todesurteil nicht auf sich warten. Ein Kreuz, ein Andreaskreuz, wurde errichtet - kein Ölbaum als Todesgerüst, das ist nur zu Patras die örtliche Überlieferung -, der Apostel wurde darangeschlagen. Er starb nicht sogleich, wollte sich aber am Martyrium durchaus nicht hindern lassen, als der Prokonsul unter dem Druck der empörten Öffentlichkeit persönlich an der Richtstätte erschien, das Urteil aufzuheben. Gerade solcher Gnade bedurfte der Todentschlossene nicht.

Den Petrus-Akten nach hatte übrigens auch Petri Ende ähnliche Ursachen. Auch zu Rom hatten verheiratete Damen der Gesellschaft sowie stadtbekannte Demimondäne einem keuschen Wandel wider alles Erwarten den Vorzug gegeben. Daß aber unter dem Zeichen der Erlösung wirkenden Enthaltsamkeit gerade unser Apostel Andreas im Abendlande nachmals der Betreuer und Helfer heiratslustiger Mädchen hat werden können, zeigt, daß eine heikle Legende tausend Meilen von ihrem Ursprung entfernt vollkommen unverständlich geblieben ist. Im Laufe der Zeiten sind hier aber mehr und mehr die Kranken und ihre Heilung in des Apostels Kompetenz gekommen. Bei uns zulande die Unfruchtbarkeit und ihre Behebung, paradoxerweise.

In der Andreasnacht, einer der sogenannten Rauhnächte, glaubten unsre deutschen Vorfahren, könne man in die Zukunft sehen und insbesondere den künftigen Liebsten. So ohne weiteres freilich ging das nicht. Es machte dunkelheidnische Umstände. Zuvor mußte das Haus gründlich ausgeräuchert werden. Mittels eines Rauchhafens geschah das, eines rechten Hexentopfes. Darin wurden Wacholderzweige auf Holzkohlen verschwelt oder verbrannt und schön duftender Waldweihrauch - abgetropftes Harz aus jungen Fichtenzweigen -, und es mußte ordentlich gequalmt haben, wenn alle bösen Dämonen verscheucht und entfleucht sein sollten, und hernach aufgepaßt werden, daß Tor und Tür hübsch geschlossen blieben. Denn sonst hätte der eine oder andere Unholde unvermerkt wieder einschlüpfen können, und der Zauber wäre verpfuscht gewesen, der alte Fruchtbarkeitszauber.

Um Mitternacht schlug die entscheidende Stunde. Das Mädchen, das da ein bißchen Futurologie treiben wollte, Stallmagd oder Großbauerndirne, trat vor den Tritt oder die Stufen, die zu seiner buntkarierten, kissengebirgigen Bettstatt hinanführten, vor den Bettschemel, entkleidete sich feierlich bis auf die Haut und rief, dem Fenster zugewandt: »*Lieber Bettschemel, ich tritt dich. Heiliger Andreas, ich bitt dich! Laß itzt meine Augen den Herzliebsten schaugen!*« Dann stand dem Erscheinen des Künftigen nichts mehr im Wege. In Oberösterreich hatte die Neugierige unter ähnlichen Auspizien mit brennenden Kerzen in den Händen vor einen Spiegel zu treten, in welchem alsbald das Mannsbild zu erblicken war.

Die Bräuche in der Thomasnacht am 21. Dezember waren ganz ähnlich. Aber ich wüßte gern, wer da eigentlich angerufen worden war, ehe das Evangelium dorthin gelangte? ... Welcher Wotansaspekt?

Werden eigentlich Heilungen vollbracht? frage ich zur Klippe hinüber. Sassos überlegt, ohne seinen Blick von der Angel zu lassen. Meine Schwester, ruft er, hatte einen Sohn, den sie hier auf den Namen des Apostels mit dem Gebet hatte taufen lassen, es möge ein Geburtsfehler an seinem Ärmchen heil werden. Er wurde heil. Mein Neffe Andreas wurde groß. Er fiel in einem Gefecht für die EOKA. Sie kennen ja unser Zypern. Es ist jetzt still. Aber das gerade kommt uns verdächtig vor. Dafür haben

die Israeli und die Arabische Union ihren Packen Sorgen. Wenn
die sich beruhigt haben werden, wird es hier wieder losgehen ...
Meine Schwester kann den Namen Andreas nicht hören, ohne in
Tränen auszubrechen ... War ein netter Junge ... auch musi-
kalisch.

Die See im Mittagslicht blinzelt ungewiß. In den Zistrosen-
büschen und dem Knieholz klingeln die Klosterschafe. Der
Wind dörrt ihren Mist auf den Klippen. Es ist des Apostels
Todestag. **Andreas'** Missionswirken in Südrußland, historisch nur ungenau zu belegen, ist dennoch nicht unwahrscheinlich. So viele griechische Städte gab es rund ums
Schwarze Meer, die man als Missionsstationen gebrauchen
konnte, und von **Olbia** oder von **Tanais** am Don führten
so viele Wege zu den Skythen. Bis an den Wolchow wird
der Heilige allerdings schwerlich gekommen sein. Die Russen glauben es aber. Was weiß man schon? Andreas war
ihnen der wichtigste Apostel und gleichsam ihr Eigentum.

Aber des Paulus erste Reise führte in diese funkelnde
Bucht zum hiesigen **Salamis**, führte nach und durch **Zypern**.
Im aphrodisischen **Paphos** am anderen Inselende öffnete
der dortige Prokonsul als erster römischer Beamter der
frohen Botschaft Ohr und Herz. Paulus gelang, was dem
Andreas zu Patras mißlungen war. Die Legende jener Akte
bleibt dennoch typisch für die systematische Arbeitsweise
der frohen Boten, auch wenn es in Wirklichkeit einen Prokonsul von Achaia nur in **Korinth**, nicht aber in Patras
gegeben hat. Man setzte den Hebel der Heidenbekehrung
in mittlerer gesellschaftlicher Höhenlage an, während man
sich bei der Judenbekehrung wohl oder übel mehr an die
sozialen Niederschichten hielt. Den Paulus begleitete hier
ein Zypriot von Geburt, der Levit **Joseph Barnabas,** ein
wohltätiger und rühriger Mann. Der »siebzigste Jünger
Jesu«.

In der Bucht von Salamis landete einst die Kaiserin
Helena, nachdem sie im Heiligen Land drüben Christi
Kreuz aufgefunden hatte. Der Legende nach war Helena
von Geblüt eine Stallmagd aus Trier oder eine englische
Königstochter. Jedenfalls war sie die Mutter Konstantins
des Großen, der das Christentum zur Staatsreligion machte.

Auf dem Kap Andreas war es, wo ein byzantinischer

Selbstherrscher sich kniefällig dem englischen König **Richard Löwenherz** unterwarf.

Der Barpianist spult die Angel auf und turnt über die Felsbrocken zu mir herauf. Vielleicht, meint er lächelnd und sieht dem Schah von Persien ähnlich, haben die Fische heute Fasttag und essen nichts. Übrigens für die EOKA, sagt er nach einer Weile, für die Henosis und für den ganzen politischen Wirrwarr hier, bei Ihnen und überall . . . *Apostolos Andreas is perfectly not responsible* . . . das ist alles Menschenmachwerk und ist auch danach.

Sehen Sie, sagt Sassos und steckt die Einzelteile seiner Angelrute sorgsam in ein patentes Futteral, es muß doch gehen! Hier zum Apostolos Andreas zum Beispiel wallfahren auch Muselmanen. Das glauben Sie nicht? Doch, doch, Muselmanen aus Zypern, die sich Heilung irgendwelcher Leiden erhoffen und sich an der Christianität des Heiligen nicht stoßen. Sie leisten auch Fürbitte für Verwandte, die der Fahrt aufs Kap hinaus nicht gewachsen wären. Nicht anders als die Christen . . . Früher, kann ich Ihnen sagen, bevor die EOKA, die Widerstandsbewegung, in ihrem Übereifer hier alles durcheinanderbrachte, kamen manchmal auch Türken aus Cilicien herüber, drüben vom Festland, jawohl, und wer zur Wallfahrt gerade keine Zeit, den Segen aber dennoch sehr nötig hatte, gab, ob Christ oder Moslem, ein Fläschchen voller Öl als Flaschenpost auf, irgendwo an einer der vielen Küsten hier herum, und überließ es den Wogen, ob sie die fromme Gabe wohl vor des Apostels Felsgestade trieben oder nicht . . . Es muß doch gehen. Mit gutem Willen muß es doch gehen. Was wollen Sie, wir haben auf Zypern nachweisliche Türken, die sich zur christlichen Kirche bekennen, und haben viele Muselmanen dem Glauben nach, die aber dem Blut nach genauso reine oder nicht reine Griechen sind wie ich oder sonstwer. Die stammen eben von Opportunisten ab, die damals - 1571 - meinten, mit den Türken sei auch die Stunde gekommen, sich zu Allah und seinem Propheten zu bekehren. Haben die es nun nötig, sich als unsre Feinde aufzuführen, und wir es, ihnen die Hölle heiß zu machen? Ich bitte Sie! . . .

In der Oberkirche brennen gemeinsam mit den unsrigen noch etliche Kerzen. Öllämpchen auch. Einige, gleich uns übrigens motorisierte Wallfahrer küssen immer noch mit Inbrunst die Bilder der Ikonostas. Aber Mönche und dienende Frauen räumen schon auf und stellen den gewöhnlichen Zustand des Heiligtums wieder her. Auch die beschwörenden Wachspuppen, die die Pilger darbrachten, liegen schon gestapelt unter Cellophan. Nur eine lebensgroße auf wächserner Bahre ruht noch unvereinnahmt. Auch sind die Geldscheine, die als Spenden der Pilger mit Nadeln an die Vorhänge vor bilderbewahrenden Nischen gesteckt sind, noch nicht einkassiert worden.

Kleine Jungen klettern unter dem Pult hindurch, auf dem die Ikone des Apostels ausgestellt ist. Denn das wird sie einst groß und zu tüchtigen Männern machen. So stark ist die Ausstrahlung des Bildes, das für gewöhnlich verhängt in einer der Nischen steht. Die Kirmeshändler draußen schlagen ihre Zelte zusammen und schütten Süßigkeiten und Krimskrams, den sie nicht loswurden, in Tüten und Kartons zurück. Die Feuer unter den Wannen mit siedendem Honig zum Schmurgeln von allerlei schönen Kuchen werden gelöscht. Der Umsatz war diesmal nur mäßig. Den weiten Hof säubert ein Frauenkommando des Ökonomos. Ein paar schwarze Schafe erquicken ihre Gaumen mit Zitronen- und Orangenschalen, die sie im Kehricht finden und verzehren.

Wir schneiden uns auf der Heimfahrt grüne Reiser ab und stecken sie an unsern FIAT 1400. Sassos sagt, das gehört unbedingt dazu. Das Kirchenjahr hat begonnen.

(März 1967)

43 Astarte - Aphrodite - Maria

Delphine - von einem Delphin war schon die Rede - wurden von Fischern und Schiffern in göttlichen Ehren gehalten. Denn aufkommende Wetter oder sonst Bedrohliches waren am Verhalten der Tiere abzulesen. Wie an lebenden Barometern. Heute verschreckt der Lärm der Schiffsschrauben die freundwilligen Lotsen, deren Fleisch und Gekröse übrigens selbstverständlich nicht gegessen wurden.

Als **Poseidon**, einem angeblichen Hymnus des Arion zufolge, die Nereide **Amphitrite**, die Herrin aller Meerwunder, auf **Naxos** hatte tanzen sehen, begehrte er sie zur Ehe. Sie aber entzog sich diesem Verlangen, und nur ein dem Dreizack erbötiger Delphin vermochte die Verborgene in den perlmutten Gemächern des

Weltmeeres aufzufinden und der heiligen Hochzeit zuzuführen. Zur Göttin ersten Ranges aufgerückt, liebte es die Nereustochter, auf Delphinen daherzufahren oder die Muschelschale, die ihr als Fahrzeug diente, von Delphinen ziehen zu lassen. Aphroditisch. Aphrodisisch.

Apollon Delphinios war, namentlich im Frühjahr, wenn die Schiffahrt wieder aufgenommen wurde, Schirmherr über Ausfahrt und Heimkehr der Schiffe. Und zu **Paphos** auf Zypern, wo **Aphrodite**, schaumgeboren, dem Meer entstiegen war, soll, so kündet ein Bild aus dem unabsehbaren Bildervorrat der alten Mythologie, ein Delphin bei der Anlandung behilflich gewesen sein.

Die Stelle der göttlichen Landung! **Apelles** und **Botticelli**! Die gelassen atmenden Blauwogen des Meeres. Die sanft den schlichten Sandstrand hinaufschäumenden Korallenkrönchen und fingernden Gekräusel aus tausend Bläschen. Die Gewinde, Gebinde und zarten Schaumblumen der spielenden Flut. Die weit aufschweifenden, vorleckenden, ausgreifenden, ausflockenden Gischtsäume, die plaudernd kommen und flüsternd gehen. Fortebben. Neue tuschelnde Schleierzungen seidig drüber hin, wo eben noch andere Broderien gebreitet wurden - nie die gleichen. Diese müßigen schönen Gewebe ohne Bestand, die flüchtigen Gewirke in Hellblau und Weiß, die hingegossenen, quecksilbern hinschwappenden, im Sand rasch schwindenden Spiegel über rosigen Muscheln und runden Steinchen. Der Platz der göttlichen Erstehung ist durch einen leuchtend rahmweißen Felsenklotz nebst kleinerem Gefels bezeichnet. Die Wasser machen sich unablässig an den steinernen Widersachern zu schaffen. Elementares Geduldspiel. Wer von **Ktima-Paphos** nach **Limassol** fährt, sieht Strand und Felsen schon von weitem ... »*Nimm mich auf, Eiland der Aphrodite*«, sehnt sich der Bakchen-Chor bei Euripides, »*wonniges Kypern! ... Nimm mich, blühendes Paphos, auf! ...* ἱκοίμαν πόλι Κύπρον νᾶσον τὰς Ἀφροδίτας ...«

Wann sterben eigentlich Götter? Sterben sie alle? Sterben sie nie? Wandeln sie ihre Gestalt und erscheinen sie im rituellen Kostüm einer jüngeren Religion wieder? Neu und unsterblich? Ist das die Göttermöglichkeit? Der Nachhall des Aphroditekultes um **Paphos** und ostwärts an Zyperns Südküste entlang ist nicht gering. Die Göttin lebt noch. Als einzige der olympischen Zwölf? Wer weiß es? **Aphrodite** war mehr als olympisch. Ihr Reich war größer von Anbeginn. Sie kam aus der Weite des Ostens. Über **Ugarit**. Den Westen schmolz sie in sich ein. So mochte sie wohl auch dauerhafter sein. Sie war **Athiratu yammi** (ugaritisch = die im Meer Wandelnde) - **Astarte** - Aschera - Mylitta - Mondgöttin. Inanna - Ištar. Aphrod - Ascherod. Aphrodite ist ein orientalischer Name, der hellenisiert wurde . . . Da hatten die Fische im Euphrat einst ein großes Ei gefunden. Sie ließen es von einer Taube ausbrüten. Daraus ward die liebliche Göttin . . . der Euphrat, die Taube! . . . Vorstellungsgeflechte zudem zu Mond, Wasser, Blume, Fisch und Meerstern. Ištar war die Göttin des Sterns Dilbat, das ist die Venus. Stella Maris. *Pulchra ut luna.*

In **Larnaka** - zwischen Limassol und Famagusta - wird alljährlich am Sonntag Judica ein Frühlingsfest, der sogenannte Kataklysmos gefeiert. (Kataklysmos = Überschwemmung, Sintflut.) Ein Wasserkorso, ließe sich sagen. Blüten, Frühling, junge Leute. Ich hatte noch keine Gelegenheit, diese Sintflut mitzufeiern. Aber ein guter Kenner wie **Sir Harry Luke**, dessen Zypern-Buch über aller einschlägigen Litaratur neueren Datums rangiert, meint, daß sich dabei manches vom alten Aphrodite-Ritus erhalten habe: die jungen Mädchen zu **Paphos** badeten einst unter dem großen Tempel der Göttin im Meer, an der beschriebenen Stelle eben, und traten nach dem Bade feierlich in den hierodulischen Dienst der Göttin. Dieser Mädchendienst war orientalisch. Das wurde schon in Zusammenhang mit **Elissa-Dido** erwähnt, mit der eine Hundertschar solcher Mädchen von Zypern aufbrach. Der Gründung Karthagos entgegen. Phönizische Besonderheit? Der fromme Brauch in nicht mehr ganz ergründbaren Formen reicht bis zu den Sumerern hinauf. Auch hat es im Lauf der Jahrtausende viele Grade und Stufen dieser weiblichen Liturgie gegeben. Von vestalischer Priesterlichkeit und Keuschheit und der Hingabe an den Gott allein bis nieder zu käuflicher Liebe, die aber dennoch, wie jede Liebeshandlung und jedes Liebesspiel, auch Gottesdienst war. Die entsprechenden Dienste auf **Kythera** und in **Korinth** allerdings waren Importe der dort siedelnden Phoiniker. Späte Importe: Aphrodite steht noch nicht in der Linear B.

»*Zu Larnaka*«, schreibt **Sir Luke** weiter, »*feiert man auch immer noch, wenngleich heute so manche Merkmale*

*und Besonderheiten abgekommen sind, das Fest des heiligen
Lazarus. Der Heilige, will eine Überlieferung, ward nach
seiner Wiedererweckung durch Jesus in ein leckes Boot gesteckt und von den Juden der Gunst oder Ungunst der
Wellen überlassen. Aber die zypriotische Kirche weiß, daß
ihn freundliche Winde von Jaffa nach Zypern beförderten,
woselbst er der erste Bischof von Kition wurde.«* **Kition** ist
der alte Name für das heutige Larnaka, das erst aus byzantinischer Zeit stammt. (Andere **Lazarus**-Version: ein Boot
ohne Ruder und Segel. Samt seinen Schwestern **Maria** und
Martha und zwei Freunden **Maximin** und **Cedonius**. Und
nach **Marseille**. Martha gar bis **Tarascon**. Der Legenden
frommes Gemurmel!)

*»Ein Junge, den man eigens für diese ehrenvolle Auf-
gabe auswählt, verkörpert während des Zeremoniells den
Heiligen und hat sich wie tot auf einem Lager voller Früh-
lingsblumen hinzustrecken und zwar in einem an die Kirche
St. Lazarus stoßenden Raum.«* Und nun zitiert **Luke** seinerseits: *»›Hände und Füße mit Grabtüchern, auch das Gesicht
mit einem Tuch umwunden.‹ Sobald nun der Diakon im
elften Kapitel des Johannes-Evangeliums von der Auf-
erweckung dieses Heilandsfreundes bei den Worten ›Lazarus,
komm heraus!‹ angelangt ist, befreit der Priester den Jungen von der totenmäßigen Vermummung, während die
Frauen ihn mit Rosenwasser übergießen und mit Blumen
überschütten.«*

Daß eine solche Aufführung im Nebengelaß dieser stattlichen Kirche nur als christliche Maskierung den auferweck-
ten Lazarus von Bethanien zum Gegenstand hat, im Grunde
aber kaum verhohlen den **Adonis**, (auf Zypern einst auch
Pumay geheißen, daher der Name Pygmalion, gräzisiert
aus Pumayon), und seine all-lenzliche Auferstehung meint,
dürfte keinem Zweifel unterliegen. Wer war Adonis? Ein
vorderasiatischer Naturgott. Schwer, es in Kürze zu sagen:
sein eigentlicher Name lautete nicht so, denn Adonis heißt
nur ›der Herr‹ (= adon). Seine Verehrung war im **Libanon**,
auf **Zypern** und später überall da beheimatet, wo sich Phönizier niedergelassen hatten. So auch auf **Kythera**. Das
heißt: der Kult der Aphrodite und der Kult des Adonis
gehörten zusammen. Also war auch **Byblos** ein Hauptort
der Adonisverehrung. Ein Fluß dort in der Nähe hieß

Adonis. Er führte zuzeiten gerötetes Wasser. Das Blut des sterbenden Gottes.

Nach der griechischen Mythologie war er, im Vater-Tochter-Inzest unter Menschen gezeugt, ein Hirtenknabe und Jäger. Von so vollkommener Schönheit, daß **Aphrodite**, die Stifterin aller Liebe, sich selbst ins Garn ging und den Jungen zu ihrem Liebling erkor. Währte nur einen Sommer lang. Bei einem Jagdunfall kam er ums Leben und mußte ins dunkle Reich der **Persephone** hinab. Auf Aphroditens eindringliche Bitten jedoch entschied **Zeus**, daß Adonis wieder erstehen dürfe. Und so verbrachte der Schöne seitdem ein Drittel des Jahres im Schattenreich, den Spätherbst und Winter, zwei Drittel aber bei der Liebesgöttin.

Hinter diesen - im übrigen vielfach variierten - hellenistisch schon ins Operettenhafte versüßlichten Bildern ragten aber andere, ältere und ernstere und wildere auch, wie das der **Kybele** und des **Attis** mit ihren ekstatischen Kulten. Stand vor allem das Bild des **Tammuz** (sumerisch Dumu-zid-abzu = der treue Sohn des unterirdischen Ozeans). In Ägypten an des Tammuz Stelle **Osiris**. Und die uralt orientalische Götterdreiheit Vater, Mutter, Sohn; sumerisch **Anû-Inanna-Enlil**, für welche Trias in Akkad, Assur und Babylon im Wandel der Zeiten andere Gestalten traten. Dabei wurde die »Himmelskönigin« **Inanna** (Antum) nach und nach von Ištar absorbiert oder ersetzt. Es war Ištar, die in die Unterwelt stieg und dort festgehalten wurde, während auf Erden alles verwelkte und dahinsank. Es war Ištar, deren Bild in drei Jahrtausenden religiöser Geschichte im Zweistromland am wenigsten verändert wurde. Dazu gesellten sich auch noch die siderischen Aspekte: sumerisch Utu - Nanna - Inanna, semitisch Šamaš - Sin - Ištar = Sonne, Mond und Venusstern. In anderer, sehr früher Sicht: Himmel - Erde - Menschensohn. Diese archetypische Trinität war es, die in den gnostischen Lehren, aber ebenso auch in der christlichen Mythologie wieder zu neuem Leben erwachte.

In der alten Phönizierstadt **Byblos** hat man, so schreibt der spottfrohe **Lukian** (De Dea Syria), im Tempel der **Aphrodite Byblia** (= Astarte oder Ištar) den Tod des **Adonis** mit bestimmten Mysterien gefeiert: »... *Wenn dann die Busen genug zerschlagen sind und genug geheult ist, bringen sie dem Adonis zuerst als einem*

*Verstorbenen ein Totenopfer; am folgenden Tage aber machen sie
sich die angenehme Illusion, ihn wieder lebendig zu glauben und
lassen ihn gen Himmel fahren ...«* Mit andern Worten: auch hier
hat ein Junge oder junger Mann dabei stellvertretend für den
toten und wiederauferstehenden Gott agiert. Ganz wie zu Larnaka auf Zypern noch in diesen unsern Zeiten!

Die Türken, die ihre Füße auf die Insel setzten, nachdem
dort das Christentum, wenn schon nicht seit dem heiligen
Lazarus, so doch seit dem Zyprioten **Joseph Barnabas** und
dem Apostel **Paulus** und in römisch-katholischer Prägung
von 1191 bis 1571 gegolten hatte, müssen die Verehrung
der vorchristlichen Liebesgöttin noch derart lebendig vorgefunden haben, daß sie von dem anmutigen Gegenstand
dieses langlebigen Glaubens einen zutreffenden Begriff bekamen: Zyperns Türken nennen die paphische Aphrodite
Dünya Güzeli, das heißt Liebliche der Welt!

Im Museum zu **Nikosia** wird ein glatter, dunkelgrauer, halb-
mannshoher Stein aufbewahrt, der in vorgeschichtlichen Zeiten
der zentrale Kultgegenstand der Großen Mutter, der **Magna
Mater** von Zypern zu **Paphos** gewesen ist. Kein Meteorit, soweit
ich das beurteilen kann. Kein Obsidian. Keine mineralische Ra-
rität. Aber noch jetzt, so hat man mir versichert, geschieht es,
daß eine Jungverheiratete von den Dörfern draußen mit dem
Überlandomnibus in die Stadt kommt, eigens um dieses unscheinbare, fast unansehnliche Museumsstück aufzusuchen. Nicht
um es zu betrachten. An dem Stein ist weiter nichts zu sehen.
Keine artifizielle Spur. Auch nichts Blutrünstiges etwa. Nichts.
Aber sie, die Junge, paßt den Augenblick ab, da es niemand gewahr wird und der Museumswächter in den nächsten Saal ent-
schritten ist. Nimmt ein Fläschchen Öl, das sie mitgebracht hat.
Reines, kaltgeschlagenes, vom besten. Gießt davon in die Hand,
verreibt die Salbung unauffällig auf dem Stein und huscht fort.
Das wird sie fruchtbar machen. (Wenngleich die Echtheit des
Klotzes nicht einmal feststeht; der einzige antike Schriftsteller,
der ihn erwähnt, beschrieb ihn als weiß.) Die Göttin stand und
steht immer noch für Fruchtbarkeit und für das glückliche Gebären. **Aphrodite** lebt. Das ist für Zypern kein hohler Slogan
der Touristenwerbung.

Wir sind am empfindlichsten Punkt dieser Stippvisiten angelangt. Was verdeckt schon angedeutet und angesteuert
wurde, muß nun ausgesprochen werden. Nicht weil ich mich

für hinreichend kompetent halte, sondern weil der Gedankengang dazu zwingt. Es wurde **Jahweh** als Ein- und Manngott dargestellt, sein von jüdischer Vorstellungsschärfe fortgeschliffener weiblicher Aspekt in der Schwundform des Taubenbildes erkannt. Jahweh wurde zum Gottvater ohne Mythologie. Deren altüberlieferter sumerisch-akkadischer Formenüberschwang, dieser hemmungslose, wurde dem Präzisions- und Lauterkeitswunsch geopfert. Jahweh ohne Verstrickungen und Abenteuer. Jahweh ohne Höllenfahrten und Auferstehungen. Jahweh ohne Göttin als Gegenüber. Nichts blieb, was Jahweh noch mit dem assyrisch-babylonischen Pantheon, mit den 4000 Göttern darin, gemein gehabt hätte. Nichts, wenn man von den Himmlischen Heerscharen absieht, die von Jahweh zu lösen auch die strengsten jüdischen Gottdenker nicht angestrebt haben. Jahweh blieb **elōhē sebā'ot**, der Herr Zebaoth, der Gott dieser Scharen, wer immer sie auch gewesen sein mögen. Engel? So eindeutig ist das nicht mit Ja zu beantworten. Und wer waren die Engel dann? Erst spät haben einige Namen bekommen, **Gabriel**, **Raphael**, **Michael**. Männliche Engel in Jahwehs Himmel. Wie anders denn sonst?

Und dann: was Gott-Trunkene, Gottsucher, Gottdenker schauten, grübelten, dachten, im Alten Testament ist es nachzulesen. Welche Mühe es gemacht hat, das Volk auf diese hohen felsharten Wege zu bringen und also glauben zu lehren, steht ebenfalls geschrieben. Aber Volk geht in Tempel und Kirchen und tut darin, wie man es heißt und wie es der Brauch ist. Was aber die Gemüter sonst noch an Glaubensgut bewegt und treibt, was, von Priestern nicht gewußt oder nicht beachtet oder schweigend geduldet, in den Herzen an öffentlich schon Abgekommenem fortlebt, das bringen höchstens noch Zufälle halbwegs ans Licht. Man frage doch eine solche Zypriotin, wenn man sie erwischt, ob sie etwa nicht Christin sei. Sie ist es. Und glaubt dessen unbeschadet auch an die Kraft des Steins der Großen Mutter, deren der harten und grausamen Aspekte entkleidetes, mehr und mehr verlieblichtes und schließlich versüßlichtes Nachbild **Aphrodite** hieß. So waren auch schon die Israelitinnen zwar gehorsame Dienerinnen Jahwehs gewesen, hatten aber als Frauen eben, die auf einen kristallenen frauenentrückten Manngott allein nicht bauen wollten, sich nicht ganz versagen können, einer Göttin zu opfern, der **malkat-haššamajim**, der »Himmelskönigin«.

Die neue Religion wurde geboren. Das heißt aber auch, erstarrte Vorstellungen kamen wieder in Fluß. Nicht nur in den obskuren Systemen der Gnostiker. Urältestes gewann wieder Leben. Das Ewigweibliche meldete sich. Gott zeugte wieder. Und so alt wie die Begriffe Gottessohn und Menschensohn war auch die zuversichtliche Vorstellung, der Menschensohn, gottgezeugt, werde dermaleinst die bedrohte Menschheit erlösen. Der Messias.

Die schwelgerischen Wohlgerüche der mesopotamischen Göttergärten sollten gewiß nicht wieder wehen. Nicht der Fettqualm der Opfer. Anderthalb Jahrtausende Läuterung von anthropomorphischen Ausmalungen sind nicht vergeblich gewesen. Scharf war das Scheidewasser. Es sollte ebensowenig etwa die abgestandene Opernherrlichkeit des Olymps neu in Szene gehen, die jüdischen Köpfen ohnehin nichts hatte besagen können. Aber Gott »wollte« wieder mythologisch-dramatische Luft atmen und weniger abstrakt sein. Und so kamen denn Geburt, Erdenwandel, Passion, Tod, Höllen- und Himmelfahrt nach uralter Götterweise wieder ins heilige Gerede.

Und die Gottesgebärerin mußte am Ende ihrer Erdentage himmelwärts fahren. Das heißt, sie erfuhr Erhöhung ins Göttliche. Als neue Himmelskönigin, die es nun endlich wieder geben durfte, rückte sie aber nicht an die Stelle der auszurottenden oder ausgerotteten **Astarte**, sondern verwandelte deren altes Bild in ihr neues, christlich entsinnlichtes; so wahr denn das ältere Bild noch lebte. Heiliges zu Heiligem. **Aphrodite** einst war Astarte in olympischer Verwandlung. **Maria** ist Astarte in judenchristlichem, ist Aphrodite in heidenchristlichem Aspekt. Dies ist - nicht meine Entdeckung - hier gar nicht despektierlich und lästerlich oder »aufklärerisch« gemeint. Religionen bieten oft Wunder als Glaubensgegenstände an. Doch ist, was an ihnen selbst west und webt und was sich in ihnen ausspricht und mitteilt, des Wunderbaren viel mehr, und sie selbst sind ihr größtes Wunder.

Der Apostel **Paulus** war ein kluger Mann und durch den inselkundigen **Barnabas** richtig beraten. Er gedachte, als römischer

Bürger, seine Aktivität nach Westen hin zu entfalten. Aber noch hielt er es für verfrüht, bis **Athen** in den philosophischen Schwerpunkt und bis **Rom** in den politischen vorzustoßen. Doch ein religiöses Zentrum von hoher Bedeutung lag nahe: **Paphos.** Wer dort Boden gewann, mußte viel gewonnen haben. Und in der Tat ist ebenda die Bekehrung des römischen Prokonsuls **Sergius Paulus** ein wesentlicher Schritt der Heidenbekehrung gewesen. Das wurde bereits berührt. Zypern liegt mittelnd zwischen Ost und West. Dort ist die östliche Astarte zur westlichen Aphrodite geworden. Mag es der neuen Himmelskönigin *ex oriente* nicht anders ergangen sein.

Astarte - Aphrodite - Maria. Im Museum zu Nikosia kann man in Vitrinen sehr erstaunliche, sehr bedenkenswerte Figürchen ausgestellt sehen. Kataloge und einschlägige Literatur teilen über sie nicht viel mit. Man erfährt nur Größenangaben - Dimensionen von nur wenigen Zentimetern -, daß sie aus Speckstein geschnitten und, aus dem Anfang des 3. Jahrtausends stammend, an die 5000 Jahre alt sind. Für Zypern kein exzeptionell hohes Alter. Gefunden wurden sie im Revier von **Paphos.**

Zwei dieser Statuetten verdienen besonderes Interesse. Ein Adorant, der die Arme breitet; sie sind zu flachen waagerechten Querbalken stilisiert und rechtwinklig zur Körperlängsachse gehalten. Sehr offensichtlich war der Bildhauer bestrebt, die ganze Gestalt in annähernd gleichschenklige Kreuzform zu bringen. Dies erzielte er oben durch Längung des Halses, unten, indem er den stehenden Beter mit geschlossenen Schenkeln in den Knien wie zum Sitzen knicken ließ. Auf diese Weise bietet die Frontalansicht für die Leib-Bein-Partie unterhalb der Armbalken kaum mehr Länge als für die von Hals plus Kopf oberhalb der Arme. Wobei, diesen Eindruck zu unterstützen, die Oberschenkel so verkürzt dargestellt sind, daß die Knie sich nur wenig über die Fläche des Leibes hinaus vorschieben.

Das will noch wenig besagen, wenn auch die Kreuzform überrascht. Der Kopf aber, erhobenen Angesichts und mit angedeuteten Gesichtszügen, ist in kräftiger Kerbung gegen den Hals abgesetzt, und man beginnt zu begreifen, daß diese Kerbe als Halt einer Schlinge dienen sollte: das Ganze war als Anhänger gedacht. Und tiefsinnigerweise trägt der Adorant - ich nenne ihn einmal so - entsprechend klein an einem Halsriemen seinerseits auch einen solchen Adoranten als Anhänger. Trägt mithin als Amulett, als Kultbundzeichen ein Kreuz auf der Brust. Ein Menschenkreuz. Einen Kreuzmenschen. Was mag es sein?

Nicht genug damit: das andere vergleichbare, gleichfalls kreuzgestaltige Figürchen ist weiblichen Geschlechts. Dies machen kleine Erhebungen zur Andeutung der Brüste unzweifelhaft. Die waagerecht gehaltenen Arme beschränken sich hier aber nicht darauf, Balken zu sein, sondern der linke Arm des Gebildes ist ein Hals mit einem Kopf, der rechte Arm ist aus einer geknickten und gekürzten Leib-Bein-Partie erstellt. Dieser kreuzenden Quergestalt fehlen die Brüste. Also ist es eine Mannsfigur, die quer durch den Frauenleib dringt und in deren gebreitete Arme verarbeitet worden ist. Das hat nicht den künstlerischen Rang der Marmorstatuetten des Flötenspielers und des Harfenspielers im athenischen Nationalmuseum, die von **Keros** in den Kykladen stammen und an 500 Jahre jünger sind. Hat auch deren auf die Natur zurückende Fröhlichkeit beileibe nicht. Frappant aber sind das Tiefsinnige und das Geistreiche.

Die Frau, die man für eine Göttin wird halten dürfen, ist größer als das Mannsbild: der senkrechte Kreuzesbalken länger als der waagerechte, im Verhältnis 10:8 so etwa. Die geringere Größe des Mannes, als Abhängigkeit und geringerer Rang abgelesen, erlaubt auf ein Verhältnis Muttergottheit und Sohn oder Jüngling zu schließen, die liegende Stellung in der Quere, auf einen toten Sohn oder toten Jüngling. Ein toter **Adonis** in den Armen - doppelten Sinnes - der **Astarte**. Eine Pietà im Morgenrot der Frühgeschichte.

Gemessen an der kristallenen Klarheit der jüdischen Gottesvorstellung war die neue Religion Christi ein Rückschritt. Gemessen an der extremen Einseitigkeit jener in Hinblick auf die Geschlechter war sie eine mildernde Berichtigung, eine Korrektur der übermäßigen, populärem Verständnis unzugänglichen, exklusiven Härte. Da sie weniger hinsichtlich des Gottvaters, unzweideutig aber an der Muttergottes und am Menschensohn nur die gütigen oder positiven Aspekte zum Glaubensgegenstand machte, betrat als Träger aller Ungüte und Negation der große höllische Widersacher, der **Teufel**, die Szene des mythologischen Welttheaters, der freilich zuvor schon einen Negativaspekt **Jahwehs** andeutend hatte darstellen dürfen, einen der »Söhne Gottes« ohne Namen.

Nun ward er benamst und hieß **Belial** oder **Sammael** bei den Rabbinen. Bei den Christen wird er als »Fürst dieser Welt«, also demiurgisch und, noch deutlicher unter gnostischem Einfluß, als »Gott dieser Welt« gesehen. Erst seit unserer Reformation macht sich der Teufel rar und rarer. Dafür aber hat diese wieder – Vorzug oder nicht – mit der nachträglichen anthropomorphischen Überwucherung und bilderreichen Heidenhaftigkeit, teils sogar radikal, aufgeräumt und unter Verdrängung der Muttergöttin die Glaubenssachen aus der bildlichen Anschaulichkeit zur Gedanklichkeit zu läutern und der jüdischen Auffassung Jahwehs anzunähern unternommen: »...*der Herr Zebaoth und ist kein andrer Gott*...«

Der Islam aber unternahm es nicht, die unvergleichliche Gottklarheit der jüdischen Vorstellung beizubehalten, zählte **Jesus** zwar nicht als Gottessohn, doch zu den prophetischen Vorgängern **Mohammeds** und zollte auch der Jungfrau **Maria** Anerkennung. Des Korans dritte Sure, 40, lautet: »*Gedenke, da die Engel sprachen: ›O Maria, siehe, Allah verkündet dir ein Wort von ihm; sein Name ist der Messias Jesus, der Sohn der Maria, angesehen hienieden und im Jenseits und einer der Nahen bei Allah‹.*«

Und zweite Sure, 254, anfangs gleichlautend mit 81: »...*Und wir gaben Jesus, dem Sohn der Maria, die deutlichen Zeichen und stärkten ihn mit dem Heiligen Geist, und so Allah wollte, so hätten die Späteren nicht gestritten, nachdem zu ihnen die deutlichen Zeichen kamen; aber sie waren uneins, und die einen von ihnen glaubten und die anderen waren ungläubig*...« Der Islam, obschon auf solche Weise in dauerndem Gespräch mit jüdischer und christlicher Religion, hat aber die Bindung an die arabischen Stämme niemals ganz abgestreift und Neigung, sich mehr und mehr auf die Religion einer Großnation aller Araber einzuschränken, gezeigt. So ist er gemessen an dem offeneren Weltgültigkeitsanspruch des Christentums in reaktionärer Einengung begriffen und befangen. Eine Reduktion.

Es waren einmal drei Ritter. Die kamen aus der Picardie und waren blutjung. In des Herren Jahr 1134, drei Jahre nach dem Tode **Balduins II.**, zweiten Königs von Jerusalem, gerieten sie, die selbdritt dem Orden der Hospitaliter oder Johanniter angehörten, bei **Askalon** in ägyptische Gefangenschaft. Und der, in dessen Gewalt und Gewahrsam sie also kamen, war zu **Al Kahira** am Nilstrom ein Sultan aus dem glänzenden, nun aber schon im Abnehmen begriffenen Hause der Fatimiden. Der Sultan hatte Gefallen an den Gefangenen, und das war ihm Anlaß genug zu unablässigen Bemühungen, die, sagen wir, einigermaßen ungehobelten Herren aus Frankistan der feineren Lebensart der Moslems zuzuführen und zu Bekennern des Propheten zu machen. Was alles aber nichts fruchtete: die Picarden erwiesen sich als unbeirrbar und sprachen weder auf Gaben und Geschenke, weder auf Versprechungen noch gar auf Drohungen an.

Da verlegte sich der Selbstherrscher über Islamisch-Afrika und Syrien, je eifriger desto blinder, auf ein Mittel, das ihn unwiderstehlich und unfehlbar dünkte. Das Mittel hieß **Ismeria** und war sein einziges Kind, ein lieblich erblühtes Töchterchen. Diesem vertraute er die Schlüssel zum Gefängnis jener störrischen Frankistani an, die da Nazarener sein und bleiben und um keinen Preis bekehrt werden wollten. Der Sultan wußte seine Prinzessin wohlerzogen und züchtig, wie denn auch anders, ingleichen wohlgebildet über Übliches hinaus und unwiderleglich beschlagen in den Weisheiten des Korans. Ismeria! Sie war nicht umsonst eine Fatimidin und sich bewußt, was es bedeutete, von **Fatima**, die Lieblingstochter des Propheten, abzustammen. Unter uns: dieser Stammbaum könnte zwar angezweifelt werden. Doch wird die schöne Ismeria unsrer Erzählung, die weit mehr Legende als Historie ist, keinen Zweifeln bezüglich ihrer Herkunft Raum gegeben haben, nehmen wir an.

Die widerborstigen Brüder nun - denn es waren Brüder auch leiblich und nicht nur geistig *in ordine Sancti Johannis*, ich vergaß das zu sagen -, dieses brüderliche Dreigespann also sollte Ismeria höchstselbst in Begleitung ihrer Frauen und Eunuchen, versteht sich, aufsuchen und durch Zuspruch und gütliches Zureden erweichen und gewinnen; wobei die zwiefache oder in Anbetracht der Mittel gar auch quadruple Wirksamkeit des ewig gültigen Prophetenwortes sowohl wie der Schönheit und Anmut Ismeriens in Anschlag gebracht worden war.

Aber des Sultans Hoffnungen wollten sich nicht erfüllen. Im Gegenteil oder im »*Gegenspiel*«, wie es in einer alten Johanniter-Ordensgeschichte so hübsch heißt; ihr wurde oben schon die Historia des Drachentöters von Rhodos und wird nunmehr die Legende der Ismeria entnommen - im Gegenspiel: Ismeria besuchte die Gefangenen des öfteren. Das wurde ihr alsbald zur angenehmen Pflicht. Sie nahm sich Zeit dafür, tat es gern, brachte scheinbar für den eigenen Bedarf Süßigkeiten mit, die sie jedesmal wieder mitzunehmen vergaß, und tat es endlich gar auch pochenden Herzens, was sie allerdings kaum sich selbst, geschweige etwa einer Vertrauten eingestanden hätte.

Und es braucht für die andere Seite nicht abgestritten zu werden, daß es auch den jungen Gesellen als Abwechslung wohltuend und je länger desto willkommener war, wenn sie das graziöse Klippklapp gewisser Pantöffelchen auf dem Gang draußen aus dem Getrippel der begleitenden Hoffräulein und sonstigen Frauenzimmers heraushören konnten und diesen Ohrenschmaus lieber vernahmen als das unwirsche Schlurfen irgendwelcher Aufseherschuhe oder das Tapfen von Sklavenbarfüßen beim Flurkehren.

Nicht, daß Ismeria ihre Aufgabe nicht mit dem gebotenen Ernst angepackt hätte. Es ging auch gar nicht etwa nur um eine gewöhnliche Grille des verehrten Herrn Vaters, des Sultans. Die blonden Junker aus Frankistan wären aus dem Kreuzfahrerheer nicht die ersten Proselyten des Islam gewesen, die man hätte verbuchen können. Es war zudem ein verdienstliches Werk, dem Allahs Wohlgefallen - Ruhm seinem Namen! - nicht vorenthalten werden würde. Und auf der anderen Seite, so unzumutbar groß war der Schritt ja auch nicht, der von **Issa ben Mirjam** oder Jesus Christus, wie jene beharrlich sagten, zu Allahs wahrem Propheten zu tun wäre - sein Namen sei gepriesen!

Und hatten nicht einst in Ägypten Abertausende monophysitischer Christen Allahs siegreich einrückende Streiter als die Befreier vom byzantinischen Joch und von der Be-

vormundung und Entrechtung durch alle möglichen Kon-
zilien jubelnd begrüßt? Und gab es nicht auch die Johannes-
christen? Was die Herren als Johannis Ritter ja wissen
müßten - oder nicht? Nein aber, das hatten diese weit von
sich gewiesen und vielmehr behauptet, von Christen solcher
Art noch nie etwas gehört zu haben und sicher zu sein, daß
ihr Orden damit nichts zu schaffen habe, und ob Ismeria
sich nicht irre? Nein aber - wie könne sie? -, jene Gläubigen seien Schüler **Johannes des Täufers** von Geschlecht zu
Geschlecht, und ihre Religion sei sozusagen eine Mischung
aus Christlehre, Judentum und Islam. Und sie glaubten an
das nämliche Paradies voller Wonnen für Helden und Got-
teskrieger wie der rechtgläubige Moslem auch. Und möchte
das Johanneschristentum sehr wohl, so Ismeriens Wunsch,
als goldene Brücke jedem dienen, der den Weg zum einzig
wahren Glauben suche. Zum Islam. Allerdings gelte bei
den Johanneschristen Jesus von Nazareth nur als ein Diener
des Täufers, des letzteren Eltern, **Zacharias** und **Elisabeth**,
aber seien die größten Heiligen. Solche Übertreibungen im
Verehren seien dem Islam aber ganz fremd und zuwider:
dort habe jeder Prophet den ihm zukommenden Rang und
befinde sich alles in göttlicher Ordnung. - Dieser Besuch
jedoch war zu schulmeisterlich ausgefallen, hatte Ismeria
sich nachher freilich vorgeworfen.

Ein andermal hatte sie bei der Natur Jesu angefangen
oder besser bei den verschiedenen Lehren von deren zwei,
einer göttlichen und einer menschlichen; wonach selbstverständlich der Moslem nicht frage, denn so wahr es nur einen
einzigen Gott gebe, so natürlich müssen denn selbst die größten Propheten, ob **Moses**, **Jesus** oder **Mohammed**, Menschen von Fleisch und Bein gewesen sein. Und die drei Brüder hatten halb die Köpfe geschüttelt, halb auch genickt,
jedenfalls aber ihre Verwunderung nicht verborgen, über
so knifflige Dinge, über die sich in der kühlen grünen Picardie kaum der Burgkaplan den Kopf zerbreche, aus dem
Munde einer Muselmanin unterrichtet zu werden. Aber hier
im Orient mache man offenbar in den Sachen der Glaubens-
lehre sehr feine, um nicht zu sagen: haarspalterische Unterschiede. Darauf habe sie auch ihr Großmeister **Raimundus**
schon aufmerksam gemacht.

Jawohl, feine Unterschiede, die mache man, hatte Ismeria

nicht ohne Stolz bestätigt. Erglühend auch und mit glänzenden Braunaugen und in einer duftenden Aureole aus Moschus, Ambra und köstlichen Narden. Denn dieses Land des Aufgangs, das sie, die Picardenbrüder, leider mit der Waffe in der Hand anstatt als fromme und demütige Pilger aufgesucht hätten, sei auch das Land des Aufgangs der drei großen, vom Gottesfreunde Abraham und den anderen Erzvätern her verbundenen Religionen. Und wie zu Alexandrien ein Exportkaufmann von seiner Ware etwas verstehe, von Baumwolle, Reis oder Datteln, so verstünden rings im Orient die Leute, groß und klein, von ihrem größten und köstlichsten Exportartikel, der da Religion heiße, sehr viel. Und von Haarspaltereien könne nicht die Rede sein.

Darob hatten sich die drei ehrlich entsetzt, derlei gar nicht hören wollen und sich, möglichst unauffällig für Ismerien, rasch bekreuzigt. Aber nein, hatten sie wie aus einem Munde gerufen, solchen Vergleich verbiete die Heiligkeit der Dinge. Und Ismeria hatte einlenken müssen, weil sie außer acht gelassen hatte, daß die Junker dem Handel und Wandel nicht die zukommende Achtung zu zollen gewohnt waren, und hatte zu erklären versucht, daß eben gerade diese heiligen Dinge hierzulande sehr volkstümlich und Allgemeingut seien und daß auch der Eseltreiber, der Wasserverkäufer draußen und der Melonenhändler am Nilkai zwar ihre Waren ausschrien und ihre Münzen einstrichen wie auf allen Basaren dieser Erde einschließlich der Picardie, dessenungeachtet aber mit sich und anderen in unaufhörlichen Disputen und Spekulationen begriffen und verstrickt seien, zum Beispiel eben darüber, welchen Grad von Menschlichkeit Jesu Natur gehabt, ob ganz, ob teilweise, ob nur dem Scheine nach, ob nur zeitweise und welcher Stufe und Natur seine Göttlichkeit gewesen. Alle und jeder im Zweistromland, in Syrien oder hier verstehe sich auf Gottes Rede und Ruf so, wie jedermann den Muezzin zu den Gebeten rufen höre, und sei auch noch so viel des Lärmens und Marktens im Karawanserai. Auch **Mohammed**, der Prophet, habe nur Kamele getrieben, und dennoch habe der Engel Gabriel ihm Gottes Wort geoffenbart.

Und an dieser Wegemarke des Gedankenganges hatte Ismeria sich vorgenommen, die lauschenden drei Gebrüder auf dem Teppich ihr gegenüber geschwind zu überrumpeln, um die erhabene Nüchternheit des Islams als aller Gottesweisheit letzten Schluß einmal mehr in das gebührende Licht zu stellen. Solches im Schilde, hatte sie unter Lächeln eingeräumt, daß es freilich des Wägens und Grübelns auch zuviel werden und dem Ganzen zum Nachteil gereichen könne. Doch wenn gewisse Haarspaltereien zugegeben werden müßten, so beträfe das lediglich die Christen, die christlichen Monophysiten jedenfalls, die sich in Kopten, Eutychianer, Apollinaristen, Akephalen, Julianisten, Jakobiten, Theodosianer, Severiten, Armenier und noch viel mehr monophysitische Untersekten aufsplitterten und dadurch der endgültigen Ausbreitung des reinen Gotteswortes im Wege stünden wie Dornengestrüpp dem Fuße dessen, der da nach **Mekka** walle. Daher heiße es in der Sure ›Die Gläubigen‹, der 23. Alkorans: »*Aber sie zerrissen ihre Sache untereinander in Sekten . . .*«

Die jüdische Lehre aber hatte Ismeria den Gebrüdern nicht nahelegen und empfehlen mögen. Die Juden seien versteint, Ismeriens Meinung nach, und verstockt und hätten in ihrem Starrsinn gar Jesum den Propheten ans Kreuz geschlagen und getötet, und die Juden zu Medina hätten selbst auf **Mohammed**, diesen Gesandten Allahs, nicht hören wollen und seiner sogar gespottet, möge Allah ihnen ein gerechter Richter sein, und sie seien jetzt die Altsitzer im Haus der Religionen und gleichsam weiter nichts als die mürrischen Großeltern des Islams, der ja eben auch eine Reformation der Religion Abrahams darstelle. Hingegen - und Ismeria hatte tief Atem holen müssen, weil sie die sektiererischen Aufspleißungen unter den Moslems unerwähnt zu lassen gedachte, sich aber mit so zweckhaftem Verschweigen schwer tat -, hingegen sei Mohammeds Gotteslehre geoffenbart, klar wie Allahs Auge über der hehren Einfachheit der Wüste, die den Glaubenshungrigen mit Erleuchtungen speise . . . Aber die Gottessohnschaft! . . . Vorstellungen dieser Art seien - man möge ihr verzeihen und sie wolle gewiß niemandem wehe tun, sondern nur berichtigen -, seien fromme und weibische Hirngespinste, denen sie, die drei aus dem Abendland, als Ritter und Männer, wenn auch als junge Männer noch, Glauben zu schenken sich besser entschlagen sollten . . . Wie? . . . Der Rechtgläubige kenne keine

Vermischung Gottes mit Erdenmenschen! Solchem Irrglauben hätten vor Christi Zeiten einst die angehangen, die dem Götzen **Jupiter** geopfert. Und es könne, bei allem schuldigen Respekt vor einer Prophetenmutter, da Gott weder geschaffen noch gezeugt sei, eine Mutter Gottes so wenig geben wie einen Gottessohn.

Da war die kluge Ismeria nun aber an die Falschen geraten. Denn mit sprudelnden Worten und einander überbietend bekannten die Brüder, denen darüber das Blut in die Wangen schoß - was Ismerien geradezu bestürzte, so entzückend fand sie es -, daß sie nicht für Gott ins Feld gezogen seien, wie etwa Muselmanen täten. Denn Gott in seiner unendlichen Allmacht bedürfe so geringer Waffengefährten nicht. Daß sie vielmehr zur Befreiung der heilsgeschichtlichen Stätten ausgerückt seien, auf daß keinem Christen mehr ein Haar gekrümmt werde, wenn er dort beten wolle. Daß sie darüber hinaus aber das Kreuz für die Himmlische Jungfrau genommen, die hochheilige Gottesgebärerin und reine Magd, die holdselige Fürbitterin der sündigen Menschen vor Gottes Thron, und wenn sie, Ismeria, sich unter Transzendenz etwas vorstellen könne, so solle sie nur wissen, daß der Ritter todesentschlossener Dienst an dieser Blume aller Frauen und aller Mädchen, an der auserkorenen Himmelsbraut, transzendent für den ewig pflichtigen minniglichen Dienst am schönen und zarten und süßen Geschlecht hienieden stehe, für welches Lanzen zu brechen und Klingen zu schlagen, nach jenem allerhöchsten, das vornehmste Ritteramt sei!

Da wäre nun die schöne Ismeria an der Reihe gewesen, über und über rot zu werden, hätte sie nur so weiße Haut gehabt wie die drei Jungen. So fühlte sie bloß ihre Wangen heftig entbrennen und tröstete sich damit, daß ihre aufbrausenden Glaubensschüler der Hitze ja nicht gewahr werden könnten. Aber sie, Ismeria, wußte nicht, wie ihr geschah. Als ob sie stürze, wie einer im Traum zu stürzen meine, so war ihr: was mußte das für ein anderes Leben in den Ländern gen Abend sein, wo in der Verehrung einer Göttin, um es einmal ganz unverblümt zu sagen, einer Göttin, die Mädchen wie Mutter in einem war, geradezu ein immerwährender Dienst an allem Menschlich-Weiblichem gipfelte! Und was war verglichen damit Ismeriens üppige Welt der

Wohlgerüche Arabiens? Der Harem, darin die Frauen sich ungefragt und ohne Recht den Launen ihres Mannes zu bequemen hatten, wenn es diesen gelüstete und jückte. Ihres Mannes, den sich auszusuchen ihnen nicht zustand. Ach was, die Nardenfläschchen und seidenen Polster! Ach was, Gold und Perlen! Der Harem, dem allein alles Mädchenvolk unter des Propheten Fahne herangedieh wie Schlachthammel, die der Schäfer mästet. Entgegenblühte, um Seite an Seite mit zufälligen Schicksalsgefährtinnen auf den Eheherrn zu warten, bis es ihm beliebe, zu erküren oder links liegenzulassen. Der Harem und das Neiden um des Einen Gunst und der Zank und Hader um die Erbrechte der Söhne. Und die Langeweile. Ach was, die duftenden Blumen, die marmornen Brunnenbecken bei den Gärten! Tulpen und Flieder! Ach was, die goldenen Käfige voller zwitschernder Lerchen! War nicht jede junge Muselmanin gleich einem solchen Vogel? Zu zwitschern und zu schwätzen da - und nicht zu fliegen? Was hatte der Prophet nur angerichtet, der doch seiner **Chadîdschah** ein guter Gatte gewesen und **Aischa** die Junge wahrlich geliebt hatte? Warum nur hatte er den Frauen so wenig an Raum und Recht belassen? Ein Nichts an Raum. Ein Nichts an Recht.

Und welch eine andere Luft mochte wohl durch die kühle grüne Picardie wehen und durch all die Lande im Abend? Wo die Mädchen wohl wie von Milch und Blut sein müßten wie die drei Brüder hier. Wie von Milch und Blut und frei wie Lerchen über der jungen Saat. Und mochte das auch eine übertrieben günstige Vorstellung von einer dort herrschenden Freiheit sein und die Mädchen dort auch weißen Gänsen gleichen, Ismeria wußte es doch sehr gut, daß vorzeiten auch der Jungfrau **Maria** Bildnis in der allerheiligsten Kaaba zu **Mekka** ausgestellt worden war. Ja! Und wußte nur zu gut, daß die arabischen Vorfahren auch zu des Propheten Tagen noch drei weibliche Gottheiten in Ehren gehalten hatten, **Allât**, **El-Ussa** und **Manât**, und daß der Prophet diese Göttinnen »hochfliegende Schwäne« genannt und auf ihre Fürsprache zu hoffen anempfohlen hatte. Ja! Nur daß er anderntags schon die diesbezüglichen Verse seiner 53. Sure als Satans Eingebung leider verworfen. Und damit sollte das Weibliche nun ein für alle Male ausgespielt haben? Ismerias Herz sträubte sich. Und in ihrem zierlichen Haupt wirbelte es, daß ihr ganz dumm davon wurde. Sie fühlte die drei hellen Augenpaare auf sich gerichtet, obwohl sie die ihren unter den Wimpernkränzen und den blaugeschminkten Lidern sorgsam verborgen hielt. Wie denn gerichtet? Blicke, darin Anbetung und Begehren einander nicht ausschlossen, sondern bedingten.

Von diesem Tage an begann das Gegenspiel. Denn nunmehr war es die schöne Unterweiserin, die unterwiesen werden wollte und zwar mit aller Ausführlichkeit über die heilige Jungfrau, die sie, was auffiel, jetzt auch nicht mehr **Mirjam**, sondern nach der Nazarener Weise Maria nannte. Ismeria wollte sich ein Bild machen und wissen, wie Maria ausgesehen habe oder besser aussehe, da, wer gen Himmel aufgefahren sei, ja ewig lebe; sie bestand darauf, ein solches Marienbild zu besitzen. Das war nun so leicht nicht zu beschaffen. Ob die Brüder wohl eins anfertigen könnten? Wie aber dieses, riefen sie törichterweise und wichen aus, ohne Werkzeug und Werkstoff? Dumme Frage! Die dümmste, die sie stellen konnten. Denn es war dem Sultanskinde freilich ein Kleines, Holz sowohl als Meißel, Stichel, Hohleisen, was immer vonnöten, holen zu lassen. Sie brauchte nur in die Hände zu klatschen.

Ja nun? Die picardischen Drei hatten Reiten und Falkenbeize, Lanzeneinlegen und Schwertfechten einhändig wie beidhändig und alle ritterlichen Künste gelernt. Aber Bildschnitzen? Für Ismeria war es unerwartet wichtig, ja geradezu entscheidend, ob die Knaben bloß geflunkert, wie es Knaben tun, die der Imam bei den Ohren nehme, oder ob sie Mariens Bild derart beherzigten, daß sie es aus dem Inwendigen auch ins Auswendige stellen könnten. Sichtbar für jedermann. Sie gebe anheim, sprach sie erhobenen Hauptes und mit ungewohnter Strenge und ließ die drei Verblüfften in ihrer angehenden Werkstatt allein. Dabei verschwor sie sich, wenn die Gebrüder kein Gebilde zu machen vermöchten und, wie zu folgern, also auch nicht wüßten, was sie sich da eigentlich einbildeten, so sei nichts an ihrem Gerede und Geschwärm gelegen, und sie, Ismeria, wolle sich fortan in ihre Welt schicken, in der weibliche Menschen als Geschöpfe minderen Ranges angesehen seien, und wolle sich damit begnügen. Islam heiße Ergebung in Gottes Willen.

Es leuchtet ein, daß hier nur noch ein Wunder helfen konnte, der Unbilligkeit des Gottesurteils, das die Prinzessin sich da in den Kopf gesetzt hatte, zu begegnen. Und dieses Wunder geschah. Die Brüder hätten eifrig gebetet, weiß die Legende, die in gedachter Chronik alles in allem nur 37 Zeilen lang ist, und dann heißt es, die Brüder: »... *wären darüber entschlaffen: Als sie nun also geruhet / wäre ihnen durch die Engel ein schön geschnitztes Bild gebracht worden / welches sie folgenden Tages der Ismeria zugestellet / so auch mit großer devotion empfangen / und sey ihr folgende Nacht die Mutter Gottes erschienen / worauff sie sich entschlossen die Ritter zu entledigen / mit ihnen zu entrinnen und sich tauffen zu lassen. Als sie nun solches in das Werck zu setzen angefangen / und an einen Arm des Nili gekommen / und kein Schiff gefunden / hätten sie von der anderen Seiten einen schönen Knaben ankommen gesehen / welcher sie alsobald übergeführet / allwo sie / weil sie sehr müde / sich an das Ufer zu ruhen niedergeleget und eingeschlaffen wären; Als sie aber erwachet / hätten sie sich nahe bey ihrem Hause in der Picardie, Marchois genannt / befunden / da sie nachmals eine Kapelle gebauet / und das Bild darein gesetzet ...*«

Ismeria aus Ägypterland aber hat nur zu gern den Namen Maria angenommen, erfährt man noch, das lag ja nahe, und hat bei der Mutter der ritterlichen Brüder ihre Tage verbracht und ist nach Ende ihrer Erdenfrist in besagter Kapelle beigesetzt worden. Diese heißt noch heutigen Tages **Nôtre Dame de Liesse**, und das Marienbild darin ist sehr wundertätig und das Ziel vieler Wallfahrten bis auf diese Stunde, soweit ich weiß. Bin im letzten Krieg mehr als einmal durch Liesse gekommen, ohne schon zu wissen, was es mit dem Bild für eine Bewandtnis hat, und hab's folglich zu besuchen unterlassen. Soviel Zeit wäre dem Heeresdienst auf jeden Fall zu stibitzen gewesen. Geht alles vom Krieg ab, hieß es bei den Landsern.

Einer von Zyperns mittelalterlichen Königen aus dem Haus **Lusignan**, und zwar der bedeutendste dieser »fränkischen« Dynastie, die dort von 1191 bis 1489 regierte und im übrigen, laut Semi-Gotha freilich, noch bis ans Ende des 19. Jahrhunderts ein ungekröntes Fortleben in Rußland gehabt zu haben scheint, war Pierre le Premier - **Peter I.** Wie das Familienschicksal, das den Lusignans von einem Baronat bei **Poitiers** zu den Königskronen von **Jerusalem**, Zypern und **Armenien** verhalf, in den Zeiten der Kreuzzüge die abenteuerlichsten Formen annahm - die ungekrönten letzten sind zwangsweise Muselmanen und der allerletzte ist aus freien Stücken Jude geworden -, so fehlt von früh an auch ein märchenhafter Zug nicht: die schöne Melusine aus der Nixensippschaft der Undinen war, so heißt es, mit einem Lusignan verheiratet.

Beiseite Peters militärisches und politisches Wirken während seiner kurzen Regierung von 1359 bis 1369. Er war mit **Eleonore von Aragon** verheiratet und hatte zeitstilgemäß zwei Mätressen, **Echive de Scandelion** und die Dame **Jeanne L'Aleman**, eine junge Witwe.

Eleonore, wiewohl selbst nicht ohne Divertimenti neben der Ehe, zu Racheakten also nur durch ihr heftiges Temperament, nicht jedoch aus beleidigter Keuschheit befugt, benutzte Peters Abwesenheit - Peter warb fern in Europa für antitürkische Aktionen, wobei er gar bis **Stettin** und **Krakau** gelangte -, um eines fatalen Tages die Dame **Jeanne**, die einen königlichen Bastard erwartete, zu sich zu beordern und zu foltern, indem sie ihr einen mächtigen Mörser samt etlichen Scheffeln Salz, bald auch eine steinerne Handmühle auf den Leib stellen und Getreide darin mahlen ließ. In der argen Absicht, eine Fehlgeburt einzuleiten, die indessen nicht eintraf. Zuletzt warf die hemmungslos böse Eleonore ihr Opfer in den Turm von **Kerynia**, woselbst Jeanne niederkam, das Neugeborene aber einem Ritter der Königin aushändigen mußte. Wer weiß, wo es hingeriet. Jeanne kam ins Kloster.

Mord und Totschlag, denen der unverzüglich heimgekehrte **Peter** wie auch Eleonorens Galan Nummer Eins zum Opfer fielen, waren die Folgen. Gift, Ohrfeigen, abgebissene Nase, der Verlust der Hafenveste **Famagusta** an **Genua** und schließlich der Niedergang des Königreichs, das ein Lehen Ägyptens wurde.

Und soviel vom Historischen in groben Zügen und so weit, wie dem gehobenen Tratsch der örtlichen Chronisten Glauben geschenkt werden darf.

Bemerkenswert nun aber die Art und Weise, wie jene alten Schauergeschichten in zypriotischen Balladen nacherzählt werden, deren es mehrere Variationen gegeben hat oder noch gibt. Allerdings sind mir nur zwei davon in der Bibliothek in **Nikosia** zugänglich gewesen, doch sie allein schon bieten Musterbeispiele für die Verwandlung von Fakten ins Märchenhafte und für ihre Entrückung ins Mythische. Nebenbei möchte ich unterstellen, daß eine andere aber ähnliche Geschichte, die ergreifende Mär von **Rosamond the Fair**, jener berühmten Geliebten **Heinrichs II.** von England, bei der Entstehung der zyprischen Balladen von Einfluß gewesen ist. Räumlicher Distanz zum Trotz. Im 14. Jahrhundert nämlich behauptete eine französische Chronik kühnlich, **Rosamunde Clifford** - sie war 1173 gestorben - sei von Heinrichs eifersüchtiger Gemahlin, während er außer Landes war, in ihrem labyrinthisch unzugänglichen Schlosse aufgesucht und vergiftet worden. Diese aber hieß ebenfalls **Eleonore** (von Aquitanien) und hatte tatsächlich einen Lebenslauf, dessen Dramatik den der zyprischen Eleonore (von Aragon) noch hinter sich ließ: vor der englischen hatte sie die französische Krone getragen, war **Richard Löwenherz'** Mutter, und der wieder hatte vor noch nicht 200 Jahren den ersten Lusignan in Zypern als in ein englisches Lehen eingesetzt. Wahrscheinlich immerhin, daß jene französische Rosamunden-Mär auf die französisch gesittete Mittelmeerinsel gelangte, und verständlich, wenn man dort ohnehin der ersten Eleonore gedacht und folglich die so ähnlichen Bilder jener und dieser Königin einander traumartig überlagert und durchdrungen hätten. In der Alchimie der Sagenbildung wäre derlei keine Seltenheit.

Die Ballade, hier mit der Nebenabsicht übersetzt, wenigstens den typisch griechischen 15-Silben-Vers wiederzugeben, wenn denn schon kein Lexikon für das ältliche, stark elidierte Neugriechisch in zyprischer Mundart zur Verfügung stand und stellenweise mehr geraten als übertragen werden mußte, lautet folgendermaßen:

»Hat es geblitzt? Hat's gedonnert? War es Hagel, der prasselt?
Nirgends ein Blitz und kein Donner, auch kein Hagel, der prasselt.
Den Sklavinnen klang nur der Königin Frage so schneidend:
Der König liebt wen? - Die Sklavinnen gaben schleunigst Bericht:
Nachbarlich über uns droben, droben wohnen drei Schwestern.
Die eine heißt Rose, die andere nennt man Anthousa,
Arodáphnousa heißet die dritte, die schönste von ihnen.
Rose verehrt ihn, Anthousa küßt ihm den Mund, die dritte
und schönste bereitet das Lager und bettet sich zu ihm.«

Märchenhaft und noch mehr: die Volksballade fängt auf
der Stelle zu mythologisieren an. Nicht um Mitglieder der
christlichen Feudalgesellschaft sondern geradezu um Berg-
frauen, Musen, Oreaden etwa oder Nymphen scheint es zu
gehen. Schon die Dreizahl deutet die kollektivpoetische
Entschlossenheit zur Hebung ins Mythische an. Die beiden
ersten Schwestern tragen Blumennamen, aber die dritte
heißt, übersetzt, Rosenlorbeer oder Oleander. Mit der Reihenfolge der Namen entschreitet man dem menschlichen
Bereich. Der Name der Heldin vollends kommt nur Nymphen zu. Und auch die Königin - im Text Re(g)aina, auch
Wasilissa - hat wenig oder nichts mehr mit Eleonore von
Aragon zu tun, sondern erscheint von vornherein über-
menschlich als Archetypus der verhängnisbringenden Frau,
als die böse Königin. Übrigens heißt es in der anderen Fassung: *»Am Jordanfluß wohnen drei Schwestern . . .«*

»Als der König erfuhr von der Maid, fand er zu ihr den Weg.
Darauf entbrannte die Königin, davon in Kenntnis, vor Zorn.
Botschaft erging an Rodáphnou: vor ihrer Herrscherin schnell
habe sie zu erscheinen: auf doch! Die Königin will es! -
So? Die Königin? Wie aber das? Sie kennt mich doch gar nicht.
Wenn sie wünscht, ich soll kochen, komm ich mit Töpfen und
*   Löffeln.*
Wenn sie wünscht, ich soll tanzen, gut denn, im Tanzschleier
*   komm' ich. -*
Ganz so, wie dir's gefällt, Arodáphnousa, wenn du nur kommst! -

Da nun ging sie hinein, was sie an Kleidern, zu wechseln.
Goldnes Gewand legt' sie an, zog Klöppelspitzen darüber.
Drüber schlang sie zu oberst den perlenbestickten Schleier,
spielt' mit dem goldenen Apfel in ihrer Hand und ging
sinnend, wie der Königin schickliche Anrede laute.«

Die Oleandernymphe wächst zur Göttin mit dem goldenen
Apfel auf. Das kann auf Zypern mit traditioneller Selbstverständlichkeit nur heißen: in einem Gewande von über-
irdischer Pracht **Aphrodite** selbst!

»Nenn' ich sie etwa Würznelkenstrauch? Die Würznelke beugt sich.
Red' ich sie etwa Rebstock an? Rebstock hat harte Knorren.
Red' ich sie gar mit Rosenstock an? Der hat seine Dornen.
Mir bleibt also nur die Anrede, wie sie ihr zukommt. - Sprach's
und ging ihres Wegs auf der Straße fürbaß, auf dem Pfade,
dem Pfade, der zu der Königin Schloß hinanführt.
Stieg die erste Treppe hinauf, biegsam mit schwingenden Hüften,
stieg die zweite hinauf so tändelnd wie eine Verliebte.
Auf oberster Treppe endlich empfing die Königin sie,
befahl sogleich ihren Frauen, einen Stuhl herzubringen. -

Dir eine gute Stunde, Regaina! - Grüß dich, mein Rebhuhn!
Schön, daß du zu uns kamst, Rodáphnou, zum Essen und Trinken.
Köstliche Stücke vom Hasen und gebratenes Rebhuhn,
Speisen bekommst du, wie Herren sie aufzutischen der Brauch.
Süßen Wein sollst du schlürfen, den sonst nur Mächtige trinken,
kräftigen Rebensaft, davon gar die Kranken genesen. -
Kam mitnichten, Regaina, zum Tafeln und Bankettieren.
Eurem Befehl nur erbötig kam und erschien ich vor Euch. -
Welch eine liebt denn der König? wollte die Königin wissen. -
Meine Frau Königin, mir ist darüber gar nichts bekannt. -
Stieg die erste Treppe hinab, biegsam mit schwingenden Hüften,
stieg die zweite hinab so tändelnd wie eine Verliebte
und auf der Königin unterster Treppe sprach sie für sich:
Ha! Dieses Vettelgefries! Runzelgesichtiges Weibsbild!
Dürrvogel! Hex' ohne Zahn! Und davon schwärmen die Leute! -

Die Königin nicht, jedoch eine Sklavin konnt' es hören.
Daraufhin ward Rodáphnousa wiederum vorgeladen:
Auf, Arodáphnou, auf! Die Königin heischt dich zu sehen! -
Was will denn die Königin jetzt? War doch eben bei ihr. -
Arodáphnousa, komm! Die Königin heischt dich zu sehen! -

Sie ging ins Haus und legte die schwarzen Gewänder sich an.
Das goldene Kleid tat sie ab, hüllt' sich zur Gänze in Schwarz,
schwärzte den Apfel gar auch, mit welchem sie spielte, und ging.
Stieg die erste Treppe hinauf, biegsam mit schwingenden Hüften,
stieg die zweite hinauf so tändelnd wie eine Verliebte.
Auf der dritten Treppe angelangt, sprach sie und sagte:
Was, o Königin, wollt Ihr von mir? Was ist Euer Begehren? -

Kommst mir eben grad recht, Rodáphnou, denn der Kamin ist heiß! -
Nur eine Frist vergönn' mir, nur eine winzige Weile,
um mit lauter Stimme zu rufen, mit hallender Stimme,
daß der Herr König mich hört und hereilt und mich befreit! -

Ferne, tafelnd bei Speise und Trank, hört der König den Ruf.
Lasset schweigen die Flöten! Laßt ab, die Lauten zu schlagen!
Die ich höre, die Stimme, ist Arodáphnousas Stimme.
Rasch meinen Rappen herbei, gesattelt und aufgezäumt!
Aufgesessen und fort! - Und hat schon tausend Meilen im Nu
zurückgelegt, eh' einer noch Guten Tag sagen kann, und
eh' einer Guten Weg wünschen könnte, abermals tausend.
Findet die Pforte verschlossen und ruft es dringlich genug:
Rasch! Tuet auf, Königin! Die Türken sind hinter mir her! -
Übt nur Geduld! Möcht um ein klein wenig Ausdauer bitten.
Hab' eine Frau hier, bei deren Entbindung ich beistehen will. -

Der König, eben noch draußen, zertritt die Tür und ist drin,
geht, stürzt, sieht im Kaminfeuer seine Arodáphnousa,
ergreift die Königin und stößt sie jener nach in die Glut.«

Es scheint auch eine Version gegeben zu haben, derzufolge
Arodáphnousa gerettet wurde und anstatt ihrer die Königin in den Flammen endete. In einer anderen gelingt es ihr,
ehe der eindringende König es verhindern kann, der Rodáphnou den Kopf abzuschneiden. Diese Fassung schließt
mit einer Mahnung an die Ehegatten, sich ungesetzlicher
Liebe zu enthalten.

(Dezember 1966)

46 Famagusta - Ammochostos

»*Item darnach*«, berichtet Ritter **Conrad von Grünemberg**, der oben im 11. Kapitel schon zitiert wurde, »*gingen
wir zuerst die Kirche aufsuchen und kamen in das Stift
Sant Nicolaus, eine Kirche so wunderprächtig, als eine nur
sein kann. Denn sie ist gleich einer Monstranz ganz mit
Blattwerk und Fialen und Bildern von Stein durch und*

durch geschmückt, keiner Pracht und Zierde mangelnd. Und sind auch da zwei Glockentürme, ganz durchsichtig von solchem genannten Bauwerk kunstvoll aufgeführt. Dieser Türme hat jeglicher eine achteckige Schnecke, darin man aufsteigt bis zu den Glocken, auch durchsichtig und mit großer Kunst gemacht. Also daß die Kirche mitsamt den Türmen mit der großen Kunst mehr zu bewundern ist denn alle Kunst und Pracht, die einer noch so bewundern und erzählen mag. In der Kirche liegt der letzt vergangene König Jakob neben dem Fronaltar . . .«

Schatten über **Famagusta**. Dieser **Jakob II.** war 1473 an »*erhaltenem Gift*« gestorben, also 13 Jahre vor **Grünembergs** Besuch in Sankt Nikolaus. Der König, ein Bastard, daher von anderen Aspiranten in der Thronfolge bestritten und nur mit Hilfe Ägyptens auf den Thron gelangt, hatte sich mit **Katharina Cornaro** vermählt, die dann, nachdem ihr ein postumes Söhnchen Jakobs zwei Jahre nach dessen Tode ebenfalls fortgestorben war, zugunsten ihrer Vaterstadt **Venedig** abdankte. Und zwar offiziell im Jahre 1498.

Wenn Sie in **Famagusta** waren, wird Sie der Anblick der Lala-Mustapha-Moschee beklommen gemacht haben. Das jäh verstummte Gloria des Maßwerkes, der Fensterrosen, der Kriechblumen draußen. Die kalkweiß getünchte Ödnis drinnen. Die zerfransten farbverschossenen Gebetsteppiche über dem unebenen Steinfußboden. Über den abgewetzten Grabplatten fränkischer Großer und ihrer Damen. Und wenn Sie sich innerhalb des gewaltigen unüberwundenen Mauergürtels umtaten, in der Altstadt, die heute ausschließlich von den nicht eben zahlreichen Nachfahren der Eroberer bewohnt wird, zum großen Teil aber unbebaut und leer steht, werden Sie die vielen ehedem katholischen Kirchen und Kapellen gesehen oder aufgestöbert haben.

Man sagt, es seien ihrer 365 gewesen. Ruine da, Ruine dort. Teils nahezu eingeebnet und dem Erdboden gleich. Teils unbetretbar und der Einsturzgefahr wegen vernagelt. Oder noch ragend und vergeblich des Konservators harrend. Reste frommer Malereien in Gewölbezwickeln, wo die Wetter nicht entlangwaschen. Heime für Felsenbrüter. Nischen für Käuze. Katzenquartiere. Teils im Dienst als wäscheumflatterte Notunterkünfte für Mensch und Vieh. Ofenrohr zum Spitzbogenfenster hinaus. Müllschütten. Scharrende Hühner.

Zum Martinengo-Ravelin, der jüngsten und modernsten Bastion

von 1559 - nur **Nikosias** Wälle von 1567 waren dem Fortschritt der Ballistik noch angemessener -, führen, mitten in einer Stadt, Feldwege und Pfade durch unordentlich angebaute Getreideäcker (die freilich im Mai schon abgeerntet werden). Dürftige Gärtchen mit Zwiebeln, Lauch und Tomaten. Eingegattert mittels zerschrundenen Wellblechs, ausgedienter Benzinfässer, Draht und Treibholzlatten.

Auf der trutzig lauernd landeinwärts geduckten Bastei oben springt der Wind mit den roten Türkenfahnen um, wie's ihm beikommt, und sie fuchteln und fahren, als schlügen sie jemandem um die Ohren. Staub wirbelt in tanzenden Windhosen. Goldgelb. Auf der nördlichsten Bastion über dem sogenannten Stadion - denn freie Fläche bietet sich in dieser Niemandsstadt gar auch für einen wüstenfarbenen Sportplatz - knattert die hellblaue UNO-Fahne und zerren die Zeltbahnen der Soldaten an ihren Vertäuungen. Sand stiebt prasselnd in Schuh, Haar und Kragen, Fetzen fliegen, Papier, Wellblechschrott purzelt. Am Stadion die windschiefe Holzbude flöge in Stücken auf und davon, hielte sie das Gewicht des Limonadenverkäufers, der sich in ihr Inneres kauert, nicht am Boden. Ein kleines Mädchen weht heran, Coca Cola zu kaufen. Handel in Windeseile. Klappe auf, Klappe zu. Das Kind zieht sich sein Lumpenröckchen über die schwarzgrauen Haarzotteln und stolpert, die Flasche im Arm, wie blind durch die Sandböen heimwärts.

Zu Füßen zweier Kirchengemäuer, der Karmeliter einst und der Armenier, stürzt das städtische Gelände ungezäunt zu seltsam querhin klaffenden Höhlen hinab. Mensch und Tier haben unter hangendem Fels Herbergen ohne Tür und Riegel. Mögen die bettelarmen Höhlenbewohner, soweit sie zu den Menschen zählen, ihr täglich Brot draußen irgendwo suchen, das liebe Vieh hungert daheim und glotzt mit aufgestellten Lauschern zu dem ungewohnten Besucher aufwärts. Im Höhlendunkel erscheinen die Tieraugen wie mit dünnem Milchglas überzogen. Kälbchen, Ochs und Eselein. Ohne Krippen. Ohne Streu. Im Mist.

Famagusta! Wie stolz das klingt! Fast als wolle es *fama augusta* heißen: erhabene Sage, herrliche Mär! Das war einmal. Das hat sich. Jetzt ist es ein trauriger Ort. Famagusta, der Name ist der internationale Rundschliff der eigenartigen Benennung, die die Griechen diesem Platz vorzeiten gegeben haben: **Ammochostos**. So werden Sie es in griechischen Lettern als Aufschrift vorn auf den Zielanzeigen der Überlandomnibusse gelesen haben. Amóchosto hörten Sie sagen. Die Türken schliffen den Namen zu **Magóssa** ab.

Ammochostos heißt ›Unter Sand verborgen‹, ›Unter Sand versteckt‹.

Nachdem 1291 die feste Stadt **Akko** drüben in Palästina hatte aufgegeben werden müssen, wurde der bedeutungslose Platz Amochostos rasch zur wimmelnden Niederlassung aller Arten von christlichen Emigranten aus dem verlorenen Lande Jesu. Armenischen, syrischen, jakobitischen, nestorianischen, maronitischen, katholischen, orthodoxen. Amochostos wurde befestigt und erhob sich alsbald zur unumschränkten Herrscherin über allen Ost-West-Handel, der dort lebhafter gedieh denn je zuvor und irgend sonst. Fast hektisch. Der jämmerlich rückläufigen Entwicklung der christlich-abendländischen Politik zum Trotz. Zum Hohne beinahe. Triumph des Kaufmanns. Triumph des Bürgers über die Ritterwelt. Mit Ach und Weh um die eingebüßten Heiltümer drüben hat sich dieses kreuzfidele Christenvölkchen offenbar nicht allzulange aufgehalten.

Famagusta, Umschlagplatz zwischen Levante und Ponente. Famagusta, Exporthafen inseleigner Erzeugnisse, die weltweiten Ruf genossen, teils noch genießen: Cyprus, eine Art Baumwollbatist, Seide von **Karpas**, Gewebe mit eingearbeiteten Golddrähten nach fernöstlichen Mustern, *drap d'or de Chypre*, Klöppelspitzen aus **Levkara** - sie werden auch heute noch hergestellt -, Baumwolle, Johannisbrot - heute noch -, Rohrzucker als seinerzeit besonders wichtiger Artikel, Salz von den Salzseen bei **Larnaka** und **Limassol** - heute noch -, Delikatessen: Kommandaria-Wein - heute noch -, *vin de Chypre* nach **Venedig** und **Livorno**, Fettammern in Weinessig eingelegt, Ortolane, Feigenfresser desgleichen, Öl - heute noch -, Honig - heute noch -, Bienenwachs, Zedernholz für Schiffsmasten, Zypressenholz, Schiffsbauholz. Parfüms in Fläschchen, die die Gestalt von Fettammern hatten, *oiselets de Chypre*, *eau de Chypre*, Braugerste, Goldschmiedearbeiten aus **Nikosia**, Keramik aus **Kerynia**, sogenannte Diamanten von **Paphos**, das waren Topase aus **Polemi**, kostbare Öle zu medizinischen Zwekken, Ladanum, eine Art Harz, das dem Fell von Ziegen entkämmt wird, die man in Zistrosengebüschen geweidet hat; Ladanum wird da und dort wohl auch noch heute zu pharmazeutischen Zwecken angewendet. Dies alles und dazu möglicherweise auch noch Asbest; während man unter

den fränkischen Königen die jahrtausendealten Bergwerke
sonst hatte verfallen lassen.

Wenn auf den Ritter **Grünemberg** und auf **D'Annunzio** Verlaß
ist, der seine Bühnenanweisungen zu »Pisanella« nach alten Chro-
niken erarbeitet hat, so schlug man in Famagusta Waren aus **Re-
gensburg** und *»Venediger und Nürnberger Zeug«* sowie Orient-
erzeugnisse um, Aloe und Sandelholz, Zimt, Cardamom, Gewürz-
nelken, Ingwer (= gengiovo?), Indigo, Tragantgummi, Pfeffer,
Safran, Elfenbein, Goldgespinste aus **Nicapur** (dem vorderindi-
schen Nagpur?), Herkunftsland: China, Atlas aus **Zetani** (der
Hafenstadt Mekkas, **Dschidda?**), golddurchwirkte Seide aus **To-
risi** (Torik in Arabien?), Camelot aus weißem Kamelhaar, Sama-
din (= Samt), Sinewafe (= sehr feine Leinwand), Drap in fein-
sten Qualitäten aus **Doagio** (Doaekg in Indien?), glänzenden Bo-
cassin vom Nil, sprich Baumwollchintz aus **Ägypten**, kunstvoll
verschließbare Kassetten und Truhen aus den Werkstätten cordo-
vanischer Eisenschmiede, Bestecke, Goldwaren, Perlen ... Perlen ...

Und Geld, Geld, Geld klingelte dabei in die Schatztruhen
zu Famagusta in märchenhaften Mengen. Wie es im Buche
steht. Im deutschen Volksbuche. In dem vom **Fortunatus**,
der es, als Bürger Famagustas und weitgereister Kaufherr,
von anfänglich bescheidenen Verhältnissen vermöge Geld-
säckels und Wunschhütleins zu unendlichem Reichtum gebracht hatte. Wie eben nur in Famagusta, der Stadt der
unbegrenzten Möglichkeiten, möglich. Zauberhaft. Zauber-
kraft. Alles nach Wunsch.

»Auf Cypern«, notierte **Ludolf von Sutheim**, Kaplan
des Paderborner Bischofs, 1350 in seinem Itinerar zum Heiligen Land, *»sind Fürsten, Edle, Barone, Ritter und Bürger
reicher als sonstwo in der Welt. Denn wer 3000 Gulden Einkünfte hat* (etwa eine Million DM per anno), *wurde geringer geschätzt, als wenn er anderswo drei Mark hätte* (drei
mal acht Unzen Gold, der Kaufkraft nach vielleicht 20 000
DM, 4176 DM nach dem Kurs vom Sommer 1968) ... *Ein
Bürger dieser Stadt verlobte einst seine Tochter, deren Kopfschmuck von den französischen Rittern, die mit uns gekommen waren, höher geschätzt wurde als alle Kleinodien des
Königs von Frankreich ...«*

Angesichts solcher Reichtümer scheint die Überlieferung wie be-
täubt zu schwanken. Man liest auch: »... *als alle Juwelen in der*

Krone des Königs von Frankreich ...« und liest auch noch andere
Variationen über dieses wohlklingende Thema. Zum Beispiel:
»... que toutes les parures de la reine de France«. Auch soll dieser
Brautvater für den reichsten Mann der Welt gegolten haben. Fortunatus Fortunatissimus. Franciscus Lakhas?

Die reichsten der reichen Handelsherren von Famagusta
waren zwei nestorianische Christen, die Gebrüder Lakhas.
Besonders **Franciscus Lakhas**. Mehr als einmal haben sie
ihren König **Peter I.** - dem jene Balladen galten und dem
Boccaccio seine ›Genealogie der Götter‹ widmete - an ihrer
Tafel gesehen. Peter (er endete, wie gesagt, durch Mord)
war der zehnte König Zyperns aus jenem Hause **Lusignan**,
und insgesamt haben die Lusignans, wenn man **Katharina
Cornaro**, des siebzehnten und letzten Königs Mutter, mit-
zählt, 297 Jahre über Zypern das Regiment geführt.

Sahen die Seigneurs **Lakhas** ihren König zu Gast, so bildeten wohl eitel Edelsteine die Tischdekoration, und es
stand den Kavalieren, die den König begleiteten, frei, in
diese Reichtümer ohne Scheu zu langen und nach Bedarf
einzusacken. Oder Seigneur Franz beehrte sich, dem König
nach dem Essen mit einem Präsent von 30 000 Golddukaten
aufzuwarten. Das wird, da der Dukaten dort eine schwä-
chere Kaufkraft als in Europa gehabt haben dürfte, immerhin doch noch einer Summe von etlichen Millionen D-Mark
entsprechen; nach abendländischem Kurs von damals wahrscheinlich an 15 000 000 DM. Dem Gast zu Ehren ver-
strömten Feuer von Sandelholz ihren Duft aus den Kaminen
und würzten die Wildschafrücken auf den Rosten.

König **Peter** war die lodernde Flamboyant-Gotik in Person, wenn sich das so sagen läßt, von Leidenschaften, Le-
benslust, Reiselust, Tatendrang und von Ernst in Verschro-
benheit, Schwung und Schwebe gehalten. Den letzten Kreuzzug, den allerletzten, der in der offiziellen Geschichte der
Kreuzzüge gar nicht mehr mitgenannt zu werden pflegt,
hat er 1365 unternommen. Das verdient der Vergessenheit
entrissen zu werden! Er war nicht ohne vorübergehenden
Erfolg. Von seinen Baronen und Herren erfahren wir durch
erwähnten **Ludolf von Sutheim**, als Beitrag auch zur Hi-
storiozoologie: »*Allein sie verbringen alles mit Jagden. So
kannte ich einen Grafen von Jaffa, der mehr als 500 Jagd-*

hunde hatte. Stets haben je zwei Hunde, wie es Brauch ist, ihren besonderen Diener, der sie rein hält, badet und salbt, was dort für die Jagdhunde nötig sein soll. Desgleichen hatte ein Adeliger wenigstens zehn bis zwölf Falken mit besonderen Löhnen und Kosten...« Diese schneidigen, überschwenglichen, stutzerhaften Leute liebten es, die Schweife ihrer Rösser und die Schwänze ihrer Hunde mit Purpur und mit Scharlach zu färben. Und so hielten sie's zu **Famagusta**. Und so lebten sie zu **Nikosia** und sonst auf Burgen und Schlössern in Saus und Braus, toll und voll. Und selbstverständlich war sich die gesamte Mittelmeerkauffahrtei, die christliche Seefahrt wie die islamische, waren sich Patron, Pilot und Ruderknecht darüber einig, daß es keinen Platz in der befahrenen Welt gab, wo die Forderungen der leichten Mädchen auch nur annähernd so hoch waren wie eben dort. Auf der seligen, honigsüßen, parfümierten, der vermaledeiten Venusinsel aus der Heiden Zeiten. Diesem Venusberg.

Als die schwedische Fürstin Birgit, die nachmals heiliggesprochene **Brigitta**, 1373 auf der Rückreise vom Heiligen Land dort von Bord stieg und dieses andere Tyrus, dieses zweite Tarschisch, dieses neue Gomorrha betrat und betrachtete, fühlte sie sich zu predigen berufen. Sie stellte sich vor Sankt Nikolaus auf, wo der innerstädtische Verkehr am dicksten war, und es rief aus ihr: *»Volk von Zypern, wahrlich, ich sage dir, wenn du dich nicht bessern willst und willst dich nicht ändern, werde ich dein Geschlecht samt dem Königshaus vertilgen und dem Armen nicht und nicht dem Reichen vergeben und werde dich solchermaßen auslöschen, daß über ein kleines dein Gedächtnis schwinden wird aus der Menschen Sinn, ganz als habest du niemals auf Erden bestanden. Wahrlich, ich werde in diesen Boden bald neue Pflanzen setzen...«*

Allzuviel gehört nun zur Prophezeiung schlimmer Wendungen nicht. Gutes vorauszusagen, wäre das riskantere Geschäft. Es hat, soweit ich weiß, deshalb noch nie eine positive Kassandra gegeben. Wie immer aber, was jene fromm außer sich geratene Religiöse an Unheil verkündete - ihr Eheherr hatte längst die Mönchskutte genommen und war dann von dieser Welt mit Tode abgeschieden, und sie selbst starb noch im selbigen Jahr 1373 -, es hat noch 198 Sommer auf sich warten lassen. Dann allerdings schlug Famagustas Stunde. Und wie! Wir sprachen schon davon. Stichwort: **Lala Mustapha**.

Die Eroberer, obwohl sie den von Stund an ganz zerrütteten Handel durch zwangsweise Ansiedlung von Juden aus **Sefad** in Galiläa und aus **Rhodos** zu beleben versuchten, haben den luxuriösen Standard, dessen Glanz seinesgleichen nicht gekannt hatte, nicht im mindesten aufrechterhalten können, haben seine beweglichen Zeugnisse in alle Winde zerstreut und das unbewegliche Gut verfallen lassen. Die katholischen Gotteshäuser, soweit sie ihre Dächer infolge des monatelangen Bombardements eingebüßt hatten, wurden nicht mehr neu überdacht. Von wem auch? Sieben notierenswerte Erdbeben haben das Ihre dazu getan. Als man nach nahezu drei Jahrhunderten der Verkümmerung für den Suez-Kanal drüben Steine benötigte, haben flinke Unternehmer die zerbröckelnden Stadtpalais, veröideten Patrizierhöfe und alten verfallenden Gotteshäuser als bequeme Steinbrüche ausbeuten und das wohlfeile Material nach Ägypten verschiffen dürfen. Säulentrommeln und Baluster, Simse und Brunnenbecken, Kapitelle und Konsolen, Atlanten und Karyatiden, Masken und Festons, Sturz und Bogen, Haustein und Quader, Pfeiler und Dienste wurden zu Bruch und zu Schotter.

Wo Sie sich jetzt umblicken, war vor vierhundert Jahren pralles, dralles, strotzendes, protzendes, hybrid übergeschnapptes, soweit im Osten auch gar deplaciertes Abendland. Glühend, blühend. Farbenfroh, international mit offenen Toren gen Morgen. Jetzt hatten Sie in lokalem, aber unmißverständlichem Anschauungsbilde den Untergang des Abendlandes vor Augen. Nicht mehr und nicht weniger. Sie haben der Geschichte ins sphingische Gesicht gesehen. Ins felsenstarre Antlitz. Haben eine Lektion über die Herrlichkeit des Menschen und seine Nichtigkeit wie ein buchstabierender Schüler gelesen. Schüler, die wir sind. Die tote Krustenschale der Befestigungen ist geblieben. Der kostbare, allzu süße, betörende Kern war nicht haltbar. Verwuchert und längst verdorben. Nur in den Volksballaden klingt es seltsam nach.

Und - Schautafel doppelter Vergänglichkeit - Sie standen auch vor dem lang schon verblichenen, ohnmächtigen Schemen der großen türkischen Reichsidee. Die keine andere war als die eines islamischen Byzanz. Keine andere als die Ostroms im Zeichen des halben Mondes. Denn Ideen leben lange. Allzu kompaktes, allzu umständliches Erbe jedoch für mongolische Reiter und für Völkerscharen von Zwangsbekehrten. Mit spöttischer Leichtigkeit trägt der nördliche Eckturm der Nikolauskathedrale auf seiner fränkischen Schulter das Minarett, das diesen Bau als Moschee ausweist. Zuvor waren darin die Lusignans zu Königen von Jerusalem gekrönt worden, nachdem doch das zugehörige Königreich drüben, diese fromme Utopie, dieser Normannentraum, von der politischen Weltkarte längst schon wieder gelöscht war.

Eine quengelnde Lautsprechertüte ruft fünfmal am Tag zum Gebet. Kniet noch jemand und wirft sich, das Angesicht gen Mekka, in den Staub? Habe niemanden knien sehen und war so oft da. Der Lautsprecher hat hier und in **Nikosia** und wer weiß, wo noch überall, den Muezzin ersetzt. Ein kümmerlicher Alter, der den Schlüssel zur Moschee hat und Besucher einläßt, kann in einem von den zwei komfortlos kahlen Cafés am Platze gefunden werden, wo er an einer Wasserpfeife zutscht und mit armseligen Genossen den Radionachrichten in türkischer Sprache lauscht. Vom Minarett plärrt ein automatisches Tonband in Gottes Namen. An Feiertagsabenden leuchtet Allah dem Erbarmer und seinem Propheten zu Ehren auch wohl eine Rummelplatzgirlande von 40-Watt-Birnen. Das Krummschwert, hier ist es schartig geworden. Der Türkensäbel beißt nicht mehr. Sollte aber auch nicht mehr beißen müssen. Auf Zypern sollte Frieden möglich sein. Es ist so viel ausgestanden worden, daß es schmerzt, daran zu denken.

Sie sind nach **Varoscha** gegangen. Das ist die Neuzeit, die Neustadt von Famagusta, die sich südostwärts an die Hafenfestung anlehnt. Der griechische Stadtteil, der gedeiht, blüht und lärmt. Eine moderne Stadt von Welt. Oleanderduftend. Orangenblütenduftend. Jasminduftend. Rosenduftend. Plus Treibstoffabgasen, wenn nicht anders.

Die Griechen sind das überdauernde Volk der Insel. Nicht Franken und nicht Türken. Ein erstaunlich zählebiges, über drei Jahrtausende altes, tüchtiges Gemisch von eingewanderten Achäern arkadischer Mundart mit einer nicht näher bekannten, kultivierten Vorbevölkerung, später mit Phöniziern. Nicht jede Mischung ist es: diese ist glücklich! **Zenon**, der griechische Philosoph und Gründer der stoischen Schule, war ein Phönizier aus Zypern. Aus **Kition**, der Lazarusstadt **Larnaka**. Was die Zyprioten übrigens von den europäischen Griechen unterscheidet, ist das Fehlen dorischer und slawischer Zumischungen. Sie werden letzteres bemerkt haben.

Die Zyprioten haben den **Lusignans** und ihrem fernwestlichen Lehnssystem kühl gegenübergestanden oder waren ihnen nur sehr langsam entgegengekommen. Zwar haben Höflinge und honorierte Chronisten von einem Goldenen Zeitalter unter den Lateinern nicht ganz zu Unrecht gesprochen. Aber was die Zyprioten, jedenfalls und allezeit, von den Franken geschieden hielt, war nicht deren katholisches Bekenntnis, wohl aber die Art, wie die Lateinerpfaffen auf dem Primat Roms bestanden und die orthodoxe Kirche auf deren ureigener ›Insel der Heiligen‹ benachteiligten, unter Druck setzten, aus den Städten drängten, ja geradezu verfolgten. Und so taten, als sei das Christentum von Rom ausgegangen und nicht *ex oriente*. Von Syrien drüben. Und von Zypern, wie gesagt, auch.

(Dezember 1966)

47 Othello

A seaport in Cyprus ... **Shakespeare** (1564-1616) nennt **Famagusta** als einen Handlungsort seines »Othello« so nur mittelbar. Da man Ihnen nun aber, als Sie die Befestigungen des »Seehafens in Zypern« besichtigten, auch die Zitadelle, das feste Schloß des Luogotenente, gezeigt und unter der Bezeichnung »Turm des Othello« nähergebracht haben dürfte, sind ein paar klärende Worte unumgänglich. Wir fänden uns sonst untätig mit dem verblüffenden Phänomen ab, daß eine Dichtung sich der historischen Wahrheit bemächtigt, um sich an ihre Stelle zu setzen. Da führt man in der Saison den Othello im Hof jener Zitadelle auf - wie man bei uns mit den Götz-Aufführungen zu Jagsthausen die irrige Vorstellung befestigt, dies sei die Götz-Burg und nicht bloß seine Geburtsstätte gewesen. Zu Famagusta steht es ärger: einen Othello hat die wirkliche Historie gar nie gekannt! Andrerseits spricht es gewiß für die Macht der dichterischen Gestaltung, wenn sich eine Bühnenfigur zwischen die oft freilich nur ungestalten oder des Umrisses verlustigen Personen der tatsächlichen Geschichte zu drängen vermag und den Schein einstiger Wirklichkeit annimmt.

Shakespeare hat den Othello-Stoff nicht erfunden, sondern aus den »Hekatommiti« des **Giovambattista Giraldi** genannt **Cintio** (1504-1573) bezogen und ins Grandiose und höchst Dramatische gesteigert. Ins grandiose Schwarz-Weiß der Bühnenwirksamkeit aber auch. Cintio verdankt den Stoff seiner Erzählung einem trübgrauen Drama, dessen Zeitgenosse er war und das sich zu Famagusta in Subalternoffizierskreisen abgespielt hat. Es kann heute - aufgrund der Forschungen des venetianischen Grafen **Andrea da Mosto**, die 1932 publiziert worden sind - als sicher gelten, daß weder ein Mitglied des stolzen Venetianergeschlechts der Moro - wenn auch ihrer drei dieses Hauses binnen der acht Zypernjahrzehnte **Venedigs** den Statthalterposten innehaten - noch gar ein Farbiger aus Afrika als Modell für den Othello gedient hat.

Vielmehr konnte im Archivmaterial der Republik des heiligen Markus für die Jahre von 1489 bis 1565, diejenigen also von der Vereinnahme Zyperns durch Venedig bis zur Erstausgabe jener Hekatommiti, ein **Franciscus de Sessa** *dictus* **Maurus,** ein Berufsoffizier im Kapitänsrang namens Francesco da Sessa, ausfindig gemacht werden, der als Süditaliener, der er war, vielleicht wegen sarazenischen Pigments oder wer weiß weswegen il Moro oder il Capitano Moro genannt wurde: der Mohr, Kapitän Mohr. Ein Spitzname. Ein Kasinojux. Dieser Mann ist 1544 zur Aburteilung für ein schweres Verbrechen auf Weisung des Statthalters auf Zypern und seiner zwei Räte in Ketten geschlagen und per Schiff nach Venedig überführt worden. Allerdings verschweigen die Akten den Tatbestand. Doch soll das bei den lakonischen Aktenvermerken über Urteile höchster Instanz zu Venedig so der Brauch gewesen sein.

Mit ihm transportiert und vorgeführt wurden zwei Mitangeklagte und vormalige Untergebene aus der venetianischen Garnison zu Famagusta, der Fahnenjunker (alfiere) **Paolo da Padova** und der Unteroffizier (caposquadro, Korporal) **Alessandro della Mirandola**. Das Verbrechen des Kapitäns da Sessa *detto* il Moro in Zusammenhang mit diesen beiden Leuten muß einen ziemlich komplizierten Fall dargestellt haben. Denn das Verfahren gegen ihn wurde am 12. Januar 1545 eröffnet, die Fortführung aber bald schon dem Rat der Zehn überantwortet, der obersten Instanz für alle Straftaten von Adeligen, Offizieren und Geistlichen, zumal außerhalb Venedigs und auf Schiffen.

Am 28. Januar wurde der Kapitän in Gegenwart seiner Mitangeklagten gehört, worin wahrscheinlich ein gewisses Entgegenkommen des Gerichts zu erblicken ist, sieht man auch nicht recht, wie er dazu gekommen sein mag. Das Urteil konnte aber erst am 14. Oktober verkündet werden. Das scheint auf eine sehr skrupulöse Arbeit der Richter deuten zu wollen. Denn der Zehnerrat hatte freie Hand und war niemandem Rechenschaft schuldig. Das heißt, er pflegte darum meist schnell zu arbeiten. Im Falle da Sessa hatte der Inquisitor für lebenslange Haft plädiert. Doch beschränkte sich der Gerichtshof auf zehnjährige Verbannung und unwiderruflichen Ausschluß vom Dienst unter den Fahnen von San Marco. Der Leutnant **da Padova** wurde ohne die Erklärung erwiesener Unschuld und der Unteroffizier **della Mirandola** vollständig freigesprochen. Nur hatte dieser arme Mensch während seiner Haft den Verstand verloren. Der Folterungen wegen, vermutlich.

Damit stimmt, was **Cintio**, der frühe Pitaval, erzählt, gut überein. Sein »Othello«, auch er schon farbig um des verdeckten Hinweises oder bloß um der poetischen Pointierung willen, ist ein simpler Infanteriehauptmann, der mit einer Venetianerin verheiratet ist und zum Truppendienst nach Zypern abkommandiert wird. Weder er, noch der Fahnenjunker, noch der Unteroffizier dürfen sich jedoch eines Namens erfreuen. Vielleicht wollte der Erzähler einer allgemein bekannten Affäre keine erfundenen Namen andichten, die echten aber mit Rücksicht auf die betroffenen Familien nicht nennen. Nur des Hauptmanns Eheweib, »*virtuosa e di meravigliosa bellezza*«, hat einen Namen, der im Grunde aber keiner ist: **Desdemona**. Ominöse Erfindung doch wohl. Mit dem unmißverständlichen -demona = »die Dämonin« am Schluß. Das »des« davor wie in Desaster.

Cintios Fahnenjunker sinnt auf Rache an der Hauptmannsfrau, weil sie seine Anträge von sich gewiesen, ihre Gunst aber, so vermeint er, dem Korporal zugewandt hat. Ach, in dem öden Einerlei des Garnisonslebens ... so ließe sich interpretieren und psychologisieren. In der dörrenden Hitze, wie sie Zypern oft genug heimsucht. In der verzehrenden Langeweile am äußersten Saum des Abendlandes. Im Schweigen. In der Bangigkeit. Beim dauernden Ausguck auf die gekräuselte See. Kommt der Türke? Kommt er nicht? Kommt der Ägypter? Kommt er nicht? Ohne Umgang mit der verdrossenen Bevölkerung. Diesen Ketzern. Unmöglich, die Gunst eines griechischen Mädchens zu erringen. Ohne Trost.

Der Fahnenjunker weiß **Desdemonas** verhängnisvolles Taschentuch an sich zu bringen und hat seinen Plan dabei: er praktiziert es als *corpus delicti* in die Bettstatt des Korporals. Der Kapitän, von Sinnen, von der stechenden Helligkeit der Sonne, des Sandes und der glühenden Bastionen wie geblendet, überredet den Fahnenjunker, die unglückliche Desdemona, die freilich ohne Schuld an diesem Wahnsinn zu viert von uns Heutigen schwerlich mehr gedacht werden kann, in einem unzugänglichen Raum einzuschließen und zu verbarrikadieren. Festungsgeborener Einfall! Kasemattenkomplex. In ein Gewölbe irgendwo, in ein altes Verlies seines Verteidigungsabschnittes, wo niemand ihrer Rufe und ihres letzten Seufzers gewahr werden würde. Dies geschieht. Desdemona sitzt in der Falle. Der Kapitän läßt die aus Steinen gewölbte Decke auf die Ausgehungerte, Verdurstete, vielleicht schon Verstorbene niederstürzen, einen bedauerlichen Unglücksfall vorzutäuschen, das Verbrechen aber zu vertuschen.

Doch wie schlau er auch meint, dies ins Werk gesetzt zu haben - der wahre Sachverhalt kommt ans Licht. Der Kapitän wird gemeinsam mit den anderen beiden Agonisten dieses gräßlichen, aber ganz gewiß eben auch menschlichen Spiels nach **Venedig** überstellt, wo er sich einem hochnotpeinlichen Verfahren zu unterziehen hat, aber nichts gesteht. Die Signorie, von der Härte dieses Angeklagten beeindruckt, bestraft ihn mit Verbannung. Doch ist Desdemonas Sippe unerbittlicher als die allerstrengsten Richter der Republik. Die Verwandtschaft übt Rache und ermordet den ehemaligen Hauptmann bei erster sich bietender Gelegenheit.

Soviel einstweilen vom oft recht undurchsichtigen Verhältnis von Dichtung und Wahrheit. Und soviel von **Famagusta**.

48   Streitwagenprobleme, vorsichtig berührt, sowie Pferde- und Elefantenfragen

Gegen Ende November im Jahre 1967 saß und fror ich in der Bibliothek des zypriotischen Nationalmuseums zu **Nikosia** auf der Suche nach Literatur über den sogenannten »Wagen von Salamis«. Es herrschte draußen, obwohl die Sonne blendend strahlte, eine herbe wehende Kühle, drinnen im zweistöckigen Saal mit seiner umlaufenden Galerie eine markdurchdringende, beinsteifende stehende Kälte. Die rappenhaarige Bibliothekarin, die die kurzwüchsige Lieblichkeit, Demut und Selbstsicherheit all ihrer jungen Inselschwestern vorzüglich repräsentierte, trug über Wollstrümpfen in Dunkelblau einen Faltenrock aus grauem Flanell und über dem dicken jägergrünen Rollkragen-Pullover die graue Strickjacke eines Twinsets. So durfte sie hoffen, der Kühltruhentemperatur mit einigem Erfolg zu trotzen. Ich hatte Baal, den alten Sturmgott, oder wen immer, der dort die Wetter bereitet, herausgefordert, indem ich alle winterliche Garderobe daheimgelassen hatte. Das glimmende Heizöfchen in der Größe eines Malteserhündchens auf dem marmornen Fußboden vermochte die Bitternis dieser leserfeindlichen, lesewidrigen Eisluft nicht zu lindern.

Ich sah dem Mädchen zu, das sich seine geröteten Nasenflügel ab und zu mit einem winzigen Taschentuch betupfte und dessen fleißig in Schriftstücken hantierende und in Listen notierende Hände so blaugefroren waren, als es seine inselübliche, milch-und-honig-farbene Hautpigmentierung nur zulassen wollte. Aber ich hatte gewiß auch ein Auge auf alle Fachaufsätze, die es mir vorlegte und die den seit drei Reisen schon von mir gesuchten, vergebens gesuchten Wagen behandelten: wennschon es mir nicht beschieden sein sollte, den raren Gegenstand frühantiker Archäologie in eigenen Augenschein zu nehmen. Wenn Sie Ihren reisefrohen Fuß auf das Eiland der Kypris erst noch setzen wollen, mögen Sie des Glücks, das Fahrzeug selbst zu sehen, noch teilhaftig werden. (Inzwischen nämlich hat sich Herr Direktor **Karageorghis** im Band »Zypern« 1968 in Nagels Archaeologia Mundi dazu geäußert. Der Band zeigt auch ein Werkfoto, auf dem ein 10- oder 12-Speichenrad präpariert wird.) Man hat mir dort versichert - die Frau stellvertretende Direktorin tat es -, daß man dabei sei, aus erhaltenen und ergänzenden Teilen einen alten Wagen neu zusammenzufügen. Mir aber blieb die frostige Lektüre.

Ausgegraben worden war das betreffende Gefährt erst vor wenigen Jahren in der sogenannten königlichen Nekropole des dortigen **Salamis** im Osten der Insel und stammte aus dem 8. vorchristlichen Jahrhundert, hatte aber offenbar noch die gleiche funeralische Verwendung gefunden, wie **Homer** sie beim Leichenbegängnis des Patroklos schildert (Ilias, 23. Gesang). Und sie alle haben auch im 2. Jahrtausend schon die Leibrosse gefallener oder verstorbener Fürsten bei den Totenfeiern getötet, die Hethiter, die Ägypter und die mykenischen Griechen, unter ihnen die Achäer, die der Überlieferung nach im Zuge der politischen Veränderungen nach dem Troianischen Krieg und - als Kaufleute und Handwerker - schon vorher nach Zypern gelangten. Zwei Pferde im Dromos (= abfallende Zugangsrampe zu einem Grabhügel, die nach den Feierlichkeiten zugeschüttet wurde) von Salamis auf Zypern belegen diesen Brauch möglicherweise schon für das 15. Jahrhundert. Oder vielmehr, so las ich jetzt mit Genugtuung, es sind etliche Gespanne gefunden worden, aus späterer Zeit freilich, und im Grab Nr. 79 sogar zwei Wagen. Beziehungsweise deren Reste. Ich übersetzte: »... *die Pferde der Wagen von der zweiten Bestattung wurden ›in situ‹ aufgefunden und zwar noch angespannt. Einer der beiden Wagen der ersten Bestattung ist nahezu noch vollständig erhalten, samt dem Joch an Ort und Stelle und dessen zwei Bügeln ...*«

War das richtig? Der Wagen kann nur, so schien mir doch gewiß, eine Deichsel besessen haben, an deren Vorder-

ende ein Nackenjoch für ein Pferdepaar angebracht war.
Die Pferde zogen nicht mittels Strängen wie bei uns. Und
nahezu vollständig erhalten? . . . *»est à peu près entier«?*
Was wohl Archäologen so unter *»entier«* verstehen mögen!
Die Holzteile konnten doch unmöglich mehr vorhanden
sein. Darauf hatte mich schon die Frau Direktorin scho-
nend vorbereitet. *»Treis chiliades«,* meinte ich sie sagen
gehört zu haben, *»tria chilia etē . . . three thousand years or
two thousand and an half . . .«* Ich gönnte mir einen Blick
nach den tiefbraunschwarzen Augen meiner Bibliothekarin,
mich daran zu wärmen und zu erbauen. An Jahren hatte
sie keine zehn Promille dieser Äonen vorzuweisen. Und
diese dichten, dunklen Wimpern!

*»Alles Holz hat im Erdreich hinlänglich erkennbare Ab-
drücke hinterlassen, und sämtliche Metallteile sind gut erhalten. Der Wagenkasten, von geringen Ausmaßen und
zweifelsohne aus Korbgeflecht, besaß zwei Abteile nebeneinander. An der Rückseite, hinten in der Mitte, fand sich
ein großer Bronzering, vermöge dessen sich die Benutzer
des Fahrzeuges beim Aufsteigen helfen konnten . . .«* Ich
bedurfte wiederum der Erwärmung an der braunschwarzen
Augenglut am entgegengesetzten Ende des mehr als langen
Arbeitstisches. Doch waren die guten Strahlen dieser Glut
nicht auf mich gerichtet, sondern dem sorgsamen Sortieren
von Fotografien zugewandt. Draußen zauste der Wind die
Wedel einer Dattelpalme und rüttelte die hellblaue Flagge
der UNO an einem weißgestrichenen Mast, als wünsche er
dieses friedliche Tuch tunlichst in Fetzen zu reißen. Him-
melsausschnitte in den hohen Fenstern wie aus funkelnden
Saphiren. Zwei türkische Düsenjäger . . . Zwei leuchtende
Kondensstreifen . . .

*»Die zehnspeichigen Räder haben keine metallenen Fel-
genreifen besessen. Aber man ist auf große Bronzenägel gestoßen, deren Anzahl derjenigen der Speichen entspricht.
Zwei Achsbolzen, eindrucksvoll durch Ausmaße wie durch
Ausschmückung, fanden sich ›in situ‹: der lange Eisenbolzen stak unterhalb eines bronzenen Sphinxkopfes und endete, mit einer Gesamtlänge von 56 cm, in einer Krieger-
figur. Diese war innen hohl und enthielt eine Klapper . . .«*
Mag ich ungehobelt übersetzt haben, falsch nicht; wie
schaurig kalt es dort auch war: *». . . le long clou passait sous*

*une tête de sphinx en bronze et se terminait par une figure
de guerrier, le tout d'une longueur de 56 cm. Le guerrier,
creux à l'intérieur, contenait une crécelle ...«* Alles außerordentlich hübsch, wenn auch weniger anschaulich als es
zunächst scheint. Hübsch, das mit den Klappern in oder an
den Radnaben irgendwie. Und die Pferdegeschirre selbst
waren mit Klapperblechen und über und über mit Glöckchen
behangen. Und die vergoldeten Scheuklappen, die mit Gold-
folie belegten Zügel. Straußenfederbüsche und Wimpel und
Standarten an den Wagen wie die Assyrer. Goldstaub im
Haar der Fahrer wie bei König Salomo. Großartig das
alles. Doch das Eigentliche, das Technische kam bei der-
artiger Beschreibung unbestreitbar zu kurz. Was ich suchte
und zu finden hoffte, die Beschreibung der Achslager nämlich - falls welche vorhanden gewesen und die Achsen sich
darin gedreht hatten - oder aber die Beschreibung, wie die
drehbaren Räder auf festen Achsen angebracht waren, die
fand ich nicht. Mich interessierte und interessiert immer
noch brennend, welcher Einrichtung es zu verdanken war,
daß die Räder sich nicht heißliefen. Denn so leichte Ge-
fährte waren sicherlich doch für hohe Geschwindigkeiten
gedacht. Und das müßte wohl das Neue an ihnen gewesen
sein. Das Hinreißende.

Verdrossen blätterte ich, zu sehen, ob die vorliegende
Fachzeitschrift sich noch etwas mehr über diese Sache verbreiten werde, und stieß auf einer der letzten Seiten, ohne
über die Radanbringung weiter belehrt worden zu sein, auf
ein Aufsätzchen über eine beschriftete Scherbe, die man hier
irgendwo ausgebuddelt hatte. Ihre fragmentarischen Schriftzeichen sind mir im Gedächtnis geblieben: *»ho krokodilos
erat' ...«* Das verliebte Krokodil! Ich bat die fröstelnde
Schöne, die Bücher nicht wieder einzuordnen, sondern mir
auch für den Nachmittag liegenzulassen, und ging, starr
vor Kälte, ein Mittagstischchen im Windschatten irgendwo
und in der prallen Sonne zu suchen. Und speiste in Vor-
freude *kephalaki*, zu deutsch Schafskopf, gebraten.

Nach Tisch versah anstatt der Schwarzäugigen ein junger
Mann den Bibliotheksdienst, dem das malteserhündchen-
große Heizgerät zuviel Hitze verbreitet hatte. Es hockte
noch da, war aber abgeschaltet. Ich las über die Geschichte
der jüdischen Gemeinde von Famagusta.

Eine ägyptische Inschrift aus der Zeit **Thutmosis' III.** lautet: »*Da wurden erbeutet ihre Pferde, ihre goldenen und silbernen Wagen, welche gefertigt waren im Lande der Asebi.*« Fand dies bei anderer Gelegenheit in der Staatsbibliothek zu **Nikosia,** in einer älteren Arbeit, die im Datieren sehr unsicher war. Offenbar bezog sie sich auf dieses großen Pharao Kriege in Syrien gegen das Reich der **Mitanni** und gegen deren Bundesgenossen. Das Land der Asebi, wo man solche goldenen und silbernen Wagen herstellte, war Zypern, las ich. Ein reiches Land mit Lebensart und Sinn für Luxus offenbar schon früh.

Thutmosis begann, nach **Breasted,** den ersten von 17 Feldzügen im Jahre 1479 vor Christi Geburt. An der Spitze seines Heeres - in diesem Falle wirklich einmal wortwörtlich - stieß er durch den Karmel-Engpaß von **Megiddo.** Beute dortselbst: 922 Kriegswagen, die beiden Streitwagen der Könige von **Kadesch** und von **Megiddo** und 2238 Pferde. Das Streitwagenzeitalter - als Renaissance einer älteren Wagenepoche vor der Mitte des 3. Jahrtausends - rückte, nachdem es etwa um 2000 begonnen hatte, in den Zenit.

Thutmosis' langjährige Regierung von 1504 bis 1450 oder von 1490 bis 1436 bezeichnet die Höhe der Achtzehnten Dynastie. In der Mitte der Neunzehnten steht **Ramses II.,** der von 1298 bis 1232 oder von 1290 bis 1223 regierte. An seiner prunkvollen Tafel reichte man Delikatessen aus Zypern, aus dem Lande der Asebi, einem Lande der Feinschmecker schon damals.

Des Ramses Streitwagenpferde hatten selbstverständlich Namen. Sie hießen »Sieg von Theben« und »Mut ist zufrieden«. Sein Wagenlenker hieß Menna. Diese drei Getreuen, Tiere und Mensch, und der König selbst sahen sich anno 1288 während einer gewaltigen Schlacht beiderseits des **Orontes** um Kadesch mit den Hethitern unversehens ganz allein, umzingelt aber von einem unabsehbaren geschwinden Aufgebot hethitischer Kampfwagen. Es sollen auf der Hethiterseite insgesamt 2500 Wagen eingesetzt gewesen sein. Auf ihren Fahrzeugen befanden sich je drei Mann, bei den Ägyptern wohl nur zwei. Im weiteren Verlauf konnte der Hethiterkönig **Mutallu** oder Muwatalli noch eine Reserve von 1000 weiteren Kampfwagen ins Getümmel und farbenprächtige Turnieren werfen. Also waren 3000 + 7500 = 10500 Mann auf seinen Wagen. Über die Hälfte seines Heeres, das 20 000 Mann stark gewesen sein soll. Wie das Heer des Ramses auch.

Als Nachfolger auf Davids Thron bemühte sich auch **Adonia,** der Sohn der Chaggith, des alten Königs dritter Sohn. Er stützte sich dabei auf die Armee und insbesondere auf fahrende Truppen, die er aufstellte. So liest man 1. Könige 1, 5. Doch konnte er Salomons Thronfolge nicht hindern, der sich auf des Vaters auswärtige Leibgarde, auf Kreti und Pleti, stützen konnte und auf Davids Anordnungen auch.

Salomo, Davids erster oder zweiter Sohn, regierte über Israel von 970 bis 930. Im ersten Buch der Könige liest man (10, 26): *»Und Salomo brachte zuhauf Wagen und Reuter«* - muß heißen Wagenritter, Fahrer und Pferdebetreuer -, *»daß er hatte 1400 Wagen und 12 000 Reuter, und ließ sie in den Wagenstädten und bei dem Könige in Jerusalem.«* Eine dieser Streitwagen-Garnisonen war jener feste Platz **Megiddo**, an dem so viele entscheidende Schlachten stattgefunden haben, daß (Offenbarung Johannis 16, 16) Megiddo als **Har Mageddon** zum mythischen Schlachtfeld der Endzeit geworden ist. Etliche Grundmauern der Salomonischen Ställe sind zu besichtigen. Jeder Stall diente 24 Pferden als Unterkunft.

Die letzte Schlacht schlug dort auf den Spuren des Thutmosis der berühmte - und eingangs schon erwähnte - **Lord Allenby** und erwarb sich auf so ominösem Felde den Titel Lord Allenby of Megiddo nebst Feldmarschallsrang. Allenby war Kavallerist, und seine Schlacht von Megiddo im Herbst 1918 ist durch eine umfassende Kavallerieaktion ausgezeichnet, die gleich bis **Aleppo** und **Damaskus** stoßen konnte. Daraufhin kapitulierte die türkisch-deutsche Armee. Vielleicht war dies zugleich die letzte Kavallerieschlacht aller Historie, ich wüßte sonst von einer so bedeutenden und erfolgreichen nicht, die später stattgefunden hätte. Möge es damit auch die letzte Schlacht von Megiddo überhaupt gewesen sein! Das wolle der Himmel.

Bespannte Streitwagen - Kavallerie - motorisierte Streitwagen; einige Tanks könnten 1918 bei **Megiddo** auch schon mitgemacht haben. Bei **Gaza** sahen wir sie ja 1917 eingesetzt. In dem ersten Zeichen, dem der Wagenritter, wie man auch sagt, hat die Geschichte, politisch, soziologisch und militärisch, gute anderthalb Jahrtausende gestanden, einem Zeichen der Feudalherrschaft und leistungsfähiger Staatsorganisationen. Denn das Streitwagensystem ist äußerst aufwendig und ohne technische, tierpflegerische und züchterische Basen weder zu errichten noch aufrechtzuerhalten. Die Wagenbauer, Schmiede, Geschirrmacher. Der Import der verschiedenen Hölzer, Steineiche, Ulme, Hainbuche, Esche und Birke, die, ein jedes seinen Tugenden entsprechend, für den Bau der leichten und eleganten Fahrzeuge unentbehrlich waren. Die Korbflechter für die Wagenkörbe. Die Vergolder. Die Schmuckblechschmiede. Die Schabracken- und Standartenmacher. Und die zuliefernden Branchen: Seilerwaren, Leder, Kupfer, Bronze, Bast, Leime, Fette, Farben und Lacke. Die Streitwagen dieser neueren Art, als bereiteten solcher Aufwand und solche Umstände gar keine Schwierigkeiten, machten binnen kurzem weltweite Furore. Bis Ägypten - wobei es heute nunmehr zweifelhaft erscheint, ob Pferd und Wagen tatsächlich erst durch die Hyksos an den Nil gekommen sind, also erst im 17. Jahrhundert und nicht schon um einiges früher. Ferner bis Indien. Ja, bis China.

Und wo kamen sie eigentlich her? Die ersten Zweiräderwagen? Vorderhand schwer zu sagen. Indoarische und mesopotamische Theorien stehen einander gegenüber. Jede reklamiert den einachsigen Speichenradwagen als Erfindung ihrer Partei. Der deichsellose Vierräderwagen war mesopotamisch. Desgleichen auch der Bockwagen mit zwei Scheibenrädern der Hafaǧah-Kultur. Doch werden, was die neuen Einachser angeht, Ost und West einander in der Mitte, im östlichen Anatolien, in Kappadozien und am oberen Euphrat begegnet sein, einander ergänzt und einschlägige Erfahrungen ausgetauscht haben.

So gab es eine churritische Fachliteratur für Pferdetraining im **Mitanni**-Reich, wo ohnehin und einmal mehr Ost und West, Semitisches und Indoarisches einander glücklich begegneten, einander die Hand reichten und sich mischten.

So gab es ein offenbar leistungsfähiges Gestüt zu **Harsamna** im Bereich von **Karkemisch** am oberen Euphrat. Laut einem Brief des Mari-Archivs, welchem zufolge diese Roßzüchterei allerdings gerade außerstande war, auf Bestellung Schimmel zu liefern.

So scheint der Westen oder das eurasische Steppenland zum Beispiel die Trense erfunden oder von asiatischen Reitern übernommen zu haben, während bis dahin die Nasen- und Schnauzenringe des Zweistromlandes den Markt beherrscht hatten. Und so fort, soweit erforscht und erforschbar.

Doch hängt der Siegeszug des rittermäßigen Einachsers nicht unmittelbar mit der geglückten Domestizierung des Pferdes zusammen, wenn dies auch vielfach angenommen worden ist und wird. (Ich betone: unmittelbar! Und darf auf unser

7. Kapitel zurückverweisen, wo auf die bronzezeitliche Pioniergesinnung, die Aufbruchsstimmung als Generalnenner, auf Sozialgefüge und Seelengefüge hingedeutet wurde.) Die bisher frühest bekannte Zähmung eines Wildpferdes zum Hege- und Herdentier wenigstens hat sich jenseits des Tigris im Raum östlich **Kirkuk** bei **Karim Sahir** nämlich schon bald nach 7000 - Radiokarbontest - und ebenda bei **Garmo** doch auch schon um 5000 vor Christus ereignet. Da hatte es mit der Kunst des Fahrens noch gute Weile. Ferner hat, wo in jenen Breiten keine echten Pferde vorhanden gewesen sein mögen, längst schon der Onager zur Verfügung gestanden, der laut **Xenophon** »*schneller als die schnellsten Pferde*« gewesen ist. Eine hochhessige Halbeselart des Orients, recht pferdeähnlich soweit. Auch scheint man früh schon Kreuzungen vorgenommen zu haben. Von Maultieren sprach schon König **Alkinoos** zu Nausikaa, wie Sie wissen, im 12. Jahrhundert. Und noch früher (Mose I, 36/24) ist von einem der vielen Schwiegerväter **Esaus** die Rede, **Ana** mit Namen, der »*in der Wüste Maulpferde erfand, da er seines Vaters Zibeon Esel hütete*«. Der kleine Grauesel kam ursprünglich aus Afrika. Im übrigen scheinen alle Pferderassen jener Frühzeit, einschließlich derer aus erwähnten zypriotischen Dromoi, für unsere Begriffe klein gewesen zu sein.

Wann einer und wer immer geritten haben mag, bei den westlichen Indogermanen beginnt die Geschichte der exerzierten Kavallerie, wenn auch noch nicht unseres Sinnes, erst mit **Philipp von Makedonien**, dem Vater Alexanders des Großen; während eben damals der Streitwagen - mit Sicheln an den Rädern, eine späte und häßliche Variante - bei den Persern noch in Gebrauch war und laut **Cäsar** (De bello Gallico, IV, 33) bei den Briten, ohne Sicheln, sogar noch im Jahre 55 vor Christus. Von da an scheint der bespannte Wagen nirgends mehr für militärische Zwecke verwendet worden zu sein.

Die Kavallerie hatte aber die ganze klassische Antike über, zumal bei den Griechen, nur der Feindaufklärung in Vorausabteilungen, dem Flankenschutz der Fußtruppen und der Verfolgung gedient. Zu einer Reiterschlacht in vollem Sinne ist es niemals gekommen. Also war die klassische Zeit eine, in der der Kampfwagen nicht mehr von Bedeutung und die Kavallerie noch nicht von strategischer Schlagkraft war. Die Indogermanen waren als Fahrer und Pferdekutscher, nicht aber als Reiter auf den historischen Plan getreten. Erst im anhebenden Mittelalter kommen reine Reiterheere aus Asien auf unsere geschichtliche Bühne.

Hingegen kannte die hellenistische Zwischenzeit Kampfelefanten an den östlichen Fronten; **Pyrrhos I.** und **Hannibal** haben die Römer mit Elefanten konfrontiert. Jener war laut **Livius** mit 3000 Reitern, 20 000 Schwerbewaffneten und mit 20 Elefanten von **Epirus** nach Italien übergesetzt. *»Die Römer hatten bisher dergleichen noch nicht gesehen; sie erschraken bei dem Anblick dieser mit Soldaten beladenen Ungeheuer, und die Reiter wurden unvermögend, ihre scheu gewordenen Pferde zu regieren ...«* Dazu reichte es. Zum Siege des **Pyrrhos** reichte es nicht. Nur zu einem »Pyrrhussieg«. Und irre ich nicht, so hat auch **Hannibal** so sehr viel mehr Elefanten nicht über die Alpen geführt.

Alexander der Große hatte von Persern und Indern das kriegsmäßige Elefantenwesen gelernt. Doch war ein Einsatz von 200 Tieren schon ein großes Unternehmen. Und erst Alexanders Nachfolger **Seleukos** hat seinen Heereselefantenbestand so weit vorangetrieben, daß er nahezu 480 Tiere in die Schlacht von **Ipsos** werfen konnte. Seleukos prägte Münzen, die ihn mit einem Helm in Gestalt eines rüsselaufwerfenden Elefantenhauptes zeigen. Hatte das Gesicht des »begabten Pyknikers«. Etwas grämlich. Ein Gesicht, dem man auch heute noch unter hiesigen Politikern begegnet. In den dortigen Breiten dürfte es den Typ nicht mehr geben. Solche Elefanten-Tetradrachmen übrigens prägte man auch in Ägypten mit dem großen Alexander als Gott.

Mohammed der Prophet wurde im sogenannten Elefantenjahr geboren, 570 oder 571. Der Negus **Abraha** von Abessinien führte ein Heer gegen **Mekka**, dem auch Elefantenschwadronen angehörten. Die Abessinier aber holten sich vor den Mauern Mekkas blutige Köpfe und eine für sie ganz entscheidende Niederlage. Sie traten für ein gutes Jahrtausend in die Kulissen und entrückten gar auch der großen Gemeinschaft der Christenheit. Wenig bekanntes und dennoch zeitenwendendes Ereignis: die Abessinier waren eine christliche Macht. Mohammeds Weg hätte einen anderen Verlauf nehmen müssen, wenn es anders gekommen wäre. Hätte und wäre! Zu einer derart explosiven islamischen »Häresie« wäre es schwerlich gekommen. So aber stand die arabische Bewegung, die Mohammed entfachen sollte, schon nach 103 Jahren vor **Konstantinopel** und nach weiteren 58 Jahren in Frankreich, mit Feuer und Schwert, und konnte erst an den Ufern der Loire zurückgeschlagen werden.

Habe Jahre hindurch gewähnt oder doch mit dem Gedanken gespielt, obengenannte Renaissance der Wagen müsse technische Gründe gehabt haben, die mit der Verwertung der Bronze zusammenhingen. Habe in meinem Laienverstande gemutmaßt, daß sich bronzene Naben auf Achsen aus dem gleichen Metall oder auch aus Eisen nicht so leicht heißliefen, wenn gut geschmiert, versteht sich. Und nicht in Brand gerieten wie die hölzernen Radnaben, beim alten Scheibenradwagen zumal, in Lagern aus Holz, die im Prinzip die reinsten Feuerbohrer gewesen sein müssen. Doch läßt sich die einschlägige Literatur, soweit mir zugänglich, darüber nicht aus. Nur **Hrouda** deutet etwas von einer Metallbuchse an, die er jedoch gleich wieder mit einem Fragezeichen versieht. Und so muß ich die Sache einstweilen auf sich beruhen und die Wagenritterbewegung oder die »Streitwagen-Koinē«, wie **Wolfram Nagel** sie nennt, eine Völker und Kontinente rasch erpackende kollektive Emotion sein lassen: Bronzezeit, Zeit der kollektiven Unruhe in jedem Sinne, wir sprachen davon, Zeit der Begierde nach Geschwindigkeit. Der unseren darin verwandt.

Die Idee des nicht-bespannten, also nicht von außen gezogenen, sondern von innen angetriebenen Kampfwagens hat von alters schon in allen möglichen Belagerungsmaschinen gesteckt und geschlummert. In der großen Unruhe der abendländischen Renaissance tritt sie wieder zutage. Bei **Leonardo**. Dort heißt es von den Streitwagen, die ihn interessierten: *»Diese ersetzen die Elefanten.«* Ferner: *»Dieser* (gedeckter Wagen) *ist wohl geeignet, die Reihen zu durchbrechen, aber er braucht Gefolge.«* Die Panzergrenadiere. Selbst die Antriebsfrage ist sogar im frühen 15. Jahrhundert schon angeschnitten worden. Auch **Dürer** hat seinen gescheiten Kopf darum bemüht, indem er einen von innen her mit etlichen Männerarmen bewegten Zahnradantrieb des Wagens zu Papier brachte. So überlappte sich das Zeitalter der Kavallerie mit dem in Andeutungen schon heraufrückenden der motorisierten Kampfwagen.

Diesen drei Perioden Fahren - Reiten - Fahren scheinen noch
frühere vorausgegangen zu sein. Daher wurde das Wagenritter-
fahren ab 2000 oben als eine Renaissance bezeichnet. Wie es
elamitische Täfelchen mit Pferdekopfdarstellungen aus dem
4. Jahrtausend gibt, die andeuten, daß das Pferd bereits dem
Haustierbestand angehörte, findet sich ebenda - allerdings wohl
später - das Reiten mittels Knochenritzungen dargestellt. Nun hat
es aber schon seit der Mitte des 4. Jahrtausends erwähnte Bock-
einachser mit Scheibenrädern gegeben. Sie dürften, mit Onagern
bespannt und von einem oder zwei Mann besetzt, die Kampfwagen der ersten Dynastie von Kiŝi gewesen sein. So hat denn
wohl eine Periode des Reitens zwischen dieser Kampfwagenzeit
und der Wagenritterrenaissance gelegen. Es wird aber keine ge-
wagte Vermutung sein, daß diese große Periodizität, dieses Ebben
und Fluten weltweiter Lebensgefühle, in sehr entlegenen Zeiten
einst mit dem Reiten angefangen hat.

49   Vornamen zum Ruhm der Pferde und vom troianischen Pferd

Es steht nicht in der Ilias, wohl aber in der Odyssee, daß es
Odysseus war, der des **Priamos** Veste, die heilige Ilios, die
berühmte **Troia** mit List erschloß. *Timeo Danaos:* mit dem
sprichwörtlichen Danaergeschenk, da denn alle Kriegskün-
ste sonst versagt hatten. Die Griechenflotte lauerte in Erwartung eines Feuerzeichens hinter **Tenedos**, und die Troer
rissen um des hölzernen Pferdes willen ihre Mauern ein,
die zehn Jahre Belagerung glorreich durchstanden hatten.
Sie hielten das Machwerk, das da eines Morgens allein auf
weiter Flur stand, für ein Weihgeschenk zur Versöhnung
der Götter. Für ein Zeichen der Kriegsbeendigung. Und
holten es in ihre unbesiegte Stadt.

Eigentlich eine schier unglaubliche Geschichte. Ein aufgedeckter
Schwindel. Kriegerlatein. Seemannsgarn. Oder nicht? - Ἀργεῖοι,
τοὶ δ'ἤδη ἀγακλυτὸν ἀμφ' Ὀδυσῆα/ ἥατ' ἐνὶ Τρώων ἀγορῇ κεκα-
λυμμένοι ἵππῳ ... *„Um den berühmten Odysseus geschart hockten
die Griechen bereits auf dem Marktplatz der Troer, im Pferde*

verborgen«, steht im 8. Gesang der Odyssee. ›Hippos‹ heißt Pferd auf Griechisch auch heute noch. Abenteuerlich zu lesen. Glänzend erfunden. Denn sollten die historischen Troianer, nach so langen Kriegsläuften reichlich belehrt und gewitzigt, auf eine frömmelnde Finte hereingefallen sein? Wie mit Blindheit geschlagen die Klappen an dem haushohen Geschenkartikel nicht bemerkt, dem hohl erdröhnenden Bauch nicht mißtraut haben, dem die Helden dann nächtens entstiegen?

Man hat diese Fabel auf einen viel älteren Kampf um Troia beziehen wollen, von dem **Homer** Kenntnis gehabt habe, eine Auseinandersetzung um 1750, als von Abend her fremde Eroberer den **Hellespont**, die Großen Dardanellen überschritten und zu allgemeiner Verdutztheit und Verblüffung ein dortselbst bis dato angeblich noch unbekanntes Tier mitgebracht hätten: das Pferd! Doch hat man sich im redlichen Bemühen, eine phantastisch anmutende Sage auf schlichte Fakten zu reduzieren, einer falschen Perspektive überlassen. Der nämlichen Fehlsicht, zu der in ähnlichem Zusammenhang auch Spengler und andere gelangten: da habe sich doch einmal irgendein sehr früher und sehr fataler Waffengang zwischen irgendwelchen indogermanischen Wagenfahrern und asiatischen Pferdereitern irgendwo in den eurasischen Steppen ereignet, das Bild des Gegners sich in den Köpfen darob bestürzter und verdatterter, um nicht zu sagen, kopfloser Proto-Hellenen als kentaurische Pferd-Mann-Gestalt niedergeschlagen und als Kentaur sich bis zu den klassischen Griechen fortgeerbt.

Seltsam, daß man den Abweg der Gedanken nicht merkte, die Sackgasse. Denn welchen prähistorischen Seeschlachten sollten dann die Ichthyokampen und Hippokampen zu verdanken sein? Die Seekentauren? Welchen neckischen Scharmützeln die bocksbeinigen Faune und Pane? Die pferdeohrigen Silene, die roßhufigen Satyrn? Und welchen all die anderen mischgestaltigen Beleber von Berg und Flur und Wasser? Und welchen umwerfenden Ereignissen solche Importe wie Greifen und Sphingen? Welchen Luftgefechten die Harpyien? Und jene Entsetzen erregenden Reiter, hätten sie nicht in umgekehrtem Staunen ihrerseits Menschen auf Rädern, Radmenschen, Radfahrer im Gedächtnis behalten müssen, zumal hoch zu Wagen ein Fahrender, sollte man ihm zum erstenmal begegnen, sicherlich doch erstaunlicher als einer hoch zu Roß wirken muß?

Unsinn, das alles! Der Mensch ist nicht so. So setzt sich Geschichte nicht in Sage um, und es wird Zeit, eine exakte Kollektivpsychologie auszubilden. Die reichen, handeltreibenden Troianer als Zeugen jener vorderhand lediglich hypothetischen Vorfälle um 1750 hätten, was immer vorging, ganz bestimmt nicht als pure Unbegreiflichkeit erlebt, sondern sich handgreiflichen Gegebenheiten gegenübergesehen, auf die es sich einzurichten galt. Oder auf die sie längst eingerichtet waren. Warum auch sollten sie in einem so ausgesprochen weltoffenen Zeitalter, dessen Impulse und Ideen die Menschheiten dreier Kontinente erfaßten, ausgerechnet ihre Anrainer von *vis-à-vis*, **Thraker, Dinarier, Illyrer** oder wen als blutsverwandte, nächstnachbarliche Handelspartner nicht von eh und je gekannt haben? Nicht immer und ewig schon? Handel ist doch alt wie der Mensch und sozusagen der Großvater aller Dinge, wenn der Krieg deren Vater sein soll. Und die **Dardanellen** sind an der schmalsten Stelle nur 1220 Meter breit. Da sieht man die Leute drüben doch mit bloßem Auge. Und was weiter und was groß, wenn diese alte Gevatternschaft nun einmal das Kriegsbeil auszugraben und mit Gäulen und Karren unter die Mauern zu kutschieren beliebte? Hätte denn ihre Pferdezähmung und -zucht, die doch kaum von heut auf morgen vor sich gegangen sein kann, nicht auch hüben längst bekannt gewesen sein müssen? Tatsächlich, sie war es! In diesem Zusammenhang konnte es keine unliebsamen Überraschungen geben. In der Schicht **Troia VI** (ca. 1900–1275) gehören Pferdeknochen zu den gesicherten Funden. Aber die osteologischen Ergrabungen der sogenannten **Troia-Yortan**-Kultur (2500–2300) belegen noch früheres Pferdedasein und so fort bis zu den vieltausendjährigen Pferde-Daten des vorigen Kapitels.

Kurz, Spekulationen obiger Art hat die Archäologie zunichte gemacht, und dennoch bleibt eine gewisse Affektbeziehung der frühen Völker zum Pferd auffällig und bemerkenswert. Da der **Tarpan** genannte Equide überall in Nord- und Mitteleuropa bis in die östlichen Steppen hinein angetroffen werden konnte, wird es nicht die Begegnung als solche mit einem Wildpferd als solchem, sondern müßte es das Gelingen der Zähmung gewesen sein, das man feierte, das Gelingen der Eingewöhnung in Geschirr und Gespann. Aber wäre das ein hinreichender Grund?

Wolfram Nagel bietet in »Der mesopotamische Streitwagen und seine Entwicklung im ostmediterranen Bereich« (bei Bruno Hessling, 1966) folgende Namen: **Piritašwa**, Fürst von Yanuammu -

altindisch Pritaswa = ›Mit freudigen Rossen‹; **Piriyaŝwa** (Alalah IV, Ende 16. bis erste Hälfte 15. Jahrhundert, akkadisch) - altindisch Priyaswa = ›Rosselieb‹; **Partaŝwa**, Prinz aus Nuzi (akkadisch) - altindisch Prt-aswa = ›Streitross(e besitzend?)‹; woraus abzunehmen sei, daß ›aŝwa‹ eine indoarische Bezeichnung für Pferd gewesen und daß man zu einer bestimmten Zeit Eigennamen gebildet hat, die Mensch-Pferd-Beziehungen verherrlichten.

Auf Mykenisch, dem Frühgriechisch, das auch die Troiakämpfer gesprochen haben, hieß ›iqo‹ = Pferd und ›iqqoi‹ = Pferde. (Übrigens scheinen pferdbezogene Namen in der Linear B noch nicht vorzukommen, mit zwei Ausnahmen, soweit ich sehe, in Pylos als Eriqqios und Eriqqia; doch bestand bei **Ventris** und **Chadwick** darüber noch keine Sicherheit.) An ›iqo‹ schließt sich dorisch ›ikkos‹ und hochgriechisch ›hippos‹. Und dieses letztere kommt in griechischen Eigennamen nun derart häufig vor, daß es schon einige Beachtung verdient. Mit meinen geringen und unzulänglichen Mitteln lassen sich nämlich gute achtzig solcher »pferdehaltigen« Namen zusammenbringen, männliche und weibliche, aber die Altphilologie wird gewiß sagen können, wie viele weitere noch in Gebrauch gewesen sind. Die Komposita mit hippo- waren aber nicht etwa allein der hochtrabenden Mythologie vorbehalten, nein, sie kamen ebenso auch im Alltäglichen vor. Ein Name hat sogar bis in unsern abendländischen Namenskatalog hinübergefunden: **Philippos** = Pferdelieb. Wie oben Priyaswa. Auf dem Weg über den oder die Heiligen gleichen Namens. So ist es dem anmutigen Amazonennamen Philippis nicht ergangen. Aber **Philippie** gab es. Ein **Wilhelm von Aquitanien** hatte eine Philippie zur Frau. Einen anderen hat ebenfalls ein Heiliger bis zu uns oder fast bis zu uns gerettet: **Hippolytos** = Rosselöser. Einen kennt jedermann als prototypisch für eheverekelnde Weiblichkeit: **Xanthippe** = Falbin. Weitere werden nicht ganz unvertraut klingen, zum Beispiel **Hippokrates** = Roßhard, Pferdgewaltig, Roßgebieter, **Dexippos** = Pferdebegrüßer, Roßfroh, **Leukippos** = Weißpferd, Schimmel, **Hipparchos** = Roßherr, als Berufstitel auch Reiteroberst, **Hipponikos** = Pferdsieger, **Chrysippos** = Goldpferd, weiblichen Falles Chrysippe, **Aristippos** = Bestpferd, Edelroß, **Zeuxippos** = Roßschirrer und so fort, ich will nicht langweilen.

Was mag diese auffallende Pferdebezogenheit sagen wollen? Ein ebenso evidenter Kamel- oder Eselbezug entspricht auf der Seite der »aramäischen Wanderung« nicht, obwohl es Namensverbindungen mit Kamel gegeben haben dürfte und vielleicht noch gibt. So erschien der iranische Gott

Vərəthragna als Kamelhengst; allerdings aber auch als Pferd oder Eber und anderes.

So soll der Name **Zarathustra** einen Kamelhengstanteil enthalten - wo las ich es? Hab's nicht notiert und finde es jetzt nirgends bestätigt. Finde nur, daß die älteren Auslegungen wie ›Goldstern‹ oder ›Stern des Glanzes‹ für Zarathustra ungewiß sind.

Und so hat **Heinrich Lewy,** den wir schon ein paarmal zitierten, versucht, Troias greisen König **Priamos** mit dem kanaanitischen Königsnamen Piram zu verknüpfen. Müßiges Beginnen vielleicht. Aber Piram, sagt er, heiße Schnellfüßig = Wildesel, und das ist es, was hier dennoch interessieren könnte. Allerdings wird das entsprechende hebräische Wort ›pere‹ von andern wieder mit Zebra übersetzt. Priamos aber, hat **Apollodoros** behauptet, habe vordem auch Podárkēs geheißen, was tatsächlich im Griechischen ebenfalls ›schnellfüßig‹ bedeutet. Nah verwandt ist hier eine Pferdebenamsung für Vierbeiner (Ilias VIII, 185 und XXIII, 295): Podárgos. Sie findet sich schon in der Linear B von **Knossos.** Nur ist dabei nicht so restlos geklärt, ob Pferde oder Ochsen gemeint waren.

Einerlei, jener ganz offensichtlich auf Affekt deutende Pferdenamenschub scheint auf den ersten Blick eine höchst realistische Gesinnung der Frühgriechen bloßlegen zu wollen, die erst in modernen sowjetrussischen Namen ihre Parallele hätte: Traktorina, Energia, Industria und Elektron werden im Kremlland den Täuflingen als ein Bekenntnis zum Maschinenzeitalter mit auf den Lebensweg gegeben. Einem Zeitalter, das übrigens die Leistung seiner Maschinen immer noch nach Pferdekräften mißt. Bislang wenigstens. Man will jedoch auf Kilowatt-Messung übergehen. 55 Kw = 75 PS. Ich möchte solche Benamsungen wie die sowjetischen gar nicht tadeln. Nur bleibt die Tiefe des Gefühls dabei unprüfbar und fraglich. Über jeglichen Beigeschmack des Überschwenglichen ist das wohl ohnehin nicht erhaben.

Sicher erscheint mir hingegen, daß ein sozusagen pferdiges Selbstgefühl die Griechen voreinst überhaupt durchdrungen und beseelt hat. Wovon jene Namensgebung nur ein Niederschlag wäre. Die attischen Helmbügel wurden mit Roßmähnenhaar und Roßschweif ausgeziert. Das Wort für diese Zierde, lóphos, bedeutet zugleich auch Hals und Nacken. Und sieht man genauer hin, so erweist sich der Helmbügel in der Tat als ein Pferdenacken: im Athener

Nationalmuseum steht in entlegenem Saal eine kleine bronzene Athena Promachos aus dem Anfang des 5. Jahrhunderts, deren Helmzier, senkrecht zu Häupten und den eigentlichen Helm ums Dreifache überragend, nach vorn in einen kleinen Pferdekopf umbiegt, als sei da ein Pferd sehr kurz zusammengenommen. Der Lóphos des Helms ist dabei wie selbstverständlich kongruent mit dem Lóphos des Pferdchens. In Vergrößerung.

Kraft der Autosuggestion des Steckenpferdreiters, der ohne Mühe Reiter und Pferd, Mensch und Tier in einem Akt und in einem Leibe kentaurisch vereinen kann, verlieh ein solcher Helm dem Träger das Gefühl, wie Pferd zu sein. So unbändig, so feurig, so schnell wie ein Pferd. So ungestüm sieghaft. Springlebendig. Von göttlicher Rossigkeit. Wie der Gott im Pferd. Pferdegott war Poseidon. Poseidon Hippios. Der Pferdige. Pferdegott war er offenbar schon lange, bevor er, mit seinem Volke wandernd, die Ägäis erreichte und Meerbeherrscher zu werden hatte. Pferdegott und Erdfrau-Umfanger. Dabei, wie bildrichtig, Erdstößer und Erderschütterer. Der die Erde beben machte. Der auch die Quellen springen ließ. Die Fülle der pferdehaltigen Namen dürfte von einer Zeit der Poseidon-Gott-Pferd-Verehrung herrühren. Als ihr nachhaltiger Nachklang.

Schwer, des Gottes komplexes Wesen zu durchfühlen. Noch schwerer, es zu durchdenken und auszusagen. Der »Gott« ist das »Ich«, in dem ein Stamm, ein Volk sich selbst erlebt, erkennt und nennt. Es dauert lange, bis ein Menschenkind zu seinem Ich findet; lange pflegt es sich in seinen Vor- und Kosenamen zu erkennen und also von sich zu sprechen. Es dauert - wer weiß, wie lange? -, bis ein Kollektiv sein Ich findet und es Gott, seinen Stammes- oder Volksgott, nennt... Ich war in den Ebenen und züchtete Rosse, ich, Poseidon... Und ich wanderte südwärts und kam ans Meer. Das unterwarf ich mir, nachdem ich es zu befahren von seinen Anwohnern gelernt hatte und selbständig Schiffe bauen konnte, ich, Poseidon... Also sprach der verwandelte Herr als ein griechisches Ich, das sich wenig Fremdes anverwandelt hatte, und entriet seiner Pferdegestalt nach und nach. Doch freundlicher Schiffsgeleiter wurde er nie. In Poseidons unberechenbarem und bedroh-

lichem Wesen als Herr der Meere hat sich ein frühes Mißtrauen gegen das salzige Element fixiert. Auch auf dem
Grunde der See blieb er der zustoßende Erschütterer.

Schliemann und **Dörpfeld** haben die archäologischen Schichten
des Hügels von Troia neun großen Phasen zugeordnet. Schliemann hatte in **Troia II** einen Goldschatz gefunden und durfte
noch meinen, des Priamos Schatz ergraben zu haben. Troia II
datiert man heute in die Jahre von 2400 bis 2200. Es wurde
durch Feuer zerstört. Troia VI (1900–1275) ist durch Erdbeben zerstört worden. Troia VII a fiel gegen 1200. Das Troia
der Ilias? Ganz sicher ist man sich nicht ... Aber das Erdbeben
in der mykenischen Zeit, in welche **Homers** Helden gehören? ...
War das Hölzerne Pferd eine Belagerungsmaschine? Ein Mauer-
brecher? Ein Rammbock? War es nur ein Weihgeschenk, den
Poseidon zu verpflichten? Wurde den »Danaern« möglich, kraft
dieser Maschine oder infolge des Erdbebens in die so lange be-
rannte Stadt zu dringen? Des Erdbebens, das als Poseidons Dank
für das riesige Danaergeschenk aufgefaßt werden mußte? Das
alles ist noch im Dunklen. Aber um wieviel dunkler war es doch
vor Schliemann ... Was wird die so hinreißend fortschreitende
Archäologie eines Tages noch alles zu wissen und weiterzudenken
aufgeben!

Nachtrag aus den Reisenotizen von 1967, Athen, Akropolis-
Museum:

»Ein stehender Jüngling und ein stehendes, den Kopf aufwer-
fendes Pferd, gleich hoch mit den Köpfen. Isokephalie um der
Stilisierung willen? Nein. Die Pferdegerippe von **Salamis/Zypern**
gehören, wie gesagt, einer kleineren Rasse an, als wir kennen,
einer ausgestorbenen. (Habe aber bei Koskinou auf **Rhodos** vor
Jahren einen niederwüchsigen, wild erregten Hengst beim Korn-
dreschen mit zwei Maultieren im Kreise herumgehen sehen, der
halsstarrig aufwarf, dabei jedoch keinesfalls höher als der Bauer
ragte. Der traktierte sein schäumendes Tier mit Knüppelschlägen.)
Bleibt die Frage, ob die merkwürdig senkrechte Haltung des
Halses - Saal VI, Nr. 697 ›Vorderteil eines sehr schönen Pferdes‹ -
der Halshaltung jener angeblich nicht mehr lebenden Rasse ent-
sprochen haben kann und ihr anatomisch möglich war? Pferdeohr
und Pferdeellenbogen stehen dabei senkrecht übereinander. Das
sieht aber auch nach anthropomorphischer Projektion aus. Oder
beides wirkt zusammen. Denn so wird der Hals zu einer Art
Menschenrumpf. Etwas Kentaurisches, was sich da ausdrückt.
Mensch im Pferd. Bei dieser Halsaufrichtung sitzen dem Pferd

Haupthaar und Mähne genau wie den Kriegern die Helmbüsche. Pferd menschleibig. Mensch pferdeleibig. Die Hinterkeulen. Das Glatte.«

Ältere Kentaurendarstellungen haben statt der Pferdevorderfüße Menschenbeine mit Mannsfüßen. Das heißt, einem aufrechtstehenden Mannsbild nebst Genitale an gemäßer Stelle ist am Kreuzbein ein Pferderumpf nebst Pferdehinterbeinen angewachsen, ohne daß der Versuch unternommen wäre, ein quasi-organisches Ganzes zu schaffen. Der hübscheste Kentaur, den ich kenne, ist eine etwa 18 Zentimeter hohe Terracotta aus **Nikosia**, ein buntbemaltes Wesen mit langen Korkenzieherlocken. Es oder er hat einen roten Fisch unter dem linken Arm und trägt links an einem Schulterriemen einen Weinschlauch. Sein Proviant. Das Häuptlein ziert eine Haube orientalischer Art mit vier Kapseln an einem Band über der Stirn, etwas wie die arabische Keffije. Ob die flachen Kapseln - ich nenne sie so - vielleicht Schellen waren? Gerade an zyprischen Kleinkunstwerken kann man sie mehrfach sehen. Auch als weiblichen Kopfschmuck. Ob der kunterbunte Orientkentaur hermaphroditisch ist? Ein ganzer Kerl scheint er nicht zu sein.

Die Hermaphroditen! Der Mannsaspekt der **Astarte**! Aphroditos. **Aphroditens** frühe Kultbilder - aus phönizischem Schiffsbauholz, wie es hieß - zeigten die Göttin bewaffnet. Auf **Kythera** zum Beispiel. Aphrodite mit dem Bart. Verworrenes, für unsereinen anstößiges Bild und schnöde Parodie ... War der **Baphomet**, dessen wenig christenmäßige Verehrung man den Herren vom Tempelritterorden hochnotpeinlich vorwarf, vielleicht ein altes Kultbild des Aphroditos? Baphomet galt als Zeichen der Gnostiker ... In welche Uferlosigkeit der Thematik gerät, wer nach Südosten sich wendet!

Ernest Hemingways Novelle »The Snows of Kilimanjaro«
beginnt so:

*»Der Kilimandscharo ist ein schneebedeckter Berg von 19710
Fuß Höhe und wird als Afrikas höchste Erhebung bezeichnet.
Die Massai nennen den Westgipfel Ngàje Ngài, Haus Gottes. In
der Nähe dieses Gipfels fand sich der ausgedörrte und ausge-
frorene Kadaver eines Leoparden. Niemand konnte erklären,
was der Leopard in solcher Höhe gesucht hatte.«*

Im Januar 1966 hat man 10 bis 15 Kilometer nördlich von **Ein
Gedi** am Westufer des Toten Meeres, wo sich außer dieser »Böck-
leinsquelle« noch weitere Quellen befinden - Ein Gazal, Ein Turabi
und Ein Ghuwer - einen Leoparden angetroffen und erlegt. Auf
israelischem Boden.

Am Hofe Kaiser **Friedrichs II.** zu Castel del Monte gab es
Jagdleoparden, Dromedare, einen Elefanten *». . . und eine
bestimmte Art von Papageien, die aus Indien stammt. Von
letzterer Art hat uns der Sultan von Babylon einen geschickt, der weiße Flug- und Kleinfedern hatte, während
die darunterliegenden Federn ins Safrangelbe hinüberspiel-
ten . . .«* So steht es in der ›Ars Venandi cum Avibus‹ aus
dieses Kaisers Feder.

Aus der Chronik des **Roger von Wendover** (vor 1236): *»Der
Sultan von Babylon aber schickte ihm, nachdem er von seiner Ankunft in Syrien erfahren hatte, viele und wertvolle Geschenke:
Gold, Silber, seidene Tücher, kostbare Steine, Kamele und Elefanten, Bären und Affen und andere staunenerregende Dinge . . .«* Das
war 1229, und der Sultan war **al-Mâlik al-Kâmil** von Ägypten.
»Von dieser Zeit an«, heißt es weiter, *»verband sich die Seele des
Kaisers mit der Seele des Sultans durch den unauflöslichen Kitt
der Liebe und der Freundschaft, und sie verbündeten sich und
schickten sich gegenseitig kostbare Geschenke . . .«*
   Aus der Ursperger Chronik der Äbte **Burchard** und **Konrad**
(vor 1230): *»In der Fastenzeit (1229) erfolgte die Vereinbarung
zwischen dem Kaiser und dem Sultan. Jerusalem und Nazareth
und Joppe wurden mit den umliegenden Gebieten und einigen
Ortschaften dem Kaiser zurückgegeben, und ein zehnjähriger
Waffenstillstand zwischen Christen und Sarazenen wurde fest-*

gelegt. Als der Kaiser diese ruhmvolle und löbliche Tatsache dem Herrn Papst berichtete und der Christenheit diese Freude verkündigte, warf der Papst den Brief auf den Boden und bespie ihn . . .«

Aus der Chronik des **Matthäus von Paris,** wohl um einiges später als Roger von Wendover: Der Kaiser »*soll nämlich gesagt haben, was man kaum nachsagen darf: drei Betrüger hätten, um in der Welt zu herrschen, ihre Zeitgenossen mit List und mit Verschlagenheit getäuscht und das gesamte Volk verführt, nämlich Moses, Jesus und Mohammed . . . Ferne, ferne sei es, daß irgendein vernünftiger Mensch seinen Mund zu einer so wahnwitzigen Gotteslästerung geöffnet habe! Seine Feinde behaupteten auch, Kaiser Friedrich sei mehr der Lehre Mohammeds als der Jesu Christi zugetan gewesen und habe sich einige sarazenische Buhlerinnen als Konkubinen gehalten . . . und sei schon seit geraumer Zeit mit den Sarazenen verbündet und mehr ihr als der Christen Freund . . .«*

Collenuccios »Abriß der Geschichte des Königreichs Neapel« von 1543 unterstreicht die Tierliebhaberei des Kaisers: »*Er kam im November (1232) nach Ravenna mit großem und prächtigem Gefolge und führte unter anderem viele in Italien ungewöhnliche Tiere mit sich: Elefanten, Dromedare, Kamele, Panther, Gerfalken, Löwen, Leoparden und weiße Falken und bärtige Eulen und viele andere auffallende und bewundernswerte Dinge . . .«*

Aus der Chronik des Minoriten **Salimbene** von Parma (zwischen 1238 und 1287): »*Im Jahre 1235 sandte Kaiser Friedrich einen Elefanten in die Lombardei nebst mehreren Dromedaren und Kamelen, vielen Leoparden, Gerfalken und Habichten. Sie zogen durch Parma, wie ich mit eigenen Augen sah, und blieben in der Stadt Cremona . . . Damals, bei der Belagerung von Pontevico, hatte Kaiser Friedrich seinen Kriegselefanten bei sich, den er zu Cremona gehalten hatte; auf dessen Rücken befand sich ein hölzerner Turm nach Art des Fahnenwagens der Lombarden: viereckig, stark befestigt und mit vier Fahnen, an jeder Ecke einer, versehen; und in der Mitte war eine große Standarte angebracht; im Innern des Turmes aber saß der Führer des Tieres mit vielen Sarazenen . . .«* Dieser Elefant, lese ich in dem von **Klaus J. Heinisch** 1969 herausgegebenen Buch »Kaiser Friedrich II.« (dem ich die einschlägigen Zitate entnehme), starb anno 1248 an der ›Wassersucht‹ und wurde von Cremonas Bürgern in der Erwartung beerdigt, daß seine Knochen sich in Elfenbein verwandeln würden.

Der gemeinte Fahnenwagen der Lombarden hatte den Namen ›Berta‹. Offenbar war ihre angestammte Sprache noch nicht ganz aus dem Gebrauch gekommen.

Friedrich lebte, wenn die politischen Verhältnisse es erlaubten, im Winter in **Foggia** in Apulien und oblag der Falkenbeize. Im Sommer suchte er, wenn er jagen wollte, gebirgige Lagen auf. Bei **Melfi** zum Beispiel. Dort also und in der Nähe von **Gravina** besaß er Jagdreviere, während er in den Sumpfgebieten bei Foggia ein Vogelgehege hatte anlegen lassen, wo er ornithologische Studien betrieb. Gestüte für die Zucht arabischer Pferde und für Kamele hatte er in Lucera eingerichtet und in sachkundige Sarazenenhände gegeben. Dort wurde zeitweilig auch eine Giraffe gehalten.

Und abermals **Matthäus von Paris:** 1238 *»hauchte der großmächtige Sultan zum großen Schmerze vieler seine Seele aus. Sterbend vermachte er freigebig reiche Einkünfte und viel Geld den kranken Christen, die mittellos im Hause der Hospitaliter* (Johanniter) *lagen; viele gefangene Sklaven hatte er freigelassen und viele andere Werke der Barmherzigkeit vollbracht. Er war aber, wenn auch ein Heide, aufrichtig und großzügig und schonte die Christen, soweit es ihm die Strenge seines Gesetzes und der Argwohn der Nachbarn erlaubten. Als der Römische Kaiser Friedrich von seinem Tode erfahren hatte, betrauerte er ihn lange Zeit untröstlich und beklagte ihn bitter. Er hoffte nämlich, der Sultan werde, wie er es ihm versprochen hatte, das Sakrament der Taufe empfangen, und die Christenheit werde durch ihn einmal einen glücklichen Zuwachs erhalten . . .«*

Dieser Sultan und dieser Kaiser waren offenbar beide über den altgewohnten Trott der Dinge und über alle Arten böser Verbohrtheit des unaufhörlichen Ost-West-Dialogs hinausgewachsen. Aber wenn den Sultan auch kein islamischer Oberimam zu maßregeln und zu demütigen trachtete, völlig frei Schalten und Walten hatte auch er nicht, sondern war an *»Strenge seines Gesetzes und Argwohn der Nachbarn«* gekettet, die zu berücksichtigen waren, wenn er nicht mißverstanden werden wollte. Immer noch findet sich die liebe Mitwelt unbereit, freimütige überragende Geister gewähren zu lassen. Eine solche Konstellation zweier wahrer Großer, die sich über die Fronten hinweg verstehen, hat es nie wieder gegeben. Das Kollektiv diktiert, wie hoch Größe zu ragen hat. **Friedrichs** Mutter aber, nicht zu vergessen, war Urenkelin **Tancreds von Hauteville**, Großnichte **Robert Guiscards**, **Bohemunds** Nichte, echte Normannin. Es steckte im normannischen Welteroberungsgedanken im Ansatz auch die Vorstellung einer umfassenden Weltkultur: in Sizilien waren im Verlauf dreier Generationen Griechisches, Sarazenisches und Normannisches wundersam verschmolzen. Friedrichs aufgeklärte und tausendmal mißdeutete Weltläufigkeit war sizilisches Erbe. **Lessings** Nathanfabel von den drei Ringen soll auf Friedrich zurückgehen.

Eine neolithische Stadt, ihrem Ausgrabungsort nach **Tschatal-Hüyük** mit Namen, südlich von Ankara nach Kilikien hin, blühte vor etwa 9000 Jahren und betrieb Obsidianexport. Zeitlich gewissermaßen nicht allzu weit mehr vom sogenannten Magdalénien, das man auf rund 10 000 Jahre vor Christus datiert. Abstandssache. Man scheint bereits Textilien aus Bast und auch aus Wolle hergestellt zu haben und züchtete Schafe. Nutzpflanzen waren Weizen, Gerste, Linse, Felderbse, Mandel und Apfel. Man jagte Löwen, Bären und Leoparden sowie Auerochsen, Wildschafe. Und Onager. Ein Zeitalter noch vor allem Reiten und Fahren.

Reisenotiz von Mittwoch, dem 20. April 1966, auf Zypern: »Ehe man das Roadcross von **Famagusta** erreicht und bald darauf den Meereshorizont in Ost und Südost heraufblauen sieht, sah ich hier auf der Insel zum erstenmal Kamele oder besser Dromedare, sehr schmächtige Tiere. Ein Mann ließ ihrer drei am Straßenrand weiden. Soweit reicht der Orient also noch, wenn man das Dromedar als seinen Repräsentanten ansehen will . . .«

Freitag, den 22. April 1966: ». . . als ich von **Limassol** abfuhr – mit dem liebenswürdigen Türkenomnibus, wenn sich das so sagen läßt –, entdeckte ich von meinem Hochsitz aus, daß bewußter Park der Zoo war, von dem ich in einem der Führer gelesen hatte. Sah ein einsames Dromedar sich langweilen, eins mit dunklen Haaren, und im Hintergrund zeigten sich einige schaubudenartige Käfige. Da wird man wohl Löwen und Affen halten. Aber die mächtigen Bäume machten aus einer Dürftigkeit doch etwas hübsch Ansehnliches mit ihren schönen grünen Schatten. In Bäumen exzelliert diese Insel . . .«

Freitag, den 24. November 1967: ». . . fuhr die 42 Meilen nach **Lemessos**/Limassol. Dort war das historische Museum wie vor anderthalb Jahren immer noch geschlossen. Bis auf weiteres, vorbehaltlich einer Nachricht an den verehrlichen Besucher. Immer noch das gleiche handgeschriebene Pappschildchen. Habe das dunkle Gefühl, dieses Museum werde ich nie zu sehen bekommen. In dem Bau, dem grauen Rest eines undefinierbar alten

Schlosses, haben **Richard Löwenherz** und **Bérengère von** Navarra geheiratet, heißt es. Ging dann in den Zoo. Aus Sehnsucht nach dem kleinen schokoladenbraunen einsamen Dromedar.

Der Zoo: das besagte Dromedar, ein Esel, ein Shetlandpony, zwei Braunbären, eine kleine Elefantenkuh, viele Waschbären, ein paar kleinere Affen, eine Löwin. Geier, Adler, Wellensittiche, Fasanen aller Art, Störche, Pelikane, allerlei Enten und kleinere Vögel, z. B. Kanarien. Das war's. Angeschlossen ist ein Schuppen mit einem sogenannten naturhistorischen Museum. Viele einheimische Vögel auf Watte und in Mottenpulver aufgebahrt, auf dem Rücken, die Füßchen zusammengebunden, viele Lerchen, ein kleines Leichenschauhaus der Vögel, dito der Schmetterlinge und anderer Insekten, ferner, sehr wackelig aufgestellt und von Motten nicht ungeschoren, ein ausgestopftes rehbraunes Wildschaf, wie es sie immer noch in den Gebirgen und Wäldern der Insel gibt. Man liest es wenigstens. (Wie hat man sich eigentlich die Besiedelung einer Insel mit Tieren vorzustellen? Ein Wildschaf, nehmen wir an, es stamme aus der Türkei, kann doch nicht 80 Kilometer übers Meer schwimmen?) Des weiteren auch etliche Mineralien, daran die Insel von alters her so reich war und ist, z. B. Umbrastein, ein goldhaltiger Stein, der indessen silbrig grau aussah, und anderes mehr: Marmor, Quarze, Bergkristalle, aber das meiste fehlte, war gemopst und nicht wieder ersetzt worden. Die Sammlung ist vermutlich dem einmaligen Fleiß eines längst zu seinen Ahnen versammelten Schulmeisters oder einem britischen Sonderling zu verdanken. Doch in derartigen Ländern scheint es entsetzlich schwer zu sein, etwas auf die Beine zu stellen und dann auch noch zu erhalten. Wir wissen gar nicht, wie gut wir es haben, und dennoch molestieren uns Rotten von Miesepetern, die immer bloß finden, daß bei uns alles nicht stimme und provinziell sei. Man gehe doch in die wirklichen Provinzen an den Rändern Europas. Wozu reisen die Leute eigentlich?«

Sonnabend, den 25. November 1967: »Bin doch wieder faul wie die Sünde gewesen und habe nur über Israel und Jerusalem gelesen, aber keine Notizen nachgetragen. Hörte kein Bömbchen wie in der Nacht auf den Freitag. Ging um 8 Uhr schlafen, die einzige Möglichkeit, warm zu werden. Es ist ärgerlich, zu der lagebedingten Stimmung der Bevölkerung kommt die offenbar ungewöhnliche Kälte. Wie dabei noch Gewitter zustande kommen können, ist verwunderlich.

Kaufte bei Pheraios etwas Turmeric. Gehe noch einmal auf die Suche, ob es nicht doch irgendwo echten Safran zu kaufen gibt. (In **Limassol** in den Lokalen viel Tintenfische, frisch erbeutet und an Schnüren aufgehängt.)

(An der Straße nach **Kerynia** eine Villa mit überdachter Terrasse *en miniature*, vollgehängt mit getrocknetem Meeresgetier, Seesternen und fliegenden Fischen, die bei dem starken Sturm am Dienstag an ihren Schnüren auch wirklich noch flogen, postum sozusagen und gefesselt.)

Vom Krieg ist hier nichts zu merken. ›Cyprus Mail‹ ist noch nicht da. Wer weiß, was die wieder alles melden? Jedenfalls geben sie keine Wetternachrichten, nachdem sie mitteilten, daß Radio Athen auch keine mehr durchgebe... *À la guerre comme à la guerre*...«

Eben damals gab ich einen Bericht an den »Tagesspiegel« nach Berlin. Darin hieß es unter anderem: »... Die Mehrheit der einheimischen Bevölkerung bewahrte zwar Religion und die alte griechische Sprache mit beachtlicher Zähigkeit, nahm aber viel von den Sitten und Gebräuchen ihrer neuen Gebieter (der Türken) an, was die Unterschiede sicherlich verwischen half.

Heute sind die Gegensätze von Politikern verschiedener Art auf einen ungerechtfertigten Schärfegrad gebracht. Deshalb haben politische Schaustellungen augenscheinlich keinen tiefen Widerhall bei der Bevölkerung. So, wenn hier die Mittelschulkinder Demonstration spielen und in ungeübten Sprechchören Dummheiten auf die Straße schreien; trotz etlicher fuchtelnder Demonstrationsleiter ein albernes Durcheinander, das verpufft. »Ho Dhigenes stēn Kypron!« riefen die Klippschüler, und das bedeutete, der General **Grivas**, den man doch, als eine erste Tat der Vernunft, nach Athen beordert und dort kaltgestellt hat, solle nach Zypern zurückkehren. Der alte Herr liebt es nämlich, obwohl kein Zypriot, sondern Festlandgrieche, mit einem lokalsagenhaften Riesen namens Dhigenes identifiziert zu werden, der früher hier mit Felsbrocken um sich geschmissen hat. Als wenn Hindenburg sich hätte Rübezahl nennen lassen!

Und auch die Plastikbomben, die allabendlich fallen, werden nicht etwa von aufgebrachten und verzweifelten Menschen als *ultima ratio* gelegt, wie seinerzeit vielleicht in Ungarn, sondern knallen, wenn Knallen auf einem Programm steht, das die vernünftige Bevölkerung nicht entworfen hat, und wenn für die Weltöffentlichkeit politische Gereiztheit bis zum letzten dargestellt werden soll. Kein hübsches Spiel gerade! Aber da es weit weniger ernst ist, als der Schein draußen lehren soll, so verbreiten auch die türkischen Düsenjäger, die bisweilen über der schönen Insel kurven, weiter keinen Schrecken. Und wären die Türken tatsächlich gelandet, so wäre das meines Erachtens auch kein *casus belli* geworden. Denn auch das hier verfassungsgemäß zustehende Truppenkontingent der Festlandgriechen von 950 Mann war ja doch wohl durch Anlandung im Lauf der letzten vier Jahre auf ungesetzliche 7000, vielleicht gar über 10 000 Mann angewachsen. Soll jetzt freilich abgezogen werden. Zu Fuß ist hier noch niemand angekommen. Schon die Achäer kamen per Schiff. Daher der Name Seevölker.«

Ein besonderer Vogel war Bird. Sie hieß anders. Doch wollen wir ihre lustige Person schonen. Am Namen ist auch nichts gelegen. Allenfalls mag er andeuten, daß Bird Amerikanerin war. Das war sie durch und durch. Bird war sichtlich gut mit Geld versehen. War elegant. Damenhaft. Schlank, versteht sich. Täglich frisch coiffiert und geblaut. Tadelloses *make up* ansonst. In der Stadt beim Shopping meist mit einer schwarzen Krokodilledertasche im Schätzwert von mindestens 3000 DM ausgerüstet. Ob im Palladion-Super-Market, ob in dem prächtigen Delikatessengeschäft des Herrn Pheraios, wo der beste Honig, das lieblichste Öl und die ambrosischen Weine der Insel zu haben sind, an dieser oder jener Ecke sah man immer wieder Birds scharlachroten Wollmantel erscheinen und sich vor dem winterdunklen Menschengewimmel der Nikosianer auszeichnen. Nur eins, wenn einer sich daran stören wollte, blutjung war Bird nicht mehr. Durchaus ansehnlich noch. Aber etwas roßzahnig doch schon. *Femme de cinquante ans?* . . . Das noch nicht. Noch nicht ganz. Nein, nein, *quarante et un peu de plus.*

Ihren Namen hatte ich, ohne danach gesucht zu haben, dem Gästebuch des Museums, in das sich jeder ausländische Besucher eintragen soll oder kann, mit an Gewißheit grenzender Wahrscheinlichkeit entnommen. Denn: sie war der einzige weibliche Tourist und Hotelgast derzeit, wie ich der einzige männliche war. Ins Haus stehenden Krieges halber. Im Raum **Iskenderun** versammele sich die 39. türkische Infanteriedivision, stand am 21. November in der »Cyprus Mail«. Man habe bereits Truppentransporter gechartert.

Einen allerdings bloß. Nichts überstürzen. Aber!... Aber eine Zeitzünderbombe war in **Paphos** detoniert. Schon gehört, wie?... Heute nacht... Soso... Ohne allerdings nennenswerten Schaden anzurichten... Ohne?... Vorläufig noch... Was Sie nicht sagen!... Schon die nächste Minute konnte das einmalige, das unvergleichliche, nie wiederkehrende Ereignis bringen. Den Boom. Den Knüller. Den Hit. Das Hotel Ledra Palace war nicht etwa leer. Weit gefehlt. Es steckte voller Journalisten aus aller Welt. Fotografen, behängt mit Apparaten, großen und kleinen, wie Hausierer mit Kochlöffeln. Reportern. Auslandskorrespondenten. Kriegsberichterstattern. Militärexperten. Kameraleuten für Fernsehen und Wochenschau. Schon die nächste Stunde konnte die Sternstunde letztmöglicher Informationsdurchgabe sein. Das letzte an brennender Aktualität. Das Foto des Jahres. Des Jahrhunderts.

Deshalb begann die rege Tätigkeit dieser jungen oder auch schon leicht angejahrten Leutchen bereits zu nachtschlafender Zeit. Schon um 8 Uhr morgens. Mit dem Frühstück zunächst. *Ham and eggs, porridge, tea, juice, toast please... tomato juice!* Fit muß man sein. Für alle Fälle. Okay. Auf alles gefaßt und das mit leerem Magen?... Sie sind ein Gemütsmensch... Auf Draht. Auf dem Damm. Auf dem Kien. *On the beam*... Begann die emsige Tätigkeit mit der Lektüre ebenjener »Cyprus Mail« vom Datum des Tages noch während des Frühstücks. Die »Cyprus Mail« mußte es ja wissen, wenn ihre Redakteure einigermaßen am Ball waren. Wer denn sonst?... Mit vollem Munde... Rastlose Tätigkeit mit dem Abhören der Rundfunknachrichten des britischen Luftwaffenstützpunktes, kauend, BBC - *East Mediterranean Relay*, wo man ebenfalls auf dem laufenden sein mußte. Schlimm, wenn's anders wäre. Soweit käme es noch. Sollen doch nicht einfach schlafen, die örtlichen Kollegen, wenn endlich mal was gefällig ist.

Die Transistorgeräte schwätzten zwischen Eierbechern und ausgelöffelten Grapefruitschalen leise und eifrig und würzten das Mahl. BBC lieferte Material für Stenogrammblöcke und Stoff für die Eigenberichte, die alsbald formuliert und telegraphisch oder sonstwie brühwarm an die Redaktionen der Weltpresse weitergegeben werden sollten. Harte Features, knallharte. Ausgefeilte Dokumentationen,

die auch im fernen Nippon noch oder im nicht weniger ent-
fernten Albany/Ohio dem Leser unter die Haut gingen.
Unfehlbar. Exemplarisch heiße Texte mit Background. Sen-
sationen. Exklusiv. *Headlines.* Aufmacher. Unverschleierte
Facts. Und beiseite, daß »Cyprus Mail« eben unter demselben 21. November aus **Famagusta** die Schiffsverladung
von 6689 Tonnen Zitronen, 5692 Tonnen Pampelmusen
sowie 14 Tonnen Mandarinen meldete. Stört das Bild. Lullt
ein. *Mundus vult* ... Krisen haben ... Wie heißt der **Makarios** eigentlich? ... *His Beatitude?* ... Möcht' ich auch heißen ... Wie sagten Sie? BEA? ... Die schweren Bosse daheim sollten ihre Korrespondenten nicht umsonst auf den
Kriegsschauplatz von morgen entsendet haben. Die sollten
mit jeder Menge politischer Spannungen, ach was, Hoch-
spannungen bedient werden, daß sie endlich einmal kapier-
ten, was sie an ihren unterbezahlten, abgeklapperten Aus-
landsmitarbeitern eigentlich besäßen: Jungs, nicht mit Gold
aufzuwiegen. Boys, die rangingen. *Tough, bold, smart. Top
first rate.* Klasse. Asse. *And handsome too* ...

Das genau war Birds Ansicht. Sie wußte schon, weshalb
sie ihren privaten Gefechtsstand just auf einem Terri-
torium errichtet hatte, von dem man alle britischen und
amerikanischen Damen - und Kinder - schon in der ver-
gangenen Woche evakuiert hatte ... Und so viele Asse
auch noch. Wäre Bird wählerisch gewesen, die Auswahl
war mehr als reichlich. Sie war nicht wählerisch. Es zu sein,
hält nur auf. So viele junge oder doch eben nur charmant
angegraute Männer, die wenig oder nichts zu tun haben,
bekommt man als alleinige Vertreterin allen Frauenzimmers nicht alle Tage zusammen. Da müssen wirklich schon
Kriege ausbrechen wollen und Krisen schwelen. Hat doch
alles sein Gutes.

Bird pflegte nicht zum Frühstück zu erscheinen, wenn
die Herren ihre vielseitige Tätigkeit entfalteten und die
Auswertung der »Cyprus Mail« und des BBC sie in Anspruch nahm. Rege, emsig, rastlos. Bird widmete den Vormittag der Kosmetik und den anderen Musen, zumal dann
auch die Boys ausgeschwärmt waren und sich über Zypern
verteilt hatten. Dieses sehenswerte Eiland. Zum Lunch zum
Beispiel im Harbour Club in **Kerynia** oder Kyrenia, wie die
Fremden meist sagen. Mit stetig schwätzendem Transistor.

Oder ebenda bei Freddy Kerr, dem langen blonden Ende . . .
Die Fischsuppe mit der Langustenbutter. Und keine Spur
von türkischen U-Booten draußen. Stellen wir mal Beirut
ein. Hören, was die sagen . . .

Bird speiste nur an ihrem ersten Abend allein - mit langen Zähnen - und dann nie wieder. Dann jeden Abend mit
einem anderen Journalisten. Nicht grundsätzlich, doch
meist mit solchen der englischen Zunge. An denen hatte sie
ihre lauterste Freude beim Nachtisch und nach dem Nachtisch noch. Als Nachtisch. Da schien sie gut bei Appetit zu
sein und mäkelte nicht. Es bekam ihr großartig. Sie sah
richtig hübsch aus. Schick. Über einen Ansatz zu Roßzah-
nigkeit kann man hinwegsehen. Und soll man getrost. Lag
vielleicht auch in ihrem Typ.

Als zu guter Letzt aber gar nichts passieren wollte, die
Krise beim besten Willen nicht mehr prolongiert werden,
das Lunching bei Freddy kein Interesse mehr gewinnen,
und das Heer der Reporter keine rege, emsige, rastlose Tätigkeit mehr entfalten und deshalb hierorts auch nicht länger verziehen konnte, als die Reihen sich lichteten und Bird
gar in Gefahr geriet, allein dinieren zu müssen, zögerte sie
nicht, brach auf, reiste ab, und ihr scharlachroter Mantel
ward nirgends mehr gesehen. Reiste. Zum Bummel vor
anderen Schlachten oder dahinter, wer weiß welchen. Die
Kriegsgewinnerin wie auch immer. Touristin von Format.
Siegerin mit den unanfechtbarsten Mitteln, den Waffen der
Aphrodite. Aber dafür war es auch auf der Kypris eigener
Insel, wo der Krieg nicht stattgefunden hatte und man noch
einmal davongekommen war.

Im »Tagesspiegel« vom 23. Mai 1968 unter dem Titel »Stippvisite in **Thessaloniki**«: ». . . in der Peloponnes ist jetzt die
Getreideernte schon im Gange und bald vorbei. Unter Bür-
den von Garben trippeln Esel von den Ackerstücken heimwärts, als wandelnde Strohhütten auf zierlichen Füßen
durchs Gelände. Hier steht der Weizen noch grün. Die
Halme halb noch in bläulichem Schimmer. Pappelgruppen.
Wäldchen aus Laubbestand. Alleen. Die Versetzung um
300 Kilometer nach Norden verleugnet sich nicht. In einer
sumpfigen Wiese ein Storch. Ein buntes Rudel Frauen in
einem Tabakfeld. Etliche Störche. Die Frauen legen eine

Pause ein und laufen miteinander um die Wette auf ein
Gärtnereigebäude zu. Die Störche stört das nicht. Fern-
blaue Waldgebirge verstellen den nördlichen Horizont mit
anmutigen Profilen.

Die tadellose Asphaltstraße vom Flughafen zur Stadt
beleben lichtblaue Omnibusse und Lastfuhrwerke in sanfter
Folge. Der rote Oleander will aufblühen. Der weiße blüht
eben auf. An der Autobahn Athen - Korinth blüht der rote
schon längst. Ein rosenrotes Band. Zephyros heißt immer
noch der Westwind. Er spielt im silbrig aufschimmernden
Laub der Espen am Straßenrand. Von Schwälbchen eine
ganze Luftflotte. Der nach internationalem Schema moder-
nistische Flachbau der Flughafenverwaltung mit seinem
Flugleitungsturm oben drauf umwimmelt und umzwitschert.
Nest bei Nest im Winkel zwischen Hallenwand und Dach-
überhang, Nest bei Nest zwischen Turmwand und Gesim-
sen. Eine liebliche, eine lustige, freilich auch klecksende
Luftfahrerei. Ohne Rücksicht auf sterile Funktionalität oder
Technizität des Gebäudes. Unaufhörliche Einflüge in all die
engen Fluglöcher. Fütterung der Brut. Unablässige Starts
mit flinker Wendung über die Schulter in die tragende
Luft hinab und hinan. ›Chelidōn‹ heißt die Schwalbe immer
noch, oder ›chelidóni‹. Ich bekomme ein antikes Frühlings-
lied aus der Schulzeit nicht mehr zusammen, in dem es von
der Schwalbe zu guter Letzt hieß, sie verschmähe auch Hül-
senfruchtbrei nicht ... *kai lekithitan ouk'apotheitai* ...
Ging es nicht so? Kinder werden es vorzeiten gesungen
haben, die sich als Schwalbenchor von Tür zu Tür bettel-
ten. Im Frühling ... (folgt Text über Museumsbesuch; Saloniki hat ein sehr übersichtliches funkelnagelmodernes) ...

Quer über die Straße nach der Plakia Lefku Pirgu hin, in
einen Park gebettet, ein *kipos zoologikos,* ein Zoo: Pfauen,
die in kurzen Aufflügen der Zäune spotten und weitschwei-
fig bald in diesem, bald in jenem Pferch Visite abstatten.
Tauben. Exotische Fasane. Ein großer Feldhase, der vergeblich an der Betonmauer seines Käfigs scharrt, aber nicht
scheu ist. Ein Schakal. Die Füchse haben sich für diesen
Morgen gute Nacht gesagt und sind in ihrem Koben, einem
Rund aus eingerammten Pfählen mit einem Rieddach drüber, nicht zu sehen, aber zu riechen. Zwei maschendraht-
bespannte Türchen gewähren den Insassen Luftzug und Aus-

blick, den Besuchern Einblick und Fuchsgestank. Pfauen-
miauen. In einem Kobenhäuschen eine Pfauenglucke mit
sieben bräunlichen Pfauenküken.

Viele Menschenkinderchen, die die zoologische Vielfalt
bestaunen. Zwei Landschildkröten machen sich zeitlupen-
geschwind um ein Brötchen zu schaffen, ohne kulinarische
Erwartungen, wie es scheint. Es sind meist die Großväter,
die Aufsicht über den Kindersegen führen, freundlich und
klug. Untereinander im Palaver, aber stets ein Auge auf
den Enkeln, die buddeln, radeln oder einen rauhhaarigen
Zwergesel kraulen, indem sie ihre Speckpfötchen durchs
Maschengitter stecken. Den Esel rührt nichts. Ein Karussell
läßt Schönes für den Nachmittag erwarten. (Folgt Text
über Kirchen, Moscheen und Glanz und Elend der Stadt-
historie bis zum nazistischen Judenmord im Zweiten Weltkrieg) ... Abends vor dem Abflug nach **Athen** war festzustellen, daß die Schwalbennester am Flughafenbau von
einem Besenkommando heruntergefegt worden waren, soweit dieses hatte reichen können. Nur wenige entlegene
Nester waren der Säuberungsaktion entgangen. Bei uns
zählte sie als Straftat. Doch ist eine Zeit noch erinnerlich,
wo in Deutschland zwar Tierschutz in verstärkte Geltung
gebracht wurde, von Menschenschutz aber je länger je weniger die Rede war. Darum sollten wir uns nicht aufgerufen
fühlen, ein Richteramt über andere Länder und ihre Usan-
cen auszuüben.«

Im Pedion Arèōs, einer Parkanlage **Athens** im Norden oben, das
Bellen eines großen Hundes. Daraufhin Mitteilung eines knapp
zweijährigen Griechen an mich, der ich da auf einer Bank saß und
mich sonnte: Wauwau! Was mein Informant in seiner Schrift
baubau wird schreiben müssen, wenn er einmal soweit ist. Ur-
worte indogermanisch.

Auf **Ägina** gibt es noch Pferdedroschken. Man wolle sie erhalten.

In **Piräus** verkehrt noch Straßenbahn. Sie klingelt nicht. Sie
pfeift.

Die Nachtigallen im Park von **Epidauros**. War doch ein Journalist mit von der Partie, der sagte, das seien Amseln, was da zu
hören sei.

Melina Merkouris Vater ist oder war ein linksradikaler Abgeordneter, ein kommunistischer. Das erklärt manches am Verhalten der Tochter. Der empfindliche Ärger selbst allerhöchster Stellen im Junta-Staat wird unverhohlen gezeigt. Sei dies nun aus Abscheu vor der unpatriotischen Frau oder sei es, weil tatsächlich ein Effekt ihrer propagandistischen Wirkung im Ausland zu spüren ist. (Sind alles Notizen vom Mai 1968.)

Die **Callas**, das hörte man schon vor Jahren, sei in Griechenland unbeliebt, weil diese ›Primadonna assoluta‹ trotz ihrer Stargagen ihre Mutter unversorgt lasse. Man erzählte es. Ich kann es nicht prüfen.

Im »Tagesspiegel« am 26. Mai 1968 unter dem Titel: »Zu den goldenen Äpfeln der Hesperiden« nebst allerlei anderem dies: »... das Interview ... mit dem dreibastigen Stellvertretenden Wirtschafts-Koordinations-Minister Kyrios **Rodinos-Orlandos** plus einem ihm attachierten Minister plus einem Generalsekretär, welche drei lebhaften und überzeugungskräftigen Herren eine so erfreuliche, segenverheißende Dreieinigkeit zu bilden schienen wie der dreibüstige, einschlangenleibige **Nereus** oben im Akropolis-Museum - attisch zwischen 580 und 570, wahrscheinlich vom alten Athena-Tempel - ... und dieser Nereus wußte den Weg, der zu den goldenen Äpfeln der Hesperiden führte, und welchen Kurs die Reise zu den Gefilden der Seligen zu nehmen hatte ... o ja, **Onassis** und **Niarchos**, orakelte Nereus, dreistimmig und gutgelaunt, werden ihre Hauptbüros nach Piräus legen ...« Vorher schon eine AP-Meldung aus Athen: »Der griechische Großreeder **Niarchos** beabsichtigt, seinen Hauptgeschäftssitz von London nach Griechenland zu verlegen. Er hat eine Handelsflotte von einer halben Million Bruttoregistertonnen ... Großreeder **Onassis** hat das Ministerium für Handelsschiffahrt in Athen von seiner Absicht unterrichtet, daß er den jetzt für seine Rechnung in Japan im Bau befindlichen Riesentanker von 215 000 Tonnen unter griechischer Flagge fahren lassen werde ...« (Über **Rodinos-Orlandos'** Rücktritt im Juni 1969 wurden Sie bereits informiert.)

Einen Zoo auf **Mykonos** haben wir, der Rechtsanwalt Dr. Brabender und ich, 1955 nicht gefunden. Oder es gab noch keinen. Das hat sich geändert. 1968 ließ eine Zeitung wissen, daß **Jacqueline Kennedy** dem einsamen Pinguin, der dort darbt und dem es zu heiß ist, einen Partner oder eine Partnerin geschenkt hat. Weltumspannendem Gesellschaftsklatsch war zu entnehmen, daß Jacqueline nach dem Treffen Kennedy-Chruschtschow im Juni 1961 die Insel Mykonos besucht hat. Als Gast auf der Jacht des Reeders **Markos Nomikos**, der Nummer Drei unter Hellas' Schiffsherren.

Es geht etwas Bemerkenswertes unter den großen Tieren dieser Erde vor. Es geht um das Korrelat zur Massengesellschaft, das immer deutlichere Formen annimmt. Man soll sich da nicht täuschen. Als 1968 Nummer Eins, **Aristoteles Onassis, John F. Kennedys** Witwe **Jacqueline** heiratete und alle Welt stöhnte, rätselte, spottete, verwarf, leitartikelte, lobte und staunte, ging mir's durch den Sinn: Witwe des mächigsten Mannes der Welt heiratet den oder einen reichsten Mann der Welt . . . Antonius und Kleopatra heute. Klingt etwas voreilig, zugegeben. Ich meine auch mehr den Trend, der in dem Phänomen steckt und zutage tritt. Da hebt sich etwas seismotisch wie eine Insel aus dem Ozean. Zeigte sich auch schon in minderer und daher weniger beweiskräftiger Form in der Heirat **Rainiers von Monaco** mit **Grace Kelly**, der Filmaktrice, nunmehriger Fürstin Gracia Patricia. In diesem Falle noch nicht mit vollem gesellschaftlichem und noch ohne politisches Gewicht.

Daß **Stawros Niarchos** Wert auf illustre Gäste an Bord seiner Hochseejacht legt, weiß man. Er ist Nummer Zwei. Im Triumvirat. In den letzten Jahren sah der Schiffsmagnat mehr als einmal Prinzessin **Margaret** von England und **Lord Snowdon** auf den Planken seines Schiffes. Ob das noch die schnittige »Kreole« ist, die wir 1955 zuerst in **Heraklion** und dann in **Rhodos** gesehen haben?

Am 3. April 1969 meldete der »Tagesspiegel«, Niarchos dementiere, um die Hand der 29jährigen Prinzessin **Maria Gabriella** von Italien angehalten zu haben. »Große Ereignisse werfen ihre Dementis voraus«, hat einmal ein Spaßvogel konstatiert. Und umlief nicht das Gerücht den Erdball, Onassis wolle sich zum Staatsoberhaupt Griechenlands machen? Auch in leeren Gerüchten stecken Hinweise. Hinweise, meine ich, auf Taten Größerer, die erst noch kommen und der kommenden Jahrtausendwende das Gepräge geben werden.

Und über Kamele noch dies: im Großherzogtum **Toskana**, im Vikariat Pisa, dicht vor der Stadt, lag das Landgut von **San Rossore** *»auf der Macchie, die sich zwischen den Mündungen des Arno und Serchio befindet und mit Steineichen bedeckt ist«*. Dort wurden sicher noch bis ins vierte Jahrzehnt des 19. Jahrhunderts acht Pferdeherden zu je einem Hengst und zwanzig Stuten nebst Füllen gehalten. Ferner eine Herde von 1800 Büffeln, eine Merino-Schäferei und eine Herde von 200 Kamelen. Ein aus Pisa gebürtiger Großprior des Johanniter-Ordens soll das Kamelgestüt dort zu Zeiten der Kreuzzüge gegründet haben. Die Kamele - es werden wohl Dromedare gewesen sein - liefen frei am Strand umher, wurden jedoch auch zur Verrichtung von landwirtschaftlichen Arbeiten eingesetzt. Außerdem wurden *»auch alle auf europäischen Messen und Jahrmärkten zur Schau herumgeführten Kameele hier zu dem mäßigen Preise von 36 bis 40 Thlr. eingekauft«*. Soweit schon hatten es die Kamele gebracht.

Dr. Brabender sagte, er habe zweihöckrige Trampeltiere im Kaukasusvorland vor dem Pflug gesehen. Die nördlichsten und westlichsten, die mir begegnet sind, sah ich auf dem Marktplatz von **Rostow** am Don. Da standen sie hochnäsig und erhobenen Hauptes überm Panjepferdchengetümmel, ohne der Einhufer zu achten. Dr. Brabender sagte, die deutschen Kaukasustruppen hätten auf dem Rückzug in die Ukraine manch einen Zweihöcker mitgeführt.

Wie hieß Kamel doch noch auf Russisch? fragte ich.

Werbljud, sagte Brabender, und georgisch ... warte mal, wie hieß es denn gleich auf Georgisch? Mit a etwas ... aklemi! ... jawohl, aklemi.

Die »Welt« am 18. Januar 1969: *»Tel Aviv. (AP) Eine neue Touristenattraktion entsteht in der Negev-Wüste: ein Tiergarten, in dem alle in der Bibel genannten Kreaturen leben sollen, soweit sie nicht inzwischen ausgestorben sind.«*

Ende April 1957 war es. Ein Feiertag zum Gedenken an die jüdischen Opfer des Dritten Reichs. Davon hatte mir mein Mentor, Herr Dr. Kern in Tel Aviv, nichts gesagt. Ich hätte das sogenannte Davidsgrab auf dem Berge Zion sonst an einem anderen Tag besucht.

Das Grab und seine bauliche Umgebung, dazu auch eine Mauer in einem der Haine oder Gärten dort oben, diente - ich habe es erst nachher erfahren - dazumal als Ersatz für die berühmte Klagemauer. Die lag drinnen im jordanischen Teil der Stadt, verlassen und verödet, denn sie war allen Juden und Israelis gänzlich unzugänglich und unerreichbar. Unter den obwaltenden Umständen des blutjungen Staates Israel und seiner unsinnig gespaltenen Hauptstadt kam aber der ehrwürdigen Gebäudeversammlung um das Davidsgrab so dicht an der felsgrauen Stadtmauer eine besondere, schmerzbefrachtete Heiligkeit zu: der Berg Zion war der Ort, der jener Unerreichbarkeit am nächsten lag.

Was sollte da ein gaffender Tourist mit seiner routinemäßigen, unverbindlichen Neugier? An einem solchen Tag, an einem solchen Ort? Und dazu noch ein deutscher Gaffer; deutsche Touristen gab es noch nicht. Ein Deutscher in einem wunden und narbenempfindlichen Lande, in dem versöhnlicher Geist keineswegs schon die Oberhand haben konnte und es noch keinerlei deutsche Vertretung gab. Arglos, durch Zufälle und eigene Versäumnisse in Unwissenheit, war ich den Hinweispfeilen mit der Aufschrift ›King David's Tomb‹ durch lange, leere, teils auch sehr dunkle Gänge gefolgt und hatte die da und dort zur Schau gestellten, zerfetzten und angesengten Thorarollen, blutverkrusteten Gebetbücher und sonstigen frommen, aber meuchlerisch und gewaltsam beschädigten Gegenstände für museale Objekte gehalten, zumal mir auch die Beschriftungen unleserlich waren, hatte die auf den Tag bezogene Bedeutung der vielen brennenden Kerzen und Öllämpchen in allerlei Nischen, Durchbrüchen und Kellergrotten dieses Labyrinths gedankenlos und benommen verkannt und war so in einen höchst feierlichen Gottesdienst vor dem mit Brettern verschalten Sarkophag, der Davids Grab heißt, und in die Andacht einer ergriffenen Gemeinde geraten.

Dazu kam: ich war durch die unerwartete, düstere Szenerie so überrumpelt, daß ich auch noch vergessen hatte, meinen Kopf zu bedecken, wie es sich gehört hätte. Das heißt, ich hatte weder Hut noch Mütze mit - draußen herrschte bei schlohweißem Sonnenschein eine kühle strahlende Helle aus blauglänzender Bergluft -, hätte aber wenigstens doch ein Taschentuch nehmen und mir auf den Kopf legen können. Müssen vielmehr. Das wird allgemein als Behelf hingenommen. Aber auch daran hatte ich in meiner Verblüffung und Beklommenheit nicht gedacht; ich stand nur da und guckte. Da tippte mir im Dämmerschein des Andachtsraumes ein langwüchsiger Mensch von hinten sacht auf die Schulter und flüsterte auf Deutsch - wieso auf Deutsch, weiß ich immer noch nicht: Se müssen aber was aufn Kopf tun!

Ich erschrak gründlich und begriff alles mit einem Schlage, das Ritual, den Anlaß und meine Unterlassung. Der Mann aber reichte mir, ehe ich noch unter gemurmelten Entschuldigungen mein Taschentuch gezogen hatte, ein schwarzseidenes Käppchen und sagte schlicht: Nehmen Se das hier!

Bedeckten Hauptes nunmehr und, ohne mich weiter umzudrehen, hörte ich dem ungewohnten Klang der Gebete und priesterlichen Sprüche zu - daß da ein Priester amtierte, hatte ich vor lauter Dunkel und Gedränge zunächst übersehen - und wartete, um nicht noch mehr Ärgernis zu erregen, bis zum Schluß. Als die heilige Handlung beendet war und sich etliche auf den Rückweg machten, während andere, in Gebete Versunkene noch blieben, hoffte ich, draußen gewiß doch jenem nachsichtigen Nothelfer zu begegnen, daß ich ihm sein Mützchen wiedererstatten und mich bedanken könne. Doch war der Gütige, den ich nur schwerlich wiedererkannt hätte, spurlos verschwunden und mußte wohl seine Leihgabe vergessen haben.

So behielt ich das Käppchen, behielt es sicherheitshalber und, damit der Gute es vielleicht doch noch erspähe, wenn er es suche, weiterhin auf dem Kopf, durchstreifte die vielteiligen Bauwerke und Halbruinen, in denen gleich den Religionen alle Baustile einander durchwachsen haben und deren oberirdische Geschosse als Dormitorium der Jungfrau **Maria** und als Saal des heiligen Abendmahles von hoher christlicher Weihe und Bedeutung sind, mögen sie nun allesamt die wirklichen oder auch nur die durch den Glauben tradierten Stätten sein, als die sie gelten - es macht bei solchem Alter wenig Unterschied -, und gelangte schließlich, nach wie vor mit dem fremden Kopfputz, auf die Turmgalerie des kaiserlich-wilhelminischen Baus von 1910, eines achteckigen Mitteldings zwischen Aachener Dom und Kaiser-Wilhelm-Gedächtnis-Kirche. Oder befand ich mich auf dem Dach des Coenaculums, ich weiß es nicht mehr. Von oben jedenfalls - diese Anregung hatte mir Dr. Kern mit auf den Weg gegeben - gedachte ich einen Blick über die Mauer der Altstadt und auf den Tempelbezirk zu tun, wenn dieses Herzstück **Jerusalems** schon nicht zu betreten war. Mit israelischem Visum im Paß ging es nicht.

Und da lag es nun gebreitet, dieses Wunder. Der numinose Platz der drei Religionen. Der Berg **Moriah**. Die Stätte, an der **Abraham** mit **Jahweh** gesprochen hat. Die Stadt der Jebusiter. Das Urusalim der Pharaonen. Die Stadt Davids. Salomons. Des Herodes. Die **Aelia Capitolina** Hadrians. **Haram es Sharif**, das »noble Heiligtum« der Moslems. Tochter Zion mit allen ihren Kuppeln, Türmen und Zinnen. Die Kuppel des Felsendomes, damals noch nicht so golden wie jetzt. Die Kuppel der Aksa-Moschee, damals noch nicht so silbern wie jetzt. Tassos befreites Jerusalem. Zum Greifen nah und doch dem Zutritt verweigert. Das gespaltene Jerusalem. Die einzige Stadt mit einer Entsprechung im Jenseits, dem himmlischen, dem messianischen Jerusalem. Besungen und gefeiert. Ein Warnschild, man solle sich nicht über die Brüstung beugen. Nicht ins Schußfeld der jordanischen Wachtposten. Es schoß aber niemand.

Über der Betrachtung der Stadt, die wie kein Ort sonst auf dem Erdenrund unermeßliche Herzensverlangen auf sich gezogen und unstreitig den Rang des ersehntesten Platzes der Welt unter tausend Ängsten, tausend Todesnöten, unter Sengen und Zwängen, unter Heulen und Zähneklappen erwerben durfte, hatte ich zwei junge Männer nicht weiter beachtet, Jünglinge der orthodoxen Observanz, wie an ihrer Kleidung, ihrem Gehabe und Gebaren abzunehmen war. An den schwarzen runden Velourhüten, den sprießenden Bärten und ringelnden Peies. An den halblangen Hosen und langen schwarzen Strümpfen. An der bläßlichen, stubenhockerigen Hautfarbe.

Der eine war rötlichblond und hatte blaue Augen, der andere war bräunlich mit hellbraunen Augen. Die beiden unterhielten sich in einer Art Singsang, wiegten sich im Sitzen auf einem steinernen Fenstersims hin und her und neigten sich hierhin und dorthin. Sie waren sichtlich guter Dinge, scherten sich nicht viel um das tiefbetrübte Andachtswesen der Alten in den Grüften des Zionsberges, waren fast übermütig. Sie hätten es sonst kaum darauf angelegt, mit mir ins Gespräch zu kommen. Des Käppchens wegen mochten sie mich allerdings für einen Juden halten. Aber daß dieser doch einer von auswärts, ein Landfremder war, das konnte ihrer Aufmerksamkeit unmöglich entgangen sein und hatte sie neugierig gemacht. So fragten sie mir zunächst meine Kenntnisse über das Stadtbild ab, das ich da so eingehend beschaut habe, und wollten hören, was ich davon wisse. Ihnen als Ortsansässigen mußte der augenbannende Anblick der allergeläufigste sein. Wenn auch nur aus der seit acht Jahren nun schon gebotenen politischen Distanz.

Mit meiner theoretischen Ortskenntnis waren sie einigermaßen zufrieden. Denn offenbar hatten sie einem Glaubensgenossen aus dem Westen, einem *Jekkes*, wie man dortzulande auch sagt, einem für das wahre Judentum schon halb verderbten, nicht eben viel davon zugetraut. Dann wollten sie wissen, woher ich, dieses verlorene Schaf, denn komme. Woher? Ich zögerte. Mit dieser Frage, der nicht auszuweichen war, zwangen sie mich zu lügen. Für den Fall nämlich, sie errieten am Ende doch noch, daß ich gar nicht von ihrem Bekenntnis sei, ja vielmehr, um das zu verbergen, unbefugt ein Zeichen jüdischer Gottesfurcht zur Schau trage, wo auch der Fromme es zu tragen übertrieben fände, konnte ich mich nicht auch noch als deutscher *Goi* entpuppen, mit dem sie da - sicherlich entgegen entsprechenden Geboten und Bräuchen und nur durch das Mützchen genasführt - freundschaftlich geplauscht hatten. Das wollte ich mir und auch ihnen ersparen. Deshalb behauptete ich, da unsre Unterhaltung bis dahin auf Jiddisch ihrerseits und meinerseits auf Deutsch geführt worden war, kühnlich ein Schweizer zu sein. Ein Schweizer, so so so. Sie fanden das bemerkenswert. Ein Schweizer. Woher denn aus der Schweiz? Ja, woher? Aus Basel, log ich notgedrungen weiter. Aus Basel. Ob ich geflogen sei? Das konnte ich bejahen. Und was der Flug von der Schweiz bis **Lod** koste? Ich nannte einen Preis von 1500 Schweizer Franken, der etwa zutreffen mochte, dessen Höhe aber bei ihnen viel wägendes Kopfschütteln und bedenkenvolles Wiegen auslöste. Mein Hinweis, daß dieser Batzen Geld auch den Rückflug einbegreife, zerstreute ihre Einwände nur zum Teil. Ja, sie bedauerten mich geradezu, das glaubte ich zu verstehen oder doch herauszuhören, und begannen, wie zu Trost und Entschädigung, mir mancherlei über die neuerlichen Schicksale **Jerusalems** zu berichten, dessen Altstadt man bis zum Waffenstillstandstag im April vor acht Jahren, 1949, den transjordanischen Truppen nicht habe abgewinnen können. Dazu seien diese Mauern, wie sie da stünden, zu stark und zu hoch gewesen. Sprachen von dem ganz und gar unbeschreiblichen Elend drinnen im alten Judenviertel damals, unserm Aussichtspunkt nordostwärts gegenüber, das jetzt erzwungenermaßen leer und verfallen sei, soweit sie wüßten, wo aber die eingeschlossenen Verteidiger damals vor Hunger und mehr noch vor Durst schier verdorben und gestorben seien, und schilderten, wie Westjerusalem, die neue Stadt, gleichfalls umzingelt und von der Straße zum Meer nach **Tel Aviv** durch die Arabische Legion abgeschnitten gewesen sei. Aber ich werde ja die Trümmer der gepanzerten Automobile gesehen haben, wenn ich von Tel Aviv heraufgekommen sei, und die lägen da noch im Straßengraben, und man wolle sie auch liegen lassen als Zeugnisse jener Gefechte, an deren Ende es der Haganah und den Juden aus Westjerusalem gelungen sei, die Straße und die Wälder frei und passierbar zu machen. Sonst hätten sie hier allesamt sterben müssen, ob einer nun kämpfte oder nicht.

Über derartigen Mitteilungen verfielen sie wieder in stummes Wiegen. Doch glaubte ich, in ihren Augen dennoch ein hoffnungsfrohes, abseitig ermuntertes Blinken wahrzunehmen, das selbst über diesen schlimmsten Erinnerungen aus ihrer Knabenzeit nicht erlosch. Es war etwas wie Siegessicherheit darin und war doch nichts Heroisches. Ich fragte nach einer Weile mit Betonung, damit sie mich verstünden, ob die Israelis denn wohl, wenn sie damals die Altstadt hätten erobern können und besäßen, den Tempel wieder aufgebaut hätten oder aufbauen würden. Darauf

mußten die beiden sich noch ausdrücklicher hin und her
wiegen und bedenklich mit den Zungen schnalzen, ehe der
mit den hellbraunen Augen antwortete, daß man - Gott
behüte - ja die Moscheen nicht einreißen könne! Doch ließ
sich spüren, daß er nur ausweichen wollte. Und der Blau-
äugige fügte mit einem Anflug von Eindüsterung hinzu, es
sei überhaupt nicht Sache des Staates Israel. Was, fragte
ich zurück, was ist nicht Sache des Staates? ... Nu, zu
bauen das Haus! Es werde geglaubt und émess gehofft, weil
es sicher sei und nur die Zeit noch nicht feststehe, daß das
Haus vom Himmel her wird von Gott erbaut werden, wenn
sein heiliger Wille es so entscheide.

Und augenzwinkernd und, wie mir schien, mit einer Art
feiner Hinterlist rief der Braunäugige: aber wenn ... auch
auf den Fremden, der nicht vom Volk Israel ist und der
kommt um des Namens Gottes willen aus fernem Land und
wird beten in diesem Haus, auch auf solchen Fremden möge
der Herrgott im Himmel hören. Also dafür habe gebetet
König Schlomo, und so stehe es im Buch der Könige. Über
solchen undeutlichen und anspielenden Sprüchen schienen
die zwei ihre gute Laune wiedergefunden zu haben, ließen
sich von ihrem Sims nieder, strichen die Mäntel glatt - sie
trugen noch Wintermäntel -, nickten mir grüßend zu und
gingen fort.

Dr. Kern hatte mir schon in **Tel Aviv** von der mehr oder
minder oppositionellen Einstellung der Orthodoxen erzählt,
die sich sogar als fühlbares Hemmnis beim Aufbau des
Staates und der Wirtschaft auswirke. Es seien die uralten
messianischen Hoffnungen, die diese Frommen alter ost-
jüdischer Schule nährten und die sie unverbrüchlich überzeugt sein ließen, daß der Messias für sein Kommen keiner
Gewalt bedürfe, es sei denn des Hauchs seiner Lippen, und
daß Gerechtigkeit sein einziges Rüstzeug sein werde, wenn
er nach Zion kehre. So könnten sie die kriegerischen Waffen
des Befreiungskrieges von 1948/49 wie die des Sinaikrieges
von 1956 allenfalls gutheißen, keinesfalls aber als mes-
sianische Instrumente zur Errichtung seines Reichs, mithin
den ganzen Staat Israel nicht als irgendeine Verwirklichung
messianischer Hoffnungen anerkennen und könnten nur
weiter harren, wie sie es von Geschlecht zu Geschlecht getan
hätten. Seit **Titus'** unseligen Zeiten.

Dann sah ich die beiden jungen Leute, die fromm-verstockt und zuversichtlich in einem waren, unten in den Gärten oder in dem verkrauteten Protestantenfriedhof, den ich für verschlossen gehalten hatte, erscheinen und hintereinander her ihres Weges davongehen. Plötzlich aber drehten sich beide zugleich um, sahen herauf, als wollten sie sich vergewissern, ob ich noch da sei, so schien es wenigstens, und als sie mich entdeckten, winkten sie mir zu wie einem alten Bekannten. Ich winkte zurück, versteht sich, und schob das schwarzseidene Käppchen seufzend in meine Jackentasche. Der Himmel hatte sich unterdessen bezogen. Jenseits des **Kidrontales** in Jordanien drüben am Ölberghang rollte eine cölinblaue Limousine amerikanischen Fabrikats auf der Straße bergan, die die Jordanier durch die zeitlos alten jüdischen Friedhöfe gebrochen haben und die über Bethanien nach Jericho führt. Sonst regte sich dort nichts.

Am Nachmittag strichen Regenschauer über die braunen Berge Judas, und es wurde sehr kalt. Als ich in Abwicklung meines Programms mit dem Omnibus hinausfuhr, das Herzl-Grab zu besuchen, das rosenumblühte, fiel mir im Vorüberfahren ein Richtungspfeil für Autofahrer auf, der in englischer Sprache auf das Vorhandensein eines ›Biblischen Zoos‹ und seine Zufahrtstraße hinwies. Da ich den Rückweg ohnehin zu Fuß machen wollte, beschloß ich, dem nachzugehen.

Der Zoo ließ sich in einer flachen, rasengrünen Talmulde finden, die sonst weiter nicht bebaut war. Wie üblich waren am Eingangsschalter Öffnungszeiten und Eintrittsgebühren angezeigt, Soldaten halbe Preise, doch waltete niemand, der ein Billet hätte verkaufen können, seines Amtes. Ich rief, rief noch einmal, nichts rührte sich, keine Menschenseele. Da aber bis zur Schließung nur noch eine knappe Stunde Zeit war, von der ich nichts verlieren wollte, betrat ich die Anlage wider Willen unentgeltlich. Wohl war mir nicht dabei. Sonstige Besucher schien das unausstehliche Wetter am Kommen gehindert zu haben, und die Annahme obendrein, daß so spät nun auch niemand mehr erscheinen werde, mochte für Kassierer, Pförtner und Kontrolleur Grund genug gewesen sein, anderen Obliegenheiten nachzugehen oder sonst in den Sack zu hauen.

Den Freund lebendiger Zoologie erwarteten als erstes einige leichte Einzäunungen mit allerlei Eseln und Mulis. Dann Gatter mit Pferden, mit Ziegen, mit Schafen. Locker gefügte Schutzdächer überschirmten Krippen und Tröge und sollten dem lieben Vieh als Unterstände dienen. Doch verhielt alles, was da die Klauen spaltete oder Einhufer war, geduldig unter freiem Himmel, wie unfreundlich sich der auch aufführte, und zog es vor, die Güsse über sich herfallen und die Böen über sich hingehen zu lassen. Gleichmütig oder sogar mit Wohlbehagen, als solle möglichst viel Kühle gespeichert werden. Der Sommer stand vor der Tür.

Ferner waren da Damhirsche und Rehe. Eine Art Alpensteinbock auch, wie er zuweilen aus den Gebirgen des **Sinai** in den **Negev** wechselt, der aber, weil schon rar und fast ausgerottet, unter rigorosem Jagdschutz steht. Woher ich das wußte? Dr. Kern hatte mich mit tausend Einzelheiten, großen und kleinen, worunter die Steinbockfrage noch keineswegs etwa zu den geringsten gehörte, abendelang gefüttert und mit dieser seiner Eintrichterungskur schon von der ersten Stunde an begonnen. Nachts um 2 Uhr, als seine Frau und er mich rührenderweise mit dem Wagen in **Lod** abholten. Vom Flugplatz. Wobei übrigens mit das erste, was er mir zur Bereicherung und Aneignung unterbreitete, der Hinweis gewesen war, daß eben in Lod oder Lydda oder Lidd, wie die Araber diese uralte Ansiedlung nennen, Sankt Georg der Drachentöter geboren sei ... falls man es bei ihm nicht mit einem Kappadozier zu tun habe, er hege da so seine Zweifel ... Dann aber war der Doktor mit einem Sprung ohnegleichen auf MAPAM und MAPAI, mit einem wahren Steinbocksprung auf diese beiden führenden Arbeiterparteien gekommen, deren sicherlich sehr wesentliche Unterscheidungsmerkmale mir aber im Ansturm des Neuen nicht hatten einleuchten wollen und auch nicht haften geblieben sind.

Eine kommunistische Partei gebe es auch, so etwa hatte, unter gemächlichem Dahinrollen auf der nachtschweigenden Landstraße, sich der rote Faden seines Einführungsvortrags weitergezwirbelt, Miflaga Soundso, ich habe mir den Namen nicht merken können, und von Notizen war während des Fahrens ohnehin nicht und später, der Überfülle des Stoffes und der vielen

Einladungen wegen, selten mehr die Rede. Ja, Miflaga Soundso, und in dieser moskaugesteuerten Partei seien bei weitem die meisten Araber versammelt. Es gebe ihrer etwa 120 000, die selbstverständlich in der Knesseth vertreten sein müßten. Dagegen sei nichts einzuwenden. Aber im Hand-in-Hand von Kommunismus und Anti-Zionismus, sprich Anti-Judaismus - Antisemitismus könne Arabersache ja nicht gut sein -, hatte mein Mentor durchaus nichts Begrüßenswertes sehen können und eingewendet, es stünden ja auch noch andere, loyalere Araber-Parteien offen.

Sie sollen aber nicht den Eindruck nach Deutschland mitnehmen, hatte er die Ausführungen über die innere Struktur und Problematik seines Landes sogleich ergänzt, als sei unser Staat - er erstreckte sich dazumal auf 21 000 qkm so etwa - noch reichlicher als schon mit Religionen, religiösen Kongregationen, Orden, Sekten und dergleichen mit politischen Parteien gesegnet und geradezu wie von einem Craquelé aus weltlicher Schismatik Häresie und Zerstrittenheit überzogen. Im Ernstfalle, das hat sich herausgestellt, sei sich alles hinlänglich einig und fast wie aus einem Guß... Wir haben derzeit nur 15 Parteien im Parlament... Nur! Und haben, sagen wir, alles in allem zwei Millionen Einwohner... annähernd und sämtliche Bekenntnisse eingeschlossen bis zu den Baha'is in Stärke von 200 Seelen... So Dr. Kern.

Um aber wieder auf jenen Biblischen Zoo zu kommen, dem ich da meine Stippvisite abstattete: Dromedare waren natürlich auch zu bewundern und froren nicht, diese Wüstenschiffe. Auch Rinder, die sanft dampfend wiederkäuten. Sogar Wildschweine, die das Wetter nicht anfechten konnte. Doch was sollte das alles? Ob man etwas wie eine heimatkundliche Menagerie hatte zusammenstellen wollen? Da standen auch noch einige Gazellen im Regen... Ein Neger mit Gazelle zagt im Regen nie, der Satz, der rückwärts gelesen genauso lautet. Oder handelte es sich um Landwirtschaftliches? Um etwas Veterinärmedizinisches? Die Hühner, die Tauben? Wo steckte die chóchme? Ein Sinn erschloß sich mir nicht.

Das allerdings war meine Schuld, wie zu erwarten. Ich gelangte zu festeren, wenn auch nicht gerade mit letzter Stabilität gebauten Käfigen für ein paar Raubtiere. Und nur weil der dort untergebrachte Bär mir ungewohnt zottig und gelb und vergleichsweise klein vorkam, sah ich mich auf den Gebrauch einer beschrifteten Tafel am Bärenzwinger angewiesen, die mir mitteilte, das sei eine syrische Variante des Braunbären, wie sie noch heute im Libanon vorkomme und manchmal sogar auch den Boden Obergaliläas betrete.

Die Sache war ganz einfach: an sämtlichen Gittern und Gattern waren entsprechende Tafeln angebracht. Das war mir nicht entgangen. Nur hatte ich mich, der stolzen Meinung, Ochs und Esel auch ohne schriftliche Unterweisung erkennen zu können, mit ihrer Lektüre nicht aufhalten wollen. Die Schilder boten aber in Iwrith und in Englisch für jedes vorhandene Tier etwas sehr Anrührendes und Anmutiges, nämlich die betreffenden Bibelzitate. Mit anderen Worten, man hielt dort nur die Tiere, die die Bibel nennt. Das kapierte ich nun endlich, und das also war mit Biblischem Zoo gemeint.

Echt Israel, heute weiß ich es. Nur zu gern, und wo es nur gehen will, greift man dort auf das angestammte Buch der Bücher zurück. Auch in rein praktischen Fragen, beim Suchen von Quellen oder Erzlagern, beim Anlegen von Wegen und Stegen und wo immer. Auch in der Archäologie, die in Israel geradezu ein Massensport geworden ist, haben die führenden Köpfe sich schon oft und mit bestem Erfolg vom Bibelwort leiten lassen. Behufs einer zoologischen Auslese zwar entbehrt der Rückgriff auf Gottes Wort nicht der Spitzfindigkeit. Immerhin aber konnte man hoffen, unterhaltungsepichten Touristen somit etwas zu bieten, das in jedem anderen Erdenwinkel deplaciert wirken würde und dabei hinsichtlich der Bau- und Unterhaltskosten erschwinglich war. Gegen den patriotischen und frommen Bezug wird sich sonst nicht viel einwenden lassen. Nur sind wir im grauen Norden die Verknüpfung des Religiösen mit dem Amüsanten nicht gewohnt.

Die Anlage schien noch sehr jungen Datums zu sein. Es fehlte an größeren Bäumen. Die Wege waren mehr gebahnt als gründlich befestigt und nunmehr so aufgeweicht und voller Pfützen, daß einer große Bogen schlagen und stellenweise auch Sprünge vom Festen aufs Feste unternehmen mußte. Schätze, ich werde ein possierliches Bild dargeboten haben. Mit meinen Rösselsprüngen über Stock und Stein. Blaugefroren in meiner Regenhaut. Offengestanden auch angeärgert wegen der Schlamperei an der Kasse. Ich liebe unbezahlte Genüsse nicht. Der bezahlten ist man sicherer.

Aber kein Aufseher war zu bemerken, kein Tierpfleger. Die Tiere und ich, sonst nichts. Eine seltsame Sache fast, eine paradiesische nicht.

Nur etwa sechzig Tiere würdigt, zufällig oder nicht, die Heilige Schrift der namentlichen Erwähnung, und so viele werden in jenem Tierpark wohl auch gezeigt worden sein. Pärchen und Nachwuchs nicht gerechnet. Aber es stehen auch Spinnen, Fliegen, Mücken und Heuschrecken im Bibeltext, und sind so fragliche Kreaturen darunter wie ›kippōd‹, das vielleicht die Rohrdommel bezeichnet oder aber den Igel. Was doch ein Unterschied wäre. Möglich, daß demgemäß Rohrdommel sowohl wie Igel zu den Schauobjekten zählten. Ich habe keineswegs alles gesehen, und meine Visite nahm ein vorzeitiges Ende. So unterstelle ich auch nur, daß man sich in diesem jüdischen Zoo auf Getier des Alten Testaments beschränkt und auch so noch Kosten gespart haben wird. Von den großen, aufwendigen Raubtieren kommen außer den Bären in der Schrift nur noch Löwen vor, die dort nun ebenfalls in natura zu betrachten waren. Von den mittleren nur der Pardel, *felis leopardis* mit acht Erwähnungen. Habe ich aber nicht gesehen. Von den geringeren Hyäne, Schakal und Wolf. Waren vorhanden. Und Füchse vielleicht auch. Ich bin nicht noch ein zweites Mal da gewesen und habe es in den zwölf Jahren seither vergessen.

Vermutlich nicht gerade Mücken und Fliegen, aber das sonstige Kleinzeug, Skorpione, Schnecken, Schlangen, Amphibien und Reptilien, dürften in einer Terrarienbaracke untergebracht gewesen sein. Doch bin ich ihrer nur von weitem ansichtig geworden. Denn als ich gerade um eine Volière mit Adlern oder mit Geiern bog, hörte ich allerlei Stimmen näherkommen. Mädchenstimmen auch. Und sah mich plötzlich einem kunterbunten Schwarm von Jugend gegenüber, von Halbwüchsigen beiderlei Geschlechts, die sich zuvor in fraglichem Terrarium aufgehalten haben mochten und darum unhörbar gewesen waren.

Viel Hellblau war unversehens vor mir. Die Mützen oder Kinderhütchen aus hellblauem Baumwollpikee. Vorn auf dem Kopf, oben, hinten, fast auf der Nase, wie einer wollte. Oder auch aus militärisch-olivgrauem. Viel Blond. Und Blauschwarz. Torfbraun. Die Haarschöpfe kurz, strähnig oder in Pferdeschwanzfrisur. Garantiert ungepflegt. Hellblaue Hosen, stramm sitzend, mit zerschrundenen Knien und verfärbten Hinterteilen. Blue jeans. Khaki. Weiße

Socken. Olivbraune Pullis mit den Ärmeln um die Hüften geknotet. Armeerequisiten. Die aufgekrempelten oder ohnehin kurzen Hemdsärmel. Das fror nicht und hatte keine Gänsehaut. Ein Mädchen trug die Feldbluse nabelfrei geschürzt. Braungebrannt. Ungeputztes Schuhzeug, daß Gott erbarm. Zanken. Singen. Gelächter. Knuffen und Puffen. Die blankweißen Zähne. Die kräftigen Gebisse zwischen den leicht aufgeworfenen Lippen. Bengel wie die Enakssöhne. Sowieso bereit, über alles zu lachen, lachten die großen Kinder auch über mich. Frisch, fröhlich, tapsig, barbarisch, gräßlich unerzogen und verdammt hübsch.

Da löste sich aus der farbenfrohen Schar ein etwas reiferer junger Mann von dreißig Jahren höchstens, in Hemd und Hose und sehr mager, trat auf mich zu und sagte, ja was sagte er denn ?... *teremtemtem* ... Was? ... *bewakascham* ... Ich zuckte die Achseln zum Zeichen, daß ich ihn nicht verstehen könne, und versuchte mich auf Englisch. Jetzt meinte offenbar er, mich *teremtemtem* sagen gehört zu haben. Die munteren Kindsköpfe fanden es äußerst komisch. Eins der Mädchen aber rief: »*Hey, what a nation?*« Du lieber Himmel! *Switzerland*, beeilte ich mich zu antworten, Schweiz. Daraufhin hub mein Fragesteller auf Deutsch an, das er gar nicht einmal schlecht beherrschte, wenn es auch sehr fremdlautend herauskam. Die Kinder schwiegen nicht ohne Bewunderung für ihren Mann. Vielleicht war es ihr Lehrer. Der wollte aber wissen, ob ich denn ein Billet habe. Also nicht der Lehrer ... Ein Billet? Wie sollte ich? Na, hören Sie mal! War niemand da, bei dem ich hätte eins lösen können.

Mein Kontrahent schien das weniger einleuchtend zu finden als ich und im Angesicht der baß belustigten Kinder forderte er mich kurz angebunden auf, ihm augenblicklich zu folgen und am Schalter das Versäumte nachzuholen. Das tat ich, ohne zu mucken. Was hätte ich auch tun sollen? Die Kinder folgten in Abstand und schienen auf den Ausgang der Dinge neugierig zu sein. Milderen Tones sodann fragte der Mann, der hier offenbar einiges zu sagen hatte, wo ich denn her sei aus der Schweiz? Aus Basel log ich nun schon mit Geläufigkeit ... Aus Basel? Soso. Sagen Sie ... da müßte doch ... müßte doch das eine Panzernashorn vor drei, vier Wochen sein Junges geworfen haben ... Wissen

Sie nichts von? Müßte aber in Ihren Zeitungen gestanden haben! Wie?

Panzernashorn! Nein... ich bin... bin in Basel nur geboren, lebe aber schon seit längerer Zeit, seit einiger Zeit... nun aber rasch einen Schweizer Ort, der möglichst keinen Zoo sein eigen nennt... in Winterthur.

In Winterthur! Was Sie nicht sagen. Das ist interessant. Winterthur! In Winterthur hat jetzt ein Bartgeierweibchen Eier gelegt, und das ist... aber das müssen Sie doch nun wirklich gelesen haben!... das ist der erste bekannte Fall dieser Art, daß in der Gefangenschaft... Wie? Nie gelesen?

Bartgeierweibchen?... Ich komme fast nie in... in unsern Zoo.

Aber hier, hier gehn Sie.

Als Tourist. Man hat mehr Zeit, nicht wahr. Und außerdem ist Ihr Zoo ein biblischer Zoo. Das hat mich interessiert.

Über diesem meinem lügendurchwirkten Geschwafel hatten wir die Eingangsbaracke erreicht und gingen hinein, während das grinsende junge Volk sich draußen aufbaute. Da ich weder die unvermuteten Tiergehege von Winterthur noch die Stadt dieses Namens im mindesten kannte und nie betreten hatte, mußte ich meinerseits zum Fragen wie zu einem Gegenangriff übergehen. Denn das schien mir noch die beste Verteidigung zu sein, ehe ich nach Einzelheiten wie dem derzeitigen Stande der Rathausrenovierung oder dem Aussehen des Doms ausgeforscht werden würde, falls sich Winterthur eines solchen erfreute. Sicher hat der junge Mann Verwandte dort, die er zuweilen schon besucht hatte, dachte ich.

Woher wissen Sie, wer in Winterthur Eier legt?

Aus Fachzeitschriften, die ich studiere.

Und woher können Sie so gut deutsch? fragte ich weiter, während er aus einem unverschlossenen Schreibtisch eine Pappschachtel kramte, die als Geldkassette diente und die Tageseinnahmen barg oder bergen sollte. Es war nichts drin. Auch eine Rolle mit Billets fand sich an. Er riß unabsichtlich gleich zwei Karten ab.

Ich gut deutsch? rief er belustigt, schob die versehentlich abgerissene Eintrittskarte in die Pappschachtel, legte meinen Obolus dazu und vergaß, mir meine Karte auszuhändigen ... Ich bin aus Bamberg. Aber war ein Jüngelchen von acht Jahren, als meine Eltern auswandern mußten. Hier haben sie dann fast nie mehr deutsch gesprochen, verstehen Sie.

Hm, und was machen Sie ... in diesem ...?

Was ich mache? Wissen Sie was: Sie fragen lieber, was ich nicht mache! Alles! Direktor, Kassierer, Pförtner, Kontrolleur, Tierarzt, Pfleger, Mistfahrer, Schláten-Schámess ... Hab ich Ihnen jetzt Ihre Karte gegeben oder nicht? Hier ist sie für den Fall, es kommt einer, Sie kontrollieren ... Bin alles in einer Person. Hauptsache, daß es den Tieren gut geht. Hab ich recht? Wie? Sind eingesperrt und können sich selber nicht helfen ... Ich kann mir helfen. Hab Veterinärmedizin ausstudiert. Mein Vorgänger war alt und starb. Und ich soll schon seit zwei Jahren zwei weitere Arbeitskräfte bekommen, daß wir fünf sind.

Fünf?

Der Krieg ist dazwischengekommen voriges Jahr im Herbst und ging bis in diesen März ... Hab jetzt also bloß eine Assistentin. Die erwartet zur Zeit ein Kind. Und hab einen gelernten Tierwärter. Der macht gerade eine Reserveübung. Nebbich. Kriegen Sie einmal jemanden in einem Staat ohne Arbeitslose und mit dem relativ größten Heer der Welt ... und sieben Wochen nach Kriegsschluß.

Und woher sind die Schüler draußen oder Studenten?

Von einem Kibbuz. Hab ihnen ein bißchen was erklärt vorhin über Tiere ... Sind Chawerim, Eintritt haben sie frei, keine Schüler, bewaffneter Kibbuznachwuchs, noch nicht wehrpflichtig, hatten es aber schon von klein auf mit den Fedayun zu tun, Tag und Nacht, und ihrer ist nicht einmal ein Grenzkibbuz ... Sind sozusagen auf Urlaub zur Zeit. Denn vorläufig sind die Araber satt und rühren sich nicht ... Gott behüte! ... Sollen mal Lehrer an Landschulen werden, die meisten ... Sind Rüpel. Wie? Essener sind sie nicht ... Aber das Stachelschwein, das Sie vielleicht gesehen haben, das haben sie mir geschenkt voriges Jahr ... Hatten sie selber gefangen ...

So etwa sprach der Zoodirektor. Als die jungen Leute sähen, daß wir uns in Frieden verabschiedeten und kein ergötzliches Schauspiel wie etwa die Entlarvung und Verhaftung eines Spions mehr stattfinden werde, trollten sie sich winkend von dannen, gerieten aber alle mitsammen in einen Wettlauf, wobei ein ganz Wilder Purzelbäume schlug, und stürmten mit viel Juchhu ihre drei Jeeps. Ließen die Motoren anspringen, sangen etwas und fuhren davon.

Heijo, lachte Dr. Kern, als ich von meinen Unternehmungen in **Jerusalem** Bericht gab, Lügen haben halt kurze Beine. Und es klang beinahe, als ob er auf Heilbronnisch ›Lügge‹ und ›habbe‹ intoniere. Denn er war aus Heilbronn. Jahrgang 1891 so etwa. War Jurist. Landgerichtsrat seinerzeit. Dekorierter Offizier im Ersten Weltkrieg. Artillerist... Rausgeschmissen. In die Emigration gejagt. Ist gleich nach Palästina gegangen. Das war klug. Aber die juristischen Examina in geltendem englischen Recht nachzumachen und das auch noch in Englisch und Hebräisch, welche beiden Sprachen ihm durchaus nicht geläufig waren, das traute er sich nicht mehr zu, obwohl er erst anfang Vierzig war. Er streckte die Waffen. Und wovon hätte er leben sollen während des notwendigen Studiums? So hatte er notgedrungen den deutschen Juristen an den Nagel gehängt und versucht, sein Geld als Wirtschaftsberater zu verdienen. Das ließ sich bescheiden, aber doch nicht so schlecht an, wie zu befürchten. Damals in den ersten Jahren ging es überall in **Palästina** wahrhaftig noch sehr bescheiden zu. Aber er und seine kleine Familie fanden auf die Dauer doch ihr Auskommen davon, und er war auch 1957 nach wie vor noch Wirtschaftsberater und soweit ganz zufrieden, zumal seit der Staatsgründung von 1948 auch noch die Sparte Steuerberatung hinzugekommen war. Die Briten hatten in ihrem Mandatsgebiet Palästina keine Steuern erhoben, seligen Angedenkens.

Kurz, jene Widerwärtigkeiten und Hindernisse hatten ihm schließlich nicht allzuviel bedeutet. Etwas anderes aber hatte er als Demütigung empfunden, die gar nicht gelinde etwa an seinem Herzen nagte. Im Mai 1948, als das britische Mandat ablief, als arabische Armeen und Freischärler von allen Seiten zugleich in den eben gegründeten Staat eindrangen und alles auf Messers Schneide stand, zählte er, Wirtschafts- und Steuerberater Dr. Kern, noch keine sechzig Jahre. Er hielt es allen Ernstes für das Gebot der Stunde, sich freiwillig zu melden. Denn er hatte seine zweite Heimat lieben gelernt. Jeder irgendwie Waffenfähige kam nur eben recht. Artilleristen wurden gesucht. Alter, so schien es, spielte in der damaligen Situation keine Rolle. Der Rekrutierungsoffizier, von der Haganah einer, fragte: Artillerist? Letzter Dienstgrad? Und wo?

Der Kriegsfreiwillige Dr. Kern antwortete: Hauptmann der Reserve. Batteriechef. Beim königlich württembergischen Feldartillerie-Regiment 29 in Ludwigsburg.

An welchem Geschütz ausgebildet?

7,7-cm-Feldkanone 96.

Und?

Leichte Feldhaubitze 98 . . . 15-cm-schwere Feldhaubitze 02.

Und?

10-cm-Kanone 04.

Bedaure außerordentlich. Alles zu veraltet. Können Sie leider nicht brauchen . . . Der nächste bitte!

52   Aus den »Sagen der Hebräer«
(erzählt nach **Heiman Hurwitz**, 1826)

Vom Bäumepflanzen
Hadrianus, weiland Römischer Kaiser, ging einst bei **Tiberias** in Galiläa vorüber und sah dort einen betagten Mann, der einen Graben auswarf, Feigenbäume darein zu pflanzen.

Hättest du den Morgen deines Lebens gut angewendet, rief ihm der Kaiser zu, brauchtest du jetzt am Abend deiner Tage nicht so saure Arbeit zu verrichten.

Hab meine jungen Jahre wohl genutzt, erwiderte der Alte gleichmütig, aber der Lebensabend soll mir auch nicht unnütz hingehen. Gott überlasse ich, was er für das Beste hält.

Wie alt bist du denn? wollte der Kaiser wissen.

So einhundert Jahr.

Wie? So alt? Und du pflanzest Bäume? Kannst du denn hoffen, die Früchte deiner Arbeit eines Tages noch zu genießen?

Herr König, sprach der Graukopf, ich hoffe es allerdings. Wenn Gott es erlaubt, könnte ich wohl noch Frucht von diesen Bäumen essen. Wo aber nicht, so laben sich meine Kinder und Kindeskinder daran. Haben nicht auch meine Väter Bäume für mich gepflanzt, und soll ich nicht dasselbe für meine Kinder tun?

Diese Gegenrede gefiel dem Kaiser wohl, und er sprach: Nun, Alter, solltest du es noch erleben, daß du von diesen Setzlingen Früchte ziehest, so laß es mich wissen. Hast du gehört?

Nach diesen Worten setzte der Kaiser seine Landreise fort. Dem Alten aber war noch Zeit genug zugemessen, die Früchte seines Fleißes reifen zu sehen. Davon wählte er die schönsten Feigen mit Bedacht, tat sie sorglich in einen Korb und begab sich zum Kaiser. Denn es hatte sich gefügt, daß dieser abermals in Regierungsgeschäften im Lande weilte. Hadrian blickte gerade aus dem Fenster seines Palastes, als er einen altersgebeugten Mann mit einem Korb auf dem Rücken den Schloßhof betreten sah. Sogleich gab er Befehl, den Mann in das Zimmer zu führen.

Was bringst du, alter Freund? rief er ihm entgegen.

Möge es dem Kaiser, meinem Herrn, gefallen, sich daran zu erinnern, erwiderte dieser, wie er einst einen sehr alten Mann Feigenbäume pflanzen gesehen und von ihm verlangt, sich zu zeigen, falls er noch Früchte davon ernten würde. Ich bin dieser alte Mann, und hier sind die ersten Früchte dieser Bäume. Nimm sie gnädig als ein demütiges Zeichen der Dankbarkeit für deine große Herablassung.

Hadrianus freute sich, ein so außerordentliches Exempel von Lebensdauer zu sehen, die doch mit dem völligen Gebrauch der Seelenkräfte und achtbarer körperlicher Tätigkeit verknüpft war. Er hieß den Alten sich niedersetzen, ließ den Korb ausleeren und mit Gold gefüllt als ein Geschenk zurückgeben.

Einige Höflinge aber waren Zeugen dieses ungewöhnlichen Auftritts und redeten: Unmöglich ist es, daß unser erhabener Kaiser einem verächtlichen Juden soviel Ehre antut!

Warum sollte ich den nicht ehren, den Gott so geehrt hat, entgegnete ihnen **Hadrian** in Gelassenheit, sehet sein Alter und ahmet ihm nach!

Damit ward der Greis gnädig entlassen, ergriff seinen Stab, nachdem er das Gold in ein Tuch geschnürt und also in den Korb gelegt, und wanderte vergnügt nach Hause.

Der Lohn der Gerechten

Rabbi Tarphon lehrt: Der Tag ist kurz, die Arbeit groß, die Arbeiter tun wenig, groß aber ist ihr Lohn, und der Herr des Hauses drängt.

Was ist das?

Der Tag bedeutet das Leben. Die Arbeit, das sind die Pflichten. Die Arbeiter sind die Menschen. Der Lohn ist die Unsterblichkeit. Und der Herr des Hauses, der da dränget, ist Gott.

Dieser Rabbi pflegte auch zu sagen: Es ist nicht notwendig, dein Werk zu vollenden, aber deswegen hast du nicht etwa die Freiheit, es zu vernachlässigen. Hast du viel Kenntnis im Gesetz erworben, so wird auch dein Lohn groß sein. Wer dich anstellte, ist wohl wert, daß du ihm vertrauest, er werde deine Arbeit lohnen. Doch erinnere dich: der Lohn der Gerechten kommt erst in einer anderen Welt.

Alexander und der Schädel

Als **Alexander** der Makedone, dessen wahnsinniger Ehrgeiz keine Grenzen kannte, dessen Herrschsucht durch Ströme von Menschenblut nicht gestillt wurde, einst durch traurige Einöden und Wüsten zog, kam er mit seinen Kriegern unverhofft an einen Bach, dessen Wasser nicht nur klar, sondern von überraschendem Wohlgeschmack war; dergestalt, daß es sogar die Stockfische, die ihre einzige Nahrung bildeten, lieblich und schmackhaft machte, wenn man sie darein hielt.

Als sie, neugierig geworden, dem Laufe dieses wundersamen Gewässers folgten, gelangten sie endlich an die Pforten des Paradieses. Aber die Tore waren geschlossen. **Alexander** pochte an und forderte mit seinem gewöhnlichen Ungestüm Einlaß.

Du kannst nicht herein, rief eine Stimme von innen. Dies ist die Pforte des Herrn!

Ich bin der Herr der Erde, entgegnete der ungeduldige Held, ich bin Alexander der Sieger! Laßt mich ein!

Nein, war die Antwort. Hier kennen wir keine Sieger; die ausgenommen, die ihre Leidenschaften besiegt haben. Nur der Gerechte kann hier Eingang finden.

Umsonst bemühte sich **Alexander** bald mit Bitten, bald mit Drohungen, in den Aufenthalt der Seligen zu dringen. Du weißt, rief er dem unsichtbaren Wächter schließlich zu, ich bin ein Mann, dem die Völker huldigen. Und wenn du mich schon nicht einlassen willst, so gib mir wenigstens etwas, das ich der staunenden Einfalt vorweisen kann: ich sei gewesen, wo noch kein Lebender vor mir war!

Daraufhin antwortete es von innen: Hier, du Törichter, ist etwas für dich. Und alsbald ward, eingebunden in ein Tüchlein, etwas Hartes über die Mauer geworfen, und die Stimme rief: Nimm es! Es kann die Krankheiten der verirrten Seele heilen! Nimm und ziehe deines Weges!

Alexander griff mit Begierde zu und eilte in sein Zelt. Doch wie bestürzt war er, als er entdecken mußte, daß das Geschenk des Wächters nur in dem Bruchstück eines menschlichen Schädels bestand. Sein Zorn, den alle, Feldhauptleute wie Diener, fürchteten, wollte ihn übermannen. Da aber trat ein weiser Mann, der im Gefolge zu Worte zu kommen sonst wenig Gelegenheit hatte, vor und sprach: Großer König von Makedonien, Persien, Indien, Baktrien und Ägypterland, verachte diese Gabe des Wächters nicht! Vor deinen Augen erscheint sie geringfügig. Doch besitzt sie sonderbare Tugenden, die du erblicken wirst, wenn du sie gegen Gold und Silber wägest.

Nun denn! rief **Alexander** und versuchte, sich seiner Betroffenheit zu entwinden. Eine Waage wurde aufgestellt. Das Schädelstück kam in die eine Waagschale und Gold eine Menge in die andere. Doch zum Erstaunen aller sank nicht etwa das Gold, sondern das Knochenstück tief hinab. Man tat Goldes mehr hinzu, der Knochen wog schwerer, und je mehr Gold hineingelegt wurde, desto tiefer sank die Schale mit dem Schädelstück.

Sonderbar, sprach **Alexander** und sah sich nach dem Weisen um, der von dieser Eigenschaft des Knochens gewußt zu haben schien. Ist denn nichts, was diesem Gebein an Gewicht gleichkommt?

Eine Kleinigkeit tut es, antwortete der Weise, hob etwas
Erde auf und bedeckte das Schädelstück damit, und augen-
blicks sank das Gold in die Tiefe und die Schale mit dem
Knochen sprang geradezu in die Höhe.

Kannst du mir denn diese außerordentliche Erscheinung
erklären? fragte **Alexander** aufs höchste erstaunt.

Großer König, hub der Weise an, wie Ihr in Gnaden
sehen wollet, ist dieses Bruchstück eines Schädels Augenhöhle.

Und?

Eines menschlichen Auges wohlverstanden, das zwar nur
kleinen Umfanges, aber in seinen Wünschen unbegrenzt ist.
Je mehr es erhält, nach desto Mehrerem strebt es. Weder
Gold noch Silber noch sonst ein irdisch Gut kann ihm je
genügen. Doch ist es einmal ins Grab gesenkt und mit Erde,
mit einer Handvoll Erde bedeckt, dann ist alle seine Lust,
sein Begehr und sein Streben mit einem Male vorbei.

Gott findet keine Freude am Untergang der Gottlosen
Freue dich nicht, wenn dein Feind fällt, und laß dein Herz
nicht fröhlich sein, wenn er strauchelt.

Als die Ägypter im Roten Meer ertranken, erzählt **Rabbi
Jochonan**, wollten die Engel den Lobgesang anstimmen.
Aber der Herr verwies es ihnen und sprach: Wie? Die
Werke meiner Hand gehen unter, und ihr wollt singen?

53   Alexander der Sagenhafte

Ihn in den hier anvisierten Zusammenhängen auszulassen,
unmöglich. Hier eine auch nur einigermaßen umfassende
Skizze von ihm zu entwerfen, ausgeschlossen. Daher nach
den verstreuten Anmerkungen in früheren Abschnitten jetzt
nur dies: am Nil hatte man den welterobernden Makedonen als Befreier vom Perserjoch begrüßt. Als den Sohn
des Reichsgottes **Ammon**, des Widders, des Gänserichs. Als
den Pharao! **Alexander III.**, der Große. Stratege und

Kriegsheld ersten Ranges. Schüler des **Aristoteles** ... Er hat aber um den gewaltsamen Tod seines Vaters, **Philipps II.**, gewußt. Er hat aber die Griechen gezwungen, ihn, den Sohn, als Ammonssohn und Gott zu verehren. Man hat ihn zumindest in den letzten Monaten seines Lebens als größenwahnsinnig, hat seine politischen Entwürfe insgesamt als gescheitert anzusehen. Die Hellenisierung des Ostens wie auch Ägyptens war ohnehin schon längst in Gang gekommen. Und?

Nicht das Strahlende zu schwärzen ist hier die Absicht, sondern deutlich zu machen, daß es für die Versetzung in den Stand der Sagenhaftigkeit, für die Bereitschaft der nachlauschenden, nachsinnenden Völker, jemanden in den Heroenrang zu erheben, offenbar ganz ohne Belang ist, ob der irdische Wandel des Erkorenen unter dem Blickwinkel bürgerlicher Moral ohne Makel gewesen. Eine Sache von einiger Gefährlichkeit.

Man weiß um die beträchtlichen Mängel dieses dennoch höchst faszinierenden Helden auf der alten Weltbühne. Aber jedermann möchte da von Mängeln gar nichts wahrhaben und ignoriert sie. Jedermann hat sich in den Kopf gesetzt, dieses Strahlende ungeschwärzt, aller Anschwärzung enthoben zu schauen. Wer das Dritte Reich miterlebt hat, er hat diesen kollektiven Vorstellungsmechanismus im Verhältnis der Nationalsozialisten zu ihrem Führer in Aktion sehen können. Kein Nazi, der nicht von **Hitlers** unsäglichen Mängeln wenigstens doch einiges gewußt, kein Nazi aber auch, der davon auch nur das geringste zugegeben hätte. Unbestreitbar also eine gefährliche Sache.

Über **Alexander** sann noch das ganze christliche Mittelalter nach. Sann und träumte über dem spätantiken Alexander-Roman. Und nicht anders hielt man's in China, soll man's glauben, und auf den Sunda-Inseln, jawohl, in Äthiopien, in Spanien, am Rande der Sahara und auf Island; die Welt reichte nicht weiter. In achtzig Variationen bis zum 16. Jahrhundert raunten vierundzwanzig Sprachen von ihm. Von Alexander! Es gibt keine Gestalt der Geschichte, der derlei in diesem Umfange widerfahren wäre. Aber der frühest greifbare literarische Ursprung solchen gemeinsamen ›Mythologeins‹ der Völker rings im Chor, eben jener Roman, ein aus älterem Material kompiliertes Machwerk

eines mäßig schreibenden Anonymus aus Ägyptisch-Alex-
andria am Ende des dritten nachchristlichen Jahrhunderts,
es ist schlechthin absurd, ein uferloses, krasses Fabulieren,
surrealistisch abseits historischer und sogar geographischer
Tatsachen. Jener Schreiber hat zugleich die abendländischen
Kollegen, soweit sie da im Zeichen der Aufklärung ihre
Seiten füllten und füllen, was den Erfolg angeht, *ad absurdum* geführt: das vernunftwidrigste, das krauseste Buch voll
platter Phantasie - der größte Erfolg seit eh und je!

Offenbar will es die Menschheit so und ist Vernunft eine
Sache, in deren Dienst so recht eigentlich niemand stehen
möchte, höchstens gelegentlich mal. Fallweise. Auf Abruf.
Ausnahmsweise. Der Mensch ist zur Vernunft befähigt, aber
nur sehr selten aufgelegt, von dieser beschwerlichen Gabe
Gebrauch zu machen. So wie einer, der rechnen kann, doch
nicht immerzu rechnet. Zugegeben andrerseits, daß ein solcher Nur- und Immerrechner ein ziemlich unerträglicher
Zeitgenosse wäre, zugegeben.

Das kollektive Träumen zum Beispiel ist nicht weniger
mächtig oder mit seinem unfaßlichen Schwelen und Dun-
sten gar mächtiger als die raren Funken der Vernunft, und
der Weg der Menschheit alles andere als eine schnurgerade
Bahn aus dem tierischen Traumdunkel ins Tageslicht kon-
trollierbarer Sachlichkeit. Alles andere als eine zielstrebige
Wallfahrt zur Entschleierung des Bildes von Sais oder zum
Stein der Weisen. Groß wie Hunger ist das Bedürfnis nach
Unvernunft. Groß wie Durst das Glaubensverlangen *quia
absurdum*. Gottlob aber: wir wissen, daß des einzelnen
Denkbefähigung von der Intensität seines Träumens abhängig ist. Direkt proportional. Wer niemals träumte, niemals
geträumt hätte, der schaukelte tumbe Grütze im Schädel,
mit der sich nicht denken ließe. Mag es denn im Großen
und Kollektiven sich genauso verhalten: träumende Völker
liefern eines Tages wohl auch eine Handvoll nüchterner und
unbeeinträchtigter Köpfe, die für alle übrigen ein Stück
weiter denken; denn daß es seit unserm Vorläufer aus dem
Neandertal nun auch den geringsten Schritt nicht vorwärts-
gegangen sei, wird auch der eingefleischteste Misanthrop
und Kulturleugner nicht behaupten können. Und damit
müssen wir uns denn allesamt zufrieden geben, ohne zu
resignieren: *homo per occasionem sapiens.*

Und so der Chorsingsang der Völker in Stichworten: **Alexanders**
Reise ins Land der ewigen Nacht. Auf der Suche nach dem Quell
des Lebens, den nur sein Koch, nicht aber er selber findet. In
Indien der Zauberwald voller singender Blumenmädchen. Die
Luftfahrt. Die Taucherfahrt bei **Rudolf von Ems.** Alexander, ein
Held in der Sage der Hebräer, davon wir eine kleine Kostprobe
vorsetzten, Held allerdings, der allerhöchsten Belehrung be-
dürftig. Alexander in Beziehung zum Welterlöser Christus in der
armenischen, Alexander bei den Brahmanen in der koptischen
Version. An den Pforten des Paradieses, wir sahen es. Bei den
vier Paradiesströmen. Im Glauben an Christus und an dessen
Wiederkunft in einer syrischen Fassung. **Al-Iskander** im Arabischen, das ist der Zweigehörnte, ein bilderfeindlicher Prophet.
Sohn des **Darius** bei den Persern. **Eskender,** den Äthiopiern ein
christlicher Lehrer und König. Von den Mongolen vollkommen
verballhornt zu **Sulqarnai,** der dreitausend Jahre alt wird und
den Berg **Sumeru** besteigt, auf dem der Zaubervogel **Garuda**
nistet. Im Russischen Zauberei, Sterndeuterei, Prophezeiungen
und Träume um ihn, Alexander, den Freund des Propheten
Jeremias.
Im Altfranzösischen hat er zwölf Paladine wie der keltische
König **Artus** oder wie **Karl der Große.** Roxane tritt auf, die
baktrische Prinzessin, die es wirklich gegeben hat, die beklagens-
werte Mutter Alexanders IV. Auf tritt die Amazonenkönigin
Talistria mit dem gleichen Anspruch auf Geschichtlichkeit. *»Frouwe,
ich wil din ritter sin«,* schreibt Alexander an die indische Königin
Candacis bei jenem Herrn von Ems. In den mythischen Partien
der östlichen Variationen über das Alexander-Thema tauchen
aber gar auch Geschichten auf, die man sich im Zweistromland
mit frommem Entzücken schon von **Gilgameš** erzählt hat. Und
hatte das Gilgameš-Epos, dem Westen durch die Hethiter zugänglich gemacht, nicht schon dem Dichter der Odyssee An-
regungen gegeben?

Von Bunterem alles in allem weiß man nicht, von Raffinier-
ten für Naive angerichtet. Wie von literarischen Beutel-
schneidern. Und was vermag dagegen schon exakte Historie? Wenig Interesse wird sie auf sich ziehen können. Wie
alles Vernünftige! Aber sie wird unbeirrt an dem so vielfältig durch über zweitausend Jahre nachhallenden Donner
und dem poetischen Regenguß von tausend und aber tausend Versen an allen Ecken und Kanten die Gewalt dieses
westlichen Blitzes messen, von dem sich damals der Osten
zeitenwendend getroffen fühlte: der so lange Jahrtausende

im Obenauf des Kulturgefälles gestanden hatte, ward sich angesichts einer weithin glänzenden Herrschergestalt bewußt, daß das Gefälle sich verlagern konnte. Der Westen, der dies und das gelegentlich schon beigesteuert hatte - nun zwang er zum Nehmen. Die östliche Welt sah ein, daß sie hellenistisch geworden war. Erst mit der Geburt, erst mit der Taufe Christi sollte sich die spielende Waage wieder zugunsten des Ostens neigen.

Das Fortleben von Motiven des **Gilgameš**-Epos in den Alexandersagen - Musterbeispiel von kollektiver »Übertragung«: eine undefinierbar alte Mitteilung, die - als Mythos - von Mund zu Mund geht, aber im Lauf der Zeiten nachläßt, die Gemüter zu beschäftigen, erfrischt sich an rezenten Ereignissen und bemächtigt sich wahlverwandtschaftlich neuerer Gestalten, die die Geschichte anbietet und an denen sie fortan haftet. Bis zur nächsten Übertragung.

Ein Beispiel von allerdings viel kleineren Dimensionen: der »Kaiser im Berge« war zunächst **Karl** im Untersberg, dann **Barbarossa** im Kyffhäuser, dessen Bild dasjenige **Friedrichs II.**, seines Enkels, verdrängte. Auch andere Kaiser und andere Berge sind von dieser Vorstellung, freilich weniger nachhaltig, umsponnen worden. Das Thema wird in bezug zu Wotan gesehen und enthält endzeitliche Motive germanischer Herkunft. Doch scheinen sich diesen jüdisch-messianische angegliedert oder beigesellt zu haben, denen zufolge der letzte römische Kaiser dereinst zu Jerusalem seiner Herrschaft entsagen wird.

54 Ein Nest aus Myrrhen und Zimmet

Vorliegendes Vademecum zur Weckung von Wissenslust auf Reisen hat schließlich noch den Vogel **Phönix** in Betracht zu ziehen. Das seltenste aller Tiere! Sein Name fiel schon. Er eignete sich gut zum Symbol des hier skizzierten Welt- und Völkergesprächs. Ein Feuervogel. Ein Sonnenvogel. Ein Seelentier. Als wir uns zwischen **Joppe** und **Jordan** bewegten (Kapitel 36), gedachten wir schon gewisser ägyptischer Phantasiegeschöpfe mit Namen *bnw* oder ›bennu‹ als ferner

Vorgänger und etymologischer Entsprechungen des Vogels Phönix, von dem sich sehr viel und doch nichts sagen läßt, was unvermittelt vor der Vernunft bestehen könnte. *(Roscher bestreitet die Möglichkeit einer Ableitung aus dem Wörtchen bennu.)*

Die Taube, sagten oder mutmaßten wir ferner, repräsentiere einen weiblichen Aspekt: Vogelmutter. Der **Phönix** hingegen war stets nur *masculini generis*, war Vater und Sohn und Vater und Sohn durch die Jahrtausende. Offenbar kam er aus einer Bilderwelt, in der Weiblichkeit gering bewertet wurde. **Herodot** spöttelt (II, 73), er habe in Ägypten den Phönix nur abgebildet betrachten können, nicht aber *in natura* gesehen, da dieses heilige Wesen nur alle 500 Jahre aufzutreten pflege. Adlergroß seien die Abbilder, das Gefieder in Rot und Gold wiedergegeben. Der Vogel erscheine, wenn sein Vater gestorben sei. Den bringe er einbalsamiert in eiförmiger Mumienhülle aus Myrrhenholz herbei, um ihn im Tempel des Helios zu **Heliopolis** zu bestatten. Von Indien, von Arabien, von Äthiopien kommt er geflogen. Schwärme anstaunender Vögel begleiten ihn, melden andere antike Autoren.

Und unter dem Konsulat des **Paulus Fabius** und des **Vitellius** - den wir schon als Statthalter in Syrien und Vorgesetzten des Pilatus wirken sahen - sei nach etlichen Jahrhunderten - das letzte Mal zuvor zur Zeit **Ptolemaios' III.** (246-222) - der Vogel Phönix wieder einmal im Ägypterlande erschienen, so wissen es des **Tacitus** Annalen (VI, 28), da entweder besagtes Halbjahrtausend oder aber das große ägyptische Sonnenjahr abgelaufen gewesen. Dieses umfasse 1461 Jahre (4 x 365 = 1460 = Sothisperiode). Und heißt es weiter: Phönix *»soll nämlich, wenn die Zahl seiner Jahre voll ist und der Tod bevorsteht, sich in seinem Lande ein Nest bauen und dasselbe beschwängern...«* Andere sagen, er baue ein Nest aus Weihrauch. Und es entstehe daraus ein junger Phönix, der besorgt sei, den Vater zu begraben. Und so fort. Nach anderen wieder verbrenne sich der Seelenvogel selbst auf einem Scheiterhaufen ausgesuchter Gewürzhölzer - aus Zimmetrinde etwa - und steige verjüngt aus seiner eigenen Asche. Weihrauchtropfen und wundersüßer Amomumsaft sind seine Nahrung.

Diese wenig durchsichtige, vielleicht aber im Grunde bloß kalendarisch-astronomische Materie war nun so recht etwas für unsre mittelalterliche Alchimie. Der **Phönix** wird dort zum Zeichen der befreiten Seele, die - Ziel allen alchimischen Siedens und Brennens - der *prima materia*, der im Ei befangenen Weltseele, lauter entsteige. Phönix wird überhaupt mancherlei, gefiederter König, der die eigenen Federn verschlingt, wird Adler, Reichsadler, Doppeladler, wird Pfau und, recht epigonenhaft schon, Storch. Phönix, heißt es, sei ein Symbol der Welt, sein Kopf der Himmel, seine Augen die Sonne, sein Schnabel der Mond, die Flügel der Wind, sein Schweif seien Pflanzen und Bäume. Phönix gelangt bis **China** - gleich der Mär vom Großen Alexander - und gehört in fernöstlicher Sicht neben Einhorn, Schildkröte und Drachen zu den geistigen und wohlwollenden Tieren; seine Nachbildungen gewährten häusliches Glück und langes Leben. Abendländisch und dabei alchimistisch angeschaut, stellte der Drache freilich nur die niederste Form des Mercurius dar - lehrt **C. G. Jung** -, der Phönix indessen die höchste.

Allezeit aber, wahrhaftig durch halbe Ewigkeiten, ist dieser Vogel gleich dem geflügelten Skarabäus Symbol der Auferstehung gewesen. *»O du Glücklicher, der du dein eigener Erbe bist! Der Tod gibt dir Leben. An dir stirbt nur das Alter. Alle Jahrhunderte erlebst du. Du hast die große Flut«* (des **Deukalion**) *»und den Phaetonischen Brand gesehen. Dich rafft kein Unglück dahin. Selbst wenn die Erde versinkt, wirst du erhalten bleiben. Dir spinnen die Schicksalsschwestern keinen Faden. Über dich haben sie keine Macht . . .«* heißt es in des **Claudianus** Gedicht über dieses Ewigkeitsgeflügel. (Claudius Claudianus, ägyptengriechischer Dichter aus **Alexandria** um 400 nach Christus, schrieb griechisch und lateinisch, ein Heide noch, ein letzter Dichter im Spätabendrot der Antike.)

Phönix, diese komplexe Ausgeburt phantastischer und tiefgründelnder Betrachtung brachte auch vortreffliche Voraussetzungen mit, um seine mystische Rolle gleichermaßen unter christlichen Auspizien weiterspielen zu können. Schönfarbener Unsinn, weitleuchtende Welteinsicht. Auch gedieh er in der apokalyptischen und in der rabbinischen Literatur blühend fort, während dem Fabeltier in den frühen gnostischen Geistesbereichen, soweit ich zu meiner Überraschung sehe, kein Boden bereitet war. Den Kirchenvätern aber wurde er Sinnbild der Unsterblichkeit, versteht sich. Bei

Jesu Jordantaufe war er bereits zugegen, lehren bildliche Darstellungen. Auf beschrifteten Münzen sieht man ihn geprägt. Unter **Konstantin** dem Großen und später. Umgeben von einem Nimbus. Auf einer Weltkugel oder sonst Einschlägigem. Die Umschrift heißt: *Felix temporum reparatio*. Goldenes Geldstück, silbernes Latein: der Zeiten glückliche Wiederherstellung, des Zeitlaufs Wende zum Glück. Wunschgebilde kollektiver Träumereien. Unsäglich in des Wortes Sinn. Unbeschreiblich, weil allzu vernunftentrückt.

Schnell noch ein Spielchen gefällig? Bevor wir uns auf den Heimflug machen? Jenes Konsulat des **Vitellius** fällt ins Jahr 34 nach dem Ereignis von **Bethlehem**, das sich freilich als eine Phönixgeburt sehen lassen könnte. Wir hatten uns am Schluß des 16. Kapitels bereits eine dahingehende Bemerkung erlaubt. Am Jahre 34 aber ist nichts Bemerkenswertes: ein Jahr wie jedes andere.

Ihrer 500 dazu, und man kommt nach Adam Riese ins Herrenjahr 534. Ebensowenig ein Zeitumlauf mit Akzent: **Justinian** war Kaiser, **Bonifatius II.** Papst. Gotenkönig wurde **Theodahad** für zwei glücklose Jahre.

1034: Ingleichen ein Jahr ohne besondere Vorkommnisse.

1534: Nun immerhin, die Reformation ist vollzogen. Sonst ebenfalls nichts Besonderes im Sinne einer Phönix-Zäsur. Ein Glücksjahr, nebenbei, für **Cheireddin Barbarossa**, wenn Sie sich an diesen islamisierten Griechen noch erinnern.

2034: Sache der Futurologen. Soll uns noch nicht kratzen.

Nimmt man den Zirkelschlag mit 1461 Jahren, kommt man beim ersten auf das Jahr 1495. Amerika ist bereits von **Kolumbus** entdeckt, soweit man seine Tat Entdeckung nennen kann, **Granada** seit drei Jahren in christlicher Hand. Nichts Spektakuläres und Phönix-Gemäßes am fünfundneunziger Jahr selbst. **Tacitus** hat aber auch alle kabbalistischen Spekulierer und neunmalklugen Zahlenmystiker von vornherein zu Zurückhaltung angehalten und in Hinblick auf des Phönix Erscheinen während jener Konsulatsperiode zu bedenken gegeben: »... *Indeß, das Altertum hat seine Dunkelheiten.*« (Ich benutze eine Übersetzung von 1807.) »*Von Ptolemaios* (III.) *bis zu Tiberius sind noch nicht 250 Jahre verflossen, daher haben einige diesen Phönix für einen falschen gehalten, der nicht aus Arabien gekommen sei und nichts von dem beobachtet habe, was die Alten von ihm versichern*« (sein Auftrittsritual in Heliopolis, wo er anhand geheimer Zeichen den Priestern seine Echtheit zu erweisen hatte). Und später scheint Phönix gar nie mehr wiedergekehrt zu sein. Nur ein Obelisk ragt von **Heliopolis**, der Sonnenstadt.

Aber das Phänomen der Wiedererstehung nach scheinbar tödlichen Untergängen gibt es dennoch. Im Zeichen des Phönix und seines lebenweckenden Feuertodes. Unser Augenmerk galt eingangs schon einigen Städten, ihrem Dahinsinken in Trostlosigkeit und ihrem wundersamen Wiedererstehen: jünger, lebensvoller und schöner denn je. Auch Länder nehmen wieder zu, auch Völker. Wachsen aus der eigenen Asche. Kollektive sind, obschon nicht in jedem Falle, zum Staunen lebenszäh und dauern auch verschwindend geschrumpft über das zeitliche, über das gewaltsame Ende von Hekatomben ihrer Individuen hinaus fort. Man fasse als Beispiel die zunehmende Indianisierung der mittel- und südamerikanischen Kultur der Gegenwart ins Auge, die allmähliche Durchsetzung der dortigen Christianität mit autochthonen Gebräuchen, die wieder treiben wie die Stubben und Knubben auf einer abgebrannten Bergheide. Und das Volk Israel hat, wiewohl doch zerstreut, verfolgt und ohne eigenen Boden, an Kraft des Überdauerns wohl alles in den Schatten gestellt und tausendmal übertroffen, was nach der Zerstörung **Jerusalems** anno 70 und nach des **Bar Kochba** Untergang in **Bethar** bei Caesarea fünfundsechzig Jahre später unter **Hadrian** billig hätte erwartet werden können. Es kann aber gerade im Falle der Kinder Israel keinen Zweifel geben, welchen Namen die Kraft hatte und hat, die zu solcher unvergleichlichen Durabilität befähigt: Jahweh. Davon kann keine atheistische Spitzmaus einen Faden abbeißen. Doch wurde schon eingeräumt, daß »Kollektiv«, wie hier verstanden, und »Gott« in gewisser Weise als Synonyma angesehen werden können; welcher Blickwinkel jedoch keine Antwort auf die Frage nach der Herkunft solcher Kraft bietet. Es sei denn, es wäre angebracht, von kollektiver Autosuggestion zu sprechen.

Aus Wüsten werden Gärten. Wälder ergrünen und wandeln die lokale Meteorologie zum Feuchten und Günstigen. *Circulus fecundus*: das Feuchte fördert die Begrünung und diese das Feuchte. Das Beispiel des Staates **Israel** ist gegeben. Dort wurde und wird gezeigt, was heute mit Fleiß und Entsagung und mit sinnvoller Nutzung aller Wissenschaften möglich ist. Trotz der Kriege und blutsaugenden Waffenstillstände. Israel sollte weit mehr Vorbild sein, als es ist, und weniger Stein des Anstoßes. Denn im Grunde ärgert auch diejenigen, die Ärgernis nehmen, nur die Vorbildlichkeit und weiter nichts.

Der Slogan von der Speerspitze des US-amerikanischen Imperialismus ist Spiegelfechterei: es waren die USA, die dem Frieden und Ägypten zuliebe die israelischen Truppen vom **Suezkanal,** die britischen und französischen aus **Port Said** zurückpfiffen und dem Krieg von 1956 ein Ende setzten. Ach, und nachher die sowjetischen Beutewaffen. Ich sehe noch die gewaltigen Panzer auf Tiefladern die regenblanke Ben Yehuda daherrollen - damals am 6. Mai 1957, dem Unabhängigkeitstag, der mit einer großen Parade gefeiert zu werden pflegt. Auf Tiefladern, weil diese überschweren russischen Maschinen eines mir nicht bekannten Typs mehr Benzin verbraucht hätten, als das erdölarme Israel sich hätte leisten können. Und steht nicht jetzt inmitten anderer Beutestücke mit zerschossenem Geschützrohr ein hübscher sowjetischer T 62 oder T 65 vor dem Historischen Museum auf der Mittelpromenade des **Shderot Rothschild** als Vertreter von Hunderten seinesgleichen? Wie ungern singe ich politische Lieder, aber in dieser Welt kommt man nicht umhin. Und verlangt man nicht, daß der Schriftsteller die Wahrheit sagt? Das ist sie!

Das politisch Lied, es könnte auch anders klingen, entschlüge man sich nur des Unterhaltens und Schürens von kleinen Brandherden. »Bei Israels Inlandarabern heißen die Kibbuzim um **Beit Alpha** das ›Tor zum Paradies‹. So imponiert ihnen die intensive Land- und Fischwirtschaft dort. Teiche mit Salzwasserquellen mit künstlicher Süßwasserzumischung. Karpfenzucht. Einer von Prof. Hirschs Söhnen arbeitet und lebt dort«, so meine Notiz vom November 1967. Will sagen: auf arabischer Seite weiß man sehr wohl und ganz genau um Israels Vorbildlichkeit. »Gefangene ägyptische Generäle haben, während die Gefechte des unbeendeten Sechstagekrieges noch liefen, begleitet von hiesigen Offizieren, in Tel Aviv in Cafés gesessen und sich das nur wenig beeinträchtigte Leben und Treiben ansehen können. Und nun dürften sie wohl so einigermaßen Bescheid wissen.«

Vor etlichen Jahren holte die griechische Regierung offiziell den Rat israelischer Forstfachleute ein. Und zwar, weil diese so beachtliche Erfolge bei der Aufforstung im **Galil** und in den Bergen Judas erzielt hatten. Sie hatten 50 Millionen Bäume gepflanzt, die Wurzeln geschlagen haben, nachdem man 1948 mit einem Bestand von vielleicht fünf Millionen Bäumen angefangen hatte. Die Zunahme der Bewaldung muß auch dem Laien ins Auge springen, wenn er von Zeit zu Zeit eine Stippvisite im Heiligen Land macht. In entsprechenden Austausch sollten alle Länder im Südosten treten, statt für Verlogenheiten Blut zu vergießen. Ich glaube zuversichtlich, daß man in **Libanon** und eines Tages auch in **Jordanien** die Scheu überwinden wird, Sinn für jene Beispielhaftigkeit öffentlich zu zeigen. Daß man sich besinnen wird. Und die Israelis sollten ihnen das Jordantal wiedergeben. Haben ihnen ja auch **Akaba** gelassen, das sie so leicht hätten nehmen können.

Und **Zypern?** Es wird, wenn die Zeichen einmal günstig stehen, die so lange ungünstig gestanden haben, an der allgemeinen Aufwärtsbewegung, die im Südosten ansetzen will und könnte, teilhaben. Der Wirtschaftsberater des Präsidenten und Archiepiskopos **Makarios**, ehemaliger Ungar, jetziger Schweizer Bürger, sagte mir 1967, er rechne noch mit ungefähr zehn Jahren bis zur kostengünstigen Entsalzung des Meerwassers. Alle landwirtschaftlichen Sorgen Zyperns werden alsdann behoben sein. Denn diese Insel hat vorzüglichen Boden. Nur war sie vorzeiten wasserreicher. Wie die ganze Zone, die wir hier betrachten oder überflogen haben. Das wurde schon berührt. In **Israel**, im Weizmann-Institut, hatte man sich der Entsalzung wohl schon 1957 angenommen, wenn ich mich nicht irre. (Und Helgoland ist wohl schon soweit. Ich las es im März 1970.)

Und **Griechenland?** Im 30. Kapitel haben wir **Chateaubriands** prophetische Worte zitiert, die 1806 zu einer Zeit niedergeschrieben wurden, als Hellas' Befreiung von der Türkenherrschaft noch ungewiß wie nur etwas in der Zukunft Schoß lag: *»Ich denke ..., es steckt immer noch viel Genie in Griechenland, ja ich glaube sogar, daß unsre Lehrmeister in allen Fächern dort immer noch vorhanden sind ...«* Sie erinnern sich. Schrieb es trotz der maßlosen Misere, die er sah.

Was das Phönixwunder **Israels** seit der Mitte des 20. Jahrhunderts den Zeitgenossen bedeutet, das bedeutete im Für und Wider die Befreiung Griechenlands für die europäische Menschheit im ersten Drittel des vorigen Säkulums. Wir werden diese Phönikiade zu einem Hauptthema unsrer Rückflugsgespräche machen. Wer sie nicht kennt, kann heutige Fragen Griechenlands nicht beurteilen. Als sie vollendet war, erhob der, der die Zeit der Asche, die bis dahin unbeachtete Leidensgeschichte Griechenlands, dessen Wüstwerden und Darniederliegen am gründlichsten studiert hatte, **Ferdinand Gregorovius**, seine Stimme: *»Die Auferstehung des Griechenvolks aus seinem geschichtlichen Grabe war ein Schauspiel ohne Beispiel im Leben der Nationen. Die Hellenen*

glichen den plötzlich erwachten Schläfern von Ephesus, die sich in
der veränderten Kulturwelt nicht mehr zurechtfanden. Das Abend-
land wurde ihr Lehrer und Führer in diesem neuen Dasein. Im
Verhältnis zu der grenzenlosen Erschöpfung Griechenlands war
der Prozeß seiner Zivilisierung ein überraschend schneller. Das
hat vor allem Athen dargetan. In der byzantinischen Zeit, selbst
noch unter der Herrschaft der Sultane, pulsierte das Leben der
großen griechischen Familie wesentlich in den Adern der Welt-
stadt Constantins. Jetzt« - Gregorovius vollendete das Buch, aus
dem hier zitiert wird, die ›Geschichte der Stadt Athen im Mittelalter‹, im Jahre 1888 - *»ist dasselbe von dort hinweggeströmt, um*
sich wesentlich in Athen zu sammeln, als dem legitimen Gefäß
der griechischen Kultur. Die Stadt der Pallas und der Musen wird
dies wohl geraume Zeit bleiben, und in dem Maße, als Hellas
wieder zu neuer Kraft gelangt, eine immer reichere Entwicklung
haben . . .«

Dieses **Athen** zählte damals 100 000 Einwohner, nachdem es
vor den Befreiungskriegen zu **Chateaubriands** Zeiten rund acht-,
vorübergehend kaum sechs- oder gar nur fünftausend Seelen hatte
zählen können. Heute, Sie wissen es, hat Athen so seine knapp
zwei Millionen Bürger. Einschließlich Piräus. Nein, meine Damen
und Herren, in diesem Lande, das wir nunmehr verlassen, weil
alles Reisen einmal ein Ende haben muß - leider! -, gibt es ein
Sprichwort, das heißt: Es gibt keinen dummen Griechen. Und
glauben Sie mir, daran liegt's.

Amüsant ist auch eine andere Spruchweisheit, die eine Rangordnung der kommerziellen Begabungen aufstellt und in
ganz Südost bekannt ist: sieben Juden machen einen Armenier, und sieben Armenier einen Griechen . . . Aber wer
nun wieder ist Jude, wer Armenier? Einst ist in frühchristlicher Zeit der armenische Fürst von **Adiabene** südlich des
Van-Sees mit seinem Volk geschlossen zum Judentum übergetreten, und etliche vom armenischen Adel weiter nördlich und ganze Stämme im Kaukasus scheinen es ähnlich
gehalten zu haben.

Die soldatischen Qualitäten der Türken erfreuen sich bei
den Militärexperten der Welt allerhöchster Wertschätzung.
Die Griechen stehen ihnen wenig nach. Ihre Militärge-
schichte kennt wahre Bravourstücke. Was von Israel blitz-
kriegerisch geleistet worden ist, kennt nichts Vergleichbares.

Gemeinsam in ganz Südost das Klima, gemeinsam Flora
und Fauna. Gemeinsam, vielfach variiert, die Blutmischung

aus dem alten *melting pot* der ägäischen Wanderung, aus
dem großgriechischen, römischen, byzantinischen Schmelz-
tiegel, darin die wolga-bulgarischen, turanischen oder nordischen Zuflüsse nur Tropfen bedeuten. Und rekrutierte sich
der Kerntrupp der türkischen Armee weiland nicht aus der
vorhandenen christlichen Bevölkerung der unterworfenen
Länder in Ost wie in West? Aus Christenknaben, die als des
Sultans Kadetten im Islam erzogen wurden und also »echte«
Türken zeugten? Wer also sind demnach Türken, wer Griechen zum Beispiel, wollte man Blut und Gene analysieren?

Gemeinsam viele Sitten und Gebräuche. Gemeinsam der
alte kulturelle Schliff. Der anatolische. Wie alt ist er eigentlich? **Anatolien** erweist sich mehr und mehr als eines der
allerältesten Kulturländer. Der griechische. Er ist erblich.
Der alte Schliff, der orientalische. Er ist erblich. Wie Intelligenz erblich ist. Das weiß man heute. Gemeinsam endlich
ist der Wurzelstock der drei Religionen. Da kämen wirklich ganz beträchtliche Mitgiften zusammen, auf denen sich
ein Staatenbund wohl fundieren ließe.

Byzantinischer Staatenbund! Wie wär's damit? Zunächst
aus drei Kernstaaten föderalisiert: **Türkei**, **Zypern** und
Griechenland. Darauf ist schon am Schluß unsres 28. Kapitels angespielt worden. Als nächste Föderierte treten bei:
Israel und **Libanon**. Und es würden sich wohl noch weitere
finden. Wenn schon Phönix die Stunde regiert. Über diesem
südöstlichen Nest aus Myrrhen und Zimmet. Dem Ort so
vieler flammender Untergänge. Und so vieler Wiedergeburten.

Schicksalsstunden der Weltgeschichte, zu einer Zeit, da die
drei Religionen abseits von ihren nahöstlichen Reibungs-
flächen noch als ranggleiche Idealkonkurrenten auftreten
konnten.

Wladimir I., der Apostelgleiche, hat einst vor einer sehr bemerkenswerten und ganz gewiß weltenwendenden Entscheidung gestanden. In seinen Anfängen war dieser frühe Beherrscher Ruß-
lands, **Ruriks** warägischer Urenkel, wie sein Vater Heide und
Christenverfolger gewesen und hatte auf die Beibehaltung
slawisch-nordischer Heidenbräuche solchen Nachdruck gelegt, daß
er sogar Menschenopfer anordnete, die unter dem Strahlungs-

druck byzantinischer Christianität offenbar schon nicht mehr Usus waren. In **Kiew**, heißt es, ist gelost worden, wer Opfer sein sollte und wer nicht: christliche Märtyrer in der zweiten Hälfte des zehnten Jahrhunderts.

Dies jedoch sollte sich ändern. Bei **Wladimir** erschienen jüdische, islamische, römisch-katholische und griechisch-orthodoxe Unterweiser, Rabbinen, Imame, Priester und Popen, und suchten den Fürsten für ihre Religionen zu gewinnen. Wladimir, der ein wissensdurstiger und kluger Kopf war, fand Gefallen an den vielen aufgeworfenen Fragen, hielt Rat mit den Bojaren und schickte endlich Gesandtschaften zur genaueren Information in alle Welt, Riten und Glaubensbekenntnisse zu studieren. Ob gar auch bis zu den Kopten, zu den Thomaschristen und Nestorianern und bis zu den Johanneschristen, die **Jesus** so wenig achteten wie die Gnostiker den Demiurgos **Jahweh**, das weiß ich leider nicht zu sagen.

Auf solche Weise jedenfalls in sicherer Kenntnis der vier ihm gleichrangigen Konfessionen fällte Wladimir im 6496. Jahr nach der Erschaffung der Welt - das ist das Heilandsjahr 987 - sein Urteil: er nahm das griechische Bekenntnis an, das selbstverständlich von Stund an auch für sein Reich zu gelten hatte. Um dies ins Werk zu setzen, wollte er sich in **Konstantinopel** taufen lassen. Er eröffnete einen Feldzug gegen Byzanz. Da dies nun nicht das rechte Mittel zum Zweck zu sein schien, Kaiser **Basilius** aber Krieg tunlichst vermeiden wollte, gab er dem Rurikiden seine Schwester **Anna** zur Ehe, ganz gegen deren Willen übrigens. In Byzanz fürchtete und haßte man die Waräger und ihre sarmatischen Heeresgenossen von der Druschina. Nicht in Konstantinopel empfing Wladimir die Taufe, sondern in einer kleineren Stadt, die er eben noch belagert hatte. Der Taufakt ward am Tage der Hochzeit mit Anna vorgenommen. Dann machte er Rußland christlich und wurde zum Heidenverfolger. Die Einwohnerschaft von **Kiew** mußte nahezu geschlossen zur Massentaufe in den Dnjepr steigen.

Aber man denke der anderen Wege, die sich da geboten hatten - das Angebot der Geschichte: **Rußland** hätte ebensogut und allen Ernstes islamisch werden können, wie schon der größte Teil der dazumal überschaubaren Menschheit. Hätte jüdisch werden können wie so viele Armenier und Kaukasier; woraus Sie bitte ersehen wollen, wie der jüdische Glaube, entgegen seiner inhärenten Tendenz, Volksreligion zu bleiben, doch von außen und von Nichtisraeliten als Weltreligion angesehen wurde. Und hätte katholisch werden können wie Polen oder Deutschland, womit Rußland frühzeitig dem Abendland angegliedert oder einverleibt worden wäre. Welche Möglichkeiten!

Wladimir, der Alleinherrscher am ›austervegr‹, entschied sich für Großgriechenland in seiner christlichen und sehr glanzvollen Gestalt. Zu der Entscheidung mögen ihn auch geographisch-politische Erwägungen veranlaßt haben. Bosporus und Dardanellen!

Es war im Mai 1968. Nachmittags. Amseln und Nachtigallen sangen in Baum und Busch. Gardeniengeruch, üppig, fast zuviel. Die Handvoll munterer Journalisten, mit der ich infolge mehr oder minder zufälliger Fügungen ein bißchen herumreiste, betrat in Wahrnehmung eines pflichtgemäßen Reiseprogrammpunktes das alte Rundtheater in **Epidauros.** Touristen der landläufigen Art waren sonst fast keine da. Seit die Obristenjunta an der Macht sei, hatte man uns zugetuschelt, habe der Fremdenverkehr empfindliche Einbußen hinnehmen müssen. Das mochte stimmen, soll sich aber der Verkehrsbilanz 1968/69 nach schon wieder behoben haben. Eine Schar halbwüchsiger Schülerinnen und Schüler hatte sich wie ein Vogelschwarm auf den Sitzreihen des Theaters verteilt, ihrer dreißig oder vierzig, oder kraxelte noch zur obersten Reihe hinauf und spektakelte ganz vergnügt. Uns, die wir unten blieben, drangen Zurufe und Lachen auch von den höchsten Rängen noch anheimelnd nah zu den Ohren, als befände man sich in einem Zimmer und nicht im Freien. Sie wissen, daß es akustisch nichts Raffinierteres gibt als diesen Freiluftbau. Recht etwas für Fremdenführer, die es sich niemals versagen, sich, nachdem sie auch ihr beinlahmstes Touristenküken aufwärts in die Ränge gescheucht haben, auf dem markierten Mittelpunkt der Orchestra zu postieren und, sagen wir, ein Streichholz fallen zu lassen oder ein Stückchen Zigarettenpapier ohne Nachdruck zu zerreißen: man hört - und es hat noch jeden verblüfft - das winzige Geräusch mit der vollsten Deutlichkeit auch ganz oben noch. Aber das Rund faßt 14 000 Personen, müssen Sie wissen.

Diesmal geschah nichts dergleichen. Doch aus der Schülerschar lösten sich mit Gelassenheit sechs Mädchen und nahmen in dieser schallwunderreichen Mitte Aufstellung, ein kleines Halbrund mit Öffnung gegen das hohe Auditorium. Noch zwei Mädchen, braungebrannte, ernste, anmutige, schlichte, mit Blockflöte die eine, die andere mit einem Schalmeieninstrument, das ich nicht kannte, gesellten sich dazu. Aus den Reihen der Mitschüler wurde ihnen zugerufen, was man zu hören wünsche. War denn das eigentlich Griechisch, was da erklang? So war es doch ein entlegener Dialekt. Türkisch? Dem Äußeren nach hätte es gut und gern auch Griechenjugend sein können. Wie soll unsereiner dort mit Sicherheit unterscheiden, wer wer und was ist? Allerdings pflegen junge Griechen sich korrekter anzuziehen. Diese hier? Viel Hellblau. Viel Blond. Und Blauschwarz. Torfbraun. Die Haarschöpfe nicht gerade gepflegt - aber nett.

Das Mädchen mit der Blockflöte hatte den Einsatz gegeben. Was erklang, war an sich schon recht hübsch. Hier war es bezaubernd. Mir ist, als haben gar auch die Nachtigallen im Park draußen diskret geschwiegen. Ein Lied zu sechs Mädchenstimmen. Leise und sicher intoniert. Mollakkorde. Guttural, ungekünstelt, rauh und warmherzig in einem. Herb und süß wie Myrrhen und Zimmet. Dem Ohr kraft des Zauberhalls in diesem Theater anheimelnd nah. Dem Herzen noch näher. Was sangen sie denn da? ... Folksongs, versteht sich. Einschläge von Beat ... Israel ... Adonai ... Halleluja ... Das war deutlich zu verstehen. **Israelis**, riefen wir wie aus einem Munde. Israelis in **Epidauros**! Auf Studienreise. Sabres und Sabras! Sabre, müssen Sie wissen, ist die Frucht vom Feigenkaktus. Stachelig, aber innen süß. Sabra ist das Femininum. So bezeichnen sich in Israel die jungen Leute, die nicht eingewandert, sondern schon dort geboren sind ...

Zukunftsmusik? Vielleicht war es Zukunftsmusik. Hoffentlich Zukunftsmusik. Phönix regiere die Stunde!

(1969, im April)

Einschub im Mai 1970: Jahr und Tag sind seit vorstehenden Notizen ins Land gegangen. Rauher und ungewisser strudeln die Winde überm östlichen Mittelmeer. Die Sowjetunion, diese großmächtige Erbin Ruriks und der Zaren, die sich als Nachfolger der Kaiser am Bosporus betrachten durften, die Sowjetunion hält vom einstigen Komnenenreich Bulgarien, Rumänien und Ungarn zu Teilen an mehr oder weniger langem Zügel. Jetzt hat sie sich vollends unmißverständlich wie »mit zweitausend roten Segeln« auf den alten ›austervegr‹ begeben. »*Der Moskowiter kommt gefahren«* und schickt sich an, dem konzeptionslosen Abendland seine großbyzantinische Lösung für den Nahen Osten anzubieten. (Diese würde meine kleinbyzantinische, auf Zuwachs berechnete Agglomeration, mit der ich oben geliebäugelt habe und die mir immer noch zusagt, letzten Endes wohl ersticken oder überschlucken, mag aber nebenher, und wenn alles zum Üblen verläuft, auch die Bewahrung Israels vor einem Nasserschen Massaker mit sich bringen.)

Was für eine maulwurfsblinde Politik hat das Abendland aber auch seit je getrieben! Da liquidierte es 1918 das türkisch-byzantinische Reich der Sultane; auch diese hatten sich, wie oben mehrfach berührt, als Nachfolger Konstantins des Großen empfunden. Da ließ es 1948 die daraus restierenden Mandatsgebiete einfach auf, um in närrischer Verblendung das Nationalstaatenprinzip auf allerlei Bevölkerungen anzuwenden, die durchaus keine Nationen waren: so in Transjordanien, in Syrien, Libanon und im vormaligen Palästina, dessen Grenzen die arabischen Invasoren mißachteten und überschritten - als Eroberer! Geschaffen, wie man seither hat feststellen können, wurde so richtig etwas wie ein Buddelplatz und Bastelkasten für neunmalkluge Politiker in aller Welt. Geschaffen wurden Hohlräume und zum Teil überaus reiche obendrein.

Die sowjetische Aktion mit ihrer derzeitigen »Speerspitze« im Nildelta - und es ist wirklich eine und nicht wie die der USA nur eine erdichtete und angedichtete -, diese Aktion ist nicht so sehr als ein Teilstück kommunistischer Weltdurchdringung anzusehen, die, an Muselmanen exerziert, wohl auch vergebliche Liebesmühe wäre. Sie ist russisch-imperialistische Expansion - wer will das widerlegen können? -, aber sie steht unter historischem, unter byzantinischem Gesetz. Die Scheiche werden sich wundern.

Rückflug ins nördliche Grau

Sie fragen, ob sich auch bei den Griechen so etwas wie ein
Wiedererblühen oder ein Durchwachsen des Heidentums
durch die christliche Überkrustung und Lavadecke bemerkbar mache? Wie man's nimmt. Nur auf der Ebene niederer
Göttlichkeit sozusagen. Wir sprachen davon in Zusammenhang mit den **Nereiden**. Die **Perseus-St. Georgs**-Beziehung
aber, die des **Adonis** und des **Lazarus** auf Zypern oder,
höher im Rang, die der Jungfrau **Maria** zur **Aphrodite-
Astarte**-Reihe bezeichnen eine mächtige Tradition. Mutationen jeweils älterer Bilder. Verwandlungen. Anverwand-
lungen. Altervertrautes in neuer Gestalt. Phönixhaft. Mit
neuer Sinnfülle. An ihrem Anfang stand nicht organisierte
Gewalt. Noch fremde Feindesmacht. Standen nicht Feuer
und Schwert. In Griechenland nicht.

Nicht jedenfalls wie bei den Süd- und Mittelamerika-
nern, in deren Bereich sich, wie erwähnt, das Christentum
zunehmend und von unten herauf indianisiert hat. Parallel
übrigens und sehr stimmig zu den bauenden und bildenden
Künsten dort: die Durchtränkung der aus Europa impor-
tierten und oktroyierten Barockschemata mit indianischer
Figuration ist evident und je früher, um so aufschlußreicher.
Denn je weniger bewußte Tendenzen und politische Ziel-
setzungen heutiger Art im Spiel gewesen sein können, desto
mehr erweisen sich solche Stilveränderungen als unbewußte
Leistungen oder Zeitigungen des wiedererwachenden Kollektivs.

Kurz, der Unterschied ist der: den Indianern wurde das
Christentum mit dem Schwert der Conquistadores aufer-
legt. Ihre eigenen Glaubensdinge und Glaubenslehren gingen, schlecht verteidigt, gar nicht erst in Katakomben und
Untergrund, sondern schienen ein für alle Male verschwunden und ausgetilgt zu sein. Da man aber lebende Bäume
gefällt hatte, blieb nicht aus, daß diese Stubben aus Kollek-
tivholz sozusagen, die sich nicht roden lassen, schon nach
einigen Jahrzehnten und, ablesbar an der Kirchenarchitek-
tur, vollends deutlich im 18. Jahrhundert zu treiben anhuben und aufs Neue ausschlugen. Gleich Lindenstümpfen,
wenn man sie stehen läßt. Drei Jahrhunderte nur hatte der
Scheintod gedauert.

Demgegenüber ist die antike Religion mit ihren abertausend Lokalkulten nicht gekappt und ausgebrannt worden, sondern hatte sich voll und ganz aus- und zu Ende leben können. In allem Frieden zunächst. An ihre Zeuseichen und Poseidonsfichten hat niemand mehr Axt anlegen müssen. Gegen so morsches Holz genügten kaiserliche Edikte. Je östlicher oder je entfernter vom griechischen Stammland wurzelnd, desto eher hatten die meisten von selbst abzusterben begonnen. Der Rinde, des Saftes, des Laubes verlustig. Holzbirnen, Holzäpfel und taube Nüsse. Ein Alterstod, wo nicht ein Hinüberleben in andere Religionen, des **Mithras**, des Parsismus. Aber ein Phönixtod.

Eins jedoch war ein frühes und das sicherste Zeichen der Abgelebtheit - nicht schwer, seiner aus unsrer Distanz gewahr zu werden: als unter den Wehen, die wir zu schildern versuchten, aus der Tochter Zion Schoß die neue Religion zur Welt kam, hat der äußerlich noch gut intakte antike Bereich nicht nur reaktionär auf dem Heidentum bestanden oder sich der neuen als einer soundsovielten Religion verschlossen, sondern wurde selber trächtig! Und stellte, wie gesagt, in **Apollonius von Tyana** seinen eigenen Mann als Neuerer der Welt und als einen Berufenen, wenngleich nicht Erwählten. Doch darf ebendieses Auftreten, nachträglich, als Zeichen allgemeiner innerer Bereitschaft für Christi Lehre angesehen werden.

Viele Millionen antiker Menschen, angefangen in Syrien, Kleinasien und Ägypten - besonders empfänglich für das Geschenk *ex oriente* war bezeichnenderweise auch das ehemals karthagisch-phönizisches Land! -, müssen sich wie mit einem Seufzer der Erleichterung und Erlösung, werden sich voller Inbrunst in das sanfte Joch und schlichte Regiment des Nazareners geschickt haben. *Felix temporum reparatio!* Späterhin mochte man rings im christlich-römischen Imperium die heidnischen Toten getrost ihre Toten begraben lassen. Der neue Welterlöser hatte es laut **Matthäus** und **Lukas** so geboten. Der Schmerzen derer, die nicht umdachten oder umfühlten, es weder konnten noch wollten und an die es kam, das Nest zu verbrennen, ihr Heidentum, an dem sie hingen, zu Grabe zu tragen und sich zuletzt gar verhöhnt, bespien und verfolgt zu sehen, ist unten noch zu gedenken.

Zwar hat sich das griechische Kernland, das innerste Mark aller Antike, gewiß nur sacht und nicht von heute auf morgen die altersgrauen Gegenstände seiner Anbetung nehmen lassen. Hat aber dann ein um so lautereres Christentum gepflegt, als es ihm eben ohne Gewalt und nicht mit fremder Knute aufgedrungen worden war. Auch war es nicht das erste Religionsgut, das die Hellenen aus dem Osten überkommen hätten! Dann aber haben sie gerade an der Christlichkeit die Erfrischung, die *reparatio* und neue Stärke zum Fortdauern gefunden, die sie nötig hatten. Denn es sollten die orthodoxe Kirche und ihre Priesterschaft sein, die das vielgeprüfte und endlich geknebelte Hellenenvolk so stählten, daß es dreieinhalb Jahrhunderte Türkenherrschaft zu durchstehen und sich wieder aus der Asche zu erheben vermochte. Darin ähneln die Griechen dem Volk **Israel** in seiner Jahwehtreue nicht wenig. Von daher rührt auch das hohe Ansehen und die einflußreiche oder überhaupt beherrschende Stellung der orthodoxen Priester. Zum Beispiel des **Makarios** von Zypern.

Aber Heidnisches lebt dennoch fort. Ob bis heute? Und auf welcher Ebene eigentlich noch? Vielleicht ganz und gar eingeknetet in den neugriechischen Teig und unabscheidbar wie der Harzgeschmack von ihrem Wein? Da müßten Sie bei gründlicheren Kennern nachfragen, als ich es sein kann, bei dem es nur zu Stippvisiten reicht. Hören Sie ein Musterbeispiel vom Sommer 1822: *»Während der Nacht stießen mehrere Arkadier zur Armee, und am andern Morgen versammelte Kolokotronis alle seine Soldaten und ermunterte sie durch eine kraftvolle Rede. Um die Mitte des Tages zog er sich unbegleitet auf einen nahen Berg zurück und kehrte erst bei anbrechender Dämmerung wieder. Sein Auge sprühte Funken, und ein übernatürliches Feuer schien über sein von der Sonne gebräuntes Antlitz verbreitet. ›Unser ist der Sieg!‹ rief er freudenvoll aus. ›Tief in die Einsamkeit habe ich mich begeben, um die Zukunft zu erforschen. Ich habe ein altes Weib aufgesucht, das die Gabe besitzt, den Menschen ihr Schicksal zu verkünden. Es war abwesend, allein dicht vor mir flog eine Taube auf, die ich erlegte. Auf das Genaueste habe ich den Körper dieses Thiers untersucht, und wenn ich einigen Zeichen trauen darf, die ich auf einem seiner Knochen entdeckte, so ist der Erfolg unsrer Waffen nicht zu bezweifeln. Beim Hinabsteigen eines Hügels begegnete mir die Wahrsagerin, die ich suchte. Sie erkannte mich*

sogleich und sprach zu mir: ›Alter Kolokotronis! Seit eini-
gen Tagen umschwärmt ein Flug von Adlern meine Hütte;
ihr Geschrei fordert Blut; geh, wohin Gottes Stimme dich
ruft! geh! die Ungläubigen werden vertilgt werden.‹«

Auf den faktischen Wahrheitsgehalt kommt es bei diesem späten
Auspizium nicht an. Es genügt zu wissen, daß derlei in den Kreisen der griechischen Freiheitskämpfer, zu deren Anführern auch
Kolokotronis gehörte, erzählt werden und die Runde machen
konnte. »*Der Verfasser*« (des Vorstehenden) »*ist Hr. Mano, ein*
Grieche, der vor zwei Jahren« (1830) »*zu Berlin nicht ohne Bei-*
fall ausführliche Vorlesungen über die Geschichte der Wieder-
geburt seines Volkes gehalten«, läßt die Kalender-Deputation
wissen, die den »Berliner Kalender auf das Schalt-Jahr 1832«
herausgegeben und darin die Geschichte des griechischen Befreiungskrieges abgedruckt hat. Eine zweite Folge dieser Univer-
sitätsvorlesung erschien im folgenden Jahr. Da nannte sich das
handliche Bändchen in Oktav »Berliner Taschenbuch auf das
Gemein-Jahr 1833«.

Die Büchlein sind wie üblich mit Kupfern ausgestattet, die im
Anhang erläutert werden, und da liest man im Band von 1833:
»*Das Titelkupfer stellt die Züge eines Prinzen dar, an dessen Ge-*
schick sich große Hoffnungen knüpfen. Für die Mittheilung des-
selben werden die Leser dieses Kalenders um so dankbarer sein,
da sich sein Inhalt hauptsächlich mit einem Lande beschäftigt,
dessen Wiedergeburt Europa von der Regierung des Königs Otto
mit Zuversicht erwartet.«

Basileus Otton A' oder König **Otto I.** aus dem Hause **Wit-**
telsbach. Laut Pierers Universal-Lexikon von 1844 - in der
Ausgabe von 1835 ist er noch nicht erwähnt - »*geb. am*
1. Juni 1815 zu Salzburg, 2. Sohn Königs Ludwig von
Baiern; den 7. Mai 1832 von der londoner Conferenz zum
König von Griechenland gewählt, nahm die königl. Würde
den 5. Oct. an, bestieg den 25. Jan. (6. Febr.) 1833 den
griech. Thron unter einer Regentschaft u. trat 1. Juni 1835
die Selbstregierung an . . .«

Die glückliche *reparatio* mochte beginnen. Ihr stand nichts
mehr im Wege. Außer der erbüblen Zerstrittenheit der Landeskinder. Abermals war ein altes Nest in verzehrenden
Flammen aufgegangen. Mitsamt seinen fremden Würzen.
Zum Glück nicht samt den türkischen Kaffeebohnen.

(Mai 1969)

Heraklion, spricht Iraklion, auf **Kreta.** Hafenstadt und Festung. Gründung der Araber aus der Zeit ihres heftigsten Vordringens im 9. Jahrhundert: **Rabd-el-Kandak.** (Über diese arabische Expansion einige Stichworte in userm 48. Kapitel im drittletzten Abschnitt.)

Aus Rabd-el-Kandak machten sich die Venetianer (wie aus Ammochostos ihr Famagusta) eine Kurzfassung mundgerecht: **Candia.** Name dann auch für die ganze Insel. 1204, im Jahr der Errichtung des lateinischen Kaisertums zu Konstantinopel, waren sie auf dem alten Minos-Eiland, auf Kreta, das längst schon wieder, den Arabern abgerungen, byzantinisch geworden war, nicht zum erstenmal, versteht sich, doch eben nun nicht mehr als Händler erschienen. Und erst 1669 mußte des heiligen Markus Serenissima diesen wehrhaften Hafenplatz endlich doch den Türken überlassen, die das übrige Kreta derzeit nahezu schon ganz in Besitz genommen hatten – wenn auch gänzlich in die Hand zu bekommen niemals imstande sein sollten... Meine Damen und Herren! Wie Sie bereits bemerkt haben werden, warten wir noch auf die Starterlaubnis... Ich darf Sie aber bitten, dennoch angeschnallt zu bleiben und das Rauchen noch ein Weilchen aufzuschieben. Bis zum Beginn des Rückfluges und meiner dafür vorgesehenen Themen hoffe ich Sie mit einigen Exkursen unterhalten zu können.

Kreter sind zäh und tapfer, das wollte ich sagen. Den Türken ebenbürtig.

Rekapitulieren wir: es fielen an die Türken die mauerumwehrten Haupthäfen nebst zugehörigen Inseln: **Rhodos** 1522 bis 1912, dann italienisch mit wechselndem Glück bis 1947, dann unter griechischer Verwaltung, aber Zollausland, jetzt wohl in jeder Beziehung griechisch; **Famagusta** 1571 bis 1878, dann britisch bis 1960, jetzt selbständig, und **Candia** 1669 bis 1898, vollgültig griechisch seit 1912. Daten des türkischen Triumphs und seiner Vergänglichkeit. Daten der griechischen Wiederauferstehung.

Ich blätterte unter einem luftigen Bambusdach in **Raymond Mattons** »La Crète antique« vom Institut Français d'Athènes. Letzter Stand der Forschung. Das Buch war 1955 er-

schienen, und wir zählten gerade den September desselben
Jahres. Zum erstenmal im Hellenenland und eifrig entschlossen, die Eindrücke einzuschaufeln wie mit dem Greif-
bagger. Ohne zu fackeln, sonder Wahl und schnell, schnell,
schnell. Sie wissen ja, wie man so reist.

Per Flugzeug waren wir nach **Iraklion** gelangt, Rechtsanwalt Dr. Brabender und ich, voller touristischer Begierde;
wir hatten, um möglichst wenig Zeit zu verlieren, die Luft-
verladung der zeitraubenden und auch etwas langatmigen
Seereise von **Pireefs** her vorgezogen. Anders wäre die »Kolokotronis« unser Schiff gewesen; wir hatten sie am Kai
vertäut im Piräus liegen sehen.

Der Rechtsanwalt badete, sonnte sich, fing mit badenden
Insulanern und auswärtigen Badegästen umständliche Gespräche an, ein Zungenreden, wie er anmerkte, badete ein
zweites, ein drittes Mal und hatte dabei unbeirrt ein Auge
auf die dunkelblaue See draußen und auf die Hafenaus-
fahrt nicht weniger, die man von dem winzigen und geradezu rührend primitiven Badestrand aus überwachen
konnte. Überhaupt zeigte er sich auf dieser Reise wie von
einer nautischen Dauerinspiration ergriffen, und das war
wohl eine Mitgift, besser noch ein Erbe seiner Heimat an
der pommerschen Küste.

Ähnlich übrigens der Gestimmtheit jenes **Dr. Paul Herrmann**,
dessen wir schon im 13. Kapitel gedachten, eines *»vir Pomeranus
doctissimus atque eruditissimus«* laut seinem Summa-cum-Doktor-
diplom aus den zwanziger Jahren. Herrmanns Neigung gehörte
vor allem den Segelschiffen. Vom Schreibtisch aus. Doch auch in
geschlossenen Räumen des berlinischen Binnenlandes noch war
sein Blick sozusagen allezeit seeklar. Hatte eine ins Weite zie-
lende Schärfe, als halte er Ausschau nach Störtebeckers Piraten-
koggen ... Oder waren es gar die Lichter dieses Vitalienbruders
selbst? Wikingisch? Nordmännisch? Manchmal sah es so aus, sah
er so aus. Störtebecker auf Kaperfahrt. Wo die lübischen, wo die
hamburgischen Karacken?

Herrmanns Bücher waren demgemäß Transfigurationen eines
unstillbaren, je länger je weniger hintanzuhaltenden Ferndrangs.
Verpflanzungen von etwas Unsäglichem in die Sachlichkeit der
non-fiction. Ergebnis einer Domestizierung im Lauf eines Jahrtausends. Etwas wie ein gefesselter Heyerdahl war er. Eigentümlicherweise hatte er - zu grünlichblauen Augen - eine auffallend
bräunliche, wie von Wettern, wie von den Winden der Sieben

Meere gegerbte Haut. Obwohl er von seinem Arbeitsplatz nur
selten und wenn, dann nur eben in den Grunewald loskam. Am
Wochenende ab und zu. So stark, sichtlich ins Leibliche hinein-
bestimmend können Vorstellungen Besitz ergreifen. Sich durchsetzen.

Die Erfolge seiner Bücher über die Entdeckungen des Erdballs
seit Urzeiten bis ins geopolitische Heute konnten sich sehen lassen.
Sie kennen sie oder haben die Titel doch im Ohr: »Sieben vorbei
und acht verweht« (1952, im Jahr darauf Book-of-the-Month-
Preis der USA), »Zeigt mir Adams Testament« (1956) und als
drittes und abschließendes aus dem Nachlaß »Träumen, Wagen und
Vollbringen« (1959, alle drei Bücher bei Hoffmann und Campe,
viele Auslandsübersetzungen).

Brabender also spazierte am Strande bei **Iraklion**. Fotogra-
fierte ein Grüppchen liebenswerter braunlockiger Kreter-
mädchen, die sich ihm in dunklen braven, teils auch ein
wenig verschossenen Badeanzügen auf ihren redlichen Kurz-
beinen zur Verfügung stellten. Waren von olivbrauner
Haut, die Landeskinder, und hatten daher, wenn eingeölt,
etwas von kandierten Nüssen.

Brabender spazierte weiter und machte die Bekanntschaft
eines abgeklärt freundlichen Studienrats, des **Dr. Nysterakis** vom Gymnasium zu Iraklion, der mit Behagen im
Sande ruhte. Proteus inmitten der Robben. Brabender
zitierte denn auch den **Johann Heinrich Voß**: »*Dann aus
salziger Flut entsteigt der untrügliche Meergreis.*« Nysterakis lachte behäbig, kratzte sich und antwortete mit Homers Urtext: »τῆμος ἄρ' ἐξ ἁλὸς εἶσι γέρων ἅλιος νημερ-
τής...« Da standen wir unversehens wieder wie einst
vor den Kathedern unserer Pauker. Wir kamen auf seine
Aussprache des Altgriechischen. Sie wich von der, die man
uns eingetrichtert hatte, deutlich ab. Doch während ich an-
setzte, unsern Untrüglichen, in dessen Bauchhaarbalg See-
sand und Salz eine Kruste bildeten, nach seinem Urteil
über unsre Erasmus-Aussprache zu befragen, schien Brabender es an der notwendigen Aufmerksamkeit fehlen zu
lassen und sich zu Nebendingen hingezogen zu fühlen. Seine
Blicke flogen hafenwärts, und plötzlich rief er: »Donnerwetter! Das nenn' ich ein Flaggenmanöver! *Three cheers!* Wer
die Jacht segelt, der versteht's!«

Dem Gymnasiarchen wollte nicht sogleich einleuchten,

was den Schüler Brabender derart vom Gegenstand des Un-
terrichts, von *mēkasthai* und *mykasthai* hatte ablenken
können. Denn daß eine Jacht aufkreuzt und unter see-
üblichen Flaggenzeichen in den Hafen läuft - was soeben
wieder einmal vor sich ging -, entbehrte für seine kretischen
Begriffe des Sensationellen. Andrerseits hatte mein Neben-
mann ganz richtig beobachtet. An der Hochseejacht, die da,
schneeweiß und schnittig, einem Meerwunder gleich die opti-
sche Mitte der maritimen Szenerie bildete, war doch einiges
Besondere. Das sollte sich noch herausstellen. Gegen Mittag
lief auch die »Achilleus« noch ein, ein Passagierschiff.

Am 7. September 1955 notierte ich damals: »Lernten einen Teil
der ›Kreole‹-Mannschaft kennen, den deutschen Koch aus Frankfurt am Main, einen Techniker aus Hamburg, den griechischen
Koch - es gebe noch einen französischen, erfuhren wir, aber nur
den Gästen zuliebe, der Boß bevorzuge griechische Küche - und
einen Maschinisten von der Howaldt-Werft, der als Aufsicht über
die Maschinen mitfuhr. ›Der hat wohl 'n Zahnrad im Ohr‹, hatten
wir vor einer Souvenir-Boutique sagen hören müssen, als wir im
Abenddämmer die ›Straße des 25. August‹ heraufkamen, ›zweihundert Drachmen für so 'nen Dreck!‹ Hatten uns daraufhin um-
gedreht, des Mißklangs wegen, waren dann aber doch, als wir die
wimmelnde Straße wieder hinunterschlenderten, mit ihnen ins
Gespräch gekommen, wie sich das in der Fremde so ergibt. Sie
kannten **Iraklion** noch nicht, waren eigentlich auf der Suche nach
einem Lokal mit Musik und hatten sich wohl eine Art Sankt Pauli
mit orientalischem Einschlag vorgestellt. Weil aber die Kreter
(dazumal wenigstens noch, füge ich jetzt ein) an Radiomusik
keine Freude zu haben schienen und Musiker zu halten zu arm
waren, schlugen wir den Fahrensmännern vor, mit uns in die
›Caprice‹ zu gehen. Es gebe sonst weiter nichts am Ort. (Damals.)
  Wir aßen alle miteinander gekochten Katzenhai mit viel grü-
nem Öl und viel grüner Zitrone. Ihr Boß, erfuhren wir, sei ein
Mann um die Fünfzig und noch reicher als sein Schwager **Onassis**.
(Dieses Schwippschwagerverhältnis ist inzwischen in düstere
Schatten geraten. Denn **Stawros Niarchos** - kein anderer war be-
sagter Boß - ging ein paar Jahre danach die Ehe mit einer Ford-
Erbin ein und löste sie wieder, um jene erste Ehe mit der Onassis-
Schwägerin zu erneuern. Diese aber suchte und fand den Tod.)
  Er bearbeite während der besseren Jahreszeit seinen ganzen
weltumspannenden Geschäftskram von der ›Kreole‹ aus und zwar
über Funk. Habe eigene Autos, Flugzeuge und so weiter an den

für ihn wichtigen Punkten der Kontinente verteilt, die er dann
für mehr oder weniger kurze Fristen betrete, befliege, befahre,
wie's die Geschäfte erforderten. Über Kurzwelle spreche er täglich
zwei, drei Stunden mit seinen Generaldirektoren. Radargerät und
jeden nur denkbaren technischen Komfort habe man an Bord.

Niarch halte und finde Gäste aller Art, sagte der Koch, meist
fürstlichen oder doch adeligen Gebluts, und derzeit seien es fünfzehn. Er habe, bevor sie hierhergeschippert seien, in **Venedig** eine
Bordparty für 150 Personen gegeben. Doch leisteten keineswegs
alle Fürstlichkeiten seinen Einladungen Folge, kommentierten die
Leute hämisch griened ... Schräge Welt! Ein Smutje aus Frankfurt am Main wie dieser achtet die Fürsten für nichts. Das sei
seine Sache. Er stammt von einem altdemokratischen Pflaster.
Aber wenn ein kronenfähiges Haupt, das er nicht achtet, seinem
Schiffseigner und Herrn, dem Selfmademan **Niarchos**, eine Abfuhr erteilt, so reibt er sich doch die Hände ...

Zur Zeit befinde sich eine Prinzessin an Bord, deutschen Gebluts. Nur wußten unsre Informanten deren Namen nicht. Und,
unvermeidlich, auch Prinz **Alexander** von Jugoslawien. Davon
hatte man ja schon irgendwie gehört. Alexander? Ein Herr ohne
Land. Anders der Herzog von **Windsor**, hieß es weiter, der habe
voriges Jahr noch, also 1954, seine Frau nur bis ans Fallreep der
›Kreole‹ gebracht und habe sich selbst des Betretens entschlagen.
Armer Niarch! Seit eben jener Prinz Ohneland jedoch die blan-
ken Planken dieses Dreimastschoners nicht meide, gern gesehen,
habe auch der ehemalige Thronanwärter Großbritanniens das anrüchig bürgerliche Fallreep hinanzuentern nicht mehr gezaudert.
Glücklicher Niarch! *Three cheers!*

Zur Crew gehörten auch zwei überaus tüchtige Sekretäre, ent-
nahmen wir dem allgemeinen Durcheinandergerede, deren einer
zehn Sprachen perfekt beherrsche - acht! - zehn! - nein, acht! -
zehn, Mann, wohl 'n Zahnrad im Ohr! - und Verbindungen mit
Pontius und Pilatus unterhalte. So ein fabelhafter Kerl sei das.
Ein Grieche. Perfekt! Und wenn der *Shipowner* klar gekommen
sei mit seiner Arbeit und seinem Tüttelkram, dann schlösse er sich
seinen Gästen an, die unterdessen schon einen auf die Lampe ge-
gossen hätten, vom zweiten Frühstück an, die er aber eins-zwei-fix
aufhole. Denn, so behaupteten sie übereinstimmend, er trinke viel
und habe auch schon einen nassen Fuß gekriegt - Was gekriegt? -
Holt' Mul, Kierl! -, das heiße, er sei schon koppheister über die
Reling gegangen, blau wie sieben Mann, und habe wieder an
Deck gehievt werden müssen. *Relata refero*, wir haben sie also
berichten hören und grinsen sehen - plumps! - de löcht, de
Pummuchelskopp! - vonwegen lügt: koppheister und plumps -
was wahr daran ist, es stehe dahin.

Jedenfalls, auf der ›Kreole‹ werde kräftig eins getrunken. Vom Kapitän abwärts. Hoch die Tassen! Der aber - der Alte! - eine Haltung, Junge, Junge! **Mars** heiße der trinkfeste Mann. Wie? Mars? Ja doch, Mars! Dem sehe man seinen Scotchpegel im Leben nicht an. Dem nie! Und wir erfuhren, daß Käptn Mars im letzten Krieg Englands erfolgreichster U-Bootkommandant, das mithin unter Wasser, was **Peter Townsend** in den Lüften gewesen sei. Den Townsend hat es, wie man weiß, dann noch höher hinausgetragen. Mars der Kaptein indessen blieb bei seinem Element: der Mann, dem wirklich ominösen Namen nach Kriegsgott sowohl wie jener Teil der Mastkonstruktion, den Laien gern als Mastkorb bezeichnen, er kommandiert des Niarchen Schiff. Unter sich wechselnde Meereswogen oder zur Zeit, sagen wir, die Hafentunke von Iraklion. Über sich den Schwall eines fürstlich aufgelockerten Gesellschaftslebens. Nur noch die *upper ten* mit ihrem *dolce far niente*. Denn Mars regiert die Stunde gottlob einmal nicht. Ahoi!

Summa: die ›Kreole‹ sei ein Segelschiff deutscher Herkunft von 700 bis 750 Tonnen. Maybachmotoren. Habe drei Masten. 43 Meter hoch. Schonertakelung. Klar, bestätigte Brabender. 1500 Quadratmeter Besegelung. Aha! Sei ganz aus Edelhölzern zusammengefügt. So! Eine der schnellsten Jachten der Welt. Hm! Solle nächstes Jahr an einem Rennen quer über den Atlantik teilnehmen. Sieh an! (Was also 1956 stattgefunden haben müßte, und mir ist auch so, als habe ich dann davon gelesen; wenn die ›Kreole‹ allerdings gewonnen hätte, wäre mir's wahrscheinlich im Gedächtnis geblieben.) Besatzung circa 30 Mann: Engländer, Griechen, Deutsche, Franzosen und Skandinavier, die unter sich ein besonderes Kauderwelsch palaverten, das sie *Kreole-Language* nennten. Die Segelcrew allein zähle 13 Köpfe. Die Mannschaften bekämen monatlich 500 bis 800 Mark bei freier Station sowie 20 Zigaretten pro Tag und Kopf und wöchentlich nach Wunsch eine Flasche Gin oder Whisky. Manchmal auch das Doppelte. Dann gröle die ganze ›Kreole‹ über alle Toppen. Im Winter aber käme sie regelmäßig in eine Werft. Das letzte Mal sei's London gewesen, und jeder hätte dann drei Monate bezahlten Heimaturlaub.

Der Smutje gab zu wissen, daß die Leute besonders gut verpflegt, extra primaprima, doch niemals zufriedenzustellen seien. Der griechische Küchenmeister ergänzte kollegial: sie alle immer meckern, und schien recht zu haben. Denn alles in allem maulten und moserten sie, ein jeglicher über einen anderen angeblichen Mißstand, und das um so nachdrücklicher, je weniger hart uns ihr Seemannslos bedünken wollte. Am meisten quengelte der landrattenhafte Vertreter der Howaldt-Werft, den sein Geschick zur Aufsicht über zwei ganze Motoren gesetzt hatte. Er werde zu dick, maunzte er. Das mochte stimmen, nur sprach es nicht gegen die Verpflegung. Was ihn aber weit mehr mästete und quälte, war tödliche Langeweile. Und obendrein schien er aus den an Bord freilich sehr augenfällig aufeinanderprallenden sozialen Gegensätzen des Leides Bittersalz zu sieden.

Der Techniker dagegen war ein netter Junge, aus Hamburg, wie gesagt, baumlang, mit allem Schiffswesen von Grund auf und Haus aus innigst verwachsen. Wir hätten uns nicht gewundert, hätte er sich als ›Jan Himp‹ vorgestellt. Er schien mit Anteilnahme an Schiff und Eigner zu hängen, und es ging ihm sichtlich gegen den Strich, wenn die anderen gar zuviel aus der Schule plauderten. Das mit dem Plumps zum Beispiel. Mit dem Koppheister. Er seinerseits bedauerte nur, daß der neue Aufbau des Schiffs zu hoch sei, als wenn wir hätten wissen müssen, daß die Jacht überhaupt mit einem neuen Aufbau versehen worden war. Derart schiffbezogen kreisten seine Gedanken. Aber um mit etwas aufzuwarten, wofür wir vielleicht mehr Verständnis hätten, teilte er uns allerlei Einzelheiten über die Innenausstattung mit. So hingen im Salon mehrere echte Niederländer, deren Namen er allerdings nicht anzugeben wußte. Aber **Onassis'** Jacht ›Christina‹ sei noch größer, ja, und habe an Deck einen Swimmingpool. Die ›Christina‹ habe er sich mal angesehen in **Monte Carlo**, und der Swimmingpool sei mit Mosaik ausgelegt ... so mit so Stieren hier von Knossos ...

Später gesellten sich auch der Bootsmann und Mannschaften der englischen Zunge zu uns. Bereits mit leichter Schlagseite allesamt. Und auch der Erste Offizier, respektabel in schneeweißem Borddreß, nahm in der ›Caprice‹ Platz. Drinnen allerdings, während wir im Freien tafelten. Neben dem schönen Morosini-Brunnen. Unter den Sternen. Ist wohl kein Marinestil, sich mit an einen Mannschaftstisch zu setzen. Der Offizier sah eigentlich nett aus, schien jedoch das Zusammenhocken seiner Leute mit undefinierbaren Fremden grundsätzlich zu mißbilligen. Feind hört mit.

Unsre Tischgenossen hatten zum Stadtbummel durchweg Zivilkleidung angezogen. Hätten aber in Uniform entschieden besser ausgesehen. Nur Jan Himp, der Rotblonde, trug wenigstens eine Hamburger Schiffermütze, die ihm wie für ihn geschaffen zu Gesicht stand. Tjä, meinte er beim Abschied auf Brabenders Frage, ob das Schiff wohl zu besichtigen sei, das muß ja denn wohl. Da brauchen Sie man bloß längsseit kommen, nach Tisch so etwa, und wenn dann gerade nichts Besonderes los sei, würde uns schon einer an Bord holen. Ich wendete ein, daß man dazu doch wohl die Erlaubnis des Herrn Niarchos einholen müsse. Jan Himp aber meinte, dessen bedürfe es eigentlich nicht. Es sei denn, der Boß schliefe nicht und habe gerade seinen ungenießbaren Tag. Dann allerdings könne es passieren, daß er uns schwuppdiwupp feuere. Das sei schon vorgekommen. Das Umgekehrte aber auch, daß welche sogar Whisky angeboten gekriegt hätten. Es käme eben drauf an. Tschüssing!«

Brabender fand keinen Schlaf. Denn er bestand nur noch aus Begierde, die schöne »Kreole« von nah zu sehen.

Dann mußt du dieser deiner Schiffslust allein frönen, erklärte ich schließlich kategorisch und bedauerte zugleich, ihm etwas zu verleiden. Ich gehe nicht irgendwohin, wo mich einer mit vollem Recht rausschmeißen kann. Und stell dir vor, es passierte!

Brabender gähnte: Vor die Frage Hinterstrickleiter oder Vorderfallreep gestellt, muß ich mich freilich auch für letzteres entscheiden. Ja, man könnte sogar weitergehen und sich eine angemessene Einholung mittels Ehrenbarkasse vorstellen. Oder wenigstens mittels eines seiner drei Schnellboote, die er mit hat. Nach dem Motto Fallreep nur für Herrschaften ... Ergo, wir werden ten tou nauarchou Niarchou naun nicht betreten. Ewiger Jammerschade ... Und wie war das mit dem Muh und Mäh des Schulmannes Nysterakis? ... Müde bin ich!

Mykasthai und *mēkasthai.* Etazismus und Itazismus.

Sie alle immer meckern.

Reuchlin, der Humanist, hatte sich einst von waschechten Neugriechen, von byzantinischen Emigranten sein Altgriechisch beibringen lassen. In Rom, nehme ich an.

Wewäōs! Ich staune. *I'm astonished.*

Solchermaßen erfrischte den Stand meines Wissens der Meergreis ... Unsere lieben Neugriechen sprechen, wie wir hören würden, wenn wir auch nur drei Silben von dem verstünden, was sie da alles kakeln, bekanntlich Eta und Ypsilon allemal wie i aus, und das taten sie auch schon zu Reuchlins bewegten Zeiten. Dieser kluge Schwabe hat nun Altgriechisch nicht für eine tote Sprache gehalten, sondern fand oder ward belehrt, daß es in neugriechischer Abwandlung fortlebt. Nysterakis legte überdies Wert auf die Feststellung, daß der Abstand zwischen Latein und Italienisch weitaus größer sei als der zwischen Alt- und Neugriechisch.

Hm! Und der Rotterdamer sah das anders?

Erasmus drang *ad fontes* und ging davon aus, daß die mē und my in besagten antiken Verben für meckern und muhen selbstverständlich lautmalerisch gewesen sein müssen und daß ... daß ...

... selbst mykenische Kühe nicht gemiht und die Ziegen von Mykonos nicht gemickert haben werden.

Nysterakis behauptet, der Sinn für die onomatopoetische Bedeutung der fraglichen Vokale sei aber schon in sehr früher Zeit verlorengegangen ...

Und du meinst tatsächlich, wir sollen auf der »Kreole« nicht, wie es früher so schön hieß, unsre Karten abwerfen? ... So was von Schnellbooten. Kaum daß die Anker gefallen waren, fierten zwei über die Davits weg, daß es eine Pracht war. Hättest du sehen müssen.

Und was meinst du wohl, weshalb die nicht am Kai festgemacht haben und mitten im Hafen liegen?

Um gegen unsre Zudringlichkeiten gesichert zu sein, ich weiß, ich weiß. Massenmensch Dr. Brabender bescheidet sich. *Kallinikta!* ... Etwas Sonnenbrand habe ich doch ... Ein Schietkrom.

Aus den Notizen zum folgenden Tage: »Das Bad war besuchter als gestern, wo der leise Morgenregen, den wir noch für gutes Wetter zu nehmen bereit gewesen, so manchen Inselbewohner vom Strand ferngehalten hatte. Saß also zum zweitenmal unter dem Bambusdach bei frischem Wind aus Nord. Viel fröhlicher Wellenschlag. Die kleine unbewohnte Insel gegenüber heißt **Dhias**. Brabender badete und mischte sich zungenredend und unter Anwendung der *Kreole-Language* nunmehr, deren fließender Beherrschung wir uns nur noch nicht bewußt gewesen waren, unter das Völkchen. Unter die Kandiert-Nußbraunen. Unter die mit den schwarzbraunen Haaren, darauf die hohe Sonne einzelne Goldfunken entfacht.

Indessen traten elegante junge, hier freilich recht bläßlich wirkende Damen auf die Bildfläche. Drei an der Zahl wie die Grazien. Sie waren in Schwierigkeiten geraten, da sie im Badedreß eingetroffen waren und, ohne Beutel und Behältnis, keinen Pfennig, richtiger, keine Drachme bei sich hatten. Es schien bereits an der Kasse dieses vermutlich städtischen Betriebes entsprechende Differenzen gegeben zu haben. Vollends aber der Taxichauffeur, der die Grazien zum Strandbad befördert hatte, lief, die Arme zu Zeus, sprich Sews, erhoben, den Leichtgeschürzten und seiner unbeglichenen Forderung über sechs Drachmen hinterdrein. Ein dramatischer Auftritt.

Bald aber ließ sich erraten, daß die zahlungsunfähigen Schönen, die, peinlich betroffen und ratlos, sich schon in aschenputtelige Gespensterchen zu verwandeln begannen, zu nichts Geringerem als zu des Niarchen Gästen von der ›Kreole‹ zu zählen waren. Der Name des Schiffsgebieters wurde wiederholt in die Debatte geworfen, wie ein Trumpf im Kartenspiel, mit allen denkbaren Ausrufungszeichen versehen. Doch schien dem Fahrer die Solvenz jenes Herrn durchaus fraglich zu sein. Oder berief er sich auf abträgliche Erfahrungen mit der Hochfinanz, die nicht nur er gemacht habe, sondern alle Welt tagtäglich mache. Oder bestand er, aus seinen Gesten zu schließen, auf *cash down*.

Gleichviel, ich hörte aus dem Wortgefecht in Kretisch und Englisch mein Stichwort heraus, betrat das Theatron als Deus ex machina und bot meine finanzielle Hilfe an. Jawohl! Bezahlte den *Awtokineton-Driver* - das wäre so etwa Kreole-Language -, die Damen lispelten Dank, und eine, möglicherweise die Prinzessin Ohnenamen, die offenbar ein Gefühl dafür bewahrt hatte, daß Geld von fremden Spendern zu nehmen so damenhaft nun auch wieder nicht sei, rief im erleichterten Davonhopsen, ich solle doch nachher auf die ›Kreole‹ kommen und mir die Auslagen erstatten lassen. Fort war sie. Strandwärts, ein Bleichgesicht mit langen Haxen, zwischen die Kandiert-Nußbraunen, die sacht die dicken Mähnen schüttelten. Ich hinterdrein. Aber nur um Brabender zu unterrichten, der Zeus und das Walten der ewigen Götter zu preisen anhub.

Allein wir sollten vom Gang über so illustre Planken wie die der edelholzgezimmerten ›Kreole‹ dennoch ausgeschlossen bleiben. Die Götter führten uns nur an der Nase herum, und **Niarchos**, der Heros im Zeichen des Hermes, ist *de facto* keine fünf Minuten lang mein ahnungsloser Schuldner gewesen. Nämlich - zweiter Auftritt - ihren Grazien nach traten zwei Herren aus der Latten- und Bambuskulisse der Kabinenbauten, zwei Satyrn, einer wahrscheinlich Alexander Ohneland, eilten an den Strand hinab, beteiligten sich für ein paar Würfe am Ballspiel der drei Bikini-Ladys, wurden offenbar dabei in Kenntnis der Sachlage gesetzt, kamen wieder herauf, auf den Nothelfer zu, und beglichen die fällige Schuld an Brabenders Reisekasse, die bei mir zu führen meines Amtes war und aus der ich als sein Gast auch meine Spesen bestritt. *How much?* - *Hexi Drachmä*, stotterte ich enttäuscht. Und damit hatte sich's. Wir sahen uns wieder auf das bloße Abklappern von Bildungsstätten zurückverwiesen. Als ewige Schüler. Brabender war richtig verdrossen. ›Nur Toren gehen ins Museum‹, knurrte er, Kästner zitierend, ›Weise in die Tavernen.‹

Als geringe Entschädigung ließ sich im Handelshafen von **Rhodos** die Besichtigung der »Courier«, eines mächtigen US-Coastguard-Schiffes, arrangieren. Brabender wartete am Kai, und ich mußte das Fallreep hochklettern und fragen. Der Posten holte den Wachhabenden, dieser den Offizier vom Dienst, und man gab uns als Führer einen Private mit.

Notiert habe ich: »Riesiger Pott mit riesigen Maschinen. Eisengrau angestrichen. Ein bestimmter Flaggensatz zeigte zur Zeit unseres Besuches an, daß der Kapitän nicht an Bord war. Der Anwalt wußte dergleichen zu lesen. Liegt hier seit zehn Jahren und hat Sender, einen mit 150 000 Kilowatt und einen mit 35 000. Erzeugt eigenen Strom mit eigenen Aggregaten in riesigen, kochend heißen Maschinenräumen.

Das Vorschiff steht während der Sendungen dermaßen unter Strom, daß verboten ist, es zu betreten. Sendet in zwölf Sprachen, darunter Russisch, Türkisch, Georgisch, Rumänisch, Arabisch und Griechisch. Die Sendungen werden in Ländern mit diesbezüglicher Beschränkung schwarz gehört. Hörerzuschriften, die auf Umwegen eintreffen, beweisen das. Die Sendeleute, die anderswo vielleicht Redakteure zu nennen wären, empfangen fertige Tonbänder oder Langspielplatten - unter den Bändern solche für zwei Stunden Sendedauer - aus **Washington**. Auch werden anderweitige Sendungen vom Sender Rhodos aufgenommen, mitgeschnitten und an die ›Courier‹ weitergegeben, die sie ausstrahlt. Am Heck ein eigenartiger Gitteraufbau aus Stahlgestänge zum Abschirmen russischer Störsender. Was mögen das wohl für Texte sein, die da aus Washington kommen? Was kann der Texter im Weißen Haus schon groß von den wirklichen Sorgen und Nöten der besendeten Länder und Völker wissen?

Die Soldaten - Coastguards, etwas wie Marineinfanterie offenbar - wirken sehr jung. Es sind Aktive mit vierjähriger Dienstzeit. 25 und jünger. Die jüngsten schienen unter 20 zu sein. Wir stiegen in einen Mannschaftsschlafraum. Einige dreißig aufgehängte Betten. Je fünf übereinander. Sauber und traurig. Luft leidlich warm. Mannschaftskantine. Für einen Dime spendet ein Coca-Cola-Automat einen Pappbecher von links, einen Guß Coca von rechts hinein. Servierbereit. Plus vier Grad kalt angeblich. Im Speiseraum ein Bild Eisenhowers und das des höchsten US-Admirals.

Die gemeinen Dienstgrade bekommen 119 Dollar im Monat. Das macht 3600 Drachmen. Bei selbstverständlich freier Station ist das ein beachtliches Taschengeld. Doch wie es ausgeben? Hier ist nur ein Puff. Öffentlich und auch für die Amis zugelassen. Die Mädchen dort bekommen 20 Drachmen. Es gibt nur ein Kino, das ausländische, aber griechisch synchronisierte Filme spielt, die die Coastguard-GI's nicht mögen. Wein trinken sie nicht. Amerikaner langweilen sich ohnehin. Hier langweilen sie sich doppelt und dreifach. Und das im amerikanischen Jahrhundert.«

»Rhodos, Hotel Thermai, den 19. September 1955.
Ach, meine kleine rehbraune Freundin aus Kairo mit deinen kohlschwarzen, unterm dunklen Wimperndach rollenden Augen und deinen prächtigen Zähnen, nun bist du fort. Und kamst noch so artig daher, auf Wiedersehen zu sagen. Ganz gewiß war ich nur das glückliche Substrat deiner mädchenhaften Vorstellung, die dahin ging, man habe eben auf Reisen einen Flirt, eine Bekanntschaft, einen Verehrer und einen Erfolg zu haben. Nun, ein gewisser Erfolg war es. Könnte ein alter Esel wie ich zum Selbsttrost sogar fragen, ob nicht der, der geliebt wird, sowieso immer bloß das Substrat ist, auf welches sich ein Wunschbild, Traumbild oder dergleichen einigermaßen passend projizieren läßt.

Warst schon sehr reizend: *Je suis heureuse d'avoir fait votre connaissance, Monsieur!* sagtest du ernsthaft auf.

Vous m'avez rendu beaucoup de plaisir par votre présence et par votre beauté, Mademoiselle. Pour moi chaque jour commençant en vous voir - wußte der Henker, ob das Französisch war? Aber was tat's? *C'est* bekanntlich *le ton qui fait la musique -, beau commencement en tout cas. Et je n'oublierai jamais la petite scène avec les cacaoettes. Jamais! Bon voyage!* (›Jamais‹ war reichlich übertrieben. Wie so oft nebenbei. Doch haben die alten, sacht schon gilbenden Reisenotizen festgehalten, was im Gedächtnis längst untergesunken war.) Handkuß. Du winktest noch aus dem Auto.

War schon recht süß, wie du das erste Mal vor der Zeit von der Tanzfläche im Hotelpark fort und nach oben gingst - an dem einzigen Abend, wo Brabender ebenfalls vor der Zeit schlafen gegangen und ich folglich allein war. Als du außer Sicht warst, signierte ich, nicht zu eilig, um deinen Eltern nicht aufzufallen, die Rechnung, und ging mit der Zuversicht nach oben, dir auf irgendeinem der Korridore zu begegnen. Ich begann mit der zweiten Etage. Denn daß du in der unsern nicht wohntest, wußte ich natürlich.

Du saßest am Ende des Ganges vor der offenen Portefenêtre auf einem Stuhl und lasest. Du habest ein Journal dort liegen sehen und wärst gerade dabei, einen Blick hinein zu tun. Nur so. Sagtest du. Könnte mir, dachte ich und sagte es nicht, auch ein Mädchen denken, das sich eine derart zufällige Begegnung genauso nachdrücklich wünscht, wie ich sie mir wünschte. Nicht so bewußt und ohne jede Routine, aber mit der Sicherheit des gesunden Instinkts. Ich kam ja denn auch prompt dahergeschlichen. Du hattest deinen kleinen sechzehnjährigen Triumph. Bitte sehr! Erste Probe deiner Macht. Und ich meine späte Freude. Und wie hübsch du erstaunt darüber tatest, daß ich dich gesucht zu haben bekannte. Als wenn das doch gar nicht wahr sein könne. So etwas... Leb wohl!

Nur noch das mit den Cacaoetten. Es hatte an einem der ersten Abende mit dem Engagement zum Tanz nicht recht klappen wollen. Wollte mich nicht aufdrängen, dich als alter Gauch nicht in Verlegenheit bringen, was weiß ich. Und als ich zwei Körbe von dir bekommen hatte, hatte ich auf den dritten keine Lust mehr. Woraufhin deine Eltern unerklärbar eingeschnappt taten. Kenne einer die ägyptischen Gebräuche.

Aus? Nein, keineswegs. Denn was tatest du? Wir saßen am nächsten Mittag im Café am Mandraki-Hafen. Durch die Tischreihen drängte sich ein alter, von seinem Bechterew ganz schief gezogener Erdnußverkäufer. Als er unsern Tisch erreicht hatte, erhobst du dich, die du ein paar Tische weiter brav neben deiner fetten, matt und mürrisch äugenden Mama gesessen hattest, kauftest dem Mann rasch zwei Becher Erdnüsse ab, ließest dir den Inhalt in dein hellblaues, luftiges Röckchen schütten, das du rafftest, und botest erst mir, dann Brabender deine Erdnüsse als Versöhnungsgeschenk an. Und ob wir zugriffen! Und wie du dich freutest! Und das Granatapfelrot in deinem haselnußfarbenen Gesicht. Und wie dann alles gut war. Leb wohl!

Die Schneeberge drüben fern in der Türkei, der **Lykische Taurus** in der Abendsonne, die in so großer Höhe noch scheint. Sind Dreitausender. Könnte einer die ungewiß rosig schimmernden Helligkeiten im flüchtigen Hinschauen auch für Wolken halten. Sehr weit kann es von hier nach **Kastelorizo** gar nicht einmal sein. Gehört auch zum Dodekanes.

Draußen auf der Saphirsee zieht der weiße Dampfer einer venetianischen Linie vorbei. Von seinem gelben Schornstein grüßt der Löwe von San Marco. Steuert unsre Insel nicht an. Hat Kurs irgendwohin in den Nahen Osten. Zu den Phöniziern. Zu den Philistern. Er nimmt meine Grüße an dich zu den Ägyptern mit und fährt vorbei. Es ist sicher, daß ich dich hätte lieben können. Leb wohl!«

An jenem Abend und in jenem Augenblick und vom Anblick jenes Dampfers wehte es, sprang es mich an. Ist ein Funke übergesprungen. Man merkt so was nicht auf der Stelle. Aber heute weiß ich es genau. Ist der Funke übergesprungen und hat ohne mein Zutun die Neigung für den Südosten entzündet, die mich seitdem nicht mehr losgelassen hat und kaum mehr loslassen wird. Wenn Sie so wollen, hat er kein normannisches Feuer gestiftet - dafür bin ich nicht der Mann -, aber doch ein dauerhaftes nordentstammtes Fernweh erglimmen lassen. Fünfzehn Jahre ist es her. Ich gehe auf die Sechzig. Und sie, die kleine Person vom Nil, müßte jetzt dreißig sein, hat vielleicht Fett angesetzt und hält Nasser für einen Herrgottsvogel.

War übrigens richtige Ägypterin. Keine Auslandsgriechin wie Brabenders munterer Flirt aus Alexandria. Aus Alex in dieses Flirts eigener Ausdrucksweise. Nicht halb Griechin, halb Armenierin wie die schicke Madame Chrysocheires, die honigblonde. Nicht halb Bulgarin, halb Griechin wie Feodora, die Nichte des Ministers Sch. in Sofia. Feodora lebt eigentlich in den Vereinigten Staaten. Trafen sie auf Delos und folglich auch auf Mykonos. Sahen sie in **Athen** bei »Zonars« und dann wieder in **Delphi**. In der Ägäis wirbeln die Touristen durcheinander wie die Wasserflöhe im Glas . . . Nun ja . . . und was einem sonst so alles in die Arme lief. Auf Reisen braucht man sie nur aufzumachen. Auch wenn man kein Adonis mit Body-Building ist. Aber schuld daran, daß besagter Funke zündete, war als Hauptperson meine Aischa, nicht so sehr die anderen. Und selbstverständlich der venetianische Dampfer auf Ostkurs. Laut **Ernst Jünger** gibt es den Eros der flüchtigen Begegnung; er sei ein anderer, aber kein geringerer.

Es begann schnell dunkel zu werden. Brabender kam von der Post und fand mich verabredungsgemäß auf der Mole bei den Windmühlen. Lies dies, und du bist bedient, rief er und gab mir ein Zeitungsblatt. In Smyrna ist offenbar der Teufel los, wenn ich's richtig verstanden habe. Übersetz du mal!

»Na anaskapsoun tous taphous tōn hellenikōn nekrota-

pheiōn kai na petazoun eis tous dromous ta osta tōn nekrōn ...« Schöne Schweinerei: rissen die Gräber auf den griechischen Friedhöfen auf und verstreuten - falls *petazoun* nicht ›warfen‹ heißt - die Totengebeine in den Straßen, pardon, auf die Straßen ... die Herren Kümmeltürken!

Wegen **Zypern?**

Ja! Dia ten Kyprin. Und hier steht ferner, soweit ich's bei dem kümmerlichen Licht noch lesen kann: in **Konstantinopel** haben sie dem orthodoxen Patriarchen das Haus angezündet.

Und da meinen die professionellen Weltverbesserer immer noch, räsonnierte Dr. Brabender im Gehen, es müsse durch allgemeines massenweises Reisen, durch Austausch von Kindern, Jugendlichen, Studenten und wem nicht noch alles auf gegenseitiges Verständnis und auf ein glückliches Einvernehmen der Völker hingearbeitet werden können. Pustekuchen. Nichts ist. Denn wenn sich irgendwo zwei Völker in- und auswendig und durch und durch kennen, sind es doch wohl die Griechen und die Türken. Und das schlägt sich wacker die Schädel ein ... Friedlichen Effekt könnte man sich vom Tourismus höchstens da versprechen, wo er als gravierender essentieller Aktivposten irgendwelcher Staatshaushalte zu Buche schlägt. Aber ich traue auch *dem* Frieden nicht ... Sah vorhin übrigens den Fritzen von der Howaldt-Werft. Wollte ihn grüßen, aber er glotzte und schien mich nicht wiederzuerkennen ... Was meinst du wohl, wie hoch solcher Stumpfböcke Beitrag zur Völkerverständigung mittels Reisen zu veranschlagen ist? Einen Pumperklack.

Im nachtdunklen Handelshafen, am Kai achterlich vertäut, lag tatsächlich die »Kreole«. Da war sie also wieder. An Deck einige obligate Lichter. Sonst keine Menschenseele. Im leeren Salon, durch dessen offene Tür man übers Heck hinweg Einblick nehmen konnte, brannte viel elektrisches Licht. In konventionellen Goldrahmen hingen Gemälde an den rötlich, möglicherweise mit Brokat tapezierten Wänden. Vielleicht waren das besagte Niederländer. Doch war der Abstand zu groß, um irgend etwas von der Malerei selbst zu erkennen.

Wie wär's? fragte ich. Wollen wir jetzt einen Versuch wagen? Hic Rhodos.

Nix salta! Dem Lokalblättchen entnahm ich außerdem, daß zu den fünfzehn Gästen der »Kreole«, mit deren einigen du ja die engsten gesellschaftlichen Kontakte gepflogen hast...

Im Wert von sechs Drachmen.

... inzwischen auch noch die göttliche **Greta Garbo** gestoßen ist.

Schluß also mit der philiströsen Reise durch Bildungslücken, Anbeginn einer solchen zu den Gipfeln der High Society! Sta opla!

Denkste! Ich entzifferte nämlich auch dies: 150 weitere Gäste folgen auf der eigens dafür gecharterten »Achilleus« unsrer stolzen »Kreole«. Gewissermaßen in deren Kielwasser. Ebenfalls auf Kosten des Kyrios **Stawros Niarchos**. Und obendrein unter Vorsitz und Gouvernement der **Elsa Maxwell**.

Ach du dicker Vater!

Elsa ist eine amerikanische Institution, hat **Eisenhower** gesagt. Dennoch glaube ich, wir machen uns aus dem Staube. Soviel *Jeunesse dorée und schnorrée* ist selbst mir zuviel, und wenn die Deckblatt-Girls ohne Deckblatt noch so schnuckelich sind, und obwohl ich eine Anwaltspraxis und ihr Wohlergehen im Auge zu behalten habe.

Ich wer' dir was sagen: wir fahren raus ins »Rodhini«. Hier läßt sich kein Schwanz blicken. Und in zehn Minuten siehst du die Garbo *syn Niarchō* einen Cakewalk auf das Tanzparkett legen.

Und du hoffst, sie läßt jenen sausen, kommt auf dich zu und lispelt: *come and kiss me, goldie boy!* ... Der Weise indessen geht in die Taverne, die Welt in Stille zu betrachten. Komm! Was hältst du in Anbetracht der Lage von einem schlichten Souper bei »Achmed Tourkalis«, unserm Turkogriechen? Wie? *Without kisses.* Woll'n mal wieder ein paar Drachmen steigen lassen. Der Herbst naht. Addio, »Kreole«!

(September 1955/Mai 1970)

Meine Damen und Herren! Wenn wir jetzt starten, werden wir in Richtung **Sunion** aufsteigen und uns über Steuerbord auf den Saronischen Golf hinaus und westwärts wenden. Sie können dann noch einen Abschiedsblick auf **Athens** Häfen werfen. Rechts hinaus. Einen instruktiven Blick auf die engere Topographie, wie ihn nur Luftreisen gewähren.

Der **Piräus** - Peiraieus, sprich Pireefs, wie Sie wissen -, einst durch die sogenannten Langen Mauern mit Athen verbunden, ein ganzes System von Häfen zur Zeit der Blüte Athens - **Phaleron**, **Munichia** und **Zea** im Osten, **Piräus** selbst als Haupthafen mit **Kantharos** und **Kophos** im Westen - sicherte Attika für Fälle der Kriegsnot und wurde Halt und Kernstück des Attischen Seebundes. Werften für 400 Schiffe, Kornmagazine, Warenhallen, Marinezeughäuser und Arsenale. Zea und Munichia in ihrer unangreifbaren Geschlossenheit waren die natürlichen Kriegshäfen. Zea faßte 200 Kriegschiffe. Das Gesamtfassungsvermögen des Piräus-Komplexes betrug nach Plinius 1000 Schiffe.

In älteren Zeiten war die Bucht von **Phaleron** allein als Hafen und Reede der athenischen Kriegsflotte in Gebrauch. Von dort führte des Peteos Sohn **Menestheus** laut **Homers** Schiffskatalog (Ilias 2. Gesang, Vers 550 ff.) als Beitrag Athens fünfzig Schiffe in den Kampf um **Troia**. Noch früher pflegten in Phaleron die sieben Knaben und sieben Mädchen eingeschifft zu werden, die Athen als lebenden Tribut an den Minos von **Kreta** zu entrichten hatte. Geiseln? Menschenopfer? Sie erinnern sich, daß wir diese Dinge schon in kurzen Betracht gezogen haben. Athen befand sich jedenfalls in Abhängigkeit von Befehlen, die aus des Minos Labyrinth ergingen. Minoische Zeit. 2600 bis 1000 nach gängiger archäologischer Datierung. Frühminoisch bis subminoisch.

In Phaleron, heute Faliron gesprochen, stieg **Theseus** zu Schiff, die zweimal Sieben nach Kreta zu geleiten. Einmal und nie wieder. Theseus machte dem Tributwesen durch List und Gewalt ein Ende, indem er den heiligen Stiergott, den kinderfressenden **Minotauros**, in den weitläufigen Irrgängen des Labyrinths erschlug. Labyrinth, **Ariadne**, Wollfaden, **Naxos**. Uralte, weitverzweigte, vielverflochtene Geschichten mit einander widersprechenden Varianten. Mythologisches Labyrinth. Ohne Wollfaden für jeden darin herumvermutenden Philologen.

Antiker Datierung zufolge - und siehe, sie stimmt zu heutiger Zählweise über alles Erwarten - zählte man das Jahr 1250, als Athens erster Heros zu seinem Kreta-Unternehmen ausfuhr. Der Held ging mit den Kindern in See - anfang April wahrscheinlich -, nachdem er dem Geleiter der Schiffe, dem **Apollon Delphinios**, geopfert hatte. Zuvor noch war auf Apollons Geheiß die **Aphrodite Epitrágia** im Gebet zur Schutzherrin der Fahrt erkoren worden. Die Liebesgöttin auf dem Bock? Wie die Europa auf dem Stier. Etwas Phönizisches? Orientimport? Aphrodite auf dem Geißbock scheint die Patronin von Phaleron gewesen zu sein. Eines der Hafenbecken hat wohl auch **Aphrodision** geheißen. Ich weiß aber nicht, welches. Die Bucht von Phaleron ist im Laufe so langer Zeiten versandet, wie Ihnen nicht entgangen sein kann. **Ilissos** und **Kephissos**, die beiden Flüßchen, haben da, wasserreicher wie sie einst waren, Sandkorn, Grus und Kiesel myriadenweise herangeschwemmt und für die vielen schönen Badestrände von heute gesorgt. Ich hoffe, Sie haben davon Nutzen ziehen können.

Die Römer unter **Sulla** haben die Langen Mauern sowie die Befestigungen **Athens**, **Munichias** und des **Piräus** geschleift und Griechenblut in Strömen vergossen. Athen wurde septemberstill. Sein Niedergang begann, wenngleich noch Epikuräer und Stoiker zur Stelle und Manns genug waren, mit dem Apostel **Paulus** zu disputieren. Aber von der Philosophie allein kann eine Stadt nicht leben. Doch währte philosophiegenährt das Heidentum in Athen noch bis ans 7. Jahrhundert fort. **Gregorovius**, den wir schon bemühten, weiß dann allerdings: »*Im Jahre 662, mehr als ein Jahrhundert nach Justinian, gab es in Athen keinen offenen Anhänger des Heidentums mehr. Doch dürfen wir dort noch versteckte Nachzügler der neuplatonischen Mystik suchen, die bei den Bücherrollen des Proklos saßen und den alten olympischen Göttern nachblickten . . . Es würde von großem Reiz sein, dem geheimen Fortleben des Heidentums in neuplatonischen Doktrinen unter den Athenern während der dunklen Jahrhunderte nachzuspüren. Doch ist dies eine der schwierigsten, kaum lösbaren Aufgaben für den Forscher auf dem Gebiete der Religion und Philosophie.*« **Proklos Diadochos**, Präsident der Athener Akademie. Sein Lehren und Wirken lag derzeit allerdings schon so etwa 18 Jahrzehnte zurück.

Im 12. nachchristlichen Jahrhundert, zu Zeiten des Metropoliten **Akominatos**, war der Name Piräus noch gebräuchlich. Später kam er ganz ab. Das Volk sprach bloß mehr vom Löwenhafen. Denn ein Marmorlöwe überwachte den verkümmerten Betrieb als ein Wahrzeichen aus stolzeren Tagen. **Porto di Leone** übersetzten die venetianischen oder sonstigen Seeleute aus der Ponente. Der Name blieb, als dieser Löwe nebst anderen seinesgleichen, einem vom Dipylon zum Beispiel, längst schon nach Venedig abtransportiert worden war.

1806 datierte die Christenheit, als **Chateaubriand** auf seiner Reise ins Heilige Land den Löwenhafen besuchte. Er schrieb: *»Anstelle der mächtigen Arsenale, der Hallen, in denen man die Galeeren unterbrachte«* - die Alten zogen auch in klassischer Zeit noch ihre Schiffe aufs Trockene, um das Holz zu schonen -, *»anstelle der Basare voller Matrosenlärm, anstatt all der Gebäude, die es als schöne Szenerie mit der Stadt Rhodos hatten aufnehmen können, erblickte ich nur ein verfallenes Kloster«* - das des heiligen **Spiridon** - *»und einen Schuppen. Ach, und der traurige Strandwächter, dieser Modellfall stupider Geduld, der türkische Zollbeamte, der da das geschlagene Jahr vor seiner elenden Holzbaracke hockt und Monate verstreichen sieht, ohne auch nur eines einzigen Schiffchens ansichtig zu werden. Das ist der trostlose Zustand, in dem sich die so berühmten Häfen heute befinden . . .«*

1832, sagt **Gregorovius**, standen zu Athen noch 130 christliche Gotteshäuser, zerfallen zwar meist, die Kirchlein und winzigen Kapellen, unbetretbare Ruinen in der Mehrzahl. Denn laut Weisung der Hohen Pforte durfte am Vorhandenen nichts ausgebessert werden. Und neu zu bauen war gänzlich verboten. In diesen zu Baufälligkeit und Untergang verurteilten Andachtsstätten der orthodoxen Kirche aber hat man die Kraft zum Durchhalten und Überdauern bewahrt und unermüdlich gespendet. Wir haben diese erstaunlichen Tatsachen schon berührt. Eine Stadt freilich kann nicht von der Kirche allein leben.

Die Befreiungskriege, auf die wir während des Rückflugs in unsrer Ihnen nun schon geläufigen Skizzenmanier eingehen werden, wurden schließlich siegreich durchgestanden. Langwierige, unberechenbare Waffengänge. Oft genug auch ohne Hoffnung und nur aus hartnäckigem Trotz noch weiter verfochten. Aber **Gregorovius**, um ihn noch ein letztes Mal zu zitieren, hat dann in den achtziger Jahren zwischen Athen und Piräus ein neues bewegliches Zeichen gesehen: »*Von der Terrasse des Niketempels an den Propyläen sah ich öfters, in Betrachtung der Landschaft Athens versunken, die neue Zeit auch hier heranziehen: in Gestalt nämlich des ersten und einzigen Eisenbahnzuges, der sich überhaupt durch das Land der Griechen bewegt. Nichts Seltsameres, als diese ersten schüchternen Schritte zu sehen, welche der alte Prometheus hier in der neuen Cultur versucht. Ein Zug von vier oder fünf provisorisch aussehenden Waggons, von der Lokomotive ›Apollon‹ geführt, fährt vom Piräus an den Resten der langen Mauern hin und erreicht sein Ziel in 13 Minuten am primitiven Bahnhof. Dieser ist im Kerameikos nahe bei Dipylon aufgestellt, nahe den Gräbern der alten Athener, den Stelen und Marmorsarkophagen, den wundervollen Grabreliefs des Dexileos und der Hegeso, die dort an der Hagia Triada aus der Erde erstanden sind . . .*«

Lokomotive »Apollon«? Wie denn anders? Die frühen Lokomotiven hatten alle noch Namen. Und modegemäß oft genug griechische. Ein romantisches Tief - nähere Erläuterung folgt noch - erstreckte sich über Europa von **Darlington** und **Stockton**, der ersten englischen Eisenbahnlinie (1825), bis ins Hellenenland. »Pegasus« zum Beispiel hieß eins der beiden Dampfrösser, die, vor Preußens erste Bahnwaggons gespannt, zwischen **Berlin** und **Potsdam** hin- und hereilten. Beide waren englische Erzeugnisse. Selbstverständlich. Fahrzeit 25 Minuten auf der 28 Kilometer langen Strecke. Die Entfernung Athen–Piräus beträgt, denke ich, so etwa 15 Kilometer. Geschwindigkeitsbedürfnis, ein romantisches Leitmotiv. Und heute heißen die weltraumdurchmessenden monderobernden Raketen wiederum Apollo. Wie denn anders? Es steckt immer noch ein Stückchen Reverenz darin vor alter außerchristlicher Gottesmacht.

Piräus, mit rund 200 000 Einwohnern heute, ist Griechenlands größter Industrieort. Zugleich größter Hafen im östlichen Mittelmeer. Zur Zeit mit deutlichen und ins Auge fallenden Einbußen, weil **Nasser** (jetzt im Juli 1969) immer noch den Suezkanal verrammelt hält. Industrie im Stadium erster Entwicklung duldet keine Idyllen mehr und zeitigt noch keine eigenen Schönheiten. Dergleichen muß erst werden und reifen. Wir Mitteleuropäer sind mittlerweile soweit. Im übrigen aber können sich moderne Werke in Mazedonien und Thessalien, in **Volos**, bei **Athen** und nahe

Laurion auch als Architekturen von Einzelanlagen sehr
wohl sehen lassen und unterscheiden sich von den entsprechenden Anlagen der alten Fortschrittsländer in nichts.
Manche Partien der Stadt Piräus, heute die ältesten dieser Wiederbegründung, zeigen unverkennbar noch Plan,
Stil und Großzügigkeit der wittelsbachischen Königszeit.
Klenze-Stil. Andre Partien wird man nicht gerade als
schmuck bezeichnen können. Wind weht, und es staubt.
Aber vieles bezieht, wie sich's gehört, seinen Reiz aus dem
Maritimen. Piräus ist sozusagen der zentrale Kopfbahnhof
für die Schiffslinien der Ägäis. Wo die Passagierschiffe anlegen, sprühen die Kaistraßen vor Leben. Nicht vor Eleganz etwa. Nicht vor Touristendrang und Touristennepp.
Sondern vom familiären Kommen und Gehen der Festlandgriechen auf die Inseln und der Inselgriechen aufs Festland
und umgekehrt. Vom Wimmeln und Fluten. Verabschieden
und Begrüßen. Dieser Kopfbahnhof, allezeit hell vom weißen Lackglanz der Schiffe, bewältigt nebenher auch den
Vorortverkehr nach **Ägina**, **Poros**, **Hydra**, **Spetsai** und
Salamis und nach den Inselchen, die eigentlich nur noch der
Einheimische kennt und aufsucht, so klein sind sie. Und
klein und kleiner sind dann auch die Schiffchen. Da steige
zu, Fremdling, wenn du keine vorfabrizierte Reise abzu-
spulen gedenkst, sondern als Bummler, der du bist, deine
Nase in den Wind hebst und dir von ihm sagen läßt, wo du
hin willst!

Der antike Hafen Munichia heißt heute **Turkolimani**, Türkenhafen. Hoffentlich haben Sie nicht versäumt, dort einmal - wenigstens einmal - zu Abend zu essen. Das Klubhaus des Königlichen
Jacht-Klubs hoch überm Golf. Der weite Halbkreis der Restaurants vor den bergwärts gestaffelten Häusern von **Kastella**, an
der laubbaumgesäumten Hafenstraße mit den sanft und nur im
Schrittempo dahergleitenden Wagen der Gäste. In ihren weißen
Jacken die Kellner flinkfüßig zwischen Wagen hindurch, quer-
über zwischen den Haupt- und Küchengebäuden auf der Land-
seite der Straße und den Terrassen am schönen Rund des Wassers. Die Austern, die Muscheln, die Seeigel. Die Dolmadakia und
Tsatsiki. Langusten. (Nehmen Sie Geld mit!) Tintenfisch. Bar-
bounakia vom Grill. (78 Drachmen! Nehmen Sie Geld mit!) Und
was Poseidon so alles heraufwirft. Die Küchenchefs sehen sich
zu Glanzleistungen angespornt. Sehr griechisch, was sie da zu-

bereiten. (Nehmen Sie Geld mit!) Unter Baldachinen oder unter freiem Himmel genießen Sie es. Ganz wie Sie wollen. Inmitten von plaudernden Hellenensippschaften, die da Tafel halten und Geld mithaben. Unter den Sternen. (Warum mußten Sie auch ins »Kanaris« gehen. Sind ja auch billigere Lokale da und genau so hübsch gelegen ... *den birasi!*)

Das Takelwerk der Jachten im falben Licht, das vom lichterspielenden Ufersaum auf das nachtschwarz schwappende, spiegelnde Wasser hinausdringt. Die sacht schwankenden Masten. Der Demestika, der Kamba! Schmeckt von Karäffchen zu Karäffchen besser. Feuriger. Und draußen die Lichter und Lampen der Schiffe vor Anker. Fern drüben die abertausend Lichterchen von **Paläon Faliron**, die winzigen Schlänglein der Autolichter. Und **Kalamaki, Glyfadha, Kavouri, Vouliagmeni** und wie diese schicken, leichtlebigen Strandbäder alle heißen, deren jährlich mehr werden. Die drehenden Scheinwerfer vom Hellenikon.

Am Tage beherrschen die Fischer, ihre Geräte und Boote das Bild. Gedrungene Schiffchen sind das, mit plumper Vorstevenverzierung und knallbunt lackiert. Hellblau, weiß, rot, weiß und dunkel eisenrot die EYA STRITIA 860 zum Beispiel und türkis, schwarz, chromgelb, zinnoberrot, türkis und dunkel eisenoxyd die AG PHOTEINI NAIG 485, und, wer weiß wie, die XRISTAKIS 201 im Schmuck und Schirm ihrer Autoreifen anstelle der Fender. Das wirkt und werkelt auf Deck und unter Deck mit Fleiß und mit Eifer. Und wohlgelaunt. Und geduldig. Auf den Steinplatten der Uferterrassen, streckenweise auch auf dem Asphalt der Uferstraße arbeiten die Fischer in Rotten und Gruppen an den großen Netzen. Ziehen und spreiten, legen und häufeln, was durchgesehen, und prüfen und knüpfen. Sitzend, stehend, kniend, hockend. Die Netze sind lindgelb oder zitron oder weinrot, dunkelweinrot oder rostrot und, wenn schon viel im Gebrauch gewesen, dann zu knochenweiß und rostrosa verschossen. Nylonnetze.

Und nun **Passalimani** erst! Wenn Sie, überrascht von Zahl und Fülle, dachten, die tüchtigen Segelboote im Türkenhafen stellten so ziemlich die ganze Privatflotte der griechischen Geldverdiener dar, so haben Sie begreiflicherweise geirrt. Das waren nur die kleinen Schiffe. Im Passalimani, im antiken **Zea**, liegen erst die

wahren Pötte. Wie einst die Kriegsflotte der Athener. Der Schiffe
mastenreicher Wald, um mit Schiller zu reden. Die Schiffe der
Millionäre, die Schiffe der Milliardäre. Freilich entsteht dieser
Eindruck nur zur Winterszeit, wenn alle die Schoner und Briggs
und Kaikis und, was sie alles sein mögen, daheim sind.

Die sozialen Gegensätze sind für unsre Begriffe recht groß.
Die Zahl der Auswanderer, die sich in der Fremde Besseres
erhoffen, ist demgemäß nicht klein. Geburtenüberschuß. Ein
wesentlicher Teil des Nationaleinkommens fließt auch wirklich noch aus ersparten Heuern der unzähligen griechischen
Matrosen ins Land, die unter fremden Flaggen auf See
sind. Doch steigt auch zu Hause das Sozialprodukt von
Jahr zu Jahr. Jetzt hofft man, es bald auf 1000 Dollar per
anno und pro Kopf zu bringen. Dann wäre man aus dem
Gröbsten raus. Und an Geist fehlt es ganz gewiß nicht.
Nicht an Talenten und beachtlichen Begabungen. Da ist
Giorgios Seferis, der Diplomat, Dichter und Nobelpreis-
träger. Da war **Nikos Kazantzakis**, der die Gestalt des
Alexis Sorbas geschaffen hat. Kazantzakis stammt übrigens
aus Iraklion, wenn ich mich nicht irre, und liegt jedenfalls
dort begraben. Auf der Südbastion der venetianischen Festung. Der Sorbas-Roman wurde verfilmt. Die Musik dazu
schrieb **Nikis Theodorakis**, Schlager- und Filmkomponist
und Abgeordneter der Linken (was ihn in fatale Kollision
mit der Regierung der Obristen hat treiben müssen). Da ist
Hadjidakis, der es fertigbrachte, seinen Synthesen aus heimatlichen Folkloreklängen und westlicher Schlagermusik
Weltruhm zu verschaffen. Den Weg dazu bahnte ihm sein
Lied vom Mädchen aus Piräus... Piräus... Piräus in dem
Film »Sonntags nie«. Dieses leichte Kind der Hafenstadt
spielte **Melina Mercouri**, und rauhkehlig sang für sie das
Piräus-Lied mit seiner eigenartig schwappenden, stampfen-
den und sich wieder verzögernden Melodie die weit über
Hellas hinaus bekanntgewordene Sängerin **Nana Mous-
kouri**. Die Mercouri wurde ein internationaler Star.

(In unsrer Stippvisite »Anmerkungen über kleinere und größere
Tiere« hörten Sie bereits etwas über das erbitterte Engagement
der **Mercouri** seit dem Regierungswechsel vom April 1967. Melina
ging ins Ausland und rief in revolutionsroter Robe zum Boykott
Griechenlands auf. Wie die **Duncan** einst im leninischen Moskau

das dortige Grau des Straßenbildes durch Freilichttänze in roten Griechengewändern belebt hatte. Der Fremdenverkehr, namentlich der aus den skandinavischen Ländern, blieb, wie es schien, auf Melinas Wirken hin, zunächst unter der gewohnten und erwarteten Kopfstärke. Wer darin allerdings weiter nichts als Solidarität mit der politischen Linken Griechenlands, zu der sich die Sängerin bekenne, meinte sehen und begrüßen zu sollen, war teils auch auf dem Holzwege. Es war auch der Affront der Obristenjunta gegen das dänische Königshaus, der die nicht gerade wenigen königstreuen Gemüter des Nordens und der Niederlande aufbrachte. Was hier interessiert, ist aber nicht die ephemere politische Situation, die in Hellas seit seiner Neugründung im vorigen Jahrhundert eigentlich nie anders als kritisch gewesen ist. Sondern das Augenmerk gilt dem Phönixzeichen der allenthalben dort aufsprießenden Talente als solchem. Gleichgültig, ob deren eines oder anderes sich nun für oder gegen **Papadopoulos** entschieden hat. Das Gewicht des Ephemeren wird sehr überschätzt. Und Griechen sind schließlich aus unserm Blickwinkel und Abstand diese sowohl wie jene.)

Irene Pappas zählt zu denen, die in Hollywood zählen (»Kanonen von Navarone«), und spielte unter der Regie ihres Landsmannes Cacoyannis oder **Kakoiannis** die Elektra. (Die Schreibweisen schwanken. Die Künstler schreiben sich daheim oft anders als im Westen.) **Elena Nathanael** steht ihr an Geltung kaum nach. **Kostas Manoussakis** machte sich mit seinem Film »Angst« einen Namen. **Nikos Konduros** zauberte mit den »Jungen Aphroditen« ein Poem auf die Kinoleinwände der Welt, das man so leicht nicht vergessen wird, obschon es stellenweise dick pathetisch war. Aber ein gerüttelt Maß an Pathos kennzeichnet wohl den heutigen Stil junger oder verjüngt erstandener Länder auf mancherlei Weise. Man wird ihn eines Tages gut und gern den neopathetischen Stil nennen können, eine Variante übrigens des faschistischen Stils, der nicht nur von Rom bis Moskau, sondern auch bis Amerika reicht. Man trifft ihn auch in Israel. Israelis haben mir das nicht abgestritten.

Da war oder ist noch **Maria Callas** mit ihrer bestrickenden Sirenenstimme, deren Umfang, Stärke, Schönheit und Dämonie ihresgleichen nicht kennt und ähnlich vielleicht auch noch niemals hat gehört werden können. Es gäbe sonst wohl Überlieferungen davon. Eine unerhörte Stimme also. Zumindest war sie noch vor einigen Jahren wie nicht von dieser Welt. Heulende Erinnye, dräuende Kassandra, triumphierende Aphrodite, rasende Mänade und schicksalergebene Persephoneia - das alles war darin. Die Sängerin repräsentiert als Erscheinung das Bild der heutigen Griechin recht anschaulich. Da ist nichts Türkisches. Echte Türken sind mongolenblütig. Aber etwas eben doch. Nichts Bulgarisches. Die Bulgaren sind Südslawen und teils auch hunnenverwandt. Aber etwas davon doch. Nichts antik Griechisches. Die Achäer, die Dorer aus dem Norden dürften hellen Pigments gewesen sein. Doch diese Zufuhr ist lange dahin und unvermischt nicht mehr anzutreffen. Vermischt aber doch. Eine Bekannte in Rhodos, die Frau eines dortigen Rechtsanwalts, dunkelblond und von Gesichtszügen, die man wohl klassisch zu nennen pflegt, meinte, derlei wäre auf **Andros**, wo sie herstamme, keine Seltenheit. Ich kann es nicht prüfen. Habe es bisher nur bis zur Nachbarinsel **Tinos** gebracht.

Blond, teilweise wenigstens, sind wohl auch die Albanesen, waren die Sulioten, Hydrioten, Spetsioten in vielen Exemplaren. Kurz, von alledem etwas. Aber die älteren und vorgriechisch autochthonischen Merkmale mögen es sein, die naturgesetzlich nach und nach wieder hervortauchen und ihre Herrschaft wiederherstellen, die dunkellockige Lieblichkeit der kretischen Damen, die minoische Grazie, das tierschöne Auge der Vorderasiatin, Gazellenauge, und die zarte Bräunlichkeit der Haut, ein phönizisches Erbe vielleicht. Etwas Nordisches kaum.

Da repräsentieren das aus der Asche wiedererstehende Hellas im Ausland auch der Kunsthistoriker **Toni Zviteris**, etwas wie ein Will Grohman hierzulande vor ein paar Jahren noch, und **Jannis Xenakis**, der Schüler Honeggers und Messiaens, der Musik auf mathematischer Grundlage zu betreiben sich angelegen sein läßt, »stochastische Musik«. Er erstrebt geistige Durchdringung des Zufalls mit dem Ziel (= stochos), »menschliche Intelligenz als Schall auszudrücken«, und fordert Logik der Affekte; was eine echt hellenische Idee sein dürfte, wie Kunst zu machen sei. Und **Vagelis Tzakiridis** wäre noch zu erwähnen, der abstrakte Bildhauer und mehrsprachige Schriftsteller, der bei S. Fischer und Luchterhand erscheint, ohne daß er ins Deutsche übersetzt werden müßte. Er beherrscht es selbst. Surrea-

listischer Lyriker und Happening-Mann. Lebt in Berlin.
Bliebe noch **Stauros Xakakos**, ein junger Komponist auf der
Basis der Folkloremusik, der mir in Griechenland genannt
wurde, dessen Ruf aber noch nicht über die Landesgrenzen
hinausgedrungen zu sein scheint. Und blieben wer weiß wie
viele andere, die hier mit nicht geringerem Recht aufgeführt
werden könnten und deren täglich mehr werden. Nach
seinen Plattenaufnahmen zu urteilen, verspricht der junge
Michael Theodore ein Tenor von Weltrang zu werden.

Themistokles Aristoteles Onassis kann den Griechen im Zeichen
des Hermes vorzüglich repräsentieren. Erinnern Sie sich noch an
die Gebrüder **Lakhas** im spätgotischen Famagusta? An Franziskus
Lakhas, der seinen flamboyanten König zur Tafel empfing? Man
möchte schwören, Franz habe genau wie Onassis ausgesehen. Dieser und die Callas waren wohl geradezu auf einander verwiesen:
Gravitation zwischen zwei archetypischen Gestalten so etwa. König
und Königin. Nur wenig übertrieben. Der Krösus ist aber derweilen
andere Wege gegangen. Wir sprachen schon davon. Doch sollen sich
Zeichen der Rückkehr zur Königin neuerdings wieder andeuten.
Tina Onassis war eine reizvolle und elegante Frau. Sehr zierlich.
Ist alles dies wahrscheinlich auch heute noch. Habe sie in Athen
einmal gesehen. Es ist Jahre her. Im Café Zonars. Wo denn sonst?
»Floca« daneben und schräg gegenüber von **Schliemanns** einsti-
gem Stadthaus hat den gleichen Rang. In der Venezilou. In beiden Café-Restaurants gibt es herrliche Jlikismata, Süßigkeiten,
kandierte Früchte von höchster Qualität. Honigpoeme. Mandel-
gedichte. Und so weiter. Aber die Callas hatte heroisches Format,
die sehr liebenswerte Tina nur mondänes, und der Fall **Jacqueline**
ist noch nicht als Historie anzusehen. Tina war übrigens blond.

(Februar 1967/Juni 1969)

58   Zum Lobe der Athenen

Von **Piräus** in die Stadt hätten Sie ruhig die Untergrundbahn benutzen sollen: *Piräus - Faliron - Moschaton - Kal-
lithea - Petralona - Thision - Monastiraki - Homonia*, Zen-

tralstation mitten im lebhaftesten Athen. Untergrundbahn übrigens erst ab Monastiraki, vorher sonnenbeschienen in einer Trasse, streckenweis auch zu ebener Erde. Diese Metro fährt angenehm behutsam. Das Trapptapptapp der Schienenstöße wird nie zum Holterdipolter. Zwischen Thision und Monastiraki schneidet die Trasse das Gelände der alten Agora und zwar den Platz, wo der Tempel der **Aphrodite Ourania** gestanden hat. Das Heiligtum der semitischen Himmelskönigin. In der Metro sitzen Sie mit der arbeitenden Bevölkerung Athens Auge in Auge. Da wird Ihnen viel verhaltenes Feuer und geheime Schönheit, eine gewisse Ikonenhaftigkeit auch der Gesichter entgegenleuchten.

Oder Sie wären in **Monastiraki** ausgestiegen und die Hermou Hodos entlang zum Syntagma-Platz getrödelt, dem anderen, repräsentativeren Pol und Schwerpunkt des athenischen Verkehrs. Ich lobe mir die Athenen an jeder Stelle. Hier draußen zum Beispiel auf dem Hellenikon. Die linde Luft. Liebliche Luft. Orangenblütendurchhaucht. Rosmarin und Thymian im schmeichelnden Landwind. Kerosin und I. P. 4 aus den Düsenabgasen. Salzwassergeruch von der See her. Trocknender Tang: Reiseluft. Richtiggehende Reiseluft. Richtigwehende.

Sie werden folgendes festgestellt haben: noch jedesmal, wenn Sie hier landeten, waren die Flughafengebäude in weiterer Erweiterung begriffen und hatten neue und geräumigere Gestalt angenommen, die vermutlich schon wieder auf Zuwachs berechnet war. Wie überall, wohlverstanden. Es muß auch einmal eine entsprechende Zeit des Wachsens der Eisenbahnhöfe gegeben haben. Hier: Zementsäcke, kostümballbunte Touristen. Ernste Flugkapitäne. Zimtzicken. Baukräne, provisorische Kabel in Schlangenknäueln. Preßlufthämmer hinter Hartfaserplatten. Lokalreporter. Wo ist der Unterrichtsminister von Ruanda-Burundi? Kalkstaub, Zugluft. Einheimische Behördenspitzen, liebliches Bodenpersonal. Die Stewardessen der Aethiopean Airlines wissen an Gazellenäugigkeit und tiefbrauner Gazellenschlankheit nichts Vergleichbares neben sich auf dieser Erde. Sperrplatten: kein Durchgang! Customs, Douane, Telonion. Epónymon ... Jènos ... Onoma ... . Onoma Patros ... Onoma Syzygou ... muß wohl ›des Ehegatten‹ heißen ... Was die immer alles wissen wollen! Und kreischende Poliermaschinen ... Wie? Chronologia Jennesiōs? Heißt? Geburtsdatum vermutlich. Poliermaschinen, einen Terrazzoboden glättend, der sich, eine griechische Spezialität, bei der nächsten

Landung den Füßen wundersam spiegelnd unterbreitet wird. In blauem Marmor, schwarzem, rotem, weißem, weißem mit gelben Streifen und grauem. Ich für mein Teil kann übrigens genau messen, wie weit die Hauptflutwelle des deutschen Tourismus schon ausgreift: im Hotel in **Nikosia** blieb und bin ich immer noch Mister Slos - gelegentlich auch schon in Verwechslung mit dem in Israel residierenden Reporter Rolf Schloß -, im Flughafen der Athenen hat man mich bereits mit Kyrios Schulz aufgerufen. Málista!

Athens Aerodrómion wird aber jederzeit am unveränderten Bergstock des **Hymettos** von anderen Häfen unterschieden werden können. Der Hymettos beherrscht die Situation, wie immer auch die Bauten zu seinen Füßen sich gedehnt und modernisiert haben mögen. Hymettos, neugriechisch Imitos, 1026 m über dem Saronischen Golf, dessen Fluten die Torpedoboote der (bisher noch) Kgl. Griechischen Kriegsmarine aufwogen machen - schießen auf ein schwimmendes Ziel mit Übungstorpedos -, und an dessen mäßig gehügeltem Nordufer der Flughafen seine betonierten Pisten hinstreckt wie Bügelbretter. Auf deren einem, einem Taxiway in der Sprache der Fliegenden, rollen wir soeben dahin, bevor wir unsre Startposition beziehen dürfen. Zu Ihrer Linken also Hymettos in würdiger Ruhe. Breitgelagert. Weder Klippen, noch Schroffen. Die auf dieser Seite waldlosen Flanken in Gelassenheit. Die uns abgewandte Nordwestseite des Bergstockes ist in den letzten Jahren mit Erfolg aufgeforstet worden. Beachten Sie des Hymettos schöne rauchige Farbe! Rotgrau im Sonnenglast. Blaugrau unter Wolkenschatten. Ließe sich Thymianduft in Farbe transponieren, seine Farbe wär's. Er birgt Marmor, blauen, schwarzen, roten, weißen, weißen mit gelben Streifen und grauen. Wenn auch nicht den schneeigten, tiefenlichtigen, feinkörnigen, den man pentelischen Marmor nennt. Vom Gebirge **Pentelikon**, das sich im Nordosten erhebt, aber nicht so dominierend nah wie der Hymettos im Osten und Südosten der weit ausladenden Millionenstadt. Aus weißem Hymettosmarmor ist aber das Dionysostheater am Fuß der Akropolis erbaut. Sie haben es besichtigt.

Hymettos! Das klingt nach Hummeln und gesummten Immenhymnen im sonndurchglühten Würzgeruch von Salbei und wildem

Majoran, heute Origanon oder Rigano wie entsprechend im Italienischen. Der Hymettoshonig war für seinen Wohlgeschmack berühmt. Diese Anerkennung wird er wahrscheinlich immer noch verdienen. An der Würze unverschnittenen griechischen Honigs überhaupt scheint sich seit den Tagen der Alten nichts verändert zu haben. Er ist, wir sprachen schon darüber, wenn ich mich recht entsinne, immer noch eine Delikatesse erster Ordnung. Das kann Ihnen nicht entgangen sein. Der köstlichste, scheint mir, wird auf **Zypern** geerntet. Der Honig der Mönche von **Stawrowouni**, zu deutsch Kreuzberg ... Wie bitte? Da sind Sie mit dem Auto hinauf? Und haben sich nicht den Hals gebrochen? Mit einem Leihwagen auch noch. So. Und ohne zu reversieren? Doch, soso! Dreimal, sagen Sie. Na, da müssen wir ja heilsfroh sein, daß wir Sie wieder an Bord unsrer Maschine begrüßen dürfen. Alle Achtung! Ist ja die reinste Himmelfahrt ... Ja, griechischer Honig und griechisches Öl, wollte ich sagen. Seien Sie nur zufrieden, deren unvergleichliche Qualitäten noch im Urzustand kennengelernt zu haben, ehe die steigende Flut der Reiserei die Erzeuger verführt oder gar zwingt, ihre sauberen Produkte zu strecken und zu verschneiden. Olivenöl hat grünlich zu sein oder grünlich gelb, stark aromatisch und ... ja, nennt man das Viskosität? ... also jedenfalls vergleichsweise dickflüssig und fett. Je blasser und dünnflüssiger, desto sicherer können Sie Verschnitt mit Erdnußöl annehmen. Aber so weit ist man hierzulande noch nicht. Und es gibt anderswo leider sehr viel fragwürdigere Verschnittmittel.

Es waren die Bienen vom Hymettos, die einst, so will es der neuplatonische Mythos, die Lippen eines Neugeborenen mit Honig netzten. Dieses solchermaßen mit Süße und Würze gestillte Menschenkind, eher eigentlich schon ein Jungfrauensohn, hieß mit bürgerlich-athenischem Namen **Aristokles**, erhielt aber, als er groß geworden, sehr groß, von seinem Lehrer, einem gewissen **Sokrates**, den Namen **Platon**. Höheres ist von der Götternahrung Honig hienieden nicht zu vermelden.

Haben Sie diesen Flugplatz einmal des Nachts gesehen? Gesehen, wie der aprikosenfarbene Mond hinter dem Bienengebirge heraufrückt? Hinter dem violettgrauen Schattenriß des Gebirges herauf? Und wie der Mond sein altgutes Licht über das elektrische Geblinzel und Gefunkel der Vororte samt ihren rollenden Autos und über das zivile Luftverkehrsschlachtfeld auszugießen sich nicht verdrießen läßt? Unbeirrt durch den kreisenden Scheinwerfer und die Platzbeleuchtung? Dezenter Mondschein über die Omnibus-Sattelschlepper, die ein Gewölle von Fluggästen herauswürgen,

Singhalesen, Bayern, Yankees. Primadonnen. *La Belle Dame sans Merci.* Ein italienisches Kamerateam. *I am not the* Unterrichtsminister von Ruanda-Burundi. Weit gefehlt! *Je suis* der Kultusminister von Ober-Volta! Hippies aus Iserlohn, ein belgisch-deutsch-jugoslawisches Kamerateam, gelbe Globetrotter aus Tokio, schwarze aus Dar-es-Salaam... Und die griechische Familien einschlürfen, die nach Neuseeland auswandern oder nach Australien. Die Verwandten drängen sich auf dem Dachgarten ans Geländer gelehnt, weinen still und winken noch lange.

Mondschein über den Markierungsfeuern der Startbahnen. Über flinken Jeeps. Über den motorisierten Schleppzügen voller Koffer, Sack und Pack der Singhalesen, Bayern, Yankees und so weiter, Primadonnen et cetera pp. Über den von der Landebahn hereinschwenkenden Maschinen und den Handlampen der winkenden Bodenlotsen. Und dann fuhrwerken auf die in Position gebrachten Riesenechsen Bodenfahrzeuge die Menge wie die Zwerge auf Gulliver los und wetteifern um Gunst und Gelegenheit, die großen Flugdrachen zu loben, zu laben, zu atzen, ihnen ehrerbietig aufzuwarten, dienlich zu sein und neue Fluglust zuzusprechen oder Nachtruhe anzuraten. Submissest.

Aprikosenmondlicht über den startentschlossenen Ikarosauriern, von denen alles Bodengeschmeiß wieder abgelassen und hinter deren fauchenden Triebwerken die Heißluft wabert, daß die hellen Fensterchen von **Terpsithea, Nea Alexandria** und **Ilioupolis** flackern und tanzen. Über den aufbrüllenden Technosauriern - und startgierig röhren bisweilen ihrer bedrohlich viele zugleich und wollen nach Kuweit, verlangen nach Addis Abeba, drängen nach Nairobi - und die ganz hemmungslos und viehisch donnernden, die mit rotlichtkreisenden Positionslampen auf die Bahn hinausschwanken. Die violetten Geranienbüsche in Kunststeinbütten, die zweckentfremdet auch als Aschenbecher und Papierkörbe herhalten müssen. Die ikonendunklen, von Tränen goldglänzenden Gesichter der Zurückbleibenden, die noch winken, wenn die Maschine, die sie meinen, schon schräg in die Nachtbläue, in die schmerzlich lockende Reiseluft hinaufgestoßen ist, ein Vogel Greif, ein Entführer, und die einander mit leisen und hier ohnehin unhörbar verlorenen Worten zu trösten beginnen. In dem Brausen und

Tosen von Kommen und Gehen aus aller Welt in alle Welt. In dem grollenden Choral der großen Tiere. Und der Mond scheint auf zerknüllte Taschentücher in holzbraunen Händen. Auf die nassen Wimpern der jüngeren Schwestern. Die laue Brise wird sie trocknen und trösten ... Der ältere Bruder darf erst heiraten, wenn er alle jüngeren Schwestern unter die Haube gebracht hat.

(Resumée aus einem Zeitraum von 14 Jahren)

59 Unternehmen Rübezahl

Attika hat, wie Sie sahen und in diesen Minuten noch sehen können, mit weiteren Gebirgen und Bergstöcken aufzuwarten ... Ja, den **Lykavittos** mitten im neuen Athen können Sie getrost auch dazurechnen. Ist immerhin seine 277 Meter hoch. Und den Klotz der **Akropolis** ebenfalls. 150, 160 Meter so etwa. Aber der **Pentelikon**, den wir schon nannten und der den Zug des Hymettos nach Nordnordost fortsetzt, steigt bis zu 1109 Metern. Der **Parnis**, ganz im Norden von Athen und etwas entfernter, erhebt sich sogar 1413 Meter über den weinfarbenen Spiegel des Meeres. Im Westen wäre der **Patéras** mit tausend und soundsoviel zu nennen. Je weiter westwärts, desto höher, außerhalb der Grenzen Attikas schon, die Berge **Kithairon** mit 1409, **Helikon** mit 1748 und oberhalb von Delphi der **Parnassos** mit 2457 Metern. Wenn wir gute Sicht haben, werden, die rechts sitzen, die Berge in dieser Reihenfolge sehen können.

Mit dem **Helikon** hat es etwas auf sich, das Ihnen entgangen sein dürfte, nun, eine Geringfügigkeit vielleicht: der Helikon war eine berühmte Kultstätte der Musen, die im Norden am **Olymp** einen noch älteren Ort ihrer Verehrung besaßen. Die Musen, ein nördlicher Import. Der Name Muse meint von Haus aus Bergfrau (zu lateinisch ›mons‹). Das jedenfalls ist eine Deutung. Andere beziehen ihn auf einen Wortstamm m-n (dazu deutsch ›meinen‹, ›minnen‹), wonach der Name griechisch ›die Erinnernde‹ bedeute, die Inspirierende. »*Etymologisch nicht durchsichtig*«, sagt **Leo Meyer**. Und so wird es wohl sein und bleiben. Aber vom Helikon gibt es eine Personifikation im Athener National-museum. Einen verwitterten Stein, ein Relief darauf, das den Helikon als einen Mann darstellt, einen Waldschrat, einen Riesen, einen Berggeist. Ungriechisch, will es scheinen, aber nicht etwa orientalisch. Ganz wie ein Bildnis Rübe-zahls vielmehr. Ein Mannsbild mit wüst wallendem Haupt-haar und entsprechendem Vollbart, lugt er da hinter einem Bergesgipfel hervor.

Daß **Rübezahl** im schlesischen Gebirge beheimatet war, ist noch erinnerlich. Der Name fiel hier wohl noch nicht. Alles, was von ihm überliefert wurde, weist auf ehemaligen, ins Märchenhafte abgekommenen Götterrang. Auf den **Wotan** der Vandalen, meine ich. ›Rübezahls Reich‹, wie man einst so sentimentalisch sagte, muß früher ein gutes Stück weiter nach Südosten gegriffen haben. Als Teilnehmer eines Türkenfeldzuges von 1664 berichtet der Feldscher **Johann Dietz** (neuerdings wieder im Kösel Verlag 1966) über den Jablunka-Paß in den Beskiden: »*...habe dabei im Ge-bürge viel von Rübezahl hören sagen...ich selbst mit meinen Ohren gehöret, daß zu Mitternacht ein erschröcklich Geräusch und Getöne, von Pferden, Hunden und Jagen vor dem Hause etliche Mal vorbeigegangen...Erzähleten auch, wie er...Ge-witter machen könne.*«

Sie wundern sich, meine Damen und Herren, von etwas so Grauem wie Wotan und der Wilden Jagd an dieser Stelle hören zu müssen, aber Sie werden noch sehen, worauf das hinauswill. Wollen Sie sich bitte vorläufig den Namen Helikon merken.

Und bei **Grein** an der Donau zwischen Linz und Melk gibt es den früher der Schiffahrt gefährlichen Greiner Strudel, wo »*der Tod seine Herberge zu haben*« schien. Dortselbst - und hätte das mythologisch anders lauten können? - hauste vorzeiten eine Frau **Helche** oder **Helekan**. Ich sehe mich, allerdings mit einigen triftigen Gründen, veranlaßt, Hele-kan und Helikon zusammenzustellen; eingedenk auch der Tatsache, daß *die* Muse ursprünglich nur in der Einzahl auftrat, dann erst in Drei- und Mehrzahl, und daß die auf uns schließlich gekommene Neunzahl spätantiken Speku-lationen, aber keinem alten Mythologein zu verdanken ist. Wir haben vom Wandern der Götter mit den wandernden

Völkern gesprochen. Helikon ist ein hehres Mitbringsel aus dem Norden, in näherer Vergangenheit aus Thrakien, in weiterer, nehme ich an, aus den Aufbruchsräumen der ägäischen Wanderung gewesen, ein Wanderer aus den Beskiden, der Tatra, den Karpaten vielleicht, der aber seine Tage im Strahlungsbereich älterer, lichterer, reiferer Götter in rübezahlisch reduzierter Göttlichkeit beschließen mußte. Ich darf Sie an **Proteus** und **Nereus** erinnern, Altgötter beide im bescheidenen Schrumpfzustand fast von Elementargeistern. Nereus, den Vater der Töchter, mit deren schäumender Schönheit sich Andromedas Mutter einst verglichen hatte... Helikon, das will ich sagen, könnte oder dürfte den männlichen Aspekt einer Gottheit dargestellt haben und *die* Muse, die eine und anfängliche, deren weiblichen. Lassen wir das vorderhand dabei bewenden... Daß Sie mir auch alle angeschnallt sind!

Wir starten.

Heben ab.

Steigen.

Linkerhand voraus jetzt **Kap Sunion**. Dahinter **Kea**.

Kithnos... etwas dunstig heute... schade!... Es gibt nichts Schöneres als einen Flug über die Ägäis, wenn bei klarem Wetter alle Inseln im Abendsonnenlicht liegen. Sagen wir, Sie fliegen von Athen nach **Rhodos**. Rotgolden, auch Rot mit Einschlägen von Violett. Sie liegen wie Weinlaub, auf die Veilchenbläue des Meeres gestreut, und haben dabei, die Kykladen Blatt für Blatt, allemal einen feinen weißen Brandungssaum, eine Schaumkante als abhebenden Umriß. Den weben die Nereiden.

Sie sehen, wie wir einschwenken. Backbordwärts wird gleich **Ägina** auftauchen.

Und an Steuerbord noch einmal in herrlicher Breitung unsre Athenen. Tun Sie den Abschiedsblick... Für diesmal.

Salamis unter uns. Ich hatte dazu noch ein paar Worte sagen
wollen. Doch ging's beim Herflug so schnell drüber hin, daß
die Zeit nicht reichte - oder richtiger: daß ich mit der Zeit
nicht auskam. Bitte um Entschuldigung. Selbstverständlich
kann jetzt geraucht werden.

An der Nordwestecke der Ihnen bestens bekannten Plakia Syntagmatos, die die heroische Geschichtlichkeit ihres
Bodens mit Asphalt, Kaffeehaussesseln nach letztem Schrei,
Sonnenbaldachinen und Blumenrabatten charmant unbekümmert zudeckt, als wäre sie gar nicht, in Verlängerung
der Hotelseite mit den stolzen »Wasilefs Georgios« und
»Grand Bretagne« - GiBi, sagen die fashionablen Athener -,
in der Ecke, wo die bescheidene Karageorgi-Straße anfängt,
befand sich in klassischer Zeit das **Diochares-Tor**. Von dort
nach Osten lief die Straße nach **Marathon**. Von dorther
kam am 12. September 490 vor Christi Geburt der Läufer
mit der frohen Botschaft »*Nenikēkamen!*« - Wir haben
gesiegt! Rief's keuchend mit zersprungenen Lippen und
brach tot zusammen. Die Athener hatten unter **Miltiades**
ein Strafexpeditionskorps der Perser vernichtend geschlagen. Und wenn auch die Anekdote vom Marathonläufer
zwar historisch sein kann, aber nicht muß, da sie erst in
späterer Literatur auftaucht, so bezeichnet sie doch den Ansatz einer Zeitenwende im großen Gespräch zwischen West
und Ost.

Zehn Jahre später wurde hier unter uns die Seeschlacht
von **Salamis** geschlagen, ich hatte das schon mit ein paar
Stichworten zu umreißen versucht: keine Konfrontation
von in sich geschlossenen Nationen, sondern drüben Perser,
Griechen aus Kleinasien und aus der sonstigen Diaspora im
Osten Seite an Seite mit Phönikern unter den persischen
Feldzeichen, hüben einige wenige Griechen, um Athen geschart. Und bei Salamis wurde es dann entschieden, daß der
Osten, diesmal durch die persische Initiative hauptsächlich
indogermanisch, nicht aber semitisch wie zuvor und mon-
golisch wie später vertreten, bis auf weiteres nicht über den
Abend, über den Westen, über ein künftiges Europa Herr
werden sollte. Die höchste Blüte griechischer Kultur mochte
sich entfalten. Frei entfalten, pflegt man allgemein zu sagen;

doch kam es gerade im Jahrhundert der Perserkriege und des Peloponnesischen Krieges zu dieser voll ausreifenden Vollendung. Das heißt: unter größtem Druck von außen und größter Spannung von innen, was Sie bitte bedenken wollen! Eine schöne Geste der Weltgeschichte jedenfalls, wer will's bestreiten ... Oder wer kann eine Kultur ausdenken, die nicht wurde, aber mehr gewesen wäre als die griechische? Und wie hätten deren Zeitigungen aussehen müssen? Da scheitert die Phantasie, die überhaupt nicht so frei ist, wie man sich das so vorzustellen beliebt.

Geschichte am Scheideweg in jenen Jahrzehnten des frühen fünften Jahrhunderts. Sie geht nicht allezeit so unerbittlichen Schritts. Nicht jedes Bündel von Jahrzehnten enthält auch gleich »Jahre der Entscheidung«. Es geht nicht immer auf Biegen und Brechen. Zum ersprießlichen Gedeih der Genossen krisenloser Läufte. Wir Heutigen sind solche Zeitgenossen nicht ... Persiens Macht, gegründet auf denkbar umfassende Rüstungen - 800 000 Mann, es hatte noch kein größeres Heer gegeben! - und Vorbereitungen - Hellespont-Schiffsbrücke, Athos-Durchstich -, greift weit und weiter. Der Orient vom Indus bis an den Nil und darüber hinaus in Persiens Hand ... Jetzt rechts, schön beleuchtet, der **Kithairon**! ... Die phönizischen Niederlassungen auf **Zypern** sympathisieren mit den Eroberern der Insel auf Kosten der dortigen Griechen. Teilerscheinung eines größeren komplizierten Zusammenhanges.

Denn wenn auch die Phönizier mit den Persern gegen die Griechen kollaborieren, verweigern doch andererseits die phönizischen Seeleute dem Perserkönig **Kambyses II.** die Gefolgschaft, als er zu Wasser und zu Lande gegen **Karthago** ziehen will. Das persische Staatsoberhaupt war offenbar nicht richtig über die Dichte der Beziehungen zwischen Didos Gründung und den alten Mutterstädten unterrichtet worden und hatte sich verschätzt.

Die Freiheit der Griechen indessen in Kleinasien, die Freiheit der Griechen in Ägypten, in der Kyrenaika ist dahin. **Byzantion**, Thrakien, Makedonien in persischer Gewalt. Das Schicksal des hellenischen Stammlandes scheint besiegelt. Die Griechen uneins, fechten teils sogar, wie gesagt, auf persischer Seite. Perser, Karthager und, in loserer Bindung, Etrusker in Allianz schließlich gegen Hellas und seine sämtlichen großgriechischen Kolonien. Perserkönig **Xerxes** ermuntert **Karthago** zur Errichtung einer zweiten Front in

Westsizilien, um kolonialen Sukkurs für das griechische Festland vorsorglich zu unterbinden. Den Karthagern, die **Kambyses** anzugreifen sich versagen mußte, mag es dabei zwar mehr um ihre Interessen in Sizilien selbst und im ferneren Westen gehen, auf daß sich die griechischen Kolonien nicht noch weiter in ihre Dominien schöben. **Xerxes** aber gedenkt die restliche Griechenheit in einen Zweifrontenkrieg zu verstricken und in vernichtendem Zangengriff zu erledigen. Lösung der Griechenfrage. Endlösung. Der persische Zangenarm greift direkt aus dem Osten zu, der karthagisch-phönizische Arm, ein östliches Instrument nicht weniger, operiert mit verkehrter Front vom westlichen Mittelmeer aus.

Die Sache Europas, sagten wir, wurde damals weit vor der Zeit entschieden, indem die Götter - oder wen immer man für zuständig halten soll - sich den zu Athen haltenden Griechen zuneigten. Den Schwächeren, die die Stärkeren waren. Die Würfel fielen wunderbarerweise gleich zweimal im Jahre 480. Bei **Salamis**, wie schon skizziert, halbwegs von den Hafenmolen des Piräus und von Athens Akropolis zur Not mit dem bloßen Auge zu sehen, eine Verzweiflungstat der Athener fast, aber ein Sieg schlechthin, und bei **Himera** auf Sizilien, wo die Karthager abgewiesen wurden. Die Überlieferung akzentuiert die zwiefach besiegelnde Schicksalswende noch, indem sie behauptet, beide Schlachten hätten sogar an ein und demselben Tage stattgefunden. Das hat seine Wahrheit, auch wenn es faktisch nicht stimmt. Es war die Sache Europas, das wir so einigermaßen kennen und dessen Kultur auf der griechischen fußt. Anders hätte es ein Europa auf der Grundlage persischer und, vor allem im Westen, phönizischer Kultur werden müssen ... Unausdenkbar, wie diese ausgesehen hätte. Denn ausdenkbar, wäre sie auch darstellbar. Dargestellt aber - wäre sie bereits Realität. Ende unsres Lateins. Wir sind an eine Denkgrenze geraten. Man kann sich auch Farben außerhalb des sichtbaren Spektrums nicht vorstellen oder gar darstellen, obwohl es welche gibt.

Gewisse Nachwirkungen der phönizischen beziehungsweise karthagischen oder - auf römisch - punischen Anwesenheit nach Religion und Sitten dürften aber vielleicht von sublimen Kennern auf der Pyrenäenhalbinsel noch herauszuschmecken sein und mögen dann wenigstens eine ferne Ahnung davon geben, wie eine europäische Kultur aus-

gesehen haben würde, die nicht auf griechischem Erbe aufgebaut gewesen wäre. Großgriechenland hat es an der spanischen Ostküste wirklich nur zu drei befristeten Kolonial-
gründungen bringen können, während die Karthager oder
vor ihnen schon die Tyrer (nach **Strabon**) die wertvollsten
Landstriche nicht nur Libyens, sondern auch Iberiens inne-
hatten. Ihr dortiger Ausgangspunkt war ihre Gründung
Cádiz nahe **Tartessos** vom Jahre 1100, und die weitere
Ausbreitung der Faktoreien und Siedlungen erstreckt sich
dann noch bis 348. Doch führte uns das hier in jedem Sinne
zu weit. Unser Blick galt dem Südosten, dem östlichen Mittelmeer also...

Rechts muß jetzt allmählich der **Helikon** vor Ihre Kabinenfenster gerückt kommen... Das ist dann bereits Böotien
und nicht mehr Attika... Da! Da ist er! Ein ganzes Gebirge, recht betrachtet, aus mehreren Ketten... wolken-
verhüllt die höchsten Erhebungen... Dabei fällt mir ein,
ich vergaß es zu sagen, Rübezahl soll Rauchschwanz oder
Nebelschweif heißen, von ›hriobozagel‹, mittelhochdeutsch
... Laut **Pausanias** haben sich bei den Musenheiligtümern
im Helikon zahlreiche Statuen und Weihebilder befunden;
auch eins des Dichters **Arion** auf dem Delphin.

61   Eine, drei und neun und viele

Neun Musen zählt man heute gemeinhin, Sie können fragen, wen Sie wollen. Aber die Sache ist doch nicht so einfach. Die uranfänglich ›Erinnernde‹ hat sich - vermutlich
erst an den Kultplätzen im Helikongebirge und infolge
popularisierender Exegesen - den verschiedenen inspirierten
oder spirituellen, also eben musischen Betätigungen entsprechend vervielfacht und endlich in ihr Neunfaches aufge-
fächert. Die Zuständigkeiten der so entwickelten Teil-Mu-
sen haben es jedoch nie zu ganz festen Umrissen und Ab-
grenzungen gebracht. Gewiß ist nur, daß es ein musisches
Ressort für bildende Künste nicht gegeben hat! Das macht

in Anbetracht gerade des nachmals klassischen Landes der Baumeister, Bildhauer und Maler stutzen und legt den Schluß auf Herkunft des Musischen aus sehr entlegener Zeit und aus Räumen und Verhältnissen ohne bildende Künste nahe. Für musisch galt auch in reifster Spätzeit den Griechen nur die Leistung, die ohne sichtliche Plackerei, ohne handgreifliches Arbeitsmaterial und umständliche handwerkliche Prozeduren zustande kam, somatisch-pneumatisch sozusagen (von ›pneuma‹ = Geist und ›soma‹ = Leib), allein durch den Anhauch des Göttlichen, der den Leib beschwingt und anregt. Die rein geistige Leistung, ließe sich sagen, wie sie bei den Germanen durchaus vergleichbar in Wotans Kompetenz fiel; die keines materiellen Werkstoffes bedurfte, des Steins nicht noch des Holzes oder Erzes, um sich darzustellen. Als geistig galten Sprache, Gesang, Gebärde, Einfall, Wissen, Himmels- und Sternkunde, Erleuchtung, Stimmung, Lachen, Witz, Ahnung, Rausch und Hellgesicht. Geistig war demnach die Poesie in allen ihren Äußerungen, den lyrischen, epischen, tragischen und komischen; geistig war, versteht sich (und daher der Name), besonders die Musik; wobei die Instrumente offenbar nicht als Handwerkzeuge verstanden wurden.

Handwerk hingegen war im alten **Hellas** allemal Sache des ›bánausos‹. Das Wort ist etymologisch noch unerschlossen, soll sich aber nach Hesychios eigentlich auf Fertigkeiten beziehen, bei denen Feuer in Anwendung kommt; auf das Brennen von Töpferware also, das Verhütten von Erzen, das Schmieden und das Gießen von Metallen. Schon im klassischen Griechisch hatte das Wort ›bánausos‹ etwas von dem verächtlichen Nebenklang, den unser übernommenes Wort Banause hat ... Ob wohl der Schluß zu gewagt ist, daß die nordischen Einwanderer, die erst auf dem nachmals griechischen Boden durch Vermischung mit Vorbewohnern zu _den_ Griechen werden sollten, eine eigene - musische - Geistigkeit mitbrachten und eine autochthone - banausische - vorfanden? Haben Sie die kykladischen Marmorplastiken aus dem 3. Jahrtausend im National-Museum gesehen? Daraus kann man doch nur schließen: die Bildhauerbegabung wurde vorgefunden und war endemisch-vorgriechisch. Kein Mitbringsel.

Die Frühgriechen - wir wissen ihren Namen nicht - waren begabte Barbaren, die in einen Kulturraum voller überlegener Autochthonen stießen, diese unterwarfen und ein

Unterlegenheitsgefühl dadurch kompensierten, daß sie die Künste und Fertigkeiten der nunmehr Depossedierten mit einer gewissen Verachtung straften. Steinbearbeitung und Bronzeguß möglicherweise. Vielleicht hängt auch ihre eigentümliche Abneigung gegen Glas damit zusammen. Erst die Verschmelzung der Eindringlinge mit den Ansässigen bereitete den Boden für die bekannte Hochkultur ohnegleichen. Unter Erhaltung der griechischen Sprache, notabene, und sehr weitgehenden Einbußen am Wortschatz der Altbewohner, wie bereits angedeutet wurde. Mag sein, daß der Wortstamm der anrüchigen Vokabel bánausos mit dazugehörte.

Denken Sie bitte nicht, der militärisch-politische Sieg eines Fremdvolkes ziehe wie von selbst auch den Sieg der Siegersprache nach sich. Nicht selten obsiegt die Sprache des Unterlegenen. Zumeist sind die Eroberer an Zahl gering, wie groß auch immer an Unternehmungslust. Die Germanen, in ähnlicher Lage wie einst die Frühhellenen und wohl ebensolche Barbaren voller Talent, zeichneten sich in eroberten Fremdländern durch baldigen Verzicht auf ihre Sprache aus: die Franken, die Vandalen, die Langobarden haben ihren Eroberungen gerade noch den neuen Landesnamen aufgeprägt - **France, Andalusien, Lombardei** - ihre Sprachen jedoch fahren lassen.

Aber noch ein Wort zum Musischen. Die Muse des Tanzes heißt immer noch **Terpsichore**. Auch ihr Fachgebiet war nicht unabänderlich fixiert. Immerhin aber bedeutet ihr Name Reigenfroh (›-chore‹ Femininform zu ›choros‹ = der Reigen). Man fühlt leicht nach, daß eine solche Benamsung nichts Ursprüngliches bietet, sondern daß der Exeget damit einen besonderen Aspekt der einen einzigen Muse hat hervorheben wollen. Man spürt das Absichtliche.

Choros heißt auch heute noch der Reigen, der Tanz, die Tänzerschar, auch der Chor als Gesangsgruppe. Choros heißt auch ein lampenartiger Kirchenschmuck, ein von der Decke hängender Reifen mit beweglich hängenden Ikonen daran; im Benaki-Museum ist einer zu sehen. Mobile byzantinisch. Und reigenfroh sind die Griechen ganz unbestreitbar. In allen Schulen ist Tanzunterricht, ist die Unterweisung im Beherrschen der zahlreichen Volkstänze, die allesamt Chorostänze sind, obligatorisch. Im Mai 1968 notierte ich: »...Und dies nun schien ein Morgen der Kinder werden zu sollen. Die Straße des Herodes Attikos, in der das im Stich gelassene Königsschloß der Form halber noch von den Efzonen wie einst bewacht wird, allerdings in Feldbluse jetzt und nicht mehr in der bunten albanesischen Weste, diese noble Straße, in der auch der Vizekönig, der Antiwasilefs, und der sowjetische Gesandte ihren Sitz haben, fällt sacht nach Süden ab - ins Tal des straßenüberdeckten Ilissos - und mündet gegenüber dem Stadion in den Leofóros Wasilèōs Konstantinou. Rechter Hand auf ganzer Länge die Königlichen Gärten. Kühl, grün und frisch. Gestern abend war Donnerwetter und Sintflut.

Die Uhr geht auf acht. Im Hof der Töchterschule ebendort morgendlicher Turnunterricht. Lustig und geräuschvoll. Lang- und kurzhosige Turnanzüge in Tütenblau und Türkis. Weiße Blusen. Blaugraue Jeans. Bunte Pullis. Aus Lautsprechern scheppern Kommandos und Korrekturen der Lehrerin. Es klingt, als zähle sie Ministernamen auf und habe eben mit blechernem Schmettern Pattakos gesagt. Oder auch Zitō ho Wasilefs! Mag sein. Hundertfünfzig kleine Athenerinnen machen daraufhin einen gemeinsamen Ausfall nach halblinks vorwärts, einen gemeinsamen Rückschritt und rechts voran und hüpf hüpf hüpf und Knie beugt und wippen jetzt und pendeln dann und schwingen schwingt ... Und beugen beugt und strecken streckt und gerade den Rücken und in den Liegestütz vorlinks fallt! Und vollends zu Boden, ja, und um die eigene Achse gerollt! Attikas Staub stiebt. Zöpfe fliegen. Schöpfe. Und wieder hoch und rechtes Bein und linkes Bein und hüpf hüpf hüpf und hopp hopp hopp ... jawohl, und entspannen dabei und die Arme frei pendeln lassen ... jawohl ... und Keulen aufnehmen jetzt ... die Rufe der Pädagogin mischen sich mit muschelhornheiserer Klaviermusik vom Tonband und ping pang peng und wideralabum, forte fortissimo majestoso marciale tam titi tam titi tam ti ... Die Unempfindlichkeit der Hellenen gegen Radau und verstimmte Klaviere ist verwunderlich, steht aber nicht in Widerspruch zu einer allgemeinen und sehr lebendigen Musikalität. Dieses Phänomen kann man auch in Rußland beobachten. Aber wir aus dem Norden sind die Neurastheniker. Nicht sie und nicht jene.

Um ins Zappion, zu den Ausstellungshallen zu gelangen, hat man das Schulareal nach Westen zu umgehen und taucht ins Dämmerlicht des Parks. Einen Blick noch durchs Schultor. Das Kommando auf dem Hof hat gewechselt. Ein Lehrer hat es. Die Schülerinnen haben sich in acht großen Ringeln aufgestellt. Acht Choroi zu zwanzig Mädchen so etwa. Aus dem Lautsprecher kadenziert jetzt mit winselndem Lippenvibrato die Schalmei und klimpern die Mandolinen zur Kalamatiano. So war das Turnen nur Vorübung. Die hundertfünfzig Blaukittelchen beginnen ihre Volkstänze. Jeder Grieche kennt sie, kann sie und muß sie

können, wer immer oben oder am Ruder sei und das Staatsschiff
lenke. Viel gottgewollte Anmut und Lieblichkeit der Chariten.
Viele kleine Musen. Das strophische Dideldumdei ist noch bis
zum Vorplatz der Ausstellung zu hören.«

62 Ἔκθεσις τῆς πολεμικῆς ἱστορίας τῶν Ἑλλήνων – **Ausstellung zur Kriegsgeschichte Griechenlands**

Düsenjäger, Panzer, Geschütze vor der Halle. Raketen,
Einmann-U-Boot und Peilgeräte. Fahnen hellblau und
weiß. Dies ist ein Unternehmen der drei Wehrmachtsteile,
oder wie das Entsprechende hier heißen mag. Der knappe,
im Deutschen freilich sehr wackelige Katalogtext sagt, was
man zeigen möchte: »*Die Ausstellung zu den Kämpfen der
Hellenen für die Zivilisation im Zappion-Gebäude umfaßt
alle Zeitabschnitte des Lebens und der Entwicklung des
Hellenentums, von der mythischen Vorzeit bis zur Gegenwart
und besteht aus 5000 Ausstellungsobjekten (Kunstwerke,
Zimelien, Abbilder, Blendwerk, Urkunden und Ausgaben
von großem historischem Wert, Waffen aller Zeiten, Uniformen, Medaillen u. a.).*« Es wird interessieren, daß mit
Zimelien Kirchenschätze gemeint und unter Blendwerk Dioramen zu verstehen waren.

Drinnen umwogt ein drangvoller Strom von staunenden,
gar nicht albernen, sehr disziplinierten Schulkindern, in
dem ab und zu auch Lehrkräfte vorübertreiben, tausendköpfig den Besucher aus der Fremde. Ein Abbild der Nike
von **Samothrake** hat ihn empfangen. Geburt der **Athene**,
Taten des **Herakles**, der den Augiasstall ausmistete – derzeit
viel gebrauchtes Bild hinsichtlich der Aktionen gegen vorausgegangene Korruption. (War sie wirklich so arg, wie
man zu hören bekommt? Oder folgt nur ein Augias dem
anderen?) Kämpfe der Heroen. Sehr gut nachgearbeitete
Faksimiles der alten mykenischen Schwerter von hoher Eleganz. »*Mykenikoi chronoi*«. Der eherne Ernst archaischer
Helme. **Ilion** in Flammen. Diorama mit Hölzernem Pferd.
Lautsprecher, die – vermutlich – die Ilias zitieren. Und das

jedenfalls mit Stentors Stimme. Fürchterlich laut. In Phasen die Schlachtordnungen von **Marathon** und **Salamis**. Modell-Trieren. Knēmis, knēmidos = die Beinschiene, schießt mir als alter Vokabelbrocken durch den Kopf. Fünfzigruderer. Fanfaren aus dem Lautsprecher. Baßposaunen. Eine derartige Ausstellung hat es wahrscheinlich noch nie gegeben. Die Besucher, auch die Erwachsenen, sind sichtlich ergriffen.

Perserzeiten. **Perikles. Themistokles'** Grab, draußen vor der Hafeneinfahrt zum **Piräus**. Die Makedonische Epoche. Münzen in Großfotos. **Philipps** überlebensgroßes Frundsberggesicht mit Vollbart. Derb das Genieprofil seines Sohnes **Alexander**. Das unvergleichliche Bronzehaupt des unvergleichlichen **Aristoteles**, des vernünftigsten Menschen der bekannten Weltgeschichte. Alexanders Lehrer. Welch ein Lehrer-Schüler-Gespann! Wann aber obsiegte je die Vernunft? Wie hätte sie auch in Alexander obsiegen sollen? Der Diadoche von Baktrien unterm Prunkhelm in Elefantenhauptgestalt. Welch Überschwang.

Römerzeit. Ostrom. *»Byzantinoi Chronoi«* (330 bis 1453). Die griechischen Kaiser und ihre unaufhörlichen Kämpfe gegen Heerscharen andringender Völker. Nie hat das Abendland diese Verteidigung seiner christlichen Ostbastion selbstlos unterstützt. Die Hagia Sophia von **Konstantinopel** im Modell, von innen erleuchtet. Da machen die Kinderchen große Augen.

»Dir diese Stadt auszuliefern, ist weder meine, noch eines anderen ihrer Bürger Sache. Denn es gibt nur eine Meinung: wir alle sind zu sterben entschlossen und werden unsres Lebens nicht schonen«, so der Text des letzten Schreibens des letzten Kaisers vom Mai 1453 an Sultan **Mohammed II.**, der **Byzanz** mit 58 000 Mann belagerte. Datierung hier befremdlicherweise vom Untergangstage, dem 29. Mai. (Ich meine, zuvor von einem solchen Schreiben niemals etwas gehört zu haben, und auch in **Steven Runcimans** »Eroberung von Konstantinopel 1453«, aus dem Englischen 1969 bei C. H. Beck, habe ich nichts davon erwähnt gefunden.) Schon 1422 hatte eine ernstliche Belagerung stattgefunden, eine von vielen im Lauf der Geschichte dieses Platzes, war aber wegen innerpolitischer Schwierigkeiten im Osmanischen Reich abgebrochen worden. Dreißig Jahre Galgenfrist für die sterbensmüde Stadt, deren gar nur noch teilweise besiedeltes Terrain nun fast schon den gesamten Restbestand der

byzantinischen Herrlichkeit ausmachte und doch einst das goldene Tzarigrad gewesen war, die Stadt schlechthin.

Diesmal nun des Endes Schluß zu setzen, waren die Türken mit der zehnfachen Übermacht erschienen. Keine 6000 Mann standen dem Kaiser zur Verfügung, die mehr als zwanzig Kilometer langen Mauern zu verteidigen. Die Schiffe im Goldenen Horn konnten nicht unbemannt gelassen werden. Greise, Mönche, Nonnen, alles was zwar nicht kämpfen, aber sich sonst noch nützlich machen konnte, kam und ließ sich nicht lange bitten. Tadellose Organisation der Lebensmittel-Rationierung. Der Kaiser, **Konstantinos XI. Paläologos**, hatte in seiner Not dem Westen ein allerletztes Mal die Vereinigung der orthodoxen mit der katholischen Kirche angeboten. Das konnte, wenn *rite* vollzogen, freilich nur noch bedingungslose Unterwerfung unter den Papst bedeuten und war andrerseits den Byzantinern, hoch und niedrig, die widerwärtigste Zumutung, die sie sich vorstellen konnten. Sie wollten, so verstieg man sich, in ihren Mauern lieber den Turban als die Mitra sehen. Die Erinnerung an das sogenannte lateinische Kaisertum (ab 1204) erfüllte noch jeden Byzantiner mit Groll. Und für die Unterwerfung unter die Herrschaft des Sultans sprach, daß man dabei eine zwar nicht freie, aber geschlossene Einheit der griechisch-orthodoxen Kirche gewährleistet bekommen würde, von der aus keiner mehr nach Rom zu schielen brauchte. Ohnehin befanden sich doch schon alle anatolischen und viele Insel- und Festlandgriechen unter dem Krummschwert. Auch in **Rußland** sah man eine Vereinigung der beiden Kirchen unter so nachteiligen Umständen nur mit Empörung an - ohne indessen ein Hilfskorps zur Rettung der gefährdeten Glaubensbrüder in Marsch zu setzen. Auch viele anderweitige Gesuche des Kaisers waren so vergeblich wie die seiner Vorgänger bei ähnlichen Anlässen. Von offizieller Hilfe aus den Lateinerländern konnte kaum die Rede sein. Die Bemühungen des klarsichtigen Papstes waren nicht ohne Ernst, beschränkten sich aber auf Andeutungen ihrer selbst. Auf Waffen- und Lebensmittelspenden, die nicht eintrafen.

Konstantinos fiel, heißt es, im letzten Straßengefecht mit kämpfender Hand. Ratschläge wie Bitten, er solle doch unerkannt entweichen und in Freiheit draußen eine systematische Rück-eroberungspolitik in die Wege leiten, hatte er gottergeben von sich gewiesen und tapfer sein Ende gesucht. Kein Kaiser samt seinem Reich wäre demnach derart nibelungisch untergegangen. Auch **Montezuma** mit dem seinen nicht.

»*Der Sultan*«, steht in **Sphrantzes'** Chronik, der die Katastrophe auf seiten der Belagerten mitgemacht hat, »*wollte Genaues erfahren und sandte Leute dorthin, wo die Leichen der Gefallenen in großen Haufen lagen, Christen und Ungläubige durcheinander. Man wusch die Köpfe vieler Toter*« (die die Türken ihrem Brauch gemäß den Gefallenen von den Rümpfen geschlagen hatten), »*um etwa die Gesichtszüge des Kaisers zu erkennen. Aber man erkannte das Gesicht des Kaisers nicht, sondern nur den Leib, und zwar an den kaiserlichen Schuhen, die mit goldenen Adlern bestickt waren, wie es auf kaiserlichen Gewändern üblich ist. Da freute sich der Sultan sehr und befahl, die Christen, die gerade zugegen waren, sollten den Leichnam des Kaisers und Märtyrers mit den gebührenden Ehrenbezeigungen begraben . . .*«

Ende und Verbleib des Kaisers scheinen aber so eindeutig klar nicht zu sein, und **Sphrantzes** als Kaiserfreund und Würdenträger mag die Farben der Entsetzlichkeit ein wenig aufgeschönt haben. Es sollen sich später nämlich zwei türkische Soldaten als diejenigen gebrüstet haben, die den Kaiser ergriffen und enthauptet und seinen Kopf dem Sultan zu Füßen gelegt hätten. Dabei hätten die byzantinischen Höflinge, die schon als Gefangene beim Sultan versammelt waren, diese Trophäe auf Befragen als das Haupt ihres vormaligen Herrn und Gebieters identifiziert. (Der Sultan, schreibt **Runciman**, stellte es »*eine Zeitlang auf einer Säule des Forums des Augustus öffentlich zur Schau*«, das heißt also vor der Moschee, die soeben noch die Kirche der Heiligen Weisheit, Hagia Sophia, gewesen war, »*ließ es sodann ausstopfen und schickte es auf eine Ausstellungs-Rundreise an die führenden Höfe der islamischen Welt*«.)

Die Endschlacht um **Byzanz** hat auch in der Geschichte der Kriegstechnik ihre Bedeutung. Vor allem, was die Ballistik betrifft. Da hatte sich dem Kaiser ein reisender Geschütz-gießer aus Ungarn oder aus Deutschland angeboten, doch fehlte es in der untergangsgeweihten Stadt an Geld, den Mann in Vertrag zu nehmen. Auch gebrach es an Erz. Der Gießer verdingte sich beim Sultan, der ihn mit Freuden in Dienst nahm. **Mohammed II.** war naturwissenschaftlichen und technischen Dingen sehr aufgeschlossen, hatte allerlei abendländische Berater und Praktiker zur Seite und gebot bereits über einen Geschützbestand nach den fortschrittlichsten Regeln der Kunst. Der neue Gießer - **Urban** mit Namen - vermehrte ihn vor allem um ein überschweres Belagerungsgeschütz, das eine Rohrlänge von 8 Metern besaß und Geschosse von 160 Kilogramm Gewicht feindwärts wuchten konnte. Das sollte sich bezahlt machen. Artilleristisch waren die Türken weit überlegen.

Bei den üblichen Sappeur- und Minierkämpfen um Türme und Mauern spielte das sogenannte Griechische Feuer die schlimme Rolle des heutigen Napalm. Mächtige Belagerungsmaschinen ließ der Sultan wie herkömmlich auffahren. Eine besondere Sache aber war die Landverfrachtung von etlichen 30, 50 oder 70 Kriegsschiffen - die Zahlenangaben schwanken - von **Tophane** am Bosporus herauf über die Höhenrücken hinter **Galata** ins Goldene Horn und in den Rücken der christlichen Flotte, die damit so gut wie eingekesselt war. Es heißt, der Sultan sei auf diese Möglichkeit von einem Italiener aufmerksam gemacht worden, der ein venetianisches Überlandunternehmen vom Po zum Gardasee zum Muster genommen habe.

Klare Parteiungen zu sehen gewohnt, nehmen uns christliche Parteigänger der Türken wie etwas Unschickliches wunder. Doch gab es deren viele; was freilich allerlei Unschärfen in ein Bild bringt, das man, aus Denkbequemlichkeit und in Bilderbuchvorstellungen befangen, lieber als krasses Schwarzweiß sehen möchte, hie Christ, hie Muselman. Doch allein schon die schillernd zwielichtige, offizielle Position der genuesischen Kolonie in **Pera** gegenüber der Kaiserstadt zwischen den Kriegführenden belehrt, daß die Auseinandersetzung Byzanz-Türkei noch nicht als essentieller Glaubenskrieg gesehen wurde. Auch mochten der Konkurrenzkampf mit Venedig wie überhaupt die Handelsinteressen die Genuesen in **Pera**, auf **Chios** und daheim blind für höhere Zusammenhänge oder doch geneigt machen, ein Auge zuzudrücken, wenn etwa ein christlicher Anspruch das Seiden- und Pfeffergeschäft hätte beeinträchtigen können.

Die leichten Plänkler- und Infanterie-Regimenter des Sultans, die sogenannten Baschi-Bazuks, sind offenbar so etwas wie eine Fremdenlegion gewesen und bestanden vorzugsweise aus Deutschen, Ungarn, Slawen, Italienern und auch aus Griechen, nicht jedoch aus Renegaten genannter Nationalitäten, sondern aus echten Christenmenschen. Andrerseits focht auf den Mauern des Kaisers ein türkischer Exilierter, Fürst **Orhan**, nebst seinen Leuten. Des weiteren seien in diesem Zusammenhang auch die freiwilligen oder allenfalls halboffiziellen Helfer aus dem Abendland erwähnt, die wahrscheinlich doch schon voraussahen, ein siegreicher Sultan werde sich alsbald zum Herrn des Mittelmeeres aufwerfen, und die sich auch den Bestand der Kirchen Christi ernstlich angelegen sein ließen. Denn noch war, vom päpstlichen Rom ganz abgesehen, der Kreuzzugsgedanke auch bei den Laien noch nicht ganz fortgestorben. Ich darf daran erinnern, daß die diesbezüglichen Bemühungen jenes Zypernkönigs **Peter**, von denen wir sprachen, damals erst neunzig Jahre zurücklagen - wovon zumindest Venetianer und Genueser noch sehr klare Vorstellungen haben mußten, da beider Trachten dauernd um den Besitz von Zypern kreiste.

Und außerdem saßen auf **Rhodos** noch immer die Rhodiser oder Johanniterritter und führten zu Wasser und zu Lande einen Dauerkreuzzug auf ihre Weise. Allerdings hatten auch sie nicht der byzantinischen Metropole Sukkurs leisten können, da sie hinlänglich in eigene Waffengänge verstrickt waren. Wie eh und je. Wie immer. Römisch-katholische Bedenken wären ihnen nicht gekommen. Denn die Ritter waren in Glaubensangelegenheiten weitherzig und haben dann und wann auch griechisch-orthodoxe Brüder zu den ihren gezählt; wie sie im folgenden Jahrhundert - darauf sei hier noch einmal mit Nachdruck hingewiesen, weil unsre Stippvisiten die Johanniter ganz gewiß haben zu kurz kommen lassen -, im Jahrhundert der Reformation zwar in der Mehrheit bei Rom blieben, doch Brüder, die protestantisch wurden und folglich auch heirateten, nicht ohne weiteres ausschlossen.

Zu des Kaisers Partei schlugen sich - höchst ehrenwert, da dies eine Partei ohne Hoffnung war und die Grausamkeit des strafenden Sultans außer Frage stand - die ganze venetianische Niederlassung der Stadt, freiwillig auch die Kapitäne **Gabriele Trevisano** und **Alviso Diedo**, insgesamt sechs Venediger-Schiffe und drei aus Venetianisch-Kreta, die allerdings alle neun erst zu Kriegszwecken umgebaut und ausgerüstet werden mußten. Alles in allem belief sich die Verteidigerflotte dann auf 26 größere Schiffe, darunter auch solche aus der Provence. Unter den Venetianern befanden sich, als ließe der Ehrenkodex einfach nichts anderes zu, auch Mitglieder der Häuser **Cornaro, Mocenigo, Contarini** und **Veniero**. Sie haben von diesen und ähnlich ruhmreichen Namen schon in Zusammenhang mit Zypern und mit der Seeschlacht von **Lepanto** gehört. Hier nun, zwölf Jahrzehnte früher, mögen es die Groß- und Urgroßväter oder sonstige Ahnherren jener gewesen sein.

Aber auch gewisse genuesische Geschlechter ließen sich nicht lumpen, stellten den Erbhaß auf den Markuslöwen hintan und sich selbst mit Truppen und Schiffen, auf eigene Kosten sogar, zur Verfügung. Das waren **Maurizio Catteano**, die zwei Gebrüder **di Langasco**, die drei Gebrüder **Bocchiardo** und als Kommandierender der kaiserlichen Verteidigung **Giovanni Giustiniani Longo**, ein Verwandter der Doria, der am letzten Tage verwundet wurde und sich aus dem Gefecht zog. Sein scheinbar unbegründeter Ausfall löste eine Panik aus. Doch wäre ein Sieg auch bei gefaßterem Abgang zu der Stunde durchaus nicht mehr zu erringen gewesen. Gegen Abend starb er. In **Pera**. Nach anderen drei Tage später auf **Chios**. Das Feldschlangengeschoß, das seinen Brustharnisch eingedrückt hatte, muß innere Blutungen ausgelöst haben, ohne viel äußeren Schaden anzurichten. Ferner haben sich etliche Bürger der Genueser-Kolonie in **Pera** - im Schatten des Galataturmes sozusagen - der byzantinischen Sache angeschlossen, weil sie, soweit es an ihnen lag, verhindern wollten, was sie kommen sahen.

»Einige wenige Soldaten«, lese ich bei **Runciman**, *»stammten aus ferneren Ländern. Die katalanische Niederlassung in der Stadt machte sich unter ihrem Konsul Péré Julia kampfbereit, und einige katalanische Seeleute schlossen sich ihr an. Aus Kastilien kam ein hochgemuter Edelmann namens Don Francisco de Toledo«*, ein donquixotischer Mann, möchte man meinen, *»der behauptete, vom Kaiserhaus der Komnenen abzustammen und folglich den Kaiser seinen Vetter nannte . . .«*, was diesen nicht indigniert zu haben scheint, ihm war jedes waffenfähige Mannsbild willkommen. Unter den Deutschen in **Giustinianis** Korps hat sich als Sappeur und Sprengmeister ferner ein Techniker und Weltenbummler namens **Johannes Grant** hervorgetan, der aber ebensogut auch schottischer Herkunft gewesen sein kann.

Der byzantinische Doppeladler aber - wir sagten es schon - flog nach **Moskau** zu den Russen. Doch der *genius loci* war nur scheintot. Der neue Herr am Bosporus hätte seine Eroberung getrost als einen asiatischen Brückenkopf von allerdings erheblichen Dimensionen betrachten können. Denn dieser erstreckte sich schon bis nach Serbien und über die untere Donau. Aber die Verhältnisse haben doch auch ihren eigenen Schub oder Sog: wie schon der junge Herrscher sich fortan als Erbe **Konstantins des Großen** und all der römischen Kaiser zuvor und hernach zu fühlen beliebte, mithin also keine mongolische oder turkestanische Mission mehr vertrat, sondern in die große mediterrane Überlieferung eingetreten war, rückten, unmerklich noch, die Türken in ihre heutige Position, die die alte byzantinische insofern ist, als auch diese ihre Inhaber zu potentiellen Verteidigern des Westens werden mußten ...

Ja, und soviel zu jener martialischen Schau im Athener Zappion, wo derartige Differenzierungen selbstverständlich nicht einmal angedeutet worden sind, sondern alles »schrecklich vereinfacht« wurde. Wie bei Ausstellungen einmal gang und gäbe. Überall und immer mit volkserzieherischem Vorwand. Ob in West oder Ost, in Nord oder Süd.

Der Besucher wurde im Badzuber der griechischen Geschichte förmlich untergetaucht, dem Zweck der nationalen Ertüchtigung aber manche schattierende Einzelheit geopfert. Auch wurde allzuviel Rücksicht auf die Empfindlichkeiten aller möglichen Auslande genommen. Nichts also von den Puppenspielerrollen der Großmächte zur Zeit des griechischen Befreiungskrieges, vieles von diesen Kriegen selbst mit möglichst vielem Takt gegen die türkischen Verlierer, vieles von den anderthalb Dutzend Kriegen oder Feldzügen seit der Selbständigkeit und auffällig wenig von der Ära **Hitlers** und **Mussolinis.** Ein diskretes Dokument nur, unscheinbar und wie nebensächlich an einer Wand, in einer Ecke: bei insgesamt 68 000 Geiselgestellungen 35 000 Exekutierte durch die Nazis, 8000 durch die italienischen Faschisten, 25 000 durch die Bulgaren, die sich auf den faschistischen Kriegspfad begeben hatten und jederzeit wieder auf dem kommunistischen in Erscheinung treten können. Und im Anschluß an diese Blutbäder, die alle früheren Türkengreuel in den Schatten verweisen, bis 1949 der fürchterliche Bürgerkrieg zwischen griechischen Kommunisten und griechischen Nichtkommunisten, der noch mehr Opfer gekostet hat als die Blutsäuferei der Deutschen und ihrer Komplizen. Ich bin der Überzeugung, daß wir kaum die berufenen Lehrmeister der Griechen in politischen Dingen sind. Trotz **Leros** und **Jaros**.

(Athen, Mai 1968)

63   Schamasch - Apollon - Christos Pantokrator

Ja, wir fliegen hübsch im Wolkenlosen über dem Golf von **Korinth**. Aber die Gipfel auf dem nördlichen Festland ziehen Wolkenhüllen über. Das kann auf ein Tief im südlichen Mitteleuropa deuten. Auf der Peloponnes andrerseits der **Chelmos** backbord voraus ist klar, im übrigen aber fast ebenso hoch wie seine festländischen Bergbrüder. Ja, das ist Schnee, was Sie dort zwischenein entdecken können. Sind auch alles schon Zweitausender hüben wie drüben. Da bleibt Schnee an geschützten Stellen nicht selten bis in den Mai und später liegen. Und im November fällt allemal schon wieder der neue. Trotz der südlichen Lage.

Wir müssen jetzt etwa den Meridian des **Parnassos**-Gebirges erreicht haben. Folglich liegen wir auch mit **Delphi** an Steuerbord auf einer Länge. Das könnten Sie aber selbst bei ungetrübter Sicht von hier nicht ausmachen. Delphi drückt sich unzugänglich an seine Bergflanken oberhalb eines Tales, und Vorberge verdecken es. Ich weiß nicht, ob einige von Ihnen jetzt gerade dort waren. In Delphi habe ich zum erstenmal in Freiheit fliegende Adler erlebt. Das vergißt sich nicht. Wir standen oben im Theater und überantworteten griechische Verse, die wir rezitierten, dem willigen Echo, das auch unsre Schnitzer widerhallen ließ.

Die religionsgeschichtlichen Ablagerungen in **Delphi** - wir verstehen uns - sind zu kompliziert, als daß sie hier eingehend erörtert werden könnten. Die unterste Schicht gehört einem kretisch-minoischen, einem vorhellenischen Erdmutterkult. Dann wird **Apollon** der eigentliche Herrgott

von Delphi. Wird auch der Herr des unermeßlich alten
Orakels, das indessen weiterhin von einer Priesterin, der
Pythia, versehen wird. Pythia kommt von **Pytho**. Das war
ein Drache, der die dortige Landschaft beherrschte, bevor
Apollon, der Heilsbringer, und seine Schwester **Artemis**
ihn töteten. Wofür der Gott sich übrigens auf Kreta von
einem Priester namens **Karmanor** Absolution erteilen lassen mußte.

Aber Apolls Inthronisierung zu Delphi bezeichnet doch nicht
etwa die Übernahme des dortigen Kultes durch irgendwelche frühen Griechen. Apollon ist, obschon er der Nachwelt die Sonnen-
seite alles Hellenentums wie kein anderer repräsentiert und
gleichsam der griechischste aller Griechengötter zu sein scheint,
weder ein ionischer noch ein dorischer Gott gewesen. Desgleichen
weder ein makedonischer noch ein illyrischer. Sein Name kommt
weder vom dorischen Wort für Hürde, ›apella‹, noch vom makedonischen für Stein, ›pella‹, lehrt **Erika Simon** in ihrem Buch
»Die Götter der Griechen« (bei Hirmer, München 1969). Die
kluge Ordinaria für Archäologie in Würzburg sagt: *»Eine andere
Möglichkeit der Deutung bietet sich an: In hethitischen Inschriften, die man in den dreißiger Jahren entziffert hat, begegnet ein
Gott Apulunas, der ein Schützer der Tore war. Und vor dem
Haupttor des homerischen Troja stehen Steinfetische, die Carl
Blegen, der amerikanische Ausgräber, als Vorläufer der Stein-
kegel des griechischen Apollon Agyieus bezeichnet, die im historischen Griechenland vor den Häusern zu stehen pflegten. Die hethi-
tische Kultur Kleinasiens, die auch Troja umfaßte, war in religiösen Dingen stark von der babylonischen Kultur abhängig. Das
babylonische Wort für Tor aber ist ›abullu‹, und der babylonische
Gott, der Tore und Häuser hütete, war der Sonnengott Schamasch . . .«*

Dies ist der neueste Stand der Wissenschaft, und Sie sehen
einmal mehr, daß mit der starken und zähen Kraft, mit der
die Griechen eines späteren Tages sich das Christentum zu
eigen machen sollten, sie sich offenbar auch schon den mesopotamischen Pfortenhüter des Himmels - denn das ist des
Schamasch ältester und siderischer Aspekt - aneigneten. Das
mag sich um 2000 etwa ereignet haben. Ja, am Ende drängt
sich geradezu die Frage auf, ob sich nicht entsprechend
unserer Reihe **Astarte - Aphrodite - Maria** eine Abfolge
Schamasch - Apollon - Christos Pantokrator, also Christus

nachweisen ließe. Sie dürfen einmal mehr versichert sein, daß mir alles Blasphemische fremd ist. In solchen Zusammenhängen wenigstens. Apollon hat es selbst wissen lassen: »*Künden will ich den Menschen des Zeus untrüglichen Willen.*« Der ewig jugendliche Gott bietet sich also als Vermittler zwischen Gottvater und den Menschen an, und das stimmt mit der Rolle Christi im Himmel schon recht weitgehend überein. Apollon bezeichnete sich auch als »*Priester seines Vaters*«. Aber Anführer der Musen? Eines solchen Zuges zu den Künsten ermangelt der nazarenische Menschensohn. Doch gehörte die Rolle des Musenführers, des **Musagetes**, auch zu Apollon nicht von ältesten Zeiten an.

Eins ist wahr: die Göttergeschicke haben ihre eigene imponderable, sehr schwer auszusagende Alchimie. Und wer da leugnet, dürfte sich leicht in der Rolle dessen verheddern, der Differential und Integral bloß deshalb bestritte, weil sein Grips sie nicht faßte. Da erschien also, von Norden einwandernd, eine daheim einst vielleicht sehr mächtige Bergfrau, die Erinnernde. Aber unter dem Strahlungsdruck größerer Götter, der himmlischen Exponenten mächtigerer Kulturen aus Mesopotamien, lykisch, hethitisch, minoisch vermittelt, löst die Bergfrau sich in neun allegorische Fiktionen auf und verliert dabei - man ist versucht zu sagen: naturgemäß - an göttlicher Substanz. Ihr männlicher Aspekt **Helikon** geht in der Unwegsamkeit dieser Gebirge mythologisch erst recht leer aus, haftet mit versiegenden Kräften als ein hellenischer Rübezahl bestenfalls an dem Berg, dem er seinen Namen mitgeteilt hat. Indes die Neun mitsammen ausschwärmen und sich anderweitig anschließen und unterordnen. Nicht allzu weit. Nein, dort drüben in **Delphi** muß es geschehen sein, daß der strahlende Gott von Euphrat und Tigris sich der eher schemenhaften Kinder des Nordens angenommen hat und ihr Musenführer wurde. Ihr Vater gar auch. Konnte es leicht, denn nicht nur die göttliche Wahrsagekunst war sein Fach, sondern auch die ausübende Musik und die Dichtkunst waren es. In Delphi entwickelte sich folglich ein zweiter Hauptort der Musenverehrung. Aber der sonnenhelle Himmelsherr aus dem Orient hatte von Haus aus nichts mit den Musen zu tun. Denn seine Dienerinnen, wenn es um Kunst ging, waren die Chariten, die dann freilich anfingen, mit den Musen Umgang zu pflegen, bis ihre und deren Bilder sich zu decken anhuben. Nicht auszuloten, nicht auszuschöpfen. Das wollte ich Ihnen anhand der Musen und Chariten nur noch einmal vor Augen halten.

Wir nähern uns **Lepanto**. Steuerbords. Die an Backbord
sitzen, müßten links voraus auch schon **Patras** sehen können.

Antirrion rechts.

Rion . . . Sehen Sie das Fährschiff?

Meine Herrschaften, der nächste kleine Ort rechterhand
wird **Krionēri** sein, der übernächste **Missolunghi**. Von Missolunghi ist sehr viel zu sagen. Das ist während der kurzen
Zeit des Überfliegens nicht entfernt zu schaffen. Ich werde
mir daher erlauben, Sie mit Anmerkungen über Missolunghi
und all das, was damit zusammenhängt, zu unterhalten,
wenn wir uns draußen über der Adria befinden und mein
spezielles Themengebiet bereits verlassen haben werden.

Von **Krionēri** ist weiter nichts zu sagen, als daß dort eine
Kleinbahn endet, die von **Agrinion** herunterkommt. Ein
sehr drolliges Bähnlein, das aber tätsächlich fährt . . . Das
ist jetzt Missolunghi oder Mesolongion. Die Bucht ist ganz
flach. Daher war dem Platz von der See her militärisch mit
nennenswert größeren Einheiten nicht beizukommen. Gegen
das Festland hin war Missolunghi befestigt. Was Sie sehen,
ist Schwemmland dortiger Wasserläufe. Deren größter der
Achelōos.

Achelōos heißen mehrere Flüsse im griechischen Sprachbereich.
Dieser, der westlich von Missolunghi - schwer zu sehen allerdings -
seine Mündung immer weiter ins Meer hinausschiebt und, wie
auf dem Herflug schon gesagt, die **Oxias** aus dem Seichten heraus-
modelliert hat, ist eins der längsten Gewässer Griechenlands. Er
galt den frühen Griechen als Fluß der Flüsse. Als das Wasser
schlechthin. Als Ältester von 3000 Brüderflüssen. Die Neuein-
gewanderten gingen als Binnenländer noch nicht aufs Meer. Die
Silben ›ache-‹ hat er mit etlichen Flüssen gemein, die **Acheron**
heißen. Denn keineswegs bloß der Fluß der Unterwelt wurde
Acheron genannt. Dieses ›ache‹ aber entspricht unserm oberdeut-
schen Wort im Namen wie Salzach, Brigach, Loisach, Mosach
und so fort. Lateinisch = ›aqua‹. Es sieht so aus, als seien die
einwandernden Griechen, vom Pindosgebirge südwärts nieder,
dem Lauf dieses Achelōos und anderer dort nach Süden fließender
Wasser gefolgt.

Das erste frühe Heiligtum, das sie vorfanden, **Dodona**,
weihten sie ihrem eichenrauschenden Wettergott Zeus, den

sie aus dem Norden mitbrachten - das wurde schon gesagt; Dodoni oben südwestlich von **Iannina** ist per Olympic Airways ab Athen oder Agrinion zu erreichen -, und erhoben erst später im Südwärtsdringen das ebenfalls schon vorgriechische Heiligtum Delphi zu größerer Bedeutung. Büßten aber in dem Maße, wie sie ihre Götter mit den einheimischen vermählten und verschmolzen, und, was dasselbe sagt, in dem Maße, wie sie mit den Einheimischen, den Vorgriechen sich mischten, ihre Nördlichkeit mehr und mehr ein.

Vielleicht hängt der Name der Hellenen mit dem der Priester von Dodona zusammen, die **Helloi** oder Selloi hießen. Die Priesterinnen dort hießen **Peleiádes**: die Wildtauben. Ihr Kultlied lautete nornenhaft: »Zeus war, Zeus ist und Zeus wird sein . . .« Das Orakel von Dodona wurde noch bis in die christliche Zeit hinein befragt.

64   . . . daß der große Pan gestorben ist

Von **Pan** haben wir noch nicht gesprochen. So wird es Zeit dies nachzuholen. Dieser arkadische Gesell der Satyrn und Silene, der Herden- und Hirtengott erfreute sich ›bei den Alten‹, wie es auf Kathederdeutsch so treulich hieß, mit seinen Bocksbeinen, seinem schabernackischen Schalksgesicht, den Hörnern, dem scheckigen Zottelfell und der Panflöte beträchtlicher Popularität. Und die hat diese Kreuzung aus Ziegentum und Menschentum, dieser Bock als Hirte, Bock im Manne, Bruder im Tier sogar auch bei uns noch, wenn Sie sich das richtig überlegen. Sie brauchen nur an das sprechend mythologische Gemälde des **Jordaens** zu denken: **Pan**, zur Mittagszeit bei einem Bauernpaar eingekehrt, erweist den guten Leutchen ebenso liebenswürdig wie breitsprecherisch allerlei Geneigtheit, aber meckert auch Flunkerhaftes vor, daß die Bauern ganz weg und ganz baff sind.

Denn er ist, wie Götter das so an sich haben, ambivalenten Wesens. Nur hat im Alltäglichen und Landläufigen seine Ambivalenz geringen, nur bocksprungweiten Spielraum: er

tanzt, schreckt, springt, neckt, bespringt Nymphen, Geißen,
Mänaden, wie's ihn lüstet, lüstet ihn immer, ist närrisch
und zu Späßen aufgelegt, schleckt, foppt, bockt, stößt auch
mit den Hörnern, flötet melancholisch und hat nur zu gewissen großen Gelegenheiten seine ungeheure Gewalt in
Erscheinung treten lassen. Im Titanenkampf zum Beispiel
als schrecklicher Muschelhornbläser oder in historischer Zeit
in der Schlacht von **Marathon**, wo er durch panische Parteinahme den Sieg der Athener beförderte. Überhaupt
wußte man Pan im Spiel, wo immer Heere sich jählings zur
Flucht wandten.

Bei **Homer** kommt er nicht vor. Das muß nicht als Hinweis auf
ein unbedeutendes Alter genommen werden. Was wäre das auch,
das Alter der Götter? Im klassischen Athen erfreute er sich Ma-
rathons wegen offizieller Verehrung. Die Pansgrotte an der Nordwestseite der Akropolis haben Sie sich angesehen. Pan nahm von
dort aus zu, gewann Rang und legte demgemäß die theriomorphe
Zickigkeit und Bockigkeit sacht ab. »*Geliebter Pan*«, betete Sokrates, »*und ihr anderen Götter hier um uns her, gebt mir, daß
ich schön werde in der Seele, und daß alles, was mir zukommt,
zu meiner Seele freundlich strebe! Gebt mir, daß ich den Weisen
für reich halte, und vom Golde sei mir stets nur so viel, als der
Mäßige bedarf ...*« Im Kult des Gottes anspruchsloser Hirten
wird wohl, wenn von Städtern übernommen, auch ein liberal-
sozialistisches Motiv mitgeklungen haben. Pan war der Rechte
für die aristokratische Ära nicht gewesen.
    Weit und weiter verbreiteten sich seine Verehrung und Zu-
ständigkeit. Doch - es gibt eine Wende, und sie ist wohl gesetz-
lich - in dem Maß, wie das urtümliche, ursprüngliche Mythologein um ihn nachließ, kam die fromme, kam endlich die spitz-
findige Spekulation ins Spiel, ähnlich wie im Werdegang *der*
Muse: da ›pan‹ im Griechischen (als Neutrum zu ›pas‹ = alles)
auch den Sinn von ›all‹ hat, ward er zu einer Art Allgott erhoben, und diesem Umstand wird es zu verdanken sein, wenn,
als der Negativaspekt, als Wider- und Aberbild des allmächtigen
Gottes und Christvaters, unsere christliche Teufelsimago weitgehend mit dem Bilde Pans in Deckung rückte.

Erinnern Sie sich noch an die **Echinaden**? Dort unten rechts
liegen sie. Von den oder der Oxia-Insel sprachen wir eben.
Unter uns blaut jetzt nicht mehr und nicht weniger wieder
als das wohlbekannte Seeschlachtfeld von **Lepanto**. An die
Oxia-Insel lehnten sich die beiden gegnerischen Nordflü-

gel ... Aber die Echinaden-Gruppe, die Igelinselgruppe zieht sich längs der Küste noch weiter nach Norden. Sie erkennen wohl auch ein wenig davon. Da es sich aber vorzugsweise um Landanschwemmungen handelt, würde sich zu antiker Zeit kartographisch eine andere Lage geboten haben. Auch hat das Festland hier noch nicht so weit nach Westen vorgegriffen wie heute. Der **Achelōos**, der das alles verursacht hat, hat seine Mündung übrigens bald südlicher, bald nördlicher hinauswedeln lassen. Seit Homer und seit Olims Zeiten.

Annis Domini 14 bis 37, als **Tiberius** römischer Kaiser war, hat es sich dort unten irgendwo zugetragen: Da segelte ein Schiff nach Italien, und an Bord befand sich inmitten handelsüblicher Frachtgüter und üblichermaßen zusammengewürfelter Passagiere auch ein Lehrer der Philologie namens **Epitherses**. Soweit ich unterrichtet bin, weiß man von diesem Mann sonst nichts. Er wird wohl nur bei **Plutarch** erwähnt (›*De defectione oraculorum*‹ - Über den Rückgang der Orakel), allerdings in einem ganz und gar merkwürdigen Zusammenhang. Und man wird doch wohl unterstellen dürfen, daß Professor Epitherses von Berufs wegen gescheit und gebildet gewesen ist. Hören Sie den Plutarch zu dieser Begebenheit, der seltsamsten, die ich kenne: »... *Gegen Abend auf der Höhe der Echinadischen Inseln sei Windstille eingetreten, und das Schiff sei bis nah unter die Insel der Paxoi abgetrieben.*« Müßten Strömungen aus der Achelōosmündung gewesen sein, die sich unter diesen Umständen geltend machten, wer weiß.

»*Es war nach dem Abendessen. Die meisten Passagiere waren noch wach, und viele saßen und tranken, als sich von jener Insel her vollkommen unerwartet eine Stimme hören ließ. Irgend jemand rief: ›Thamous!‹ Die Verwunderung war allgemein. Thamous hieß zwar der Kapitän, ein Ägypter, war aber den wenigsten Mitreisenden dem Namen nach bekannt. Zweimal rief's noch, doch Thamous schwieg. Auf einen dritten Ruf aber reagierte er, woraufhin es von drüben mit dringlicher Stimme herscholl: ›Wenn du vor Palōdes kommst, verkündige dorten ... ὅτι Πάν ὁ μέγας τεθνήκε ... daß der große Pan gestorben ist!‹ Alle, die es hörten, seien wie verstört und betroffen gewesen und hätten hin und her überlegt, ob man es auftragsgemäß aus-*

richten oder lieber die Finger davon lassen solle, berichtete Epitherses. Thamous habe jedoch entschieden, er werde seelenruhig vorübersegeln, wenn in jener Ecke Wind gehe, aber hinüberrufen, was er gehört habe, sollte dort Windstille herrschen.« Ein Praktikus und so leicht durch nichts zu erschüttern.

»Vor Palōdes sodann, als auch dort weder Wind noch Wogen sich rührten, habe Thamous, landwärts gewandt, auf dem Heck Posten gefaßt und wie vernommen so hinübergerufen, daß der große Pan gestorben sei . . . ὅτι Πάν ὁ μέγας τέθνηκε. Doch kaum habe er also getan, als sich am Ufer ein heftiges Seufzen erhoben habe, in das sich auch Laute des Staunens und der Verwunderung, aber nicht nur von einer, sondern von vielen Stimmen gemischt hätten.«

Da nun eine ganze Menge Schiffsreisender dessen Zeugen geworden waren, eilte die Fama davon bald schon bis Rom und gelangte auch vor Kaiser **Tiberius.** Der ließ den Kapitän **Thamous** vor sich kommen. *»Was aber die Sache bedeute, wußte weder damals noch später irgend jemand zu sagen.«*

Diese verblüffende und ganz einzigartige Geschichte bedarf zunächst der geographischen Glossierung. Sie haben Ihre Landkarten zur Hand. Daß es nämlich nach Plutarchs Text innerhalb der damaligen Echinaden eine ›nēsos tōn Paxōn‹ = Insel der **Paxoi** gegeben habe, ist unbekannt und erscheint fraglich. Fest steht hingegen, daß es südlich **Korfu** zwei Inseln **Paxos** und **Propaxos** (heute Antipaxos), zusammen Paxoi geheißen, von alters wie zu jenes Epitherses Zeiten gegeben hat und immer noch gibt. Dies schlösse zwar uns unbekannte andere Paxoi in den Echinaden nicht aus, die mittlerweile ins Festland einbegriffen worden sein könnten. Doch hat das Hafenstädtchen **Palodes** hinwiederum, zu dem hin die Nachricht vom Gottestode gerufen werden sollte, tatsächlich an der Küste von **Epirus** und just eben in Höhe jener korfiotischen Paxoi gelegen, und da andrerseits die Entfernung von den Echinaden bis nach Palodes hinauf 100 bis 120 Kilometer beträgt, kann eine solche Distanz bei herrschender Flaute unmöglich noch am selben Abend zurückgelegt worden sein.

Plutarch meldet aber ebensowenig wie sein philologischer Gewährsmann, daß zwischen dem Empfang der Todesbotschaft und ihrer Weitergabe eine Nacht oder überhaupt eine nennenswerte Frist verstrichen sei. Woraus kurzerhand zu schließen, die Botschaft erging von den korfiotischen Paxoi, und **Thamous'** Auf-

trag bestand nur in der Weitergabe über circa 13 Kilometer, der
Entfernung nämlich von diesen bis vor **Palodes,** wo er die Nachricht ans Land rufen sollte. Oder aber: die Echinaden hätten für
seinerzeitige Begriffe sämtliche kleineren Inseln vor der Küste bis
nach Korfu hinauf und also auch die Paxoi gegenüber Palodes
umfaßt. Eine treibende Strömung könnte dort der Acheron-
mündung zu verdanken gewesen sein. Denn in deren Nähe wird
Palodes gelegen haben.

Doch sei's, wie es sei. Die geographische Unklarheit tut hier
wenig zur Sache. Man schiffte zu jener Zeit möglichst nicht
über die offene See. Küstenschiffahrt war das übliche. In
Sichtweite bei Tage, daß man an markanten Landbildun-
gen ablesen konnte, wo man sich befand; nachts wurde auch
nach den Sternen Kurs gehalten. In Sichtweite auch sicherheitshalber, falls Unwetter drohten oder aus sonst einem
Grunde das schützende Land aufgesucht werden mußte.
Andrerseits steuerte man, ist anzunehmen, außerhalb von
Untiefen und Klippen und also zwar küstennah, doch in
Respektabstand.
 Wer will demnach, zumal bei sinkendem Abend, der dort
schnell einfällt, haben erkennen können, daß irgendein
draußen treibender, zufällig, außerkursmäßig und nur einer
unvorhersehbaren Windstille halber gerade dort treibender
Frachtensegler der des ägyptischen Kapitäns **Thamous** war?
Es hat aber ein Unbekannter dennoch das Schiff des Thamous erkannt und den Kapitän beim Namen gerufen. Und
ein Bauchredner an Bord war es nicht, der da seinen Jokus
trieb, sonst hätte nachher die an Land gerufene Botschaft
dortselbst keinen Widerhall von mehreren Stimmen finden
können.

Aber warum gerade einem so x-beliebigen Schiffer eine solche
Nachricht mit auf die Fahrt geben, wo doch die Route **Korinth -
Brundisium** als eine der meist frequentierten der Alten Welt in
den besseren Jahreszeiten tausendfach befahren wurde? Irgendeinem Privaten und nicht einem kaiserlichen Schnellsegler, einem
schnellrudernden Kurierboot vom *cursus publicus,* von der Staats-
post? Und warum eine derartige Botschaft gerade eben nur ein
Haus weiter gebracht wissen wollen und nicht wenigstens gleich
bis Brundisium und bis Rom und auf dem schnellsten Wege in
alle Welt? Das bleibt gänzlich im dunklen.
 Ich betone aber: *derartige* Botschaft, und lese manchem die

Frage von den Lippen, ob denn überhaupt ein Sinn in ihr war?
Wer soll denn der rufende Absender gewesen sein, bitte? Wer die
Adressaten, die da staunten und stöhnten? Aber wunderbarerweise doch auf eine Kunde gefaßt versammelt waren, sonst hätten
sie - wenn gewöhnliche Sterbliche - nicht auf der Stelle in allerlei
Laute ausbrechen können, sondern erst rückfragen müssen, wer,
wer ist gestorben? Oder nicht? Oder erklang bloß ein vielfach
gebrochenes Echo auf Thamous' Stimme?

Philologen - ich meine die unsrigen und nicht den **Epitherses** - sind schnell mit Abschreibfehlern bei der Hand: es
werde im Urtext gar nicht Pan geheißen haben, sondern
sonstwie. Doch ohne den Namen des großen Ziegenpan -
oder wenigstens eines anderen Gottes meinetwegen -, der nun
tot war, zerplatzte die ganze Geschichte wie eine Seifen-
blase und hinterließe nichts, was Epitherses und, ihm nach,
Plutarchos hätten für mitteilenswert halten können. Dafür
aber haben beide Berichterstatter sie gehalten, sonst wäre
sie nicht bis zu uns gekommen. Und soll man glauben, Kaiser **Tiberius** hätte einen ordinären Handelskapitän vorgeladen, von dem lediglich verlautete, von Paxos her habe
ihn einer wissen lassen, Fischer Soundso sei gestorben, und
er möge doch die Güte haben, diese Trauernachricht nach
Palodes zu rufen, falls er da längs komme und so weiter.
Auf derartig kleinkarierte Miszellen war der Kaiser zu
Rom kaum angewiesen. Weswegen hätten denn auch alle
Schiffsinsassen betroffen aufhorchen und über das weitere
Tun und Lassen in dieser Angelegenheit beratschlagen sollen, wenn irgendeines Hinzen oder Kunzen Ableben aus-
posaunt worden wäre und nicht eben das eines Gottes?
 Und es dürfte schon eine ganz ansehnliche Menschenan-
sammlung an Deck und nicht bloß eine Handvoll gewesen
sein, die da Ohrenzeugen wurde und in der sich schwerlich
alle zugleich über einen Namen getäuscht haben werden,
der in der griechischen Sprache ziemlich unverwechselbar
alleinsteht. Schall kommt über stilles Wasser recht klar,
und es mag sowieso üblich gewesen sein, vorüberfahrende
Schiffe auf diese Weise als Boten zu verpflichten. Das Bestürzende eben war die Nachricht vom Tode des **Pan**, und
darum kann Plutarchs Darstellung in dieser Hinsicht keinen
Fehler enthalten. Und wenn die Fahrgäste den Namen

nicht richtig verstanden und Thamous ihn folglich falsch
weitergerufen hätte, weshalb hätten dann die Adressaten
mit Stöhnen und Staunen geantwortet? Und nicht erwidert,
man solle sie gefälligst nicht zum besten halten und mit dem
Tod eines Gottes keinen lästerlichen Unfug treiben; Götter
seien, soweit bekannt, unsterblich!

Als der Apostel **Paulus** zum Prozeß nach Italien verbracht und
dabei nach **Malta** verschlagen wurde, befanden sich laut Apostelgeschichte (27, 37) *»zwei hundert und sechs und siebenzig Seelen«*
an Bord. Es verkehrten aber auch großräumige Lastschiffe, die zu
ihrem Cargo von Frachtgütern auch noch 1200 Passagiere befördern konnten. Zwischen **Alexandria** und **Ostia** zum Beispiel.
Es wäre demnach parteiische Willkür anzunehmen, Epitherses sei
mit einer derartigen Nußschale in See gestochen, daß seine Mit-
fahrer nur eine blinde Rotte hätten bilden können. Eine halbwegs taube obendrein. Konzedieren wir ihm 150 Reisegefährten
oder 100. 100 vorwiegend normale Menschen irren nicht alle zugleich.

Was also war vorgefallen? Gar nichts? Es sei ein Schiffer-
märchen, las ich. Das leuchtet mir partout nicht ein. Von
einer märchenhaften Pointe kann weder beim Namen **Pan**
noch bei einem anderen die Rede sein. Auch von märchenhafter Farbe oder Tonart nicht. Man hat dieses Geschehnis,
später selbstverständlich, in Zusammenhang mit dem damals aufkommenden Christentum gebracht, las ich, und als
Untergangsprophezeiung des Heidentums ausgelegt. Dagegen wird eingewendet, das habe zur Stunde noch niemand
wissen können. Und dem wieder ist energisch entgegenzu-
halten, daß es das Salz der Prophezeiungen sein und bleiben
muß, nicht nachzubeten, was bereits gewußt wird, sondern
zu eröffnen, was noch nicht gewußt wird und ohne Hell-
sicht noch nicht abzusehen ist. Wer aber wird denn eine
düstere Prophezeiung und ihr Drum und Dran etwa deshalb für unwahr halten, weil tatsächlich eingetroffen ist,
was sie verhieß? Das wäre des Rationalismus zuviel!
Kurzum, man sollte einfach für Tatsachen nehmen, was
Plutarch berichtet. Man sollte Glauben schenken. Es handelt sich um das, was man - entsprechend Vision (zu videre
= sehen) - eine Audition (zu audire = hören) nennen
müßte und, da sie nicht einem einzelnen widerfuhr, son-

dern einer ganzen Reisegefährtenschaft, eine Massen-Audition. Wenn es so etwas im christlichen Bereich gegeben hat, warum dann nicht auch im heidnischen? Wer will von einem um Nüchternheit und Gerechtigkeit bemühten Betrachter und Bedenker verlangen, er solle das Außerordentliche glauben, wenn es um Christi Dinge ging, es aber nicht glauben, wenn Heidnisches auf dem Spiel stand? Ich darf Ihnen ins Gedächtnis rufen, was dem **Saulus** vor Damaskus begegnet ist. Und zwar um die nämliche Zeit. Aus unserm Abstand von über neunzehn Jahrhunderten betrachtet, schrumpft der Zeitraum. Des **Epitherses** Seereise fällt jedenfalls noch in die Zeit vor **Tiberius'** Tod, vor 37 also; des **Saulus** Dienstfahrt nach Damaskus wird in die Jahre 35/36 datiert. Also sind beide Epiphanien in unserm Sinne geradezu gleichzeitig, die Christi und die . . . ja, wessen? Pans? Ich wiederhole abermals, ich führe nichts Blasphemisches im Schilde. 37 wurde übrigens **Pilatus** per Schiff nach Rom spediert, wie Ihnen vielleicht noch erinnerlich ist. Wie Paulus zur Aburteilung.

Die Apostelgeschichte (9, 1 ff.) sagt: »*Saulus schnaubte noch mit Drohen und Morden wider die Jünger des Herrn und ging zum Hohenpriester, und bat ihn um Briefe gen Damaskus an die Schulen (πρὸς τὰς συναγωγὰς), auf daß, so er Etliche dieses Weges fände, Männer und Weiber, er sie gebunden führete gen Jerusalem. Und da er auf dem Wege war, und nahe bei Damaskus kam, umleuchtete ihn plötzlich ein Licht vom Himmel. Und er fiel auf die Erde und hörte eine Stimme, die zu ihm sprach: Saul, Saul, was verfolgst du mich? Er aber sprach: Herr, wer bist du? Der Herr sprach: Ich bin Jesus, den du verfolgest. Es wird dir schwer werden, wider den Stachel zu löcken. Und er sprach mit Zittern und Zagen: Herr, was willst du, daß ich tun soll? Der Herr sprach zu ihm: Stehe auf und gehe in die Stadt; da wird man dir sagen, was du tun sollst. Die Männer aber, die seine Gefährten waren, standen und waren erstarret; denn sie hörten eine Stimme und sahen niemand . . .*«

Will sagen, dem **Saulus** widerfährt zweierlei, eine Vision - von blendender Leuchtkraft, die ihn für drei Tage blind machte, wie des weiteren mitgeteilt wird - und eine Audition: ein Ruf wird an ihn gerichtet. Und auf des Saulus Gegenfrage gibt sich der Rufer zu erkennen. Die begleiten-

den Sbirren aber haben hier nur an der Audition teilgehabt, doch niemanden gesehen. Auch ein überirdisches
Leuchten nicht; sie hatten nach anderen Berichten ihre
Köpfe freilich auch in den Sand gesteckt, zumal sie samt
dem künftigen Apostel zu Boden gefallen waren. Allerdings weichen diese Berichte voneinander ab. Denn (22,9)
wird den Häschern das Leuchten sichtbar, nicht aber die
Himmelsstimme hörbar. Und (26, 12-20) wird das Leuchten als heller denn Sonnenschein beschrieben und wird
die Mitteilung der Audition noch detaillierter wiedergegeben, über die Gesichte und »Gehöre« der Begleitmann-
schaft aber nichts gesagt.

Der Wunder jedoch kein Ende. Es war vielmehr ihre hohe Stunde,
damals *»als die Zeit erfüllet war«.* Denn nachdem wir zur Kenntnis genommen haben, daß die Mannschaft, als sich alles wieder
hochgerappelt hatte, den Geblendeten an der Hand nehmen und
nach Damaskus hinein hatte führen müssen, heißt es weiter im
Text (9, 9 ff.): *»Es war aber ein Jünger zu Damaskus mit Namen
Ananias. Zu dem sprach der Herr im Gesicht* (ἐν ὁράματι = in
einer Vision): *Anania! Und er sprach: Hier bin ich, Herr! Und
der Herr sprach zu ihm: Stehe auf und gehe in die Gasse, die da
heißt ›die Gerade‹* (eutheia) *und frage in dem Hause Judas nach
Saul mit dem Namen von Tarsus; denn siehe, er betet und hat
gesehen im Gesicht* (abermals: en horamati), *einen Mann mit
Namen Ananias zu ihm hineinkommen und die Hand auf ihn
legen, daß er wieder sehend werde ...«*

Ananias hatte zuerst noch seine Einwände, hatte vom Juden-
christenverfolger **Saulus** Übles gehört, von seiner Mitschuld an
der Steinigung **Stephans,** und drückte unbefangen seine Verwunderung über die Absichten des Herrn aus, daß gerade ein so
engagierter Verfolger einer Heilung genießen solle. Aber *»der
Herr sprach zu ihm: Gehe hin, denn dieser ist mir ein auserwähl-
tes Rüstzeug, daß er meinen Namen trage vor den Heiden und
vor den Königen und vor den Kindern Israel (9, 15)«.*

Wir hatten in der Mitte und gewissermaßen auf der Höhe
dieser Betrachtungen auf die charakteristischen Wunder und
Zeichen - *thaumasia* und *semeia* - und auf die Rätsel hin-
gewiesen, die einen - ich gebrauche absichtlich die gleichen
Worte und Wendungen wieder - so außergewöhnlichen
Vorgang wie die Geburt einer Weltreligion als notwendige
Erscheinungen begleiteten. Hatten von ekstatischer Ge-

stimmtheit, von gewitterbanger Verzückung, vom Seelenbeben und den Wehen des Neuen gesprochen, als sich im
Osten die Volksgebundenheit eines Gottesbegriffes zur
Menschheitsverbindlichkeit weitete, hatten aber unter zwie-
fachem Hinweis auf **Apollonius von Tyana** aufgezeigt, wie
auch das späte, weitgebreitete großgriechische Seelenkollektiv seinen Heiland ans Licht der Geschichte gebar, der freilich berufen, aber nicht erwählt war.

Unter diesem Blickwinkel allein ist des **Epitherses** Reise-
erlebnis zu verstehen, für das weder er, soweit wir wissen,
noch **Thamous**, **Tiberius** oder **Plutarchos** irgendeine Erklärung hatten und haben konnten: der Szene bei Damaskus mit ihrer jäh aufleuchtenden, sieghaften und geradezu
programmatischen Zuversicht auf der Heiden, Könige und
Kinder Israel Bekehrung entspricht - »gleichzeitig«, wie es
sich gehört - das dämmerdunkle, scheidenswehe Omen bei
den Paxoi.

Übrigens um so wunderlicher, bestürzender, überrumpel-
pelnder, als keiner der Ohrenzeugen auf des **Thamous** Ita-
liensegler mit dem Ende des Alten und dem Heraufkom-
men eines Neuen irgend etwas zu tun gehabt zu haben
scheint. Anders als Saulus, dessen hassendes Engagement
nur umschlug, daß ein **Paulus** aus ihm wurde; Paulus war
sein Name als römischer Bürger, der zu sein er sich freuen
konnte. Ambivalent umschlug, entsprechend dem Nietzsche-
Wort, wer gut verfolge, lerne auch gut folgen, da er ja
sowieso einmal hinterher sei. Und ohnehin berühren sich die
Extreme.

Keiner der Ohrenzeugen? Vielleicht war **Epitherses**, von dem wir
nichts wissen, wenn noch kein heimlicher Mann des Neuen, so
doch einer, der den Untergang der Antike ahnungsvoll kommen
fühlte. Schweigend und leidend. Bildungsgesättigt. Und voller
Trauer. Vielleicht war Kapitän **Thamous** Myste irgendeines ägyptischen Geheimkultes. Da wird sich nichts mehr feststellen lassen.
Sicher aber ist, daß **Pan** ein Gott war, zu dessen Eigenarten vor
allem die überraschende Epiphanie gehörte. So war eine Todes-
anzeige ein - oder sein - letzter panischer Auftritt. Sein Ruf,
wie er immer gerufen, oft auch gebrüllt hatte, die Absage der
Heidenzeit.

Ta Olympia, die Wettkämpfe in Olympia alle vier Jahre, waren eine undatierbar frühe gemeinsame Veranstaltung der Griechenstämme. Waren lange schon stehende Einrichtung, als man von 776 vor Christus an die Sieger namentlich aufzuzeichnen begann. 293mal sind die Spiele seit jener ersten Siegernotierung durchgeführt worden. In so langer Zeit hatte ihr Sinngehalt ausbleichen und schal werden müssen. Der Lauf der Welt! Die Gebildeten hatten sich vom Sport in dem Maße abgewandt, wie er zum Profi-Betrieb und die Stadien und Arenen zu Tummel- und Rummelplätzen geistloser Athletenvergottung geworden waren. Im alten Olympia hatte man um nichts weiter als einen Ölzweig gekämpft. Als einzigen Gewinn.

Den Christen, deren Legion war und immer mehr wurde, war nicht nur jene ausartende Abgötterei, sondern all und jede Leibesübung als Leibesverherrlichung abscheulich, war die weihende Hingabe an die Gottheit vermöge leiblicher Stählung und Leistung ganz und gar unverständlich. Dergleichen mußte sie, die nur mehr die Hinfälligkeit und Nichtigkeit des Fleisches zu sehen vermochten, zutiefst anwidern. Das Fleisch - der Kerker der Seele. Nie sonst hat das Leibliche solche Leugnung erfahren. In des Herrn Jahr 392 verbot Kaiser **Theodosius der Große** jegliches Opfern nach altem Ritus für das ganze Imperium. 394 verbot er die Olympischen Spiele. Wenigstens zwölf Jahrhunderte hindurch hatten sie stattgefunden. Griechentum von einer seiner schönsten Seiten und einer sehr bezeichnenden.

»Ἐν δ'ἕσπερον / ἔφλεξεν εὐώπιδος / σελάνας ... *in den Abend erglänzte vom schönen Antlitz des Mondes liebliches Licht. Es klang der ganze heilige Bezirk bei den frohen Mählern rings von der Loblieder Weise* ...«, so hatten **Pindars** Verse einst die abendlichen Feiern nach den Wettkämpfen lyrisch knapp skizziert. Des Nachts schlief alles unter der Götter Sternhimmel im Freien, Olympioniken wie Besucher. Nur für Ehrengäste hatte es ein Hotel gegeben, ein einziges. Nun wurde es totenstill in Olympia. Wohin mögen die stellungslosen Priester sich geflüchtet haben? Aus **Phidias'** Atelier wurde vorübergehend eine byzantinische Kirche. Sein goldelfenbeinernes Zeusbild kam ins Museum nach **Konstantinopel.** Reverenz der siegreichen Christen vor den Bildwerken einer ausgelebten, sinnerledigten und überwundenen Religion. Konstantinopolis befand sich mittlerweile bereits im siebten Jahrzehnt seines Bestehens und war doch von Anbeginn aus Abbruchmaterial erbaut worden. Dem kaiserlichen Gründer war es schiffsladungsweise aus dem Abriß heidnischer Tempel zugefallen, die er hatte schließen lassen. Weniger wohl aus christlichem Eifer als in der Absicht, die Baukosten niedrig zu halten, wie immer sich's machen ließ. Die geringeren Heiligtümer und Tempelbauten fanden wenig Besucher und keine Beschützer mehr. Man schickte sich drein. Den Phidias-Zeus verzehrte gegen Ende des folgenden Jahrhunderts ein Museumsbrand.

Friedhofsstille auch in **Delphi**. Nur noch das unermüdliche Rauschen des Kastalischen Quells und der Wälder. In einem Kapitelschluß **Thassilo von Scheffers** über Delphi heißt es: »*Im allgemeinen aber war zu den Zeiten Plutarchs – ja wohl schon erheblich früher – die heilige Stätte nur noch eine museale Sehenswürdigkeit für Reisende. Das Christentum fand für seinen neuen Glauben kaum etwas mehr, was es hier zerstören konnte, aber Kaiser Theodosius machte 394 dem Kult, soweit er noch eine überkommene Rolle fristete, ein trauriges Ende und ließ die Tempelstätte schließen. Nach einem Glanz ohnegleichen, nach grenzenloser Verehrung und segensreichem Wirken von über 1000 Jahren sank die Nacht der Vergessenheit auch auf diesen Platz, den man vom Licht der Himmlischen für ewig umleuchtet wähnte.*«

Nur in **Dodona**, dem griechisch ältesten, und in **Eleusis**, dem heiligsten Herd aller Herde, zögerte sich der Untergang der Antike noch ein wenig hinaus. Die Altgläubigen dort sowohl wie in Athen scheinen aus dem Tod des **Theodosius** im Jahr 395 Nutzen haben ziehen wollen, indem sie die verbotenen Mysterien wieder eröffneten. Alsbald aber traten die Goten unter **Alarich** auf den Plan und erstickten das matt nur entfachte Altarfeuer für immer, Christen und Germanen, zwei Verderber der Antike in einem.

Untergang. Erinnert an Untergang des Abendlandes, von dem niemand gern hört, auf den wir aber gefaßt zu sein haben. Auf das Sterben unsres großen Kollektivs wie auf das eigene zeitliche Ende. Die Altstadt von **Famagusta** hat Ihnen angedeutet, welch elendes Bild sich dann bieten kann. Schiffsladungsweise hat der Suez-Kanalbau die Werkstücke der gotischen Steinmetzen verschlungen.

Es ist kindisch und vergeblich, diesen Untergang leugnen zu wollen, weil das Kerngebiet noch intakt ist. Die endogenen Untergänge kommen periodisch. Möglicherweise sang- und klanglos und offenbar niemals von heut auf morgen. Und müssen keineswegs im Untergang einer Vielzahl von Einzelnen und ihrer Habseligkeiten bestehen. Sagen wir also Ablösungen. Ablösungen der Kulturen. Das klingt nicht so hart. Der Sinngehalt der Dinge, Handlungsweisen, Leistungen und Verhältnisse, die Erscheinungsformen demgemäß ändern sich leise, lebensgleich merklichunmerklich im Zeitenfluß, gründlich und unaufhaltsam. Und ehe noch die alten Mimen in ihren herkömmlichen Kostümen samt und sonders auf Nimmerwiedersehen in den Kulissen verschwunden sind, findet sich die Bühne schon wieder mit anderen Darstellern bevölkert. Oder den vorigen in neuen Masken? Wer führt die Regie? Wie hieß gleich der vorige Regisseur? Ach, immer dieselben Akteure, wenn Sie so wollen: die Menschen. Aber mit neuem Programm. Das bedient sich zunächst noch der gewohnten Gebärden, wartet auf einmal jedoch mit etwas ganz anderem auf, etwas nie noch Gesehenem, nie noch Gehörtem, für das aber wir, dem abendländischen Denk- und Fühlschema familiär verquickt und vernabelt, noch keinen Namen haben können. Wir laufen vielmehr Gefahr, noch für Abendland zu halten, was in Wirklichkeit unter neuen Zeichen bereits dem nächstfolgenden Zeitalter angehört. Wir haben das Auge nicht. Daran liegt's.

Sie sehen, ich bin einigermaßen optimistisch. Und, um auch noch das zu sagen, auf das Ende der Christenheit und anderer oder gar aller Religionen müssen die künftigen Wendungen der Dinge so wenig hinauslaufen wie auf die Errichtung eines allkommunistischen Welt- und Einheitsreiches. Denn es gibt neben dem Spenglerschen Wechsel der Zeichen auch die Fortdauer in Wechsel und Wandel. Die anpassende Mutation, die erhaltende. Das vieltausendjährige Überdauern, dem unsre Aufmerksamkeit insbesondere galt.

Die Christen erzwangen unter Opfern, deren Zahl nicht wenig übertrieben worden ist, endlich die Toleranz, die sie selbst nicht im geringsten, nicht einen Atemzug lang zu gewähren gedachten, nachdem sie unter **Konstantin** Träger der Staatsreligion geworden waren, und gingen, einmal an der Macht, zur krassen Heidentumsvertilgung über, wir sagten es. Zur Erstickung der Minderheit. So fromme Tücke, frommer Terror ist gefährlich und legt die Frage nahe, ob man nicht duldsamer gegen das verlöschende Heidentum verfahren wäre, wäre man der neuen Heilswahrheiten gewisser gewesen. Aber Menschen sind einmal nicht anders. Der Gemäßigte gilt wenig, der Fanatiker viel. Zuweilen alles.

Symmachus (345-402) war ein römischer Stadtpräfekt. Seine Bemühungen waren von Bildung, Geist, Fleiß, Gesittung, Vornehmheit, Menschlichkeit, Liberalität und allen nur denkbaren Tugenden getragen. Nur eine, die wichste, fehlte ihm: er war kein Christ und wollte Heide bleiben. Er richtete an den Kaiser - 384 war es **Valentinianus II.** - eine Bittschrift im besonderen für die Wiedererrichtung eines Kultbildes der Victoria in Rom und für die Freiheit des ererbten Glaubens im allgemeinen: »... *Wir schauen auf zu denselben Sternen. Gemeinsam ist uns der Himmel, dieselbe Welt umfängt uns. Was liegt daran, auf welchem Wege ein jeder die Wahrheit sucht. Das Geheimnis ist zu groß, als daß nur ein Weg zu ihm führen könnte* ...«

Dies war freilich die Stimme geklärter reifer Vernunft, die er erhob. Doch wurde seinem Gesuch nicht stattgegeben. Seine Bemühungen waren vergeblich.

66 Sankt Nikolaus

An Backbord jetzt wieder **Bari**, einigermaßen klar zu sehen. Ich habe es unterlassen müssen, Sie auf Brundisium - **Brindisi** aufmerksam zu machen, weil keine Sicht war. Überhaupt drängen sich über dem italienischen Festland Wolken zusammen wie Schafe in einem Pferch. Graues Hammelgewölk. Ein Wollstrumpf statt des Stiefels. Da werden wir wohl von den Alpen auch nicht viel zu sehen bekommen, schätze ich.

In **Bari** liegen in San Nicola, diesem normannischen Bau von 1087, die sterblichen Reste des heiligen **Nikolaus**. Auf dem Hinflug, wenn Sie sich gütigst erinnern wollen, hatte ich Ihnen versprochen, auf diesen mehr legendären als historischen Gotteszeugen zurückzukommen. Die vermittelnde Funktion der antiken, mehr oder weniger lokalen Heroen, die man von den Göttern herzuleiten pflegte oder in halbgöttlichen Rang als Sternbilder sichtbar erhöhte, ist im unbegrenzten Reich der jungen Weltreligion *mutatis mutandis* von den Märtyrern übernommen worden, die selig- und heiliggesprochen wurden, wenn auch die christenmäßige Abkehr von Eros und Sexus sie hinderte, gleich den Heroen Stammväter künftiger Geschlechter zu werden.

Nikolaos war der Sohn begüterter Eltern aus **Patara** oder Patēra in Lykien. Lykien, jetzt weit hinter uns, ist so etwas wie die Südwestecke Anatoliens, und Patara wieder lag an der Südwestecke Lykiens. Die Legende weiß, daß der Neugeborene sich in der Badewanne so stämmig wie das Herakles-Baby aufgeführt und das blutjunge Elternpaar nach dieser Erzeugung sich keuschen Wandels beflissen habe. Nikolaos wurde im Jünglingsalter Vollwaise, was ihm, dem Ernsthaften und Gemessenen - und Christen selbstverständlich - zu noch sittenstrengerem Verhalten Anlaß gab. Als reicher Erbe begann er, sich in Wohltätigkeit zu üben. Vor der eigenen Tür fing er an.

Da war ein verarmter Nachbar, der sich außerstande sah, seine drei Töchter zu verheiraten, weil er für die Aussteuern nicht aufkommen konnte. Ja, die Armut dieses Unglücklichen nahm derart überhand, daß er sich mit dem Gedanken befreundete, die Mädchen Prostituierte werden zu lassen und auf den Strich zu schicken. Davon erfuhr **Nikolaos**, entrüstete sich nicht wenig, wickelte eilends einen Klumpen Gold oder Münzen und allerlei goldenes Gerät in ein Tuch und warf den Packen durch ein offenes Fenster in des Armen Behausung oder auch in der Mädchen Schlafkammer, ohne daß jemand des Werfers gewahr geworden wäre. Der Mann nahm die Gelegenheit richtig beim Schopfe, fackelte nicht und verheiratete seine Älteste nunmehr wohlanständig. Zweiter Wurf und dritter Wurf, bis das Dreimäderlhaus töchterleer und alles Frauenzimmer glücklich und ehrsam unter der Haube war. Den Beschenkten aber ließ es nicht ruhen. Es gelang ihm, den edlen Spender ausfindig zu machen und zu stellen. Doch nahm dieser ihm in angemessener Bescheidenheit das Versprechen ab, niemals preiszugeben, um wessen Mitgiften verdanke. Das freilich scheint der Dreibräutevater für nicht allzu verbindlich gehalten zu haben. Die für unsre Begriffe einigermaßen verschwärmt moralinsüße Geschichte wäre sonst nicht auf uns gekommen. Sie ist nichtsdestoweniger aber eine der populärsten Heiligenlegenden des Mittelalters geworden und von bemerkenswerter Nachhaltigkeit. Wie noch zu zeigen sein wird.

Der Wohl- und Wundertaten waren viele, die **Nikolaos** fortan verrichtete. Noch zu Lebzeiten vermochte er an Orten zu erscheinen, an denen er leiblich nicht weilte. So legte er zum Beispiel, während er schon konsekrierter Bischof von **Myra** war - Myra an der Südecke jener Südwestecke -, auf einem in Seenot geratenen Schiff zum Staunen der Matrosen rettende Hand an Ruder und Takelwerk. Als Nothelfer, eingehüllt in eine Aureole aus sprühendem Licht. Wie man denn auch bei den Fahrensmännern in der damaligen Levante Nikolausfeuer genannt hat, was wir Elmsfeuer nennen. Was, alles in allem, an das Fortleben alter Meeresgottheiten denken läßt, des **Melikertes-Palaimon**, eines phönizischen Seefahrtbeschützers, den die Griechen sich zu eigen gemacht hatten. Oder des **Glaukos Pontios** in positivem Aspekt. Dessen Negativseite übrigens auch nicht so ganz fehlte. Nikolaos konnte ertränken. In christlicher Sänftigung freilich nur aus erzieherischen Gründen und nur auf Zeit. Melikertes aber hatte vorzeiten Kinderopfer verlangt. Als **Baal** von Tyrus. (Wie überhaupt altes Religionsgut in diesen Heroen Christi fortlebt, ist hier schon am Beispiel des Drachentöters Sankt Georg skizziert worden. Und gerade das Alleralteste, das nur noch unterschwellig vegetierte, scheint gelegentlich eines Religionswechsels seine Chance zu nutzen und sich auferstehend dem Neuen anzubiedern und anzugliedern.)

Einst überredete **Nikolaos,** als in seiner Diözese Hungersnot herrschte, die Besatzungen etlicher kaiserlicher Getreidesegler aus Ägypten, die in Myra, genauer in dessen Seehafen **Andraki,** angelegt hatten, zur Löschung eines Teils ihrer für Rom bestimmten Ladung, indem er ihnen bei der heiligen Dreieinigkeit versicherte - bei allen Heiligen konnte er's derzeit noch nicht -, sie würden auf Scheffel und Korn genau mit unverminderter Fracht in Ostia einlaufen. Was denn wunderbarerweise auch geschah. Er aber konnte die Bedürftigen speisen und behielt auch noch Saatgut fürs kommende Frühjahr ein.

Vom Glanze solcher Wundergloriole sind die historischen Fakten wie überblendet. Sein Episkopat, heißt es, fiel in die Zeit **Diocletians** und **Maximinians.** Nikolaos wurde als Christ und Oberhirte verfolgt, um seines Glaubens willen gefoltert, seiner Unbeugsamkeit wegen verstümmelt und nach acht oder neun weiteren Regierungen diverser Kaiser unter der gelinderen Herrschaft **Konstantins des Großen** aus dem Gefängnis entlassen und wieder Bischof. Als er auf dem Ersten Konzil von **Nikäa** erschien - was allerdings nicht aktenkundig geworden ist -, ein fast überirdisch schon verklärter, wie von Elmsfeuern umwaberter Greis, schwebend, so sah es aus, und nur leichthin auf seinen Krummstab gestützt, da erhob sich die Versammlung der Kirchenväter, als handele sie auf Verabredung, wie ein Mann. Dem alten, vergeistigten Heros der Verfolgungen zu Ehren, der überlebt hatte und noch auf Erden wandelte. Oder war es wieder nur des Nikolaos Schemen und schimmernde Erscheinung? Er soll sich scharf und unmißverständlich gegen die arianische Häresie ausgesprochen haben. Heißt es. Oder hat es ihn gar nie so richtig gegeben und war er nur, was man eine Emanation des Göttlichen zu nennen hätte, und ohne leibliche Substanz?

Eine erste Kirche mit Nikolaos als dem einen von zwei Namenspatronen wurde unter Kaiser **Justinian** zu **Konstantinopel** erbaut. Im sechsten Jahrhundert. In dieses also wäre ein erstes Wachsen und Zunehmen des Nikolaos zu datieren. Im Abendland tauchte der Name des mittlerweile größten griechischen Heiligen zunächst bloß in den Märtyrerverzeichnissen des 9. Jahrhunderts auf, desgleichen auch erstmals als Name eines Papstes, und eigene Kirchen sind ihm gar erst im Anfang des 11. Jahrhunderts geweiht worden. Dann allerdings in großer Zahl. Es muß schließlich eine Art Nikolausrausch über Europa hingegangen sein. Man hat bald schon 400 Nikolaikirchen allein in England zählen können. In meinem näheren Heimatbereich hatten oder haben **Magdeburg, Brandenburg, Potsdam, Spandau, Berlin** und **Frankfurt an der Oder** spätestens im 13. Jahrhundert Patronatskirchen St. Nikolai. Aber ich extemporiere: es mögen ihrer auch hier noch viel mehr gewesen sein. Es gab in Lübeck, in Stockholm, in Reval Gotteshäuser unter seinem Namen, wohin immer christliche Seefahrt führte. Des Nikolaus handfeste Missionare waren die Matrosen. Wo es aber nicht möglich war, einen neuen Kirchenbau zu errichten, hat man den vorhandenen durch den neuen Namenspatron, durch Nikolaus ersetzt, um jedenfalls der frommen Mode zu genügen.

Die Geschichte der Ausbreitung des Nikolauskultes dürfte so schwer nicht zu erforschen, aber prototypisch für Vorgänge dieser Art sein. Zeitlich fällt sie zusammen mit dem Vordringen der **Seldschuken** in Syrien und Kleinasien im siebten und achten Jahrzehnt des 11. Jahrhunderts. Als ein Turkstamm waren die Seldschuken Mongolen. Als jüngst erst konvertierte Muselmanen aber verstärkten und reaktivierten sie den arabischen Machtblock des Islam ganz erheblich und bedrohlicher denn je seit dessen Expansion in den ersten anderthalb Jahrhunderten nach **Mohammed**. Der Islam beherrschte ohnehin schon einen weitaus größeren Teil der bekannten Erdoberfläche als alle christlichen Fürsten in Ost und West zusammen.

Diesem Vordringen der Ungläubigen, dieser Zuspitzung antwortete der Kreuzzugsgedanke, der 1095 von **Urban II.** erstmalig in mahnende und aufrufende Worte gekleidet wurde, nachdem der Kaiser im Osten, **Alexios Komnenos**, den Papst, wie wir auf dem Hinflug sagten, dazu angeregt hatte. In den Kreuzzügen schossen unversehens alle Arten unstillbarer Unruhen des Abendlandes ineinander: allerlei kollektive Aggressionsgelüste, auch solche höchst übler Gattung, das Fernweh sodann, von dem wir schon sprachen, die zu Ortsveränderung drängende Unstete, das Pilgern, das Wallen - es hatte, sehr allmählich freilich, schon im 4. Jahrhundert im Ostreich angefangen -, der Pilgertourismus, wie man den so leidenschaftlich nach den heiligen Stätten gierenden Reisedrang wohl nennen muß, dieses abenteuerliche, dornenvolle Unterwegssein, dieser Nachvollzog der Passion Christi, der sich durch die politischen Veränderungen in Nahost und durch die drastischen Schikanen der dortigen Potentaten aber kaum entwegen, eher sogar ansspornen ließ. Die christliche Spiritualität in alledem soll und kann gar nicht bestritten werden. Und moralvergessene Ausartungen, Ausschreitungen, die zu notieren wären, tun dem keinen Abbruch. Doch wird ein Urteil über die gesamte Massenbewegung auf jeden Fall zu berücksichtigen haben, daß weder Rückeroberung des Heilandslandes mit Waffengewalt noch die friedfertige, wenn auch lebensgefährliche Reise nach Jerusalem durch das Neue Testament oder die Liturgie empfohlen oder gar geboten waren. Christi Reich war nicht von dieser Welt, und die Heilige Stadt auf den Bergen Judas war kein **Mekka**, das aufzusuchen dem Christen unerläßlich gewesen wäre, sondern wurde erst jetzt so recht zum Wallfahrtsort erster Ordnung, während eben dieses Jerusalem und seine Felsenmoschee, schon seit einem halben Jahrtausend so etwa, für den Islam das dritte Heiligtum nach Mekka und Medina waren und blieben. Von dort, vom Berg **Moriah**, ging der erste Lichtstrahl in die Welt, nachdem Gottes Wort: *Es werde Licht!* ergangen war. Dort hatte **Abraham** umgelernt, der Gottesfreund. Von dort war **Mohammed** aufgefahren gen Himmel.

Der jäh nun von Abend her überwallende Südostdrang, erst als Reisen noch unauffällig und scheinbar atypisch, dann plötzlich als konfuser und roh entarteter Volkskreuzzug unter **Peter** oder Petron dem Einsiedler und endlich als die speziellen, mehr oder weniger strategisch entworfenen Kreuzzüge der Könige und Ritter, zwischenein auch als sinnverworrener, deutlich psychotischer Kinderkreuzzug und als vieles andere mehr sich dartuend, ist wirklich das grandiose Musterbeispiel dessen, was hier immer wieder unter kollektiver Unruhe verstanden wird. Unruhe unter christlichem Banner: jene primär in jedermanns Seelengrund, dieses sekundär als versammelndes, verpflichtendes Palladium darüber und vorneweg. Ist aber zugleich auch eine der ersten oder die erste selbständige, von Schrift, Lehre und Überlieferung unabhängige Entscheidung der westeuropäischen Christenheit für eine gemeinschaftliche Aktion größten Ausmaßes und Stils. Eine erste umfassende katholische Tat. Unter Vorantritt der Franken, in deren Land die Initialzündung erfolgte. Wäre es anders als hier dargestellt, hätte es von 637 an, da **Omar** die Stadt Jerusalem unter arabische Botmäßigkeit brachte, abendländische Kreuzzüge längst schon, gewissermaßen als ständige Einrichtung, geben müssen.

In dieses Syndrom der Phänomene gehört auch jener Nikolausrausch, wenn Sie diesen Behelfsbegriff abermals hinnehmen wollen. **Nikolaos**, der kleinasiatische Wundertäter, mußte als der Zuständige für Reisen und Seefahrt, als Beschirmer vor Wegelagerern und Schiffbruch nicht nur wie von selbst der Heilige aller Kauffahrtei zu Wasser und zu Lande, sondern wie dafür erfunden auch der rechte Heilige der großen Unstete werden. Da fällt in die, ich gebe zu, recht verschränkten und dunklen Zusammenhänge sehr plötzlich ein grelles Schlaglicht, in dessen Schein auch die hybride, um nicht zu sagen unverschämte Verachtung der römischen Katholiken für die schon arg gefährdete Ostkirche in klärende Beleuchtung rückt. Man war vor lauter Engagement dazu übergegangen, zwischen der griechischen Kirche und dem Islam kaum noch einen Unterschied sehen zu wollen. Welches böswillig schiefe Urteil in der islamischen Toleranz

gegenüber den orthodoxen Christen seine Bestätigung zu finden
wähnte.

Nachdem Nikolaos entweder noch im Jahr von **Nikäa,** 325,
oder aber erst 343 oder um 350 das Zeitliche gesegnet hatte,
wurde ihm, dem Bischof und Wundermann, ein würdiges
Grab bereitet. Doch der Verstorbene fühlte sich, wenn man
dies so ausdrücken darf, darin noch keineswegs zur ewigen
Ruhe und Untätigkeit gebettet; er machte vielmehr sein
Grabmal mit Selbstverständlichkeit zu einem Ort wunderbaren Fortwirkens. Dieses Totenmal befand sich in einem
griechischen Kloster zu **Myra** und wurde viel bewallfahrtet.
Es verlautet, aus dem Kopfende seines Sarkophags sei Öl,
aus dem Fußende aber Wasser geflossen, welchen Flüssig-
keiten heilende Kräfte innewohnten.

In Myra geboten mittlerweile schon die Seldschuken, die
jedoch die Mönche und ihren Wunderheilungsbetrieb in
Frieden ließen, obwohl sie Myra arg verwüstet hatten.
Bari im Abendland aber scheint ein ausgemachter Herd
der Griechenfeindschaft gewesen zu sein, sonst hätte nicht
Urban II. zwölf Jahre nach dem, was hier sogleich erzählt
werden will, gerade eben in der Krypta von San Nicola
die orthodoxe Kirche des Ostens feierlich verdammt.
Aber wie denn Affektbeziehungen allemal ambivalent
sind, so unterhielten die Bareser Handelsherren und
Kapitäne andrerseits doch sehr lebhafte Beziehungen zum
Nahen Osten und zu den verdammungswürdigen Geschäfts-
partnern von der falschen Religion, und wer von Bari aus
zur See fuhr, kannte, unter vielen anderen, auch erwähnten
Hafen **Andraki** und die landeinwärts zugehörige Stadt
Myra hinlänglich genau. Kannte folglich auch das Mönchs-
kloster dortselbst und seine berühmte wunderkräftige At-
traktion, um die es zu beneiden war.

Kurz, es verschworen sich siebenundvierzig Bareser Seeleute - nach anderen: Soldaten - einschließlich zweier Priester als legalisierende Staffage zu einem Handstreich son-
dergleichen. Diese Gruppe der Siebenundvierzig nämlich
legte eines Tages mit ich weiß nicht wie vielen Schiffen in
Bari ab. Nahm ohne nähere Angaben Kurs ins östliche Mittelmeer und lief über **Kreta** und **Rhodos** bis in die Nähe
von Andraki. Kein Mensch konnte daraus auf den sonder-

baren Kriegspfad schließen, auf dem die Bareser sich befanden. Was man sah, hätte auch ein Argwöhnischer für nichts weiter als ein übliches Handelsunternehmen halten müssen. Die Siebenundvierzig gingen aber im Schutz der Dunkelheit an Land. Pirschten bei der Nacht bis zu jenem Kloster vor. Man öffnete ihnen, sei es vor Verdatterung über so unzeitigen Besuch, sei es, weil der Bruder Pförtner oder wer mit im Komplott war oder die zwei baresischen Pfaffen allerlei Frommes vorzubringen wußten. Die Siebenundvierzig rangen den überrumpelten Mönchen den unersetzlichen Leichnam Nikolai ab, indem sie den Sarkophag ohne die mindeste Scheu vor der Heiligkeit und mit aller denkbaren Rücksichtslosigkeit aufknackten und die darin seltsamerweise in Öl schwimmende Mumie flink herausfischten.

Die griechischen Mönche mögen Alarm zu schlagen für wenig opportun gehalten haben. Warum auch die Aufmerksamkeit der islamisch-mongolischen Besatzer auf dieses hanebüchene innerchristliche Bubenstück lenken, wenn man doch keinen Schutz erwarten, desto sicherer aber mit dem Hohn und der Verachtung des seldschukischen Ortskommandanten und seiner rüden Leute rechnen durfte? Vielleicht waren die Mönche auch sprachlos geworden über ein solches Maß von Frechheit, über ein so zynisches Raptionsstück wie gelähmt in Apraxie gefallen. Sie scheinen weder Sturm geläutet, noch Mordio geschrien zu haben. Unfähig, sich zu irgend etwas aufzuraffen, litten sie, was ganz unleidlich war.

Der Trupp mit dem öltriefenden Corpus machte sich so behende, wie er gekommen war, wieder auf die Socken und entkam unangefochten in die Finsternis hinaus. Die turkmenischen Wachposten in der Stadt müssen auf ihren Ohren gesessen haben. Die Räuber ruderten mit der Beute zu den Schiffen, die in tiefes Schweigen gehüllt und ohne Lichter draußen vor Anker lagen und lauerten. Man hievte windeseilig, aber so lautlos, als seien lauter Stumme am Werk, das glitschige Heiltum an Bord, zog die Lateinersegel auf. Der Frühwind erhob sich programmgemäß vom Land und gab gute Fahrt. Man hatte sie nötig. Bei Sonnenaufgang wußten die Strauchdiebe sich weit draußen und in Sicherheit. Die Aktion war gelungen. Geschehen im Herrenjahr 1087. Ende März vermutlich.

Am 9. Mai langte man wieder daheim in **Bari** an, und was bei der Einheimsung des Beuteheiligen an Festlichkeit alles veranstaltet worden ist, klingt, alle Jahre wieder, noch in den baresischen Feiern an diesem Jubeltage bis heute nach, wenn die Statue des Heiligen in prächtiger Prozession hafenwärts getragen wird und in einem bunt herausgeputzten Boot, geleitet von vielen Schiffen und Schiffchen, bis zum Abend auf demselben Meer verweilt, über das der Wunderleichnam seinerzeit von **Myra** her angereist gekommen ist. Fällt die Dämmerung ein, zeigen sich alle Wasserfahrzeuge bis über die Toppen illuminiert, und so beleuchtet eskortieren sie das Heiligenbild wieder an Land. In welchen Bräuchen allerlei heidnischer Nachlaß fortblühen dürfte, man meint es fast mit den Händen zu greifen. Übrigens wirkt die Reliquie auch heut immer noch wahre Wunder. Die Knochen sollen etwas Salbenartiges ausschwitzen, das, Manna genannt, auf Krankes gestrichen, sich als heilsam erweist. Sei's wie es sei.

Diese Piratenfahrt nach Myra aber, um dies doch sicherheitshalber ins Gedächtnis zu rufen, fiel in die Jahre **Bohemunds** und seines Neffen **Tancred**, und es kann keinem Zweifel unterliegen, daß das Unternehmen Myra echt normannischen Stil zeigt. Wie denn auch Bari seit 1070 zu den Graf- und Herrschaften der süditalischen Eindringlinge aus der Normandie gehörte. **Robert Guiscard**, der es erobert hatte, war zwei Jahre vor dem Mumienraub gestorben. Diesem Stil, der in Myra günstigen Falles vom fernen Hörensagen bekannt gewesen sein wird, dieser unverfrorenen Schnapphahnmethode sind die weltentzogenen Mönche in des Nikolaos Grabeskloster offensichtlich nicht gewachsen gewesen. Geläufig war ihnen nur die römisch-katholische Griechenabneigung; sie wird sie nicht überrascht haben. Der Antigraecismus aber, der sich in dem Piratenhandstreich ausdrückt, geht doch wohl auf ortsansässig baresische Urheber zurück. Das Kirchenschisma zwischen Ost und West hatte schon seine irreparable Gestalt anzunehmen begonnen, als die ersten Normannen in Apulien gerade eben Fuß faßten. Griechenhaß aus dogmatischen Gründen war ihre Sache nicht. Oder noch nicht.

Myra heißt heute **Demre**. Die letzten drei Buchstaben deuten noch auf den antiken Namen. Der zertrümmerte Sarkophag des Hagios Nikolaos zieht nach wie vor Wallfahrer an, soweit dort noch Christen vorhanden. Doch mögen auch Türken sich vom Numen des ausgeraubten Heiligtums angesprochen fühlen. Interessant, daß im Mittelalter, wenn auch sicher erst in nach-normannischer Zeit, eine ganz konträre Überführungsstory in Umlauf kam. Sie besagte in gewiß unbewußter Wiederauffrischung vorolympisch-heidnischer Motive, der Leichnam des Heiligen sei aus eigenem Bestreben von Myra und den Griechen fort und zu den Lateinern nach Bari geschwommen oder getrieben. Von schamlosem Stibitzen der Reliquie sollte nicht mehr die Rede sein. Normannische Ruchlosigkeit und Verwegenheit waren abgekommen. Man gab sich pietätvoller und moralischer; wenngleich Baris Bürger über das Bombengeschäft, das des Heiligen Anwesenheit ausgelöst hatte, nur froh und auf ihren seltsamen Vermögenszuwachs um so stolzer sein konnten, als das Manna spendende Gebein sie durch Wunder über Wunder von jener alten Schuld loszusprechen und den Raub geradezu zu legalisieren schien. Und soviel vorab vom **Nikolaus**. Sein Todestag ist der 6. Dezember.

67 Exkurse über dem 41. Breitengrad

Nomen = Name, Wort, Ausdruck, Familie, Geschlechtername, Titel, Ehrentitel und anderes mehr (zu griechisch ›onoma‹, gotisch ›namo‹)

   Numen = Wink, Wille, Befehl, Gebot, Geheiß, insbesondere göttlicher Wille, göttliche Allmacht, göttliches Wesen, Gottheit, die Manen, Orakel, Orakelspruch, Schickung und anderes mehr; ursprünglich nur mit dem ›Genitiv des Besitzers‹ z. B. ›numen Iovis‹, ›numen deorum‹, in der Kaiserzeit einfach = Gott (zu griechisch ›neuma‹ = Wink, Zunicken)

   Omen = Wahrzeichen, Vorzeichen, Vorbedeutung, Wunsch, Glückwunsch, feierlicher Brauch und anderes mehr (aus altlateinisch ›osmen‹, aus ›ovismen‹ zu ›ovis‹ = Ahnung)

   ominari = weissagen, reden, sprechen

   ominosus = ein Anzeichen in sich enthaltend, ominös

   Entsprechend *numinos* von ›numen‹ abgeleitet, neulateinische Wortbildung von **Rudolf Otto**, dem Religionsphilosophen (1869 bis 1937). Er unterschied das Numinose = »die Heiligkeit ohne allen sittlichen und erkenntnishaften Einschlag«, »die Erfahrung des ganz Anderen«, das Tremendum = »was frommes Schaudern erweckt«, das Fascinosum = das Faszinierende, Hinreißende und das Mysteriöse.

Nomen est omen, sagen wir. »*Nomen atque omen*«, reimt es sich bei **Plautus**: Namen ist Vorbedeutung! Aber wie es bei Reimen so geht, auch beider Worte Sinn bespiegelt sich anspielungsreich - das Salz der Reimerei -, und man weiß nie recht, ob das phonetisch-akustischer Zufall ist oder auf sprachgesetzliche, wortwurzelhaft innere Beziehung deutet. Doch gerade außerhalb des Lateinischen, wo sich auf Namen nichts Ominöses weiter reimte - Amen, Samen, Rahmen, Damen, Lahmen, kamen und was nicht noch alles im geliebten Deutsch -, wurden früher oder bislang Tauf- und Rufnamen nicht nur von ungefähr, sondern in magisch vorbedeutender, in ominöser Absicht gegeben. Bei unsern verehrlichen Ahnen zum Beispiel: Rupert, Ruprecht, Robert aus Hrodeberth, Rudbert = Ruhmglänzend; Wolfram (übertragen) = werde klug wie Wolf und Rabe, die Wotansbegleiter; Humbold = kühner Riese, kühner junger Bär. Oder Beowulf als Umschreibung für Bär. (Vergleiche dazu russisch ›medwjedj‹ = Bär, eigentlich Honigschlecker zu ›med‹ = Honig.) Genug, Sie haben gewiß noch einige der vielen pferdebezogenen Namen der alten Griechen im Gedächtnis, von denen wir sprachen.

Wie Nomen und Omen mögen auch Numen und Omen, entsprechend ihrer eingangs genannten Bedeutungen, in bezug aufeinander gedacht werden können, Nomen und Numen aber - trotz der Alliteration - löcken dawider fast wie Gegensätze. Dem entspricht, daß Kirchenheilige von erwiesener Geschichtlichkeit, namhafte Heilige, Nomina sozusagen, beim Volk dennoch nicht für heiliger gelten können als Ungeschichtliche verschiedener Grade, deren Existenzen im Hauptbuch der exakten Historiographie mit einem oder mehreren Fragezeichen versehen sind. Oder die als unsichere Kantonisten unverzeichnet blieben; Ost- und Westkirche weichen da voneinander ab. Denken Sie an des Pilatus Weib. Oder gelöscht werden, wiewohl doch unbestreitbare Numina. Wer wäre heiliger als **Nikolaus**? Wer heiliger als **Sankt Georg**?

Worauf ich hinauswill? Der Heilige Stuhl zu Rom hat sich offenbar einmal einer sogenannten exakten Wissenschaft anschließen und den leidig quengelnden Forderungen der Aufklärer Rechnung tragen wollen. Es sollte entrümpelt werden. Gemäß dem neuesten Stand der Geschichtsforschung. Historisch beglaubigte Faktizität jedoch liefert zwar Anhalt und Anlaß für Verehrungswürdigkeit, wenn einer aufs wirklich Gewesene Wert legt, liefert aber *eo ipso* keine Ursache für Heiligkeit, scheint mir. Es ist vielmehr gerade Sache der Kirchen, das Heilige an Heiligtümern, das Numinose eben, das Glaubhafte an Glaubensgegenständen auf dem Numen beruhen und aus dem Numen selbst begründet sein zu lassen, das Jahrtausende und alt wie die Menschheit ist. Das unter anderem muß es gewesen sein, was Kirchenvater **Tertullian** im Sinn hatte, als er sein ›*Credo quia absurdum*‹ - ›*ich glaube, gerade weil es ungereimt ist*‹ -, dieses große Paradoxon allen Glaubens, zu Pergament brachte. Das namenlos göttliche Numen ist apriorischer Art, die Geschichtsschreibung aposteriorischer. Meines bescheidenen Erachtens.

Da war man im christlich gefestigten, renaissancen schon knospenden Hochmittelalter gar nicht so heikel. Als **Jacobus de Voragine** (gestorben 1298) seine »Legenda Aurea«, eine umfangreiche Sammlung von Heiligenlegenden, kompilierte und schrieb, ließ er, was auch für ihn möglicherweise unhistorisch und nur fabelhaft war, tapfer neben dem einhermarschieren, was ihm heilig und also ohne weiteres wahrhaft geschichtlich war. Das machte sich in der Legende von **Paulus dem Einsiedler** folgendermaßen waldig und gobelinhaft: »*Als Antonius nach ihm die Wälder durchsuchte, da begegnete er einem Zentauren, einem Gemisch von Mensch und Pferd, der ihm den rechten Weg wies. Dann begegnete er einem Tier, das Palmfrüchte trug. Oben hatte es ein Menschengesicht, unten aber die Form einer Ziege. Als er es bei Gott beschwor, ihm zu sagen, wer es sei, da antwortete es, es sei Satyr, nach dem irrigen Glauben der Heiden ein Waldgott …*«

Anders diese Begegnung mit dem Zentauren beim heiligen **Hieronymus**, der selbst als Eremit in der Wüste gelebt hatte. Die geflissentliche Distanzierung von heidnischen Marodeuren und Restbeständen, ihre Verweisung ins Reich der Dämonen kennzeichnet die scharf christliche Einstellung im 4. Jahrhundert: »*Bei Tagesgrauen brach der heilige Antonius auf, ohne zu wissen, wo es hinging, und schon hatte die Sonne, in ihrem Zenit angelangt, die Luft so sehr erhitzt, daß sie in Flammen zu stehen schien, als er ein Wesen sah, das zum Teil die Gestalt eines Pferdes hatte und jenen glich, die die Poeten Zentauren nennen. Kaum hatte Antonius es erblickt, da schlug er zum Schutze das rettende Zeichen des Kreuzes und rief ihm entgegen:* ›*Hallo! An welchem Ort* *der Erde wohnt hier der Diener Gottes?‹ Da bemühte sich dieses Ungeheuer, das ich weiß nicht was Barbarisches brummte, aber seine Worte mehr abgehackt als deutlich hervorbrachte, seinen mit gesträubten Haaren ganz gesäumten Lippen eine sanfte Stimme abzuringen und zeigte ihm, wobei es die rechte Hand ausstreckte, den so ersehnten Weg. Darauf verschwand es vor den Augen desjenigen, den es mit Erstaunen erfüllt hatte. Was nun die Frage angeht, ob der Teufel diese Gestalt angenommen hatte, um den Heiligen zu erschrecken, oder ob es die Wüsten, die so fruchtbar an Ungeheuern sind, hervorgebracht hatten, so weiß ich darüber nicht Gewisses zu sagen ...«* (Übersetzung **Lacarrière/Summerer/Kurz**)

Paulus von Theben oder der Eremit war angeblich 228 in Ägypten geboren, als dem Christentum an größeren Verfolgungen noch die unter **Maximinus, Decius, Valerianus, Aurelianus** und **Diocletianus** bevorstanden. Die einzige schriftliche Beglaubigung seiner Historizität lautet: *»... Paulus, der einst in der Thebais lebte und ebenso berühmt war wie Antonius und dessen Fest auch heute noch gefeiert wird«.* So in einer Eingabe der Gemeinde **Oxyrhynchos** von 382 an allerhöchste Stellen. Die Legende spielt vier Jahrzehnte früher, da das Christentum bereits Staatsreligion geworden war, nämlich im Jahre 341. Deshalb zeigt der steinalte Wüstenheilige auch am Gang der Dinge ein Interesse, das er der Heidenwelt nicht entgegengebracht hätte, und fragt den **Antonius**: *»... sagt mir, ich bitte Euch, wie geht es in der Welt? Baut man neue Häuser in den Städten? Wie heißt der, der heute herrscht? Und gibt es noch immer Menschen, die so vom Irrtum verblendet sind, daß sie die Dämonen anbeten?«* Der Heilige meint die alten olympischen Götter.

228 bis 341? In der Tat. Als **Paulus** der Einsiedler starb, soll er 113 Jahre alt gewesen sein. Sein Tod trat kurze Zeit nach dem Besuch des heiligen Antonius ein. So ist es überliefert. Als Kaiser gebot derzeit **Constans** (337–350). Zeus und Jupiter waren auch bei den letzten Heiden schon zu blutleeren Allegorien geworden. Die kleineren Geister aber zogen sich in Waldeinsamkeiten und Wüsten zurück, aufs Land auch zu Hirten und Bauern, und lebten nicht mehr in heidnischer Üppigkeit und Geilheit, sondern je länger je mehr dienend und erbötig fort. Wer weiß, wie - und wie lange?

Etwas Handfestes aber, als Gegengewicht, fällt mir angesichts der Mondsichel ein, die sich jetzt für unsre Steuerbordpassagiere, sacht und sehr mattsilbrig noch, über adriatischem Nebelbrauen und albanesischen Stratuswolkenzügen zu erheben beginnt... Abnehmender Mond.

Bari, das wir soeben hinter uns gelassen haben, liegt etwa auf dem 41. Grad nördlicher Breite. Also auf der von **Porto** in Portugal und von **Tarragona** in Spanien, damit Sie sich eine klarere Vorstellung machen können, wo wir uns befinden. **Tirana** und **Durazzo** drüben über Steuerbord liegen etwas nördlicher als unser augenblicklicher Standpunkt... Flugpunkt wohl besser bei einem fliegenden Unternehmen wie dem unsrigen. Aber **Konstantinopel** oder Istanbul hat nahezu denselben Breitengrad wie Bari. Und wenn Sie sich jetzt mit Blick nach Osten auf der Galata-Brücke bei den Fischständen ergingen, wo um diese Zeit die letzten Fische bei Lampenlicht feilgeboten werden, würden Sie eben diese Mondsichel, nur etwa 16 Grad höher, drüben im Asiatischen über den ersten Lichtern von **Usküdar** stehen und sich im strömenden Bosporus spiegeln sehen. Die byzantinische Zeit über hatte der Bosporus übrigens Sankt-Georgs-Arm geheißen.

Bevor **Mohammed II.** triumphierend in die besiegte Stadt einritt, besichtigte dieser alexanderjunge Sieger die entscheidende Bresche, die seine Baschi-Bazuks und Janitscharen in die Palisaden im Lykostal zwischen den beiden Romanos-Toren gelegt hatten. Das Tal des Flüßchens hatte sich als die günstige Angriffsfläche ausgewiesen, für die der Sultan sie gehalten hatte. Nun stand am frühlichtig schon aufhellenden Maihimmel die abnehmende Mondsichel, scharf ins Blau geschnitten, droben. Den Romanos-Toren gegenüber in der Lykos-Senke hatte Mohammed nicht nur sein Zelt und Hauptquartier aufgeschlagen. Auch seine besten Truppen einschließlich der europäischen und seine ballistische Hauptmacht waren dort zusammengeballt gewesen. In der Stadt war alles Glockenläuten verstummt. Der Lärm der letzten Gefechte verzog sich zur Mesē hinüber. Vorherrschend jetzt das rüde Getöse der plündernden Truppen und Kreischen der Weiber. Nordwind ließ die Brände von Haus zu Haus sich nach Süden fressen und trieb die Rauchschwaden auf die **Propontis** hinaus. In den Gräben röchelten die Sterbenden, bis ein Gnädiger kam, sie zu köpfen.

Sie sind nicht im Bilde? Dabei sind Sie dort entlanggerollt, als

Sie vom Flughafen is tan polin, in die Stadt fuhren. Auf einer schmucken Schnellstraße mit drängendem Verkehr. Durchs Grüne. Durch Auen. Außerhalb der alten hohen Mauern zunächst, die noch heute die westliche Bebauungsgrenze setzen. Dann innerhalb der Mauern auf der achtgleisigen **Vatan Caddesi.** Diese Stadtautobahn verläuft über dem **Lykos,** dem man einen unterirdischen Abflußkanal angewiesen hat. Der Lykos fließt gleich einem Styx voller Ratten - letzteres nur meine Annahme - bis zu der Stelle des alten Ochsen-Forums und mündete einst in den Eleutherios-Hafen, der jetzt zugeschüttet ist. Die S-Bahn nach **Florya** fährt drüber hin ... Da hatte es in der Kaiserzeit einst fünf Häfen am Marmarameer gegeben. Sie mögen aber schon, als 1204 die Kreuzritter ein erstes Verderben, die Vorhölle anrichteten, versandet gewesen sein. Dem Versanden gegenüber war man früher hilflos.

Die Türken sagen, ihre Flagge zeige jene Mondsichel vom Morgen des 29. Mai 1453, wie der Sultan sie gesehen habe. Als Himmelszeichen seines Sieges. Und weil die abnehmende Sichel am Himmel gestanden und nicht die zunehmende, trage auch die Fahne den abnehmenden Mond. Nun, so handfest, offengestanden, ist meine Sache auch wieder nicht. Denn wenn man sich der Mühe unterzieht, die Mondphase für die Morgenfrühe jenes Datums nachzurechnen, kommt man dahinter, daß der Mond zu jener Schicksalsstunde zwar abnehmend, aber erst Viertel nach Voll gewesen sein muß. So wahr denn die Tabelle zur Mondphasenermittlung des gottseligen Professors **D. Hans Lietzmann** dies möglich macht. *»Die Mondphasen lassen sich für jedes Jahr annähernd - d. h. mit Fehlermöglichkeiten von 1 bis 2 Tagen - durch eine einfache Rechnung bestimmen.«* Dieses ›einfach‹ halte ich für professorale Übertreibung. Doch kommt zuweilen die kalkulierende Wissenschaft dem Wahren näher als die fabulierende Überlieferung.

Nun aber zum Thema **Missolunghi** ... Wir haben jetzt reichlich Zeit dafür, und zu sehen ist ohnehin nichts mehr. Die Wolkendecke unter uns hat sich geschlossen.

In der Athener Plaka trägt ein Gäßchen seinen Namen. Doch schienen oder scheinen die Damen der athenischen Buchhandlungen ihn so wenig wie besagtes Trödelsträßchen zu kennen. Hand aufs Herz! Ich habe in mehreren guten und großen Läden gefragt. Gefragt, ob es dazu nicht einschlägige Literatur gebe, und sei es ein Schulbuch.

Wie sagten Sie?

Normann!

No! Sorry! Ochi! Normann?

But he was an officer in your War of ... *Liberation in the* ...

Sorry! Dýstychōs!

... *in the twenties of the last century* ... - so ich.

Normann war zuletzt ein Berufssoldat außer Dienst und liegt in Missolunghi begraben. Ein trauriges Lied vom ungewissen Los der Soldaten in den Wetterwenden der Politik ist anzustimmen: **Karl Friedrich Leberecht Graf von Normann-Ehrenfels**, ein Schwabe, geboren 1784, erreichte nur ein Alter von 38 Jahren, war aber bis 1813 schon vom Cornet zum Generalmajor avanciert und muß demnach ein ganz brauchbarer Offizier gewesen sein. Auch während der letzten zehn Monate seiner Lebensbahn, der zehn letzten des Jahres 1822, erwarb er sich als Philhellenenoffizier, Truppenausbilder und Generalstäbler in Griechenland beachtete Verdienste. Im März zum Beispiel durch einen Sieg über angelandete Türken bei **Navarino**. Weib und Kind hatte er daheim gelassen, kämpfte unter anderem auch bei **Komboti** und **Peta** - bei **Arta** oben -, wurde im Gebirge irgendwo verwundet und rettete sich und den Rest seiner geschlagenen Truppe mit knapper Not in die Mauern der Lagunenfestung **Missolunghi**, woselbst er, ohnehin noch an der Verwundung krankend, einem Nervenfieber erlag. Einem Typhus mit neuropathologischen Begleiterscheinungen. Wie so mancher schwärmerische Europäer dort unten. Und wie später, in Begleitung König **Ottos I.** aus dem Hause Wittelsbach, Tausende von bayrischen Soldaten.

Nicht aus reiner Liebe so sehr zu den Nachfahren des **Leonidas** oder **Miltiades**, vielmehr in der Hoffnung, im Felde, gleichviel wo, die Ehre wiederzuerlangen, die man ihm im Schwabenlande abgeschnitten oder die er verloren meinte, hatte sich **Normann** auf diese seine erste private und letzte Kriegsfahrt begeben. Auf Schlachtfeldern kannte er sich aus, ob sie nun vor Wien, Berlin oder Moskau lagen. Wo immer Rheinbundtruppen hinbeordert worden waren. Normann diente seinem württembergischen Landesvater **Friedrich**, dem König von Napoleons Gnaden, und diente, weil dieser Fürst dem Rheinbund angehörte, mithin auch Frankreich. Was den Grafen zu guter Letzt hart angekommen sein mag.

Eine fatal deutsche Geschichte. Wie denn selbst heute noch die bloße Nennung des Namens Rheinbund einen neuralgischen Punkt westelbischen Deutschtums merklich anrührt; es werde dies nun geleugnet oder nicht. Doch läßt sich ein solcher Zwiespalt in Normanns Brust vorerst nur vermuten. Und wenn er aufzuklaffen drohte, so hat wohl allemal noch die Pflicht des Lehnsmannes und Landeskindes gesiegt. Aber es ist schon als Verhängnis zu bezeichnen, wenn es an ihn kam, das anerkannte Idol der beginnenden Freiheitskriege in Deutschland so gut wie zu vernichten: die Reiterei der **Lützowschen Freischar**. *»Das war ... das war ... Lützows wilde verwegene Jagd ...«* Die wilde Jagd ... Das wilde Heer ...

Diese Truppe hatte viel von einer romantischen Fiktion. Eine legendäre Formation, die die Schwarmgeisterei jener Zeit mit einem Mythos von todesverachtendem Teutonenmut verbrämt hatte. Doch war solche Heldensage in Wirklichkeit durch keine auch nur nennenswerte Waffentat gerechtfertigt worden. Der Vorschußlorbeer der »Schwarzen Schar« begann daher wegen der Unwirksamkeit und Vergeblichkeit aller ihrer Unternehmungen schon merklich zu welken, und die andere anspruchsvollere Selbstbezeichnung der Freischärler, »Schar der Rache«, fing bereits an, als Spottname umzugehen. Man kann ihn sogar heute, gelöst von diesem Zusammenhang, gelegentlich noch hören: »Corps der Rache.« Erst das sinnlose Ende, das **Normanns** zwei berittene Jägerregimenter den 400 Reitersleuten der Freischar bereiteten, hat, einigermaßen paradox, die vage Sage der Lützower glorios verfestigt. Was wohl nur aus der kaum verhohlenen Todeslüsternheit der Romantik zu erklären ist. Normanns Regimenter gehörten einem Verbande von 4000 Mann, dem 3. Reitercorps unter **Arighy** an. Beim Dorfe **Kitzen** am Rande des alterprobten Lützener Schlachtfeldes fand das vernichtende Treffen statt ... *»Die wilde Jagd, und die deutsche Jagd ...«* Ein Totenheer: über 300 Lützower blieben bei Kitzen auf der Strecke.

Zwischen **Napoleon** und den Alliierten war es im Frühsommer 1813 zu einem Waffenstillstand gekommen, der allen alliierten Truppen einschließlich der Freischar auferlegte, spätestens bis zum 12. Juni das linkselbische Gebiet geräumt zu haben. Major **von Lützow**, nach französischer Auskunft wenigstens, in Kenntnis dieser Abmachung, kehrte sich nicht daran, wurde am 17. Juni bei Kitzen gestellt und sein Haufe gnadenlos zusammengehauen. Er selbst, heißt es, rettete sich mit nur 21 Mann und gewann die Elbe.

Es rettete sich auch **Theodor Körner**, der junge Dichter, wiewohl nicht gerade leicht verwundet. Nach **Leipzig**, dann nach **Karlsbad**. Der Tyrtaios, aus dessen Feder, zeitstilgemäßer, aus dessen Leier das immer noch nicht vergessene Lied mit der Refrainzeile »*Das war Lützows wilde verwegene Jagd*« gestiegen war. Preußisches Partisanenlied aus sächsischer Brust. »*Ahnungsgrauend, todesmuthig . . .*« Immerhin kein Maulheld, der Körner. Er fiel zwei Monate und neun Tage später bei **Wöbbellin** zwischen Gadebusch und Schwerin. In einem der belanglosesten Scharmützel jenes Krieges. Bei jenes Krieges belanglosester, gleichwohl nicht überflüssiger Armee, in die man die restlichen Lützower Jäger und Reiter gesteckt hatte. Bei der Elbarmee. Der Major von Lützow hatte einem Zwiebacktransport Convoy zu geben. Der Dichter war sein Adjutant.

An diesem Sturz und Elend eines patriotischen Idols war **Normann** nun tatsächlich, aber eben auch seinem Kampfauftrag gemäß schuld. Pardon hätte gegeben werden können, wurde aber nicht gegeben. Schließlich war es **Lützow** selbst, der die Stirn gehabt hatte, den Waffenstillstand zu mißachten. **Napoleon** gewann zwar keinen nennenswerten Vorteil damit, stillte aber seinen Haß. Denn er haßte die Freischar. Haßte den Tugendbund. Beide waren für ihn die Seele des deutschen Widerstandes, dessen Herd Berlin war. Er hatte darum Befehl gegeben, die Lützower auszumerzen, wo man sie treffe. Er haßte sie, wie er **Schill** gehaßt hatte. Von dessen Offizieren war der Freiherr von Lützow als einer von wenigen übriggeblieben. Schills Kopf war in Spiritus aufbewahrt worden als eine Trophäe. In einem Glasbehältnis in der Universität Leiden, als ein Kuriosum. 543 Mann des Schillschen Husarenregiments hatte Napoleon auf die Galeeren schicken lassen.

Wen hätte das nicht nachdenklich stimmen müssen? **Normann** muß, durch den Zusammenstoß mit Lützow aufgerührt, anderen Sinnes geworden sein. Die Anhänglichkeit an Volk und Reichsidee begann die soldatische Pflicht und die Loyalität gegen den Landesherrn zu überwiegen. Von Stunde zu Stunde mehr. Am 18. Oktober 1813, dem vorletzten Tag der Leipziger Völkerschlacht, kurz nach zwei Uhr mittags ging, nach Vorantritt sächsischer Truppen, auch Normann mit seinen beiden Regimentern zu den östlichen Alliierten über. Woraufhin gerade er von dem so berühmten wie unbelehrbaren Kosakenhetman **Platoff** zunächst nur als Gefangener traktiert wurde. Weitere sächsische Truppen folgten. Das Ergebnis war die klassische Niederlage des korsischen Kaisers. Daheim aber klammerte sich der schwäbische Monarch auch nach dieser Katastrophe noch ans Rheinbündnis. Denn des Schwabenlandes künftige Entfaltung zur selbständigen Staatsmacht dünkte ihn wichtiger als eine gesamtdeutsche Wiedervereinigung und das Wiedererstehen des Reichs. Wenig hat sich seitdem geändert.

König **Friedrich** von Württemberg kassierte Normann samt seinen Offizieren. Trat erst am 2. November, als von Napoleons Gnaden nun wirklich nichts mehr zu erhoffen war, aber auch dann nur äußerst widerwillig in die Koalition mit Rußland, Österreich, Preußen, Bayern und den übrigen ein. Fünf Minuten vor zwölf. Nur Baden kam noch später. Doch nahm der Schwabenkönig unter den umgestülpten Verhältnissen keinen Anlaß, seine gemaßregelten Offiziere zu rehabilitieren. Sie scheinen auch keinen Fürsprech von einigem Einfluß gefunden zu haben.

Nicht genug damit. **Normann**, knapp dreißig Jahre damals, wollte nicht ein für allemal ohne Aufgaben bleiben. Er bewarb sich in **Wien** um ein Amt, kam aber auch dort an die falsche Adresse. Denn an der Donau wollte man ihm nach wie vor die Vernichtung der Lützowschen reitenden Jäger ausdrücklich verübeln und befand, daß sein freiwilliger Übergang zu den alliierten Fahnen bei **Leipzig**, soweit zwar nicht zu tadeln, die Missetat von Kitzen jedoch nicht aufzuwiegen vermöge. Normann sah dergestalt all sein Handeln so oder so als Vergehen eingeschätzt. Nicht schwer, sich auszumalen, mit welchen Gefühlen der junge Generalmajor ohne Portepee und ohne Epauletten sich auf eine Hofmeisterstellung und hernach aufs Land zurückzog. Keine

Lustspielgestalt. Kein Tellheim. Sondern der geprellte Held einer politischen Novelle, einer deutschen. Mit galliger Tinte zu schreiben.

Der Landwirt wider Willen wird nach Möglichkeiten, auf einem auswärtigen Kriegstheater die alte Herbheit des Pulverdampfes einmal wieder zu schmecken, mit wachsendem Verlangen ausgeschaut haben. Das ist keine Unterstellung. Und er brauchte auch nicht lange zu suchen. In **Griechenland** war aus Bemühungen, das Türkenjoch abzuschütteln, nunmehr gerade lodernder Aufstand geworden. Rußland hatte die Hellenen schon mehrfach gegen die Hohe Pforte zu insurgieren versucht. 1769 und 1786 besonders. *»Der Moskowiter kommt gefahren«*, sangen später noch die Morgenluft witternden Griechen. Träumten, hofften die Griechen. **Napoleon** hatte es nicht anders als die Russen gehalten. Die jetzige lichterloh entflammte Empörung war allerdings eher der Selbstentzündung zu verdanken. Der Moskowiter war keineswegs etwa gefahren gekommen, Napoleon längst auf St. Helena und der Aufstand im übrigen, als Normann dazustieß, noch gar nicht etwa zugunsten der Aufständischen entschieden. Doch durfte die Erhebung der Sympathien der europäischen Gesellschaft, der intellektuellen zumindest, einhellig versichert sein.

Die Regierungen hingegen belauerten einander, denn sie argwöhnten, es könne dieser und der, Rußland zuvörderst, sich dermaßen in die Griechensache mischen, daß aus einem herbeieilenden Helfer und Befreier sich am Ende ein Eroberer und Besitzer entpuppe. Aus der Notwendigkeit, derartigen Unliebsamkeiten zu begegnen, ergaben sich allerseits Interessen in Griechenland, englische, französische, türkische immer noch und österreichische, speziell Metternichsche *nota bene* auch, und machten das verworrene Bild der Vorgänge im Bereich der Rebellion noch unübersichtlicher.

Kein Wort vorderhand über Normanns Ausgang weiter, seinen halben Strohtod im Dezember 1822, hingegen ein Schlaglicht noch auf die Bizarrerie damaliger Gegebenheiten. **Lützows** Schar hatte nicht bloß aus Berlinern bestanden, aus Märkern und Preußen nicht nur, sondern hatte auch Zuzug aus ganz Deutschland erhalten, der Tugendbund hatte sich eingereiht, **Jahn**, der Turnvater, hatte nicht auf sich warten lassen; selbst ein Detachement von fünfzig Kosaken hatte sich eingestellt. Nach Rache dürstende Spanier waren darunter gewesen. Tiroler aus dem zersprengten Kreis um **Hofer** und **Speckbacher.** Nahezu eine internationale

Legion. »*Noch trauren wir im schwarzen Reiterkleide*«, hatte **Körner** geklagt.

Ihre Uniform war aus dem entwickelt, was damals unter Teutscher Tracht verstanden wurde. Schwarztuchne Litewka mit schwarzem Kragen, schwarzen Aufschlägen, schwarzes Lederzeug und schwarzer Ledertschako mit Totenkopf. Symphonie in Düsternis. Frühes Präludium zu einer Symphonie in SS. Das Schwarz in Schwarz lediglich durch gelbe Knöpfe und rote Paspeln soldatenmäßig belebt. Todverbundene Absage der »schwarzen Gesellen« an die Uniformbuntheit des feudalen 18. Jahrhunderts, an der selbst noch die napoleonischen Truppen farbenfroh teilgehabt hatten.

Sie werden ja nun sicher das Benaki-Museum in **Athen** besucht und dort oder auch in erwähntem Historischen Nationalmuseum festgestellt haben, daß die griechischen Geheimbünde und die internationalen Freiwilligencorps, die aus Europa nach Griechenland wenn nicht strömten, so doch sickerten, sich in bewußtem Bezug wie die Lützower eingekleidet haben - so groß war deren Ruhm - und sich zum Teil auch ähnlich wie jene benannten, nämlich »Heilige Schar«. Auch »Schwarze Schar«.

Teutsche Tracht, eine fezartige Mütze mit weißem Federbüschel vorn oben und darunter der Totenkopf und gekreuztes Gebein, schwarze Handschuhe, dazu weißer Kragen; in manchen Formationen wurden auch Epauletten mit applizierten Totenkopfbildern darauf getragen: in der ominösen Uniform derer nun, durch deren Vernichtung er pflichtschuldig schuldig geworden war, hatte **Normann** samt der Handvoll Philhellenen, die ihm folgten, Hellas' Boden betreten. Ein Paradox mehr. In der Uniform, die ihn den Namen **Lützow** nicht vergessen lassen konnte, den Namen seines Verhängnisses und Vorbildes. »*... und wenn ihr die schwarzen Gesellen fragt ...*«

(*1967*)

69   Heröon

Daß sich das Heröon (Iróon), »*der gemeinsame Grabhügel der Toten von 1826 auf einem schattigen Platz der Stadt*« Mesologion oder **Missolunghi** befinde, ist eine nur sehr ungefähre Information des Griebenschen Reiseführers

»Griechisches Festland« von 1965. Der *»schattige Platz«* ist in Wirklichkeit ein Park, insofern ein ummauertes, umgittertes, verschließbares, hainartig mit Bäumen und Büschen bestandenes, von Kieswegen durchzogenes, asymmetrisches, nach Norden durch die alten Festungswerke abgeriegeltes, von dorther also offiziell und rechtens nicht betretbares, einigermaßen weitläufiges Areal nicht als Platz bezeichnet werden sollte. Auch liegt die Anlage zwar auf städtischem Boden, doch eigentlich außerhalb der geschlossenen Bebauung.

Ebensowenig kann von einem *»gemeinsamen Grabhügel«* die Rede sein, insofern es sich, weit voneinander getrennt, um eine schweizerische, eine polnische, eine italienische und eine deutsche Sammelgrabstätte handelt. Massengräber. Anständig gepflegt, sauber eingefaßt, mit unterschiedlichen Gedenksteinen und auch mit bildnerischem Schmuck ausgeziert. Blumenbeete. Begonien und Geranien. Am Fuße des Schweizer Denkmals liegen Wackersteine zuhauf. Felsbrocken aus dem Alpenland, im Laufe der Zeiten von eidgenössischen Kriegervereinen und anderen Gruppen ins felsige Griechenland gebracht und dort niedergelegt. Steinerne Heimatgrüße, sinnig und ein bißchen überflüssig.

Des weiteren sind etliche Standbilder und Einzelgräber zu besuchen und zu besichtigen. Und die Gefallenen haben keineswegs alle ihr Ende erst 1826 gefunden, sondern auch schon in den Jahren vorher. Von 1821 an und nach 1826 auch noch. Man muß eben selbst hinfahren und nach dem Richtigen sehen.

Mein gemieteter Fahrer hatte den neugriechischen Brosamen, die ich ihm kümmerlich hinkrümelte, nur ahnungsweise entnehmen können, was mein Reisezweck war. Er kannte **Missolunghi**. Wird auch von der Gedenkstätte der Heroen gewußt haben. *Polemos tis elefterias*, hatte ich wiederholt hervorgebracht, *taphos tōn iróon*! Und er hatte quasi den Kopf geschüttelt, was anzeigte, daß er verstanden habe, und Ja bedeutet. Aber ich mußte ihn doch anhand von Hinweisschildern in englischer Sprache, die den Weg durch Missolunghis Weichbild weisen, an mein Ziel lotsen. Englisch konnte er nicht.

Nach Süden gegen die Ortschaft hin ein weites Freigelände, etwas wie ein Exerzierplatz, nur mit einzelnen Bäumen darauf. Wendet man den Blick nach Norden, stechen und wedeln allerlei

Palmen aus dem Laub- und Nadelholzbestand des Parks hervor, und das Weiß der Marmorbilder schimmert verheißungsvoll durchs vielfältige Grüne. Der Fahrer verzichtete darauf, mich zu begleiten, und fuhr davon, ehe ich mich dessen versah, so daß ich nachher Mühe hatte, ihn wiederzufinden. Aber Missolunghi ist nicht groß. Er hatte sich für die Wartezeit mit einer Zeitung versehen wollen und war deswegen stadtwärts gefahren, so sollte sich zeigen. Verwandte wird er wohl auch noch besucht haben, nehme ich an. In Griechenland lebt man noch in der Großfamilie und hat demgemäß Gevatternschaft, wo einer auch hinkommt.

Beim ersten Standbild rechter Hand begann ich mit Notizen, konnte aber als derzeit einziger Besucher dem Späherblick des örtlichen Fotografen nicht entgehen, der dort den Fremden beim Verweilen an so bedeutender Stätte im Lichtbild festzuhalten trachtet. Mich in diesem Falle. Jetzt im Dezember allerdings, in der *saison morte*, die sich auch über so entlegene Plätzchen wie Missolunghi hermacht, wenngleich das vielleicht keinen allzu beträchtlichen Kontrast zum Pulsschlag der dortigen *high season* bedeutet, war es nicht der Fotograf etwa selbst. Dieser vielmehr, *megas photographos*, genoß jetzt des ausgiebigsten Kaffeehausplausches mit anderen Wintergewinnlern - wie sagt man so schön: auf fünf Stühlen, einem für den Korpus und je einem für die vier Gliedmaßen. Wie Griechen so sitzen. Seelenruhig. Den sanften Leerlauf der Kombolikette durch die fingernde, bewegende Hand. Orientalisch. Die heutigen Türken sitzen nicht viel anders. Und das unentwegte Kaffeetrinken der lieben Hellenen ist ja auch keine angestammte Sitte. Da gibt es, wie gesagt, mehr als nur diese Gemeinsamkeiten bei Türken und Griechen.

Es war sehr offensichtlich des Fotografen Sohn, Enkel oder Nepote, ein Junge von 15 oder 16 Jahren, *ho mikros photographos*, der zwar hinnehmen mußte, daß ich nicht fotografiert sein wollte, aber bald heraus hatte, daß sein Eifer und sein Charme mich hinderten, ihn wieder zu seiner Fotokiste zu verweisen. Die hatte er unbekümmert - um wen auch bekümmert? - auf dem Platz inmitten der schönen, menschengemiedenen Anlage stehenlassen. Zu Füßen Lord Byrons ragender Marmorgestalt. Ein gespreiztes Möbel. Eine umfängliche Camera obscura aus den Tagen **Daguerres** - oder älter: aus denen des **Athanasius Kircher**. Mit Musterfotos behängt wie mit Skalpen. Aber schnappschußentschlossen, wenn ihr nur das schwärzliche Tuch abgenommen sein würde wie die Haube vom Kopfe des Jagdfalken.

Der Junge wußte, was er an Knipsens Statt zu tun hatte. Er attachierte sich unaufgefordert als Fremdenführer und begann mir umständlich und unter vielen Wiederholungen einzurichtern, wer die marmornen Helden und was ihre Taten gewesen

waren. Wie einem ABC-Schützen. Da er dies aber unter allerlei
nachhelfenden Gebärden, die zwar drollig, aber nicht immer ganz
leserlich waren, allein auf Neugriechisch und wahrscheinlich gar
in ätolischer Einfärbung tat, sah sich mein Verständnis in der
Hauptsache auf solche Wendungen und Vokabeln beschränkt, die
mit dem Griechischen der Alten ungefähr gleichlauteten. Auf
megas strategos zum Beispiel, was seit alters großer Heerführer
oder Feldherr heißt (Wortstamm megal-, mittelhochdeutsch entspricht ›michel‹ = groß, stark), und große starke Feldherren
waren sie ihm alle, die ganze marmelsteinerne Assemblee der
Markos und **Notis Botzaris, Nikolaos Stournaris, Demetrios
Makris, Christos Kapsalis** und **Kyriakoulis, Mavromichalis, Demetrios Themelis** aus Patmos, **Spyrios Koutogiannis, Kitsos** und
Deligiorgis. Schnurrbärtig in Albanerweste, Fez und Fustanella.
Zornäugig. Es können auch noch einige Freiheitskämpfer mehr
gewesen sein, die zu notieren mein Cicerone mir keine Zeit ließ.
Büsten und ganze Figuren.

Er wirkte mit Händen, Mund und Augen, welch letztere er um
so begeisterter umherrollen ließ, je größer das Feldherrentum gewesen war, das gerade veranschaulicht werden sollte. Und um
sich vollends zu verdeutlichen, hub er auch gar zu singen an, wobei seine brüchige Stimme unfreiwillig zwischen Tenor- und Alt-
lage einherhüpfte. Volkslieder aus der Heroenzeit, die ihm sehr
geläufig zu sein schienen, auf Preise dieses und jenes Namens,
der oder jener Schlacht. Fragte sich nur, ob diese Lieder noch auf
den Schulen gelehrt werden oder ob sie noch in der Landschaft
ihres Entstehens fortleben? Doch konnte ich eine sprachlich so
komplizierte Frage nicht stellen. Und er sang kopfnickend fort,
als müsse mir, wenn schon sonst nichts verfinge, endlich doch unter der Macht des Gesanges ein Licht aufgehen und mir der Ge-
priesene unbedingt wieder in den Sinn kommen wie einer, den
ich nur vergessen hätte. Aha, machte ich denn pflichtschuldigst,
einige Namen waren mir ja auch wirklich nicht neu. Die beiden
Botzaris zum Beispiel, die legendären Ruhmes aus einer suliotischen Familie stammten. Die Mainioten **Mavromichalis,** die vier
Männer in den Freiheitskampf geschickt hatten. Der reiche **Stournaris,** der 200 Dörfer und 500 000 Häupter Vieh besaß. **Kapsalis,**
der der Sohn des Ephoren von Missolunghi, Apostoli Kapsalis,
gewesen sein dürfte.

Den *mikros photographos* nahm mein Interesse für die
deutsche Gedenkstätte nicht wunder, weil ich ihm auf sein
Rätseln hin bedeutet hatte, *germanikós* zu sein. Die Liste
der deutschen Gefallenen oder während und infolge der
dortigen Kämpfe Verstorbenen lautet so:

Graf v. Normann-Ehrenfels, Franz Beck, Benjamin Beck,
von Dittmar, Dr. Johannsen, Klemp, Lützow, Freiherr von
Riedesel,
Roser, Rosner, v. Sass, Schipan, H. Seeger, Stietze,
Berger, Spreter, Voigt, Weigand, Zickermann

Neunzehn an der Zahl. Graf **Normann** hatte sich im Januar 1822 in Marseille mit 46 deutschen Philhellenen nach Morea eingeschifft und war mit dieser seiner Schwarzen Schar in der Nähe von **Navarino** gelandet, wo er augenblicklich von den Türken angegriffen wurde. Heißer Auftakt. Im März, wie angedeutet, vernichtete Normann ein aus über 1000 Albanesen bestehendes Landecorps der Türken unmittelbar bei Navarino. Im Juli stand er mit seinen Leuten, dem internationalen Philhellenenbataillon eingegliedert (unter Oberst **Dania**, einem Genuesen) und gemeinsam mit griechischen Klephtentruppen, einer türkischen Übermacht im Raum **Arta** bei Peta gegenüber. Zuletzt sahen sich die Philhellenen teils gar noch von etlichen Klephten unter einem üblen Kapitani namens **Gogos** oder Gozzo im Stich gelassen und verraten, und es wollte dem selbstlos tapferen **Markos Botzaris** durchaus nicht gelingen, sich bis zu den Schwarzen Scharen durchzuschlagen. Das war am 16. Juli 1822. Siebzig Schwarze fielen: Franzosen, Italiener, Holländer, Schweizer, Polen und Deutsche eben. Nur 25 Philhellenen vermochten sich zu retten.

Was mag noch aus ihnen geworden sein? Von den Schauplätzen des griechischen Freiheitskrieges kehrte so leicht keiner zurück. Was Kugeln und Säbel nicht schafften und Minen und Schiffsuntergänge nicht, das schafften Strapazen, Erschöpfung, Sumpffieber, Ruhr und Typhus. Obiger Herr **v. Sass**, schwedischer Offizier ursprünglich, wurde bei einer Auseinandersetzung mit meuternden Sulioten in **Missolunghi** erschossen. Auch so etwas Widersinniges kam vor.

Zwei Deutsche meldeten sich im Mai des folgenden Jahres in **Genua** bei Lord **Byron**, der damals schon zum Mitglied des Londoner Griechischen Komitees gewählt worden war, und baten um Unterstützung. Die beiden waren ohne einen Pfennig und in ganz desolatem Zustand in Genua angelangt. Byron schildert das in einem Brief vom 21. Mai 1823: *»Der eine (sie sind beide aus guter Familie) ist ein*

hübscher junger Kerl von dreiundzwanzig - ein Württem-
berger ... -, der andere ein Bayer, älter und flachgesichtig
und weniger ideal, aber ein großer, kräftiger, soldatischer
Mensch. Der Württemberger war in dem Treffen von Arta«
(Peta am 16. Juli 1822), »*wo die Philhellenen in Stücke ge-*
hauen wurden, nachdem sie sechshundert Türken getötet
hatten, sie selber nur hundertfünfzig an Zahl, denen sechs-
oder siebentausend gegenüberstanden; nur acht entkamen.«

Weiter heißt es: »*Sie sagen, daß die Griechen auf ihre*
Weise gut kämpfen, aber zuerst Angst davor hatten, ihre
eigene Kanone abzufeuern - es aber mit der Zeit lernten.
Adolph (der Jüngere) hatte in Navarino kurze Zeit ein
Kommando; der andere, eine materiellere Natur, ›der kühne
Bayer in glückloser Stunde‹, scheint hauptsächlich eine drei-
tägige Fastenzeit in Argos zu beklagen und den Verlust von
25 Paras täglichem Soldrückstand und etwas Gepäck in
Tripolitza; macht aber gute Miene zu seinen Wunden und
Märschen und Schlachten. Beide sind sehr einfach, voller
naiveté und ganz offen; sie sagen, daß die Ausländer unter-
einander stritten, besonders die Franzosen mit den Deut-
schen, was zu Duellen führte ...«

Und noch einen Satz, nach der Übersetzung von **Cordula
Gigon** wie oben: »*Der Bayer wunderte sich ein wenig, daß*
die Griechen nicht die gleichen sind wie zur Zeit des The-
mistokles ...«

Die Zahlenangaben der verchiedenen Quellen stimmen
nur ungefähr überein. Das scheinen Frontberichte und
Kriegsberichte so an sich zu haben. Interessant aber, daß
sich durch den Auftritt der beiden deutschen Philhellenen
auf dem Rückmarsch in die Heimat die schlichte und traurige Normann-Story mit der brillanten Byron-Saga berührt und ideenlenkenden Einfluß genommen hat: **Byron**
bestellte sich einen Helm, »*vergoldet, mit seinem Wappen*
und Devise, und einem riesigen Federbusch«. Sie werden
dieses Prunkstück im Historischen Museum zu **Athen** sicherlich gesehen haben. Des Lords elegante Pistolen fanden Sie
im Benaki-Museum, will ich hoffen. Dort auch das Manu-
skript Canto III des »Childe Harold« sowie einen Brief,
den er in Missolunghi geschrieben hat. Eine Sache für Gra-
phologen.

Auch für die Herren der Begleitung wurden entspre-

chende Kopfzierden in Auftrag gegeben. Doch blieb es nicht
nur bei schönen Gebärden. **Byron** begab sich, entschlossen
unentschlossen, schließlich am 16. Juli 1823, zwei Monate
also nach dem Besuch der Normannschen Freikorpsleute
und allerdings zufällig am Jahrestag der schlimmen Niederlage bei Peta, tatsächlich ins Land der Griechen. Nach
Missolunghi. In seinen Tod.

Kein deutscher Besucher hatte an dem Erinnerungsmal jener
Neunzehn irgendeine Anwesenheitsspur, irgendein Zeichen des
Gedenkens hinterlassen. Keinen Kranz, keine Schleife. Keine
klotzigen Alpengrüße wie die wackeren Schwyzer ihren Toten.
Von Fels zu Fels sozusagen. Freilich stammt der jetzige deutsche
Gedenkstein von 1934. Hat es vorher keinen gegeben? Die Verknüpfung mit einer Jahreszahl aus der Hitler-Ära mag die Be-
kenntnisfreudigkeit des heutigen Besuchers hemmen. Des Besuchers aus Bundesdeutschland wohlgemerkt. Die aus der DDR,
wenn es welche geben sollte, werden ohnehin keiner Befreiungs-
gehilfen sichtbar gedenken wollen. Aber sich in jenen Jahrzehnten
für die Freiheit der Griechen und gegen ihren imperialistisch-
kolonialistischen Bedrücker aus eigenem Entschluß, auf eigene
Kosten und eigenes Risiko eingesetzt und aufgeopfert zu haben,
inmitten eines Aufgebots junger Gleichgesinnter aus ganz Europa,
kann wohl nicht im Nachhinein als rechtsfaschistische Missetat
ausgelegt werden, von wann auch immer der Stein stamme.

Was damals getan wurde, war - als was der fulminante
Einsatz bei **Lepanto** trotz allem doch nicht gelten kann -
des Abendlandes erste selbstlose Tat - oder besser: der
abendländischen Intellektuellen entsagungsvolle Tat für
die Selbstbehauptung und Freiheit der Griechen. Eine erste
Tat nach vielen Jahrhunderten feindlicher Untätigkeit oder
nur höchst selbstischer Aktionen. Nicht so sehr für die christliche Kirche in der dort gewordenen orthodoxen Form und
auch nicht eigentlich gegen die Türken als Nichtchristen,
sondern aus Grundsatz gegen Fremdherrschaft, wo sie sich
zeige, und freilich auch aus romantischer Griechenschwär-
merei und -tümelei.

In Flachrelief ist über der eingemeißelten Totenliste des deutschen
Denkmals ein Lorbeerzweig ausgehauen. Während ich die Namen
abschrieb, machte sich der *mikros photographos* im Gebüsch zu
schaffen, trat wieder hervor, hielt, nachdem er das Fußgitter über-

schritten hatte, ein frisch abgebrochenes Grün zum Vergleich neben den steinernen Lorbeer des Reliefs und rief eindringlich:
daphni ... stephanos daphnis! - Lorbeer ... Lorbeerkranz. Es
war ein echter Lorbeerzweig, den er für die Zwecke seines An-
schauungsunterrichts gepflückt hatte, indem er davon ausging,
daß ein Germanikós, der nicht Griechisch könne, dann wohl auch
nicht wisse, wie Lorbeer aussehe und was er bedeute. Denn in
Germania wüchse keiner, soviel war sicher.

Ich nahm ihm den Zweig aus der Hand, und seine ernsten,
feierlich erglühenden Braunaugen forderten mich unmißverständlich auf, die Opfergabe auf den marmornen Sockel zu legen.
Das tat ich auch, von seinen Blicken verfolgt, die mich sicherlich
mit Verachtung gestraft hätten, wenn ich den Toten meines Landes diese Ehre nicht erwiesen hätte. In Griechenland begrüßt
man übrigens auch Lebende, Fremde zumal, durch Überreichung
frischen Grüns, eines Büschels Basilikum zum Beispiel. Sicher sind
das Gebräuche aus der Heidenzeit.

Der Junge sah nicht an, was ich ihm als Entgelt für seine
Dienste in die Hand schob, die er zwar diskret öffnete, doch dabei vor lauter Betretenheit nicht von der Hosennaht löste. Dann
sagte ich Lebewohl und ging, nach dem Verbleib meines Fahrers
zu sehen. Eine junge Frau mit einem Kinderwagen kam mir entgegen und schritt in den Park hinein. Und da ich mich zunächst
am Tor umtat, ehe ich mich auf weitere Suche machte, konnte ich
noch sehen, wie sie ihr Kleines aus dem Wagen nahm, sich vor
der Kamera postierte, und wie der *mikros photographos* so fach-
gerecht unter das schwarze Tuch tauchte, als wenn er schon der
megas wäre. Die junge Frau lachte und herzte ihr Kind.

Ich hatte Muße, meine Notizen zu überfliegen: **Jakobos
Mayer**, den ich gesucht hatte, liegt bei den übrigen Schwei-
zern. In griechischen Versalien hatte ich ASTIGGOS ab-
geschrieben. ΦΡΑΝΚ ΑΒΝΥ ΑΣΤΙΓΓΟΣ. Die Inschrift
konnte nur **Frank Abney Hastings** meinen, den englischen
Grafen und mutigen Philhellenen. Nach tödlicher Verwundung starb er am 25. Mai 1828. Nicht hier gerade, sondern
in einem Hafen der Insel **Zakynthos** oder Zante. Von 1805
bis 1820 hatte er in der Royal Navy gedient. Ab 1822 in
der freischärlerischen griechischen Flotte.

Hastings - reiner Normannenname *nota bene*; Hasting
hatte der Normannenfürst geheißen, der 860 die Stadt
Luna eroberte, der Meinung, es sei Rom - war ein angehe-
der Flottenreformer, der meinte, daß die griechischen Geschwader aus vergleichsweise kleinen Schiffen vom ganz

veralteten Galeerentyp den türkischen Seglerkolossen auf
die Dauer nicht gewachsen sein könnten und daß darüber
hinaus überhaupt die Zeit der Dampfschiffahrt angebrochen
und Segel und Ruder überholt und abzutun seien. Vor
allem im Seekriegswesen. Eiserne, schwerbestückte, dampf-
getriebene Kriegsschiffe standen vor seinen Augen. Er kaufte
in London einen Dampfer, stattete ihn kriegsgerecht nach
seinen Ideen aus, bemannte ihn mit Engländern, Schweden
und Griechen und brachte diesen frühen äußerst beschuß-
festen »Panzerkreuzer« tatsächlich zu erfolgreichem Einsatz. Das Schiff hieß »Karteria« und könnte sehr wohl das
erste Kriegsschiff mit Dampfantrieb in aller Welt gewesen
sein. Hastings' Seesieg bei **Salona** im Golf von Korinth, in
der Reihe der Ereignisse zwar nur ein kleines, hat aber das
größte unmittelbar ausgelöst, den Seesieg der drei Großmächte Frankreich, England und Rußland und den Untergang der türkischen Flotte am 20. Oktober 1827 bei **Navarino**. Sie hörten diesen Namen hier schon mehrmals. Später Schlußstrich unter die unrichtige Rechnung von **Lepanto**.
Hastings hat sein Vermögen von 7000 Pfund Sterling dran-
gegeben. Und sein Leben dazu. Als er fiel, war er 34 Jahre
alt.

Jener Schweizer **Dr. Johann Jakob Mayer** hat noch einen
eigenen Gedenkstein am Hafenplatz und zwar an der Stelle,
wo seine Redaktion, seine Druckerei standen. Denn er war
Herausgeber, Redakteur und erster Schreiber einer von dem
britischen Colonel **Leicester Stanhope** gegründeten, in Neu-
griechisch erscheinenden Zeitung »Hellenika Chronika«.
Vielleicht war er auch sein eigener Setzer, Metteur und
Drucker. Ein aufklärerischer, fortschrittlicher, tatenfroher
und verbohrter Mann. Engagiert, vernagelt, verbiestert.
Und ein entsprechendes Blatt. Der Stein hat die Form einer
Reliefstele, die auf der einen Seite folgende neugriechische
Inschrift trägt - hier auf Deutsch:

> *»Ich aber bin stolz,*
> *weil binnen kurzem*
> *das Blut eines*
> *Schweizers, eines*
> *Nachkommen des*
> *Wilhelm Tell, in*

Vermischung mit dem
Blute der Helden
Griechenlands
überdauern wird.«

Anzunehmen, daß dies ein Zitat aus einem seiner Leit-
artikel kurz vor dem Untergang **Missolunghis** ist, der auch
sein Untergang war. Er hatte sich auch »Präsident der
Schule von Missolunghi« zu nennen beliebt.

Die andere Seite der Stele zeigt in Flachrelief eine Art
Stilleben, einen Säbel durch die Diagonale der Bildfläche,
ein Zeitungsblatt, über die Säbelklinge gehängt wie ein
nasser Seitenabzug, ein Tintenfaß und einen Federkiel. Dies
könnte das einzige Denkmal eines Volljournalisten in aller
Welt sein. Nicht eines Kriegsberichterstatters, den der Strudel kriegerischer Vorgänge ins Verderben gerissen hätte,
nicht eines Reporters selbstgemachten Ruhmes, sondern
eines Zeitungsmachers aus gutteils utopischer und irrealer,
aber todernster Überzeugung bis ans Ende. Die »Hellenika
Chronika« hatte vierzig Abonnenten.

Ach, Mensch Mayer! In Schweizer Quellen meist Meyer geschrieben. Jahrgang 1798. Mit ihm stimmte so manches nicht.
Eher schon schien es zum *mauvais sujet* reichen zu wollen. Der
Doktortitel - der der Medizin - war nur angemaßt. In des Hippokrates Künste hatte er nur eben hineingerochen. Doch waren
Großvater und Vater Ärzte und hatte der Sohn und Enkel ein
wenig Pharmakologie und danach auch noch in Freiburg i. Br. ein
Semester Medizin studiert. Eins nur, nach dessen Ende er auf
immerdar relegiert wurde, ein geschiedener Ehemann damals
schon von zwanzig Lenzen: er hatte in Freiburg Schulden gemacht und sich, außerstande sie zu begleichen, heimlich davongestohlen. Diesem Bruder Liederlich kam der Kriegsausbruch in
Griechenland nur eben recht. Er ging 1821 als angeblicher Arzt
nach Missolunghi, in sein Fegefeuer und den Ort seiner Läuterung. Mit finanzieller Hilfe eines dortigen Mädchens, das er,
griechisch-orthodox konvertiert, geheiratet hatte, gründete er eine
Apotheke, die sich als rechter Segen erweisen sollte. Er gilt den
Griechen als Begründer des griechischen Journalismus. Seinem
Kopf entsprang die Idee einer griechischen Nationalbibliothek,
deren Gründung er tatkräftig durch Büchersammlungen förderte.
Er bekleidete das Amt des Dritten Regierungssekretärs unter
Mavrokordatos, mag aber als Mitglied einer städtischen Militär-
kommission so zum General befördert worden sein wie einst zum

Doktor med. Gemeinsam mit seiner Frau und seinen beiden kleinen Kindern, zwei Mädchen, fiel er am 23. April 1826 beim
Untergang Missolunghis ...

Das Wasser ist seicht. Man könnte darin weit hinaus-
waten. Dennoch machen flachgebaute Fischerboote und geringe Kähne am Kai fest. Es ist sogar auch ein kleiner
Kranwagen da. Nur vereinzelte Häuser. Ein paar Schuppen. Draußen die Inseln des Odysseus als silberne Silhouet-
ten und die Wassertriften der Seeschlacht bei den **Oxias**.

70   Im Morgenrot der Byron-Saga

Wir überflogen vorhin **Missolunghi**. Das muß nicht ›übergehen‹ und darf nicht ›ignorieren‹ bedeuten. Ignorieren wir
im Zusammenhang mit dieser Distriktshauptstadt nicht,
daß Lord **Byron** 1810 im Türkischen geweilt hat und damit
einem tiefbegründeten und im Westen - namentlich in England damals - stark ausgeprägten Orientdrang frönte. Einer
Mode. **Napoleon** hatte sie aus der Taufe gehoben. Wir
sprachen schon davon. Aber Mode ist nur äußerlich etwas
Äußerliches. Ein zutiefst romantischer Impuls machte sich
geltend, dem an Unterscheidung zwischen Griechen, Albanesen, Bulgaren, Türken und anderen »Orientalen« wenig
gelegen war. Ein west-östliches Fernweh. *Land of Albania!*
Sich schmerzlich-selig in Fernen verströmen. Dem Osten zu!
Persien! Indien! Der junge Lord hatte auch diese Wunder-
länder als Reiseziele im Auge gehabt. Normannischer
Drang. *Normannomania vagans.* Der Dichter seufzte:

> *Land of Albania! where Iskander rose,*
> *Theme of the young and beacon of the wise,*
> *Land of Albania! let me bend mine eyes*
> *On Thee! ...*

Albanien als Inbegriff aller Östlichkeit! Wo Alexander erstand! **Iskander**, die orientalische Abschleifung des griechi-

schen Namens war dem Lord nur zu willkommen. Oder hatte er **Georg Castriota** im Sinn? Den berühmten König von Albanien namens **Skanderbeg?** Den selbst **Muhammed II.** nicht niederwerfen konnte, so daß er auf die Nachricht von Skanderbegs Tod hin in die Worte ausbrach: »*Wer hindert mich nun, die Christen zu unterjochen, da sie in ihm ihren Schild und König verloren haben?*«

Der Orient stieß zu Lord Byrons Zeiten noch mit der bosnischen Spitze bis an den 16. Längengrad. Heute wird niemand Griechenland mehr zum Orient rechnen, Jugoslawien auch nicht recht, die europäische Türkei wenig mehr, und nur in mancher Beziehung noch - vermutlich - das verrammelte Albanien von heute. Die alte, so oft verschobene Grenz- und Kampflinie zwischen Ost und West, die von den Türken so weit westwärts getrieben worden war, die unter so vielen verschiedenen Zeichen schon gestanden hat und doch immer nur die gleiche geblieben ist, wandert gen Osten. **Palästina** war es noch, **Israel** ist gar nicht mehr Orient. Einer der Gründe für die dauernden Spannungen und Kriege in Nahost. Wir sagten es.

Ignorieren wir nicht, daß der Lord - Jahrgang 1788 - bei dieser Sehnsuchtsfahrt durch sein ostgrenzenloses Traumalbanien **Ephesus, Smyrna** und **Konstantinopel** aufgesucht und auch die Blachfelder des Kampfes um **Troia** drüben in Kleinasien besichtigt hatte. Mehrere Aufenthalte in **Athen,** das 8000 Einwohner zählte - es sollten noch weniger werden - und das ohne Hotel war.

Daß er im Januar 1810 seinen Namen auf eine Säule des Poseidontempels auf **Kap Sunion** schrieb - welche Inschrift ich zufällig gefunden habe, weil ich mit der Nase drauf stieß. Aber nicht hätte stoßen müssen, da auf den kannelierten Marmorleibern der Säulen dort unzählbar viele Inschriften zu lesen oder vorhanden sind, auch ohne mehr lesbar zu sein. Namenszüge von Singhalesen, Polkwitzern, Amis, Steglitzern, Globetrottern, Gammlern, Schwulen und so weiter. Daß **Byrons** Signatur dort zu finden sei, hatte ich irgendwo aufgeschnappt. Das echte Autogramm? Zumindest dürfte, was ich sah, seit 1810 von wohlmeinenden Schwärmern, Studienräten und Fremdenführern immer wieder nachgezogen worden sein. Sie haben es nicht gefunden? Ach, es lohnt auch nicht. Aber wer diesmal nicht dazu gekommen ist, dem kann ich nur sagen: besuchen Sie Sunion bei nächst sich bietender Gelegenheit!

Wir ignorieren ferner nicht, daß dieser Sechste Baron **George Gordon Noel Byron** mit sieben Leibdienern reiste, mit fünf Wagen fürs Gepäck, entsprechenden Reit- und Zugpferden samt Kutschern, Knechten, Dolmetschern und Janitscharen sowie Hunden und allerhand Nutztieren obendrein als mobiler Speisekammer voller Frischnahrung. Wir kritisieren es nicht. Es gab noch keine Hotels, keinen Service, keinen Tourismus mit seinem Massenkomfort, gab nur den Komfort, den man selbst mitbrachte. Nach Vermögen. **Seume** ging zu Fuß nach Syrakus.

Daß die **Byrons** normannischer Abstammung waren. **Ernegis** und **Radulf von Burun**, die Ahnherren, landeten mit **Wilhelm** dem Eroberer. Reine Normannen.

Daß Byron am 10. Juli 1810 vom Sultan **Machmud II.** empfangen worden ist. Im Serail oben, wo einst der Kaiserpalast von Byzanz gewesen war. Wo der Normanne **Bohemund** vor Kaiser **Alexios** gestanden hat. Byron hat dem Sultan, gegen den er vierzehn Jahre später zu Felde ziehen sollte, keine besondere Aufmerksamkeit gewidmet. Der Sultan aber betrachtete den schönen Jungen unauffällig und scharf.

Daß des Dichters Vater Offizier, ein Leichtfuß, ein Frauenliebling, bildschön, der **Mad Jack**, daß des Dichters Großvater Admiral und Weltumsegler war, der Schlechtwetter-Jack. Daß der Lord mütterlicherseits von dem schottischen König **James I.** abstammte. Von König Jakob. Von dessen Tochter **Annabella Stuart**. Der Großvater auf der Mutterseite beging Selbstmord durch Ertränken. Die Mutter war manisch gesteigert. Erbliche Belastung mit leidlichem Irrsinn ist bei ihr nicht auszuschließen oder sogar wahrscheinlich. Es gibt viele Irrsinnsfälle, denen die Anstaltsreife abgeht.

Daß der junge Lord hinkte, dennoch aber - wiewohl von einer Kinderlähmung her am rechten Fuß und Bein unterentwickelt oder schon von Geburt an mit einem Klumpfuß verunstaltet, an der linken Extremität nicht ungeschädigt - am 3. Mai 1810 den Hellespont (die Großen Dardanellen) in siebzig Minuten durchschwommen hat und überhaupt gern schwamm. Ein Leander ohne Hero. Dort wenigstens. Ausnahmsweise. Schwamm zum Beispiel auf die hohe See hinaus, als man am Strande von **Viareggio** des ertrunkenen

Dichters **Shelley** Leichnam verbrannte, mit Weihrauch und
duftenden Spezereien. Auf einem Scheiterhaufen altgriechi-
scher Art. Versteht sich. Wie den Leichnam des **Patroklos**.
Shelleys Herz übrigens widerstand den Flammen, ward der
Asche entnommen und in Weingeist aufbewahrt.

Daß besagte Meeresstraße an schmalster Stelle immer noch über
zwei Kilometer breit ist. Doch sei auch auf die sehr starke kalte
Strömung hingewiesen, mit der ihre Wasser in die Ägäis ab-
fließen und die **Byron** und ein geneigter Mitschwimmer zu überwinden hatten. Auf eine Meile hatten die beiden vier Meilen Ab-
drift. Bei nördlichen Winden war schwer in Richtung Marmarameer dagegen anzusegeln. Im Tertiär oder im Quartär, ich weiß
es nicht, floß dort ein Bruderstrom aus Ur-Bug, Ur-Dnjepr und
Ur-Don und den Zuflüssen aus allen Limanen vom Schwarzmeer
her. Und dieses war ein Binnensee und die Ägäis Land, die heutigen Inseln Berggipfel. Restbestände einer gewaltigen tektonischen,
früher auch vulkanischen Geschichte. Vorsintflutlich. Die stärkere
Verdunstung in der Ägäis erhält den Dardanellenstrom in Bewegung.

Daß Lord **Byron** als Autor sehr erfolgreich, aber in Alteng-
land gesellschaftlich in Unglimpf geraten, seinem Albion
1816 Lebewohl sagte und es nie wieder sah. Schrecklich!
Ein Verhältnis mit seiner Halbschwester? Wurde gemun-
kelt. Getuschelt.

Daß er sich vielmehr Italien zuwandte und in lose Beziehung zu der soeben dort entstehenden Carbonari-Bewe-
gung trat. Fürst **Metternich** zum Tort. Denn Österreich
gebot derzeit über **Venetien**, **Lombardei** und **Toscana** und
sollte 1820 die Carbonari auch in Neapel noch zum Schweigen bringen. Metternich ließ den Lord diskret überwachen.

Daß jene unheimlich aufgeplusterte Geheimgesellschaft,
unbeschadet so einleuchtender Ziele wie Religionsfreiheit,
Befreiung Italiens von Fremdherrschaft, nationaler Einigung, sich mehr oder weniger als Windei und Luftblase erwies.

Daß die Carbonari - und allerlei Militärinsurrektionen
andernorts - der Freiheitsbewegung in Hellas Abbruch
taten, da die Großmächte zwischen dieser und jenen Zusammenhang zu wittern meinten, der aber nicht bestand.

Daß die Griechen vielmehr so ungewisser Gehilfen wie

der Carbonari nicht bedurften, sondern auf eine eigene Partisanentradition im Befreiungskampf zurückblicken konnten, die gar noch blutrünstiger war als die Straf- und Racheaktionen der Türken.

Daß **Byrons** Treiben aber den Anschein eines Zusammenhanges unter dem Blickwinkel fürstlichen Argwohns befördern mußte.

Daß der Lord ein Verhältnis mit einer Gräfin namens **Teresa Guiccoli** geborener **Contessa di Gamba** unterhielt. Sie war wenig über sechzehn und verheiratet mit einem Mann Anfang der Sechziger. Derlei Ehetriangel aber lagen im Zeitgeschmack. Gewiß auch der hochdramatischen Szenen wegen, die daraus allemal erwachsen mußten.

Daß er, eine poetische Grußadresse **Goethes** in Händen, mit Teresas Bruder **Pietro**, Jahrgang 1801, am 16. Juli 1823, wie gesagt, mit dem Ziel Griechenland in See stach - wie 18 Monate vor ihm Graf **Normann** -, wozu ihn, Byron, die Einladung irgendeiner philhellenischen Organisation oder irgendeiner griechischen Partei sowie Pietros ungestümes Drängen schon seit längerem zu bewegen versucht hatten. Auf zwei gecharterten Schiffen. Eins, glaube ich, hieß »Bolivar« und eins, weiß ich, »Herkules« - ein Schoner von 120 Tonnen. Mit einem seebärigen rumseligen Kapitän wie aus einem Abenteuerroman. Also passend.

Der Lord war mit Geld und Waffen wohl ausgerüstet. Seinem Geld und seinen Waffen. Außer **Gamba** befanden sich zwei englische Herren an Bord, E. **J. Trelawny** und ein gewisser **Browne**. Trelawny war ein Mann Anfang dreißig, seebefahren, Indienkenner, Schriftsteller. Schwamm noch besser als Byron. Hatte **Shelleys** Verbrennung besorgt und dessen Herz aus der glimmenden Asche geholt. Browne, **James Hamilton Browne**, ein Schotte, hatte in Diensten der britischen Krone auf den Ionischen Inseln gestanden. Als Offizier. War aber unerwünschter philhellenischer Neigungen wegen entlassen worden. In **Livorno** waren auch einige Griechen zugestiegen.

Fürs erste faßte man am 3. August eintreffend auf **Kephallinia** gefahrlos Posten. Man hatte im Hafen von **Argostolion** festgemacht. Die Insel, Rückhalt der christlichen Armada während der Schlacht von Lepanto, wie Sie wissen, war jetzt gleich den übrigen Ionischen Eilanden Bestandteil einer selbständigen Republik unter britischem Protektorat. England hatte, soweit es bereits und wo es ging, vollendete Tatsachen geschaffen. Wie in **Malta** etwa. Die Inselgruppe gehörte von 1815 an auf diese Weise zu England und gehört erst ab 1863 zum griechischen Stammland.

Ende Dezember 1823 endlich ermannte sich der Lord und begab sich aufs Festland. In die Festung **Missolunghi**. Soweit dieser Platz im Feuchten und Seichten dem eigentlichen Festland zugeschlagen werden kann. Der Lord trug eine rote Galauniform eigenen Entwurfs, da er in keinem Heer je gedient hatte. Später legte er gern das Gewand der Palikaren und Klephten an. Hatte es schon bei seiner ersten Reise durch das Land der Skipetaren getragen: Fez und weiße Fustanella, karmesinrote Samtjacke mit goldenen Litzen, drapierte Schaffelle, die albanische Tracht, wie schon angedeutet, welche die griechischen Rebellen zur offiziellen Aufstandskleidung erkoren hatten. So etwa das - nur viel malerischer und viel aufwendiger und die Fustanella viel weiter und wadenlang -, was die Königlich Griechische Leibgarde der Efzonen heute noch als Uniform trägt. Oder trug. Die albanische Tracht wird man sich griechischerseits zu eigen gemacht haben, weil albanische und griechische Erhebung in den Anfängen miteinander korrespondiert und in einer Verbrüderung, der Adelphopóesis, gestanden und gehandelt hatten.

Was der Lord aber anzuziehen unterließ oder vermied, war das Kleid der Philhellenen, das schwarze, Lützowsche mit dem Totengebein. Und dennoch war es einer seiner Knabenwünsche gewesen, eines waffenfrohen Tages einmal an der Spitze einer Schar eigener »Blacks« zu stehen, »Byrons Blacks«.

Die Missolunghier - nicht vollzählig (viele waren geflüchtet, andere emigriert), von See her unter türkischer Kontrolle und in halber Blockade, aber stolzgeschwellt, weil sie vor ein paar Monaten gerade den zweiten oder dritten Belagerungsversuch abgewiesen hatten - bereiteten **Byron** und seiner gleichfalls martialisch kostümierten Begleitung einen jubelnden, ja königlichen Empfang.

Die Sache hatte allerdings auch spektakulär genug angefangen. In zwei Schiffen unter ionisch neutraler Flagge hatte man von **Kephallinia** nach Missolunghi übersetzen

wollen, der schnellsegelnden »Mistico« unter Byron und
der langsameren »Bombarde«. Diese jedoch kaperten die
Türken und schleppten sie samt ihrem Kommandanten
Pietro di Gamba, dem Pechvogel, und samt dem größten
Teil des Byronschen Bargeldes, etlichen tausend Talern in
Münzen, nach **Patras**. Nur durch die Gunst zufälliger und
ungewöhnlicher Beziehungen, einer verpflichtenden Bekanntschaft zwischen dem ionischen Schiffskapitän der
»Bombarde« und dem kapernden Kapudan kam man wieder frei. Ohne die Gelder und ohne die Waffen, wohlverstanden.

Die »Mistico« unterdessen lief einer weiteren Türken-
fregatte davon, kam aber darüber ganz vom Kurs ab und
mußte in **Dragomestri**, dem ehemaligen und heutigen Asta-
kos, vor Anker gehen. Von dort loszukommen, hinderte das
Wetter. In Missolunghi bangte man bereits um des Dichters
und Freiheitskriegers Leben. Doch kreuzte er schließlich am
5. Januar wohlbehalten vor der entzückten Lagunenfestung
auf, nachdem man am 29. Dezember Kephallinia verlassen
hatte.

Königlicher Empfang. Salutschießen der Festung, der
Schiffe, des Forts Wassiladi. Nichts Strahlendes sei geschwärzt. Doch war eine so heilandsgemäße Begeisterung,
da ja effektiv außer der lange genug hinausgezögerten Ankunft noch gar keine Leistung vorlag, unbegründet und
sollte kaum noch Gründe nachgeliefert bekommen. **Byron**
allerdings konnte nicht viel oder nur wenig für den Vorschußlorbeer, mit dem die Missolunghier nicht geizten; noch
konnte er etwas dafür, daß ihm ein baldiger, aber kein Soldatentod beschieden war. Gewiß nicht. Doch beschwören
Einzelheiten der Byron-Saga den Lützow-Mythos herauf,
der aus nachweislichen Waffentaten gleichfalls nicht hätte
erklärt werden können, sondern allein aus dem Wunsch-
denken und der aufschwärmenden Unvernunft jener Zeit
gleich einer Wolke aufgestiegen war. Ein schimmernder
Dunst. Nimbus.

Nimbus heißt die Wolke, auf der Götter daherfahren.
Heißt auch der Heiligenschein. Aus einem Fetischdenken
gesponnen, das im Falle **Byron** jung sein, schön sein, adelig
sein, freiheitlich, frivol, subjektiv, griechenverloren, welt-
schmerzlich, reich, verschwenderisch, exaltiert, exzentrisch

und zu alledem auch gar noch Dichter sein mit simpler praktischer Brauchbarkeit für die Griechensache, verblendet und eigensinnig, verwechseln wollte. Ein Playboy der Romantik? Seiner Vergötterung sicher? Byron, der Unwiderstehliche, war Playboy und **Bohemund** in einem! Mancher Grieche hätte ihn gern auf des verjüngten Hellas Thron begrüßt. Als einen König. Georgios I. von Hellas. Und hatten **Robert Guiscard**, **Bohemund** und **Don Juan d'Austria** sich nicht ebenfalls dort als Kronenträger gesehen? Und hatte **Cervantes**, spanischer Ausrichtung gemäß, sich nicht als König von Tunis geträumt?

Die Idee eines neugriechischen Königtums stammte jetzt vom Metropoliten von Arta, **Ignatios**, und geisterte seitdem durch die erregten Gemüter. Aus der Überlieferung war sie nicht herzuleiten, doch mag im Zeitalter **Metternichs** und der Restauration vieles für sie gesprochen haben. Auch schien die bestürzende Tatsache, daß sich im aufgequirlten Hellas zuweilen schon bis zu zwanzig provisorische Regierungen an zwanzig provisorischen Regierungssitzen und gar auch zu gleicher Zeit im Regieren hatten versuchen wollen, den Gedanken einheitlichen Kükenschlupfs unter eine Krone dringend zu empfehlen. Da diese aber auf kein griechisches Haupt - auf das des **Demetrios Ypsilanti** etwa, der diesbezüglich schon ins Gespräch gekommen war - hätte gesetzt werden können, ohne daß gleich einer Drachensaat sofort noch ein Dutzend Gegenkönige aus dem Boden geschossen wären, kam für die vertrackte Würde nur ein Ausländer in Betracht. Byron?

Byron waren derartige Projekte schon in Italien zu Ohren gedrungen. Als ein Grieche, ein Graf **Schilizzi**, der in Livorno zugestiegen war, anspielend vorfragte, eröffnete er dem lächelnden Dichter nichts Neues. Byron? ... Byron sagte nicht nein ... Mit der sarkastischen Einschränkung: *»Aber nur bei getrennter Kasse! Und wenn Wir dann an der königlichen Gewalt keinen Geschmack mehr haben, werden Wir die Wahl haben abzudanken wie Sancho ...«* Wie Sancho Pansa, der Kontrastmann des Ritters von der traurigen Gestalt. Ach, Cervantes! König von Traum-Tunesien, Miguel I.

Bis vor Sultan **Machmud II.** drang das Königsgeraune. Byron? Byron? Er erinnerte sich eines ungewöhnlich schönen jungen Mannes, der vor ihm im Serail gestanden, dessen beredte Miene ausgesprochen hatte, daß weder der Sultan in Seide und Zobel noch der prunkvollste Thron der Welt ihn beeindrucke. Er erinnerte sich. Dieses alabasterne, mädchenschöne, engelschöne, unbegreifliche, anziehende, anmaßende, eisglühende Gesicht! **Byron!** Die rumeliotischen Giauren erhöben sich, und dieser lege es darauf an, ihr König zu werden! Das feine Spottgesicht! Machmud II. erklärte den derzeit im Sandschak Jannina des Ejalets Rumili vagabundierenden britischen Lord Byron vor versammeltem Diwan zum »Feind der Pforte«.

Zur nämlichen Zeit wußten intrigante Griechenhäuptlinge - um nicht zu sagen: Gegenkönige - in Missolunghi das Gerücht auszustreuen, Byron sei in Wirklichkeit ein Türke, der sich mit dem griechischen Regierungsbeauftragten für Westgriechenland, mit **Mavrokordatos**, zum Untergange des Landes zusammengetan habe. So bliesen Winde aus allen Wetterecken der Politik. Die Aufwinde rührten einen Zyklon von Nimbuswolken zusammen. Eine Normann-Saga, ein Normann-Mythos ist in Hellas nicht aufgekommen. Dafür hatte Normann vom ersten Tage an nur sein bewährtes Kriegshandwerk getrieben. Als ein Fachmann, schlicht und ohne Aufhebens. Selbstverständlich. Kein Grund also, in Verzückung zu geraten und das Sagen anzustimmen.

71   Der Marsch auf Lepanto

Der junge Lord - jung? er trat in **Missolunghi** ins 37. Lebensjahr -, *ho Lordos Wairon* hat ganz gewiß viel Gutes getan und Zweckdienliches geleistet und nicht etwa nur geträumt und gedichtet und, wie auch geschehen, Albanesenlieder notiert. Er gab Geld für Anwerbung und Ausrüstung von Truppen, auch solchen aus Albanien, dem Traumland, dem Berghorst härtester Krieger, der Suli005en, die - seit anderthalb Jahren nunmehr ohne Heimat - nachgerade etwas wie eine Landplage geworden waren.

Gab Geld mit vollen Händen. Halb Hellas saugte uner-
sättlich an seinem Portefeuille wie mit tausend Schröpf-
köpfen. Jeder wollte etwas anderes. Geld für den dringlich
erforderlichen Ausbau der Befestigungen von **Missolunghi**.
Aber gewiß! *Wewäos*! Geld für Medikamente und Sani-
tätsmaterial. Aber sicher! *Malista*! Geld für die gutgemein-
ten Zeitungsunternehmungen, die jener Colonel **Stanhope**
ins Leben rief und oben erwähnter »**Dr.**« **Mayer** fortführte.
Byron sorgte für Hinterbliebene und Verwaiste. Byron gab
Geld für den Aufbau einer Munitionswerkstatt und einer
Artillerietruppe. Byron, Byron, Byron! Geld, Geld, Geld!
Die Dreistigkeit der Bittsteller zerrte an den Nerven.

In Zusammenhang mit der Munitionsfabrik in Hammer-
schmiedengröße wäre übrigens ein Deutscher zu erwähnen,
ein Kerndeutscher. Das war der ehedem preußische Leutnant **Kindermann**. Die Herstellung der Munition sollte der
englische Feuerwerker **Parry** leiten. Insbesondere ging es
um Congreve-Raketen, eine damals und dort noch einigermaßen neue Brandraketengattung, von deren Wirkung
man - auch Byron selbst - sich etwas versprach. Parry war
ein patenter, umsichtiger und tüchtiger Mann. Daß das
Londoner Hilfskomitee sämtliche Raketenerfordernisse,
Schwefel, salzsaures Kalioxyd, Salpeter, Bleche, Stabeisen
und so weiter, deren Fehlen in Griechenland vorauszusetzen
war, nach Missolunghi geschickt, aber Schmiedekohlen vergessen hatte, dafür konnte Parry nicht. Man verlor Zeit.
Doch einerlei, Byron baute auf diesen Waffenschmied und
ernannte ihn, als die Artillerietruppe allmählich Gestalt
annahm, zu deren Kommandeur im Range eines Majors.
Von des Lords Gnaden zwar nur. Aber immerhin.

Leutnant **Kindermann** nahm diese außerplanmäßige
Rangerhöhung eines Mannes aus dem Unteroffiziersstande,
ja eines banausischen Nichtkombattanten doch eher mit
Vorbehalt auf. Denn er war kaum geneigt, das Kriegs-
abenteuer, in das er sich begeben, durch abenteuerliche Um-
stülpungen der gottgewollten militärischen Rangordnung
entweiht zu sehen. Als aber dieser Grobschmied gar eines
Tages mit Lederschurz und Schmiedehammer vor seine Ka-
noniere hintrat, weil er die Zeit zur feierlichen Umkostü-
mierung unter den obwaltenden Umständen für vergeudet
ansah, war es um Leutnant Kindermanns Fassung gesche-

hen. Das ging zu weit, auch wenn man bei den verrückten
Briten ohnehin schon minder gestrenge Maßstäbe anlegte.
Kindermann protestierte in aller Form und kehrte **Missolunghi** den aufrechten Rücken, die Stadt ihrem Schicksal
überlassend. Einem verdienten Schicksal. Denn ein Schurz-
fell vor der Front! Das hatte die Welt noch nicht gesehen.
Pereat! Und soviel von Kindermann, der aus formalen
Gründen umhinkam, eine rühmlichere Rolle als die eben
beschriebene zu spielen.

Im übrigen aber gehörten zu den Artillerietruppen 25
Leute oder nunmehr nur noch 24 deutscher Herkunft, Reste
des deutschen Korps aus **Tripolitza**. Ehemalige Normann-
Leute. Einige Freiherren darunter, denen Kindermann
nebenher wohl auch eine exemplarische Lektion in Herren-
moral hatte erteilen wollen. **Byron** erwähnt diese jungen
Leute beiläufig in einem Brief vom 7. Februar. Und zumindest zwei Trunkenbolde wären zu melden, die einmal zur
Nachtzeit in der überreizten Stadt durch ihr dummes Ran-
dalieren einen falschen Alarm auslösten. Nicht jeder Philhellene war einer Legion von Idealisten zuzuzählen. Manch
einer war bloß Abenteurer.

Und dann die philhellenischen Narren! **Frederic North**
allen voran, der sich - man denke der Moskauer Straßen-
tänze der Duncan hundert Jahre später - in wallendem
Peplos, das wallende Haar von goldenem Netz umfangen,
vor den betretenen Klephtenkapitanis aufpflanzte und
ihnen mit erhobener Stimme **Pindar** zitierte, dessen hehre
Texte ihnen ganz unverständlich bleiben mußten, weil sie
kein Altgriechisch - geschweige denn in englischer Aussprache - verstanden. *»Der imposanteste Hanswurst seiner Zeit
und seines Landes«*, urteilte Byron kurz und bündig.

Und jener Earl of Harrington, **Leicester Stanhope** - er
verdiente auch ein Kapitelchen für sich wie alle Stanhopes.
Der Colonel war ein entschiedener Anhänger **Jeremy Bent-
hams**. Nur wäre diesem Philosophen der Nützlichkeit und
des größtmöglichen Glücks für die größte Zahl zu beglük-
kender Menschen ein sachlicherer Vertreter in Griechenland
zu wünschen gewesen. Stanhope erschien als Delegierter des
Londoner Griechischen Komitees auf dem Schauplatz der
Erhebung, und wenn die Griechen auch nicht wußten, wo
der Schuh sie drücke, er, Stanhope, wußte es. Und hoffte,

jedwedem Übel durch Schulen nach dem System **Lancaster** und nur nach diesem, durch Presse (aber wer konnte lesen?), Post (aber wer konnte schreiben?), gottlob aber auch durch Spitäler und was der zivilisatorischen Errungenschaften mehr waren, beizukommen und aus den Griechen im Handumdrehen ideale Bürger einer idealen Republik zu machen. Denn er war Demokrat und Republikaner, litt allerdings unter dem schmerzenden Verdacht, daß die Griechen, sollten sie einmal vor die Wahl gestellt sein, der Monarchie den Vorrang geben würden.

Byron wieder erboste sich über die Benthamschen Schriften, die Oberst Stanhope zu nutzbringender Verteilung mit sich führte, und erklärte den alten Verfassungstheoretiker **Bentham**, den das Abendland, die Neue Welt und »Dr.« Mayer verehrten, für einen Trottel, der von den »*Triebfedern der Handlungen*« des Menschen keinen Schimmer habe, so sehr er sich darüber auch schriftlich verbreite. Byron dachte nüchtern: »*Wir müssen zuerst siegen, dann planen.*«

Nüchtern mühte er sich um den Ausgleich zwischen den verhaderten, verhedderten Parteien des aufständischen Landes. Denn es fuhr da ein ganzes Mühlenwerk von Flügeln umeinander. Nicht nur, wie sonst die Regel, ein rechter und ein linker Flügel der Widerstandsbewegung; vielmehr ein quasi demokratischer und militanter unter einem gewissen **Odysseus**, Jahrgang 1790, und ein aristokratischer oder doch ständischer und eher zu diplomatischem Taktieren neigender Flügel unter dem bürgersinnigen, brillentragenden Fürsten **Mavrokordatos**, Jahrgang 1780. Was heute vielleicht einem kommunistischen und einem liberalen Flügel entspräche.

Zudem aber gab es Parteiungen zwischen denen, die (rechts oder links) für Rußland unter **Demetrios Ypsilanti**, denen, die (rechts oder links) für England, denen die (dito) für Frankreich und denen, die (dito) für ein Griechenland der Griechen waren. Denn die Großmächte pusteten in die Flügel, daß sie, wie die Mühlen von Kos im Woreas, nur so wirbelten. Das wurde schon angedeutet, entzieht sich im einzelnen aber der Erzählbarkeit. Nur ein Detail sei spaßeshalber hervorgehoben: sogar der mit dem Schlafdorn gestochene Malteserorden zeigte sich unerwartet kregel, bot Gelder an und machte sich anheischig, Darlehen zu beschaffen, wenn ihm am Tage der Befreiung - ja, was denn wohl? -, wenn ihm dafür sein altes **Rhodos** wieder unterstellt werden würde. Heiliger Johann! Und als milde Zugabe noch ein paar weitere Inseln. Wenn schon, denn schon. Hinter dem ritterlichen Begehr stand das restaurative Frankreich, das damit offenbar am Orden gutmachen wollte, was **Napoleon** schlecht gemacht hatte; dem es zugleich aber darum ging, einen Stein gegen England ins Brett zu schieben. Andere Hellenen und Philhellenen schworen dagegen nach wie vor auf die Leitgedanken der Grande Révolution. Das Griechenvolk steckte halb schon im Bürgerkrieg. Ein Elend und ein Jammer. Wie bis auf diesen Tag.

Auch die Gruppe um **Byron** wurde von der Entzweiungssucht angesteckt. Auf die Seite jenes **Odysseus** schlug sich Captain **Trelawny**. Denn das Unternehmen Byron - der Lord hielt es mit Mavrokordatos - ließ sich ihm zu vorsichtig und zu langweilig an. Kinderpapp war sein Essen nicht. Er begab sich sporenklirrend nach der **Morea** und nach Ostgriechenland in des Odysseus eigentlichen Bereich und heiratete, um ohne Vorbehalt zu fraternisieren, des Bandenchefs Halbschwester **Tarsitza**, ein Mädelchen von zwölf Jahren. Englische Kugeln hätten ihn bei späterer Gelegenheit um ein Haar des Lebens beraubt. Doch stand ihm ein hohes Alter in den Sternen geschrieben. Als Schriftsteller hatte er Erfolg, zumal als einer, der mit **Shelley** und **Byron** einst geradezu intim gewesen war. Inwieweit er als Brautfahrer gewahr geworden ist, daß der Verschlagene ihm das Kind nur wie einen Köder hingeworfen und es dabei einzig auf Byrons Kriegskasse abgesehen hatte, an die er kraft der Verschwägerung zu gelangen hoffte, steht dahin. Und wenn nicht an Byrons eigenes Geld, dann an die ins Haus stehende britische Anleihe von 800 000 Pfund, deren sinnvolle Verteilung höchstwahrscheinlich Byron zu überwachen haben würde. Der Schwager würde die Parteienkluft dann schon überbrücken.

Odysseus, zu dem übrigens auch **Stanhope** noch zu Byrons Lebzeiten gestoßen ist, war eines Milizenführers **Andrikos** oder Andrussos berüchtigter Sohn, Jahrgang 1790, politischer Totschläger sowohl wie siegreicher Palikarenkapitani. Namentlich bei der dreimaligen Verteidigung der Thermopylen ausgezeichnet. Der alten Thermopylen des

Leonidas! Jawohl! Dieser rauhe, rohe, ruchlose, verwegene Kampfhahn Odysseus war listig wie sein Namensheros. Dennoch wurde er eines Tages von einer griechischen Regierung, die länger kein reines Schattendasein mehr zu führen brauchte, auf der Athener Akropolis eingesperrt. Brach aus, seilte sich ab und stürzte in den Felshängen zu Tode. Hätte sich's sparen können. Aber von der Amnestie, die ihm bereits zuerkannt worden war, wußte er noch nichts. Ähnlich hatten sich die krachscheitigen Palikarenführer **Karaiskakis** und **Kolokotronis** vor Gerichten verantworten und Urteile hinnehmen müssen. Kolokotronis hatte auf dem Inselfort **Burzi** vor **Nauplia** gebrummt, das jetzt ein Hotel für reiche Leute ist... Ganz fallenlassen konnte man diese Häuptlinge nicht. Sie hatten Anhänger und waren als Kerle im Partisanenkrieg unentbehrlich. Von Odysseus übrigens stammt die Idee, **Athen** zur Hauptstadt der Hellenen zu machen, was keineswegs so selbstverständlich war, wie wir denken. Sein Sohn **Leonidas** wurde in München ausgebildet, und dort liegt er auch begraben. Denn er starb an der Isar als Kadett.

Bewegte Zeiten, bewegte Geschicke: wie steht es um die Kausalität? Die Gründe sind im Kollektivpsychologischen zu suchen. X = U hätte mein Freund **Dr. Paul Herrmann** gesagt. Hab's mir öfter sagen lassen müssen. Aber, ich bin sicher, im Großkollektiv - nennen wir es einmal so - gibt es etwas, das meteorologischen Vorgängen vergleichbar ist, und nur teils aus der Aufklärung, teils aus der Christlichkeit herrührende Ansichten von der selbstherrlichen Entscheidungsfreiheit des Menschen dort, von seiner individuellen Gotteskindschaft hier bewirken ein Sträuben gegen die Vorstellung sich bildender und wieder zerfallender, aufeinander wirkender und über Gebiete hinwandernder, große Menschengemeinschaften erfassender Druckballungen des Hochs und Druckniederungen des Tiefs, die *»der Menschen schwellend Herz darnieder«* drücken. Mit einiger Periodizität, scheint mir, und keineswegs etwa in völliger Unabhängigkeit von den eigentlich meteorologischen Wetterlagen im Großen und Größten. Was noch zu untermauern und zu erhärten wäre. In welche Großwetterlage fiel die europäische Völkerwanderung? Das müßte sich noch feststellen lassen.

Die europäische Romantik war für meine Begriffe ein solches Tiefdruckgebiet, das sich im Westen und Norden zusammenrührte. Ein schottisches Tief, vorgebraut schon in den Tagen **James**

MacPhersons und seiner so exaltiert gefeierten Ossian-Fälschungen. Eine Depression, die nach Süden und Südosten wanderte. »*Northern shadows flitting across southern landscape*« - die Wendung stammt von **Lesley Blanche** und steht im Vorwort zu seiner Beschreibung britischer Orientfahrerinnen jener Zeit, »The Wilder Shores of Love«, bei John Murray, London 1954.

Am 5. Januar 1824 hatte **Byron** die Lagunenfestung betreten. Am 22. wurde er 36 Jahre alt. Am 15. Februar des Abends erkrankte er bedenklich. Er war allerdings ähnlich schon mehrfach von Krankheitszuständen undefinierbarer Art befallen worden. So nach dem großen Trauerschwimmen für **Shelley**, wo überdies auch ein Sonnenbrand noch die Beschwerden gesteigert hatte. Seine Krankheit dürfte damals wie jetzt ihre schwerwiegende psychogene Seite gehabt haben.

In **Missolunghi** waren ihm mithin zunächst nur vierzig unbeeinträchtigte Tage zugemessen. Nicht ausgeschlossen, daß der Umfang seiner dortigen Leistungen und Unternehmungen während dieser knappen sechs Wochen, zumindest von den byronhörigen Berichterstattern, romantisch übertrieben worden ist. Von dem jünglinghaften Grafen Gamba zum Beispiel, seinem Cicisbeo-Schwager, wenn der hier einschlägige, außerbürgerliche Verwandtschaftsgrad näher bezeichnet werden soll. Ach, dem armen **Pietro di Gamba**, dem guten Pechvogel, blieb gerade noch die Frist, sein »*Narrative of Lord Byrons last journey to Greece*« niederzuschreiben. Dann sollte der 25jährige den »*Beschwerden des Klephtenkrieges*« erliegen, der es freilich in sich hatte, an dem aber opferwillig teilzuhaben den Jungen nichts hatte entmutigen können. 1826 war es mit ihm zu Ende. Unglückliche **Teresa**! Sie hatte Byron herzhaft und fest geliebt und seinen Tod geahnt. Doch auf die Rückkunft des Bruders wird sie gerechnet haben.

Byron, ohne jegliche Feldzugsstrapazen, erlitt jenen Anfall nach den Iden des Februar. Ein Syndrom. Er büßte nicht die Beweglichkeit der Gliedmaßen, wohl aber die Sprache für einige Zeit ein. War es eine Schlagberührung? Das Klima? Das Maltafieber, dem Normann, verwundungsgeschwächt, erlegen war? Malaria? Gift? Hysterie? Der Spleen? Es war gewiß auch der Spleen. Schon seine

Frau, Lady **Anne Isabelle Millbank** - längst von Byron getrennt -, hatte während ihrer Schwangerschaft und später zu Zweifeln Grund bekommen, ob der Lord - bei allen verblüffenden Gaben - nicht doch ganz einfach verrückt sei.

Es war aber ebenso auch eine ganz sachliche, selbstkritische Erkenntnis, die an ihm fraß: sein Scheitern! Kein Grieche, kaum ein Philhellene bemerkte es. Ihm, dem empfindsamen, unmäßig Gescheiten, mehr als Scharfsichtigen war es vollkommen klar. Die Stätte dieses seines Debakels hieß **Lepanto** und bedarf hier sonst keiner geographischen Angaben.

Nur ein paar Worte zur Lokalgeschichte. Der Ort befand sich seit über drei Jahrhunderten in türkischer Hand. Mit einer Unterbrechung von 12 Jahren, als sich nämlich, ein zweites Mal seit 1499, **Venedig** zur Gebieterin über Lepanto gemacht hatte und zwar 1687. Als **Marco Antonio Giustiniani** Doge war und **Francesco Morosini** der glückliche Feldherr, der damals den Türken auch **Patras, Korinth, Athen** und Napoli di Romania alias **Nauplia** abnahm. 1699 (im Frieden von **Karlowitz**) mußte Venedig Lepanto wieder herausrücken und sich auf den Besitz der Morea beschränken. Doch auch diese Herrlichkeit dauerte nur bis 1715. Dann nächtigte ganz Hellas wieder unter dem Zeichen des Halbmondes.

In jenen achtziger Jahren des 17. Jahrhunderts aber hatten sich, in Hoffnung auf die Gunst der Stunde, in der Pelopsinsel das Bergvolk der **Maina** erhoben, die Mainioten, und die **Cimarioten** in Albanien hatten sich ebenfalls empört. Und soviel zu einiger Vollständigkeit unsrer Skizze und zur Feststellung, daß das Freiheitsbegehren der Griechen und ihrer benachbarten Leidensgenossen all die Zeiten über wie ein Funke in der Asche fortglomm und nie erlosch.

Die Kräfte **Venedigs** aber hatten sich gleich denen der Pforte über alledem zu verzehren begonnen. **Lepantos** Mauergürtel war dem Zerfallen nah und wo nicht morsch, doch vollständig veraltet. Keiner der wechselnden Besitzer hatte ihn mehr auf den jeweils neuesten Stand der Festungsbaukunst zu bringen vermocht. Auch der Suliotenführer **Markos Botzaris** hatte zwar Lepanto im Handstreich zu nehmen verstanden, doch sich im Besitz dieses Platzes nur drei Monate halten und an Befestigungsarbeiten nicht denken können. Nur **Aitolikon** und **Krionéri**, wo, wie gesagt,

die Kleinbahnlinie von Missolunghi her endet, hatte er not-
dürftig verschanzen lassen.

Die türkische Besatzung nun wieder, eine Handvoll
Leute, eine, zwei Kompanien, wenn es hoch kam, lancierte
durch Mittelsmänner die Kunde nach Missolunghi, sie gedenke einem Angriff auf ihr Festungswrack nur *pro forma*
Widerstand entgegenzusetzen, sich ernstlicher Waffentaten
aber zu enthalten. Komme, wer da wolle. Dies schien zunächst ganz unglaubwürdig. Doch als das Angebot wiederholt und Lepantos widerstandslose Räumung klipp und
klar von der Zahlung seit anderthalb Jahren ausstehender
Soldgelder abhängig gemacht wurde, wer immer diese be-
rappe, konnte es sich um Fallenstellerei schwerlich mehr
handeln.

Da eröffneten sich ja wundersam tröstliche Einblicke in
die Zerrüttung der türkischen Verhältnisse. Die Bemühungen der Pforte, sich in Griechenland zu behaupten, während
die Perser ins Paschalik **Bagdad** einfielen, die Unruhen in
Moldau und Walachei, die Interventionsarmeen, die Strafexpeditionskorps, die Verproviantierung der immer wieder
belagerten Akropolen- und Festungsbesatzungen, die Flotten, die andauernd entsandt werden mußten, hätten auch
ein üppiger gepolstertes Budget als das türkische aus dem
Gleichgewicht bringen können. Und es ging nun schon seit
Jahren jäh bergab. Seit 1803. Seit **Ali Pascha** von Jannina
die aufständischen Sulioten niederzwang. Ging, seit selbiger
Mensch, Albanese von Geblüt und ein eigenes, von der
Pforte unabhängiges Sultanat Epirus-Albanien-Serbien im
hirnverbrannten Schädel, sich wider seinen Großsultan erhob, so daß gegen ihn, den *»Bären vom Pindus«*, ein Heer
und ein zweites in Marsch gesetzt werden mußten. Woraufhin die Griechen fast alle die Zeit ihrer Erhebung für gekommen gehalten hatten. *»Der Moskowiter kommt gefahren . . .«*

Dieser Pascha von Jannina, das muß man sagen, war tapfer als
Krieger wie nur einer, grausam als Richter und Rächer wie nur
einer, erzgescheit und schnöde als Politiker wie nur einer. Wie
eben nur er. Ein Bekannter Byrons im übrigen. Was der argwöh-
nischen Pforte nicht verborgen geblieben sein kann. Der Pascha
hatte schon mit dem großen **Napoleon** taktiert, als dieser sich

befreiend auch über Griechenland herzumachen erwog, hatte den Franzosen die erwähnten Ionischen Inseln gewaltsam abgenommen, hatte sie an Rußland abtreten müssen - Rußland im Mittelmeer! - und hatte mit England kollaboriert.

Jetzt, im Beginn des christlichen Jahres 1824, hing sein, **Ali Tependelinis** weißbärtiges Despotenhaupt, der Kopf eben des berüchtigten Paschas von Jannina, ein geraumes Weilchen schon am Großen Tor des Serails zu Istanbul und verlederte bei Sonne, Regen und Wind. Denn also pflegte man dort einer letzten Kosmetik an den Köpfen der Staatsfeinde.

Die Griechen jedoch waren und blieben weiterhin in vollem Aufruhr und ruinierten den Haushalt des Staates, dessen empörte Untertanen sie vorderhand immer noch waren. Und aus dessen Staatssäckel war man der Besatzung von **Lepanto** den Wert von 40 000 Talern Sold schuldig und hatte mithin aus braven Soldaten potentielle Verräter gemacht. Soweit sollte Mißwirtschaft nicht gehen. Aber Soldrückstände betrafen auch andere Garnisonen, die von **Arta**, die von **Aitolikon**, das sich übrigens in Dokumenten jener Zeit stets Anatolikon genannt findet. Es war etwas faul im Staate der Ottomanen. Sterbensfaul.

Nun, **Byron** war von mehrschichtiger, von doppelbödiger Veranlagung. Wie es beschreiben? Seine Gefühlsstärke, seine traumwandlerische Versponnenheit, seine poetische Wolkenkuckucksheimerei, seine Aufgelegtheit zu *practical jokes* und - sagen wir: Happenings, sie schlossen kühle und vernünftige Nüchternheit als Richtschnur allen Beurteilens und Handelns im Praktischen keineswegs oder doch nicht so weit aus, wie einer denken könnte, dem das wahre Künstlertum allemal dort erst zu beginnen scheint, wo Unbehilflichkeit und Versagen im Umgang mit der bürgerlichen Welt als verbürgt gelten dürfen.

Byron hatte glasklar erkannt, daß die Eroberung von **Lepanto** - der Plan stammte nicht von ihm - keines Feldherrngenies und keiner exzellenten Heeresmacht weiter bedürfen werde. Es bedurfte nur des Marschs über 31 Kilometer und einiger Achtungssalven. Gerade eben in Rücksicht auf die türkische Besatzung, die bloßzustellen unsinnig gewesen wäre. Die 40 000 Taler vorzuschießen, werde ihm nicht weiter schwerfallen. **Lepanto** war zu gewinnen. Das würde die Welt draußen von der Zweckmäßigkeit des Unternehmens Byron überzeugen, denn von dem Kuhhandel um den rückständigen Türkensold werde sie zunächst nichts Zuverlässiges erfahren. Auch von der Verwahrlosung der Festung Lepanto nichts. Lepanto war ein Name von respektablem Klang. Selbst die hochgerühmte Seeschlacht - wann war sie noch gleich geschlagen worden? - hatte dieser Festung nichts anhaben können. So muß das ja wohl gewesen sein. Nun aber sei sie gefallen, alle Achtung! Der 800 000-Pfund-Kredit würde in London bewilligt werden. Was der **Mavrokordatos**-Partei unausweichlich Oberwasser geben und Griechenlands Einigung - um den Sterlingtrog - herstellen müsse. Basta!

Diese brennende Gefahr, die Konsolidierung der innergriechischen Verhältnisse nämlich zugunsten der Gruppe Westgriechenland-Mavrokordatos-Byron nach der kinderleichten Einnahme Lepantos erspähte aber, wie ein Adler von Klippen äugend, der Klephtenhäuptling **Kolokotronis**, Jahrgang 1770 ungefähr, der die weise Seherin aufgesucht und die Vögel augurisch beschaut hatte. Klephtenhäuptlingssohn mit etwas europäischem Schliff im Kriegswesen. Majorsrang immerhin. Aber ein geschworener Feind abendländischen Wesens und der *»übertünchten Höflichkeit«* der Dysis, des Landes gen Untergang, aus dem nie noch etwas Gutes gekommen war. Spähte wie ein Bartgeier. Und dachte dies: **Byron** stand mit der Suliotentruppe, die er angeworben und aufgestellt hatte, andauernd Schwierigkeiten aus. Folglich müsse er, **Kolokotronis**, was an Sulioten aufzutreiben sei, sammeln und mit dem Auftrag nach Missolunghi schleusen, die dortigen Stammesbrüder gegen ihren britischen Brotgeber vollends aufzuwiegeln. **Markos Botzaris**, dem sie gehorcht hatten, war vor einem halben Jahr gefallen. Das mußte also eine Kleinigkeit sein - um so mehr, als **Byron**, wie man wußte, zwar nur den Unterhalt von 500 suliotischen Kriegern übernommen hatte, aber noch zu keiner Stunde in der Lage gewesen war, die Kopfzahl seiner Kostgänger exakt festzustellen. Denn dieses Fähnlein der Fünfhundert war mittlerweile, grob geschätzt, aufs Dreifache angewachsen. Die 500 Besoldeten betrachteten ihre Angehörigen als gleichermaßen in Vertrag genommen, heimatlos, wie sie geworden waren. Andere wieder standen

nur auf dem Papier: Sulioten und Suliotengenossen, ungezählte Katzen im Sack, keiner kannte sich mehr aus. Von
Disziplin war je länger, je weniger die Rede.

Am 13. Februar unterzog **Pietro di Gamba** die Listen
dieser Schwartenhälse einer Prüfung; und siehe da, es fanden sich nicht wenige, die erst kürzlich aus der **Morea** und
von den Fahnen des **Kolokotronis** nach Missolunghi gestoßen waren. Gamba wurde stutzig. Man stand zwei Tage
vor dem Marsch auf Lepanto. Selbigen Tages und am
14. Februar noch bedrohlicher rebellierten die Sulioten laut-
hals. Ihre Kapitani verlangten Rangerhöhungen ins Blaue
hinein - bei insgesamt 500 registrierten Soldaten 150 Offi-
ziersplanstellen und eine gute Mandel Generäle. Und Sold-
erhöhungen? Aber gewiß doch! Denn sonst könnten sie eine
so uneinnehmbare Festung wie Lepanto nicht berennen,
wozu sie ja eigentlich auch gar nicht verpflichtet worden
seien.

Auch ehe sie noch in gezielter Absicht solchermaßen auf-
gewiegelt worden waren, hatte es, wie gesagt, an Auftritten
mit diesen barbarisch unberechenbaren, widerborstigen und
anmaßenden Rauhbeinen nicht gefehlt. Krach mit Quar-
tierwirten, deren einen sie kurzerhand erschossen. Unbot-
mäßigkeit aus Grundsatz. Daß sie den Leutnant **v. Sass** bei
irgendeinem Krawall niederknallten, wurde schon gesagt.
Das Maß war voll.

Am Vormittag des 15. Februar 1824 schickte **Byron** ein
Billet an **Mavrokordatos**: »*Nachdem ich mit großen Auslagen, beträchtlicher Mühe und einiger Gefahr vergebens
versucht habe, die Sulioten zum Wohl Griechenlands - und
zu ihrem eigenen - zu einen, bin ich zu folgendem Entschluß
gekommen: Ich will nichts mehr mit den Sulioten zu tun
haben. Sie mögen zu den Türken gehen, oder zum Teufel, -
sie mögen mich in mehr Stücke schneiden, als sie untereinander Zwistigkeiten haben, - bevor ich meinen Entschluß
ändere. Im übrigen halte ich meine Mittel und Person nach
wie vor zur Verfügung der griechischen Nation.*«

Am 13. Februar noch war der simple Plan gewesen:
Gamba sollte am 15. mit 300 Sulioten auf **Lepanto** vor-
ausziehen und aufklären, **Byron** mit den Artillerietruppen
und den restlichen Sulioten, der Hauptmacht also, nach-
rücken. Dieser Feldzug der Zinnsoldaten war mit Meute-

rern nicht durchzuführen, auch wenn ihnen, lächerlicher-
weise, nur Fahnenfluchtbereite gegenüberstehen würden.
Unausdenkbare Blamage so oder so. Der Marsch auf **Lepanto** fand nicht statt. Am Abend wurde der Dichter von
seiner Krankheit befallen.

72   A soldier's grave, for thee the best

Der Anfall war nur kurz, aber »*sehr schmerzhaft*«, erklärte
Byron in einem Brief, »*und wenn er eine Minute länger
gedauert hätte, hätte er mein Sterbliches auslöschen müssen . . .*« Die anwesenden Ärzte Dres. **Millingen** (England)
und **Bruno** (Italien) standen machtlos. Auch skeptisch. Diener
mußten den Tobenden halten. Anderntags setzten die Dok-
tores Blutegel an die Schläfen des Patienten und hatten
Schwierigkeiten, die Blutungen wieder zu stillen. Dr. Bruno
war 23 Jahre alt, und auch Millingen muß jung gewesen
sein; ein Holländer übrigens nach anderer Quelle. Byron
liebte es, sich mit jüngeren Leuten zu umgeben.

Sacht trat Besserung ein. Aber nunmehr meuterten die
englischen Techniker in **Parrys** Werkstatt. Am gleichen Tag,
an dem der erschossene Leutnant **v. Sass** beigesetzt wurde.
Ionisches Frühjahr. Wetter miserabel. Kalt und naß. Eine
türkische Brigg lief in den Lagunen auf Grund, wurde aber,
bevor sich die Verteidiger von **Missolunghi** einigen konnten, ob und wie man sich ihrer bemächtige, von den Türken
verlassen und verbrannt. Die Muselmänner zogen sich wieder nach Patras zurück.

Erdbebenstöße veranlaßten alle einheimischen Muske-
tiere, ihre Flinten loszubrennen. Wie die Wilden, meinte der
Rekonvaleszent, die »*während einer Mondfinsternis auf
Trommeln schlagen und heulen*«.

Des Lords Gesundheit stellte sich binnen einer Dekade
leidlich wieder her. Will sagen, er konnte wie zuvor aus-
reiten, blieb aber schwach und reizbar. Sechs von den Parry-
schen Feuerwerkern und Schmieden waren als Zivilisten

nicht zu halten und traten tatsächlich die Heimreise nach Albion an. **Parry** wirtschaftete mit ortsansässigen Handwerkern weiter. Findige Köpfe sind die Griechen ja. Die Sulioten wurden auf Antrag der Bürgerschaft entlohnt und entlassen. Drei Kreuze hinterher. Nur 56 Mann behielt sich **Byron** als Leibwache zurück. Die Kerle mopsten sich im Erdgeschoß und neckten Byrons Tiere, die Affen, die Bulldogge Moretto, den Neufundländer Lyon und das Geflügel, um die alle sich keiner recht kümmerte. Oder sie spielten Karten, anstatt ihre rostenden Gewehre instandzuhalten. Auch Byrons Dienerschaft verrottete still vor sich hin. Man sah nicht mehr deutlich, wer mit welchen Pflichten betraut war und welche Ämter auszuüben hatte. Es fehlte das Auge des Herrn. Wer kochte denn eigentlich? Der Stallknecht vielleicht? Wo steckte der Koch denn bloß immer? Schon kleideten sich die Domestiken, wie's ihnen in den Sinn kam und nicht, wie Stand und Aufgaben es geboten hätten. Livreen nach eigenem Gusto. Karneval *à la turque*. Stockflecken und Schimmelpilz an den Wänden.

Dr. Millingen deutete seinem unwirschen Patienten - den er nicht sehr mochte - vorsichtig umwunden an, daß er vielleicht gut daran täte, seine Lebensweise in gewisser Hinsicht eventuellen Änderungen zu, ehem, zu unterwerfen. Etwas weniger Punsch etwa, *with permission*. Geringfügige Einschränkungen, die aber zuversichtlich ... *Heigh-ho!* **Byron** brauste auf: »*Meinen Sie denn, daß ich Angst um mein Leben habe? Ich bin es von Herzen satt und werde die Stunde willkommen heißen, in der ich davon scheide ...*« In Wahrheit nämlich, in Wahrheit hatte der Dichter schon voller Todesahnung den Fuß auf Hellas' unruhigen Boden gesetzt. Voller Todesverlangen, Todesbegehren, Todeszuversicht, diesem schwarzen Teilphänomen der Romantik. Diesem Teilphänomen der *Normannomania vagans*. Und, wie billig, demgemäß auch nicht ohne Todesbangen, was den zweckwidrig langen Aufenthalt des Lords auf **Kephallinia** - von Anfang August bis Ende Dezember 1823 - hinlänglich erklären dürfte.

Drei Wochen nach der triumphalen Anlandung in **Missolunghi**, an seinem 36. Geburtstag, hatte er ein zehnstrophiges Gedicht verfaßt, dessen letzte Strophen kein Hehl aus dieser Todesbezogenheit machen:

> *If thou regret'st thy youth, why live?*
> *The land of honourable death*
> *Is here: - up to the Field, and give*
> *Away thy breath!*

> *Seek out - less often sought than found -*
> *A soldier's grave, for thee the best;*
> *Then look around, and choose thy ground,*
> *And take thy Rest.*

Was sich etwa so übersetzen ließe:

> *Hängst deiner Jugend nach? Wozu noch leben?*
> *Das Land der ehrenvollen Tode auch*
> *ist hier: - auf, auf ins Feld und hergegeben*
> *den letzten Hauch!*

> *Such - meist doch ungesuchter Fund -*
> *dir dein Soldatengrab! Das Beste, du!*
> *Sieh um dich rund und prüf den Grund*
> *zur letzten Ruh'.*

Dann besserte sich das Wetter über dem »Klein-Venedig«
auf der Landzunge vorübergehend, und **Byron** beschäftigte
sich wieder mit Truppenausbildung. Das war nach Abzug
der Sulioten nötig, und es waren nunmehr Griechen an der
Reihe, gedrillt zu werden. Wobei dahingestellt bleiben muß,
was er von diesem fremden Metier eigentlich verstand.
Aber dazumal brauchte man bloß veritabler Inglischlord zu
sein und konnte alle Puppen tanzen lassen. Im März erhielt er von der Regierung in **Nauplia**, seiner Gebresten
ungeachtet, sogar die Ernennung zum Generalgouverneur
der bereits befreiten Gebiete. Man sieht nicht recht worauf,
es sei denn eben auf den bloßen Kredit englischer Lord-
schaft hin.

Wetterverschlechterung bei Erwärmung. Die Sulioten,
des unergiebigen Landstörzens überdrüssig, sickerten teils
wieder nach Missolunghi zurück. Die Griechen, wohlmei-
nend oder nicht, schienen Byron »*als eine Mine zu betrachten, aus der sie nach Belieben Gold schlagen konnten*«. Anfang April war die Anleihe von 800 000 Pfund Sterling in
London bewilligt und unterzeichnet worden. In Missolunghi
klammerte man sich nach wie vor ans Greifbare. An Byrons

habhaftes Geld. Noch schlechteres Wetter. Regengüsse. Schwüle. Missolunghi stand halb unter Wasser. »*Alle hundert Yard ein Loch*«, meinte Byron, »*von dessen Tiefe, Weite, Farbe und Inhalt sowohl meine Pferde wie ihre Reiter viele Zeichen davongetragen haben.*« Nur gelegentlich noch gewann er seinen gewohnten sarkastischen Witz wieder.

Außerhalb der Stadt verwandelten sich alle Bergbäche in geröllwälzende Ströme. Der **Fidaris**, den man sonst trocknen Fußes oder in einer passablen Furt überschritt, wenn man nach **Krioneri** mußte, war selbst für Reiter unpassierbar geworden (der heutige Evinos). Der **Acheloos** färbte den Golf bis nach Kephallinia hinüber milchkaffeebraun.

Eines wetterwendischen Apriltages waren auch noch etliche Türkenschiffe aufgekreuzt. Feindliche. Doch von einer Anlandung hatten in der allgemeinen Aufregung nur Gerüchte gefabelt. Statt dessen war eine interne Fehde zwischen **Missolunghis** Fischern und griechischen Guerillas aus **Aitolikon** entbrannt. Dieses Ortes Freiheitskrieger hatten das Fort **Wassiladi** draußen in der Lagune unnützerweise okkupiert und die Missolunghier, sage und schreibe, vertrieben. Die Regierung hatte von ihrem Ausweichquartier in **Kranidi** (einem Dörfchen nördlich von Spetsai oder Spezia auf dem Festland) dem Fürsten **Mavrokordatos** brieflich gesteckt, **Odysseus**, **Kolokotronis** und andere wollten ihm ans Leben und hofften Byron auf ihre Seite zu zwingen. Damit mochten die Streiche der Aitoliker irgendwie zusammenhängen. Wer sollte diese Umtriebe alle durchschauen? Byron schon gar nicht.

Sehr abgemagert, aber von kühler Entschiedenheit, ergriff er Maßnahmen zur Vertreibung der Aitoliker aus dem Fort, die denn auch kampflos die Geiseln herausgaben, die sie geschnappt, und auf ihren *Monoxyla*, ihren Einbäumen, eilends davonpetschelten, wie sie gekommen. Der alte **Karaiskakis** schien die Pfoten im Spiel zu haben, der später, 1827, bei den Kämpfen um Athen fallen sollte. Sie kennen sein Reiterstandbild in Piräus. Oder nicht? Nun, dann also beim nächsten Mal!

Byron klagte über Angstgefühle. Bei einem Ausritt - Sulioten vorn, Sulioten hinten, blaß und angestrengt Lord Byron im Schottenkostüm in der Mitte - Waffenklirren, Wie-

hern - überfiel die dekorative Kavalkade, wie sie da weiß
und bunt unter dem Wolkenbleischwarz durch das Grau der
Olivenwäldchen gespensterte, ein wie aus tausend Kübeln
gießender Wolkenbruch. Die Reiter wurden klatschnaß bis
in die Stiefel, bis auf die Haut, die geschwinder Ritt und
Gewitterschwüle ohnehin schon schweißnaß hatten werden
lassen. Und damit begann das Finale.

Statt heimzureiten, war **Byron** in die Lagunenstadt und
zu seinem Haus am Westufer der Landzunge im Boot zurückgekehrt. Dabei hatte er sich erkältet. Schüttelfröste,
Fieberschauer und unerträglich schmerzhafte Krämpfe waren die ersten Folgen. Wetterleuchten in den Nächten. Am
11. April trübte sich des Dichters Verstand; er sprach Un-
zusammenhängendes. **Parry** ließ ein Schiff bereitmachen,
um Byron, an dem er hing, samt seinen Leuten nebst Sack
und Pack nach **Zakynthos** zu verbringen. Die Vorbereitungen auf dem Schiff nahmen aber zwei Tage in Anspruch.
Doch hatte der launaß daherbrausende Sirocco derweile
eine solche Stärke angenommen, daß kein Schiff die Ausfahrt mehr wagen konnte. Orkan. Tobender Orkan. Hunde,
Adler, Affen, Krähen und was an Getier den poetischen
Müßiggang des Dichters zu umspielen pflegte, rettete sich
verdonnert vom Hof her in Stuben und Veranden, und nur
die Enten und Gänse der mobilen Frischkostreserve genossen die niedergehenden Wassermassen als ihrem Wohlbefin-
den förderlich.

Die beiden Ärzte zogen zwei weitere Kollegen hinzu.
Einer davon war »Dr.« Mayer. Denn in ihrer Unerfahren-
heit kam ihnen der jähe Verfall des Patienten nun doch nicht
mehr geheuer vor. Es schüttete treibhauswarm aus dem
niedrig daherjagenden Gewölk. Byrons Haus fiel zusehends
in herrenloses Durcheinander. Aber wenigstens war das
Dach dicht. Zu **Dr. Millingen** sagte der Patient zwischen
Ohnmachten und Bewußtseinstrübungen völlig klar: »*Ihre
Anstrengungen, mein Leben zu erhalten, werden umsonst
sein. Sterben muß ich: ich spüre es.*«

Im Krankenzimmer und seiner schon an Verwahrlosung
grenzenden Unordnung versammelten sich die Getreuen
unter Tränen. Der Lord ergriff jemandes Hand und spöt-
telte lächelnd: »*Oh, questa e una bella scena!*« So blieb er
sich treu, ließ aber die Hand nicht los. Stets noch hatte er

es - aus Spielerei, aus Exotismus und auch **Teresas** wegen - geliebt, Italienisch zu sprechen. Mit Italienern weniger. Aber zum Beispiel mit Griechen. Nunmehr herrschte babylonische Sprachverwirrung: die vier Mediziner stritten *praesente moribundo* in ihren diversen Zungen um die zweckdienlichste Ordination. Chinarinde oder nicht? Keine Aderlässe länger oder doch? Der Patient werde am Ende überhaupt kein Blut mehr haben. Hilflose Kunst des Hippokrates! Doch wer will seine mittellosen Jünger vom Anfang des vorigen Jahrhunderts schelten? Also Chinin. **Byron** nahm ein paar Tropfen.

Dann fiel er wieder ins Delirium. *»Avanti ... avanti!«* schrie er. *»Courage! Follow my example ... don't be afraid ...!«* Nur Mut! Folgt meinem Beispiel! Fürchtet euch nicht! Draußen dräute ein Gewitter, am Arakynthos grollend aufgestaut. Der große Poet wähnte sich im Sturmangriff. Im Donner der Geschütze von **Lepanto**. Wähnte sich - tröstliche Illusion - nicht im Feldbett, sondern im Felde und auf der Suche nach seinem Soldatengrab. Der arme Poet.

Butler, Grooms und Köche in ihren verwahrlosten Livreen greinten still. Was sollte werden? Der Leibneger des Dichters klagte laut. Die müßigen Sulioten im Erdgeschoß legten die Spielkarten beiseite und schwiegen betreten bei ihren Flinten. Er war wie ein Vater zu uns, murmelten sie andächtig, und ein jeder beteuerte es durch beifälliges Kopfschütteln. Ja, wie ein Vater. Er hat die Klephten von Rumele wahrhaft geliebt. Ja, wahrhaft. Das hat er. Amen.

Am Abend des 19. April endlich, als gegen 18 Uhr ein Donnerwetter ohnegleichen niederging, wurde **George Gordon Byron** erlöst, nachdem er von Versuchen hatte ablassen müssen, sich seinem getreuen Kammerdiener **Fletcher** verständlich zu machen. Offenbar hatte er den Schluchzenden, der sich immer wieder horchend vor seines Lords Lippen beugte, mit Grüßen an die Hinterbleibenden beauftragen und vielleicht noch weitere Dispositionen in Nachlaßsachen treffen wollen. Über die bisherigen letztwilligen Verfügungen hinaus. Byron verschied, viele schwärzlich auströpfelnde Schröpfköpfe an den blaublütig feingeäderten, erbleichenden Schläfen. Die Fenster standen offen. Im Widerschein der Blitze schien das befremdlich schöne Antlitz des Toten aus Eis und Schnee zu bestehen.

Hundertundfünf Tage hatte **Byrons** Zwischenspiel in **Missolunghi** gewährt. Sein Beitrag zur Sache, sein immaterieller Beitrag sozusagen, war sein Tod. Dieser wurde sehr bald schon von aller Welt als der Opfertod für das Allersehnsuchtsland Hellas aufgefaßt; die relative Unfreiwilligkeit des Erkrankten wurde mit der intellektuellen Unbekümmertheit der Engagierten in die entschlossene Freiwilligkeit des todbereiten Gefallenen und Helden legendengerecht umgemünzt. Er aber, das offene Visier gewohnt, hatte seinen Ärzten klipp und klar gesagt: »... *um mein überflüssiges Dasein zu beenden, bin ich nach Griechenland gekommen. Meinen Besitz, meine Fähigkeiten habe ich seiner Sache gewidmet. Nun gut: hier ist auch mein Leben. Doch eine Bitte möchte ich an Sie richten: Lassen Sie meinen Leichnam nicht zerhacken oder nach England schicken. Hier laßt meine Knochen vermodern. Legt mich in das erste Eck, ohne Pomp und Blödsinn!*«

Allein, was gilt schon ein letzter Wille, wenn beflissene Adepten der Medizin doch gar zu gern ans Zerhacken möchten? Sie zückten unverzüglich ihre Meißel, Messer und Knochensägen. Sie legten los und legten bloß. Fraglos auch auf der Suche nach Erweisen ihrer Schuldlosigkeit. Aber selbst die Autopsie hat die Todesursache nicht ans Licht zu bringen vermocht. Der Fall dieses besonderen Patienten freilich dürfte von erheblicher Kompliziertheit gewesen sein. Und Äskulaps dortige Schüler waren nur zu ersichtlich mäßig ausgebildete Physici. Keiner von ihnen hatte jemals eine Obduktion selbständig durchgeführt. Des Verstorbenen Hirn aber - es verdient angemerkt zu werden, und also war jenes »Zerhacken« doch auch zu etwas nütze - wog mit »*sechs medizinischen Pfund*« (= 2070 Gramm) 620 Gramm mehr als das Durchschnittsgehirn gewöhnlicher Sterblicher.

Quattuor faciunt collegium. Er wäre unser Mayer nicht gewesen, wenn er sich versagt hätte, an der Obduktion teilzunehmen. Ließ die Kollegen - der vierte, vermutlich, war ein Dr. Heinrich Treiber -, ließ die staunenden Kollegen wissen, er habe seinerzeit

1817 zu Paris keiner geringeren Obduktion assistiert als der der Madame de Staël selig ... bei einem Dr. Friedländer, einer Kapazität, und möchte es nicht unterlassen, auf die strukturellen Ähnlichkeiten der beiden Gehirne hinzuweisen. Freilich sei dasjenige Byrons erheblich größer als das der Dichterin.

Den Beweis für die Richtigkeit seiner Behauptung ist er schuldig geblieben. Auch hat spätere Forschung nicht einmal einen Aufenthalt in Paris in fraglichem Jahr oder sonst verifizieren können. Doch Mayer bestand einem österreichischen Diplomaten gegenüber sogar auf dem, was er - in erbärmlichem Französisch - dem in Salona wirkenden Obersten Stanhope brieflich gemeldet hatte: »... höchst seltsam: dem Manne, der ständig etwas gegen die Richtung meines Blattes einzuwenden hatte, war es bestimmt, in meinen Armen zu sterben. Jetzt kenne ich alle Kniffe, die man gegen meine ›Chronika‹ zuwege hat bringen wollen. Aber Gott sei Dank! Ich habe gesiegt ... Byron ist tot! Wird dieser Tod der Griechensache schaden? Nein ...«

Seiner stümperhaften Anfänge unbeschadet, hat es **Dr. Millingen**, der »*geckenhaft und von geziertem Gehaben*« gewesen sein soll, später noch achtenswert weit gebracht. Kaum ein Jahr nach **Byrons** Tod wechselte er die Fahne und verkrümelte sich nach **Istanbul**. Oder richtiger: er desertierte. Denn er stand als königlich britischer Militärarzt unter Eid. Der scherte ihn nicht. Er war in den Sog des großen alten Südost-Fernwehs geraten. Am Goldenen Horn gründete er Praxis und Haushalt. Letzteren nach Art der Morgenländer. Und so mag er sich denn auch seiner vier ehelichen Frauen nicht nacheinander und im Laufe der Zeit, sondern nebeneinander und gleichzeitig erfreut und, mit anderen Worten, einen Harem gehalten haben. Ich weiß es nicht. **Millingens** Memoiren von 1831 konnte ich bisher nicht auftreiben. Weiß nicht, ob er zum Islam konvertierte. Jedenfalls aber hat er sich bei der Hohen Pforte lieb Kind zu machen gewußt, kam hoch zu Jahren, hoch zu Ehren und diente, wie dem glänzend gearbeiteten Byron-Buch der **Cordula Gigon** (im Artemis-Verlag, 1963) zu entnehmen ist, noch fünf Sultanen als Leibarzt. Dem »kranken Mann am Bosporus« fünfmal. Doch auch diese weniger sympathische als symptomatische Story gehört ins Bild der allgemeinen Normannomanie oder, geographisch eingeschränkt, des Südost-Affekts. Schon Kreuzfahrer und Ritterorden haben Beispiele solcher Wendungen ins Gegenteil oder zum Gegenspiel erfahren. Und wer konsequent sein will, der müßte gar auch den Staufer **Friedrich II.**, obschon tragisch riesengroß, im ambivalenten Schein dieses Zwielichts sehen.

Ja, und was gilt schon eine letztwillige Anordnung, wo eine
Legende ihren Weihrauch ausnebeln möchte? *»Legt mich
ins erste Eck ohne Pomp und Blödsinn!«* Das hatte er gesagt? So mir nichts, dir nichts stiehlt man sich aber als He-
roenkultstar nicht davon! Auch standen dort und dazumal
Zynismen à la Byron der eigenen Verbreitung im Wege.
Denn Philhellenismus und Byronismus, ohnehin affinitiv
aufeinander bezogen, wollten just chymische Hochzeit halten; und solch kollektives Begehren pflegt seiner Seligkeit
Entgegenstehendes zu ignorieren, zu unterdrücken, anders-
lautende Nachrichten zu verschweigen oder wenigstens
eigenem Gutdünken gemäß umzumodeln. Mochten die Nebel also steigen. Maßgebende Kreise schlugen zunächst einmal vor, dem unersetzlichen Toten in **Athen** eine würdige
Ruhestätte zu bereiten. Und wo bitte? Im Theseion, erwähntem Theseustempel (den man dazumal noch nicht als
Heiligtum des Hephaistos erkannt hatte). Das klang noch
plausibel. Exaltiertere hielten schon ein Grabmal im Par-
thenon für das einzig Angemessene.

Freilich ließ sich derzeit nichts dergleichen verwirklichen. Die
Verhältnisse begünstigten weder umständlich pathetischen Trauer-
pomp noch marmorne Huldigungen. Erbarmungswürdiges Athen
aber auch! Von 1822 bis 1827 - während der wiederholten Waffengänge um **Missolunghi** im Westen - wurde die athenische Akropolis, die griechische Freischärler besetzt hielten, von den Türken
belagert. Die verkümmerte Stadt veröde darüber vollends. Wer
wollte auf einer solchen Totenhalde auch länger noch hausen?
Wer in solcher Hoffnungslosigkeit noch aushalten?
Am 5. Juni 1827 endlich streckte die griechische Besatzung die
Waffen. Vor Hunger mehr als vor den Truppen **Reschid Paschas**,
die Athen und seine Umgebung nunmehr aber restlos und mit-
leidlos verwüsteten. Folglich erreichte Athens Bevölkerungsziffer
ihren allerniedrigsten Stand seit eh und je. Nur ein, zwei Dutzend
Häuser blieben leidlich instand und stehen. Der Glaube an die
Möglichkeit einer Befreiung von der Türkenherrschaft war zu
dieser dunklen Stunde in Hellas so gut wie erloschen. Nur eine
Handvoll unentwegter Habenichtse harrte noch auf athenischem
Boden aus, man weiß nicht wie. Vielleicht nur aus Trägheit und
Unvermögen. Und erst ab 1829, als die allgemeine Lage sich nicht
mehr durch neue Eroberungen und Befreiungen, sondern durch
das diplomatische Kräftespiel der Großmächte erheblich ent-
spannt hatte, kehrten die Athener Flüchtlinge, soweit Griechen,

nach und nach zurück. Und erst am 25. Dezember 1833 - ich nannte dieses Datum schon auf dem Hinflug, Sie werden es aber kaum mehr im Kopf haben -, erst nachdem das nahezu ausradierte Athen aus dem Nichts zur königlichen Residenz ausersehen worden war, begann die neuere Stadtgeschichte und der fulminante Wiederaufstieg unsrer lieben Athenen. Wer will's bestreiten? Wer kann es anders als positiv beurteilen?

Doch zu **Byron** zurück! Ein Gutes hatte sein Tod ohne jeden Zweifel, wenn auch παρὰ τὴν δόξαν. Tragödienerlebnis als Läuterung, die kathartische Wirkung in des alten Aristoteles Sinn geradezu: völlig überraschend stellte sich Einmütigkeit unter den Griechen her. Ein rechtes Wunder mithin, das Waïrons Tod da wirkte! Und dieses Mirakels Herd, Hort, Ort und topographischer Ausgangspunkt war eben jenes armselige, geplagte **Missolunghi,** das triefende, klatschnasse, auf das noch eine wahre Apotheose des Untergangs zwischen Wasser und Feuer wartete. Dieser Platz sollte für ganz Europa zum Symbol des Befreiungskampfes und der Freiheit werden. Aber, gestehen wir es nur, zum mehr oder minder vergessenen Symbol, dem auch die - hinsichtlich der intellektuellen und sentimentalen Reaktionen des Abendlandes vergleichbaren - Vorgänge in **Vietnam** keinen neuen Glanz verliehen haben ... So schnell schwindet dergleichen.

Die Griechen hatten das Unwetter in Byrons Sterbestunde für ein beachtliches Omen gehalten. Ein gutes? Ein böses? Ein gutes! Aber wer weiß denn das schon immer gleich? Vorderhand läuteten die Glocken und Glöckchen von Missolunghi. Aufbahrung an den Grüften **Markos Botzaris'** und **Normanns.** Des Lords Helm und Säbel sowie ein Lorbeerkranz lagen auf dem schwarzüberkleideten Brettersarg. Fürst **Mavrokordatos,** Missolunghis Honoratioren, Byrons verwaiste Dienerschaft mit den Pferden, Suliotengarde in martialischem Aufputz, Freischärler aller Nationen und reguläre Truppen, soweit sich von solchen sprechen läßt, bildeten das Trauergeleit und schritten tapfer durch Modder, Schlamm und Schlick der Straßen und bis zur Barke hinaus, die die schwarze Fracht zu einem Schiff draußen auf dem Golf bringen sollte.

Fürst **Mavrokordatos,** der nicht nur an diesem Tage aus-

sah, als habe Spitzweg einen deutschen Professor hinge-
pinselt, ganz in Schwarz und in ehrlicher Betrübnis, ließ
Trauersalut schießen. Da spitzte die türkische Besatzung
von **Lepanto** die Ohren und schloß, daß beim Feind etwas
Bedauernswertes vorgefallen sein müsse. Schloß es aber
nicht ohne eine eigenartige Enttäuschung. Denn diese maro-
den Gläubiger des Sultans hatten von Byrons diversen Un-
päßlichkeiten einiges läuten hören, dennoch aber nicht auf-
gehört, in dem schönen Feind der Pforte auf ihre Weise
einen Nothelfer und Befreier zu erwarten. Sollte der nun
etwa verdorben und gestorben sein: die Pest aber auch!
Dann weiter in den Sielen ohne Sold und Sohlen? In Sultans Namen? Die Pest, Rotz, Ruhr und Blattern! Und so
beantworteten sie die von West herangrollende Trauerbot-
schaft mit Salven, die in Wirklichkeit Kondolenzsalven waren. Bums pardautz! Tod allen Hunden! Aber dieser eine
hätte nicht gerade jetzt schon abzukratzen brauchen. Rums!
Ein Stück der Lepantiner Zitadellenmauer brach zu Tal.
Ballistischen Erschütterungen so grober Art war sie nicht
mehr gewachsen.

Und dann spitzten auch die türkischen Schicksalsgenos-
sen von gegenüber die Ohren, wie sie da oben auf der
Akropole von **Patras** in den Siroccowolken wie in einer
russischen Dampfbadestube hockten; auch sie mischten ein
erleichtertes Donnerwort in die Reden und Gegenreden der
Geschütze drüben und böllerten ohne Sicht über die auf-
horchende Stadt zu ihren Füßen hinweg aus allen Rohren
lustig auf den regengrauen Golf hinaus. Mit seltener
Genugtuung: denn von den kollaborativen Machenschaf-
ten ihrer Kumpel in Lepanto hatten sie nachgerade irgendeinen Wind bekommen, ein Rüchlein - es wird ja nie
etwas mit der Geheimhaltung -, und waren wie von
Räude und Grind von gelbgrünem Neid befallen worden,
weil sie keinen so spendablen Inglischlord zur Besoldungs-
erstattung an des Sultans Statt parat hatten und auch nie
einen bekommen würden. Ätsch wumm! Da habt ihr's! Ist
er euch verreckt, euer piasterdicker Heiland! Ätsch wumm
und noch einmal geladen! Und losgebrannt und ordentlich
geknallt! Ätsch!

Wenige Tage später schon sangen an den Lagunen unten
die Fischer und in den Gebirgsklüften die Partisanen, die

ihre nassen Schafszottelpelze an schwelenden Lagerfeuern
trockneten:

> *Die Klephten nannten Wairon mit dem Namen Vater,*
> *Denn er liebte die Klephten von Rumele . . .*
> *Die Wälder weinen, und die Bäume weinen,*
> *Die Burg von Missolunghi ächzt,*
> *Weil Wairon tot da liegt in Missolunghi . . .*

Sangen es und hatten allen Kummer, den sie dem Lord bereitet, aufrichtig vergessen. Die ehrlichen Häute. Es wird
aber auf seiten der vielfältig aufgesplissenen hellenischen
Befreiungsfront auch etliche gegeben haben, die die Nachricht von **Byrons** Ableben nicht gerade in Leidtragende verwandelte. Leute, in deren Herzen sich alte Widerwillen
gegen all das Anmaßende und Barbarische, was seit Anbeginn aus dem Westen gekommen war, gegen die blonde
Hochnäsigkeit der **Guiscards** und **Bohemunds**, die Arro-
ganz der Lateiner, der Franken, der Venetianer und Genueser fortgeerbt und gespeichert hatte, und die froh über
jeglichen jener Menschengattung waren, der ging, und böse
und mißtrauisch gegenüber jedem, der kam, und wäre es
auch im Dienst idealster Zwecke gewesen. Vorgeschützt war
immer etwas worden. Drei Kreuze und ein tiefer Seufzer
der Genugtuung.

Man hatte den Verstorbenen zwar nicht wortwörtlich
zerhackt, wohl aber zu ungleichen Teilen unbedenklich ge-
vierteilt. Hirn und Eingeweide wurden zwecks Verbleib
und Aufbewahrung in **Missolunghi** in Urnen getan. Und
auch das Herz des Dichters blieb der Stadt an der Lagune,
in eine Silberkapsel geschlossen, als deren Aufbewahrungs-
ort man ein bescheidenes Mausoleum errichtete. Den noch
unausgemetzelten Leichnam hatten die schmerzübermann-
ten Byronianer an Schönheit mit einem antiken Apoll verglichen. Nun war der ausgenommene und präparierte Corpus aufs Schiff, auf die »Florida« verbracht worden, die mit
der Hälfte der englischen Anleihe in bar draußen vor Anker
lag. Denn auch, daß der Dichter seine Überführung nach
England abgelehnt hatte, blieb mit der gleichen schwer
begreiflichen Selbstverständlichkeit unberücksichtigt. Die
»Florida« setzte unter Salutschüssen Segel, nahm Anker auf

und entschwand - mit Kurs nach **London** über Malta und Gibraltar - den Blicken der Trauernden wie der Trauerlosen. Eine Brigg. Die Flaggen auf Halbmast.

Die Nachricht von Byrons Tod erreichte auf dem Depeschenwege die Insel **Zakynthos** am 23. April, also erst nach vier Tagen, an welchem Verzug freilich auch das Wetter und die Türken auf See schuld gewesen sein mochten; sie erreichte **Bologna**, wo die unglückliche Gräfin **Teresa** wohnte, in der zweiten Maiwoche und **London** in der Nacht zum 14. Mai, also binnen knapper vier Wochen. Am 29. Mai lief die »Florida« mit dem Leichnam des Dichters in die Themsemündung ein, nachdem sie am 2. Mai im Golf vor **Missolunghi** die Anker gelichtet hatte. Benötigte also 27 Tage für ihre Reise. Welche Daten allesamt einen brauchbaren Begriff von der Geschwindigkeit damaliger Nachrichtenübermittlung geben. Wir hatten dieses Thema hier schon berührt; man wolle daran messen, in ein wie neues und andersartiges Zeitalter schnellster Reaktionen wir mit unsern technischen Mitteln hineingeraten sind.

Den Poeten **Alexander Puschkin** traf die Nachricht vom Tode Byrons in **Odessa** oder in Südrußland jedenfalls, wo er in einer Art Halbverbannung sein Beamtendasein zu fristen hatte. Puschkin war nicht nur ein begeisterter Leser - oder besser noch: Anhänger seines englischen Kollegen, er war auch in **Kischinew** schon zu **Alexander Ypsilanti**, dem Opfer **Metternichs** in Theresienstadt, in Beziehungen getreten und hatte sich mit dem Gedanken getragen, Rußland zu verlassen, um am griechischen Freiheitskampf teilzunehmen. Puschkin ließ für den Lord eine Messe lesen.

Heinrich Heine - er wurde gerade 25 - erfuhr die Trauerkunde in **Göttingen**, nehme ich an, vielleicht auch schon in **Berlin**, als ohnehin seine *»Brust widerhallte von der wilden Melancholie Byrons«* und ein Bild des Dichterlords ihn bestimmte, in Kleidung, Haartracht und Gebärden nachzuahmen, wie man oder wie er sich Byrons Äußeres und Gehabe vorstellte. Heine, den eine Byron-Schwärmerin, die erste ihrer Art in Deutschland, eine Frau **von Hohenhausen**, schon als den deutschen Byron zu feiern begonnen hatte, dürfte spätestens zu diesem Zeitpunkt beschlossen haben, etwas wie der Erbe des Dahingeschiedenen im Kampf gegen die Reaktion zu werden.

Die eigentlichen, eher kümmerlichen und ärgerlichen, die ungemein betrüblichen Tatsachen aber drangen nicht so sehr in die Weite. Daß die Griechen anders waren, als man sich vorgestellt, und, wie sie angeblich sein sollten, auch gar nicht werden wollten, und daß man sich getäuscht habe, wurde nicht so recht eingestanden.

Goethe - er stand im 75. Lebensjahr - dürfte die Todesnachricht etwa gleichzeitig mit **Heine** erhalten haben. Mitte Mai 1824 also. Der Olympier war tief bewegt. 1825 mochte man seine erste poetische Totenklage lesen:

> *Stark von Faust, gewandt im Rat,*
> *Liebt er die Hellenen;*
> *Edles Wort und schöne Tat*
> *Füllt sein Aug' mit Tränen.*
>
> *Liebt den Säbel, liebt das Schwert,*
> *Freut sich der Gewehre;*
> *Säh' er, wie sein Herz begehrt,*
> *sich vor mut'gem Heere.*
>
> *Laßt ihn der Historia,*
> *Bändigt euer Sehnen;*
> *Ewig bleibt ihm Gloria,*
> *Bleiben uns die Tränen.*

Aber mit diesen trauermäßig verhangenen Versen - mäßigen Versen, darf man am Rande vielleicht doch zu sagen wagen -, Versen aber, die zur Mäßigung im Gefühl anhalten wollten, war noch kein Schlußstrich unter des Weimaraners und Weltenbürgers Verhältnis zu **Byron** gezogen. Unser Flug läßt uns Zeit, uns der bemerkenswerten Beziehung Goethes zu Byron noch etwas eingehender zuzuwenden.

Eine Beisetzung in **Westminster Abbey** ist seinerzeit von der Geistlichkeit verweigert worden. Nicht einmal eine Bildnisbüste des großen Dichters hat dort ein Plätzchen für die Menschenewigkeit zugewiesen bekommen. Und es mußte sich erst der heiße Juli des Jahres 1969 über das kühl verhaltene Albion hermachen, bis man jene alten, obsolet strengen Beschlüsse aufhob und sich eines Milderen besann. Jüngst las man, daß einer Überführung

in dieses britische Walhall nun nichts mehr im Wege stehe. Seit
seiner Heimkunft von dem größten seiner Abenteuer ruhte Byron
in der Familiengruft in **Hucknal Torkard**. In dem Text der marmornen Gedenktafel, die seine Halbschwester in der Dorfkirche
anbringen ließ, heißt es: **George Gordon Noel Byron** und so
weiter –

> *Er wurde in London geboren am*
> *22. Januar 1788*
> *Er starb in Missolunghi in Westgriechenland am*
> *19. April 1824*
> *Bei dem ruhmvollen Versuch, Freiheit und Ansehen*
> *dieses Landes wiederherzustellen.*

Es war dies die Halbschwester, mit der Byron einst in intimeren
Beziehungen gestanden hatte als erlaubt. In wölsungischen Be-
ziehungen. Als nächstes aber auf dem Kalender der griechischen
Leiden und Nöte stand nunmehr Missolunghis Untergang bevor.

74 Die Schule von Missolunghi

Zwei Jahre und vier Tage nach dem Hinscheiden des englischen Dichters fiel **Missolunghi** oder Mesolongion, und
damit endete zugleich die vierte, nahezu einjährige Belagerung der Stadt. Sie erstand erst nach Jahren wieder, demü-
tig und schlicht. Anders als andere Plätze auf diesem ge-
schichtsgedüngten Boden ist Missolunghi kein antiker Ort,
sondern wurde vor ungefähr 400 Jahren auf Schwemmland
angelegt, das in älteren Tagen noch keinen Baugrund geboten hätte. Ein Fischernest zunächst, das die große Seeschlacht von **Lepanto** als junger Zaungast schon miterlebt
haben müßte. Dann ein beachtlicher Handelsplatz und später eine Seefestung in der Lagune. Klein-Venedig, wir sagten es schon.

Der feste Platz auf dieser Landzunge gehörte in der
Türkenzeit zum Sandschak **Jannina** im Ejalet Rumili, ein
Stützpunkt wie so viele im weltweiten Osmanischen Reich,
das in jenen Jahren, wiewohl schon nicht recht in Flor mehr

und mißwirtschaftlich verwaltet, immer noch vom Pruth
bis an die persische Grenze reichte, sowie Teile von Armenien, Arabien, Ägypten und des sonstigen Nordafrika umfaßte und in mehr oder minder wirksamer Botmäßigkeit
hielt. Stützpunkt und Herd aber des hellenischen Freiheits-
strebens seit langem. Dafür 1715 schon einmal von den
türkischen Machthabern heimgesucht und übel gezüchtigt.
Dennoch am Aufstand von 1770 beteiligt und in solcher
Tradition bereits seit dem Juni 1821 zum drittenmal für
die Sache der Freiheit auf dem Plan. Ein Inbegriff schon,
bevor es zum höchsten Symbol emporstieg.

(Interessierten sollen bei dieser Gelegenheit die charakteristischen
Idolnamen der Befestigungswerke mitgeteilt werden. Die Boll-
werksnamen zur Zeit des Unterganges. Früher und unter dem
Halbmond gar können sie so kaum geheißen haben. Von Westen
her aufgezählt: auf einer kleinen Laguneninsel das Außenfort
Sakturi - so hatte ein griechischer Freiheitsheld geheißen; dann
auf dem Land mit Blick nach Westen die Batterie **Mavromichalis**;
sodann die Werke **Byron, Kosciuszko** und **Wilhelm Tell** im
Nordwesten; weiter in der Mitte etwa die Bastion **Franklin**, die
auch **La Terrible** genannt wurde; ostwärts anschließend **Coray** -
ich habe leider nicht feststellen können, wer das war; dann
Markos Botzaris, auf dessen Grabstein Byron den Treueid für
die Griechensache geschworen hatte; **Kokini** - Festungsingenieur
ebenda; Bischof **Ignatios,** von dem, wie gesagt, der Gedanke
eines griechischen Königreichs stammte; **Wilhelm von Oranien;
Madrid; Rhigas,** auf den der erste Entwurf einer planmäßigen
Befreiung Griechenlands zurückging, Jahrgang 1783; Bastion
Montalembert schon mit Blick auf die östliche Lagune; **Earl of
Sheffield,** Englands regierungskritischer Gegner aller Sklaverei;
Skanderbeg; Kanaris und ganz im Südosten, irre ich nicht,
Miaulis. Dieser Gürtel sicherte mit Wall, Graben, Lünetten und
sonstigen Außenwerken die zu zwei Dritteln meerumschlungene
Stadt nach Norden gegen das eigentliche Festland ab. Und selbstverständlich war auch der General Graf **Normann** Namenspatron
und Schirmherr eines Mauerabschnitts rechts neben dem Hauptwerk, das Hypsoma tes Henoseos hieß, Schanze der Vereinigung
(zu ›henosis‹). Die Außenwerke trugen die Namen der Bastionen,
vor denen sie lagen, also Dioptra Waironos, das ist Lünette Byron
und so fort. Aber Sie brauchen Ihr Gedächtnis nicht mit derlei
geringfügigen Einzelheiten zu belasten, die hier für einen Index
der Gesinnung und geistigen Haltung stehen sollen. Sie bekommen ja alles gedruckt mit auf den Heimweg ...)

Ungefähr ein Jahr nach **Byrons** Tod verdichteten sich Gerüchte zu der gesicherten Nachricht, daß unter dem Seraskier **Reschid**, einem Pascha von zwei oder gar drei Roßschweifen, wieder einmal ein Heer von 35 000 Skipetaren heranrücke. Reschid war ein alter Bekannter, der sich schon 1822 an Missolunghi den Schädel blutig gerannt hatte. In aller Eile wurden die Wälle, Gräben und sonstigen Befestigungseinrichtungen auf den bestmöglichen Stand gebracht. Bürger, Soldaten, Freischärler und Sulioten legten gemeinsam Hand an und verbreiterten, vertieften, verstärkten. Im Mai - 1825 - bezog Reschid unangefochten und unaufhaltbar ein Lager in den Olivenhainen - wo vor dreizehn Monaten noch Byrons wilde verwegene Jagd durchs Gewittergrau geisterte -, im Angesicht der renovierten Mauern, auf denen man Bajonette befestigt hatte, um eine größere Zahl von Verteidigern als verfügbar vorzutäuschen. Ein seidengefüttertes Paschazelt mit Aussicht auf die Bastionen mit jenen klingenden Namen, die der Festungsarchitektur als ideologische Strebepfeiler gleichsam eingezogen worden waren, dem Pascha aber höchstens ein Achselzucken hätten abgewinnen können. Ein Verbrecherkatalog der Rebellion. Was denn sonst? **Missolunghi** galt, wenn auch als Anlage nicht erstrangig und modernisierungsbedürftig an allen Ekken und Kanten, wohl oder übel als der festeste Halt der Befreiungsbewegung in Westhellas. Lächerlich genug! Diesmal sollte das Hornissennest ausgeräuchert werden. Mit aller nur möglichen Gründlichkeit. Das sei Allahs Wille!

Stolz und gelassen wogten indessen auf allen Werken und gar auch auf den nächstbesten Feldschanzen die blauweißgestreiften Griechenfahnen in der Mailuft, in der linden Brise aus Nordwest, die dort um diese Zeit zu wehen pflegt. Desgleichen - der Pascha sah es durch sein Perspektiv - die Fahnen mit der Eule der Athene. So vergangenheitsbewußt war man, vermöge auch abendländischen Nachhilfeunterrichts, denn doch wieder geworden. Der Pascha räusperte sich und spuckte zu Boden. Ebenso war **Rhigas'** schwarze Flagge der Hetärie da und dort zu sehen, wo ein bürgerlicher Ziegelfirst die nicht eben sehr eindrucksvollen oder hohen Mauern überragte. Ja, auch die Fahne mit dem Phönixwappen wurde wie eine Herausforderung noch gezeigt, die in den ersten Tagen der Erhebung über den

Häuptern der Städter und Matrosen, der Klephten und Palikaren geweht hatte, dann aber inoffiziell durch das vornehmere Eulenzeichen außer Geltung gesetzt worden war. Im übrigen verwies die Vielfalt der Farben und Symbole diskret auf die Vielfalt der Parteien. Doch wird der Pascha in dieser Hinsicht keiner näheren Einweisung in die griechischen Verhältnisse mehr bedurft haben. Im Perspektiv fielen gewisse Bajonette auf, die wie festgerammt stillstanden. Reschid zuckte es um die Mundwinkel.

Nach allen Regeln westlicher Belagerungskunst wurde **Missolunghi** nun in Circumvallation genommen, wurde eingeschlossen mit einem Wort, wobei sich der Pascha behaglich des Beistandes österreichischer Ingenieure und Feuerwerker erfreuen durfte, was ganz im Sinne **Metternichs** war. Denn dem Fürsten zu Wien wie dem Zaren zu St. Petersburg, den hier nur die Zugehörigkeit zur Griechischen Kirche der vollen Bewegungsfreiheit beraubte, waren die griechischen Freiheitskämpfer nichts weiter als ausrottenswerte Rebellen gegen ihren rechtmäßigen gottgewollten Oberherrn - allahgewollten, auch gut! - und gegen Oberherren überhaupt. Gar nicht erst von den revoluzzerischen Elementen Europas zu reden, die den Aufständischen Rumeliens als Helfer nur zu willkommen waren. Zar, Sultan und Kaiser bildeten rücksichtlich ihres Gottesgnadentums ein hochherrschaftliches Dreimann-Byzanz, mochten sie auch sonst stets auf der Lauer oder im Felde gegeneinander liegen. Und der nämliche aufbegehrende Geist der Intransigenz war es ja nicht zuletzt, der **Byron** nebst dem ganzen Londoner Komitee selbst im freien England gesellschaftlich unmöglich und anrüchig gemacht hatte. Der Verdacht umstürzlerischer Regierungsfeindlichkeit!

Es begann die vierte Belagerung, während derer in der Stadt drinnen die Griechenkinder immer noch das Alphabet nach dem System **Bell-Lancaster** eingetrichtert bekamen, wiewohl Oberst **Stanhope** derzeit wohl wieder in London wirkte. Aber jener Schweizer Journalist und Lebensreformer »**Dr.**« **Mayer** lieferte immer noch sein Zeitungsblättchen an die vierzig Abonnenten aus. Der »*Präsident der Schule von Missolunghi*«. Hier stritten demnach, utopistisch beide, europäischer Fortschrittsjournalismus und europäische menschheitserneuernde Pädagogik wider die erprobte europäische Belagerungstechnik. Stritt, was **Metternich** mißbilligte und verfolgte, gegen Machtmittel, die er billigte. Auf dem Rücken der Griechen, wobei es noch sehr dahingestellt bleiben mußte, ob *à la longue* auch zu ihrem Nutzen.

Ibrahim Paschas ägyptische Truppen, die aus Morea zu Hilfe kamen und im Verein mit **Reschids** Heerbann Missolunghis Untergang dann endlich bewerkstelligen sollten, hatten französische Ausbilder und zählten praktisch und taktisch auch rein französische Bataillone zu den ihren. Denn wenngleich **Napoleon** vor einem Jahrdutzend seinen ikarischen Fall vor Gott und den Menschen getan hatte, so hielt man doch französisches Reglement und Kriegswesen überall noch für mustergültig. Auch fehlte es nicht an altgedienten Waffenhandwerkern französischer Schule, die im eigentlichen Europa keine passende Arbeit mehr finden konnten - der Zar und Metternich sorgten für polizeistaatliche Bierruhe allenthalben. So war man denn bei den Ägyptern untergekrochen, wo ein kriegserfahrener Franzmann noch etwas wert war.

Reschids Belagerungsgürtel zog sich systematisch eng und enger. Fast undurchdringlich für Meldegänger und zivile Boten. Undurchdringlich für jedweden Nachschub. Hunger machte sich zum schweigsamen Gebieter hinter jeder Schießscharte. Es war wie 1823. Aber **Mustafa**, der damals belagerte, hatte dann doch abgelassen, und seine algerischen Schiffe waren fortgesegelt. Auch jetzt wieder zeigten sich im weinblauwogenden Meerbusen von **Patras** oder **Lepanto**, wie man damals meist noch sagte, blutrote Türkenflaggen. Das war am 10. Juli 1825. Aufgehißt auf Fregatten und Lastschiffen unter **Topal Paschas** Kommando. Haubitzen, Kanonen und Mörser frisch aus dem Arsenal am Goldenen Horn an Deck vertäut, auf daß die Macht der Landarmeen Reschids und Ibrahims endlich unwiderstehlich werde. Verpflegung säckeweise unter den Luken. Fässerweise.

Bald wurden die befestigten Inseln vor der Stadt, **Klissova**, **Dolmas**, **Wassiladi** und andere von See her unter Bombardement genommen und mußten endgültig aufgegeben werden. Doch boten Admiral und Seraskier vorab noch einmal die Kapitulation an. Die Belagerten aber antworteten aus althellenischer Lust an Komödia und kühner Herausforderung, wenngleich nicht ohne Magenknurren

und nicht ganz so wortknapp wie vorzeiten ihre lakonischen Vorfahren: »*Die Stadtschlüssel hängen an unsern Kanonen. Komm, hol sie dir!*« Eine kecke Formulierung, die
möglicherweise auf jenen **Mayer** zurückging, den professionellen Worteschmied am Platze. Sie läßt an die Kosaken
auf **Rjepins** Historiengemälde denken, auf dem die bramar-
basierenden Saporoger einem Schreiber, der sichtlich kein
Kosak ist, unter sarmatischem Gelächter einen Brief an den
Sultan diktieren.

Als es Herbst wurde, erhielt auch **Ibrahim** der Ägypter
sein Missolunghierbriefchen, das er sich getrost hinter den
Spiegel an seiner klammen Zeltwand stecken mochte: »*Ihr
frostigen Araber! Ist euch unser Winter zu streng? So geht
und wärmt euch an euern brennenden Schiffen!*« Denn aller
Einschnürung zum Trotz wogten die Kämpfe doch noch
manchmal zu Wasser, auf das sich Brander hinauswagten,
und auch vor den Toren hin und her. Zu Lande war es
immer deutlicher ein Krieg der Sappeure und Genietrup-
pen. Minen detonierten. Brände leuchteten bei Nacht. Ein
ganzes Fort ward samt Freund und Feind in die Luft geblasen, daß eine meterhohe Flutwelle über die Lagune hinging wie bei einem Seebeben und des Sultans Schiffe wie
tolles Vieh an den Ankerketten zerrten und gegeneinander
krachten. Rahen und Takelwerk stürzten. Missolunghi hielt
stand. Und wenn die Wälle zuweilen und stellenweise auch
nur noch von Frauen- und Mädchenhänden verteidigt wurden, die ein um das andere Mal ihre Kräfte nicht nur im
Steineschleppen bewiesen. Griechinnen.

Dann erschien Miaulis, **Andreas Vokos** genannt **Miaulis**
aus Euböa mit vierzig Briggs auf dem Plan, verjagte **Topals**
Fregatten und brach die Blockade auf. Alle Landangriffe
konnten nach wie vor abgeschlagen werden. Auch der mäch-
tigste am 21. Dezember noch.

Da fand die Geduld des Großsultans zu Istanbul, wie
nicht anders zu erwarten, ihr Ende. Er diktierte dem Ki-
schandschi-Baschi, dem »Sekretär für den Namenszug«,
einen Brief, dessen Unmißverständlichkeit und Kürze schwer
zu übertreffen sein dürfte, und unterschrieb eigenhändig.
Ein Kapidschi-Baschi überbrachte den Denkzettel: »*Missolunghi oder den Kopf!*« Dem Seraskier, der ein schlachten-
gestählter Haudegen war, traten Schweißperlen auf die

Stirn. Angenagelt sah er sein Haupt an der großen Pforte des Serails zu Istanbul, wo des Pascha von Jannina harter Schädel so lange gehangen hatte. **Reschid** faßte sich an den Hals.

Unermüdlich wurde von den Schildwachen Alarm geblasen. Unausgesetzt sprach das Geschütz aller Kaliber. Zu größeren Angriffen schienen die Türken den rechten Fiduz nicht mehr zu haben. Bei Landwind stank es nach Aas und Luder. Bei Süd rochen die muselmanischen Belagerer die nämliche Odeur. Allein, die Länge trägt die Last und sollte eigentlich allemal der schonungsvolle Sinn von Belagerungen sein. Kein unnützes Blutvergießen, sondern Warten hie und Darben da, bis länger nicht mehr gedarbt oder gewartet werden kann, und bis das Pulver drinnen oder die Lust draußen zur Neige geht. Bis dieser oder der aufgibt oder bis man sich einigt. Auf freien Abzug vielleicht. Wann kam dieser erlösende Tag?

Er kam nicht. Wenngleich auf den immer wieder geflickten Mauern oben die Wachposten schon vor Hunger in Ohnmacht fielen. Wenngleich Weiber und Kinder vor Erschöpfung tot in die Gossen sanken. Am 22. April vielmehr riskierte man ein Letztes, was noch zu tun zu bleiben schien, einen allgemeinen Ausfall, der alle vorhandenen Missolunghier, Bürger, alt und jung, Milizen, Soldaten, Palikaren, Griechen und Nichtgriechen, in zwei Kampfgruppen mitten durch das Lager des Feindes in die Freiheit und in die Arme und Schützenhilfe eines griechischen Entsatzheers führen sollte. Dieses indessen zeigte sich nicht. Verrat kam ins Spiel. Wie am Ende von Belagerungen eigentlich immer. Diesmal spielte ein Bulgare die althergebrachte Judasrolle.

Nur einer Gruppe gelang der Ausfall. Die andere, Weiber und Kinder inmitten der Bewaffneten, halb schon außerhalb der Wälle, war nicht von Glück begünstigt. Mißverständnisse kamen auf. Panik ergriff sie. Sie flutete, angriffslustige Feinde mit sich reißend, in die Mauern zurück. Immer mehr Ägypter warfen sich in den Menschenstrudel. Das Rückzugstor war nicht mehr zu schließen. Die Feinde scharenweis in der Stadt. Der Halbmond auf Montalembert. Was griechisch fühlte und noch nicht niedergemetzelt war, verschanzte sich im Gebäude des Pulvermagazins, das immer noch Vorräte barg.

Ibrahims Soldaten drangen nach. Drangen ein. Türen brachen. Vom Dach her, das sie abdeckten. Durch Fenster, deren Gitter sie fortrissen. Von Kellern herauf. Mamelukken, Sudanesen und augenrollende Wüstensöhne. Dolche in den Mäulern. Blut an den Händen. Pulverschleim an den Pluderhosen. Gezückte Krummschwerter. Aufgepflanzte Bajonette französischer Legionäre. Die Frauen und Kinder. Hinter Munitionskisten, Kugelstapeln, Flachswerg, Lunten, Bleibarren aneinander gekauert. Stumm und ohne Tränen. Bekreuzigten sich zum letztenmal. Jemand, ein Greis, hieß es später, legte die Brandfackel an einen Pulversack. Sie wollten es nicht anders, und es war griechisch so.

Der Magazinbau zerbarst mit einem fürchterlichen Donnerschlag. Häuser wichen von der Stelle. Sprangen und fielen. Der Erdboden tat sich auf. Die Toten schüttelte es in ihren Gräbern. Normann, der nie gebebt hatte, bebte jetzt. Byrons Herz zuckte in der Silberkapsel, als die Mauerziegel des bescheidenen Mausoleums niederbrachen. Den Lebenden zerriß es die Lungen. Wie aus einem Krater fuhr eine Flamme auf. Wuchs eine schwärzliche Wolke himmelwärts. Zeltfetzen, Kleiderfetzen, Dachlatten, Ziegelbrocken, Dreck, Fahnentuch, Phönix, Eule, himmelblau Gestreiftes, Menschenköpfe mit Zöpfen, mit Schnurrbärten, Ratten, Gliedmaßen, Verkohltes, Holzsplitter, Rümpfe, Stiefelschäfte klatschten weit im Umkreis aus der Qualm- und Feuersäule in die Lagune nieder, daß es spritzte und schwappte. Sie färbte sich schlammig und färbte sich rot. Eine schmutzige Flutwelle brandete hinaus. Die Zahl der Griechen, die umkamen, kann nur geschätzt werden. Die Märtyrer von **Missolunghi** nahmen 2000 ihrer siegreichen Feinde mit in den Tod.

Keinem seiner Zeitgenossen, weder von der Pegasus-Gilde,
geschweige sonst einem, hat **Goethe** soviel Aufmerksamkeit
gewidmet wie **George Gordon Byron**. Von weitem zwar
stets und nur in gelegentlicher schriftlicher Berührung. In
ihn hat er den kongenialen Sohn hineingesehen, dessen er
leiblich ermangelte. Einen Sohn gar, der an stürmischem
Drang, an Maßlosigkeit und Ausbündigkeit, an dämoni-
scher Schöne, verzehrendem Feuer, titanischem Leidwesen
und Hochflug des phantastischen Geistes den Goethejüng-
ling des Werther und des Prometheus überragte. Der Dichter an der Ilm hielt den jungen Lord für das *»größte Talent
des Jahrhunderts«.*

Goethe schrieb 1817 an **Knebel** über Byrons ›Manfred‹:
*»Die düstere Glut einer grenzenlosen reichen Verzwei-
lung...«*, und an **Boisserée** 1820 über den ›Don Juan‹:
*»Dieses Gedicht ist verrückter und grandioser als seine übri-
gen.«* Ein Auge für das ausgesprochen Spleenige an Byron
hat er freilich auch gehabt und hätte sicherlich auf die
Frage, ob in Byrons Falle nicht der Spleen eine ebenso entscheidende Rolle gespielt habe wie das Talent, als ein be-
sorgter Vater reagiert.

»Spleen«, entnehme ich einem beinahe noch zeitgenössischen Lexikon von 1835, *»ist die besondere Art der Hypochondrie, welche
in Küstenländern mit starken häufigen Übeln, vorzugsweise in
England, herrscht, deren höchster Grad der Lebensüberdruß ist
und häufig Selbstmord herbeiführt.«* In der Logik der hier ange-
stellten Erwägungen eine besonders ausgeprägte Form der Normannomanie.

Aber: das Kraftgenie **Goethe** war in langen mühevollen
Jahrzehnten vom Geheimrat Goethe, vom Staatsminister
Goethe, vom Olympier Goethe in Zucht genommen, gesit-
tigt und gemäßigt worden. Fraulich-Schwesterliches hatte
»den wilden irren Lauf« zu richten verstanden. Mäßigung
war dem heißen Blute *»getropft«* worden. Die *»edle Einfalt und stille Größe«* der Alten, wie Goethe und seine Zeit
sie zu sehen meinten, hatten den verbindlichsten Richtpunkt
dargeboten. Μηδὲν ἄγαν! - Nicht übers Maß! soll vor-

zeiten am Giebel des Apollontempels zu **Delphi** zu lesen gewesen sein, Chilon-, Solon-, Sokrateswort. Klassische Losung gegen den Spleen eines unruhigen Küstenvolkes: der Hellenen.

In **Byron** loderte, kalt leuchtend, heiß zündend, die Flamme, die einst auch in **Goethe** entbrannt, aber wohlweislich zur nützlichen Glut niedergezähmt worden war. Der reife Goethe ist nur noch mit gemischten Gefühlen derjenige gewesen, der seinerzeit das Wertherfieber entfacht hatte; er mochte auch jetzt nur widerwillig Mitschuld am Aufkommen des Byronismus tragen, diesem romantischen Pendant zum Wertherismus. Es ist ein und dasselbe Tief, an dessen Beginn Sturm und Drang, an dessen Ende die sogenannte Romantik stehen.

Wohlweislich niedergezähmt? Doch gewiß auch nicht ohne ein mitschwingendes Leiden daran, daß er der Werther-Goethe und ewige Jüngling nicht bleiben durfte. Nicht ohne Quentchen Vaterneides auf den kongenialischen Sohn nunmehr, der sich, anders als der bürgersinnige Frankfurter, die adelige oder normannische Freiheit nahm, der Unbürgerlichkeit bis in den Tod verschworen zu bleiben.

Wider Willen mitschuldig am Byronfieber? Und doch auch nicht ohne eine ironische Genugtuung, also zweimal schuldig, in Byron zum zweiten Male Jüngling geworden zu sein. Neid und Leid und Ironie und gelinde Blindheit aus Vaterliebe. Der Suggestivkraft Byrons - oder des eigenen Byronismus, wer weiß? - nicht wenig verfallen. Vor allem aber voll verjüngter Dichterkraft selbst. Und daran lag es!

1830 sagte er zu **Eckermann:** »*Kriegslieder schreiben und im Zimmer sitzen! - Das wäre meine Art gewesen! - Aus dem Biwak heraus, wo man nachts die Pferde der feindlichen Vorposten wiehern hört: da hätte ich es mir gefallen lassen! Aber das war nicht mein Leben, nicht meine Sache, sondern die von Theodor Körner. Ihn kleiden seine Kriegslieder auch ganz vollkommen. Bei mir aber, der ich keine kriegerische Natur bin und keinen kriegerischen Sinn habe, würden Kriegslieder eine Maske gewesen sein, die mir sehr schlecht zu Gesicht gestanden hätte.*« Doch die militante Pose, wenn ein **Byron** sie als lebendes und gar erst als sterbendes Bild stellte, mißfiel sie ihm nicht? Und an **Körners**

echtem Soldatentod hat den Dichter der Glocke, die ge-
wackelt kommt, nichts inspiriert? Das vergleichsweise
papierene Glockengedicht schrieb er, als Körner fiel. 1813.

Eine höchst komplexe Sache also, **Goethes** geistiges Va-
tertum an dem aufsprühenden und verglühenden Dichter
aus Albion. Ihr Abbild, der Kompliziertheit des Empfin-
dungsgewebes gemäß transponiert in surrealistische, ver-
fremdende Metaphern und in den ironisch-pathetischen Stil
der großen Oper, findet sich im dritten Akt des Faust II.
Das poetische Denkmal für einen Poeten schlechthin. Eine
Partie, die eigentlich hätte gesungen und opernmäßig durch-
komponiert werden sollen. Deutung und Verherrlichung,
die Euphorion-Szene, die vor dem Schlußchor also lautet:

> *»Helena, Faust und Chor:*
>
> Übermut und Gefahr,
> Tödliches Los!
>
> *Euphorion:*
>
> Doch! - und ein Flügelpaar
> Faltet sich los!
> Dorthin! Ich muß, ich muß!
> Gönnt mir den Flug!
> *(Er wirft sich in die Lüfte, die Gewande tragen ihn einen Augen-*
> *blick, sein Haupt strahlt, ein Lichtschweif zieht nach.)*
> *Chor:*
>
> Ikarus! Ikarus!
> Jammer genug!
> *(Ein schöner Jüngling stürzt zu der Eltern Füßen, man glaubt, in*
> *dem Toten eine bekannte Gestalt zu erblicken: doch das Körper-*
> *liche verschwindet sogleich, die Aureole steigt wie ein Komet zum*
> *Himmel auf, Kleid, Mantel und Lyra bleiben liegen.)«*

Faust, transponiertes Selbstporträt Goethes, in dieser Szene
romantisch im Kostüm eines deutschen Ritters und Euphorions Erzeuger. **Helena**, Inbegriff aller irdischen Weiblichkeit nicht nur, sondern auch Repräsentanz des klassischen
Altertums, Euphorions Mutter. Doch nach dieses Sprößlings
Sturz und jähem Abgang ins Reich der Persephone ist Helena in des deutschen Mannes Armen plötzlich nur noch ein
Schemen, ein Kleiderbündel zuletzt, das sich in Wolken auf-
löst. In Wolken, die Faust aus der Szene führen.

Nachdenklich stimmende Poesie. Das klingt auch wie eine Absage an den Philhellenismus. Und klingt nicht sogar etwas wie das Aufgeben aller Hoffnung, romantisch teutschen Sinnes jemals in ein ungebrochenes Verhältnis zur Antike zu gelangen? *»Eurer Götter alt Gemenge, laßt es hin! es ist vorbei«,* sagt **Phorkyas** im III. Akt. Dem **Dürers** *»holzgeschnitzteste Gestalt«* und die gotischen Steinträume der Dome einmal am Herzen gelegen hatten, ihm kam die vermeintlich weiße Marmorstille des Altertums einerseits und der dämonische, abgöttische, rattenkönigliche Wirrwarr der antiken Mythologie auf der anderen Seite in ihrer scheinbaren Unvereinbarkeit endlich doch nur wie ein unentzifferbares Buch mit sieben Siegeln vor. Ein obsoletes gar. Bittere Ahnung, fast ein Fazit: Alle Antikenbetrachtung im Ansatz verfehlt und nur zu verfehlen. Durchs Deutschsein vom Verständnis ausgeschlossen . . .

Goethe begann diesen Akt Ende Februar 1825. Das heißt, er begann geraume Zeit nach Byrons Tode und mit voller Kraft wohl erst nach der Lektüre der »Last Days of Lord Byron«, der Schrift jenes Feuerwerkers **Parry**, die 1825 erschien. Dieser wackere Augenzeuge, Angehöriger der Royal Navy vordem, begrüßte sich darin übrigens als einer, der in Lord Byrons ›Brigade‹ gedient habe; welch gelindes Bramarbasieren mittelbar auch der aufkommenden Byron-Legende gedient haben mag. Die Brigade Byron! Byron hätte gelacht! Parry mit dem Lederschurz vor der Front und dazu das indignierte Pinschergesicht des Leutnants **Kindermann!** . . . »Byrons Blacks« . . .

Goethe vollendete die Arbeit Mitte Juli 1826, nachdem ihn in der zweiten Hälfte des Mai die Nachricht vom Untergang **Missolunghis** erreicht haben mußte. Missolunghi war vom 22. auf den 23. April gefallen. Zwei Monate nach Erhalt der Meldung schätzungsweise saß er noch und schrieb. Und änderte! Ein Jahr danach sagte er zu **Eckermann:** *»Ich konnte als Repräsentanten der neuesten poetischen Zeit niemanden gebrauchen als ihn . . . Und dann, Byron ist nicht antik und ist nicht romantisch, sondern ist wie der gegenwärtige Tag selbst. Einen solchen mußte ich haben. Auch paßte er übrigens ganz wegen seines unbefriedigten Naturells und seiner kriegerischen Tendenz, woran er in Missolunghi zugrunde ging . . .«*

Und an anderer Stelle ebenfalls zu **Eckermann**: »*Ich hatte den Schluß früher ganz anders im Sinn, ich hatte ihn auf verschiedene Weise ausgebildet und auch einmal recht gut, dann brachte mir die Zeit dieses mit Lord Byron und Missolunghi, und ich ließ gern alles übrige fahren . . .*« Aber weder der Tod eines jüngeren Musensohnes, und wäre dieser auch noch so bezaubernd, noch der Untergang einer kleinen, bislang weitgehend unbekannten Festung »*fern in der Türkei*«, und wäre dieser noch so fulminant und ergreifend gewesen, hätten, meine ich, das Wunder eines Dichterfrühlings hoch im Senatorenalter bewirken können. Die Ausgießung frischen und starken Geistes im greisen Oberhaupte der deutschen Poesie hatte denn auch schon 1823 in **Marienbad** ihren Anfang genommen. Aber eins kam zum anderen, und **Byrons** Ende und **Missolunghis** Fall waren berufen, thematische Substrate eines ausreifenden Gedankens zu werden, und sind Wegemarken, daran Goethes letzte Vollendung zu datieren ist.

Goethe hat die Inthronisierung **Ottos** von Wittelsbach nicht mehr erlebt. Indessen aber ist er in voller Frische und Tätigkeit sehr bald schon Zeitgenosse der Seeschlacht von **Navarino** am 20. Oktober 1827 geworden, dieser eigenartigen, nein, einzigartigen Begegnung der türkisch-ägyptischen Flotte mit einer englisch-französisch-russischen, wobei die Kapitäne der christlichen Seekriegsfahrt unter Admiral **Codrington** mitten im offiziellen Frieden auf eigene Faust vorgingen, als läge man im Kriege. Woraufhin die stark überlegenen Schiffe des muselmanischen Verbandes nahezu sämtlich vernichtet wurden, weil sie in der Enge der dortigen Hafenbucht überhaupt nicht zum Navigieren kamen. Schmerzliche Bestätigung des alten Türkenglaubens, welchem zufolge Allah alles Land der Erde den Türken überantwortet, die Ungläubigen aber, die Europäer zumal, aufs Wasser verwiesen habe. Sie wissen, daß **Navarino** dort liegt, wo auch des homerischen **Nestor** Burg **Pylos** gelegen hat.

Solche entscheidende Wendung der Dinge zugunsten der Griechensache muß **Goethe** zu Ohren gekommen sein. Die Welt sprach davon. Auch hat dieser Schlachtenblitz aus friedlichem Himmel Haupt- und Staatsaktionen der gesamten europäischen Diplomatie nach sich gezogen. Des Dichters Arbeit am Helena-Akt aber war abgeschlossen.

Glückliche Wendungen schickten sich nicht mehr ins Konzept. Vielleicht hat er an eine griechengünstige Auswirkung der Schlacht von **Navarino** auch nicht recht glauben können. Jedenfalls hatte - Goethes tragischem Aspekt gemäß - die griechische Geschichte mit der Katastrophe von Missolunghi ihr Ende gefunden zu haben! Vor **Troia** hatte sie begonnen.

»Erinnern Sie sich noch wohl, mein Teuerster«, hatte Goethe schon im Oktober 1826 an **Wilhelm von Humboldt** geschrieben, *»einer dramatischen Helena, die im 2. Teile von ›Faust‹ erscheinen sollte? ... Es ist eine meiner ältesten Conceptionen, sie ruht auf der Puppenspiel-Überlieferung, daß Faust Mephistopheles nötigt, ihm Helena zum Beilager heranzuschaffen. Ich habe von Zeit zu Zeit daran fortgearbeitet, aber abgeschlossen konnte das Stück nicht werden als in der Fülle der Zeiten, da es denn jetzt seine vollen 3000 Jahre spielt, von Trojas Untergang bis zur Einnahme von Missolunghi ...«*

Voller Resignation wird da der Bogen geschlagen: mit der Eroberung **Troias** wurde die Herrschaft eines mächtigen Stadtkönigs in Kleinasien, der die Dardanellen kontrollierte und gute Beziehungen zum hilfsbereiten Hinterland unterhielt, entscheidend gebrochen. Die Macht im ägäischen Raum ging an die Fürsten des mykenischen Kreises über. Wir haben diese Wendung der griechischen Frühgeschichte - im Sagengewand - hier ja schon mehrfach erwähnen müssen. **Goethe** sah es so: was vor drei Jahrtausenden dort vor den Großen Dardanellen begonnen hatte, vor den sogenannten Kleinen Dardanellen schien es nun ein für alle Male sein Ende gefunden zu haben: Griechenland.

Die Byron-Legende, die ihren Kriegshelden durchaus haben will, wo wir bei aller Anteilnahme nur den wirren, großen, begabten und schönen Menschen innerlich am Sinnverlust seines Daseins, des für verfehlt gehaltenen, äußerlich am Maltafieber oder woran immer untergehen sehen können, hat sich als zählebig erwiesen, und das gewährt einen Schlüssellochblick in die alte Offizin, in der Sagen gebraut werden. Den möchte ich Ihnen nicht vorenthalten. In der Einleitung zu »Goethes Faust und Urfaust« von **Ernst Beutler** (1953) finde ich: *»Jetzt trifft ihn* (Goethe), *da er eben an die Vollendung des zweiten Teils der Tragödie gehen*

*will, die Nachricht vom Tode Byrons (19. April 1824) vor Misso-
lunghi und im Kampf für die Befreiung Griechenlands ...«* Wer
»*vor*« Missolunghi und »*im Kampf*« zu Tode kommt, muß unserm Sprachgebrauch nach gefallen sein. Man sagt »vor« Verdun
oder »vor« Sewastopol, wenn man den Tod beim Berennen einer
Festung bezeichnen will. Da scheint der Verfasser denn allerdings
der Legende allzu blind vertraut zu haben.

Und ein gelehrter Schulmann und anerkannter Goethekenner,
den ich 1967 konsultierte, muß sich in ähnlicher Verstrickung befunden haben, als er mir auf mein Befragen schrieb: »... *Man
könnte den Helena-Akt eine Huldigungsdichtung auf die Eroberung von Missolunghi nennen, auf die Rückkehr der vertriebenen
griechischen Antike auf ihren heimatlichen Boden.*« Und zuvor
heißt es: »... *gemeint ist die Eroberung von Missolunghi und
der Beginn der Befreiung Griechenlands ...*« Und abermals vorher: »... *gemeint ist Byrons Tod vor Missolunghi am Typhus ...*«

Falsch, falsch! Setzen! Die Türken haben **Missolunghi** genommen und nicht die Griechen. Daß jene es 1829 freigaben und den
Griechen überließen, war eine Frucht vieler internationaler poli-
tisch-diplomatischer Arbeit, nicht das Ergebnis des Kampfs um
Missolunghi. Und **Byron**, wie gesagt, blieb nicht vor, sondern
starb in der festen Stadt, deren letzte Belagerung zu erleben ihm
nicht beschieden war. Typhus war seine Todesursache gewiß nicht.
Und die Antike kehrte dort wenigstens nicht auf ihren heimatlichen Boden zurück, weil es eine Niederlassung der Alten an
Missolunghis Stelle noch nicht hatte geben können.

Just als der deutsche Dichter jenen Brief an **Humboldt**
schrieb, hatte ein französischer Maler, damals achtundzwan-
zigjährig, ein Bild mit dem Titel »Griechenland auf den
Trümmern von Missolunghi« zu malen begonnen. Nach
Wolf Seidl in einem so soliden wie interessanten Buch
»Bayern in Griechenland« (Süddeutscher Verlag, 1965)
heißt der Titel aber genauer: »*Griechenland stirbt auf den
Ruinen von Missolunghi*«. Stirbt! Das wird die allgemeine
Ansicht von der Sachlage in Griechenland gewesen sein,
mag diese Bildtitulierung auch nicht auf den Maler selbst,
sondern auf einen Ausstellungsleiter zurückgehen, der auf
den Publikumserfolg spekulierte.

Das Gemälde befindet sich im Museum zu Bordeaux, ein
Hochformat von etwas über zwei Metern. Vor düsterem
Hintergrund ein erwachsenes Mädchen in zeitgenössisch

griechischer Tracht, auf zerborstenem Mauerwerk halb stehend, halb kniend, ins Schicksal ergeben die Arme gebreitet, den Busen halb entblößt, den tödlichen Dolchstoß aus Türkenhand zu empfangen, den schwarzglühenden Blick feindwärts voller Zorn, Trotz und Unschuld zugleich. Als *pars pro toto* vieler Gefallener ragt eines Gefallenen Hand rechts unten vorn ins Bild, während im Hintergrund rechts oben ein seidenbunter Mohr im Turban triumphierend ein türkisches Feldzeichen auf Mauerreste pflanzt. Das Griechenmädchen scheint eine schwarzlockige Schwester jener allegorischen Gestalt auf dem Gemälde »Der 28. Juli 1830 - die Freiheit führt das Volk auf die Barrikaden« zu sein. Der Maler hatte in der Tat für beide Figuren das gleiche schönbusige Modell. Man kennt es auch noch von anderen Werken seiner Hand. Übrigens sollte der Künstler sehr bald schon mit Faust-Illustrationen beginnen und **Goethes** Zustimmung finden. Freilich mehr aus gesellschaftlichen Rücksichten, denn es hieß, der Illustrator sei ein natürlicher Sohn **Talleyrands**, und Goethe war ein höfischer Mann.

Dieser Maler hieß **Eugène Delacroix**. Zwei oder drei Jahre zuvor hatte er mit einem Gemälde »Das Gemetzel auf Chios« höchstes Lob und schärfsten Tadel erfahren. »Gemetzel der Malerei« hatten Sachverständige gekalauert, die namenlos zu Staub geworden sind. Delacroix war ein enthusiastischer Vertreter des alten abendländischen Ostfernwehs. Er war engagiert; wobei es für jede affektive Beziehung überhaupt und, auf die Gefahr hin mich zu wiederholen, also auch für jede Beziehung zum Osten nicht viel zählt, ob einer dabei die Position eines Anklägers der Türken und Parteigängers der Griechen einnimmt oder in mehr oder weniger harmlose Turcomanie verfällt. Bei etlichen spleenigen Engländerinnen blieb sie übrigens keineswegs im Harmlosen. Auch an **Byron**, diesem sonderbaren Befreier der Hellenen, ist jene Ambivalenz des Orientaffektes leicht zu erkennen. Der Lord hatte in Friedenszeiten sein geliebtes *»Land of Albania«* türkisch kostümiert bereist. Im Turban. Euphorischer Mummenschanz. Der Euphorion des griechischen Mythos, ein geflügelter Sohn des Achilleus und der Helena, ist von Zeus erschlagen worden, weil er ihm nicht zu Willen war. Es muß etwas an Byron gewesen sein, das **Goethe** hätte hassen können. Dieses romantische *»höher*

und höher«, »*wilder und wilder*« der jüngeren Dichter war
ihm unleidlich. (Der Fall **Kleist**!)

Auf **Chios**, um geschwind auch dies noch der unverdienten Vergessenheit zu entreißen, hatte Kapudan Pascha **Hali Bei** im März
1822 die aufständischen Inselbewohner fürchterlich gestraft, hatte
alle Männer und sämtliche alten Individuen töten sowie 41 000
Frauen und Kinder in die Sklaverei abtransportieren lassen. Ein
Gemetzel also wirklich. **Delacroix** mochte es mit Recht *in effigie*
anprangern. Der Kapudan gedachte zudem, auch mit den Inseln
Psara, Tenedos und Samos entsprechend zu verfahren; sie liegen,
wie Sie wissen, wie Chios nahe vor der anatolischen Küste. Aber
dazu kam es nicht mehr. Siebzig griechische Schiffchen unter jenem
Andreas Vokos genannt **Miaulis**, der die dortigen Meere überall
und nirgends unsicher machte und seine Gegner das Fürchten
lehrte, kreisten die Türkenarmada ein. Es gelang Miaulis' Leuten,
einen Brander an die Kapudansgaleere zu hängen; sie ging mit
2286 Mann in die Luft. Die einfachen Matrosen darunter stammten, entsprechend dem Landrattentum der Türken, fast immer
von den griechischen Inseln. Unter den Verwundeten, die man aus
dem Wasser fischte, befand sich, in den letzten Zügen, jener Kapudan Pascha. Er hauchte am Ufer sein Leben aus. Man blieb
sich, das gebietet die Gerechtigkeit zu sagen, auf beiden Seiten
nichts schuldig, wo nur Gelegenheit war und die Kräfte hinreich-
ten. **Delacroix** aber setzte der griechischen Passion ein erstes far-
biges Denkmal, das Gemälde *in memoriam* Missolunghis war das
zweite. *In memoriam* Griechenlands.

Daß tüchtige Poeten von nachfahrenden Pegasusrittern ver-
herrlicht werden, kommt vor – Weihrauch dem Kollegen, da par-
fümiert's auch gleich den Räucherer nicht wenig mit. Daß aber
Poeten einen Journalisten feiern, dürfte einzig dastehen. Doch
neugriechische Musensöhne haben es getan: Antonidis, Palamas
und Drossinis. Desgleichen zwei französische: Ozaneaux und ...
Victor Hugo. Der Verherrlichte ist kein anderer als Mayer-
Missolunghi. Bei Hugo liest man:

> *Seht unsre Helden all!*
> *Und dieses Kind der Berge, Gefährte uns und Freund,*
> *Meyer, der Tells Geschoß gebracht uns Söhnen Thrasybuls ...*

Und ein Vierzeiler als Zugabe. Nicht vom Dichterfürsten,
sondern von einem königlichen Verseschmied, der indessen
alles andere als ein Dichterkönig gewesen ist, von König
Ludwig I. von Bayern:

Nachruf auf Missolunghi

Dein Los ist das glorwürdigste von allen,
Es zeigt die Weltgeschichte Deines Gleichen nicht,
Nie ward so groß besiegt, wie Du gefallen;
Der Minen Flamme Dein verklärend Licht.

Byrons letztes Gedicht hatte einem gewissen **Lukas Chalan-**
dritsanos gegolten, einem Flüchtlingsjungen von fünfzehn
Jahren aus **Ithaka,** den er in Pagendienst genommen hatte -
»*Lukas, nicht der Evangelist, sondern einer meiner Jünger*«:

Thus much and more; and yet thou lov'st me not
And never wilt! Love dwells not in our will.
Nor can I blame thee, though it be my lot
To strongly, wrongly, vainly love thee still.

Probieren wir, wie sich's übersetzen ließe:

Soviel und mehr! Du liebst mich nun und nimmer.
Willst nicht. Im Willen ist die Liebe nicht zu Haus.
Geh du, ob's auch mein Los ist, dich zu lieben immer
- sehr, leer, verquer -, nur ohne Tadel aus.

Nehmen Sie's als Rohübersetzung, was es auch nur sein
will. **Byrons** seinerzeit populärstes Gedicht aber lautete so:

Maid of Athens, ere we part,
Give, oh, give me back my heart ...

Maid of Athens, I am gone:
Think of me, sweet! when alone.
Though I fly to Istambol,
Athens holds my heart and soul:
Can I cease love thee? no!

(Und in griechischer Schrift der Schlußvers:)

Ζοὴ μου, σάς ἀγαπῶ.

Was, ins Unreine übersetzt, etwa so zu lauten hätte:

Gib mir, Athenermädchen, eh' ich scheide,
mein Herz zurück! Gib mir's, ich leide!

> *Süßes Athenerkind, wenn du allein,*
> *So denk an mich! Es mußt' geschieden sein.*
> *Nach Stambul bin ich ausgeflogen,*
> *doch bleibt mein Herz Athen gewogen.*
> *Dich lassen? Ach, ich lieb' dich so!*
> Ζοὴ μου, σάς' ἀγαπῶ. (Ich liebe dich, mein Leben.)

Die kleine Angebetete war zwölf Jahre alt und hieß **Theresa Makris**. Das Gedicht stammt wohl vom März 1810.

76 Suliotenlieder in Prosa

Wer die griechischen Verhältnisse dieser Tage nicht an Zuständen anderer Länder mit anderer Geschichte messen, sondern allein aufgrund des in Griechenland Gewordenen beurteilen will, den wird es interessieren:

Daß die **Sulioten** nach Blut und Sprache Albanesen mit hellenischen Beimischungen waren. Doch bestand in Art und Wesen kein bedeutender Unterschied zwischen diesen und den Griechen in **Epirus**. Auch war das übrige Griechenland mit Albanesen durchsiedelt. Kein eigentlicher Stamm, die Sulioten, sondern der Verband einiger Familien, Großfamilien, Sippen, Clans, die sich im 17. Jahrhundert vor der Türkendrangsal in das schwer zugängliche Bergland von **Suli** zurückgezogen hatten und der fremden Tyrannei auf eigene Faust, möglicherweise aber auch mit Unterstützung **Venedigs**, Widerpart hielten. Sie waren griechisch-orthodox, der griechischen Sprache ebenso mächtig wie der albanesischen, lebten in einer Art Edeldemokratie mit Allmendebesitz, wuchsen innerhalb eines Jahrhunderts auf 5000, ja einschließlich anhangender Bevölkerungsklientel - »Parasulioten« - auf 12 000 Seelen an und lebten von Viehzucht, Jagd und Raub. Von antitürkischer Freibeuterei.

Daß die Albaner eine indogermanische, thrakisch-illyrische, also vorgriechische Bevölkerung und nahe Verwandte der Etrusker sind. (Die südliche ihrer großen Stammgrup-

pen heißt Tosken. **Ali Pascha** von Jannina war ein Toske.)
Ihr erstes Erscheinen müßte dort schon in die Zeit vor der
Seevölkerwanderung fallen. Albanische Siedlungen aus unbestimmbar früher Zeit gab es auch in Unteritalien und
auf Sizilien.

Daß die Suliotenwahlheimat im Paschalik **Jannina** - im
alten Epirus - gelegen war. Auf der Breite des südlichen
Korfu etwa, nördlich von **Parga** und südsüdwestlich von
Jannina. Wir sind auf dem Hinflug daran vorbeigeflogen,
bevor wir Actium ins Auge faßten. Nur wären Einzelheiten der Entfernung wegen nicht auszumachen gewesen.

Daß den Kern dieses wohl oder übel gelittenen Reservats
ein Bergstock mit drei senkrechten Felswänden bildete und
die vierte Seite nur auf einem einzigen Pfad zu begehen
war. Vergleichbar dem berühmten Felsenklotz **Masada**
über dem Toten Meer, der einst so fanatisch verteidigt worden ist und dessen Besuch Sie sicher in Ihre Reise einbezogen haben werden, falls auch Israel auf Ihrem Programm gestanden hat. Und daß der Kern des Kerns, der
gottgewachsene Bergfried gewissermaßen, **Tripa** hieß oder
heißt und Mauern sowie drei von Suliotenhand errichtete
Bastionen trug. Die Clans verfügten außerdem noch über
einen festen Platz namens **Keiopha** oder Kiagha und weitere feste Plätze. Doch bin ich außerstande zu sagen, wo
diese lagen, oder, falls es sie noch geben sollte, liegen. Sollten Sie in diese Gegend gekommen sein, wäre ich Ihnen für
Mitteilungen über die dortigen Örtlichkeiten und ihr Nicht-
mehr- oder Noch-Vorhandensein dankbar.

Daß die Sulioten von 1790 an auf Anstiften der großen
Katharina von Rußland sich wider den **Ali Pascha** von Jan-
nina empörten, sich lange behaupten konnten und diesem
dreimal verfluchten Pindusbären erst 1803 unterlagen. Die
Überlebenden zogen teils nach **Preveza**, teils nach **Parga**.
Jene wurden unterwegs vernichtet, diese von dort wieder
vertrieben; sie flüchteten auf die Ionischen Inseln. Woselbst
die Männer mit der Waffe für Frankreich, Rußland oder
England dienten, den wechselnden Herren der »Vereinigten
Staaten der Ionischen Inseln«. Ein Suliotenlied fing so an:
»*Als wir uns einschifften, eine Klephtenschar aus Parga, da
waren wir unser zweiundsechzig... klephteis pote Par-
ga... klephteis pote Parga...*«

Entsprechende Griechenlieder lauten ganz ähnlich. Vielleicht haben Sie eins sogar noch irgendwo singen hören: »*Vierzig Palikaren . . . saranta pallikaria apoti Livadia . . .*«, so ungefähr.

Daß der britische Hochkommissar **Maitland** die Sulioten 1814 der Inseln verwies. Lord Maitland war ein Feind allen Freiheitsdurstes und deshalb auch Lord **Byrons** Unternehmungen gar nicht gewogen.

Daß der alte **Ali Pascha** von Jannina 1820 - nach seiner eigenen Erhebung gegen die Pforte, von der schon die Rede war -, von einer sultantreuen Türkenarmee belagert, schnöde genug oder Politiker genug war, nunmehr die Hilfe der ihm dreimal verhaßten Sulioten zu erbitten und sie auch tatsächlich erhielt: er gab diesen seinen Todfeinden ihre Berghütten und Almen, ihre Jagdgründe und den Tripagipfel zurück und stellte seinen Enkelsohn als Geisel.

Daß die suliotischen Remigranten aber, nachdem des Paschas sonstige Albanesenhäuptlinge sich anders besonnen und zu den regulären Türken übergelaufen waren, erneut in ärgste Bedrängnis gerieten, eingekesselt und belagert wurden und ihre heiß verteidigten Halden für immer lassen mußten. Am 4. September 1822. Ein griechisches Freischärler- und Palikarenaufgebot unter **Mavrokordatos** und **Markos Botzaris** hatte sie nicht entlasten können, sondern war am 16. Juli bei **Peta** geschlagen und aufgerieben worden, wobei jene siebzig Schwarzen Gesellen fielen. *Hebdomênta pallikaria . . .*

Daß der englische Konsul von **Preveza** - die kleine Hafenstadt an der engen Einfahrt zum Golf von **Arta** liegt **Actium** genau gegenüber, nördlich von **Prevesa** lagerte Octavians Landheer -, daß dieser englische Konsul vermitteln und daß englische Schiffe an 3000 Sulioten nach **Kephallinia** retten konnten, während der Rest sich zu Bären, Wölfen und Luchsen in die Gebirge zerstreute. (Aus der Nähe von Arta stammte übrigens der Freiheitskämpfer **Karaiskakis**. Suliotenhalbblut.)

Daß der Stammbaum einer der führenden Sulioten-Familien, der **Botzaris**, so etwa lautet:

1 **Giorgo** oder **Georgios Botzaris**. (Der *mikros photographos* sprach das wie Batschari aus, wenn ich richtig gehört habe.) Geor-

gios erfreute sich des Beinamens »*Schrecken der Albanesen*«, war aber keineswegs »*die Zuverlässigkeit selbst*«. Er lag mit **Ali Pascha** zwar in Fehde, unter der Hand jedoch verband er sich mit ihm und nahm eine Landpfründe als Gegenleistung. Er starb 1793.

2   Also ist er nicht identisch mit einem anderen **Georgios** (?) **Botzaris**, der mit anderen Sulioten 1803 zum Verräter wurde und für Alis Silberlinge den Untergang Sulis einleitete. Die anderen Dunkelhelden sollen **Lazaro, Kilcho** und **Kulchoniko** geheißen, auch einige Pfaffen zum Komplott gehört haben. Lazaro, Kilcho und Kulchoniko könnten auch bei **Karl May** gute Figur gemacht haben. »Im Lande der Skipetaren«. Schypetaren oder **Shqiptar** ist die Selbstbezeichnung der Albanesen. Von Übel war auch ein gewisser **Syliogussi**, der bei anderer, bald folgender Gelegenheit seinen kämpfenden Genossen irgendwelche anderen Albanesen in den Rücken führte. Ein Schurke.

3   Erstgenannter Giorgo hatte viele Kinder. Da aber in Griechenland und drum herum - auch heute noch oft - nur die Söhne zählen, so können hier auch nur die Söhne namhaft gemacht werden. Sie hießen: **Kitzo** oder Christos, **Tuscha** oder Dimitris, **Notis** oder Panagiotis und **Nikisa** oder **Nikolas**. Alle vier Krieger.

4   **Notis**, sahen wir, hat ein Denkmal zu **Missolunghi** gefunden. Er hatte jenen Untergang Sulis von 1803 mitgemacht, war in türkische Gefangenschaft geraten und daraus freigekommen. Hatte französische Dienste genommen, es dort bis zum Major gebracht und wirkte dann mit Rat und Tat in Missolunghi. Beim Ausfall aus dem belagerten Missolunghi gehörte er zu dem glücklichen Haufen. Er starb 1831 im freien Hellas, als **Kapodistria** dessen erster Präsident war. - Sein älterer Bruder **Kitzo** ließ 1809 sein Leben. Er fiel, lese ich hier; Ali Pascha ließ ihn ermorden, lese ich da. Sein Mörder soll **Gogos** gewesen sein. Ein Suliote wie das Opfer. Gogos sollte noch als Verräter das Unglück von **Peta** herbeiführen. Das wurde schon berührt. »*Ich habe ihn* (Kitzo) *wohl gekannt, aber seinen Mut nur aus dem Mund seiner Feinde erfahren*«, schreibt **Pouqueville**, der französische Generalkonsul zu Jannina, in seiner »Reise nach Griechenland«. Kitzo hatte ebenfalls vier Söhne. Sie hießen: **Jannika**, der früh starb, **Marko** (der mehrfach schon erwähnte Markos), **Kosta** oder Konstantinos und **Nikola**.

5   **Markos** war der tapferste. Vor **Byrons** Debüt hatte er **Missolunghi** in den Jahren 1822 und 1823 zweimal mit Erfolg verteidigt. Hatte auch den Lord nach Missolunghi eingeladen. Die damalige provisorische Regierung in Hellas hatte ihn in Rang und Amt eines Generals von Ätolien erhoben. Beim Überfall von **Karpenisi** in der Nacht zum 21. August 1823 drang er mit einer Schar von Sulioten ins Lager der Türkenvorhut und ermordete

den Feldherrn und dessen Neffen in ihren Zelten, was zu einer schrecklichen Verwirrung unter den Türken und zu einem außerordentlichen Abwehrerfolg führte: der Marsch dreier türkischer Armeen auf Missolunghi unterblieb. **Markos** erlag einem Schuß in den Unterleib noch nicht, sondern feuerte an und messerte weiter, erlag aber einem Schuß in den Kopf. Er wurde in Missolunghi beigesetzt. Seine Leute hatten vor jenem Nachtgefecht nach altem Brauch die Scheiden ihrer Säbel zerbrochen, zum Zeichen, daß sie zum Tode entschlossen waren.

6 Die Suthoten erkoren, nachdem sie ihres Generals Tod gebührend beklagt und betrauert hatten, den nächstjüngeren **Botzaris, Kosta**, zum Anführer. Kosta willigte ein, mißbilligte aber das Murren und Aufmucken gegen **Byron** oder gar die offene Rebellion seiner Landsleute und Schicksalsgefährten gegen alle und jeden, wenn er, Kosta, der argen Regungen und Umtriebe auch nicht recht Herr werden konnte. An dem Abwehrerfolg seines Bruders Markos bei Karpenisi war er erheblich beteiligt gewesen. Wie sein Onkel **Notis** gehörte er in Missolunghis rabenschwarzer Schicksalsstunde zu der Gruppe, der der Ausfall glückte. Kosta starb 1853 zu Athen. Als General und Senator.

7 **Notis** nannte seinen Sohn namens **Dimitri** sein eigen, der 1864 Adjutant König Georgs I. von Griechenland wurde.

8 **Markos** hatte nur einen Sohn gezeugt, der - wie sein vorgenannter Onkel zweiten Grades - ebenfalls **Dimitri** hieß. Jahrgang 1813. Er wurde im Münchner Kadettenkorps erzogen, gleich manchem Waisenknaben, dessen Vater im griechischen Freiheitskampf gefallen war, und diente bei Hof als Page. Dieser jüngere Dimitri brachte es bis zum Range eines Obersten und war Kriegsminister sowohl unter **Otto I.**, dem ersten Hellenenkönig, wie auch unter **Georg I.**, der Otto in der Königswürde ablöste. Der Minister starb 1870. Seine Intelligenz soll bedeutend gewesen sein.

9 Damit ist die balkanische Volksweise von den Botzaris aber noch nicht zu Ende, sondern sie hat noch eine liebliche Strophe. Markos der Tapferste hatte nicht nur den Sohn Demetrios, sondern auch eine Tochter; wenn nicht noch etliche mehr, von denen mir aber Nachrichten fehlen. Bewußte Tochter hieß **Katharina**. Und ich halte es für wahrscheinlich, daß Sie Katharinens Bild schon kennen.

Wir hatten andeutend ins Gedächtnis gerufen, daß den ersten König der Griechen das Haus Wittelsbach, Bayern also, zu stellen hatte. Auf daß nicht einem an sich schon mächtigeren Staat - Preußen etwa, um von noch größeren Großmächten zu schweigen - noch weitere Macht zuwachse.

Unter diesem Gesichtspunkt hatte man die Krone zunächst dem Prinzen **Leopold von Sachsen-Coburg** zugedacht. Doch sagte dem die belgische Königskrone am Ende mehr zu. Daraufhin war Bayern in Betracht gezogen worden und stellte den König in der siebzehnjährigen Person **Ottos I.**

Ehelich zur Seite sollte ihm Prinzessin **Amalie von Oldenburg** stehen, die der junge Monarch - irre ich nicht, am Tage seiner Großjährigkeit - zu seiner Königin machte. Das heißt, muß man wissen, er machte gar nichts oder wenig - die Großmächte machten, empfahlen, rieten, billigten, mißbilligten, drängten und drückten. Ein junger Staat, der noch nicht recht auf eigenen Füßen stehen konnte. Ein junger Hof. Die Braut zählte achtzehn Lenze. Und von entsprechendem Alter dürfte auch **Katharina Botzaris** gewesen sein. Jahrgang 1818 so etwa. Das schöne Mädchen wurde Hofdame der Königin.

Da nun aber Athen mit dem Hof König **Ludwigs** in München, des Schwiegervaters und Verseschmieds, naturgemäß lebhafte Verbindung unterhielt, ergab sich im Jahre 1841, daß Katharina auch einmal an der Isar zu Besuch war. Allerdings nur kurz. Doch lange genug, um Furore zu machen. Ludwig, leicht aufschwärmend von Veranlagung, geriet in Verzückung ob so vieler fremder Schönheit und gab dem Hofmaler **Stieler** den Eilauftrag, das Konterfei des Botzarikindes in Ölfarben und auf Leinwand festzuhalten. Für Ludwigs Schönheitsgalerie. Sie kennen es bestimmt.

Das Bildnis mutet heute einigermaßen glatt und glasig an. Seinerzeit aber hat es für das beste unter den sechsunddreißig Porträts dieser Galerie gegolten. Trotz der »gefrorenen Anmut« der Darstellung leuchtet die wirkliche und besondere Lieblichkeit der Botzaritochter in wohltuender Evidenz, und man versteht bei näherer Betrachtung, weshalb sich das ohnehin schon griechenlandversessene München schier verguckte.

Katharinas Halbfigur nach links gewandt, das liebe Angesicht im Halbprofil, die lichtbraunen Augen in sanfter Nachdenklichkeit auf den Beschauer gerichtet, leicht mokant, nicht ohne verhaltenen Stolz. Süß und unleserlicher als die Mona Lisa. Der Hofmaler ist dafür zu loben, daß er jeden Versuch, aus Katharinas Gesicht eine antike

Gemme zu stilisieren, unterlassen hat. Er hat sich, wenn auch unter Verzicht auf die typische Bräunlichkeit oder Gelblichkeit des Inkarnats, mehr vom Balkanischen und Exotischen ergreifen lassen. Die Nase ist lang, die Stirn nicht eben hoch. Die rote Palikarenmütze mit der langen blauschwarzen Quaste daran sitzt unternehmend, wie man so sagt, über dem rechten Ohr. Braun mit Kastanienschimmer das gescheitelte, nur leicht gewellte Haar, das auf die Schultern fällt. Das kurze Albanerjäckchen aus moosgrünem Samt mit reichen goldenen Applikationen, an Halsausschnitt und halblangen Ärmeln Zobelbesatz. Am unteren Bildrand der fustanella-artig gefaltete Ansatz des Rokkes aus weißer Seide. Der Hintergrund hingegen ist fade, allgemein bläulich Meer, Felsenküste oder Himmel darstellend. Die Sonne Griechenlands scheint **Stieler** nie geleuchtet zu haben.

Unter dieses ihr heimatliches Himmelszelt aber kehrte das Palikarenmädchen zurück, und **Egon Cäsar Conte Corti** in seinem Buch über Ludwig I. muß es wissen, wenn er mitteilt: »... *wo es einige Zeit danach den tapferen und schmucken griechischen Brigadegeneral Prinzen Georg Karadjas heiratet*«. Der müßte wohl ein Sohn oder Enkel des Hospodaren der Walachei, **Caradja,** gewesen sein, der auch den Titel Fürst Kallimachi führte und Amtsnachfolger **Constantin Ypsilantis** in Bukarest war.

Das Phänomen gibt gewiß zu denken. Härte, Zähigkeit, Kühnheit, Verwegenheit, Furchtlosigkeit der Männer, anziehende Lieblichkeit der Mädchen. In Griechenland lebt heute noch viel davon. Männliche Männer in herausgeforderten oder ungewollten, in unausweichlichen Todesgefahren werden kaum alt. Ihre Lebenserwartung kann nur gering sein. Da zählen die Söhne, da erblühen die Mädchen desto schöner und anziehender. Das heißt, die Erlebnis- und Schicksalsgemeinschaft in gemeinsam bewohntem geographischem Raum und in besonderer Verwandtschaftsdichte der Mitglieder untereinander, das Volk - mit dem schlichten, dies alles begreifenden Wort -, das Kollektiv - mit unserm psychologisierenden Terminus -, es hat eigene Regulative für seinen Fortbestand, jenseits unsrer Möglichkeiten zu geplantem Eingriff, zu Steuerung und Änderung. Nach Kriegen pflegt die Zahl der männlichen Geburten anzusteigen. Das gilt der medizi-

nischen Statistik als erwiesen. Und - ergänze ich - gewinnen die
Mädchen an Schönheit über das übliche hinaus.

Oder hätte es nach unserm letzten schlimm verlorenen Krieg
nicht eine nur zu bekannte Erscheinung gegeben, die nicht von
uns, sondern, mit einem Schuß Ironie und Bitterkeit, von den
Amerikanern das »Fräuleinwunder« genannt worden ist? Dieses
unverdient tröstliche Wunder, im dritten Nachkriegsjahrzehnt
merklich schon im Landläufigen verebbt und zu seiner Zeit eher
eine Bereicherung des internationalen Callgirlmarktes als ein
Hoffnungsschimmer der Nation, ist aber historisches Faktum. Wir
Deutschen hätten es beim besten Willen nicht inszenieren und den
Siegermächten hinreiben können. (Die erste Miß Europa nach
1945 - die Betreffende hatte vorher einige Jahre in einem russischen Bergwerk abgedient - hätte dem Wahlergebnis nach eine
Deutsche sein müssen. Das ging aber den französischen Juroren
gegen Strich und Ehre; aus einer satzungswidrigen zweiten Wahl
ging daraufhin die Anwärterin Österreichs als erste hervor.) Das
besiegte Italien konnte gleich eine ganze Phalanx bedeutend
schöner Aktricen auf die Kinoleinwände der Welt projizieren.

Und da auch liegt die Erklärung für die berühmte und un-
bestrittene Schönheit der israelischen Mädchen, die tausendmal
besonders auch an den Soldatinnen ersehen worden ist. Sie steht
in direkter Proportion zur Mannhaftigkeit der jungen Männer
dort und zur tödlichen Gefahr, in der sich das Land seit 1948 befindet. Die Schönheit ist geradezu verblüffend. Verblüffend häufig
und variantenreich. In Israel kann man Mädchen sehen, daß es
einem den Atem verschlägt. Keine aufgetakelten Sexbomben mit
Chichi. Keine Hafenattraktionen. Ich nehme an, Sie haben sich bei
Ihrer Stippvisite an Ort und Stelle überzeugt und geben mir
recht. Die Sabras!

Aber mehr noch. Ältere Rassenkomponenten, die dem Kollektiv
nicht dienlich waren und die abhanden gekommen zu sein schienen, tauchen herauf und machen sich wieder geltend. Die Mädchen sind längenwüchsig. Nicht selten seevölkermäßig. Oder haben
Ikonenantlitze voller Rätsel. Wie vor ungewiß schimmernden
Goldgründen. Die blumenschönen Chiffren ihrer Gesichter scheinen lehren zu wollen, daß im tiefsten Grunde aller Mädchen-
schönheit die instinktive Entschlossenheit steckt, die Lücken in
den Reihen der Männer durch tüchtige Söhne zu schließen. Dies
und die schmerzliche Vorahnung um den Sohn, der dann ebenfalls fallen wird. Der tote **Adonis.** Anemonen aus dem Blut des
Adonis. *Na'aman* heißt die Lieblichkeit. Sie sind wie phönikische
Königstöchter, von isabellfarbenen Stieren zu rauben. Europa-
Astarte von Sidon. Sind wie morgenländische Göttinnen auf
Mondsicheln. Junge Astarten. Und **Astarte** war die westsemitische

Göttin der Fruchtbarkeit und der Liebe. Und des Krieges! Der früh schon reife Orient hat jene Rätselchiffre lesen können und die Erkenntnis des psychobiologischen Funktionszusammenhanges von Krieg und Liebe in diesen mythologischen Bildern ausgedrückt.

Mythologein = in Mythen sprechen. In Mythen spricht das frühe Kollektiv seine Welterkenntnis aus. Auch seine Naturerkenntnis. Es käme nur darauf an, die raunende Mythensprache noch zu verstehen und richtig zu übersetzen. Die alten Griechen haben, wie gesagt, **Astarte** mit **Aphrodite** gleichgesetzt, die im olympischen Götterhimmel als des Kriegsgottes **Ares** Ehegemahlin figuriert. Ein etwas ausgelaugtes, schon nicht mehr tief erfaßtes Bild. Vergleichsweise spießig. Aber in **Ugarit** und in Südarabien ist Astarte auch in männlicher Gestalt gesehen worden!

Es gehört also in diesen Zusammenhang:

Daß auch der Liebreiz der Suliotinnen, der Griechinnen überhaupt, aufglühend in kriegerischen Zorn umschlagen kann. Erinnern Sie sich an die todbereiten Mädchen von **Famagusta** und **Nikosia**! An das Bauernkind auf der Burg von **Kerasunt**! Bevor **Mavrokordatos** und **Markos Botzaris** zu jenem Entlastungsunternehmen aufbrachen, das am 16. Juli 1822, wie gesagt, mit der Katastrophe von Peta enden sollte, versammelten sich die Suliotinnen dieses Haufens zu einem Weiberbataillon, und eine von ihnen trat, den gezückten Säbel in der Hand, vor den Polemarchen **Notis Botzaris** in Missolunghi hin und sprach: »*Habt ihr vergessen, daß Moscho während der Kriege mit Ali Pascha, die Schürze mit Patronen gefüllt, ihren Säugling auf einem Arm, die Flinte auf dem anderen, an eurer Spitze marschierte? - Habt ihr vergessen, daß Despo zu Raynassa eine brennende Fackel ergriff, ein Pulverfaß anzündete und mit ihm in die Luft flog? - Habt ihr endlich vergessen, daß zweihundert unsrer Ahnfrauen bei der Annäherung der Albaneser sich in den Acheloos stürzten? Auch wir wollen an eurer Seite kämpfen; wir werden nicht weniger Mut zeigen als ihr und werden zu sterben wissen wie eure Mütter!*«

Daß diese **Moscho** eine Suliotin aus dem Hause **Tschavella** war, eine »*berühmte Amazone*«, wie ich lese. Eine Kriegerwitwe, die für den gefallenen Mann eingesprungen war. Einer ihrer Söhne war **Toto** oder Photos, der eine

Zeitlang als der beste und mutigste Kämpe der Sulioten galt. Er war der Anführer, der 1803 seinen Haufen hatte nach **Parga** retten können.

Die neuzeitliche Geschichte Griechenlands kennt einen sogenannten »Tanz von Zalogos«. Ich sah auf jener Athener Wehrmachtsausstellung von 1968 eine zwar nicht zeitgenössische, sondern später verfertigte Darstellung der horrenden Szene: Frauen stürzen, ihre Kleinen im Arm, wie tanzend in die Abgründe eines düsteren Gebirges. Im Hintergrund Türken, die anrücken, um die Knaben, wie man wußte und fürchtete, ins Janitscharenkorps zu stecken, Frauen und Mädchen zu schänden und als Sklavinnen zu verkaufen. Diesen Mänadenreigen in die rettenden Arme des Todes wird die Rede jener Suliotin wohl meinen, den Tanz von Zalogos. Auch sind Frauen und Kinder Sulis, als die **Tripa**-Bergfriede an **Ali Pascha** fielen, zu Scharen über die Felshänge der Ostwand in den Tod gesprungen. Wer aber jene **Despo** von Raynassa gewesen ist, habe ich nicht finden können.

Die Geschichte der neugriechischen Amazonen läßt sich dennoch fortsetzen und gipfelt in der Erscheinung der **Bobolina**, einer Frau der Insel **Spezia** (= Spetsai). Auch sie war Witwe, ihr Mann (**Laskaris**? Wenn, dann vielleicht aus der berühmten byzantinischen Familie) war von den Türken vor ihren Augen, wie es heißt, hingerichtet worden. Aus Gründen, in die sie sich nicht schicken wollte. Er hatte als Seekapitän illegalen Krieg mit algerischen Korsaren geführt. (Ein **Laskaris** war, beim Kampf um Malta ein hoher Türkenoffizier, zu den Rittern übergelaufen, nützte ihrem Sieg erheblich und starb später als griechischer Christ.) Als die Freiheitskämpfe begannen, rüstete die Bobolina rachedurstig für sich und ihre Söhne Schiffe aus und griff als Kommandantin eines dieser Fahrzeuge unverzagt in die Seegefechte und auch zu Lande ein. Die Galionsfigur der von ihr selbst geführten Galeere ist im Athener Historischen Museum zu bewundern. Ist sie Ihnen entgangen? Tut nichts. Es ist eher ein Kuriosum.

Ebendort die Büsten Ottos und Amaliens, des ersten Königspaares, und etliche Porträtgemälde Markos' Botzaris. Desgleichen auch das Fernrohr der **Bobolina**, Bobelina, Bubulina - da die Griechen kein B schreiben, es stünde denn für den Laut W, sondern es nur umschreiben können, liest man ihren Namen auf griechischen Inschriften umständlich mit Mpoumpulina wiedergegeben. Sie war hochgewachsen, temperamentvoll, später matronenhaft korpulent, soll ein Verhältnis mit **Kolokotronis** unterhalten und nicht nur aus patriotischen Motiven gehandelt haben. Ihr ältester Sohn fiel gleich zu Anfang des Krieges.

Diese Strophen der Botzaris-Ballade nebst angeführtem Beiwerk, diese Lieder in Prosa, kennzeichnen die damalige Lage Griechenlands und die Mentalität seiner Bewohner. Wer die Botzaris für prototypisch nimmt, wird zur Beurteilung griechischer Fragen überhaupt den angemessenen Ansatz haben.

Und als Nachtrag zur Vollständigkeit, nicht aber mehr zu dem gehörig, was die Kapitelüberschrift als Suliotenlieder verhieß, soll der vielgereiste Fürst **Pückler** zu Wort kommen. 1836 auf **Zakynthos:** *».. am ersten Tage nach meiner Ankunft machte ich eine Exkursion auf der Insel. Der Hauptzweck derselben war, das Landhaus zu besuchen, in dem Lord Byron beinahe vier Monate lang wohnte, ehe er nach Missolunghi ging, und wo er sich damals noch so wohl befand, daß niemand eine Ahnung seines nahen Todes hatte, welcher übrigens auch hier allgemein nur fehlerhafter Behandlung des Patienten zugeschrieben wird ...«*

Der Fürst ist sodann nach **Missolunghi** hinübergefahren: *»...Ich befand mich auf dem Ionischen Meer. Die Hitze war drückend, und die Segel ruhten, wie zum Trocknen aufgehängte Tücher, in der unbewegten Luft ... Lord Byrons Wohnung stand nur einige Schritte von unserm Landeplatz entfernt, und ein griechischer Knabe führte mich auf die Trümmer, die noch übrig sind, denn die Türken verbrannten das Haus ...«*

Es hatte, wie gesagt, an der Westküste der Landzungenstadt gestanden. Der Muskauer Weltreisende schildert weiter: *»Ich besichtigte den ganzen Schauplatz dieser denkwürdigen Begebenheiten noch in derselben Nacht bei hellem Mondschein und ward oft, von Staunen gefesselt, bei dieser oder jener Stelle zurückgehalten ...«* Eine Batterie, notierte **Pückler**, habe von den heißen Kämpfen, die um sie entbrannt waren, den Namen »Die Schreckliche« (La Terrible) erhalten, *»und ohnweit derselben liegt ein noch weit schauerlicheres Monument, eine Pyramide weißgebleichter Schädel aller auf diesem Punkte Gefallenen ... Ich erfuhr nachher, daß die Pyramide kaum mehr ein Drittel ihrer Höhe habe, weil, sagte man, jeder englische Milordo, der hierher käme, wenigstens einen davon mit sich nehme. Man muß*

gestehen, daß vor der Sammlungssucht dieser Insulaner nichts in
der Welt mehr sicher bleibt, es sei unter oder über der Erde, es
gehöre dem Leben oder dem Tode an - und ärgerlich zu denken
ist es, daß ein Londoner Schneider oder Birminghamer Knopf-
macher mit dem heiligen Schädel eines griechischen Helden, der
sich für sein Vaterland geopfert, in der Tasche auf und davon
segelt ... Man stahl dem armen Griechenland schon längst seine
Kunstwerke, später seine Schädel, und man muß gestehen - es
leidet alles mit musterhafter Geduld.« In der Tat. Das touristische Zeitalter rückte herauf. Lord **Byron** und sein Verehrer aus
Muskau haben aber, das muß man dazu sagen, den Reigen mit
begonnen.

(1968)

77 Von Graf Capo d'Istria bis zu Wasilews Konstantinos B' (Stichworte zu vierzehn Jahrzehnten neuerer Geschichte)

Das Jahr 1827 war für Hellas eins der schwärzesten. Wir
sagten es. Nur **Nauplia** und **Korinth** waren noch in griechischer Hand. Daran änderte auch der türkenschwächende
Seesieg der drei Großmächte bei **Navarino** am 20. Oktober
zunächst noch nichts. Die Nationalversammlung hatte zwar
einen Staatspräsidenten oder Kybernetes - den Grafen **Johannes Capo d'Istria** - auf sieben Jahre gewählt, doch was
dieser in Staatsaktionen erfahrene Mann, halbwegs gestützt
auf eine Regierungskommission, gubernieren sollte, war ein
vollkommen zerrüttetes Etwas, ein politisches Gebilde, für
das die Worte fehlen, weil selbst Anarchie es nicht mehr
träfe. Die Gelder ausländischer Regierungen, der Zarin oder
philhellenischer Spenderkonsortien verschwanden wie die
Wasser des Acheron im Acherusia-See. Im Sumpf. Man war
schon stolz, wenn doch einmal drei Siebtel zu guter Letzt in
die Staatskasse flossen.

Im Januar 1828 traf **Capo d'Istria** in Nauplia ein. Oder auf
Ägina. Sein Wirken sollte außer der allgemeinen Stabilisierung

der Verhältnisse vor allem der Vorbereitung und Errichtung eines
erblichen Königtums dienen, wobei sein hauptsächlicher Rückhalt
darin bestand, daß er bei seinen hadernden Landsleuten als aus-
gewogener Repräsentant von London, Paris und St. Petersburg in
einer Person galt, was in gewissem Sinne auch zutraf. So mochten
sie sich alle zugleich bezähmen. Unterdessen räumten französische
Truppen zu Lande und Briten von See her die Peloponnes von
des Ägypters **Ibrahim Pascha** verheerenden Scharen, die - zwar
durch Befehle und Verträge zu räumen gehalten - nur murrend
fahren ließen, was sie Ägyptens - von der Pforte schon stark
emanzipierter - Herrschaft einverleibt zu haben meinten.

Die Griechen aber in dem elenden Zustand, auf den sie
nunmehr abgesunken waren, wären weder diese ägyptischen Plagen in Morea noch den türkischen Alp in Rume-
lien jemals aus eigenem losgeworden. Und wenn das mor-
sche Osmanenreich auch durch russische Feldzüge von außen
und durch die Niederschlagung der Janitscharenaufstände
im Innern noch so beansprucht und geschwächt war. Kaum
daß auf einigen Inseln noch ein Hauch von Freiheit wehte.
   Und dennoch trat, ehe Großes sich ereignen konnte, die
Wende unauffällig und im kleinen ein. Es scheint mir bemerkenswert oder doch erwähnenswert, daß die Stätten
der Notwende gerade wieder **Lepanto** und **Missolunghi**
waren - weshalb auch diesen geringen, aber offenbar nicht
wenig numinosen Orten, im Sinne des Gesagten, in unsern
Betrachtungen soviel Raum zugestanden worden ist. **Augu-
stin Capo d'Istria**, des Präsidenten jüngerer Bruder, an der
Spitze eines kleinen griechischen Corps und mit Unterstützung einer landeseigenen Flottille, war es, der mit seinem
Marsch auf Lepanto und dessen Belagerung unversehens
Glück hatte. Dieses Glück, das sich für **Byron** und seine
Mitstreiter nicht hatte entscheiden wollen und das **Goethe**
nicht ins Faust-Konzept gepaßt hätte! Kuriose Welt. Die
türkische Besatzung - man wüßte gern, ob es noch dieselbe
war und ob sie inzwischen wenigstens ein paar Piaster ihres
zwar zustehenden, wenn auch nicht immer gerade ehrsam
verdienten Soldes erhalten hatte - kapitulierte unter der
Bedingung, per Schiff samt Waffen und Gerät nach **Preveza**
spediert zu werden. Ein Begehren, das sich erfüllen ließ.
Verluste? Fehlanzeige. Datum: 27. März 1829. Fünf Jahre,
einen Monat und elf Tage nachdem Byron von seinem

Marsch hatte absehen müssen. Und am 17. Mai fielen dann auch **Aitolikon** und **Missolunghi** wieder in der Griechen Hand, in die sie gehören. Ohne Blutvergießen und Geknalle.

Im Dezember 1831 sollte dieser jüngere **Capo d'Istria** noch provisorischer Kybernetes werden, blieb es aber keine fünf Monate lang. Denn er stand, grundlos oder nicht, im Ruf, ein russischer Agent und Satrap zu sein. Aufstände erhoben sich. Er ging. Oder folgte einem dritten und älteren sehr unpopulären Bruder, der ebenfalls den Unwillen der Hellenen, verdient oder unverdient, auf sich gezogen hatte.

Während die drei Westmächte aber auf eine beschränkte Unabhängigkeit Griechenlands von der Pforte hinarbeiteten und diesem ihrem Plan mit lauteren wie mit trüben Mitteln Vorschub leisteten, übten auf der anderen Seite, wie angedeutet, die Russen durch bewaffnete Interventionen schweren Druck auf den Großsultan aus. Im russisch-türkischen Krieg von 1828/29, dem siebenten seit dem 17. Jahrhundert, der am 14. September 1829 mit dem Frieden von **Adrianopel** endete: die Pforte mußte klein beigeben, und die Folge war ein neueres günstigeres Griechenland-Konzept sowie eine günstigere Grenzziehung im Norden des künftigen Königreichs ungefähr auf der Linie **Agrinion - Lamia**, um Sie nicht mit den damaligen Ortsnamen zu behelligen.

Das Jahr 1830 stand auf den christlichen Kalendern. Die Julirevolution in Frankreich und ihre Auswirkungen lenkten Europas Anteilnahme von Griechenland ab und nötigten die Regierungen, die innerpolitischen Vorgänge daheim im Auge zu haben. Die Subsidien, von deren, trotz allem doch, nährendem Fluß der neugriechische Setzling abhängig wie ein Brustkind war, flossen unergiebig oder stockten ganz. Das unterhöhlte die Position des Präsidenten. Gegen die nunmehr offen ins Kraut schießende Opposition der Primatengeschlechter, ferner der Mainioten, die, wie gesagt, etwas wie peloponnesische Sulioten waren, der Hydrioten auf **Hydra** und anderer Inselbewohner, denen Fortsetzung der Kriegs- und Kaperfahrten zwecks Befreiung, als wäre das das Natürlichste von der Welt, mit anderen Mitteln jetzt, unverblümte Seeräuberei bedeutete, und endlich auch gegen die Opposition des mächtigsten mainiotischen Fa-

milienclans der **Mauromichalis**, hielt der Präsident es für
richtig, sich zunehmend autoritärer Mittel zu bedienen.
Oder es blieb ihm keine Wahl. Das frommte nicht. Die
Unverfrorenheit der Opposition schlug in Unverschämtheit
um. Alles aber überbot der vielbewährte Seeheld und Pa-
triot **Miaulis**, der höchst willkommene Geschenke des Aus-
lands, unter anderem auch solche der USA, nämlich Schiffe,
die der griechischen Regierung gehörten, in die Luft sprengte,
nachdem ihn ein russischer Admiral außerstande gesetzt
hatte, sich ihrer für seine Räuberzwecke zu bemächtigen.

Am 9. Oktober 1831 wurde **Johannes Capo d'Istria** beim Betreten der Kirche des heiligen Spiridion zu **Nauplia** von zwei
Mitgliedern des Hauses **Mauromichalis** ermordet. Einer der
Attentäter wurde auf der Stelle gelyncht. Im Volk hatte Capo
d'Istria durchaus seine Anhänger. Der andere wurde abgeurteilt
und erschossen. Damit endete diese Ära, die so vielen aus den
verschiedensten Gründen nicht hatte behagen wollen. Die Familie
Capo d'Istria stammte aus dem gleichnamigen Ort südlich von
Triest, war aber schon im 14. Jahrhundert nach **Korfu** übergesiedelt, woselbst auch der Präsident und seine Brüder zur Welt
gekommen waren. Die korfiotische Herkunft mißfiel. Man war
nachgerade gegen »Ausländer« allergisch. In der Tat hatte der
Präsident zwar Griechisch sprechen, nicht aber schreiben können.
Die beiden Brüder nun nahmen den Leichnam des Ermordeten
mit, als sie Griechenland den Rücken kehrten. Johannes soll in
Korfu begraben liegen. Nach anderen befindet sich seine Asche
in **St. Petersburg**. Soviel aus diesem nur allzu bezeichnenden An-
fangskapitel der neugriechischen Geschichte.

Aus dem »Tagesspiegel« vom 15. 12. 1967: »Historisches
und Benaki-Museum zusammen vermitteln ein leidlich kom-
plettes Bild der neueren Landesgeschichte. Doch wird das
Schicksal der griechischen Könige dezent kaschiert gehalten.
1861 hat der griechische Student **Andreas Drusios** versucht,
die erste Königin - **Amalia** - auf der Straße niederzuschie-
ßen. Die Königin hat durchgesetzt, daß der Attentäter
nicht zum Tode verurteilt wurde. Gedankt hat man es ihr
nicht. 1862 wurde **Otto I.** aus dem Hause Wittelsbach ge-
stürzt. Unter ihm haben zwei **Mauromichalis** gedient, der
eine als Regierungskommissar, der andere als Vizepräsi-
dent des Staatsrates. Diese Leute waren also genauso zu
berücksichtigen wie die **Botzaris** und andere Sulioten, er-

wiesen sich aber als gute Stützen des Thrones. **Amalia** starb 1875 in Bamberg. Bis 1862 hatte Neugriechenlands erstes Königspaar im heutigen Parlamentsgebäude über dem Syntagma-Platz residiert, dem damaligen Königsschloß. Damit war zugleich die bayrische Periode zu Ende und die Zeit vorbei, da **Athen, München** und **Berlin,** im Zeichen des Philhellenismus, so etwas wie eine architektonische Stileinheit gebildet hatten. In den Athener Ministerialgebäuden kann man auch heute noch da und dort auf Innenarchitektur aus jenen Jahren stoßen. Hohe schöne Räume von vorzüglichen Proportionen. **Gärtner** und **Klenze** die Väter. **Schinkel** hat Pate gestanden. Orientalische Einschläge dazu. Paneele aus Azulejos. Herrliche Teppiche.

1863 bestieg Prinz **Wilhelm Georg von Schleswig-Holstein-Sonderburg-Glücksburg** als **Georg I.** den Thron. Die Großen Drei, England, Frankreich und Rußland hatten es so gewollt. England trat die Ionischen Inseln an Griechenland ab. Georg wurde 1913 in **Saloniki** ermordet. Der Attentäter hieß **Schinas.** Georgs Sohn **Konstantin I.** wurde 1917 zur Abdankung gezwungen. Sein Bruder **Alexander** wurde König. Doch starb er schon drei Jahre darauf. Konstantin bestieg den nicht recht befestigten Thron zum zweitenmal. Er dankte ab, nachdem **Venizelos'** Versuch, Kleinasien zu erobern, hatte fehlschlagen müssen. Dieser Anschlag löste vielmehr die Vertreibung von anderthalb Millionen seit drei Jahrtausenden autochthoner Griechen aus der Türkei unter schrecklichen Umständen aus. Die griechischen Truppen waren bis in den Raum von **Ankara** vorgestoßen. Die Austreibung erfolgte 1922.

Konstantins Sohn **Georg II.** bestieg den Thron. 1934 wurde Griechenland Republik. Dies hatte erschöpfende Revolutionen und Gegenrevolutionen im Gefolge. Georg II. wurde 1935 zurückgerufen. Doch war der eigentliche Regent des Landes der General **Metaxas.** Georg mußte vor Hitler fliehen, konnte aber 1946 zurückkehren. In ein Land allerdings, das sich im Bürgerkrieg nunmehr geradezu zerfleischte. Georg II. starb 1947. Ihm folgte sein Bruder **Paul** in der Königswürde.«

Diesen König habe ich mehrfach gesehen. Auf Rhodos zwei-, dreimal, die Königin **Friederike** an seiner Seite, und ebenso einmal

auch in **Athen** in der Osternacht 1958. »... Dem Portal der
Metropoliskirche gegenüber war, mit Glühbirnengirlanden und
Nationalflaggen geschmückt, ein schlichtes Podium aufgeschlagen,
auf dem sich nach und nach die Diplomaten der Nationen nebst
ihren Damen einfanden, indessen sich die Ostergemeinde gewöhnlicher Sterblicher hinter vom Militär aufgespannten Drähten versammelte. Fliegende Händler boten handlich lange Kerzen an.
Spaßig die Wichtigmacherei der Polizisten in nickelblanken Pa-
radehelmen, die den anfangs noch anfallenden Verkehr in Neben-
straßen abdrängten, als gelte es, Teufel in die Hölle abzuschie-
ben. Aus der Kirche erschollen indessen schier endlose Meß-
gesänge. Dann marschierten in armeschwenkendem Schnell- und
Stampfschritt etliche Einheiten der Armee auf, um endlich mit
vielem Richt-euch und allerlei Kommandos aufgepflanzten Bajo-
netts Spalier zu bilden.

Wagen auf Wagen. Vor der Kirche ein Herr im Frack, Gäste
von Bedeutung, soweit diese das Gotteshaus zu betreten wünschen, würdig in Empfang zu nehmen. Die meisten aber bevor-
zugen das Podium. Dazu gesellen sich immer häufiger, offenbar
nach genauem Protokoll vorfahrend, Generäle, Minister und was
Griechenland an Rang und Namen sonst aufzubieten hat. Daß
man einen Mantel anhaben muß, diktiert den Zivilisten die Kälte.
Dann die Offiziere in dunkelblauen Uniformen des vorigen Jahrhunderts, Hofchargen, geführt von einem Herrn in Scharlachrot
und weißen Hosen, der am rechten Flügel eines Kammerherren-
spaliers Aufstellung nimmt. Dann ein Offizier zu Pferde mit be-
rittenen Trompetern. Dann eine Halbschwadron Schimmelreiter
mit gezogenen Degen, ein Wagen wohl mit dem Minister-
präsidenten, und dann der König.

Glocken über Glocken. Exakte Blickwendung einer Kompanie
Offiziersschüler in St.-Cyr-Uniformen. Springende Pagen in weißen Eskarpins. Salutieren. Die Diplomaten haben sich erhoben.
Und aus dem dreifachen Kirchenportal quillt es festlich und
machtvoll hervor: Ministranten, Fackelträger, Weihrauchschwa-
den, Mönche, Priester, Fahnenträger, Kreuzträger, Diakone. Die
Menge rings beginnt die Kerzen zu entzünden. Der König, vom
Diadochos **Konstantinos**, dem Kronprinzen, und von **Michael
von Rumänien** gefolgt, besteigt das Podium. Und da, in pom-
pöser Wallung und unter fast freudigem Erschrecken der unge-
zählten Menschenmassen, entschreitet, umdient und priester-
umwogt, der Metropolit höchstselbst dem Gebäude und das Podium hinan der irdischen Majestät segnend entgegen. Jubelchöre
schallen aus der geöffneten Kathedrale. Der Kirchenfürst trägt
eine Kuppeltiara von weißgoldenem Schimmer. Heller fast noch
leuchtet sein schneeiger Patriarchenbart. Höchst anschaulich das

uns unbekannte byzantinische Bild der vollkommenen Einheit und Ordnung von Kirche und Staat: der König küßt den geweihten Ring.

Und dann, als es just in diesem Augenblick Zwölf schlägt, der Ruf: Christ ist erstanden! Da aber bricht nicht endender Jubel los. Mit Pauken und Trompeten intoniert ein Militärorchester die Nationalhymne. Die Menge singt ergriffen. Über der von Kerzen wie gestirnten Plaka und sonst über der Stadt gehen Raketen hoch. Juchhe und Donnerschläge. Scheuen der Kavalleriegäule, Tänzeln unter dem Hipparchen und seinen salutierenden Hippeuten. Im Gedränge hatte ich Mantelloser ganz vergessen zu frieren. Meine Kerze ist eine unter abertausenden . . .«

Aus jenem Diadochos war inzwischen König **Konstantin II.** geworden, Konstantinos B' nach der griechischen Schreibweise für Ordinalzahlen, die immer noch die phönizisch-antike ist; die Kardinalzahlen werden wie bei uns arabisch geschrieben.

Der junge König Konstantin mag an dem zumindest zeitweiligen Verlust seines Thrones nicht ohne Schuld sein. Wer weiß? Hat er noch Aussichten, ihn wiederzuerlangen? Wer weiß, was da wirklich gespielt wurde und wird? Wer weiß genau zu sagen, was die Offiziersverschwörung »Aspida« wollte? Wer will griechische Verhältnisse bis auf den Grund durchschauen? Aber dieses darf man dennoch als Fazit ziehen: es hat von Regierung zu Regierung eine erhebliche Klärung aller Verhältnisse und aller Verhalten seit des **Miaulis** und des **Kolokotronis** Räuberhauptmanns- und Korsarenzeiten stattgefunden. Eine Entbalkanisierung, so muß man den Prozeß wohl nennen. **Kemal Pascha Atatürk** hat seine Türkei dem entsprechenden Läuterungsverfahren mit beträchtlichem Erfolg unterworfen. 1930 kam es zu einem Freundschaftspakt zwischen ihm, der Türkei also, und Griechenland. Welch begrüßenswerte Politik!

Bemerkenswerterweise erweiterte Griechenland in jenen fiebrig bewegten vierzehn Jahrzehnten, in den Wehen seiner Wiedergeburt, die wohl kaum von heut auf morgen hätte geschehen können und gewiß auch noch nicht abgeschlossen ist, in den Phönixflammen des Entbrennens zu neuem Leben seine territorialen Maße ziemlich stetig: Ionische Inseln, wie gesagt, Südthessalien, Südepirus, Nordthessalien, Westmazedonien, Kreta, Samos, Lesbos, Chios, südliche Sporaden und Dodekanes mitsamt Rhodos. Dies war in den Zeiten der Gültigkeit des nationalen Selbständigkeitsgrundsatzes auch für kleinere Völker, in den Zeiten auch, da die Großmächte das Türkische Reich nach, zumindest vorgeblich, nationalen Prinzipien ausschlachteten, gut möglich. Nur ist dieses Zeitalter wohl vorbei. **Zypern** sollte man deshalb so nicht heimholen wollen. Ebensowenig Nordepirus. Sonst könnte die Sache so ausgehen wie der Versuch der Eroberung Kleinasiens. Der Raum Smyrna war bereits den Griechen zugesprochen worden. Nun verlor man auch ihn.

Trotz heftiger Konvulsionen aber deutliche Beständigkeit im aufwärts führenden zuckenden Werdegang des alten neuen Phönixlandes. Daher auch in den gemeinten Jahrzehnten kein Fahnenwechsel. Neun hellblaue und weiße Streifen mit einem weißen Kreuz auf hellblauem Grund, so sieht die griechische Nationalflagge seit 1822 aus. (Die anderen Freiheitsfahnen, darunter zum Beispiel auch solche mit den Farben Schwarz-Weiß-Rot, gehören der Geschichte an.) Es war das Wappen der Familie **Kalergis**, die sich ihrerseits vom byzantinischen Feldherrn und Kaiser **Nikephoros Phokas** herleitete und sich folglich für berechtigt hielt, jenes Kaisers Wappen zu führen. Nikephoros Phokas war der große Araberbesieger im 10. Jahrhundert. Befreier Kretas, Zyperns und Syriens zu großen Teilen. Sarazenenschreck. Krieger und Mönch in einem. Förderer des ersten Athos-Klosters, das unter ihm gegründet wurde. Byzantinischer Kreuzritter vor allen Lateinern. Wer unter ihm im Kampf gegen den Islam fiel, sollte den heiligen Märtyrern zugezählt werden. Sein altes Wappen schien sich jetzt wie keines sonst zum neuen Flaggenzeichen anzubieten. Daß er einem Attentat zum Opfer fiel, das die Kaiserin **Theophano**, seine Gemahlin, in Szene gesetzt hatte, mochte man diskret übergehen. Das griechische Blauweiß hat also nichts mit Bayern und den Wittelsbachern zu tun.

Kalergis, der Freiheitskämpfer und, ich glaube, Kavallerieoberst, war in **Kreta** geboren und in Rußland erzogen worden. Er wurde **Capo d'Istrias**, des Präsidenten, Adjutant. Nach dessen Tod kam er wegen seiner Parteinahme auf russischer Seite in Schwierigkeiten. Doch blieb er als nationaler Legitimist und Ausländerfeind, insbesondere der Bayern, der Politik erhalten. **Otto I.** hat ihn wohl oder übel zum Flügeladjutanten und Militärgouverneur der Hauptstadt Athen ernennen müssen . . .

Erinnern Sie sich noch des Namens **Kalergos?** In der »Bilanz von Lepanto« war von einem »*Calergus von Retina in Candia*« die Rede, der, als Adeliger vierten Ranges nach der venetianischen Rangordnung zwar nur, doch als Seekapitän zu den siebzehn gefallenen Kapitänen auf christlicher Seite zählte. Ein Grieche aus Kreta. Ein Ahnherr des Freiheitskämpfers, ist anzunehmen. Die Phokas aber waren einst eine der bedeutendsten griechischen Magnatenfamilien in Kleinasien. Ionische Griechen also wie Homer. Vertriebene Mykener. Ein roter Faden mehrtausendjähriger Kontinuität will überraschend sichtbar werden.

78 Rückflug nach Niflheim

Meine Damen und Herren! Diese Rückreisen nach Niflheim! . . . Ich seufze mit Ihnen. Die gegenwärtige Richtung unsres Fluges ist zwar unumgänglich, aber sie geht in dem hier nun ausgiebig erörterten Sinn unserm Seelengefieder gegen den Strich und ist uns in einer bestimmten Seelenschicht zuwider. Die Seele . . . Sie ist, was sie sonst auch immer sei, sicherlich auch das Organ für kollektive Kommunikation in uns. Das Kollektiv ist ihr Element . . . Ich weiß, was sich dagegen einwenden läßt: ein jeder ist selbstverständlich für sich ein unverwechselbares, unaustauschbares Individuum. Stimmt! Doch ist der Härtegrad der Individualität, die Ausgeprägtheit, die relative Unabhängigkeit von kollektiven Einflüssen und von Anteilnahme an Kollektivem individuell sehr verschieden. Das Individuum kann Entschlüsse fassen, kann seine Marschrichtung bestimmen, sich nach Maßgabe seiner Kräfte Leistungen abverlangen und vernünftig sein. *Sapiens.* Oder - und das ist es eben - es kann glauben, seine Marschrichtung zu bestimmen, seiner Entschlüsse Herr und vernunftbestimmt zu sein. Denn immer steht es auch in mehr oder weniger andauernden, mehr oder weniger ergreifenden, mitnehmenden Assembleen, die wir der gewohnteren Vokabel wegen Kollektive genannt haben. Ob die *persona*, das Individuum sich darüber nun im klaren ist oder nicht. Ob es will oder nicht. Steht in Sympathie zu einander überstülpenden, überdeckenden, vielleicht kongruierenden, vielleicht kontrastierenden, gar auch kontroversen Kollektiven. Gleichzeitig oder nicht. Großen und kleinen. In Sympathie soll heißen: *nolens volens* in Mitleiden, in Mitleidenschaft. Seelisch. Mitgerissen. Hingerissen. Anheimgegeben. Dem ist niemals gänzlich zu entgehen ... Wer weiß und kann messen, inwieweit zum Beispiel die Anachoreten im frühchristlichen Ägypten und in Syrien diesem naturgesetzlichen Zwang entrannen, dem sie aber doch weltflüchtig zu entrinnen gedachten? Als Angehörige ihrer Sache bildeten sie längs der Wüstenränder selbst ja schon wieder ein wenn auch locker nur hingestreutes Kollektiv, wußten voneinander und taten gleiches mit gleichem Ziel. Eine Erlebnisgemeinschaft ... Wir sind wie die bunten durchscheinenden Quallen, so kommt es mir vor: wir wogen scharenweise im Meer und treiben, aus Eigenem bewegt, doch die Wogen, unser Element, bewegen uns außerhalb unsrer Absicht, nährend, vernichtend, ungerührt. Wir sind, und so geschieht uns.

Eine so gewaltige völkererfassende Aufwallung nun wie unsre Völkerwanderung und die lose nachdünende Normannenbewegung klingt nur langsam ab ... Wohlverstanden: Maßstäbe, die sich auf individuelles Menschenleben und -verhalten anwenden lassen, gelten für Kollektive desto weniger, je umfangreicher und stärker diese sind. Oder gelten überhaupt nicht, das stehe dahin. Allemal aber geht es um Jahrhunderte der Anhebung - fünfhundert Jahre vom Aufbruch der **Zimbern** und **Teutonen** bis zum Hauptschwall der Wanderung - und um Jahrhunderte des Nachlassens und Abflauens. Insgesamt also gut und gern um Jahrtausende. Nachweise, daß besagte Normannenbewegung noch nicht abgeklungen ist - um bloß diese eine europäische Unruhe nach der Völkerwanderung zu nehmen -, habe ich Ihnen, bilde ich mir ein, zur Genüge erbracht, wenn Sie meine Nachweise als solche akzeptieren wollen. Und was die germanische Wanderung angeht - es sind auch Nichtgermanen in den Strudelsog gerissen worden -, so ist doch bezeichnenderweise, mit Ausnahme von Teilen der äußerst wilden und besonders wütig vom Wanderzwang ergriffenen **Heruler**, keins der aufgebrochenen Völker je

wieder zu seinen alten Sitzen heimgekehrt, keines wieder zurück-
gewandert. Gegen den Strich. Einigen frühen Austausch zwischen
Stammland und Ankunftsland beiseite. Das gilt ebenso für West-
wanderer, für **Angeln** und **Saxen** zum Beispiel. Doch halten wir
uns an den Südosten als unser erwähltes und erwandertes Themen-
feld und, wie eben jetzt, an seine Umkehrung, den Nordwesten.

Aufbruch ohne Rückkehr? Naturgesetz? Es sieht doch sehr
danach aus. Denn ungefähr sieben Jahrhunderte vorher
hatte es von der Champagne bis zum Rhein die **Kelten** auf-
gewirbelt und gepackt, und die in die Gegend des heutigen
Belgrad, des heutigen **Adrianopel**, nach Siebenbürgen und
gar auch bis nach Anatolien gedrungen sind, haben es nicht
anders gehalten. Sie blieben und gingen auf.

279 allerdings - vor unsrer Zeitrechnung - rückte ein keltischer
Wanderkeil auf **Delphi**, wurde mit Waffengewalt zur Umkehr
gezwungen, aber kehrte nun nicht etwa heim, sondern steckte nur
sein Ziel zurück. Und von den Seevölkern im Voraltertum wird
man nach allem, was man bisher weiß, ähnliches Verhalten und
Verbleiben am Sehnsuchtsziel-Zufallsort annehmen dürfen. An
dem der Trieb ersättigt nachließ und sich legte. Gegenteiliges ist
nicht bekannt. Denen aber, die daheim blieben und sich nicht auswandern und austoben konnten, steckt die Unruhe als etwas Un-
gestilltes nach wie vor im Blut. Den Deutschen zum Beispiel. Ich
für mein Teil weiß mich darüber nicht erhaben ...

Der Uhrzeit nach wäre gerade noch einige Sicht. Auf die
hohen und höchsten Berggipfel wenigstens, die um diese
Stunde manchmal so befremdlich schön nachleuchten können. Aber viele Wolkendecken hängen und drängen dagegen an ... Rückfahrt ins nördliche Grau. Nach Niflheim ... Wir haben schon mit **Frankfurt** gesprochen. Dort
regnet es bei sieben Grad Wärme. Doch steht einer Landung
aller Voraussicht nach kein meteorologischer Hinderungs-
grund entgegen. Unser Flugkapitän läßt Sie wissen, daß
wir uns bereits über den Alpen befinden und zwar in einer
Höhe von 5200 Metern. Der Funker hatte Verbindung
mit **Zürich** aufgenommen. Wir werden es westlich von uns
lassen; wir haben jetzt schon nördlichen Kurs. **Schaffhausen**,
Rottweil und so fort. Stracks auf den Rhein-Main-Flughafen zu. Dabei wird zunächst der **Schwarzwald** uns zur
Linken liegen. Dann **Odenwald** links und **Spessart** rechts.

Auf den **Taunus** zu ... Odenwald und Spessart sind germanische Namen. Taunus ist keltisch und heißt schlicht die ›Höhe‹, welcher Vokabel dem Wortstamm nach unser ›Düne‹ entspricht.

Auch meine erste Reise anno 1955 in den Südosten, über die ich Ihnen einige Andeutungen machen durfte, mußte Frist und Ende haben. Es war November, als wir bei schönem Wetter von **Athen** ab und bei zunehmend unfreundlichem Wetter heimflogen. Um 15 Uhr 30 hatten wir eine planmäßige Zwischenlandung in **Zürich**. Dann strichen wir über bundesdeutschem Boden in etwa 2000 Metern Höhe durch trübe, zuweilen tintendunkle Nebel und gelegentliche abendrotgraue Lichtungen dahin, als ganz unerwartet für Augenblicke die Sicht nach unten frei wurde. Auf Wälderblauschwarz und erikafarbenen Schnee.

Im Schwarzwald hat's geschneit, stellte ich fest.

Dr. Brabender klappte Nagels Reiseführer durch Griechenland mit Entschlossenheit zu und beugte sich über mich hinweg zum Fenster. Tatsächlich, sagte er. Und woran erkennst du den Schwarzwald?

An den Häusern, den Bauernhöfen, die einzeln, ein jeder für sich, auf ihrem Geländelappen stehen und sich nach germanischer Weise zu keiner dörflichen Dichte versammeln ... Das dort unten müßte seinem nördlich gerichteten Verlauf nach das Gutachtal sein.

Du bist mal dagewesen?

Etliche Monate lang. Im ersten Jahr Adolf Hitlers. Einmal auch auf einer Schwarzfahrt während des Krieges für ein, zwei Stunden und auf ein markenfreies Rührei. Dieses besorgte hintenherum ein Fuchsrotschöpfchen mit vielen Sommersprossen, das ich seinerzeit porträtiert hatte. Da war es acht Jahre alt und zählte nunmehr sechzehn. Die Porträtsitzung hatte es nicht vergessen. Das Blatt habe ich noch ... Die Gutacher Häuser, Wohnung, Scheune und Stall unter mächtigen Dächern vereinigend, wirklich ausgesprochen schön, aber bis zum Überdruß gepriesen, stehen als Gütezeichen *made in Germany* für den ganzen übrigen Schwarzwald, wo man allenthalben zwar ähnlich baut, wo aber die Überzeugungskraft und selbstgewisse Haltung des Gutacher Hausbaus nirgends erreicht wird ... Übrigens stehen auch die Gutacher Bollehütle stellvertretend für alle übrigen Schwarzwaldtrachten. Von der Reklame für Schladerers Kirsch angefangen ... Die im freien Talgelände an den Osthängen mit Blick nach Westen liegenden Höfe sind allesamt vor 1648 gebaut und mögen in die alemannische Einwanderung hinaufreichen. Auf allen ruht ein Brenngerechtsam für Kirsch, Himbeergeist und was der Geiste mehr sind. Aber den bauerngebrannten, unverschnittenen, bachkühlen Kirsch muß man beim Erzeuger genossen haben und zwar in dessen lichter, allerseits hölzerner Stube mit den Geranien vor den kleinen Fenstern, vier nach Süden, vier nach Westen. Und dazu hausbackenes Roggenbrot und Speck. Festen, weißen, kernigen Speck.

Siōpē parakaló! Mich kannst du nur noch mit einem Uzo und mit Retsina locken, wenn du mich fragst ... Und was soll mit Bolle losgewesen sein?

Bollehütle! Hüte mit dicken roten Wollpompons für die Mädchen, nicht die Mägde, und mit schwarzen für die verheirateten Frauen. Die Hüte werden über schwarzseidenen Häubchen getragen und sind aus Stroh. Dieses aber ist weiß verschlichtet oder verstrichen. Ich weiß nicht mehr, ob mit geleimter Schlemmkreide oder mit Gips.

Und was weißt du sonst noch? Von Schwarzwälder Meringen was, apropos Gips?

Was weiß ich sonst noch? Die Töchter der großen Höfe sind von herbem, sprödem, holzigem Schlag. Alles andere als Schwarzwaldmädele aus der Operette. Sind stolz und halten, sagen wir, einen Berliner Maler und Schriftsteller für vollkommen unebenbürtig.

Recht so, die klugen Kinder! So ein Hof wird ja wohl sein kleines Milliönchen wert sein.

Weiß ich nicht. Es gehört allerdings Wald dazu. Almartige Viehwirtschaft. Aber die Feldbestellung kann kaum sehr ertragreich sein. Hingegen wird das Brennen gutes Geld bringen ... Brennen die ganze Frucht mit Kern, Stiel und Blatt, wenn eins dabei ist. Die Kirschbäume stehen da und dort mitten im Acker und werden abgeerntet, wenn der Roggen blüht. Einsatz von Maschinen auf den kleinen steilen Schlägen dürfte unrentabel sein. Alles ist darauf angelegt, das Vorhandene dennoch nach besten Kräften, obschon mit altväterlichen Mitteln zu nutzen. Daher gibt es dort auch den Brauch der Reitfelder, der Ridi.

Reitfelder?

Alemannisch: luget's na, seller ischt am Ridi obe gsi...
Ridi von Roden oder Reuten. Die Ridiwirtschaft ist unter
den dortigen Gegebenheiten ungemein praktisch, wenn dies
auch auf den ersten Blick nicht so aussieht. Man will der
Verkarstung entgegenarbeiten und das Erdreich an den
Hängen festhalten, das sonst der erste beste Regen, die erst-
beste Schneeschmelze talwärts und fortschwemmen würden.
Ein Kahlschlag wird zunächst einmal von oben bis unten
mit Haselnuß bepflanzt. Sind die Sträucher groß, das
heißt, die Wurzelstöcke kräftig genug, so brennt man eines
schönen Herbstes das Ganze ab und harkt die gute Asche
gleichmäßig ein.

Roden und nicht ausroden. Gut.

Im nächsten Jahr wird Getreide ausgesät und kommt gut
voran. Im folgenden werden Kartoffeln gesteckt. Im dritten haben die Haselstöcke schon wieder so hoch getrieben,
daß das Reitfeld nicht mehr beackert werden kann. So läßt
man - ich habe vergessen, für wie lange - die Haseln in
Gottes Namen wachsen. Dann brennt man sie wieder ab,
indem der Feuerbrand mit Rechen von oben bergab gezogen
wird. Und so geht das fort. Wer weiß, aus welchen Zeiten
ein solcher Usus stammen mag?

Hübsche Sache eigentlich, dieses unterirdische Fortdauern
der Wurzelknorren. Bild der Beständigkeit. Unsichtbar,
aber nur scheintot geben sie sich und dem Ganzen Halt und
bieten dienend anderen Gewächsen Grund und Boden, darauf zu gedeihen... Hat etwas Tröstliches. Die nützliche
Unausrottbarkeit.

Als sich der Rechtsanwalt solchermaßen etwa geäußert
hatte, war der Durchblick nach unten schon wieder von
geschwinden Gewölken zugeweht und nur noch umrißlose
purpurtraurige Dämmerung rund um die Maschine.

Übrigens gelangten wir an jenem Abend keineswegs
direkt bis nach **Frankfurt**, sondern wurden nebelshalber
nach **Stuttgart** umgeleitet. Hatten per Bahn nach Frankfurt
zu rollen, bekamen aber unsern Anschluß nach **Berlin** nicht
mehr und konnten erst am nächsten Morgen, dem heimatlichen Grau in Grau nun schon de- und wehmütig wieder
angepaßt, nach Hause fliegen... So kann es gehen. Und
soviel vom Schwarzwald, der Ihnen heute vorenthalten

werden wird und der sich auch damals nur vermöge des Neuschnees bildhaft zu erkennen gab.

79 Nikolaus plus Wotan gleich Weihnachtsmann

Bevor wir in Frankfurt zur Landung ansetzen, habe ich noch drei Versprechen einzulösen. Das eine betrifft unsern heiligen **Nikolaus**, und wie er Weihnachtsmann wurde. Nein, besser: wie er an der Entstehung des Weihnachtsmannes teilhatte. Das andere betrifft Bärenkulte im allgemeinen und kurz, doch im besonderen, **Artemis** und ihre tiergöttliche Vergangenheit als Bärin. Und das dritte endlich berührt von weit her, muß ich gestehen, den italisch-etruskischen Namen für **Herakles** oder lateinisch Hercules: nämlich Hercle und Herchle ... wenn Sie sich bitte meiner früheren Ankündigungen in dieser Hinsicht erinnern wollen.

Ich habe diese meine Versprechen selbstverständlich zu halten. Meine Vorträge sind eigentlich so bemessen, daß sie, Impromptus als möglich eingeschlossen, die Flugzeit locker füllen und nicht über sie hinausdauern. Allerdings mag es Ihnen beim Hinflug so vorgekommen sein, und ich habe es auch bei dem Anschein belassen, als sei ich, fast schon im Anflug auf **Athen**, in Zeitdruck geraten und rassele ab **Salamis** nur noch Stichwörter herunter. Das ist jedoch - jetzt darf ich es verraten - mit voller Absicht geschehen. Dem unangemessen abgelegenen und vergessenen Thema **Lepanto** habe ich viel Zeit widmen wollen - im Verlaß darauf, daß es über antike Geschichte, Kunst, Philosophie, Religion und so weiter Informationsmittel in Hülle und Fülle gibt, die ich nicht noch um eine soundsovielte Wiederholung, um nicht zu sagen Wiederkäuung zu vermehren brauche ... Andrerseits befinden Sie sich nicht in einem plangebundenen Linienflugzeug, sondern unsre Gesellschaft veranstaltet Sonderflüge wie diesen der Nachfrage entsprechend, und im Bedarfsfalle könnten wir im Warteraum oder sonstwo einen Kreisbogen fliegen wie jene Arkia-Maschinen, von denen ich erzählte, um den Berg Horeb: von diesen haben wir das Beispiel für unsre Flüge genommen -

und könnten notfalls, wenn der Luftreiseführer einmal gar nicht zu Rande käme mit seinem Pensum, auf diese Weise die Flugzeit verlängern. Doch hat **Athen** vorläufig nur eine große internationale Piste für den zivilen Luftverkehr, und es konnte und kann nicht in unsrer Absicht liegen, dem beengten griechischen Flugsicherungsdienst Ungelegenheiten zu machen. Unsre neuzeitliche Form der Bildungsreisen, wenn ich mir diesen Ausdruck erlauben darf, ist eben noch keine alteingefuchste Geschichte.

Der Athener Warteraum übrigens, um dies noch nachzutragen, erstreckt sich ostwestlich zwischen **Vouliagmeni** und **Salamis** und zwischen **Ägina** und der Stadt von Süd nach Nord. Schön, diesen Raum zu durchmessen ... und zu ermessen! Hab's einmal erlebt. Ich kam von Saloniki. Wir konnten nicht landen, weil unten infolge eines Wolkenbruchs alles unter Wasser stand.

Sie hätten nachgerade allen Grund, verblüfft zu sein, wenn Sie nicht schon vorbereitet und mit dem so merkwürdig wandelbaren Wesen der Götter einigermaßen vertraut wären. So aber darf ich auf Ihr Verständnis rechnen, wenn ich Ihnen sage, daß diese meine drei letzten Gegenstände oder Themen, **Nikolaus, Artemis** und **Herchle**, nach meiner Ansicht auf einen einzigen großen Generalnenner gehören. Weshalb ich sie denn auch in einem Zuge abhandeln werde. Allerdings kann ich mich, das gebe ich offen zu, bei den folgenden Betrachtungen und Mutmaßungen nicht mehr für jede Einzelheit auf wissenschaftliche Absicherung berufen. Aber da ich hoffen darf, Ihnen noch keinen übergewichtigen Anlaß zu Zweifeln an meiner Ernsthaftigkeit gegeben zu haben, hoffe ich auch jetzt noch darauf und bitte ein letztes Mal um Ihre geschätzte Aufmerksamkeit. Unsre Materie ist schwierig. Daher habe ich sie bis zum Schluß unsres Fluges aufgespart. Für den Hinflug wäre sie noch kein Thema gewesen. Selbstverständlich werde ich Ihnen nicht vorenthalten, wann wir uns noch wissenschaftlich abgesichert fühlen dürfen und wann wir uns, vom Thema gedrungen, in die Gefilde der Wahrscheinlichkeit und gar auch des nur noch Vermutlichen hinauswagen müssen:

Die Geschichte vom heiligen **Nikolaus** und wie sein gesalbter Leichnam nach **Bari** entführt wurde, habe ich erzählt. Dabei konnte anhand übereinstimmender Wesenszüge und Merkmale wahrscheinlich gemacht werden, daß der antike Schiffergott **Glaukos Pontios**, ein Kleingott, im

heiligen Nikolaos gemäßigt, aber immer noch elmsfeuer-
sprühend fortlebe, sowie daß dieser Heilige der christlichen
Seefahrt auch Eigenheiten des Schiffegeleiters **Melikertes-
Palaimon** als phönizisches Erbe in sich trage. Was beides auf
eins hinauskommt, wie Sie gleich sehen werden.

Melikertes, frühgriechisch Schirmherr der Isthmischen
Spiele - bevor Poseidon dies wurde! -, ist nur die griechische Transskription von **Melqart**, dem Stadtgott von **Tyros**,
dem später der große Alexander als dem Herakles von
Tyros opfern sollte. Daß der **Baal** einer Inselstadt, die
Tyrus vor der Heimsuchung und Belagerung durch Alexander einst gewesen, auch Patron aller Schiffe und Wasser-
fahrten war, bedarf keiner Erklärung. Daß sein tierischer
Aspekt delphinisch war, versteht sich. Delphine, wie wir
sahen, geleiten und retten aus Meeresnöten. In ihnen waltete Gott. Sie waren Gottes.

Die Isthmischen Spiele, die *»der Griechen Stämme froh«* verein-
ten, waren Veranstaltungen der Korinther. In **Korinth** bestand
eine große und einflußreiche phönizische Kolonie. Die größte
wohl auf griechischem Boden. **Melikertes** müßte demgemäß der
Baal auch dieser Niederlassung gewesen sein. Am dortigen Tempel der himmlischen Melqartsmutter **Astarte** oder Aphrodite war
fromme Prostitution üblich. Die Spiele waren ursprünglich Lei-
chenspiele.

Melqart oder Melkarth aus milk-qart heißt Herr der Stadt. Damit war aber nicht das irdische Tyrus noch sonst eine Stadt gemeint, sondern die Unterwelt. Auch im Ugaritischen und Akkadischen stand dieses ›Stadt‹ schon für Unterwelt. Vielleicht euphe-
mistisch. Melqart war aber auch Herr des fruchtbaren Bodens
und der Fruchtbarkeit überhaupt, war also chthonischer Gott und
von großer Macht. In **Tyros** feierte man alljährlich zum Frühlingsanfang das österliche Fest seiner Auferstehung ... Aber lassen wir in diesem Zusammenhang den **Adonis** jetzt getrost aus
dem Spiel. Er hat wohl nur einen jugendlichen Aspekt des Melqart dargestellt. Und enthalten wir uns abermaliger Erwägungen
über den auferstandenen Christ.

Die Griechen und ihnen nach die Römer waren in Dingen
der Religion gänzlich unmissionarisch. Im Gegenteil. Sie
waren empfänglich für fremde Gottheit und bereit, sie sich
anzueignen. Auf Proselyten legten sie keinen Wert und bil-

ligten jedwedem Fremden sein Leben und Weben im eigenen überkommenen Götterglauben zu, ohne ihn von einer wirksameren Macht und höheren Kompetenz ihrer Götter überzeugen zu wollen. Nur Gottlosigkeit fanden sie ganz verwerflich. Und eins konnten sie sich offenbar niemals versagen, wo immer Griechen die Schiffskiele auf einen Strand zogen und in Tochterstädten Götterbilder aufrichteten, wohin immer Handelswege führten, wohin Roms Legionen samt den römischen Divinitäten marschierten und wie weit das Imperium sich erstreckte: sie verglichen den eigenen Götterhimmel mit dem fremden und vollzogen Gleichungen. Wie denn auch schon die römischen Götter den griechischen gleichgesetzt worden waren: Zeus = **Jupiter** (oder Dios = Diespiter), was nahelag, da beide Gottväter variierte Bilder eines indogermanischen Urgottvaters darstellten; oder **Artemis = Diana**, was gar nicht ohne weiteres in der »Natur« der beiden Göttinnen lag, eher schon hätte die römische Diana der griechischen Dione verglichen werden können - man ging dabei also nicht eben sehr konsequent vor; oder **Ares = Mars** und so weiter. Und im Ausland **Zeus = Baal-Shamim**, **Jupiter = Amon-Rê**, **Aphrodite**, wie gesagt, gleich **Astarte** oder Ashera, **Merkur = Wotan.** (Der Wotanskult in der uns geläufigen Form war vergleichsweise jung. Wotan - als Reiter »pferdegeschichtlich« jüngeren Datums als der »Wagenritter« **Donar** - wurde demnach nicht mit dem obersten Römergott identifiziert!)

Der Idee des Imperiums folgte aber kein Universalitätsanspruch der Götter oder ihrer Priester notwendig auf dem Fuße; wohingegen Ausbreitung des Christentums und Reichsidee dermaleinst kongruent gedacht werden sollten. Die vollendete Gesinnungswende wäre in die Zeit zu datieren, da die göttliche Verehrung des römischen Kaisers reichsweit obligatorisch wurde. Der erste unantike, weltanschaulich religiöse und staatliche Gesinnungszwang, von dem wir wissen. Aber die Vergottung von Menschen hatte im Anhauch des Orients, noch vor **Alexander**, schon im fünften Jahrhundert angefangen.

Der Verdeutlichung halber lege ich hier eine kleine, nicht eben neue Tabelle ein, die anhand der spätantiken Planeten-Tagesnamen das Verhältnis römischer Götter zu den germanischen veranschaulicht: *dies Lunae* = Mond-Tag = Montag; *dies Martis* = Tag des Mars = Tius Tag = Dienstag; *dies Mercurii* = Merkurstag = Wotanstag, entsprechend englisch *wednesday*, später erst bei uns = Mittwoch; *dies Jovis* = Jupiterstag = Donars Tag = Donnerstag; *dies Veneris* = Venustag = Freias Tag = Freitag. Nur dem Saturn, der unsern Sonnabend innehatte, hat sich kein germanischer Komparent angeboten.

Griechen und Römer nun haben ihren **Herakles** bzw. Hercules ohne Bedenken jenem **Melqart** gleichgesetzt. Das wurde schon mehrfach berührt. Den Sohn Gottvaters von der Menschenmutter **Alkmene** dem Sohn der Himmelskönigin und des dort höchsten Gottes. Das legt den Schluß nahe, daß sie in Herakles keineswegs nur den vielgeplagten, über Mühen und Nöte aber triumphierenden Heros, nicht nur den gen Himmel auffahrenden Halbgott und Olympier *honoris causa* gesehen, sondern hinter ihm aufragend oder noch durchscheinend eine vorantike Gottheit erinnert haben. Die Gleichsetzung wäre sonst nicht recht verständlich, scheint mir. Denn **Melqart** war zweifelsohne ganz und gar Gott, ein Baal und Baalsprößling.

Es sieht eben doch danach aus, als sei **Herakles** der so hoch verehrte Heros der Hellenen von Haus aus nicht gewesen, als welchen man ihn für gewöhnlich präsentiert bekommt, und als deute sein Heroenstatus auf einen geminderten, geschwundenen und abgekommenen Gott von ehedem, einen chthonischen. Sie wollen bitte an die Ruheständlerstellung eines **Nereus** oder **Proteus** denken, die vor **Poseidon** Meeresgebieter gewesen waren. Vor Poseidon, der roßgestaltig und erderschütternd vom festen Lande gekommen war. Man hätte, denke ich, zwischen heroisierten Gestalten der Frühgeschichte wie **Theseus** oder wie **Kadmos** und einem Heros zu unterscheiden, der vordem Gott gewesen ist. Obschon auch in den Heraklessagen allerlei Historisches stecken mag. »Gäbe es einen historisch voll erfaßbaren Herakles«, hieß es hier in unserm 35. Kapitel oder Vortrag, »so hätte er einen kräftigen Schuß Orient im Blut.« **Perseus - Alkaios - Amphitryon - Herakles.**

Daß Götter herabkommen können und, dementgegen, geschichtliche Gestalten heroisiert werden und daß unter dieser eher zufälligen Voraussetzung der absinkende Gott, als wolle er sich retten oder auffrischen, mit dem Heros verschmilzt, das haben auch unsre Ahnen erfahren: **Theoderich der Große** wird der

Sagenheros Dietrich von Bern. Dietrich von Bern wird bei unsern verehrlichen Ahnen zum abendlichen Schimmelreiter, also wotanisch. Wird dies als **Dyterbernat** sogar auch bei den Slawen auf deutschem Boden, bei den Sorben.

Die Gleichsetzung **Melikertes - Melqart - Hercle** wird auch durch einen etruskischen Spiegel erhärtet, der - so steht es in **Roschers** neunbändigem »Lexikon der griechischen und römischen Mythologie«, das hier schon öfter zur Vergewisserung herangezogen worden ist - einen Reiter zu Pferde, dahinter einen Delphin und diese Gruppe von Wellen umflossen aufzeigt.

Melikertes figuriert auf Münzen oft als ein Knabe auf dem Delphin. Doch gibt es nicht andere Delphinreiter noch? Außer Arion folgende, soweit mir bekannt: **Taras**, der angebliche Gründer Tarents, vielleicht der Poseidon von Tarent, **Phalantos**, mehr oder weniger identisch mit dem vorigen, **Eikadios**, sagenhafter Gründer Delphis, und als vierter ein Sohn des Taras. Aber alle diese Bilder gehen ikonographisch auf den Melqart von Tyrus zurück.

Dem **Melikertes-Palaimon**, dem freundwilligen Schiffsherrn, oder seiner phönizischen Entsprechung werden Knaben geopfert worden sein, vermute ich. Mindestens sind Menschenopfer im Umkreis des Melqart nicht auszuschließen. Auch zu den Isthmischen Spielen *»auf Korinthus' Landesenge«* dürften in sehr frühen Zeiten, wie bei Leichenspielen üblich, Menschenopfer gehört haben.

»Nikanor von Kyrene . . . sagt, daß Melikertes in Glaukos umgenannt worden sei.« Also befinden sich Melqart - Melikertes-Palaimon - Glaukos - Herakles auf einem Nenner! Denn auch Herakles hat unter vielen anderen den Beinamen Palaimon getragen. Deutlich sieht man das synkretistische Bedürfnis der alten Griechen und ihren Hang zu Göttervermischungen und -vermengungen am Werk.

Aber Götterlehre beiseite, auch der einschlägige Sagenkreis der Griechen hatte einmal mehr Phönizisches einbezogen: insofern, als Melikertes-Palaimon - über die Mutter **Ino** - Enkel des **Kadmos** war (wie Herakles ein Urenkel der ›äthiopischen‹ oder ›arabischen‹ **Andromeda**); er hat aber auch Nordisches eingeheimst, scheint es, wenn er den Melikertes - über seinen Vater **Athamas** - zum Halbbruder des

Phrixos und der **Helle** werden läßt. »Helle«, hieß es deshalb schon in unsrer zweiten Skizze mit Vorbedacht und als vorsorgliche Vorausgewöhnung an diese jetzige und letzte Erörterung, »das Mädchen stürzte vom goldenen Schafbock, vom fliegenden Widder und ertrank. Vor den Dardanellen. Im Hellespont. Der ihren Namen erhielt. Behielt ihn aber nicht. Nur ihr Bruder Phrixos konnte sich fest genug in die Zotteln des Flugwidders krallen und flog nach **Kolchis**. Vorgeschichte der Argonautensage. Und dabei war der beiden Mutter eine Wolkengöttin, **Nephelē** . . . Nebelfrau. Wolkenfrau. Helle, Holle. Frau Holde liebte es, zu baden und alsdann im Wasser zu verschwinden . . .«

Nordisches? Ich darf an die auftauchende, wegtauchende Frau **Helche** oder Helekan erinnern, die wir im Greiner Donaustrudel behaust wissen. Und an **Helikon**, der uns als ein im griechischen Raum recht befremdlicher Rübezahl vorgekommen ist. Darf ins Gedächtnis rufen, daß Rübezahl-Nebelschweif ein Wotansaspekt oder eine Umschreibung des Wotansnamens bei den Vandalen gewesen ist. Sie sehen, mein Diorama der Gottheiten dehnt und dehnt sich.

Aus diesem irrlichternden, regenbogenfarbenen, schillernden Kreis der Verschmelzungen - jetzt auf dem Rückflug versagen wir uns, noch weiter nach Osten auszuschauen, als geschehen, und **Eshmûn-Melqart - Asklepios** (und Äskulap) oder gar **Nergal** in Betracht zu ziehen -, aus diesem allträumerischen Bilderstromland hinter uns in Südost kam der heilige Nikolaus, seltsam genug, wenn auch unbewußt, den Menschen unbewußt, mit so krausem Vielerlei an Mythologie befrachtet, ins nördliche Grau gezogen und ergriff die Gemüter mit nachhaltiger Macht. Wie war das nur möglich?

Nikolaus, wir sagten es, war ein Seemannsheiliger. Ein Fahrtenpatron. So hatte er schnell und weit reisen. War für weite Reisen zuständig. Ihm entgegen aber wogte die große, kaum schon thematisch artikulierte Unruhe vor den Kreuzzügen. Pilgerzeit. Reisezeit. Normannenzeit. *»Windzeit, Wolfszeit«*, mit der Edda zu reden. Die Gemüter im nördlichen Raum, in namenloser, wörtlich noch namenloser Unruhe begriffen, standen aber unwissentlich unter einem heidnischen Zeichen, das ihnen weiß Gott nicht ziemte.

»*Früher wurden seelische Gewalten, denen der Mensch sich ausgeliefert fand*« - so **C. G. Jung**, meinen Rattenfänger-Beitrag im »Monat« (Oktoberheft 1956) ergänzend -, »*als Götter bezeichnet, was den Vorteil hatte, daß ihnen die notwendige Furcht und Devotion entgegengebracht wurde. Wotan ist der rastlose Wanderer, ein alter Sturm- und Brausegott, Entfeßler von Rausch und Leidenschaften. Sein Name heißt wörtlich ›Herr und Bewirker der Wut‹. Um 1070*« - just im Beginn der Unruhe, in deren erstem Schwung dann 1087 des Nikolaos Gebein geraubt wurde - »*schreibt Adam von Bremen: ›Wodan, id est furor‹. Sein Wesen ist Ekstase; er ist ein ruheloser Geist, ein Sturm, der in Bewegung setzt und Bewegungen hervorruft.*«

Weitgehend noch mit Ausnahme Deutschlands, das an den Anfängen der Kreuzzüge wenig teilhat, herrscht, soweit germanisch dominiert, Unrast im Abendland. Herrscht **Wotan**. Aber Unruhe als solche und Zielfindung andrerseits, wohin der Sturm sich wenden, der Drang sich entladen will, haben sehr wenig miteinander zu tun. Wotan ist Unruhe an sich und zielloser Furor. Anders stünde man vor dem Paradox, es habe Wotan sozusagen zu Heereszügen aufgerufen, die der Befreiung des Heiligen Grabes dienen sollten. Doch ist Christianität demgegenüber selbstverständlich auch im Spiel. Darum fahren Wotan - wenn Sie das Bild gelten lassen wollen - und Nikolaos, als Apostel aus des Heilands Heimat so etwa, aufeinander zu. Mann gegen Mann. Wanderer gegen Reisenden. Heiliger neuesten Glanzes gegen abgetakelten, nur im Verborgenen und Unterbewußten noch wirkenden Gott. Der Heilige scheint zu obsiegen. Doch das täuscht. Es hebt vielmehr ein höchst bemerkenswerter Prozeß an, der geradezu als Lehrbeispiel für derartige Vorgänge dienen kann. Die Stunde begünstigt, was sich vollziehen will. Des Heiligen legendäre Mitgift begünstigt, was geschieht.

Er hatte, so lautete die wundersame Kunde aus dem Morgenland, einst Unmündigen goldene Gaben durchs Fenster geworfen. Äpfel. Drei goldene Kugeln. Und war etwa **Wotan** kein solcher Werfer? War er nicht, wenn seine Zeit im Jahreslauf gekommen war, der Kinderbeschenker? Freilich warf er, wem er übel wollte, unberufen, als abscheuliches Angebinde ein Pferdebein in das Haus und dieses, da

Fenster noch rarer Komfort waren, durch den Schlot im
Dach. Überm Herdfeuer in des Hauses Mitte. Holterdipolter kam's den Rauchfang herunter, daß es rußig stiebte und
stank. Dagegen stach der Heilige goldglänzend ab. Die
Christianität schloß häßliche, gräßliche Aspekte vormaliger
Kleingötter aus. Aber Gabeneinwerfer war er doch, und
das wollte wotanisch bedünken. Hinzu kam, des Heiligen
Namenstag war der 6. Dezember. Und um diesen Winter-
mondsanfang hatte Wotans Regiment im Kreislauf der Jahreszeiten immer begonnen. War es nicht so? Die alten Leute
wußten es noch ganz genau.

Wotanisch ferner war es, zu reiten, und da die beiden
Vorstellungsgebilde einmal aufeinander Bezug genommen
hatten und in Affinität getreten waren, ist denn doch wahrhaftig der noble Bischof und Schiffsbetreuer in vielen Ge-
genden Deutschlands beritten geworden. So stark war **Wotan**
unter der Schwelle immer noch. Und da der Germanengott
Schimmel bevorzugt hatte und auch jetzt immer noch ge-
spenstischen Umritt auf Schimmeln hielt, ward auch der
Bischof aus dem fernen Lykien, im Rheinland zum Beispiel,
ein Schimmelreiter. Ein gütiger, versteht sich. Immer noch
in bischöflichem Gewand. Unter güldener Mitra mit den
zwei Spitzen. Mit der reichbestickten byzantinischen Dalmatika. Mit dem gekrümmten Hirtenstab. Ein Freund der
Kinder wie Wotan, wenn sie artig waren. Man brauchte
nur die Schuhe vor die Tür zu stellen, **Sankt Niklas** stand
nicht an, sie mit kleinen Gaben zu füllen.

Der Geisterkrieg an der Nordwestfront, das Ringen der
mythischen Mächte blieb lange unentschieden. Weder konnte
der Heilige sich das Wotansbild einverleiben, noch gar Wotan sich den Heiligen anverwandeln. Doch kamen die beiden auch nicht mehr voneinander los. Und da Einswerden
vorderhand so unmöglich war wie Auseinanderkommen,
blieb als erstes Ergebnis ein ziemlich fest zusammengeschlos-
senes Bilderpaar: als Herr wie billig der Bischof - Sankt
Niklas -, als dienender Gefolgsmann der erniedrigte, ver-
botene Gott in Gestalt des Knechts **Ruprecht**. Ruprecht
ist einer der vielen Wotansnamen und kommt von althochdeutsch ›Hruod Percht‹ = der Weitberühmte, Glänzende,
oder bedeutet ›Ruoh Percht‹ = der Rauhe Percht - rauh
meint hier die Pelzigkeit wie in Rauchwerk -, der Wilde

Mann. Beides. Es schlösse sich nicht aus. Denn wilde Männer stellten Wotan dar oder waren Wotans voll. Etwas Berserkerähnliches. Ber serkr, nordisch, heißt Bärengewand.

Dann - schwer zu datieren - bahnte sich die Verschmelzung da und dort an, die wir nur konstatieren müssen und beschreiben, nicht aber erklären können. Verschmelzung besonders wohl außerhalb der römisch-katholischen Bereiche, wenn ich mich nicht täusche und gewisse Erscheinungen in Hinterwäldern und Alpentälern der Abgelegenheit zugute halte. Während sich südlich oder südöstlich einer Grenzlinie, die Wotan nie überschritten hat, im griechisch-orthodoxen Geltungsbereich nichts dergleichen bemerkbar gemacht hat.

In diesen unsern Längen und Breiten hinterm Limes hingegen wurde aus den zweien einer, wurde der Weihnachtsmann ohne Namen, der weder Niklas noch Ruprecht mehr ist, sondern eine reduziert nur und bedingt christliche Altmännergestalt, strotzend noch und nicht welk, mit eigenem Kostüm, das als byzantinisches Relikt eigentümlich sarmatisch oder bojarenmäßig aussieht. Création *sui generis*. Säkularisierte Dalmatika. Diese Weihnachtsmannskluft variiert rund um den Erdball auffallend wenig, und selbst in Sowjetrußland hat die Gestalt doch so eine Art Auskommen als Neujahrsmann. Ganz ohne christlichen Bezug, wie dort nicht anders zu erwarten. Mir ist so, als nenne man ihn **Novogodnij.**

Weißer Bart, Zipfelmütze oder Pelzkappe und roter Innenpelzmantel. Das Rot vielleicht als Apotropaion zu verstehen. Rotfarbiger Stoff galt vor allem als Abwehr von Krankheiten. Kein Krummstab mehr. Kein Kreuz. Winterlich mit hohen Stiefeln. Er reitet im allgemeinen nicht mehr, steht aber mit Schnee und Schlitten in assoziativem Zusammenhang. Mit dem Tannenbaum, dem Lichterbaum desgleichen, dem Wendezeichen. **Wotans** des Wanderers Mantel hingegen war blau, und ein magisch besetzter Baum bei Slawen und Germanen war der Wacholder. Der Weihnachtsmann ist eben beileibe nicht einfach Wotan.

Als Santa Claus der Nordamerikaner - von niederländisch Sünte Klaas - kommt er zu Schlitten dahergefahren, den Damhirsche oder, unter Einfluß autochthonischer Vorbilder vermutlich, auch wohl Rentiere ziehen. So fuhrwerkt er nächtens durch den Himmel. Überhaupt ist er von nächtlicher Art und insofern auch wieder wotanisch.

Sie wundern sich? Ich will gern zugestehen, daß dieser Weihnachtsmann im Zuge der unaufhaltsamen Kommerzialisierung des Weihnachtsfestes überreichlich verkitscht und in den letzten Jahren wahrhaft heruntergekommen ist. Da ist nichts zu bestreiten, ob einer es bedauern will oder nicht. Indessen kann die eigentümliche und unvergleichliche Weltgeltung dieses Zwitters aus Nikolaus und Ruprecht ebensowenig bestritten werden. Aus der Verzwitterung der beiden ist nachhallend - und nachgelallt - ein weltweites weihnachtliches Mythologein geworden, wo immer das Abendland hinreicht, oder noch weiter. Ein Mythenreden, das niemand einleiten konnte, das niemand lenken, dem niemand steuern kann. Die Kirchen haben es nie gefördert, eher nur geduldet und beschneidend in Grenzen gehalten. Und Sie werden zugeben, daß dies denn doch eine höchst beachtliche, im Verhältnis zur intellektuell greifbaren Substanz eine überraschend große und nahezu grandiose Sache ist, und begebe sich das Ganze auch nur auf der Gefühls- und Erlebnisebene der Kinder, auf dem Niveau des Kindlichen, schon Kindischen, des Trivialen und schließlich gar des Albernen. Auch die seriösen Religionen und ihre Kirchen tragen, angenestelt am heiligen Kleid, eine Schleppe unvermeidlichen Kitsches. Aber, denke ich, sie tragen nicht schwer daran. Tragen in guter Haltung. Auch sollte man den Auguren einigen Stoff zum Lächeln zugestehen. Nur in reformatorisch puritanischer Sicht ist Religion und Kultus unablässig gehrockschwarzer Ernst.

Der alte heidnische Stubben ist nicht ausgerodet worden. Hat nicht gerodet werden können, wenn es Eiferer und Zeloten auch darauf angelegt hatten. Man kann Eichen fällen und Baumkult unter Strafe stellen. Was wir Mythologein nannten, das kollektive Dichten und Lallen, ist nicht zu töten, nicht totzuschweigen. Wo die Kirche klug beraten war, hat sie ihre Reiser den verholzten Altgewächsen veredelnd aufgepfropft. Der Weihnachtstrieb, der daraus erwachsen ist, ist wohl harmlos und unter christlicher Kontrolle. Aber sonst? Mir scheint, es gibt außerkirchlich noch genug außerchristliche Wotanstriebe, die schlimm sind.

(1968)

Zu errichten sind die Götter der frühen Vorzeiten nicht mehr. Auch ihr Werdegang und Wandel ist irreversibel. Nichts Handfestes, Handgreifliches mehr will sich fassen, will sich gestalten lassen, daß einer am Ende sagen könnte: so, genauso sind sie gewesen. Was man schnuppernd, witternd, rätselnd - und irrend - finden kann, sind Spuren. Ungewisse Hinterlassenschaften. Verscharrte Knochen. Unkenntliche Bruchstücke. Scherben, verstreut wie die Trümmer einer großen Zerschmetterung, eines Unglücks. Sprengstücke. Splitterchen. Brösel. Wie nach dem Zerplatzen, Zerschellen, Zerglühen gewaltiger Meteore eiserne oder nickelne Meteoriten zu finden sind. Da und dort. Schlackiges. Steinernes. Siderisches Glas. Perlenförmig da ein Klümpchen. Bröckchen hie. Und Krümel. Und färbender Staub.

Metaphern der Umwelterkenntnis waren die Götter. Doch das nicht etwa allein. Sie waren auch Herausstellungen eines Wir. Projektionen. Und unsre verflossenen Götter waren dies ebenso, waren Ausgebilde unsrer Einsicht, unsrer Liebe, unsrer Furcht und unsrer Freude. Spiegelnde Wiedergaben unsres Denkens und Trachtens, unsrer selbst. Sage mir, was du für Götter hattest, und es würde sich sagen lassen, wer du warst. Sage mir, ob du sie noch hast? In Seelenklüften und Herzensschlüften noch hegst? Und weißt es nicht einmal ... Mein ›Du‹ ist rhetorisch. Die Fragen, die ich stelle, gehören in ein Gespräch, das ich mit mir führe und in das ich verwickelt bin. Selbstbefragung analytisch.

Wotan theriomorph angesehen, ist er bewältigt? Wotans tiergöttlicher Aspekt überwunden? Ist der alte Wotan ausgezogen worden und abgelegt? Ein Haderlumpen und abgetan? Es besteht Anlaß zu besorgten Fragen.

Wotans früher tierischer Vorgänger war der Bär. Noch urtümlicher die Bärin. Vielleicht ein androgyner Allbär. Wegen hoher Entlegenheit im Zeitlichen ist ein Beweis zwar nur durch Zusammenklauben, Zusammenschütten von Winzigkeiten und Geringem vorzubereiten, immerhin aber bis zu einem Mutmaßungsstand von einiger Stringenz zu erbringen. Ich will es versuchen. Die Bärinnen übrigens werfen »in der großen Kälte / um Weihnachten«.

Zu den allgemein indogermanischen Bezeichnungen für den Bären fehlen den germanischen Sprachen die entsprechenden Wörter. ›Bär‹ ist es nicht! Denn etymologisch aufgelöst bedeutet es nur der ›Braune‹. Unsere Vorfahren hatten einen Namen für ihn - ich will ihn noch nennen -, haben sich demnach aber gescheut, ihn auszusprechen. Haben ihn umschrieben.

Bei den Balten scheint es auch so zu sein, was noch zu prüfen wäre. Litauisch jedenfalls heißt der Bär *lokys*, altpreußisch *clokis*. Ferner litauisch der männliche Bär = *meszkins*, die Bärin = *meszká*; dieses Femininum steht häufiger für Bär überhaupt. Zum Beispiel in Sprichworten. Dies als einen ersten Fingerzeig darauf, daß Neigung bestand, den Bären als etwas Weibliches aufzufassen. Meszkins und meszká meinen nicht oder vermeiden die indogermanische Entsprechung, deren Stammkern *rkt* oder *rks* heißen muß, wie noch gezeigt werden soll.

Die Russen umschreiben ebenfalls und zwar mit *medvjedj*. Das heißt aber nur ›Honigesser‹. Bei unsern deutschen Spreesorben heißt der Bär gleichermaßen *mjedwêdz* oder dem nachbarlichen Deutsch entlehnt ›bar‹. Tschechisch *medvěd*. Ukrainisch umgekehrt: *wedmidj*.

Dazu schickt sich die angelsächsische Bärenumschreibung im Männernamen **Beowulf**. Das ist ›Bienenwolf‹. Das Angelsächsische kennt auch die Bezeichnung *beôhata*. Das ist ›Bienenverfolger‹ = Bär. Dieser heißt dort *bera*.

Summa: bei Slawen, Balten und Germanen war der richtige Name tabu.

In altdeutschen Tiersagen heißt der Bär denn auch nur ›Braun‹.

In unsrer und in nördlicherer Sicht war vorzeiten der Bär der König der Tiere, ehe der Löwe vom Fränkischen her den alten zirkumpolar anerkannten Bärenthron usurpierte. Vielleicht ist das unter orientalischem Einfluß geschehen.

In der Tierfabel heißt der Bär auch Petz oder Meister Petz.

Petz ist ein Kosewort, eine Koseform zu Bernhard. Wie Benno, Benz und Bernt. Dazu abermals verkleinert rheinisch auch Berntgen.

Bernhard (= mit Bärenkräften) ist ein Wotansname. Alle männlichen Vornamen mit Bern- und mit Beren- wie Berengar und, wie gesagt, auch alle mit -brecht, mit -bert und mit Bert- sind Wotansnamen gewesen.

In der eddischen Schöpfungsgeschichte - sie ist nicht sehr alt und will vielleicht etwas verschleiern - leckt eine Weltenkuh den ersten Erdbewohner aus einem salzigen Stein. Aber man hat vordem auch dem Glauben angehangen, die Bärin werfe nur einen Klumpen Fleisch und lecke ihn so lange, bis er Glieder und Gestalt gewinne.

Der Auserleckte der Weltenkuh heißt **Buri**. **Bör** heißt sein Sohn. Bör wurde **Odins** (= Wotans) Vater. Das ist zwar keine Bärengenealogie. Denn Buri wird wohl nur der ›Geborene‹ heißen. Und *børne* heißen im Dänischen ›die Kinder‹, *bør* = die ›Gebärmutter‹. Aber *bjørne* = der Bär.

Althochdeutsch *(gi)bor* = ›Sprößling‹, *berhaft* = ›fruchtbar‹, *berahaft* = ›bärhaft‹, *berin* = ›Bärin‹, *beren* = ›vom Bären stammend‹, *beran* heißt: ›zeugen, entstehen, werden lassen, schwanger gehen, gebären‹. Gotisch *barn* = ›Kind‹, *berusjos* = ›Eltern‹. Die Liste ließe sich noch lange vermehren. Man kann schwerlich bestreiten, daß die Ähnlichkeit scheinbar gar nicht zusammengehöriger Begriffe und Wortwurzeln aufhorchen läßt. Sind soviel Gleichklänge und Alliterationen noch Zufall? Eine ahnungsvolle Vorstellung von der doppelten Bedeutung der Wurzel ›br‹ im Sinne von ›braun‹ (nach **Friedrich Kluge**), zum andern im Sinn von Gebären und Kinderzeugung gewinnt Umriß: viele Völker der nördlichen Halbkugel waren oder sind des Glaubens, von Bären abzustammen, wie denn der Mensch überhaupt von Bären abstamme. Helden und heroische Geschlechter haben sich als Bärensöhne und als bärenbürtig aufgefaßt. Das reicht hinab bis in die Märchen, reicht von **Iwanko-Medwiedko** bis zu **Gian dell'Orso.**

Orso! Da ist er, der eigentliche Bärenname. Auf Italienisch. Kommt von lateinischen *ursus* = ›Bär‹ aus der älteren Form *urctus*, griechisch: *arktos*, Sanskrit: *řksha*, armenisch: *ardz*, ossetisch: *ars* und so fort. Ich will auf keinen Fall den Schein erwecken, als schüttele ich derlei nur so aus dem Ärmel. Ich schütte mühsam Zusammengeklaubtes zusammen. Aber es interessiert mich, und es sollte mich freuen, wenn es Ihnen ebenso erginge.

Ursus ist männlich. *Ursa* heißt entsprechend die Bärin. Doch kann *ursa* poetisch und im nachklassischen Latein auch für Bär überhaupt stehen. Mithin rücksichtlich des weiblichen Geschlechts verhält es sich ähnlich wie im Litauischen. Nur:

ursus oder *ursa* bieten den echten Namen und keine Umschreibung.

Der Große und der Kleine Bär, die Bären, die Gestirne heißen bei den Römern *arcti* und sind weiblich wie ›die‹ *arktoi* im Griechischen. Arktos ist *feminini generis*, ›die Bär‹ sozusagen.

Summa: überall, wo das Bärwort von den Wurzeln *rkt* oder *rks* hergeleitet und nicht umschrieben wird, hat es entweder die nördliche Scheu vor dem Bären nicht gegeben, oder sie ist früh überwunden worden.

In diesen erlösteren Bereich gehört auch das Keltische. König **Artus** trägt hochgemut den unverstellten Bärennamen, britisch: Arthur. Historische Gestalt des 6. Jahrhunderts wahrscheinlich. Britischer Heerführer gegen einfallende Saxen. Piktenbesieger. Skotenbezwinger. Und - es ist ihm wie unserm **Dietrich von Bern** ergangen - ein altes Götterbild überkam ihn, sozusagen, mythologisch und erneuerte sich an des volkstümlichen Heroen Erscheinung. So überrascht es wenig, dem König Artus - oder dem ›artus‹ eben - als Wildem Jäger an der Spitze der Wilden Jagd zu begegnen. Ob nun als Schwundgestalt eines keltischen Gottes oder ob unter germanischem Einfluß als **Wotan**, der in das Artusbild geschlüpft ist, ich kann es nicht sagen. Man weiß wenig von keltischen Göttern. Nur darf man unterstellen, daß es die üblichen indogermanischen gewesen sein werden. Jedenfalls decken sich des Artus' Bild und dasjenige Wuotans. Beide waren sie Totenheerführer. Denn das Wilde oder Wütende Heer ist ein Totenheer. Wotanisch wütend.

Der altüberkommene Glaube an ein winterlich in den Lüften umgehende Heer von Gespenstern, in dem später auch die ungetauften Kinderseelchen unerlöst mitjagen müssen, hat sich behufs steter Erneuerung an immer neue Gestalten jeweils näherer Vergangenheit zu knüpfen gesucht - es ist dies offenbar ein mnemotechnisches Verfahren des Kollektivs: an den braunschweigischen Jägermeister **Hans von Hackelnberg**, der gegen 1521 von dieser Welt abschied; so lebendig war das Mythologein von Wuotes Heer um diese späte Zeit noch. Spät? Das Geisterheer ist auch noch im 18., ja auch im 19. Jahrhundert noch aufgetreten. In der Napoleonszeit. Aufgetreten? Damit wir uns nicht mißverstehen: für das Mythologein ist es ohne Bedeutung, ob in voller Realität oder nur in einer Stufe der Realität, die man auch Spökenkiekerei nennt und deren Hellgesichte als unbestreitbar gelten müssen, obschon sie von Nichtergriffenen nicht geteilt werden können.

Es erneuerte sich aber auch früher schon an **Karl dem Großen** und sonst an dem wahnsinnigen **Christian II.** und anderen skandinavischen Königen. An dem **Davensberger** oder an dem Junker von **Rodenstein** im Odenwald, was ja Wotanswald bedeutet, und an vielen anderen noch.

Wotan ritt nördlich auch unter dem Namen **Herjan**, was vielleicht mit der ›Heerer‹ zu übersetzen wäre.

Wotan ritt auch unter der Bezeichnung *Helljäger*.

Bei den Normannen in der Normandie hieß das schreckliche Heeresvolk *milites Herlikini*, auch *familia Hellequinii*. Das übernahmen die Franzosen oder glichen es bereits Vorhandenem an und nannten das nachtböse Heer *la chasse Hellequin* oder auch *Hennekin*. Man beachte die Namen!

Verschnaufen wir uns! ... Der Einzelheiten sind reichlich viel. Das liegt an der aufgesplitterten Materie. Aber ich zähle keineswegs alles auf, wovon in diesem Zusammenhang noch zu sprechen wäre.

Zu merken ist die allgemeine Faustregel von den gegensätzlichen Aspektpaaren, wenn man sich in diesem Spiegelkabinett nicht vollends verbiestern will: männlich - weiblich, alt - jung, winterlich - sommerlich, überirdisch und luftig - unterirdisch und wäßrig, grausig - schön, böse - gut, dämonisch - elfisch, riesengroß - zwergenklein, Leben spendend - Tote holend, Tote führend. Was alles überquer und überkreuz, jählings von einem ins andere umschlagend und schier beliebig sich paarend unsern Darstellungsversuch nicht eben vereinfacht.

Von diesem Hexeneinmaleins, von diesem Blocksberg nun entband gewaltsam oder erlöste langsam-heilsam die ›syrische‹ Lehre vom Heiland und Christ. Dämonen bannend. Der abergläubischen Verschreckung und Verschüchterung enthebend. Die Frohe Botschaft.

Allein **Wotan**, der steinalte Bärengott, hatte doch seit geraumer Zeit schon den *ber serkr* abgelegt und Menschengestalt angenommen. Ein allwissender Runengott längst. Ratender Vater. Zweifellos im Ansatz zu wachsender Vergeistigung. Aber gerade da nun wurde er gekappt und umgehauen. Das ist nicht ohne kollektive Wunden und traumatische Versehrungen abgegangen. Unter dem Druck der zivilisatorischen, organisatorischen, kulturellen Überlegenheit **Roms**, das selbst neu vergeistigt mit christlich-imperialem, missionarischem Anspruch auftrat. Und kraft der Unstete und barbarischen Unzuverlässigkeit unsrer Ahnen, die noch vom augusteischen Rom fasziniert waren, das es nicht mehr gab, aber Sehnsuchtsrom geblieben war.

Wotan und seine Mitgötter, die bilderlosen und vielleicht auch darum nur wenig haftenden, die rückständigen, ihre heidnischen Gemeinden beschämenden, wurden gerodet, wo die Heidenapostel und die Kirchen auszuroden vorgehabt hatten. Ich hoffe verständlich zu sein: die antike Welt hatte sich zu Ende gelebt. Das sagten wir schon, und darin besteht der Unterschied. Auf dem antiken Schutt konnten die Kirchen gut bauen. Hier im nördlichen Grau war etwas unterdrückt worden, was hatte kommen wollen. Da ist ein unauflöslicher Rest in der Rechnung geblieben. Das muß man dem Norden, den Deutschen zumal, zugute halten ...

Nach dem letzten Krieg meldeten die Zeitungen, ich weiß nicht mehr wann, von zerstörtem Asphalt auf einem frisch angelegten Schulhof. Da hatten Stadtväter flott drauflosbauen lassen. Ackerland gar nicht erst abgeerntet. Bulldozer her! Mauern hoch. Fertigteile. Schule steht. Eröffnungsrede ... Aber an die Roggenkörner unten im verdeckten Erdboden hatten weder Verwaltung noch Baumenschen gedacht. Im Frühjahr keimten sie, hoben mit der unwiderstehlichen Gewalt von abertausend Winzigkeiten die Erdpechdecke an, bis sie aufbrach und in Schollen zerfiel. Aus der Selbstsaat freilich wurde nichts. Aber die Decke mußte für teures Geld erneuert werden.

Auf Ehre! Ich versichere Ihnen, daß ich dem alten Schimmelreiter nicht nachweine. Wer will wissen, was wir an ihm verloren haben und was aus ihm noch hätte werden können? Müßige Fragen nach mehr als einem Jahrtausend. Es wurde nichts. Einwegbahn der Geschichte. Wir sprachen davon. Wotanisches Abendland? Bewahre! Aber sein unterbewußtes Fortleben zeigt sich gefährlich in allerlei kollektivpsychologischen Leistungen und gängelt, unerwünscht, zuweilen noch unser Tun und Lassen. Deshalb und nur deshalb bringe ich diese Dinge aufs Tapet. Man muß dieses keimlingshafte Wirken und Anheben der sittigenden Decke stets im Auge behalten. Sollte gründlichst durchforschen, was ich hier nur skizzieren kann. Sollte irrational Emotionales nicht abtun; weil nicht sein kann, was aufgeklärtem Konzept zufolge nicht sein darf.

Das Dritte Reich, die deutscheste aller deutschen Psychosen. Muspelfeuer aus Niflheim. »Wir werden weiter marschieren ...« Die Bewegung. *Id est Wotan semper idem* ... Und nunmehr die vielen Metastasen der Hitlerei. Die linksläufigen Jugendunruhen, die man für wotanisch deshalb nicht hält, weil man dummerweise Wotan politisch von rechts erwartet. Aus der Ecke der **Mathilde Ludendorff**. Der bunte Mummenschanz à la Hippie, wir kommen auf Mummenschanz noch. Aggressionsgelüst auswendig. Selbstmordwellen inwendig. Rauschsucht. Rauschgiftsucht, wo der Rausch nicht von selbst kommt. Außersichseinwollen. Über sich hinaus. Angstpsychosen. Massenpsychosen. Panik. Mänadisch: *sex and crime*. Blutrunst ... Mythologie und Psychologie bespiegeln einander.

Wende niemand ein, das sei anderswo nicht viel anders. Wie weit mag ein solches wotanisches Tief wohl reichen? Auch das harmlose Weihnachtsmannsreich ist weltweit geworden. Mögen die seelischen Störungen anderorts andere Namen haben und anders zu begründen sein. Nach dem Großen Pan zum Beispiel, der für die hellenische Frühzeit manch ähnliche Funktion gehabt haben mag wie Wotan bei uns. Ich berufe mich auf **C. G. Jungs** Autorität: bei uns jedenfalls sind sie wotanisch. Sind des Wotans und schlimm.

Er ist es auch, der um seine winterdüstere Wirkenszeit in den Selbstmord treibt, dessen statistische Kurven dann kumulieren. Er ist der Herr der Gehenkten. In seinem Namen knüpft man auf. **Adam von Bremen** hat ein solches Hängeopfer im Heiligen Hain zu **Upsala** folgendermaßen geschildert: »*Von allen Lebewesen männlichen Geschlechts werden neun Stück dargebracht. Die Körper werden im Hain nächst dem Tempel aufgehängt ... Dort werden auch Hunde zusammen mit Menschen aufgehängt, und einer der Christen erzählte mir, er habe solcher Körper in bunter Reihe zweiundsiebzig hängen sehen ...*«

Die mörderische Wotansweihe erfaßte nur Männer. Deshalb steckt der Knecht Ruprecht auch nur Knaben in seinen Bringesack-Holesack. Vor vierzig, fünfzig Jahren lieferte der einschlägige Handel noch Ruprechtsausstattungen mit einem Sack, an dem Kinderbeinattrappen obenhinaus befestigt waren ... Na, Sie werden das nicht mehr wissen ... Die Neunzahl und ihre Multiplizierung wird mit den neun Nächten zusammenhängen, die Wotan als ein Gehenkter im windigen Baum hatte verbringen müssen. **Yggrs drasil** - in welchen Vokabeln, wer's noch von der Schule her im Gedächtnis hat, den Namen der Weltenesche wiedererkennen wird - heißt übersetzt ›Wotans Pferd‹. Das ist eine sogenannte Kenning, ein poetischer Deckname, und bedeutet Galgen. Wer dieses Pferd reiten muß, der hängt. Verzweifeltes Weltbild. Wotans Bildergalerie. *Nature morte.* Die geistige Bedrängnis unsrer Vorderen kann nicht deutlicher werden.

Althochdeutsch hieß ein heiliger Wald *baro,* angelsächsisch *bearo.* Das meint auch Opferstätte.

Ob es wohl möglich wäre, die litauischen Bärennamen *meszkins* und *meszká* mit *medzius* = ›Wald, Bäume‹ in Verbindung zu bringen? *Medeinis* heißt der ›Waldmann‹. Das ist der Wildermann.

Weiter aber im Text! Zum männlichen Aspekt gehört der weibliche: es erscheint - germanisch - an der Spitze des Wilden Heeres zuweilen auch wer? Die Totengöttin. Wir nannten sie schon. Wie? Sie heißt **Hel.** Oder auch Frau Holle. Frau Hulde. Zu hohl, hehlen, hüllen = bergen, verbergen. Wo Hel gebot, war die Helle. Der missionierenden Kirche konnte diese Vokabel nur recht sein. Ihre Lehre, höherer, älterer, reiferer Vergeistigung entstammend, subsummierte zwei Lager - grundeinfach, mit südlicher Klarheit, allerdings ohne dem hiesigen Durcheinanderspuken Rechnung zu tragen: hier Himmlisches, Göttliches, Gutes - dort Teuflisches und Höllisches. Aus der Helle, der Totenunterwelt, wurde der Aufenthalt aller Widergöttlichkeit, die Strafanstalt der Bösen, ewigkeitslänglich, die Hölle. Weiß und Schwarz. Kein Grau oder fast keins.

In der Mark Brandenburg hieß man die Hel Frau **Harke**. Wer faul war, bekam es schon vom lieben Nächsten zu hören: ... werd' dich wiesen, wat 'ne Harke is! In Berlin auf Berlinisch heute noch stehende Redensart, ohne daß die Leutchen wüßten, wen sie da im Munde führen. Frau Harke spukte auch im Elsaß, desgleichen im Kreise **Brilon**. Im Angelsächsischen hieß die Erdenmutter **Erce**.

In Varianten kam dieser Name auch als Mädchenname vor: **Helche**, Herkja, Herche und Herke. Und nun beginnen Sie zu überschauen, weshalb ich einen gewissen Donaustrudel in Betracht zog, dessen arge Gebieterin Frau Helche oder Helekan hieß. Dieser Betracht reicht, nun, sagen wir, bis zum Berggeist Helikon unten in Hellas.

Frau **Holle** ist auch als **Wotans** Mutter angeschaut worden ... Bärin und Bärensohn?

Hel, schön und grausig im Gemisch zweier kontrastierender Aspekte, wird **Frau Venus** im Venusberg. Nicht auszuschließen, daß das Venusberg-Motiv von Kreuzfahrern aus dem Libanon importiert worden ist. Aber es schickte sich leicht in ein schon bestehendes Bild von der Helle als einem betörenden Feenreich. Diese **Venus** hier ist **Freia**. (*Veneris dies* = Freitag.) An ihrer Seite ein Ritter, der Alte **Tannhauser**. *Id est Wotan.* Wildermann waldbehaust. Waldmann. Vor dem bergenden, verbergenden, zum Verschlingen sich auftuenden Berg Wotan als Warner. Als solcher heißt er der **Getreue Ekkehard**. Bildgewordener Exponent des Gewissens. Der gütige Wotan warnt gleich einer inneren Stimme vor dem Schlimmen. (Wäre der alte **Hindenburg** nur ein Getreuer Ekkehard gewesen; gesehen wurde er so!) Ekkehard, der übrigens, soweit historisch, mit der Geschichte der **Harlunger** oder Harlinge zu tun hat, wandelt auch dem entsetzlichen Heer warnend voraus. Darüber nachstehend die älteste Beschreibung aus der fleißigen Feder des **Johannes Agricola** von 1534:

»*Es ist gewisse sage, daß zu Eißleben und im gantzen land zu Mansfeld das wüthende Heer (also haben sie es genennet) fürüber gezogen sei, alle jar auff den Faßnacht-Dornstag, und die leut seind zugelauffen, und haben darauff gewartet, nicht anderst, als solt ein großer mächtiger Keyser oder König fürüber ziehen. Vor dem hauffen ist ein alter man hergangen, mit einem weißen stab, der hat sich selwst den trewen Eckhart geheissen; diser alt man hat die leut heißen auß dem weg weichen, hat auch etliche leut heißen gar heim gehen, sie würden sonst schaden nehmen. Nach diesem man haben etliche geritten, etliche gangen, und seind leut gesehen worden, die newlich an den orten gestorben waren, auch der eins theils noch lebten. Einer hat geritten auff einem pferdt, mit zweien füssen, der ander ist auff einem rad gebunden gelegen, und das rad ist von ihm selbs umbgelauffen. Der dritt hat einn schenkel über die achsel genommen, und hat gleich sehr gelauffen. Ein ander hat keinen kopff gehabt, unnd der stuck ohn massen ...«*

De Wode ziehet! ... *Oden kommt vorbei!* ... *De Zog kütt!*

81 Schließlich von schlimmen zu schönen Aspekten

Die allerälteste religiöse Regung und kultische Betätigung, von der man weiß - und um damit nun nicht länger hinter dem Berge zu halten -, die früheste Verehrung hat dem Bären gegolten. Das ist rund um die nördliche Halbkugel so gewesen und archäologisch bewiesen. Man darf auch - im Sinn der hier angewandten, versuchsweise analytischen Betrachtungsweise - die auffällige Neigung der hiesigen Kinder zum Bären als erstem und liebstem Spielzeug und unentbehrlichem, schutzgewährendem Bettgenossen (noch vor den Puppen, die anderes bedeuten), darf auch das schwer sonst erklärliche weite Verbreitungsgebiet des Weihnachtsmannes als das eines christianisierten Berserkers und vormaligen Bärengottes für Rückstände oder Nachwehen einer tief verwurzelten Frühreligion ansehen, die übrigens gar nicht einmal so primitiv war, wie man denken könnte.

Der Neandertaler oder welcher ferne Vorvetter immer vor 30 000, 50 000 Jahren und noch viel viel früher war bärengläubig: Bärenzähne, die in kultischen Zusammenhängen zurechtgefeilt wurden, (nach **Bruno Brehm**) in der Helmichhöhle irgendwo in Schlesien; in der Schweiz in Höhlen namens **Wildermannliloch** und **Drachenloch** in Steinkästen beigesetzte, trepanierte Bärenschädel. Man beerdigte die

Knochen erlegter Bären, um ihre Seelen versöhnlich zu stimmen! Beachtlich übrigens, wie jene beiden Namen die Numina der uralten Kultstätten bewahrt haben. Bezeichnend für die kaum abzusehende Dauer des Menschengedenkens, dessen Dauerhaftigkeit in den hier berührten Fragen freilich die Voraussetzung Nummer 1 ist.

Will-Erich Peuckert berichtet von einem vorgeschichtlichen behauenen Stein am Zobtenberg - bronzezeitlich, illyrisch, vandalisch, er sagt es nicht -, der allgemein der ›Bär‹ genannt worden sei. **Wotan,** wenn unsre Schlüsse zu Recht bestehen, ist nach alledem ein fast unbestimmbar alter Gott, von dem uns nur ein spätes, dem christlichen »Weltniveau« halbwegs schon angepaßtes und redlich zivilisiertes Bild vage überliefert worden ist.

Man hat vermutet, die menschenartig wirkende Gestalt des abgehäuteten Bären habe die Vorstellung einer besonderen Verwandtschaft von Bär und Mensch wachgerufen. Von Grund auf überzeugt das nicht, wenn ich so sagen darf. Dazu dennoch aber der alte **Brehm** - Alfred, nicht Bruno - als partielle Bekräftigung: *»Am meisten werden die Branten von den Feinschmeckern gesucht; doch muß man sich erst an den Anblick derselben gewöhnen, weil sie, abgehärt und zur Bereitung fertig gemacht, einem auffallend großen Menschenfuß in widerlicher Weise ähneln.«* Auch könnte der zuweilen aufrechte Gang des Bären dem Glauben an seine gleichsam nur verkappte oder vermummte Menschenhaftigkeit zuträglich gewesen sein. *»Ein Männichen machen wird auch vom Bär gesagt / wann er sich in die Höhe reißet.«* Das stehe alles dahin. Daran wird nicht zu zweifeln sein, daß jene vorgeschichtlichen Altvordern geglaubt haben, wer das Bärenfell überziehe, werde Bär und also Gottes. Denn Gewänder haben magische oder suggestive Kraft und beschlagnahmen den Träger für das, was er verbildlichen will. Gewänder - und um wieviel mehr dann also Tierhäute! Daher eben erwähnte Berserker. Daher im Nachklang die Wildermannsleute. Die Maskerer und Perchtenläufer. Es sind autosuggestiv Vergöttlichte. Durch Darstellung das Dargestellte selbst geworden und somit in der Rolle aufgegangen. Außer sich.

Der Bär - das wäre meine Ansicht hierzu - erschien hoch in den Zeiten, ehe man noch zur Erde bestattete oder die

Toten verbrannte, des Nachts in der Nähe menschlicher Aufenthalte als Totenbeseitiger. Weil er als Allesfresser auch Aasfresser ist. Übte sein unheimliches Amt zumal im Winteranbruch aus, wenn die Alten starben und der Erdboden gefror. Bei diesem grausen Beseitigungsdienst assistierten ihm Wölfe und Raben, die, so leicht nicht aus dem überlieferten Bilde zu entfernen, unabdingbar dann auch dem längst schon vermenschlichten Bären, dem Gotte **Wotan**, ihr Geleit gaben. Daher im Nordischen auch der Name *Hrafnargud* = Rabengott.

›Wolfram‹ beschwört die Tugenden jenes engsten Wotangefolges auf den Knaben herab, der diesen Namen erhält: Ausdauer, Tapferkeit des Wolfs und kluge Weltkundigkeit der Raben.

Aus dem winternächtlichen Totenvertilger wurde in unermeßlichen Zeiten mythologischen Sinnens und Besinnens der Seelensammler. Versammler auch der Kriegsgefallenen. Indessen die Strohtodgestorbenen dem weiblichen Aspekt anheimfielen, der Hel. Aber, da im psychischen Felde zwar nicht alles bewußt bleibt, doch auch nichts so leicht unwiederbringlich in Vergessenheit gerät, und ginge es um Vieltausendjähriges, sondern alles oder doch Wichtiges, kollektiv-poetisch verwandelt, überdauert und unversehens aufkeimen kann, so steckte - verständliches, wenngleich märchenhaft diminutives Bild - der Knecht Ruprecht die unartigen Buben in besagten Sack und führte sie wer weiß wohin.

Knecht Ruprecht, »*welcher den Kindern am 6. Dezember erscheint*« - so **Wilhelm Grimm** in einem Aufsatz »Kinderglauben« -, »*hat ein berußtes, ganz schwarzes Gesicht*«.

Im ›Bärengefries‹ und ›Totengefries‹, Gesichtsmasken gewisser Fasnachtsbräuche im alemannischen Schwarzwald, leben, wie deutlich zu sehen, wotanische Erinnerungen bis heute fort.

Wie aber loskommen von soviel nördlichem Graus? Selbst ein kurzer Rückblick nach Südost kann da nicht auf der Stelle abhelfen . . . Nordischer Herkunft war auch die Griechengöttin **Artemis**. Sie darf in unsrer Betrachtung füglich nicht fortgelassen werden. Nordisch? Man soll sich nicht durch die berühmte Artemis von Ephesus, die große »Diana der Epheser«, beirren lassen. Denn das war eine kleinasiatische Magna Mater, auf die der griechische Name im Zuge synkretistischer Prozesse übergegangen war. **Artemis** findet sich schon als mykenische Göttin; die Genitivform ihres Namens begegnet in der Linear B: *atemito*. Nordisch nicht im engen Sinne von Germanisch etwa, sondern aus dem unabsehbaren und vorläufig noch nicht hinreichend definierten Völkerraum nördlich von Hellas herstammend.

Der Artemis Göttlichkeit weist zudem auf ein sehr hohes Alter zurück. In ihrem Zeichen steht - griechisch - die Hirschkuh mit Geweih. Doch nur Renhindinnen tragen eins. Artemis kommt also aus Rentierländern, die sich allerdings vor Jahrtausenden sehr viel südlicher erstreckten als heut. Der Artemis Name ist bärisch und gehört - nach neuester Forschung und Ansicht - zu dem illyrischen Wortstamm *artos,* der uns jetzt sehr bekannt vorkommt und abermals nichts anderes als ›Bär‹ bedeutet.

Der Artemis engere Heimat in Griechenland war **Arkadien** in der Peloponnes. Dort hatte sich schon im Altertum vieles erhalten, was dazumal bereits altertümlich war. (Übrigens war Arkadien der Schauplatz vieler Herakles-Taten. Aber das nur beiseite.) Doch wäre zu fragen, ob Arkadien nicht etwa ›Bärenland‹ bedeutet? Immerhin hieß der *heros eponymos* dieses Reservats hoher Antiquitäten **Arkas**. Er wurde von **Maia** aufgezogen - auf welchen Namen wir noch zu kommen haben. Des Arkas Mutter war ein Aspekt der Artemis, in der Sagendiktion eine ihrer Jagdgefährtinnen mit Namen **Kallisto**. Unerlaubter Schwangerschaft wegen wurde Kallisto in eine Bärin verwandelt, rückverwandelt und als das bekannte Gestirn an den nördlichen Himmel gesetzt. Ihr gesellte Artemis den Kleinen Bären zum Trost und sich selbst zur Sühne.

Unter vielen Tieren, deren Herrin sie war, war der **Artemis** insbesondere der Bär heilig. Und das wiederum vor allem in Arkadien. Artemis war lebenspendend und totbringend, beides. Doch soll ein so hoffnungsloses Unterfangen wie eine vollständige und klarstellende Ausdeutung der Artemis hier gewiß nicht in Angriff genommen werden. Für uns bei jetzigem Stand des Gedankenganges sind nur folgende Merkmale wichtig:

Im Kult der **Artemis Orthia** in Sparta fanden, wahrscheinlich doch als Ersatz für Menschenopfer, recht blutrünstige Knaben-geißelungen statt. Dort traten auch Maskenchöre auf: Masken von häßlichen, zahnlosen alten Frauen; was freilich nicht wenig an unsre Perchtenmasken erinnert. An die ›schieche Percht‹. Auch tanzten ›Dickbauchtänzer‹ mit im munteren Reihen. Wie Sie bitte sehen wollen, beginnt man in meinem Diorama zu tanzen. Kultisch zu tanzen. Aber immerhin.

Man hängte ferner Kultbilder der Artemis in Bäume.

Es gab den Brauch, daß man vor Bildern oder Tempeln der Artemis Verbrecher hinrichtete und ihre Leichen sowie die Schlingen von Selbstmördern, die sich erhängt hatten, dort deponierte. Ich zitiere das frei nach **Erika Simons** erwähntem Buch. Wie stark das an den Odinskult in Upsala gemahnt, bedarf kaum des Hinweises. Füge ich hinzu.

Der Artemis wurden auch Kleider im Wochenbett verstorbener Frauen geweiht. Denn Artemis war Frauengöttin - wie Wotan nur Männergott gewesen ist. Und wie jener für den männlichen Nachwuchs zuständig war, so war sie es für weiblichen. Sicher nicht nur im attischen **Brauron**, sondern an etlichen Kultstätten standen fünf- bis zehnjährige Mädchenkinder in ihrem Dienst. Man hieß diese Internatstöchter die ›Bärinnen‹, und entsprechend kostümiert erschienen sie auch bei Tänzen und Festen: *arktoi*. ›Bärinnen‹ gab es auch in **Munichia-Piräus** ... Sie wissen doch noch: Munichia, Turkolimani ... mit den schönen Fischrestaurants ... Munichia war ein Name der Artemis, und dort war ihr Hafen.

Ein anderer Aspekt war **Atalanta,** die, als unmündiges Neugeborenes ausgesetzt, von einer Bärin gesäugt worden ist. Ebenfalls eine Jagdgesellin der Artemis in der Ausdrucksweise der Sage. (Atlenta ist die etruskische Todesgöttin.)

Im vorletzten Absatz unsres Vortrags mit dem Titel ›Perseiaden‹ haben wir, als wir dort auf Menschenopfer hatten kommen müssen, bereits der **Iphigenie** gedacht und, ohne Vorwegnahmen, nebenher auf den Artemis- und Bärenzusammenhang hingewiesen. Als Priesterin der Artemis nach Taurien am Schwarzen Meer versetzt, hatte sie Menschenopfer im Dienste der Göttin durchzuführen.

Und soviel davon. An der Bärengöttlichkeit der Artemis ist nicht zu zweifeln.

Bemerkungen über **Hermes**, den römischen **Mercurius**, der im Wochenkalender der Römer dem Wotan gleichgesetzt worden ist, lassen sich kurzhalten. Wir sind bald am Reise-

ziel, und ich muß mich beeilen. Oder muß nicht schnell noch
etwas Bemerkenswertes nachgetragen werden ... *apropos*
Kalender? Der Monat der **Artemis** hieß in der griechischen
Welt meist *Artemisios, Munichion* oder *Artamitios* und entsprach im hellenistischen Kalender dem Mai. Der Jahres-
beginn wurde unterschiedlich angesetzt. Doch war der Ar-
temis-Monat zumeist der zehnte Monat von zwölfen, war
gewissermaßen der Dezember, insofern Dezember wörtlich
der ›Zehnte‹ heißt. Feiertag der Artemis war allgemein der
sechste Tag dieses ihres Monats. Mithin der 6. »Dezember«.
Darf man an irgendeinen Bezug zum Niklastag glauben?
Oder ginge das entschieden zu weit?

Zu Hermes also! Aber keine Befürchtungen bitte! Es geht
nunmehr nur noch um die schönen Aspekte. Sie sollen nichts
Häßliches mit auf den Heimweg bekommen. Die Bären-
exkurse waren schon das Äußerste an Zumutbarem. Hermes
ist für die mykenische Zeit schriftlich belegt. Nach **Herodot**
pelasgisch, vorgriechisch. Überall bei den Hellenen, sonderlich in Arkadien verehrt. Unbestimmbar alt. Eher aus abergläubischer Verängstigung als aus ehrfurchtgebietenden
Erlebnissen entstanden. Daher nicht ohne dämonische Züge,
indessen als Gott ohne eigene Initiative. Bote nur göttlichen
Willens. Gott aber der Wegemarken, gewisser magisch besetzter Steinanhäufungen an Wegegabeln, Kreuzwegen und
auch über Gräbern. Diese Steinhaufen, die jeder des Weges
Kommende durch einen weiteren Stein vermehrte - eine in
vorgeschichtlichen Zeiten und bis auf den heutigen Tag ver-
breitete allgemeine Sitte -, hießen *hermaioi lophoi* oder
hermakes. Einschließlich daraufgepflanzter Pfosten, den
Vorläufern der späteren Hermen. Es ist Sitte gewesen, dortselbst Wegzehrung, getrocknete Feigen etwa, beschwörend
zu deponieren, die unbekannt nachfolgende Begeher zu
glücklichen Findern machen und ihnen weiterhelfen sollten.
Hermes solchermaßen der Gott zufälligen Glücks, der Gott
der Wanderer, Reisenden und Kaufleute, der Schleichwege
und der Diebe, der geglückten Bereicherung. Gott der Bewegungen. Waffenlos. Ein Windgott. Gerade als solcher
eben Götterbote. Und dem germanischen Sturmgott parallel gesetzt. Die Wünschelrute, der Heroldsstab des Hermes,
der ursprünglich Zauberstab gewesen ist, sowie der Hut ist

beiden gemeinsam. Wotan und er sind Totengeleiter. Hermes, dem die Seelen gleich Fledermäusen hinterdreinschwirren, ist im Hades sowohl gelitten und zu Haus wie bei den Olympiern. Windig ist er und zwielichtig. Ein Sohn des **Zeus** und der Bergnymphe und Regenwolkengöttin **Maia** (sprich *Mai-a*!) vom Berge **Kyllene** in Arkadien ... Kyllene? Wolkenfrau? Was will da anklingen? ... Ist Sohn derselben Maia, die den Arkas aufzog, des Hermes bärennamigen Milchbruder. Sonst kein Bärenbezug weiter.

Oder doch? **Hades** heißt das unterweltliche Totenreich der Hellenen. Bei den Römern hieß es *orcus*. Orcus - dies auch der Name des Todesdämons, der dort unten gebot - wird man wohl für ein Bärwort halten dürfen. Dargestellt wurde er als bärtiger Riese.

Sie fragen, wann kommt denn nun endlich das Schöne? Nur noch ein kleines bißchen Geduld. Die Peripetie, das Umschlagen kommt schneller, als wir von christlichen Bräuchen gewohnt sind. Das liegt daran, daß die christlichen Feste nicht wie die heidnischen auf den Jahreszyklus bezogen sind. Zwar fällt die Heilandsgeburt einleuchtend und passend mit der Wintersonnenwende zusammen. Doch weil auf der anderen Seite der Kreuzestod Historisches überliefert, fallen die ernstesten Tage in die natürlich frohe Zeit des Erwachens. Daher münden alle Fasnachtsbräuche - Austreibung der Winterdämonen, Verbrennen von Strohbären -, münden Fasching und Karneval falsch aus. In Fasten, Trauer und Tod. Heidnisch aber feierten all diese narrheitsfrohen Veranstaltungen die Schilderhebung eines frühlingshaft verjüngten Gottes. Unter diesen widrigen Umständen konnten die Umzüge der Narren und Jecken und Fatzken zwar nicht, wer aber der verjüngte Gott war, konnte sehr wohl vergessen werden.

Außer *orcus* noch weitere Bärnamen gefällig? Nur meine Mutmaßungen und weiter nichts. Griechisch zum Beispiel: *orgē* = Trieb, Heftigkeit, Leidenschaft, Zorn; schwedisch: *ork* = Kraft und *orka* = können, vermögen; angelsächsisch: *orcne* = Seeungeheuer.

Volksetymologie hat aus dem karibisch-indianischen Fremdwort *huracan* hier rasch und prompt ihren *Orkan* fabriziert. Vermute ich.

Der englische Maler, Kupferstecher und mystisch-revolutio-
näre Dichter **William Blake** hat sich eine eigene Mythologie
der Aufsässigkeit geschaffen, in der »*das drängende Prinzip im Menschen*« in einem bemerkenswerten Wesen ver-
bildlicht wird, das *Orc* heißt. Blake hat sich sehr eingehend
mit allen möglichen Sagen und mit Mythologie befaßt.
Wenn er seinen Orc sagen läßt: »*Ich bin Orc, der hing am
verfluchten Baum* . . .*«*, so kann es sich nur um eine Anspie-
lung auf **Wotan** handeln.

Ja, und das deutsche Bärwort, das auszusprechen vermieden wurde, hieß . . . Woher ich das wissen will? **Blake** liefert mir nur eine Bestätigung für etwas, was ich schon vorher ausbaldowert hatte . . . Die Wildenmänner haben ihre
bärtig-pelzig-wotanische Rolle noch lange gespielt. Obschon
dem eigentlichen Sinn ihres Treibens mehr und mehr entzogen. Desto mehr aber - da die Katharsis des Lustigen und
des Austobens dem Christentum nicht nur in Hinblick auf
den Gekreuzigten, sondern auch seines betonten Ernstes und
der bewußten Distanziertheit vom Heidnischen wegen we-
sensfremd und da ihm die Peripetie, das jähe Umschlagen
aus Bann und Bannung des Dämonischen in lärmende Aus-
gelassenheit nicht vollziehbar waren -, desto mehr aber
wurde das Faselnachtstreiben zu Tummel und Trubel aller
nur vorführbaren Wotansaspekte und Hollenbilder. In Pel-
zen tierischer Herkunft. Fellen aus Moosen, Fasern, Spänen
und Holzwolle. In Lumpen, Loden und Flicken. Im Mummenschanz der Schembartläufer, der Bärendarsteller und
gar der echten Tanzbären, die ihren Ursprung in besagten
Gebräuchen haben. Ohne daß diese Bilder noch richtig abgelesen wurden!

Das muß unziemlich fortgedauert oder frischweg wieder
um sich gegriffen haben, denn eine Bußordnung der spanischen Kirche im 8. Jahrhundert, die wahrscheinlich auf
fränkische Quellen zurückgehen wird, untersagt die Kostü-
mierung - und das ist garantiert mein letztes Zitat - »*in
majas et orcum*«, in Maifrauen und den Wildenmann. Und
noch in diesem Jahrhundert oder vielleicht auch heute noch
erfreuen sich die faschingsmäßigen Wilden Leute in Tirol
der folgenden Benennungen: *Lorge* = die Wildefrau, *Nörg-
lein* = das Wilderleutskindl und *Orke* = der Wildemann
selbst! Aus alledem erlaube ich mir den Schluß, daß *Orke*

das verdrängte Wort tatsächlich gewesen ist. Aber ich will mich gern geirrt haben.

Und sehen Sie, diese Maifrauen waren nichts anderes als Darstellerinnen jener **Maia**, die Wolkenfrau und des Hermes Mutter war. Das sprengt freilich jeden nationalen oder völkischen Rahmen. Aber gerade daran liegt mir. Feindseligkeiten um der Götterlehre willen waren den uralten und frühgeschichtlichen Zeiten völlig fremd. Und leider Gottes sind sie erst mit den drei großen monotheistischen, den missionierenden Weltreligionen oder richtiger mit den beiden jüngeren dieser Erkenntnisdreiheit ins Weltgeschehen gefahren.

Die **Maia** war der Maienaspekt einer allgültigen Erdmutter. Die steinzeitlichen oder sonst vorgeschichtlichen Verehrungen des Göttlichen in Himmel und Erde haben es an Größe der Konzeption und weltweiten Maßstäben nicht fehlen lassen. Das soll und muß zu denken geben... Im keltisch-germanischen Berührungsgebiet, aber auch in Italien und in Rom bildeten **Mercurius** und **Maia**, offenbar ohne eine Mutter-Sohn-Beziehung wie bei den Griechen, ein glückverheißendes Götterpaar; was im ausschließlich Germanischen in dem Paar **Wotan** und Frau Holle oder **Freia** (= die Herrin) seine Entsprechung gehabt haben würde...

Bitte rauchen Sie ruhig weiter. Aber ich darf Sie jetzt bitten, sich keine neue Zigarette mehr anzuzünden... Sie kennen das Kölner Funkenmariechen, dumme Frage... In früherer Zeit führte den Zug ein Mannsbild an: Gekkenberntgen. *Berntgen* ist ein Wotansname, wie ich schon sagte. Ein verjüngter **Wotan** war der tanzende Führer des bunten Umzugs. Der Karnevalszug ist das Wütende Heer in heiterer Verwandlung. Der Prinz jetzt nicht mehr der Weihnachtsmann. Die Narrenpritsche jetzt und nicht mehr die Rute. Der Prinz hieß ehedem auch *Bellegeck*. Belle im Niederdeutschen bedeuten Schellen. De Zog kütt! Das war ein und derselbe Ruf für das Wütende Heer und den Frühlingsumzug, mit dem die Wotanszeit des Jahres, die am 6. Dezember begonnen hatte, ihr Ende in Heiterkeit nahm. Aber wenn der Weihnachtsmann eine Art Siegeszug durch die Welt antreten konnte, das Karnevalswesen hat es ebensoweit oder noch weiter gebracht...

Ich darf Sie jetzt bitten, sich anzuschnallen und das Rauchen einzustellen! Wir werden in wenigen Minuten in **Frankfurt** landen.

Bis dahin aber ein Allerletztes noch: die oberitalienische Stadt **Bergamo** ist eine keltische Gründung, *Bergomum*. Ob nun etwas Keltisches oder aber Germanisches, es bleibt sich gleich: jedenfalls heißt es in der *Commedia dell'Arte* allemal, *Arlecchino* stamme aus Bergamo. Und nun frage ich Sie, wer würde nach allem Gesagten und Angedeuteten noch daran zweifeln, daß Arlecchino mit seinem schwarzen Gesicht, im Flickengewand und mit der Pritsche ein karnevalistisches Wotansbild ist? Wie? Sie zweifeln doch? Aber wenn ich Ihnen die *milites Herlikini* oder Herlekini ins Gedächtnis rufe, von denen wir sprachen, dann auch noch? ... König Herlekin und Harlekin, wie die Franzosen und wir den Arlecchino nennen ... Und diese beiden sollten nichts miteinander zu tun haben? Gar nichts?

Für mich bestehen da nicht die geringsten Bedenken. *Harlekin* und Herlekin sind eins ... Etwas anderes wäre schon, wenn man untersuchte, inwieweit sich von diesen Namen eine Brücke bis zum etruskischen **Hercle** schlagen ließe, ohne daß man dabei den Boden unter den Füßen verlöre ... Aber wir sind soeben in Frankfurt gelandet und müssen die Frage auf sich beruhen lassen ... obwohl die großzügig gerundete Geschlossenheit der frühen Göttergesellschaft so zu fragen nahe genug legt.

Ich hoffe, Sie hatten einen guten Flug, muß Sie aber bitten, noch so lange sitzen zu bleiben, bis die Maschine ihre Position erreicht hat und zum Stillstand gekommen ist ... Nie werde ich diesen Pflichtsatz aussprechen können, ohne der adretten dänischen Stewardeß zu gedenken, die unsre Landung in **Göteborg** auf Dänisch und Deutsch begleitete und uns aufforderte, sitzen zu bleiben, »bis das Schiffen erloschen ist ...«

So, meine Damen und Herren, sehen Sie bitte nach, ob Sie auch nichts liegengelassen haben ... Ihr Luftreiseführer Östliches Mittelmeer bedankt sich für Ihre freundliche Aufmerksamkeit. Die gedruckten Broschüren mit den hier gehaltenen Vorträgen stehen Ihnen am Ausgang zum Mitnehmen zur Verfügung. Ich wünsche Ihnen glückliche Heimkehr ... Auf Wiedersehen! ... Sehen Sie, es regnet nicht mehr ...

Register